2025

김종욱
형사법

최신 3개년
기출문제집

김종욱 편저

3일 완성

최신 기출 문제 반영
현직 경찰관들이 추천하는 필독서

▶ YouTube 김종욱 TV ⓘ jong_woogie
💬 카카오톡 오픈채팅 **김종욱 형사법 1일 1제** 검색

멘토링

PREFACE

머리말

본 교재는 다음과 같이 구성되었습니다.

첫째, 2022년 1월 ~ 2024년 상반기까지 출제된 각종 국가시험의 기출문제를 수록하였습니다. 구체적인 것은 아래와 같습니다.

- 변호사 시험
- 법원 행정고시 시험
- 경찰승진 시험
- 경위채용 시험(구 경간시험)
- 경찰채용 시험(순경 공채)
- 법학특채 시험(순경 특채)
- 해양경찰 승진시험
- 해양경찰 채용시험(순경 공채)
- 해양경찰 간부시험
- 검찰7급 및 9급 시험
- 법원9급 시험

둘째, 최근 3년간 출제되었던 각종 국가시험의 기출문제 중에 쉬운 문제로 지금 풀어도 모두 맞추는 문제는 최소한으로 반영하여 수록하였습니다. 어차피 이런 문제들은 당장 실제 시험장에 가서 풀더라도 모두 맞추기에 수험생 입장에서 큰 의미는 없습니다. 질 좋은 문제, 난이도가 있는 문제들을 대폭 수록하였습니다.

셋째, 중복지문을 최소화하였습니다. 한해 쏟아지는 각종 국가시험의 기출문제가 형법, 형사소송법 각각 400여문제가 넘습니다. 3개년만 하면 각각 1,200여 문제가 됩니다. 그래서 기출문제는 중복된 지문이 많을 수밖에 없습니다. 엄선된 문제를 선정하여 수록함으로써 중복지문을 최소화하였습니다.

넷째, 24년에 출제된 최신기출문제는 거의 모두 수록하였으며, 23년과 22년 최신기출문제의 경우는 엄선하여 수록하였습니다.

다섯째, 변경된 판례와 법령은 모두 반영 및 수정하여 문제에 수록하였습니다.

cafe.naver. 김종욱형사법   최신 3개년 **기출문제집**

    최신기출문제는 최근 시험의 출제경향을 파악할 수 있어서 매우 중요하고, 반복 또는 변형해서 출제됩니다. 최신기출문제는 각 국가기관에서 출제하는 가장 좋은 모의고사라고 생각하고 풀어보기 바랍니다.

2024년 6월

김 종 욱

CONTENTS 목차

형법 총론 〈형사법 I〉

제1편 서 론 · · · 11

제1장 형법의 기본개념 · · · 12
    제1절 죄형법정주의 · · · 12

제2장 형법의 적용범위 · · · 24

제2편 범죄론 · · · 31

제1장 범죄의 기본개념 · · · 32
    제1절 범죄의 의의와 종류 · · · 32
    제2절 행위의 주체(법인) · · · 35

제2장 구성요건 · · · 38
    제1절 구성요건의 일반이론 · · · 38
    제2절 부작위범 · · · 39
    제3절 인과관계와 객관적 귀속 · · · 46
    제4절 구성요건적 고의 · · · 53
    제5절 구성요건적 착오 · · · 63
    제6절 과실범 · · · 68
    제7절 결과적 가중범 · · · 71

제3장 위법성 · · · 77
    제1절 위법성의 일반이론 · · · 77
    제2절 정당방위 · · · 79
    제3절 긴급피난 및 자구행위 · · · 82
    제4절 피해자의 승낙 · · · 84
    제5절 정당행위 · · · 86

제4장 책임론 · · · 94
    제1절 책임의 일반이론 · · · 94
    제2절 책임능력 · · · 96

제3절 위법성의 인식 ···100
　　제4절 법률의 착오 ···101
　　제5절 기대가능성 ··109

제5장 미수론　　　　　　　　　　　　　　　　　112
　　제1절 미수범의 일반이론 ··112
　　제2절 장애미수 ···113
　　제3절 중지미수 ···120
　　제4절 불능미수 ···120
　　제5절 예비죄 ··122

제6장 정범 및 공범　　　　　　　　　　　　　　　127
　　제1절 정범·공범의 일반이론 ····································127
　　제2절 간접정범 ···131
　　제3절 공동정범 ···134
　　제4절 교사범 및 종범 ···144
　　제5절 공범과 신분 ···151

제7장 죄수론　　　　　　　　　　　　　　　　　154
　　제1절 일 죄 ···154
　　제2절 수 죄 ···159

제3편 형벌론　　　　　　　　　　　　　　　　　169

제1장 형 벌　　　　　　　　　　　　　　　　　170
　　제1절 형벌의 종류 ···170
　　제2절 형의 양정(양형) ··177
　　제3절 누 범 ···182
　　제4절 집행유예, 선고유예, 가석방 ····························184
　　제5절 형의 시효·소멸·기간 ····································190

CONTENTS 목차

형법 각론〈형사법Ⅱ〉

제1편 개인적 법익에 대한 죄 — 193

제1장 생명과 신체에 대한 죄 — 194
- 제1절 살인의 죄 ········194
- 제2절 상해와 폭행의 죄 ········196
- 제3절 과실치사상의 죄 ········203
- 제4절 유기와 학대의 죄 ········205

제2장 자유에 대한 죄 — 207
- 제1절 협박의 죄 ········207
- 제2절 강요의 죄 ········209
- 제3절 체포와 감금의 죄 ········210
- 제4절 약취, 유인 및 인신매매의 죄 ········211
- 제5절 강간과 추행의 죄 ········213

제3장 명예와 신용에 대한 죄 — 221
- 제1절 명예에 관한 죄 ········221
- 제2절 신용·업무와 경매에 관한 죄 ········232

제4장 사생활의 평온에 대한 죄 — 239
- 제1절 비밀침해의 죄 ········239
- 제2절 주거침입의 죄 ········240

제5장 재산에 대한 죄 — 245
- 제1절 재산죄의 기본개념 ········245
- 제2절 절도의 죄 ········250
- 제3절 강도의 죄 ········255
- 제4절 사기의 죄 ········259
- 제5절 공갈의 죄 ········273
- 제6절 횡령의 죄 ········275
- 제7절 배임의 죄 ········283
- 제8절 장물의 죄 ········297
- 제9절 손괴의 죄 ········301
- 제10절 권리행사를 방해하는 죄 ········304

제2편 사회적 법익에 대한 죄 — 311

제1장 공공의 안전과 평온에 대한 죄 — 312
제1절 공안을 해하는 죄 ·································312
제2절 폭발물에 관한 죄 ·································313
제3절 방화와 실화의 죄 ·································313
제4절 일수와 수리에 관한 죄 ·······················318
제5절 교통방해의 죄 ·····································318

제2장 공공의 신용에 대한 죄 — 321
제1절 통화에 관한 죄 ···································321
제2절 유가증권·인지와 우표에 관한 죄 ·····322
제3절 문서에 관한 죄 ···································325
제4절 인장에 관한 죄 ···································341

제3장 공중의 건강에 대한 죄 — 342
제1절 먹는 물에 관한 죄 ·····························342
제2절 아편에 관한 죄 ···································342

제4장 사회의 도덕에 대한 죄 — 343
제1절 성풍속에 관한 죄 ·································343
제2절 도박과 복표에 관한 죄 ·······················344
제3절 신앙에 관한 죄 ···································346

제3편 국가적 법익에 대한 죄 — 347

제1장 국가의 존립과 권위에 대한 죄 — 348
제1절 내란의 죄 ~ 제4절 국교에 관한 죄 ·································348

제2장 국가의 기능에 대한 죄 — 349
제1절 공무원의 직무에 관한 죄 ···················349
제2절 공무방해에 관한 죄 ·····························363
제3절 도주와 범인은닉의 죄 ·························371
제4절 위증과 증거인멸의 죄 ·························375
제5절 무고죄 ···381

CONTENTS 목차

수사 및 증거〈형사법Ⅲ〉

제1편 수 사 ... 389

제1장 수사의 의의와 구조 ... 390
제1절 수사의 의의 및 수사의 조건 ... 390

제2장 수사기관과 피의자 ... 393
제1절 수사기관 ... 393
제2절 피의자 ... 398

제3장 수사의 개시 ... 399
제1절 수사의 단서 ... 399
제2절 불심검문 ... 400
제3절 변사자검시 ... 402
제4절 고소 및 고발 ... 403

제4장 임의수사 ... 417
제1절 서 설 ... 417
제2절 임의수사의 방법 ... 422

제5장 강제처분과 강제수사 ... 426
제1절 서 설 ... 426
제2절 체포와 구속 ... 426
제3절 압수·수색·검증 ... 454
제4절 수사상의 증거보전 및 참고인에 대한 증인신문 ... 480

제6장 수사의 종결 ... 483
제1절 검사의 수사종결 ... 483
제2절 불기소처분에 대한 불복 ... 486
제3절 공소제기 후의 수사 ... 491

제2편 증 거　　　　　　　　　　　　　　　　　　　493

제1장 서 론　　　　　　　　　　　　　　　　　　　494
　　제1절 증거법의 기본개념 ···494
　　제2절 증명의 기본원칙 ···495

제2장 증거능력 관련 문제　　　　　　　　　　　　　　508
　　제1절 위법수집증거배제법칙 ···508
　　제2절 자백배제법칙 ···522
　　제3절 전문법칙 ··525
　　제4절 당사자의 동의와 증거능력 ···553

제3장 증명력 관련 문제　　　　　　　　　　　　　　559
　　제1절 탄핵증거 ··559
　　제2절 자백의 보강법칙 ···561
　　제3절 공판조서의 증명력 ···566

제3편 종합 사례형 문제　　　　　　　　　　　　　　　567

형법 총론
형사법 I

PART 01

최신 3개년 **기출문제집**
cafe.naver. 김종욱형사법

서 론

01 형법의 기본개념

제1절 죄형법정주의

01 죄형법정주의에 대한 설명 중 가장 적절하지 않은 것은? (다툼이 있는 경우 판례에 의함)

23 경찰승진

① 원인불명으로 재산상 이익인 가상자산을 이체받은 자가 가상자산을 사용·처분한 경우 이를 형사처벌하는 명문의 규정이 없는 현재의 상황에서 착오송금 시 횡령죄 성립을 긍정한 판례를 유추하여 신의칙을 근거로 배임죄로 처벌하는 것은 죄형법정주의에 반한다.
② 처벌규정의 소극적 구성요건을 문언의 가능한 의미를 벗어나 지나치게 좁게 해석하게 되면 피고인에 대한 가벌성의 범위를 넓히게 되어 죄형법정주의의 파생원칙인 유추해석 금지원칙에 어긋날 우려가 있으므로 법률문언의 통상적인 의미를 벗어나지 않는 범위 내에서 합리적으로 해석할 필요가 있다.
③ 형법 조항에 관한 판례의 변경은 그 법률조항 자체가 변경된 것으로 볼 수 있기 때문에, 행위 당시의 판례에 의하면 처벌 대상이 되지 아니하는 것으로 해석되었던 행위를 판례의 변경에 따라 확인된 내용의 형법 조항에 근거하여 처벌한다면 이는 헌법상 평등의 원칙과 형벌불소급의 원칙에 반한다.
④ 처벌법규의 구성요건이 다소 광범위하여 법관의 보충적인 해석을 필요로 하는 개념을 사용하였다고 하더라도 통상의 해석방법에 의하여 건전한 상식과 통상적인 법감정을 가진 사람이면 당해 처벌법규의 보호법익과 금지된 행위 및 처벌의 종류와 정도를 알 수 있도록 규정하였다면 명확성 원칙에 반하지 않는다.

> **해설**
>
> ① (○) 대판 2021.12.16, 2020도9789
> ② (○) 대판 2018.10.25, 2018도7041
> ③ (×) 행위 당시의 판례에 의하면 처벌대상이 되지 아니하는 것으로 해석되었던 행위를 판례의 변경에 따라 확인된 내용의 형법 조항에 근거하여 처벌한다고 하여 형벌불소급의 원칙에 반한다고 할 수는 없다(대판 1999.9.17, 97도3349).
> ④ (○) 대판 2014.1.29, 2013도12939

정답 ③

02 위임입법에 관한 설명으로 가장 적절하지 않은 것은? (다툼이 있는 경우 판례에 의함)

24 경찰승진

① 형사처벌에 관련된 모든 법규를 예외 없이 형식적 의미의 법률에 의하여 규정한다는 것은 사실상 불가능할 뿐만 아니라 실제에 적합하지도 않으므로 구성요건의 실질적 내용을 단체협약에 모두 위임하는 것도 허용된다.
② 법률의 시행령은 모법인 법률의 위임 없이 법률이 규정한 개인의 권리·의무에 관한 내용을 변경·보충하거나 법률에서 규정하지 아니한 새로운 내용을 규정할 수 없고, 특히 법률의 시행령이 형사처벌에 관한 사항을 규정하면서 법률의 명시적인 위임 범위를 벗어나 처벌의 대상을 확장하는 것은 위임입법의 한계를 벗어난 것으로서 무효이다.
③ 일반적으로 법률의 위임에 의하여 효력을 갖는 법규명령의 경우, 구법에 위임의 근거가 없어 무효였더라도 사후에 법개정으로 위임의 근거가 부여되면 그 때부터는 유효한 법규명령이 된다.
④ 처벌법규의 구성요건 부분에 관한 기본사항에서 보다 구체적인 기준이나 범위를 정함이 없이 또는 그 대강이 확정되지 않은 상태에서 그 내용인 규범의 실질을 모두 하위법령에 포괄적으로 위임하는 것은 죄형법정주의 원칙에 반한다.

> **해설**
>
> ① (×) 구 노동조합법 제46조의3은 그 구성요건을 "단체협약에……위반한 자"라고만 규정함으로써 범죄구성요건의 외피만 설정하였을 뿐 구성요건의 실질적 내용을 직접 규정하지 아니하고 모두 단체협약에 위임하고 있어 죄형법정주의의 기본적 요청인 법률주의에 위배되고, 그 구성요건도 지나치게 애매하고 광범위하여 죄형법정주의의 명확성의 원칙에 위배된다(헌재 1998.3.26. 96헌가20)
> ② (○) 대판 1999.2.11. 98도2816 전원합의체
> ③ (○) 대판 1995.6.30. 93추83
> ④ (○) 헌재 2000.7.20. 99헌가15

정답 ①

03 죄형법정주의에 대한 설명으로 옳지 않은 것은? (다툼이 있는 경우 판례에 의함) 24 검찰9급

① 의료법인 명의로 개설된 의료기관의 개설자격 위반 여부를 판단할 때, 비의료인의 주도적 자금 출연 내지 주도적 관여 사정만을 근거로 비의료인이 실질적으로 의료기관을 개설·운영하였다고 판단하였다면, 이는 허용되는 행위와 허용되지 않는 행위를 구별할 수 있는 기준에 따라 판단한 것으로서 죄형법정주의 원칙에 반하지 않는다.

② 범죄의 성립과 처벌에 관하여 규정한 형벌법규 자체 또는 그로부터 수권 내지 위임을 받은 법령의 변경에 따라 범죄를 구성하지 아니하게 되거나 형이 가벼워진 경우에는, 종전 법령이 범죄로 정하여 처벌한 것이 부당하였다거나 과형이 과중하였다는 반성적 고려에 따라 변경된 것인지 여부를 따지지 않고 원칙적으로 형법 제1조 제2항이 적용된다.

③ 가정폭력범죄의 처벌 등에 관한 특례법이 정한 보호처분 중 하나인 사회봉사명령은 가정폭력범죄행위에 대하여 형사처벌 대신 부과되는 것으로서, 가정폭력범죄를 범한 자에게 의무적 노동을 부과하고 여가시간을 박탈하여 실질적으로는 신체적 자유를 제한하게 되므로, 이에 대하여는 원칙적으로 형벌불소급의 원칙에 따라 행위시법을 적용함이 상당하다.

④ 유기징역형에 대한 법률상 감경을 하면서 형법 제55조 제1항 제3호에서 정한 것과 같이 장기와 단기를 모두 2분의 1로 감경하는 것이 아닌 장기 또는 단기 중 어느 하나만을 2분의 1로 감경하는 방식이나 2분의 1보다 넓은 범위의 감경을 하는 방식 등은 죄형법정주의 원칙상 허용될 수 없다.

> **해설**
>
> ① (×) 의료법인 명의로 개설된 의료기관의 경우, 의료인의 자격이 없는 일반인(이하 '비의료인'이라 한다)의 주도적 출연 내지 주도적 관여만을 근거로 비의료인이 의료기관을 개설·운영한 것으로 평가하기 어렵다. 비의료인이 의료기관의 개설·운영 등에 필요한 자금 전부 또는 대부분을 의료법인에 출연하거나 의료법인 임원의 지위에서 의료기관의 개설·운영에 주도적으로 관여하는 것은 의료법인의 본질적 특성에 기초한 것으로서 의료법인의 의료기관 개설·운영을 허용한 의료법에 근거하여 비의료인에게 허용된 행위이다. 비의료인의 주도적 자금 출연 내지 주도적 관여 사정만을 근거로 비의료인이 실질적으로 의료기관을 개설·운영하였다고 판단할 경우, 허용되는 행위와 허용되지 않는 행위의 구별이 불명확해져 죄형법정주의 원칙에 반할 수 있다(대판 2023.7.17, 2017도1807 전원합의체).
> ② (○) 대판 2022.12.22, 2020도16420 전원합의체
> ③ (○) 대결 2008.7.24, 2008어4
> ④ (○) 대판 2021.1.21, 2018도5475 전원합의체

정답 ①

04 죄형법정주의에 관한 설명으로 가장 적절하지 않은 것은? (다툼이 있는 경우 판례에 의함)

24 경찰채용

① '여러 사람의 눈에 뜨이는 곳에서 공공연하게 알몸을 지나치게 내놓거나 가려야 할 곳을 내놓아 다른 사람에게 부끄러운 느낌이나 불쾌감을 준 사람'을 처벌하는 구 경범죄 처벌법 제3조 제1항 제33호는 죄형법정주의에 위배된다.

② 아동·청소년의 성보호에 관한 법률상 공개명령 제도에 대해서는 소급입법금지의 원칙이 적용되지 않는다.

③ 어린이집 대표자를 변경하였음에도 변경인가를 받지 않은 채 어린이집을 운영한 행위에 대해 설치인가를 받지 않고 사실상 어린이집의 형태로 운영하는 행위 등을 처벌하는 규정인 영유아보육법 제54조 제4항 제1호를 적용하는 것은 죄형법정주의에 위배된다.

④ 구 공공기관의 운영에 관한 법률 제53조가 공기업의 임직원으로서 공무원이 아닌 사람을 형법 제129조의 적용에서는 공무원으로 본다고 규정하면서도, 구체적인 공기업 지정과 관련하여 하위규범인 기획재정부장관의 고시에 의하도록 규정한 것은 죄형법정주의에 위배된다.

> **해설**
>
> ① (○) 헌재 2016.11.24, 2016헌가3
> ② (○) 대판 2011.3.24, 2010도14393
> ③ (○) 대판 2022.12.1, 2021도6860
> ④ (×) 죄형법정주의에 위배되지 않는다(대판 2013.6.13, 2013도1685)

정답 ④

05 죄형법정주의에 관한 설명으로 가장 적절하지 않은 것은? (다툼이 있는 경우 판례에 의함)

23 법학특채

① 한의사가 진단용 의료기기를 사용하는 것이 한의사의 '면허된 것 이외의 의료행위'에 해당하는지에 관한 새로운 판단 기준에 따르면, 한의사가 초음파 진단기기를 사용하여 환자의 신체 내부를 촬영하여 화면에 나타난 모습을 보고 이를 한의학적 진단의 보조수단으로 사용하는 것은 한의사의 '면허된 것 이외의 의료행위'에 해당하지 않는다.

② 환자가 사망한 경우 사망진단 전에 이루어지는 사망징후관찰은 구 의료법 제2조 제2항 제5호에서 간호사의 임무로 정한 '상병자 등의 요양을 위한 간호 또는 진료 보조'에 해당한다고 할 수 있다. 그리고 사망의 진단은 의사 등이 환자의 사망 당시 또는 사후에라도 현장에 입회해서 직접 환자를 대면하여 수행해야 하는 의료행위이지만, 간호사는 의사 등의 개별적 지도·감독이 있으면 사망의 진단을 할 수 있다.

③ 법률을 해석할 때 입법취지와 목적, 제·개정 연혁, 법질서 전체와의 조화, 다른 법령과의 관계 등을 고려하는 체계적·논리적 해석 방법을 사용할 수 있으나, 문언 자체가 비교적 명확한 개념으로 구성되어 있다면 원칙적으로 이러한 해석 방법은 활용할 필요가 없거나 제한되어야 한다.

④ 군형법 제92조의6은 "제1조 제1항부터 제3항까지에 규정된 사람(이하 '군인 등'이라 한다)에 대하여 항문성교나 그 밖의 추행을 한 사람은 2년 이하의 징역에 처한다."고 규정하고 있는데, 전체 법질서의 변화를 종합적으로 고려하면 위 규정은 동성인 군인 사이의 항문성교나 그 밖에 이와 유사한 행위가 사적 공간에서 자발적 의사 합치에 따라 이루어지는 등 군이라는 공동사회의 건전한 생활과 군기를 직접적, 구체적으로 침해한 것으로 보기 어려운 경우에는 적용되지 않는다.

> **해설**
>
> ① (○) 대판 2022.12.22, 2016도21314 전원합의체
> ② (×) 환자가 사망한 경우 사망진단 전에 이루어지는 사망징후관찰은 구 의료법 제2조 제2항 제5호에서 간호사의 임무로 정한 '상병자 등의 요양을 위한 간호 또는 진료 보조'에 해당한다고 할 수 있다. 그러나 사망의 진단은 의사 등이 환자의 사망 당시 또는 사후에라도 현장에 입회해서 직접 환자를 대면하여 수행해야 하는 의료행위이고, 간호사는 의사 등의 개별적 지도·감독이 있더라도 사망의 진단을 할 수 없다(대판 2022.12.29, 2017도10007)
> ③ (○) 대판 2022.12.16, 2022도10629
> ④ (○) 대판 2022.4.21, 2019도3047 전원합의체

정답 ②

06 죄형법정주의에 대한 설명으로 가장 적절한 것은? (다툼이 있는 경우 판례에 의함) 22 경찰승진

① 형법 제232조의2(사전자기록위작·변작)에서 정한 '위작'에 권한 있는 사람이 그 권한을 남용하여 허위의 정보를 입력함으로써 전자기록을 생성하는 행위까지도 포함하여 해석하는 것은 유추해석 금지의 원칙에 반한다.

② 법정소동죄 등을 규정한 형법 제138조에서의 '법원의 재판'에 '헌법재판소의 심판'을 포함시켜 해석하는 것은 유추해석 금지의 원칙에 반한다.

③ 유추해석 금지의 원칙은 모든 형벌법규의 구성요건과 가벌성에 관한 규정에 준용되나, 위법성 및 책임의 조각사유나 소추조건 또는 처벌조각사유인 형면제 사유에 관하여 그 범위를 제한적으로 적용하여 가벌성의 범위가 확대되더라도 유추해석 금지의 원칙에 반하지 아니한다.

④ 법률에 특별한 규정이 없음에도 형법 제227조의2(공전자기록위작·변작)의 행위주체에 공무원, 공무소와 계약 등에 의하여 공무와 관련되는 업무를 일부 대행하는 경우까지 포함된다고 해석하는 것은 죄형법정주의 원칙에 반한다.

> **해설**
>
> ① (×) 사전자기록등위작죄에서 정한 '위작'의 포섭 범위에 권한 있는 사람이 그 권한을 남용하여 허위의 정보를 입력함으로써 시스템 설치·운영 주체의 의사에 반하는 전자기록을 생성하는 행위를 포함하는 것으로 보더라도 이러한 해석이 '위작'이란 낱말이 가지는 문언의 가능한 의미를 벗어났다거나 피고인에게 불리한 유추해석 또는 확장해석을 한 것이라고 볼 수 없다(대판 2020.8.27, 2019도11294 전원합의체).
>
> ② (×) 법정·국회회의장모욕죄에 관한 형법 제138조에서의 '법원의 재판'에 헌법재판소의 심판이 포함된다고 보는 해석론은 문언이 가지는 가능한 의미의 범위 안에서 그 입법 취지와 목적 등을 고려하여 문언의 논리적 의미를 분명히 밝히는 체계적 해석에 해당할 뿐 피고인에게 불리한 확장해석이나 유추해석이 아니다(대판 2021.8.26, 2020도12017).
>
> ③ (×) 위법성 및 책임의 조각사유나 소추조건 또는 처벌조각사유인 형면제 사유에 관하여 그 범위를 제한적으로 유추적용하게 되면 행위자의 가벌성의 범위는 확대되어 행위자에게 불리하게 되는바, 이는 가능한 문언의 의미를 넘어 범죄구성요건을 유추적용하는 것과 같은 결과가 초래되므로 죄형법정주의의 파생원칙인 유추해석금지의 원칙에 위반하여 허용될 수 없다 (대판 1997.3.20, 96도1167 전원합의체).
>
> ④ (○) 대판 2020.3.12, 2016도19170

정답 ④

07 죄형법정주의에 관한 설명 중 가장 적절하지 않은 것은? (다툼이 있는 경우 판례에 의함)

23 경찰채용

① 구 「정보통신망 이용촉진 및 정보보호 등에 관한 법률」에서 규정하는 '불안감'은 평가적 정서적 판단을 요하는 규범적 구성요건요소이고, '불안감'이란 개념이 사전적으로 '마음이 편하지 아니하고 조마조마한 느낌'이라고 풀이되고 있어 이를 불명확하다고 볼 수는 없으므로, 위 규정 자체가 죄형법정주의에 반한다고 볼 수 없다.
② 형벌법규의 위임은 특히 긴급한 필요가 있거나 미리 법률로써 자세히 정할 수 없는 부득이한 사정이 있는 경우로 한정되어야 하며, 이러한 경우에도 위임법률에서 범죄의 구성요건은 처벌 대상행위가 어떠한 것일 것이라고 예측할 수 있을 정도로 구체적으로 정하여야 하며, 형벌의 종류 및 그 상한과 폭을 명백히 규정하여야 한다.
③ 구 「근로기준법」에서 임금 퇴직금 청산기일의 연장합의의 한도에 관하여 아무런 제한을 두고 있지 아니함에도 불구하고, 같은 법 시행령에서 기일연장을 3월 이내로 제한한 것은 죄형법정주의의 원칙에 위배된다.
④ 「게임산업진흥에 관한 법률」 제32조 제1항 제7호의 '환전'의 의미를 '게임결과물을 수령하고 돈을 교부하는 행위'뿐만 아니라 '게임결과물을 교부하고 돈을 수령하는 행위'도 포함되는 것으로 해석하는 것은 죄형법정주의에 위배된다.

> **해설**
>
> ① (○) 대판 2008.12.24, 2008도9581
> ② (○) 대판 2002.11.26, 2002도2998
> ③ (○) 대판 1998.10.15, 98도1759 전원합의체
> ④ (×) 「게임산업진흥에 관한 법률」 제32조 제1항 제7호에 정한 '환전'에는 '게임결과물을 수령하고 돈을 교부하는 행위'뿐만 아니라 '게임결과물을 교부하고 돈을 수령하는 행위'도 포함되는 것으로 해석함이 상당하고, 이를 지나친 확장해석이나 유추해석이라고 할 수 없다(대판 2012.12.13, 2012도11505).

정답 ④

08 죄형법정주의에 관한 설명 중 옳지 않은 것은 모두 몇 개인가? (다툼이 있는 경우 판례에 의함)
23 법행

> ㉠ 원인불명으로 재산상 이익인 가상자산을 이체받은 자가 가상자산을 사용·처분한 경우 이를 형사처벌하는 명문의 규정이 없는 현재의 상황에서 착오송금 시 횡령죄 성립을 긍정한 판례를 유추하여 신의칙을 근거로 피고인을 배임죄로 처벌하는 것은 죄형법정주의에 반한다.
> ㉡ 증거 자체에는 아무런 허위가 없으나 그 증거가 허위 주장과 결합하여 허위 사실을 증명하게 되는 경우가 있고, 이러한 행위는 국가의 형벌권 행사에 중대한 지장을 초래할 수 있는 행위로서 비난받아 마땅하다는 점은 부인하기 어려우므로, 위와 같은 행위를 처벌하는 구성요건을 신설하는 것 외에 형법 제155조 제1항이 규정한 '증거위조'의 의미를 확장해석하는 방법으로 그 목적을 달성하는 것도 죄형법정주의 원칙상 허용되지 아니한다고 볼 수 없다.
> ㉢ 법정소동죄 등을 규정한 형법 제138조에서의 '법원의 재판'에 '헌법재판소의 심판'을 포함시키는 해석은 피고인에게 불리한 확장해석이나 유추해석에 해당하지 않는다.
> ㉣ 반의사불벌죄에 있어서 피해자에게 의사능력이 있음에도 불구하고 그 처벌을 희망하지 않는다는 의사표시 또는 처벌희망 의사표시의 철회에 법정대리인의 동의가 있어야 한다고 해석하는 것은 죄형법정주의의 유추해석금지 원칙에 반한다.
> ㉤ 구 특정 범죄자에 대한 위치추적 전자장치 부착 등에 관한 법률 제5조 제1항 제3호는 '성폭력범죄를 2회 이상 범하여(유죄의 확정판결을 받은 경우를 포함한다) 그 습벽이 인정된 때'라고 규정하고 있는데, 피부착명령청구자가 2회 이상 성폭력범죄를 범하였는지를 판단할 때 위 법률의 목적과 위 규정의 취지에 비추어 소년보호처분을 받은 전력이 이에 해당한다고 보더라도 확장해석이나 유추해석에 해당하지 아니한다.

① 1개　　② 2개　　③ 3개　　④ 4개

해설

㉠ (○) 대판 2021.12.16, 2020도9789
㉡ (×) 변호사인 甲이 乙 명의 은행 계좌에서 X회사 명의 은행 계좌에 금원을 송금하고 다시 되돌려 받는 행위를 반복한 후 그 중 송금자료만을 발급받아 이를 3억 5,000만 원을 변제하였다는 허위 주장과 함께 법원에 제출한 행위는 형법상 증거위조죄의 보호법익인 사법기능을 저해할 위험성이 있지만, 甲이 제출한 입금확인증 등은 금융기관이 금융거래에 관한 사실을 증명하기 위해 작성한 문서로서 그 내용이나 작성명의 등에 아무런 허위가 없는 이상 이를 증거의 '위조'에 해당한다고 볼 수 없고, 나아가 '위조한 증거를 사용'한 행위에 해당한다고 볼 수도 없다(대판 2021.1.28, 2020도2642)
㉢ (○) 대판 2021.0.26, 2020도12017
㉣ (○) 대판 2009.11.19, 2009도6058 전원합의체
㉤ (×) '특정 범죄자에 대한 위치추적 전자장치 부착 등에 관한 법률'(이하 '전자장치부착법'이

라 한다) 제5조 제1항 제3호는 검사가 전자장치 부착명령을 법원에 청구할 수 있는 경우 중의 하나로 '성폭력범죄를 2회 이상 범하여(유죄의 확정판결을 받은 경우를 포함한다) 그 습벽이 인정된 때'라고 규정하고 있는데, 이 규정 전단은 문언상 '유죄의 확정판결을 받은 전과사실을 포함하여 성폭력범죄를 2회 이상 범한 경우'를 의미한다고 해석된다. 따라서 피부착명령청구자가 소년법에 의한 보호처분(이하 '소년보호처분'이라고 한다)을 받은 전력이 있다고 하더라도 이는 유죄의 확정판결을 받은 경우에 해당하지 아니함이 명백하므로, 피부착명령청구자가 2회 이상 성폭력범죄를 범하였는지를 판단할 때 소년보호처분을 받은 전력을 고려할 것이 아니다(대판 2012.3.22. 2011도15057 전원합의체).

정답 ②

09 다음 설명으로 옳은 것은 모두 몇 개인가? (다툼이 있는 경우 판례에 의함) 23 경간

㉠ 형벌법규의 적용대상이 행정법규가 규정한 사항을 내용으로 하는 경우 그 행정법규를 해석함에 있어서는 유추해석 금지의 원칙이 적용되지 아니한다.
㉡ 법률의 시행령이나 시행규칙의 내용이 모법의 입법 취지와 관련 조항 전체를 유기적·체계적으로 살펴보아 모법의 해석상 가능한 것을 명시한 것에 지나지 아니하거나 모법 조항의 취지에 근거하여 이를 구체화하기 위한 것인 때에는 모법에 이에 관하여 직접 위임하는 규정을 두지 아니하였다고 하더라도 이를 무효라고 볼 수는 없다.
㉢ 법률의 시행령이 형사처벌에 관한 사항을 규정하면서 법률의 명시적인 위임 범위를 벗어나 그 처벌의 대상을 확장하는 것은 죄형법정주의의 원칙에도 어긋나는 것이므로, 그러한 시행령은 위임입법의 한계를 벗어난 것으로서 무효이다.
㉣ 형벌법규의 위임은 특히 긴급한 필요가 있거나 미리 법률로써 자세히 정할 수 없는 부득이한 사정이 있는 경우로 한정되어야 하며, 이러한 경우에도 법률에서 범죄의 구성요건은 처벌대상행위가 어떠한 것일 것이라고 예측할 수 있을 정도로 구체적으로 정하여야 한다.

① 1개　　② 2개　　③ 3개　　④ 4개

해설

㉠ (×) 형벌법규의 해석은 엄격하여야 하고, 명문규정의 의미를 피고인에게 불리한 방향으로 지나치게 확장해석하거나 유추해석하는 것은 죄형법정주의의 원칙에 어긋나는 것으로서 허용되지 않으며, 이러한 법해석의 원리는 그 형벌법규의 적용대상이 행정법규가 규정한 사항을 내용으로 하고 있는 경우에 그 행정법규의 규정을 해석하는 데에도 마찬가지로 적용된다(대판 2021.11.25. 2021도10981).
㉡ (○) 대판 2009.6.11. 2008두13637

ⓒ (○) 대판 2017.2.16, 2015도16014 전원합의체
ⓔ (○) 대판 2002.11.26, 2002도2998

정답 ③

10 다음 설명 중 가장 옳지 않은 것은? (다툼이 있는 경우 판례에 의함) 22 법행

① 인터넷 신문 또는 인터넷 언론사를 운영하는 자는 공직선거법 제97조 제2항, 제3항에서 정한 방송·신문·통신·잡지 기타 간행물을 경영·관리하거나 편집·취재·집필·보도하는 자에 해당한다.
② 자동차관리법상 승인이 필요한 '자동차의 튜닝'은 '자동차의 안전운행에 필요한 성능과 기준이 설정되어 있는 자동차의 구조·장치가 일부 변경되거나 자동차에 부착물을 추가함으로써 그러한 자동차 구조·장치의 일부 변경에 이르게 된 경우'를 의미한다.
③ 특정범죄 가중처벌 등에 관한 법률 제5조의4 제5항 제1호에서 정한 '징역형'에는 절도의 습벽이 인정되어 형법 제329조부터 제331조까지의 죄 또는 그 미수죄의 형보다 가중 처벌되는 형법 제332조의 상습절도죄로 처벌받은 전력도 포함된다.
④ 구 개인정보 보호법(2020. 2. 4. 법률 제16930호로 개정되기 전의 것)은 제2조 제5호, 제6호에서 공공기관 중 법인격이 없는 '중앙행정기관 및 그 소속기관' 등을 개인정보처리자중 하나로 규정하고 있으면서도 양벌규정에 의하여 처벌되는 개인정보처리자로는 같은 법 제74조 제2항에서 '법인 또는 개인'만을 규정하고 있으나, 다른 법률과의 체계적 해석 및 처벌의 필요성 등에 비추어 볼 때 법인격 없는 공공기관이 법인에 포함된다고 해석하더라도 죄형법정주의의 원칙에 반한다고 볼 수 없다.

해설

① (○) 대판 2021.4.8, 2021도1177
② (○) 대판 2021.6.24, 2019도110
③ (○) 대판 2021.6.3, 2021도1349
④ (×) 개인정보 보호법은 제2조 제5호, 제6호에서 공공기관 중 법인격이 없는 '중앙행정기관 및 그 소속 기관' 등을 개인정보처리자 중 하나로 규정하고 있으면서도 양벌규정에 의하여 처벌되는 개인정보처리자로는 같은 법 제74조 제2항에서 '법인 또는 개인'만을 규정하고 있을 뿐이고, 법인격 없는 공공기관에 대하여도 위 양벌규정을 적용할 것인지 여부에 대하여는 명문의 규정을 두고 있지 않으므로 죄형법정주의의 원칙상 '법인격 없는 공공기관'을 위 양벌규정에 의하여 처벌할 수 없고 그 경우 행위자 역시 위 양벌규정으로 처벌할 수 없다(대판 2021.10.28, 2020도1942)

정답 ④

11 죄형법정주의에 관한 설명으로 옳지 않은 것을 모두 고른 것은? (다툼이 있는 경우 판례에 의함)

22 경찰채용

㉠ 법규범의 문언은 어느 정도 가치개념을 포함한 일반적·규범적 개념을 사용하지 않을 수 없는 것이기 때문에 기본적으로 최소한이 아닌 최대한의 명확성을 요구한다.
㉡ 유추해석금지의 원칙은 형벌법규의 구성요건과 가벌성에 관한 규정에 준용되므로 형벌법규의 적용대상이 행정법규가 규정한 사항을 내용으로 하고 있는 경우에 그 행정법규의 규정을 해석하는 데에도 마찬가지로 적용된다.
㉢ 대법원 양형위원회가 설정한 '양형기준'이 발효하기 전에 공소가 제기된 범죄에 대하여 위 '양형기준'을 참고하여 형을 양정한 경우 소급효금지의 원칙에 위반된다.
㉣ 알 수 없는 경위로 가상자산을 이체받은 자가 가상자산을 사용·처분한 경우 이를 형사처벌하는 명문의 규정이 없다고 하더라도 착오송금 시 횡령죄 성립을 긍정한 판례를 유추하여 신의칙을 근거로 배임죄로 처벌하는 것은 죄형법정주의에 반하지 않는다.
㉤ 형법 제258조의2 특수상해죄의 신설로 형법 제262조, 제261조의 특수폭행치상죄에 대하여 그 문언상 특수상해죄의 예에 의하여 처벌하는 것이 가능하게 되었다는 이유만으로 형법 제258조의2 제1항의 예에 따라 처벌할 수 있다고 하는 것은 죄형법정주의에 반한다.

① ㉠㉡㉢   ② ㉠㉢㉣   ③ ㉠㉢㉤   ④ ㉡㉣㉤

해설

㉠ (×) 법규범의 문언은 어느 정도 가치개념을 포함한 일반적, 규범적 개념을 사용하지 않을 수 없는 것이기 때문에 명확성의 원칙이란 기본적으로 **최대한이 아닌 최소한의 명확성을 요구하는 것으로서**, 그 문언이 법관의 보충적인 가치판단을 통해서 그 의미내용을 확인할 수 있고, 그러한 보충적 해석이 해석자의 개인적인 취향에 따라 좌우될 가능성이 없다면 명확성의 원칙에 반한다고 할 수 없다(대결 2008.10.23, 2008초기264)
㉡ (○) 대판 2017.3.15, 2016도17691
㉢ (×) 법관이 형을 양정함에 있어서 참고할 수 있는 자료에 달리 제한이 있는 것도 아닌 터에 법원이 양형기준이 발효하기 전에 공소가 제기된 범죄에 관하여 형을 양정함에 있어서 양형기준을 참고자료로 삼았다고 하여 피고인에게 불리한 법률을 소급하여 적용한 위법이 있다고 할 수 없다(대판 2009.12.10, 2009도11448)
㉣ (×) 원인불명으로 재산상 이익인 가상자산을 이체받은 자가 가상자산을 사용·처분한 경우 이를 형사처벌하는 명문의 규정이 없는 현재의 상황에서 착오송금 시 횡령죄 성립을 긍정한 판례를 유추하여 신의칙을 근거로 피고인을 배임죄로 처벌하는 것은 죄형법정주의에 반한다(대판 2021.12.16, 2020도9789)
㉤ (○) 대판 2018.7.24, 2018도3443

정답 ②

12 죄형법정주의에 대한 설명으로 옳지 않은 것은? (다툼이 있는 경우 판례에 의함) 22 검찰7급

① 노역장유치는 그 실질이 신체의 자유를 박탈하는 것으로서 징역형과 유사한 형벌적 성격을 가지고 있으므로 형벌불소급의 원칙의 적용대상이 된다.
② 아동·청소년의 성보호에 관한 법률에 정한 공개명령 제도는 형벌과 구별되어 그 본질을 달리하는 것으로서 형벌에 관한 소급입법금지의 원칙이 그대로 적용되지 않는다.
③ 집행유예시에 명할 수 있는 보호관찰(형법 제62조의2 제1항)이 범죄행위 이전에 규정되어 있지 않았으나 재판 시에 신설되어 있어 이를 근거로 보호관찰을 받을 것을 명한 것은 형벌불소급의 원칙에 위반된다.
④ 가정폭력범죄의 처벌 등에 관한 특례법상 사회봉사명령에 대하여는 원칙적으로 형벌불소급의 원칙에 따라 행위시법을 적용함이 상당하다.

> **해설**
>
> ① (○) 헌재 2017.10.26, 2015헌바239
> ② (○) 대판 2011.3.24, 2010도14393
> ③ (×) 보호관찰은 형벌이 아니라 보안처분의 성격을 갖는 것으로서 과거의 불법에 대한 책임에 기초하고 있는 제재가 아니라 장래의 위험성으로부터 행위자를 보호하고 사회를 방위하기 위한 합목적인 조치이므로, 그에 관하여 반드시 행위 이전에 규정되어 있어야 하는 것은 아니며 재판시의 규정에 의하여 보호관찰을 받을 것을 명할 수 있다고 보아야 할 것이고, 이와 같은 해석이 형벌불소급의 원칙 내지 죄형법정주의에 위배되는 것이라고 볼 수 없다(대판 1997.6.13, 97도703)
> ④ (○) 대결 2008.7.24, 2008어4

정답 ③

02 형법의 적용범위

01 형법의 적용범위에 관한 설명으로 가장 적절하지 않은 것은? (다툼이 있는 경우 판례에 의함)

24 경찰승진

① 범죄행위 시와 재판 시 사이에 여러 차례 법령이 개정되어 형의 변경이 있는 경우에는 이 점에 관한 당사자의 주장이 없더라도 형법 제1조 제2항에 의하여 직권으로 그 전부의 법령을 비교하여 그 중 가장 형이 가벼운 법령을 적용하여야 한다.
② 형법 제2조의 범죄지라 함은 범죄구성사실의 전부 또는 일부가 대한민국의 영역 내에서 범하여지면 된다고 볼 것이므로 공모공동정범의 경우 공모가 국내에서 이루어졌다면, 형법 제2조의 범죄지에 공모지도 포함된 것으로 보아야 한다.
③ 구성요건이 신설된 상습강제추행죄가 시행되기 이전의 범행은 상습강제추행죄로는 처벌할 수 없고 행위시법에 기초하여 강제추행죄로 처벌할 수 있을 뿐이며, 이 경우 그 소추요건도 상습강제추행죄에 관한 것이 아니라 강제추행죄에 관한 것이 구비되어야 한다.
④ 형사사건으로 외국 법원에 기소되었다가 무죄판결을 받은 사람이 무죄판결을 받기까지 상당 기간 미결구금된 경우, 형법 제7조의 '외국에서 형의 전부 또는 일부가 집행된 사람'에 해당한다고 볼 수 있으므로, 그 미결구금 기간은 형법 제7조에 의한 산입의 대상이 될 수 있다.

> **해설**
>
> ① (○) 대판 2012.9.13, 2012도7760
> ② (○) 대판 1998.11.27, 98도2734
> ③ (○) 대판 2016.1.28, 2015도15669
> ④ (×) 형사사건으로 외국 법원에 기소되었다가 무죄판결을 받은 사람은, 설령 그가 무죄판결을 받기까지 상당 기간 미결구금되었더라도 이를 유죄판결에 의하여 형이 실제로 집행된 것으로 볼 수는 없으므로, '외국에서 형의 전부 또는 일부가 집행된 사람'에 해당한다고 볼 수 없고, 그 미결구금 기간은 형법 제7조에 의한 산입의 대상이 될 수 없다(대판 2017.8.24, 2017도5977 전원합의체).

정답 ④

02 형법의 시간적 적용범위에 관한 설명으로 가장 적절하지 않은 것은? (다툼이 있는 경우 판례에 의함)

23 경찰채용

① 범죄의 성립과 처벌에 관하여 규정한 형벌법규 자체 또는 그로부터 수권 내지 위임을 받은 법령의 변경에 따라 범죄를 구성하지 아니하게 되거나 형이 가벼워진 경우에는 종전 법령이 범죄로 정하여 처벌한 것이 부당하였다거나 과형이 과중하였다는 반성적 고려에 따라 변경된 것인지 여부를 따지지 않고 원칙적으로 형법 제1조 제2항이 적용된다.

② 형벌법규가 대통령령, 총리령, 부령과 같은 법규명령이 아닌 고시 등 행정규칙·행정명령, 조례 등에 구성요건의 일부를 수권 내지 위임한 경우에도 이러한 고시 등 규정이 위임입법의 한계를 벗어나지 않는 한 형벌법규와 결합하여 법령을 보충하는 기능을 하는 것이므로, 그 변경에 따라 범죄를 구성하지 아니하게 되거나 형이 가벼워졌다면 형법 제1조 제2항이 적용된다.

③ 형벌법규 자체 또는 그로부터 수권 내지 위임을 받은 법령이 아닌 다른 법령이 변경된 경우 형법 제1조 제2항을 적용하려면, 해당 형벌법규에 따른 범죄의 성립 및 처벌과 직접적으로 관련된 형사법적 관점의 변화를 주된 근거로 하는 법령의 변경에 해당하여야 한다.

④ 법령이 개정 내지 폐지된 경우가 아니라, 스스로 유효기간을 구체적인 일자나 기간으로 특정하여 효력의 상실을 예정하고 있던 법령이 그 유효기간을 경과함으로써 더 이상 효력을 갖지 않게 된 경우도 형법 제1조 제2항에서 말하는 법령의 변경에 해당한다.

> **해설**
>
> ① (○) 대판 2022.12.22, 2020도16420 전원합의체
> ② (○) 대판 2022.12.22, 2020도16420 전원합의체
> ③ (○) 대판 2022.12.22, 2020도16420 전원합의체
> ④ (×) 법령이 개정 내지 폐지된 경우가 아니라, 스스로 유효기간을 구체적인 일자나 기간으로 특정하여 효력의 상실을 예정하고 있던 법령이 그 유효기간을 경과함으로써 더 이상 효력을 갖지 않게 된 경우도 형법 제1조 제2항과 형사소송법 제326조 제4호에서 말하는 법령의 변경에 해당한다고 볼 수 없다(대판 2022.12.22, 2020도16420 전원합의체)

정답 ④

03 형법의 시간적 적용 범위에 관한 설명 중 옳은 것은? (다툼이 있는 경우 판례에 의함)

23 변호사시험

① 형법 제1조 제1항 "범죄의 성립과 처벌은 행위시의 법률에 따른다."라고 할 때의 '행위시'라 함은 범죄행위 종료시를 의미하므로, 구법 시행시 행위가 종료하였으나 결과는 신법 시행시에 발생한 경우에는 신법이 적용된다.
② 상습강제추행죄가 시행되기 이전에 범해진 강제추행행위는 습벽에 의한 것이라도 상습강제추행죄로 처벌할 수 없고 강제추행죄로 처벌할 수 있을 뿐이다.
③ 범죄 후 법률의 변경이 있더라도 형이 중하게 변경되는 경우나 형의 변경이 없는 경우에는 행위시법을 적용하여서는 안 된다.
④ 헌법재판소가 형벌법규에 대해 위헌결정을 한 경우, 당해 법조를 적용하여 기소한 피고사건은 범죄 후의 법령개폐로 형이 폐지되었을 때에 해당하므로 면소의 선고를 하여야 한다.

> **해설**
>
> ① (×) 범죄의 성립과 처벌은 행위시의 법률에 의한다고 할 때의 '행위시'라 함은 '범죄행위의 종료시'를 의미한다(대판 1994.5.10, 94도563) 이때 범죄행위의 종료시는 결과발생을 필요하지 않으므로, 범죄행위의 종료시인 구법이 적용된다.
> ② (○) 대판 2016.1.28, 2015도15669
> ③ (×) 범죄 후 법률의 변경이 있더라도 형이 중하게 변경되는 경우나 형의 변경이 없는 경우에는 형법 제1조 제1항에 따라 행위시법을 적용하여야 한다(대판 2010.6.10, 2010도4416)
> ④ (×) 헌법재판소의 위헌결정으로 인하여 형벌에 관한 법률 또는 법률조항이 소급하여 그 효력을 상실한 경우에는 당해 법조를 적용하여 기소한 피고사건은 범죄로 되지 아니하는 때에 해당하므로 무죄판결을 해야 한다(대판 1999.12.24, 99도3003)

정답 ②

04 형법의 적용범위에 관한 설명으로 가장 적절한 것은? (다툼이 있는 경우 판례에 의함)

24 경찰채용

① 범죄에 의하여 외국에서 형의 전부 또는 일부의 집행을 받은 자에 대하여는 형을 감경 또는 면제할 수 있다.
② 법령 제정 당시부터 또는 폐지 이전에 스스로 유효기간을 구체적인 일자나 기간으로 특정하여 효력의 상실을 예정하고 있던 법령이 그 유효기간을 경과함으로써 더 이상 효력을 갖지 않게 된 경우, 그 유효기간 경과 전에 행해진 법령 위반행위의 가벌성은 소멸하므로 더 이상 행위자를 처벌할 수 없게 된다.
③ 재판이 확정된 후 법률이 변경되어 그 행위가 범죄를 구성하지 아니하게 되거나 형이 구법보다 가벼워진 경우, 형의 집행을 면제한다.
④ 캐나다 시민권자인 甲이 투자금을 교부받더라도 선물시장에 투자하여 운용할 의사나 능력이 없음에도 캐나다에서 그곳에 거주하는 대한민국 국민 A를 기망하여 직접 투자금을 수령한 경우, 甲의 행위가 캐나다 법률에 의해 범죄를 구성하고 그에 대한 소추나 형의 집행이 면제되지 않는 경우에만 우리 형법이 적용된다.

해설

① (×) 죄를 지어 외국에서 형의 전부 또는 일부가 집행된 사람에 대해서는 그 집행된 형의 전부 또는 일부를 선고하는 형에 산입한다(제7조).
② (×) 법령이 개정 내지 폐지된 경우가 아니라, 스스로 유효기간을 구체적인 일자나 기간으로 특정하여 효력의 상실을 예정하고 있던 법령이 그 유효기간을 경과함으로써 더 이상 효력을 갖지 않게 된 경우도 형법 제1조 제2항과 형사소송법 제326조 제4호에서 말하는 법령의 변경에 해당한다고 볼 수 없다(대판 2022.12.22, 2020도16420 전원합의체)
③ (×) 재판이 확정된 후 법률이 변경되어 그 행위가 범죄를 구성하지 아니하게 된 경우에는 형의 집행을 면제한다(제1조 제3항) ※ 형이 구법보다 가벼워진 경우에는 선고된 형을 그대로 집행한다.
④ (○) 캐나다 시민권자인 피고인이 투자금을 교부받더라도 선물시장에 투자하여 운용할 의사나 능력이 없음에도, 피해자들을 기망하여 투자금 명목의 돈을 편취하였다는 내용으로 기소된 사안에서, 공소사실 중 '피고인이 캐나다에 거주하는 대한민국 국민을 기망하여 캐나다에서 직접 또는 현지 은행계좌로 투자금을 수령한 부분'은 외국인이 대한민국 영역 외에서 대한민국 국민에 대하여 범죄를 저지른 경우에 해당하므로, 이 부분이 행위지인 캐나다 법률에 의하여 범죄를 구성하는지 및 소추 또는 형의 집행이 면제되는지를 심리하여 해당 부분이 행위지 법률에 의하여 범죄를 구성하고 그에 대한 소추나 형의 집행이 면제되지 않는 경우에 한하여 우리 형법을 적용하였어야 한다(대판 2011.8.25, 2011도6507)

정답 ④

05 형법의 장소적 적용범위에 관한 설명 중 옳은 것을 모두 고른 것은? (다툼이 있는 경우 판례에 의함)
24 변호사시험

> ㉠ 영국인이 미국 영해에서 운항 중인 대한민국 국적의 선박에서 미국인을 살해한 경우에는 우리나라 형법이 적용된다.
> ㉡ 일본인이 행사할 목적으로 중국에서 미화 100달러 지폐를 위조한 경우에는 우리나라 형법이 적용된다.
> ㉢ 우리나라 형법상 약취·유인 및 인신매매의 죄는 그 예비·음모를 제외하고 우리나라 영역 밖에서 죄를 범한 외국인에게도 적용된다.
> ㉣ 중국인이 우리나라로 입국하기 위하여 중국에 소재한 우리나라 영사관에서 그곳에 비치된 여권발급신청서를 위조한 경우 보호주의에 의하여 우리나라 형법이 적용된다.
> ㉤ 범죄에 의하여 외국에서 형의 전부 또는 일부의 집행을 받은 자에 대하여는 그 형을 감경 또는 면제할 수 있다.

① ㉠㉡㉢　　② ㉠㉡㉣　　③ ㉠㉢㉤
④ ㉡㉣㉤　　⑤ ㉢㉣㉤

해설

㉠ (○) 기국주의를 규정한 형법 제4조에 의해 우리나라 형법이 적용된다.
㉡ (○) 일본인의 행위는 외국통용외국통화위조죄(제207조 제3항)에 해당한다. 일본인이고 범죄지도 중국이지만, 통화에 관한 죄는 형법 제5조 제4호에 의하여 외국인의 국외범에 대해서도 우리 형법이 적용되므로 일본인에 대하여 우리 형법이 적용될 수 있다.
㉢ (○) 제296조의2 참고
㉣ (×) 중국 북경시에 소재한 대한민국 영사관 내부는 여전히 중국의 영토에 속할 뿐 이를 대한민국의 영토로서 그 영역에 해당한다고 볼 수 없을 뿐 아니라 사문서위조죄가 형법 제6조의 대한민국 또는 대한민국 국민에 대하여 범한 죄에 해당하지 아니함은 명백하므로 피고인에 대한 재판권이 없다(대판 2006.9.22, 2006도5010)
㉤ (×) 죄를 지어 외국에서 형의 전부 또는 일부가 집행된 사람에 대해서는 그 집행된 형의 전부 또는 일부를 선고하는 형에 산입한다(제7조)

정답 ①

06 다음 설명 중 옳지 않은 것은 모두 몇 개인가? (다툼이 있는 경우 판례에 의함) 24 법행

㉠ 대한민국 국적의 甲이 일본에서 안마시술업소를 운영하면서 안마사 자격 인정을 받지 아니한 종업원들을 고용하여 안마를 하게 한 경우 그 종업원들의 안마행위가 의료법 제88조 제4호, 제82조 제1항의 구성요건에 해당한다고 볼 수 없으므로 이들을 고용한 甲도 양벌규정에 따라 처벌할 수 없다.
㉡ 필리핀에서 카지노의 외국인 출입이 허용되어 있으므로, 필리핀에서 도박을 한 대한민국 국적의 乙에게 대한민국 형법이 당연히 적용된다고 볼 수는 없다.
㉢ 중국 국적자가 중국에서 대한민국 국적 주식회사의 인장을 위조한 경우 형법 제5조(외국인의 국외범)의 규정에 따라 사인위조죄로 처벌된다.
㉣ 내국 법인의 대표자인 외국인이 외국에서 내국 법인이 그 외국에 설립한 특수목적법인에 위탁해 둔 자금을 정해진 목적과 용도 외에 임의로 사용한 경우, 그 행위가 행위지의 법률에 의하여 범죄를 구성하지 아니하거나 소추 또는 형의 집행을 면제할 경우가 아니라면 그 외국인에 대하여도 대한민국 법원에 재판권이 있다.
㉤ 형법 제5조에서 외국인의 국외범으로 규정한 죄는 내란의 죄, 외환의 죄, 국기에 관한 죄, 통화에 관한 죄, 유가증권, 우표와 인지에 관한 죄, 문서에 관한 죄 중 제225조 내지 제230조, 인장에 관한 죄 중 제238조뿐이다.

① 없음   ② 1개   ③ 2개   ④ 3개

해설

㉠ (○) 대판 2018.2.8, 2014도10051
㉡ (×) 필리핀국에서 카지노의 외국인 출입이 허용되어 있다 하여도 형법 제3조에 따라 필리핀국에서 도박을 한 피고인에게 우리나라 형법이 당연히 적용된다(대판 2001.9.25, 99도3337)
㉢ (×) 형법 제239조 제1항의 사인위조죄는 형법 제6조의 대한민국 또는 대한민국 국민에 대하여 범한 죄에 해당하지 아니하므로, 중국 국적자가 중국에서 대한민국 국적 주식회사의 인장을 위조한 경우에는 외국인의 국외범으로서 그에 대하여 재판권이 없다(대판 2002.11.26, 2002도4929)
㉣ (○) 대판 2017.3.22, 2016도17465
㉤ (○) 제5조(외국인의 국외범) 형법은 대한민국 영역 외에서 다음에 기재한 죄를 범한 외국인에게 적용한다.
  1. 내란의 죄
  2. 외환의 죄
  3. 국기에 관한 죄
  4. 통화에 관한 죄
  5. 유가증권, 우표와 인지에 관한 죄
  6. 문서에 관한 죄 중 제225조 내지 제230조
  7. 인장에 관한 죄 중 제238조

정답 ③

PART

02

최신 3개년 **기출문제집**
cafe.naver. 김종욱형사법

범죄론

01 범죄의 기본개념

제1절 범죄의 의의와 종류

01 위험범에 관한 설명으로 옳지 않은 것을 모두 고른 것은? (다툼이 있는 경우 판례에 의함)

23 경간

> ㉠ 형법제230조의 공문서부정행사죄는 공무원 또는 공무소의 문서 또는 도화를 부정행사함으로써 성립하는 죄로 추상적 위험범에 해당한다.
> ㉡ 형법제185조의 일반교통방해죄는 육로, 수로 또는 교량을 손괴 또는 불통하게 하거나 기타 방법으로 교통을 방해함으로써 성립하는 죄로 구체적 위험범에 해당한다.
> ㉢ 형법제158조의 장례식방해죄는 장례식을 방해함으로써 성립하는 죄로 구체적 위험범에 해당한다.
> ㉣ 형법제307조의 명예훼손죄는 공연히 사실 또는 허위의 사실을 적시하여 사람의 명예를 훼손함으로써 성립하는 죄로 추상적 위험범에 해당한다.

① ㉠㉡　　② ㉠㉣　　③ ㉡㉢　　④ ㉢㉣

해설

㉠ (○) 대판 2022.9.29, 2021도14514
㉡ (×) 일반교통방해죄는 이른바 추상적 위험범으로서 교통이 불가능하거나 또는 현저히 곤란한 상태가 발생하면 바로 기수가 되고 교통방해의 결과가 현실적으로 발생하여야 하는 것은 아니다(대판 2007.12.14, 2006도4662)
㉢ (×) 장례식방해죄는 추상적 위험범으로서 범인의 행위로 인하여 장례식이 현실적으로 저지 내지 방해되었다고 하는 결과의 발생까지 요하지 않고 방해행위의 수단과 방법에도 아무런 제한이 없으며 일시적인 행위라 하더라도 무방하나, 적어도 객관적으로 보아 장례식의 평온한 수행에 지장을 줄 만한 행위를 함으로써 장례식의 절차와 평온을 저해할 위험이 초래될 수 있는 정도는 되어야 비로소 방해행위가 있다고 보아 장례식방해죄가 성립한다고 할 것이다(대판 2013.2.14, 2010도13450)
㉣ (○) 대판 2020.11.19, 2020도5813 전원합의체

정답 ③

02 범죄의 종류에 대한 설명 중 가장 적절한 것은? (다툼이 있는 경우 판례에 의함) 23 경찰승진

① 명예훼손죄의 구성요건이 결과발생을 요구하는 침해범의 형태로 규정되어 있기 때문에 적시된 사실로 인하여 특정인의 사회적 평가를 침해할 위험만으로는 부족하고 침해의 결과 발생이 필요하다.
② 일반교통방해죄는 구체적 위험범이므로 교통방해의 결과가 현실적으로 발생하여야 하며, 교통방해행위로 인하여 교통이 현저히 곤란한 상태가 발생하면 미수가 된다.
③ 구 「국가공무원법」 제84조, 제65조 제1항에서 규정하는 공무원이 정당 그 밖의 정치단체에 가입한 죄는 공무원이 정당 등에 가입함으로써 즉시 성립하고 그와 동시에 완성되는 즉시범이므로 그 범죄성립과 동시에 공소시효가 진행한다.
④ 체포죄는 즉시범으로서 반드시 체포의 행위에 확실히 사람의 신체의 자유를 구속한다고 인정할 수 있을 정도의 시간적 계속성이 있을 필요는 없다.

> **해설**
>
> ① (×) 명예훼손죄는 추상적 위험범으로 불특정 또는 다수인이 적시된 사실을 실제 인식하지 못하였다고 하더라도 인식할 수 있는 상태에 놓인 것으로도 명예가 훼손된 것으로 보아야 한다(대판 2020.12.30, 2015도15619)
> ② (×) 일반교통방해죄는 이른바 추상적 위험범으로서 교통이 불가능하거나 또는 현저히 곤란한 상태가 발생하면 바로 기수가 되고 교통방해의 결과가 현실적으로 발생하여야 하는 것은 아니다(대판 2019.4.23, 2017도1056)
> ③ (○) 대판 2014.5.16, 2012도12867
> ④ (×) 체포죄는 계속범으로서 체포의 행위에 확실히 사람의 신체의 자유를 구속한다고 인정할 수 있을 정도의 시간적 계속이 있어야 기수에 이르고, 신체의 자유에 대한 구속이 그와 같은 정도에 이르지 못하고 일시적인 것으로 그친 경우에는 체포죄의 미수범이 성립할 뿐이다(대판 2020.3.27, 2016도18713)

정답 ③

03 (가)와 (나)에 관한 다음 설명 중 옳고 그름의 표시(O, ×)가 바르게 된 것은? (다툼이 있는 경우 판례에 의함)

23 경찰채용

(가) 구성요건적 실행행위에 의해 법익의 침해가 발생하여 범죄가 기수에 이르고 범죄행위도 종료되지만 법익침해 상태는 기수 이후에도 존속되는 범죄
(나) 범죄가 기수에 이른 후에도 범죄행위와 법익침해 상태가 범행 종료시까지 계속되는 범죄

㉠ (가)의 경우 기수 이후 법익침해 상태가 계속되는 시점에도 공범성립이 가능하다.
㉡ (나)의 공소시효는 기수시부터가 아니라 범죄종료시로부터 진행하므로 범죄가 종료한 때로부터 공소시효가 진행된다.
㉢ (가)와 (나)의 경우 정당방위는 기수시까지 가능하다.
㉣ (가)는 범죄의 기수시기와 종료시기가 일치하지만, (나)는 범죄의 기수시기와 종료시기가 일치하지 않고 분리된다.

① ㉠(O) ㉡(×) ㉢(O) ㉣(O)
② ㉠(O) ㉡(×) ㉢(O) ㉣(×)
③ ㉠(×) ㉡(O) ㉢(×) ㉣(O)
④ ㉠(×) ㉡(O) ㉢(×) ㉣(×)

해설

(가)는 즉시범 또는 상태범이고, (나)는 계속범이다.
㉠ (×) 즉시범 또는 상태범은 계속범과 달리 기수에 이른 후에는 공범이 성립할 수 없다.
㉡ (O) 계속범의 공소시효는 범죄종료시로부터 진행하므로 범죄가 종료한 때로부터 공소시효가 진행된다.
㉢ (×) 즉시범 또는 상태범의 경우 정당방위는 기수시까지 가능하지만, 계속범의 경우 정당방위는 종료시까지 가능하다.
㉣ (O) 즉시범 또는 상태범은 범죄의 기수에 이름과 동시에 바로 종료되는 범죄로서 기수시기와 종료시기가 일치하지만, 계속범은 범죄의 기수시기와 종료시기가 일치하지 않는다

정답 ③

제2절 행위의 주체(법인)

01 행위의 주체에 관한 설명으로 가장 적절한 것은? (다툼이 있는 경우 판례에 의함) 24 경찰승진

① 주식회사의 주식이 사실상 1인의 주주에 귀속하는 1인회사의 경우에는 회사와 주주를 동일한 인격체라고 볼 수 있으므로 1인 회사는 양벌규정에 따른 책임을 부담하지 않는다.
② 양벌규정에 의하여 법인이 처벌받는 경우라도 법인의 사용인들이 범죄행위를 공모한 후 일방법인의 사용인이 그 실행행위에 직접 가담하지 아니하고 다른 공모자인 타법인의 사용인만이 분담실행한 경우라면 그 법인은 공동정범의 죄책을 면한다.
③ 양벌규정 중 법인의 대표자 관련 부분은 대표자의 책임을 요건으로 하여 법인을 처벌하는 것이지 그 대표자의 처벌까지 전제조건이 되는 것은 아니므로 법인의 대표이사가 선행사건 확정판결로 면소판결을 선고받았더라도 해당 법인을 양벌규정으로 처벌할 수 있다.
④ 회사 대표자의 위반행위에 대하여 징역형의 형량을 정상참작감경하고 병과하는 벌금형에 대하여 선고유예를 한 이상 양벌규정에 따라 그 회사를 처단함에 있어서도 같은 조치를 취하여야 한다.

해설

① (×) 1인 회사의 경우도 자본시장과 금융투자업에 관한 법률에 따른 양벌규정에 기한 책임을 부담한다(대판 2018.4.12, 2013도6962)
② (×) 양벌규정에 의하여 법인이 처벌받는 경우에 법인의 사용인들이 범죄행위를 공모한 후 일방법인의 사용인이 그 실행행위에 직접 가담하지 아니하고 다른 공모자인 타법인의 사용인만이 분담실행한 경우에도 그 법인은 공동정범의 죄책을 면할 수 없다(대판 1983.3.22, 81도2545)
③ (○) 대판 2022.11.17, 2021도701
④ (×) 회사 대표자의 위반행위에 대하여 징역형의 형량을 정상참작감경하고 병과하는 벌금형에 대하여 선고유예를 한 이상 양벌규정에 따라 그 회사를 처벌함에 있어서도 같은 조치를 취하여야 한다는 논지는 독자적인 견해에 지나지 아니하여 받아들일 수 없다(대판 1995.12.12, 95도1893)

정답 ③

02 법인의 처벌에 대한 설명 중 가장 적절한 것은? (다툼이 있는 경우 판례에 의함) 23 경찰승진

① 합병으로 인하여 소멸한 법인이 종업원 등의 위법행위에 대하여 양벌규정에 따라 부담하던 형사책임은 합병으로 존속하는 법인에 승계되지 않는다.
② 법인격 없는 사단과 같은 단체는 법인과 마찬가지로 사법상의 권리의무의 주체가 될 수 있으므로 법률에 명문의 규정 유무를 불문하고 그 범죄능력은 당연히 인정된다.
③ 양벌규정은 법인의 대표자 등 행위자가 법규위반행위를 저지른 경우 일정 요건하에 행위자가 아닌 법인이 직접 법규위반행위를 저지른 것으로 평가하여 행위자와 같이 처벌하도록 규정한 것으로 이때의 법인의 처벌은 행위자의 처벌에 종속되는 것이다.
④ 지방자치단체의 장이 국가사무의 일부를 위임받아 사무를 처리하는 기관위임사무뿐만 아니라 지방자치단체 고유의 자치사무를 처리하는 경우에도 지방자치단체는 국가기관과는 별도의 독립한 공법인이므로 양벌규정에 따라 처벌대상이 되는 법인에 해당한다.

> **해설**
>
> ① (○) 대판 2015.12.24, 2015도13946
> ② (×) 법인격 없는 사단과 같은 단체는 법인과 마찬가지로 사법상의 권리의무의 주체가 될 수 있음은 별론으로 하더라도 법률에 명문의 규정이 없는 한 그 범죄능력은 없고 그 단체의 업무는 단체를 대표하는 자연인인 대표기관의 의사결정에 따른 대표행위에 의하여 실현될 수밖에 없다(대판 2017.4.7, 2016도21283)
> ③ (×) 양벌규정은 법인의 대표자나 법인 또는 개인의 대리인, 사용인, 그 밖의 종업원등 행위자가 법규위반행위를 저지른 경우 일정 요건 하에 이를 행위자가 아닌 법인 또는 개인이 직접 법규위반행위를 저지른 것으로 평가하여 행위자와 같이 처벌하도록 규정한 것으로서, **이때의 법인 또는 개인의 처벌은 행위자의 처벌에 종속되는 것이 아니라** 법인 또는 개인의 직접 책임 내지 자기책임에 기초하는 것이다(대판 2020.6.11, 2016도9367)
> ④ (×) [1] 국가가 본래 그의 사무의 일부를 지방자치단체의 장에게 위임하여 처리하게 하는 기관위임사무의 경우 지방자치단체는 국가기관의 일부로 볼 수 있다.
> [2] 지방자치단체가 그 고유의 자치사무를 처리하는 경우 지방자치단체는 국가기관의 일부가 아니라 국가기관과는 별도의 독립한 공법인으로서 양벌규정에 의한 처벌대상이 되는 법인에 해당한다(대판 2009.6.11, 2008도6530)

정답 ①

03 법인의 처벌 등에 관한 설명 중 가장 옳지 않은 것은? (다툼이 있는 경우 판례에 의함)

23 해경간부

① 1인 회사의 경우에도 자본시장과 금융투자업에 관한 법률에 따른 양벌규정에 기한 책임을 부담한다.
② 회사 대표자의 위반행위에 대하여 징역형의 형량을 정상참작감경하고 병과하는 벌금형에 대하여 선고유예를 한 이상 양벌규정에 따라 그 회사를 처단함에 있어서도 같은 조치를 취하여야 한다.
③ 양벌규정의 법인의 대표자는 그 명칭 여하를 불문하고 당해 법인을 실질적으로 경영하면서 사실상 대표하고 있는 자를 포함한다.
④ 특별한 근거규정이 없는 한 법인설립 이전의 자연인의 행위를 이유로 양벌규정을 적용하여 법인을 처벌할 수는 없다.

> **해설**
>
> ① (○) 대판 2018.4.12, 2013도6962
> ② (×) 회사 대표자의 위반행위에 대하여 징역형의 형량을 정상참작감경하고 병과하는 벌금형에 대하여 선고유예를 한 이상 양벌규정에 따라 그 회사를 처벌함에 있어서도 같은 조치를 취하여야 한다는 논지는 독자적인 견해에 지나지 아니하여 받아들일 수 없다(대판 1995.12.12, 95도1893)
> ③ (○) 대판 2013.7.11, 2011도15056 ※ 실질적 경영자와 형식적 경영자(허수아비)가 다른 경우에 양벌규정상의 형사책임은 실질적 경영자가 져야 한다.
> ④ (○) 대판 2018.8.1, 2015도10388

정답 ②

02 구성요건

제1절 구성요건의 일반이론

※ 기출문제 없음

제2절 부작위범

01 부작위범에 관한 설명으로 가장 적절한 것은? (다툼이 있는 경우 판례에 의함) 24 경찰승진

① 하나의 행위가 작위범과 부작위범의 구성요건을 동시에 충족할 수는 없다.
② 부작위범에 대한 방조범은 부작위에 의한 방조 뿐만 아니라 작위에 의한 방조의 경우에도 결과발생을 방지할 의무 내지 보증인의무가 있는 경우에만 성립한다.
③ 부진정부작위범의 경우와는 달리 진정부작위범의 공동정범은 그 의무가 수인에게 공통으로 부여되어 있지 않더라도 수인이 공모한 경우에 성립할 수 있다.
④ 「도로교통법」 제54조 제1항, 제2항이 규정한 교통사고 발생 시의 구호조치의무 및 신고의무는 교통사고의 결과가 피해자의 구호 및 교통질서의 회복을 위한 조치가 필요한 상황인 이상, 교통사고를 발생시킨 당해 차량의 운전자에게 그 사고 발생에 있어서 고의·과실 혹은 유책·위법의 유무에 관계없이 부과된 의무이므로 위법하지 않은 선행행위로부터도 작위의무가 발생할 수 있다.

> **해설**
>
> ① (×) 하나의 행위가 작위범과 부작위범을 동시에 충족할 수는 있다(대판 2008.2.14, 2005도4202)
> ② (×) [1] 형법상 방조는 직무상의 의무가 있는 자가 정범의 범죄행위를 인식하면서도 그것을 방지하여야 할 제반조치를 취하지 아니하는 부작위로 인하여 정범의 실행행위를 용이하게 하는 경우에도 성립된다(대판 1984.11.27, 84도1906)
> [2] 부작위에 의한 방조는 결과발생을 방지해야 할 보증인지위(보증인의무)에 있는 자가 정범의 범행을 방치한 경우에 가능하나, 작위에 의한 방조의 경우에는 그러지 아니하다.
> ③ (×) 부작위범 사이의 공동정범은 다수의 부작위범에게 공통된 의무가 부여되어 있고 그 의무를 공통으로 이행할 수 있을 때에만 성립한다(대판 2008.3.27, 2008도89) ※ 진정부작위범의 공동정범도 그 의무가 수인에게 공통으로 부여되어 있는데도 수인이 공모한 경우에 성립할 수 있다.
> ④ (○) 대판 2002.5.24, 2000도1731

정답 ④

02 부작위범에 관한 설명 중 옳지 않은 것을 모두 고른 것은? (다툼이 있는 경우 판례에 의함)

24 변호사시험

㉠ 작위의무는 법적인 의무이어야 하므로 법령, 법률행위, 선행행위로 인한 경우에는 법적인 작위의무가 인정되나, 기타 신의성실의 원칙이나 사회상규 혹은 조리상 작위의무가 기대되는 경우에는 법적인 작위의무를 인정할 수 없다.
㉡ 부진정 부작위범의 고의는 반드시 구성요건적 결과 발생에 대한 목적이나 계획적인 범행 의도가 있어야 한다.
㉢ 업무상배임죄는 부작위에 의해서도 성립할 수 있는 바, 그러한 부작위를 실행의 착수로 볼 수 있기 위해서는 작위의무가 이행되지 않으면 사무처리의 임무를 부여한 사람이 재산권을 행사할 수 없으리라고 객관적으로 예견되는 등으로 구성요건적 결과 발생의 위험이 구체화한 상황에서 부작위가 이루어져야 한다.
㉣ 중고 자동차 매매에 있어서 매도인의 할부금융회사 또는 보증보험에 대한 할부금채무가 매수인에게 당연히 승계되므로 그 할부금 채무의 존재를 매수인에게 고지하지 아니한 경우 부작위에 의한 기망에 해당한다.
㉤ 부작위범 사이의 공동정범은 다수의 부작위범에게 공통된 의무가 부여되어 있고 그 의무를 공통으로 이행할 수 있을 때에만 성립한다.

① ㉠㉡㉢
② ㉠㉡㉣
③ ㉡㉢㉣
④ ㉠㉡㉣㉤
⑤ ㉠㉢㉣㉤

해설

㉠ (×) 부작위범에 있어서 작위의무는 법령, 법률행위, 선행행위로 인한 경우는 물론, 신의성실의 원칙이나 사회상규 혹은 조리상 작위의무가 기대되는 경우에도 인정된다(대판 2015.11.12, 2015도6809 전원합의체).
㉡ (×) 부진정부작위범의 고의는 반드시 구성요건적 결과발생에 대한 목적이나 계획적인 범행 의도가 있어야 하는 것은 아니고 법익침해의 결과발생을 방지할 법적 작위의무를 가지고 있는 사람이 의무를 이행함으로써 결과발생을 쉽게 방지할 수 있었음을 예견하고도 결과발생을 용인하고 이를 방관한 채 의무를 이행하지 아니한다는 인식을 하면 족하다(대판 2015.11.12, 2015도6809 전원합의체).
㉢ (○) 대판 2021.5.27, 2020도15529
㉣ (×) 중고 자동차 매매에 있어서 매도인의 할부금융회사 또는 보증보험에 대한 할부금 채무가 매수인에게 당연히 승계되는 것이 아니기 때문에 그 할부금 채무의 존재를 매수인에게 고지하지 아니한 것은 부작위에 의한 기망에 해당하지 아니한다(대판 1998.4.14, 98도231)
㉤ (○) 대판 2008.3.27, 2008도89

정답 ②

03 부작위범에 관한 설명으로 옳고 그름의 표시(O, ×)가 바르게 된 것은? (다툼이 있는 경우 판례에 의함)

23 경간

> ㉠ 어떠한 범죄가 적극적 작위에 의하여 이루어질 수 있음은 물론 결과의 발생을 방지하지 아니하는 소극적 부작위에 의하여도 실현될 수 있는 경우에, 행위자가 자신의 신체적 활동이나 물리적·화학적 작용을 통하여 적극적으로 타인의 법익 상황을 악화시킴으로써 결국 그 타인의 법익을 침해하기에 이르렀다면, 이는 작위에 의한 범죄로 봄이 원칙이다.
> ㉡ 업무상배임죄는 부작위에 의해서도 성립할 수 있는데, 그러한 부작위를 실행의 착수로 볼 수 있기 위해서는 작위의무가 이행되지 않으면 사무처리의 임무를 부여한 사람이 재산권을 행사할 수 없으리라고 객관적으로 예견되는 등으로 구성요건적 결과 발생의 위험이 구체화한 상황에서 부작위가 이루어져야 한다.
> ㉢ 부작위에 의한 교사는 교사자가 정범에게 부작위에 의하여 범죄의 결의를 일으키게 할 수 없기 때문에 불가능하지만, 부작위에 의한 방조는 방조범에게 보증인의무가 인정된다면 가능하다.
> ㉣ 부작위범에 대한 교사는 교사자가 정범에게 부작위에 나가도록 결의하게 함으로써 가능하고, 부작위범에 대한 방조는 부작위하겠다는 부작위범의 결의를 강화하는 형태의 방조도 가능하다.

① ㉠(O) ㉡(O) ㉢(O) ㉣(O)
② ㉠(O) ㉡(×) ㉢(O) ㉣(×)
③ ㉠(×) ㉡(O) ㉢(×) ㉣(O)
④ ㉠(×) ㉡(×) ㉢(×) ㉣(×)

해설

㉠ (O) 대판 2004.6.24, 2002도995
㉡ (O) 대판 2021.5.27, 2020도15529
㉢ (O) [1] 부작위에 의해서는 피교사자에게 아무런 심리적 영향을 주지 못하므로 부작위에 의한 교사는 불가능하다.
[2] 형법상 방조는 직무상의 의무가 있는 자가 정범의 범죄행위를 인식하면서도 그것을 방지하여야 할 제반조치를 취하지 아니하는 부작위로 인하여 정범의 실행행위를 용이하게 하는 경우에도 성립된다(대판 1984.11.27, 84도1906) ※ 부작위에 의한 방조는 결과발생을 방지해야 할 보증인지위에 있는 자가 정범의 범행을 방치한 경우에 가능하다.
㉣ (O) 부작위범에 대하여도 적극적인 작위에 의한 교사와 방조가 가능하다.

정답 ①

04 다음 중 부작위범에 대한 설명으로 옳지 않은 것을 모두 고른 것은? (다툼이 있는 경우 판례에 의함)

23 해경승진

㉠ 부진정부작위범에서의 보증인지위와 보증인의무를 구별하는 입장에 의하면, 보증인의무가 존재하지 아니하는 것으로 착오한 경우는 법률의 착오로 취급된다.
㉡ 임대인이 임대차계약을 체결하면서 임차인에게 임대목적물이 경매진행 중인 사실을 알리지 않은 경우 임차인이 등기부를 확인 또는 열람하는 것이 가능하였다면 임대인에게 사기죄가 성립하지 않는다.
㉢ 진정부작위범과 부진정부작위범 모두 작위의무가 법적으로 인정되더라도 작위의무를 이행하는 것이 사실상 불가능한 상황이었다면, 부작위범이 성립할 수 없다.
㉣ 부진정부작위범의 요건으로 행위태양의 동가치성을 요구하는 것은 부진정부작위범의 형사처벌을 확장하는 기능을 한다.
㉤ 의사가 수술 후 치료를 계속하지 않으면 환자가 사망할 수 있음을 알면서도 보호자의 강력한 요청으로 치료를 중단하고 퇴원을 허용하여 보호자의 방치로 환자가 사망한 경우, 그 의사에게는 부작위에 의한 살인방조죄가 성립한다.

① ㉡㉢㉣   ② ㉡㉢㉤   ③ ㉡㉣㉤   ④ ㉠㉣㉤

해설

㉠ (O) 보증인의무와 보증인지위를 구별하는 이분설에 따르면, 보증인 지위에 대한 착오는 구성요건적 착오가 되지만, 보증인 의무에 대한 착오는 금지착오(법률의 착오)에 해당한다.
㉡ (×) 임대인이 임대차계약을 체결하면서 임차인에게 임대목적물이 경매진행중인 사실을 알리지 아니한 경우 임차인이 등기부를 확인 또는 열람하는 것이 가능하더라도 사기죄가 성립한다(대판 1998.12.8, 98도3263)
㉢ (O) 대판 2015.11.12, 2015도6809 전원합의체
㉣ (×) 부진정부작위범이 성립하기 위해서는 부작위를 실행행위로서의 작위와 동일시할 수 있어야 한다(대판 2017.12.22, 2017도13211) ※ 행위태양의 동가치성을 요구하는 것은 부진정부작위범의 형사처벌을 축소하는 기능을 한다.
㉤ (×) 당해 의사는 작위에 의한 살인방조의 죄책을 진다(대판 2004.6.24, 2002도995)

정답 ③

05 부작위범에 관한 설명 중 옳지 않은 것은 모두 몇 개인가? (다툼이 있는 경우 판례에 의함)

22 경찰채용

㉠ 압류된 골프장 시설을 보관하는 회사의 대표이사 甲이 그 압류시설의 사용 및 봉인의 훼손을 방지할 수 있는 적절한 조치 없이 골프장 개장 및 압류시설 작동을 의도적으로 묵인 또는 방치하여 봉인이 훼손되게 한 경우 甲에게는 부작위에 의한 공무상표시무효죄가 성립한다.

㉡ 국가연구개발사업의 연구책임자 甲이 처음부터 소속 학생 연구원들에게 학생연구비를 개별 지급할 의사 없이 공동관리계좌를 관리하면서 사실상 그 처분권을 가질 의도 하에 이를 숨기고 산학협력단에 연구비를 신청하여 지급받은 경우 甲의 행위는 산학협력단에 대한 관계에 있어서 기망에 의한 편취행위에 해당한다.

㉢ 위치추적 전자장치의 피부착자 甲이 그 장치의 구성 부분인 휴대용 추적장치를 분실한 후 3일이 경과하도록 보호관찰소에 분실신고를 하지 않고 돌아다닌 경우 분실을 넘어서서 상당한 기간 동안 휴대용 추적장치가 없는 상태를 방치한 부작위는 「전자장치 부착 등에 관한 법률」 제38조에 따른 전자장치의 효용을 해한 행위에 해당하지 아니한다.

㉣ 甲은 법무사가 아님에도 자신이 법무사로 소개되거나 호칭되는 상황에서 자신이 법무사가 아니라는 사실을 밝히지 않은 채 법무사 행세를 계속하면서 근저당권설정계약서를 작성해 준 경우 甲에게는 부작위에 의한 법무사법위반(법무사가 아닌 자에 대한 금지)죄가 성립한다.

㉤ 대출자금으로 빌딩을 경락받았으나 분양이 저조하여 자금 조달에 실패한 甲과 乙은 수분양자들과 사이에 대출금으로 충당되는 중도금을 제외한 계약금과 잔금의 지급을 유예하고 1년의 위탁기간 후 재매입하기로 하는 등의 비정상적인 이면약정을 체결하고 점포를 분양하였음에도, 금융기관에 대해서는 그러한 이면약정의 내용을 감춘 채 분양 중도금의 집단적 대출을 교섭하여 중도금 대출 명목으로 금원을 지급받은 경우 甲과 乙의 행위는 사기죄의 요건으로서의 부작위에 의한 기망에 해당하지 아니한다.

① 1개　　② 2개　　③ 3개　　④ 4개

해설

㉠ (○) 대판 2005.7.22, 2005도3034
㉡ (○) 대판 2021.9.9, 2021도8468
㉢ (×) 피고인이 휴대용 추적장치의 분실을 넘어서서 상당한 기간 동안 휴대용 추적장치가 없는 상태를 임의로 방치하여 전자장치의 효용이 정상적으로 발휘될 수 없는 상태를 이룬 행위를 전자장치의 효용을 해한 행위로 보고, 위 행위에 고의가 있었음을 전제로 유죄를 인정한 원심판단은 정당하다(대판 2012.8.17, 2012도5862)
㉣ (○) 대판 2008.2.28, 2007도9354
㉤ (×) 피고인들은 대출시 피해 저축은행들에게 비정상적인 약정의 내용을 알릴 신의칙상 의무가 있다고 할 것이고 따라서 피고인들이 대출 저축은행들에게 위 약정의 내용을 알리지 않은

것은 사기죄의 요건으로서의 **부작위에 의한 기망에 해당한다**(대판 2006.2.23, 2005도8645)

정답 ②

06 부작위범에 관한 설명 중 옳지 않은 것은? (다툼이 있는 경우 판례에 의함) 23 변호사시험

① 일정 기간 내에 잘못된 상태를 바로잡으라는 행정청의 지시를 이행하지 않았다는 것을 구성요건으로 하는 범죄는 진정부작위범으로서 그 의무이행기간의 경과에 의하여 범행이 기수에 이른 것이다.

② 형법상 방조는 작위에 의하여 정범의 실행행위를 용이하게 하는 경우는 물론, 직무상의 의무가 있는 자가 정범의 범죄행위를 인식하면서도 그것을 방지하여야 할 제반조치를 취하지 아니하는 부작위로 인하여 정범의 실행행위를 용이하게 하는 경우에도 성립한다.

③ 부진정 부작위범의 작위의무는 법령, 법률행위, 선행행위로 인한 경우는 물론, 사회상규 혹은 조리상 작위의무가 기대되는 경우에도 인정된다.

④ 甲이 A와 토지 지상에 창고를 신축하는 데 필요한 형틀공사 계약을 체결한 후 그 공사를 완료하였는데, A가 공사대금을 주지 않는다는 이유로 위 토지에 쌓아 둔 건축자재를 단순히 치우지 않은 경우, 甲의 이러한 행위는 적극적으로 A의 추가 공사 업무를 방해한 행위와 동등한 형법적 가치를 가지는 것으로 평가할 수 있으므로 甲에게는 부작위에 의한 업무방해죄가 성립한다.

해설

① (○) 대판 1994.4.26, 93도1731
② (○) 대판 1984.11.27, 84도1906
③ (○) 대판 1996.9.6, 95도2551
④ (×) 피고인이 乙과 토지 지상에 창고를 신축하는 데 필요한 형틀공사 계약을 체결한 후 그 공사를 완료하였는데, 乙이 공사대금을 주지 않는다는 이유로 위 토지에 쌓아 둔 건축자재를 치우지 않고 공사현장을 막은 경우, 부작위에 의한 업무방해죄가 성립하지 않는다(대판 2017.12.22, 2017도13211)

정답 ④

07 (가)와 (나)에 관한 설명으로 가장 적절하지 않은 것은? (다툼이 있는 경우 판례에 의함)

22 경찰채용

> (가) 일정한 기간 내에 잘못된 상태를 바로 잡으라는 행정청의 지시를 이행하지 않았다는 것을 구성요건으로 하는 범죄
> (나) 형법 제250조 제1항의 살인죄와 같이 그 규정 형식으로 보아 작위를 내용으로 하는 범죄를 부작위에 의하여 범하는 범죄

① (가)와 (나)의 구별에 있어 형식설에 의할 경우 형법 제103조 제1항의 전시군수계약불이행죄와 형법 제116조의 다중불해산죄는 (가)의 경우에 해당한다.
② 유기죄에서의 보호의무를 법률상·계약상 보호의무로 국한하는 입장에 따르면 (나)에서의 보호의무는 유기죄의 보호의무보다 넓게 된다.
③ (나)는 고의에 의해서는 물론 과실범 처벌규정이 있는 한 과실에 의해서도 성립가능하다.
④ (나)의 요건으로 행위정형의 동가치성을 요구하는 것은 형사처벌을 확장하는 기능을 한다.

해설

(가) 이는 진정부작위범을 말하고, (나) 이는 부진정부작위범을 말한다.
① (O) 형식설은 현재의 통설의 입장으로, 형식설에 의할 경우에 퇴거불응죄, 전시군수계약불이행죄, 다중불해산죄는 진정부작위범에 해당한다.
② (O) 부진정부작위범의 성립을 위한 작위의무의 발생근거는 유기죄의 성립을 위한 보호의무의 발생근거보다 그 범위가 넓다.
[1] 유기죄는 법률상 또는 계약상의 보호의무 있는 자만을 그 주체로 규정하고 있으므로 유기죄의 죄책을 인정하려면 그 구성요건이 요구하는 법률상, 계약상의 보호의무를 밝혀야 한다(대판 1977.1.11, 76도3419).
[2] 살인죄와 같이 일반적으로 작위를 내용으로 하는 범죄를 부작위에 의하여 범하는 이른바 부진정 부작위범의 경우 작위의무는 법령, 법률행위, 선행행위로 인한 경우는 물론, 신의성실의 원칙이나 사회상규 혹은 조리상 작위의무가 기대되는 경우에도 인정된다(대판 2015.11.12, 2015도6809 전원합의체).
③ (O) 형법상 작위범과 부작위범은 차이가 없다. 따라서 (부진정)부작위범은 고의범뿐만 아니라 과실범의 경우에도 성립할 수 있다. 예를 들어, 부작위에 의한 과실치사죄가 성립한다.
④ (×) 행위정형의 동가치성을 요구하는 것은 부진정부작위범의 형사처벌을 축소하는 기능을 한다.

정답 ④

제3절 인과관계와 객관적 귀속

01 인과관계에 관한 설명으로 옳고 그름의 표시(O, ×)가 바르게 된 것은? (다툼이 있는 경우 판례에 의함)
24 경찰승진

> ㉠ 동시의 독립행위가 경합한 경우에 그 결과발생의 원인된 행위가 판명되지 아니한 때에는 이시(異時)의 독립행위가 경합한 경우와 달리 각 행위를 기수범으로 처벌한다.
> ㉡ 고의의 결과범에서 실행행위와 결과발생 간에 인과관계가 없는 경우 행위자를 기수범으로 처벌할 수 없다.
> ㉢ 결과발생을 위해 경험칙상 상당한 조건만이 원인이 되고 이 경우 인과관계가 인정된다는 견해에 대해서는 결과발생에 관계된 모든 조건을 등가적으로 평가함으로써 인과관계를 인정하는 범위가 너무 넓어 결과책임을 제한하려는 형법의 목적을 실현하는 데 문제가 있다는 비판이 제기된다.
> ㉣ 甲이 주먹으로 A의 복부를 1회 강타하여 장파열로 인한 복막염으로 A를 사망케 하였다면, 비록 의사의 과실에 의한 수술지연이 공동원인이 되었더라도 甲의 행위가 사망의 결과에 대한 유력한 원인이 된 이상 甲의 행위와 A의 사망 사이에는 인과관계가 인정된다.

① ㉠(×)　㉡(O)　㉢(O)　㉣(O)
② ㉠(×)　㉡(O)　㉢(×)　㉣(O)
③ ㉠(O)　㉡(×)　㉢(O)　㉣(×)
④ ㉠(×)　㉡(×)　㉢(×)　㉣(O)

해설

㉠ (×) 동시 또는 이시의 독립행위가 경합한 경우에 그 결과발생의 원인된 행위가 판명되지 아니한 때에는 각 행위를 미수범으로 처벌한다(제19조) ※ 이시의 독립행위가 경합한 경우에도 그 결과발생의 원인된 행위가 판명되지 아니한 때에는 각 행위를 미수범으로 처벌한다.
㉡ (O) 고의범의 경우에 인과관계가 인정되면 기수가 되고, 인과관계가 부정되면 미수범 처벌 규정이 있는 경우에 한하여 미수범이 성립한다.
㉢ (×) 결과발생을 위해 경험칙상 상당한 조건만이 원인이 되고 이 경우 인과관계가 인정된다는 견해는 상당인과관계설이다. 상당인과관계설은 인과관계와 결과귀속을 혼동한 잘못이 있을 뿐 아니라 인과관계의 판단척도가 모호하여 법적안정성을 해칠 우려가 있다는 비판을 받는다. 인과관계를 인정하는 범위가 너무 넓어 결과책임을 제한하려는 형법의 목적을 실현하는 데 문제가 있다는 비판이 제기되는 견해는 조건설에 해당한다.
㉣ (O) 대판 1984.6.26, 84도831

정답 ②

02 인과관계에 관한 설명 중 가장 옳지 않은 것은? (다툼이 있는 경우 판례에 의함) 24 법행

① 甲이 乙 저축은행에 대출을 신청하여 심사를 받을 당시 동시에 A 저축은행에 대출을 신청한 상태였는데도 乙 저축은행으로부터 다른 금융회사에 동시에 진행 중인 대출이 있는지에 대하여 질문을 받자 '없다'고 답변하였고, 乙 저축은행으로부터 대출을 받은 지 약 6개월 후에 신용회복위원회에 대출 이후 증가한 채무를 포함하여 프리워크아웃을 신청한 경우 甲의 기망행위와 乙 저축은행의 처분행위 사이에 인과관계가 인정된다고 볼 수 있다.

② 금융기관의 통상적인 여신처리기준에 의하면, 적자 상태인 당해 기업에 대한 여신이 가능했을 수도 있다고 하더라도, 이로 인하여 획일적으로 부실 재무제표 제출로 인한 기망행위와 여신 결정 사이의 인과관계가 단절된다고 볼 수는 없고, 기업이 적자상태를 숨기기 위하여 흑자 상황인 것처럼 작성한 재무제표를 제출하였다는 사실이 발각될 경우 초래될 수 있는 신뢰성 평가에 미치는 부정적인 영향까지 적절하게 고려·평가하여 인과관계의 단절 여부를 살펴보아야 한다.

③ B 주식회사의 실질적 운영자이자 C 주식회사의 대표이사인 D와 E 등이 공모하여, B 회사가 시행하고 C 회사가 시공하는 임대아파트의 신축과 관련하여 F 은행에 임대주택건설자금 대출을 신청하면서 아파트 부지의 매매가격을 부풀린 매매계약서 등을 제출하는 방법으로 F 은행을 기망하여 국민주택기금 대출금을 받은 경우, D와 E 등이 아파트 부지의 매매가격을 부풀린 매매계약서 등을 제출한 행위와 F 은행의 대출 사이에 인과관계가 존재한다고 보기 어렵다.

④ 자동차 운전자인 피고인이 교차로와 연접한 횡단보도에 차량보조등은 설치되지 않았으나 보행등이 녹색이고, 교차로의 차량신호등은 적색인데도, 횡단보도를 통과하여 교차로를 우회하다가 신호에 따라 진행하던 자전거를 들이받아 운전자에게 상해를 입힌 경우 피고인의 위 우회전행위와 위 사고 발생 사이에는 직접적인 원인관계가 존재한다고 볼 수 없다.

해설

① (○) 대판 2018.8.1, 2017도20682
② (○) 대판 2017.12.22, 2017도12649
③ (○) 대판 2016.7.14, 2015도20233
④ (×) 자동차 운전자인 피고인이, 삼거리 교차로에 연접한 횡단보도에 차량보조등은 설치되지 않았으나 그 보행등이 녹색이고, 교차로의 차량신호등은 적색인데도, 횡단보도를 통과하여 교차로에 진입·우회전을 하다가 당시 신호에 따라 교차로를 지나 같은 방향으로 직진하던 자전거를 들이받아 그 운전자에게 상해를 입힌 사안에서, 위와 같은 경우 피고인은 횡단보도 정지선에서 정지하여야 하고 교차로에 진입하여 우회전하여서는 아니되는데도 교차로의 차량용 적색등화를 위반하여 우회전하다가 사고가 발생하였고, 또한 신호위반의 우회전행위와

사고발생 사이에는 직접적인 원인관계가 존재한다(대판 2011.7.28, 2009도8222)

정답 ④

03 인과관계에 대한 설명으로 옳지 않은 것은? (다툼이 있는 경우 판례에 의함) 24 검찰9급

① 방조범이 성립하려면 방조행위가 정범의 범죄실현과 밀접한 관련이 있고 정범으로 하여금 구체적 위험을 실현시키거나 범죄결과를 발생시킬 가능성을 높이는 등으로 현실적 기여를 하였다고 평가할 수 있는 인과관계가 필요하다.
② 실화죄에 있어서 공동의 과실이 경합되어 화재가 발생하여 적어도 각 과실이 화재의 발생에 대하여 하나의 조건이 된 경우라도, 원인된 행위가 밝혀지지 않았다면 그 원인을 제공한 사람들은 실화죄의 미수로 불가벌에 해당한다.
③ 정범의 실행행위 중에 이를 용이하게 하는 경우뿐만 아니라 정범의 실행착수 전에 장래의 실행행위를 예상하고 이를 용이하게 하는 경우에도 방조행위로서 정범의 실행행위에 대한 인과관계를 인정할 수 있다.
④ 교사자가 전화로 범행을 만류하는 취지의 말을 한 것만으로는 교사자의 교사행위와 정범의 실행행위 사이에 인과관계가 단절되었다거나 교사자가 공범관계에서 이탈한 것으로 볼 수 없다.

해설
① (○) 대판 2023.6.29, 2017도9835
② (×) 실화죄에 있어서 공동의 과실이 경합되어 화재가 발생한 경우 적어도 각 과실이 화재의 발생에 대하여 하나의 조건이 된 이상은 그 공동적 원인을 제공한 사람들은 각자 실화죄의 책임을 면할 수 없다(대판 1983.5.10, 82도2279)
③ (○) 대판 1997.4.17, 96도3377
④ (○) 대판 2012.11.15, 2012도7407

정답 ②

04 인과관계에 관한 설명 중 옳지 않은 것은? (다툼이 있는 경우 판례에 의함) 23 변호사시험

① 의사가 시술의 위험성에 관하여 설명을 하였더라면 환자가 시술을 거부하였을 것이라는 점이 합리적 의심의 여지가 없이 증명되지 못한 경우에는 의사의 설명의무 위반과 환자의 상해 또는 사망 사이에 상당인과관계를 인정할 수 없다.

② 고의의 결과범에서 실행행위와 결과발생 간에 인과관계가 없는 경우 행위자를 기수범으로 처벌할 수 없다.

③ 「아동·청소년의 성보호에 관한 법률」 제7조 제5항 위반의 위계에 의한 간음죄에서 행위자가 간음의 목적으로 피해자에게 오인, 착각, 부지를 일으키고 피해자의 그러한 심적 상태를 이용하여 간음의 목적을 달성하였다면 위계와 간음행위 사이의 인과관계를 인정할 수 있다.

④ 피해자 법인의 대표가 기망행위자와 동일인이거나 기망행위자와 공모하는 등 기망행위임을 알고 있었던 경우에는 기망행위로 인한 착오가 있다고 볼 수 없고, 재물 교부 등의 처분행위가 있었더라도 기망행위와 인과관계가 있다고 보기 어렵다.

⑤ 살인의 실행행위와 피해자의 사망 사이에 다른 사실이 개재되어 그 사실이 사망의 직접적인 원인이 되었다면, 그 사실이 통상 예견할 수 있는 것이라 하더라도 살인의 실행행위와 피해자의 사망 사이에 인과관계가 없는 것으로 보아야 한다.

> **해설**
>
> ① (○) 대판 2011.4.14, 2010도10104
> ② (○) 고의범의 경우에 인과관계가 인정되면 기수가 되고, 인과관계가 부정되면 미수범 처벌 규정이 있는 경우에 한하여 미수범이 성립한다.
> ③ (○) 대판 2020.8.27, 2015도9436 전원합의체
> ④ (○) 대판 2017.9.26, 2017도8449
> ⑤ (×) 살인의 실행행위와 피해자의 사망과의 사이에 다른 사실이 개재되어 그 사실이 치사의 직접적인 원인이 되었다고 하더라도 그와 같은 사실이 통상 예견할 수 있는 것에 지나지 않는다면 살인의 실행행위와 피해자의 사망과의 사이에 인과관계가 있는 것으로 보아야 한다 (대판 1994.3.22, 93도3612)

정답 ⑤

05 인과관계에 대한 설명 중 옳은 것만을 모두 고른 것은? (다툼이 있는 경우 판례에 의함)

22 경간

㉠ 과실범의 독립행위가 경합하여 결과발생의 원인된 행위가 판명되지 아니한 때에는 각 행위자를 미수범으로 처벌한다.
㉡ '그러한 행위가 없었더라면 그러한 결과도 발생하지 않았을 것'이라는 자연과학적 인과관계를 판단의 척도로 삼는 조건설은 각 조건들을 결과에 대한 동등한 원인으로 간주하여 인과관계의 범위가 지나치게 확장된다는 비판을 받는다.
㉢ 어느 행위로부터 어느 결과가 발생하는 것이 경험칙상 상당하다고 판단될 때 인과관계가 인정되는 상당인과관계설은 인과관계를 일상적인 생활경험으로 제한하여 형사처벌의 확장을 방지하는 장점이 있으나 '상당성'의 판단이 모호하여 법적 안정성을 해칠 우려가 있다는 비판을 받는다.
㉣ 甲에 의한 선행 교통사고와 乙에 의한 후행 교통사고로 A가 사망하였으나 사망의 원인된 행위가 밝혀지지 않은 경우 乙의 과실과 A의 사망 간에 인과관계가 인정되기 위해서는 乙이 주의의무를 게을리하지 않았다면 A가 사망하지 않았을 것이라는 사실이 증명되어야 하고, 그 증명책임은 乙에게 있다.

① ㉠   ② ㉡㉢   ③ ㉠㉡㉢   ④ ㉡㉢㉣

해설

㉠ (×) 형법은 과실범의 미수를 처벌하는 규정이 없다.
㉡ (○) 옳음
㉢ (○) 옳음
㉣ (×) 선행 교통사고와 후행 교통사고 중 어느 쪽이 원인이 되어 피해자가 사망에 이르게 되었는지 밝혀지지 않은 경우 후행 교통사고를 일으킨 사람의 과실과 피해자의 사망 사이에 인과관계가 인정되기 위해서는 후행 교통사고를 일으킨 사람이 주의의무를 게을리하지 않았다면 피해자가 사망에 이르지 않았을 것이라는 사실이 입증되어야 하고, 그 입증책임은 검사에게 있다(대판 2007.10.26, 2005도8822).

정답 ②

06 다음은 인과관계에 대한 설명이다. 아래 ㉠부터 ㉣까지의 설명 중 옳고 그름의 표시(O, ×)가 바르게 된 것은? (다툼이 있는 경우 판례에 의함)   22 경찰승진

> ㉠ 임차인이 자신의 비용으로 설치 사용하던 가스설비의 휴즈콕크를 아무런 조치 없이 제거함으로써 가스가 유입되어 폭발사고가 발생한 경우 임차인의 과실과 가스폭발사고 사이에는 인과관계가 인정된다.
> ㉡ 수술 후 의사 甲의 복막염에 대한 진단과 처치 지연 등의 과실로 A가 제때 필요한 조치를 받지 못하였다면 비록 A가 甲의 지시를 일부 따르지 않거나 퇴원한 사실이 있더라도 甲의 과실과 A의 사망 사이에는 인과관계가 단절된다고 볼 수 없다.
> ㉢ 초지조성공사를 함에 있어서 현장에서 작업전반을 전적으로 지휘·감독하는 하수급인의 과실로 인하여 발생한 산림실화에 대하여, 해당 공사를 도급받은 수급인 甲이 산불작업을 하도급을 준 이후에 계속하여 그 작업을 감독하지 않은 잘못은 위 실화와 상당인과관계가 있는 과실이라고는 할 수 없다.
> ㉣ 甲이 운전하는 차가 이미 정차하였음에도 뒤쫓아 오던 차의 충돌로 인하여 앞차를 충격하여 사고가 발생한 경우 甲에게 안전거리를 준수하지 않은 위법이 있었더라도 사고 피해결과에 대하여 인과관계가 있다고 단정할 수 없다.

① ㉠(O) ㉡(O) ㉢(O) ㉣(O)
② ㉠(×) ㉡(O) ㉢(×) ㉣(O)
③ ㉠(O) ㉡(O) ㉢(×) ㉣(O)
④ ㉠(O) ㉡(×) ㉢(×) ㉣(×)

해설

㉠ (O) 대판 2001.6.1, 99도5086
㉡ (O) 대판 2018.5.11, 2018도2844
㉢ (O) 대판 1987.4.28, 87도297
㉣ (O) 대판 1983.8.23, 82도3222

정답 ①

07 인과관계에 관한 설명으로 가장 적절하지 않은 것은? (다툼이 있는 경우 판례에 의함) 23 경간

① 甲은 주식회사를 운영하면서 발주처로부터 공사완성의 대가로 공사대금을 지급받았으나, 법인 인수 과정에서 법인 등록 요건 중 인력요건을 외형상 갖추기 위해 관련 자격증 소지자들로부터 자격증을 대여받은 사실을 발주처에 숨기는 행위를 하였다면, 그 기망행위와 공사대금 지급 사이에 상당인과관계가 인정된다.

② 자동차의 운전자가 통상 예견되는 상황에 대비하여 결과를 회피할 수 있는 정도의 주의의무를 다하지 못한 것이 교통사고 발생의 직접적인 원인이 되었다면, 비록 자동차가 보행자를 직접 충격한 것이 아니고 보행자가 자동차의 급정거에 놀라 도로에 넘어져 상해를 입은 경우라고 할지라도, 업무상주의의무 위반과 교통사고 발생 사이에 상당인과관계를 인정할 수 있다.

③ 살인의 실행행위가 피해자의 사망이라는 결과를 발생하게 한 유일한 원인이거나 직접적인 원인이어야만 되는 것은 아니므로, 살인의 실행행위와 피해자의 사망과의 사이에 다른 사실이 개재되어 그 사실이 치사의 직접적인 원인이 되었다고 하더라도 그와 같은 사실이 통상 예견할 수 있는 것에 지나지 않는다면 살인의 실행행위와 피해자의 사망과의 사이에 인과관계가 인정된다.

④ 의사가 설명의무를 위반한 채 의료행위를 하였다가 환자에게 사망의 결과가 발생한 경우, 의사에게 업무상 과실로 인한 형사책임을 지우기 위해서는 의사의 설명의무 위반과 환자의 사망 사이에 상당인과관계가 존재하여야 한다.

> **해설**
>
> ① (×) 산림사업법인 설립 또는 법인 인수 과정에서 자격증 대여가 있었다는 사정만으로는 피고인에게 병해충 방제 또는 숲가꾸기 공사를 완성할 의사나 능력이 없었다고 단정하기 어렵다. 또한 피고인이 운영하는 한국임업은 이러한 공사 완성의 대가로 발주처로부터 공사대금을 지급받은 것이므로, 설령 피고인이 발주처에 대하여 기술자격증 대여 사실을 숨기는 등의 행위를 하였다고 하더라도 그 행위와 공사대금 지급 사이에 상당인과관계를 인정하기도 어렵다 (대판 2022.7.14, 2017도20911)
> ② (○) 대판 2022.6.16, 2022도1401
> ③ (○) 대판 1994.3.22, 93도3612
> ④ (○) 대판 2015.6.24, 2014도11315

정답 ①

제4절 구성요건적 고의

01 고의에 관한 설명으로 가장 적절하지 않은 것은? (다툼이 있는 경우 판례에 의함) 24 경찰승진

① 고의는 내심적 사실이므로 피고인이 이를 부정하는 경우에는 사물의 성질상 고의와 상당한 관련성이 있는 간접사실을 증명하는 방법에 의하여 입증할 수밖에 없다.
② 운전면허 소지인인 甲이 정기적성검사기간 내에 적성검사를 받지 아니한 경우, 甲이 적성검사기간 도래 여부에 관한 확인을 게을리하여 기간이 도래하였음을 알지 못하였더라도 적성검사기간 내에 적성검사를 받지 않은 것에 대한 미필적 고의는 있었다고 봄이 타당하다.
③ 허위사실을 유포하는 방법에 의하여 타인의 업무를 방해함으로써 성립하는 업무방해죄에 있어, 허위사실을 유포한다고 함은 실제의 객관적 사실과 서로 다른 사항을 내용으로 하는 사실을 불특정 다수인에게 전파시키는 것을 말하고, 특히 이러한 경우 그 행위자에게 행위 당시 자신이 유포한 사실이 허위라는 점을 적극적으로 인식하였을 것을 요한다.
④ 미필적 고의는 결과발생에 대한 확실한 예견은 없으나 그 가능성에 대한 인식이 있으면 족하고 결과발생을 용인하는 내심의 의사가 있음을 요하지는 않는다는 점에서 확정적 고의와 구별된다.

> **해설**
>
> ① (○) 대판 2005.4.29, 2003도6056
> ② (○) 대판 2014.4.10, 2012도8374 ※ 적성검사 기간내에 적성검사를 받지 않아 도로교통법 위반으로 벌금을 받은 사안이다.
> ③ (○) 대판 1994.1.28, 93도1278
> ④ (×) 미필적 고의라 함은 결과의 발생이 불확실한 경우 즉 행위자에 있어서 그 결과발생에 대한 확실한 예견은 없으나 그 가능성은 인정하는 것으로, 이러한 미필적 고의가 있었다고 하려면 결과발생의 가능성에 대한 인식이 있음은 물론 나아가 결과발생을 용인하는 내심의 의사가 있음을 요한다(대판 1987.2.10, 86도2338).

정답 ④

02 주관적 구성요건에 대한 설명 중 가장 적절한 것은? (다툼이 있는 경우 판례에 의함)

23 경찰승진

① 친족상도례가 적용되는 범죄에 있어서 '친족관계'와 특수폭행죄에 있어서 '위험한 물건을 휴대한다는 사실'은 고의의 인식 대상이다.
② 내란선동죄에서 국헌문란의 목적은 고의 외에 요구되는 초과주관적 위법요소로서 엄격한 증명사항에 속하므로 미필적 인식만으로는 부족하고, 적극적 의욕이나 확정적 인식이어야 한다.
③ 방조범은 정범의 실행을 방조한다는 이른바 방조의 고의와 정범의 행위가 구성요건에 해당하는 행위인 점에 대한 정범의 고의가 있어야 하며, 정범의 고의는 범죄의 미필적 인식 또는 예견만으로는 부족하고 정범에 의하여 실현되는 범죄의 구체적 내용을 인식하여야 한다.
④ 미필적 고의에서 행위자가 범죄사실이 발생할 가능성을 용인하고 있었는지의 여부는 행위자의 진술에 의존하지 아니하고 외부에 나타난 행위의 형태와 행위의 상황 등 구체적인 사정을 기초로 하여 일반인이라면 당해 범죄사실이 발생할 가능성을 어떻게 평가할 것인가를 고려하면서 행위자의 입장에서 그 심리상태를 추인하여야 한다.

> **해설**
>
> ① (×) 친족상도례가 적용되는 범죄에 있어서 '친족관계'는 객관적 구성요건요소가 아니므로 고의의 인식대상이 아니다. 그에 비하여 특수폭행죄에 있어서 '위험한 물건을 휴대한다는 사실'은 객관적 구성요건요소이므로 고의의 인식대상이다.
> ② (×) 내란선동죄에 있어 '국헌문란의 목적'은 범죄 성립을 위하여 고의 외에 요구되는 초과주관적 위법요소로서 엄격한 증명사항에 속하나 확정적 인식임을 요하지 아니하며 다만 미필적 인식이 있으면 족하다(대판 2015.1.22, 2014도10978 전원합의체).
> ③ (×) 방조범의 경우에 정범의 고의는 정범에 의하여 실현되는 범죄의 구체적 내용을 인식할 것을 요하는 것은 아니고 미필적 인식 또는 예견으로 족하다(대판 2012.6.28, 2012도2628).
> ④ (○) 대판 2004.5.14, 2004도74

정답 ④

03 주관적 범죄성립요건에 관한 설명 중 옳은 것은? (다툼이 있는 경우 판례에 의함) 24 변호사시험

① 살의를 가지고 피해자를 구타하여 (ⓐ행위) 피해자가 정신을 잃고 축 늘어지자 죽은 것으로 오인하고 증거를 인멸할 목적으로 피해자를 모래에 파묻었는데 (ⓑ행위) 피해자는 ⓑ행위로 사망한 것이 판명된 경우, 사망의 직접 원인은 ⓑ행위이므로 살인미수죄가 성립한다.
② 행위자의 행위가 긴급피난에 해당하기 위해서는 긴급피난상황에 대한 인식만 있으면 족하며, 위난을 피하고자 하는 의사까지 필요한 것은 아니다.
③ 모해의 목적을 가지고 모해의 목적을 가지지 않은 사람을 교사하여 위증하게 한 경우, 공범종속성에 따라 모해위증교사죄가 아니라 위증교사죄가 성립한다.
④ 증인이 착오에 빠져 자신의 기억에 반한다는 인식 없이 객관적 사실에 반하는 내용의 증언을 한 경우에 위증의 범의를 인정할 수 있다.
⑤ 물품대금 청구소송 중인 거래회사로부터 우연히 착오송금을 받은 행위자가 물품대금에 대한 적법한 상계권을 행사한다는 의사로 착오송금된 금원의 반환을 거부한 경우, 횡령죄 요건인 불법영득의사의 성립을 부정할 수 있다.

> **해설**
> ① (×) 피해자가 피고인들의 살해의 의도로 행한 구타행위에 의하여 직접 사망한 것이 아니라 죄적을 인멸할 목적으로 행한 매장행위에 의하여 사망하게 되었다 하더라도 전 과정을 개괄적으로 보면 피해자의 살해라는 처음에 예견된 사실이 결국은 실현된 것으로서 피고인들은 살인죄의 죄책을 면할 수 없다(대판 1988.6.28, 88도650)
> ② (×) 긴급피난이 성립하기 위하여는 행위자에게 피난의 의사가 있어야 한다(대판 1997.4.17, 96도3376 전원합의체)
> ③ (×) 피고인이 丙을 모해할 목적으로 乙에게 위증을 교사한 이상, 가사 정범인 乙에게 모해의 목적이 없었다고 하더라도 형법 제33조 단서의 규정에 의하여 피고인을 모해위증교사죄로 처벌할 수 있다(대판 1994.12.23, 93도1002)
> ④ (×) 증인이 착오에 빠져 기억에 반한다는 인식 없이 증언하였음이 밝혀진 경우에는 위증의 범의를 인정할 수 없다(대판 1991.5.10, 89도1748)
> ⑤ (○) 대판 2022.12.29, 2021도2088

정답 ⑤

04 고의에 대한 설명으로 옳지 않은 것은? (다툼이 있는 경우 판례에 의함)   24 검찰9급

① 명예훼손죄가 성립하기 위해서는 범죄구성요건의 주관적 요소로서 공연성에 대한 미필적 고의가 필요하므로 전파가능성에 대한 인식이 있음은 물론 나아가 그 위험을 용인하는 내심의 의사가 있어야 한다.
② 준강간의 고의는 피해자가 심신상실 또는 항거불능의 상태에 있다는 것과 그러한 상태를 이용하여 간음한다는 구성요건적 결과 발생의 가능성을 인식하고 그러한 위험을 용인하는 내심의 의사를 말한다.
③ 업무상 배임죄의 일반적인 고의의 법리와는 달리 경영상 판단의 경우에는 단순히 본인에게 손해가 발생하였다는 결과만으로도 업무상 배임죄의 성립을 인정할 수 있다.
④ 방조범이 성립하기 위해서는 정범의 실행을 방조한다는 방조의 고의와 정범의 행위가 구성요건에 해당한다는 점에 대한 정범의 고의가 있어야 한다.

해설

① (○) 대판 2018.6.15, 2018도4200
② (○) 대판 2019.3.28, 2018도16002 전원합의체
③ (×) 이른바 경영상의 판단과 관련하여 기업의 경영자에게 배임의 고의가 있었는지 여부를 판단함에 있어서도 일반적인 업무상배임죄에 있어서 고의의 입증방법과 마찬가지의 법리가 적용되어야 함은 물론이지만, 기업 경영에 내재된 속성을 고려하여, 문제된 경영상의 판단에 이르게 된 경위와 동기, 판단대상인 사업의 내용, 기업이 처한 경제적 상황, 손실발생의 개연성과 이익획득의 개연성 등 제반 사정에 비추어 자기 또는 제3자가 재산상 이익을 취득한다는 인식과 본인에게 손해를 가한다는 인식하의 의도적 행위임이 인정되는 경우에 한하여 배임죄의 고의를 인정하는 엄격한 해석기준은 유지되어야 하고, 그러한 인식이 없는데 단순히 본인에게 손해가 발생하였다는 결과만으로 책임을 묻거나 주의의무를 소홀히 한 과실이 있다는 이유로 책임을 물을 수는 없다(대판 2013.12.26, 2013도7360)
④ (○) 대판 2005.4.29, 2003도6056

정답 ③

05 고의에 관한 설명 중 옳지 않은 것은? (다툼이 있는 경우 판례에 의함) 23 변호사시험

① 절도죄에 있어서 재물의 타인성은 고의의 인식대상이다.
② 무고죄의 고의는 신고자가 허위라고 확신한 사실을 신고한 경우뿐만 아니라 진실하다는 확신 없는 사실을 신고하는 경우에도 인정할 수 있다.
③ 업무방해죄에서 업무방해의 고의는 반드시 업무방해의 목적이나 계획적인 업무방해의 의도가 있어야 인정되는 것은 아니고, 자기의 행위로 인하여 타인의 업무가 방해될 것이라는 결과를 발생시킬 만한 가능성 또는 위험이 있음을 인식하거나 예견하면 충분하다.
④ 방조범은 정범의 실행을 방조한다는 이른바 방조의 고의와 정범의 행위가 구성요건에 해당하는 행위인 점에 대한 정범의 고의가 있어야 하고, 방조범에서 요구되는 정범의 고의는 정범에 의하여 실현되는 범죄의 미필적 인식이 아니라 구체적 내용을 인식할 것을 요한다.

해설

① (○) 절도죄에서 재물의 타인성은 행위객체로 고의의 인식대상이다.
② (○) 대판 1997.3.28, 96도2417
③ (○) 대판 2021.3.11, 2016도14415
④ (×) 방조범에 있어서 정범의 고의는 정범에 의하여 실현되는 범죄의 구체적 내용을 인식할 것을 요하는 것은 아니고 미필적 인식 또는 예견으로 족하다(대판 2005.4.29, 2003도6056)

정답 ④

06 고의에 관한 설명으로 가장 적절한 것은? (다툼이 있는 경우 판례에 의함)   24 경찰채용

① 목적적 범죄체계론에 따르면 고의는 책임의 요소이다.
② 고의가 성립하기 위해서는 행위자가 모든 객관적 구성요건에 해당하는 사실을 인식해야 하기에 상습도박죄에 있어서 상습성은 고의의 인식 대상이다.
③ 고의의 본질에 관한 학설 중 행위자가 결과발생의 가능성을 인식하기만 하면 고의가 성립한다고 보는 견해에 따르면 인식 있는 과실도 고의로 인정될 수 있다.
④ 방조범은 정범의 실행을 방조한다는 방조의 고의와 정범의 행위가 구성요건에 해당하는 행위인 점에 대한 정범의 고의가 있어야 하고, 방조범에 있어서 정범의 고의는 정범에 의하여 실현되는 범죄의 구체적 내용까지 인식할 것을 요한다.

> **해설**
>
> ① (×) 목적적 범죄체계론은 의사를 행위의 요소로 본다. 이에 따르면 고의는 구성요건요소이다.
> ② (×) 상습도박죄에 있어서 상습성은 고의의 인식대상이 아니다.
> ③ (○) 고의의 본질에 관한 학설 중 행위자가 결과발생의 가능성을 인식하기만 하면 고의가 성립한다고 보는 견해는 인식설에 해당한다. 인식설에 따르면 '인식 있는 과실'도 고의로 인정될 수 있다.
> ④ (×) 방조범에 있어서 정범의 고의는 정범에 의하여 실현되는 범죄의 구체적 내용을 인식할 것을 요하는 것은 아니고 미필적 인식 또는 예견으로 족하다(대판 2005.4.29, 2003도6056)

정답 ③

07 범죄의 주관적 요소에 관한 설명 중 가장 적절하지 않은 것은? (다툼이 있는 경우 판례에 의함)   22 경찰채용

① 고의의 본질에 관한 용인설(인용설)에 따르면 구성요건적 결과를 용인하는 의사만으로도 고의가 인정되어 미필적 고의는 고의에 포함되나, 인식 있는 과실은 고의에 포함되지 않는다.
② 회사의 노동조합 홍보이사가 노조 사무실에서 '새벽 6호'라는 책자를 집에 가져와 보관하고 있다가 「국가보안법」 제7조 제5항의 이적표현물소지죄로 체포된 경우 그 홍보이사에게 목적범인 이적표현물소지죄가 성립하기 위해서는 이적행위를 하려는 목적의 확정적 인식이 있어야 한다.
③ 살인예비죄가 성립하기 위해서는 살인죄를 범할 목적 외에도 살인준비에 관한 고의가 있어야 한다.
④ 피고인이 범죄구성요건의 주관적 요소인 고의를 부인하는 경우 그 범의 자체를 객관적으로 증명할 수 없으므로 사물의 성질상 범의와 상당한 관련성 있는 간접사실 또는 정황사실을 증명하는 방법으로 이를 입증할 수밖에 없다.

해설

① (○) 옳음
② (×) 국가보안법 제7조 제5항에서의 목적은 제1항 내지 제4항의 행위에 대한 적극적 의욕이나 확정적 인식까지는 필요없고 미필적 인식으로 족한 것이므로 피고인이 표현물의 내용이 객관적으로 보아 반국가단체인 북한의 대남선전, 선동 등의 활동에 동조하는 등의 이적성을 담고 있는 것임을 인식하고, 나아가 그와 같은 이적행위가 될지도 모른다는 미필적 인식이 있으면 위 조항의 구성요건은 충족되는 것이다(대판 1992.3.31, 90도2033 전원합의체).
③ (○) 대판 2009.10.29, 2009도7150
④ (○) 대판 2022.5.12, 2020도18062

정답 ②

08 고의에 관한 설명으로 옳은 것은 모두 몇 개인가? (다툼이 있는 경우 판례에 의함) 23 경간

㉠ 부진정 부작위범의 고의는 반드시 구성요건적 결과발생에 대한 목적이나 계획적인 범행 의도가 있어야 하는 것은 아니고 법익침해의 결과발생을 방지할 법적 작위의무를 가지고 있는 사람이 의무를 이행함으로써 결과발생을 쉽게 방지할 수 있었음을 예견하고도 결과 발생을 용인하고 이를 방관한 채 의무를 이행하지 아니한다는 인식을 하면 족하다.
㉡ 임금 등 지급의무의 존부와 범위에 관하여 다툴 만한 근거가 있다면 사용자가 그 임금 등을 지급하지 않은 데에 상당한 이유가 있다고 보아야 하므로, 사용자에게 「근로기준법」제109조 제1항, 제36조 위반의 고의가 있었다고 보기 어렵다.
㉢ 살인예비죄가 성립하기 위하여는 살인죄를 범할 목적 외에도 살인의 준비에 관한 고의가 있어야 한다.
㉣ 고의는 객관적 구성요건요소에 관한 인식과 구성요건실현을 위한 의사를 의미하고, 형법 제13조에 의하면 고의가 인정되지 않은 경우 원칙적으로 처벌되지 않는다.

① 1개 ② 2개 ③ 3개 ④ 4개

해설

㉠ (○) 대판 2015.11.12, 2015도6809 전원합의체
㉡ (○) 대판 2022.5.26, 2022도2188
㉢ (○) 대판 2009.10.29, 2009도7150
㉣ (○) 옳음

정답 ④

09 고의에 관한 설명으로 옳지 않은 것을 모두 고른 것은? (다툼이 있는 경우 판례에 의함)

22 경찰채용

㉠ 행정상의 단속을 주안으로 하는 법규라 하더라도 명문규정이 있거나 해석상 과실범도 벌할 뜻이 명확한 경우를 제외하고는 형법의 원칙에 따라 고의가 있어야 벌할 수 있다.
㉡ 형법 제167조 제1항의 일반물건방화죄에서 '공공의 위험 발생'은 고의의 인식 대상이 아니다.
㉢ 형법 제136조 제1항의 공무집행방해죄에 있어서의 범의는 상대방이 직무를 집행하는 공무원이라는 사실과 이에 대하여 폭행 또는 협박을 한다는 인식 그리고 그 직무집행을 방해할 의사를 내용으로 한다.
㉣ 방조범은 이중의 고의를 필요로 하므로 정범이 정하는 범죄의 일시, 장소, 객체 등을 구체적으로 인식하여야 하며, 나아가 정범이 누구인지 확정적으로 인식해야 한다.
㉤ 친족상도례가 적용되기 위하여는 친족관계가 객관적으로 존재하여야 하나, 행위자가 이를 인식할 필요는 없다.

① ㉠㉡㉢   ② ㉠㉣㉤   ③ ㉡㉢㉣   ④ ㉢㉣㉤

해설

㉠ (○) 대판 2010.2.11, 2009도9807
㉡ (×) 형법 제167조 제1항의 일반물건방화죄에 있어 '공공의 위험발생'은 객관적 구성요건요소로서 고의의 인식대상이 된다.
㉢ (×) 공무집행방해죄에 있어서의 범의는 상대방이 직무를 집행하는 공무원이라는 사실 그리고 이에 대하여 폭행 또는 협박을 한다는 사실을 인식하는 것을 그 내용으로 하고, 그 직무집행을 방해할 의사를 필요로 하지 않는다(대판 2012.5.24, 2010도11381).
㉣ (×) 저작권법이 보호하는 복제권·전송권의 침해를 방조하는 행위란 정범의 복제권·전송권 침해를 용이하게 해주는 직접·간접의 모든 행위로서, 정범의 복제권·전송권 침해행위가 실행되는 일시, 장소, 객체 등을 구체적으로 인식할 필요가 없으며, 나아가 정범이 누구인지 확정적으로 인식할 필요도 없다(대판 2013.9.26, 2011도1435).
㉤ (○) 친족상도례가 적용되기 위해서는 친족관계가 객관적으로 존재하면 족하고, 행위자가 이를 인식해야 할 필요는 없다.

정답 ③

10 다음 중 고의 외에 별도로 목적을 요구하는 목적범에 해당하는 범죄를 모두 고른 것은?

24 법행

> ㉠ 모해위증죄 ㉡ 위계에 의한 업무방해죄
> ㉢ 무고죄 ㉣ 허위사실 적시에 의한 명예훼손죄
> ㉤ 유가증권위조죄

① ㉠㉡㉢ ② ㉠㉢㉣ ③ ㉡㉢㉤
④ ㉠㉢㉤ ⑤ ㉡㉣㉤

해설

> ㉠ (목적범 ○) 모해위증죄는 형사사건 또는 징계사건에 관하여 피고인, 피의자 또는 징계혐의자를 모해할 목적으로 위증죄를 범한 경우에 성립한다(제152조 제2항).
> ㉡ (목적범 ×) 위계에 의한 업무방해죄는 위계로써 사람의 업무를 방해하는 경우에 성립한다(제314조 제1항).
> ㉢ (목적범 ○) 무고죄는 타인으로 하여금 형사처분 또는 징계처분을 받게 할 목적으로 공무소 또는 공무원에 대하여 허위의 사실을 신고한 경우에 성립한다(제156조).
> ㉣ (목적범 ×) 허위사실 적시에 의한 명예훼손죄는 공연히 허위의 사실을 적시하여 사람의 명예를 훼손하는 경우에 성립한다(제307조 제2항).
> ㉤ (목적범 ○) 유가증권위조죄는 행사할 목적으로 유가증권을 위조하는 경우에 성립한다(제214조 제1항).

정답 ④

11 사례에 대한 학설 및 판례의 설명으로 옳은 것만을 모두 고르면? (다툼이 있는 경우 판례에 의함) (시체은닉의 점은 논하지 않음) 23 검찰7급

> 甲은 A를 살해하기로 마음먹고 돌로 A의 머리를 내리쳤다. 甲은 A가 정신을 잃고 축 늘어지자 그가 죽은 것으로 오인하고 증거를 없앨 생각으로 A를 개울가로 끌고 가 웅덩이에 매장하였다. 그런데 A의 사망원인은 매장으로 인한 질식사로 밝혀졌다.

> ㉠ 개괄적 고의 이론에 따르면, 甲이 A를 돌로 내려친 행위에 대한 살인의 고의가 매장행위에도 미치기 때문에 甲에게는 하나의 고의기수범이 성립한다.
> ㉡ 인과과정의 착오 이론에 따르면, 사례의 경우 인과과정의 불일치를 본질적으로 보는 한 甲에게는 발생결과에 대한 고의기수범이 성립한다.
> ㉢ 미수범과 과실범의 경합설에 따르면, 甲의 범행계획이 미실현된 것으로 평가되면 살인미수죄와 과실치사죄의 경합범이 성립하지만, 사례의 경우 甲의 범행계획이 실현되었으므로 甲에게는 살인의 고의기수범이 성립한다.
> ㉣ 판례에 따르면, A의 살해라는 처음에 예견된 사실이 결국은 실현된 것으로서 甲에게는 살인의 고의기수범이 성립한다.

① ㉠㉣ ② ㉡㉢ ③ ㉠㉡㉣ ④ ㉠㉢㉣

해설

㉠ (○) 개괄적 고의설은 제1행위의 고의가 제2행위에 대해서도 개괄적으로 미치는 단일사건이므로 하나의 고의기수범이 된다고 본다. 따라서 이 견해에 의하면 甲은 살인죄의 기수가 된다.
㉡ (×) 인과관계착오설(인과관계의 착오의 문제로 해결하는 견해)은 개괄적 고의를 인과관계의 착오의 한 형태로 보고, 결과발생의 결정적 원인은 고의가 존재하는 제1행위이고 인과과정의 착오는 비본질적이기 때문에 발생한 결과의 고의기수범 성립한다고 본다. 따라서 이 견해에 의하면 甲은 살인죄의 기수가 된다.
㉢ (×) 미수범설(미수와 과실의 경합범설)은 제1행위와 제2행위는 고의를 달리하는 별개의 행위이므로 '고의의 행위시 존재원칙'에 따라 제1행위에 대한 살인미수죄와 제2행위에 대한 과실치사죄가 성립하고, 양자는 실체적 경합이 된다고 본다. 따라서 이 견해에 의하면 甲은 살인미수죄와 과실치사죄의 실체적 경합이 된다.
㉣ (○) 피해자가 피고인들의 살해의 의도로 행한 구타행위에 의하여 직접 사망한 것이 아니라 죄적을 인멸할 목적으로 행한 매장행위에 의하여 사망하게 되었다 하더라도 전 과정을 개괄적으로 보면 피해자의 살해라는 처음에 예견된 사실이 결국은 실현된 것으로서 피고인들은 살인죄의 죄책을 면할 수 없다(대판 1988.6.28, 88도650).

정답 ①

제5절 구성요건적 착오

01 사실의 착오에 관한 설명으로 가장 적절한 것은?
24 경찰승진

> ㉠ 甲은 창문에 비친 사람을 친구 A라 생각하고 살해하기 위해 총을 발사했는데, 실제로는 A의 집에 놀러 온 친구 B였고 그로 인해 B가 사망하였다.
> ㉡ 甲이 A가 기르던 애완견을 죽이려고 총을 발사했는데, 총알이 빗나가서 옆에 있던 A가 사망하였다.
> ㉢ 甲은 乙에게 A를 살해하라고 교사하였다. 이를 승낙한 乙은 甲으로부터 A에 대한 인상착의를 설명받고, A를 향해 총을 발사했다. 사망을 확인하기 위하여 다가가서 보니 죽은 사람은 A가 아니라 A의 쌍둥이 동생 B였다.

① ㉠에서 B의 사망에 대한 甲의 죄책과 관련하여 구체적 부합설에 의하면 살인미수죄이고, 법정적 부합설에 의하면 무죄이다.
② ㉡에서 A의 사망에 대한 甲의 죄책과 관련하여 구체적 부합설과 법정적 부합설에 의하면 결론이 다르다.
③ ㉢에서 B의 사망에 대한 甲의 죄책과 관련하여 乙의 착오를 객체의 착오로 보고 이에 기반을 둔 甲의 착오도 객체의 착오로 보는 경우, 구체적 부합설에 의하면 甲에게는 살인미수죄와 과실치사죄의 상상적 경합범이 인정된다.
④ ㉢에서 B의 사망에 대한 甲의 죄책과 관련하여 乙의 착오를 객체의 착오로 보고 이에 기반을 둔 甲의 착오를 방법의 착오로 보는 경우, 법정적 부합설에 의하면 甲에게는 살인죄의 교사범이 성립한다.

> **해설**
> ① (×) 구체적 사실의 착오 중 객체의 착오에 해당한다. 이 경우 구체적 부합설과 법정적 부합설에 의하면 B에 대한 살인죄의 기수가 된다.
> ② (×) 추상적 사실의 착오 중 방법의 착오에 해당한다. 구체적 부합설과 법정적 부합설에 의하면 애완견에 대한 손괴죄의 미수와 A에 대한 과실치사죄의 상상적 경합이 된다.
> ③ (×) 乙은 구체적 사실의 착오 중 객체의 착오에 해당한다. 구체적 부합설에 의하면 乙은 B에 대한 살인죄의 죄책을 지고, 甲의 착오도 객체의 착오로 보는 경우 甲은 B에 대한 살인교사죄의 죄책을 진다.
> ④ (○) 乙은 구체적 사실의 착오 중 객체의 착오에 해당한다. 법정적 부합설에 의하면 乙은 B에 대한 살인죄의 죄책을 지고, 甲의 착오를 방법의 착오로 보는 경우 甲은 B에 대한 살인교사죄의 죄책을 진다.

정답 ④

02 사실의 착오에 대한 설명 중 가장 적절한 것은? 23 경찰승진

① 甲이 상해의 고의로 A를 향해 흉기를 휘둘렀으나 빗나가는 바람에 옆에 서 있는 B를 찔러 다치게 한 경우 법정적 부합설에 따르면 A에 대한 상해미수죄와 B에 대한 과실치상죄의 상상적 경합이 된다.
② 甲이 살해의 고의로 독약이 든 음료수를 A의 집으로 발송하였는데, 예상외로 A의 아들 B가 마시고 사망한 경우 구체적 부합설에 따르면 A에 대한 살인미수죄와 B에 대한 과실치사죄의 상상적 경합이 된다.
③ 甲이 살해의 고의로 A를 향해 총을 쏘았으나 빗나가는 바람에 A의 자동차 유리창을 깨뜨린 경우 법정적 부합설에 따르면 A에 대한 살인미수죄와 재물손괴죄의 상상적 경합이 된다.
④ 甲이 형 A를 살해하기 위하여 야간에 집 앞 골목에서 칼로 찔렀는데, 알고 보니 아버지 B를 A로 오인하고 살해한 경우 판례에 따르면 A에 대한 살인미수죄와 B에 대한 존속살해죄의 상상적 경합이 된다.

> **해설**
>
> ① (×) 구체적 사실의 착오 중 방법의 착오 사례이다. 법정적 부합설은 B에 대한 특수상해죄로 처리한다.
> ② (○) 구체적 사실의 착오 중 방법의 착오 사례이다. 구체적 부합설은 A에 대한 살인미수죄와 B에 대한 과실치사죄의 상상적 경합범으로 처리한다.
> ③ (×) 추상적 사실의 착오 중 방법의 착오 사례이다. 법정적 부합설은 A에 대한 살인미수죄로 처리한다. 과실손괴는 불가벌이다.
> ④ (×) (구체적 부합설이나 법정적 부합설과 같은 학설에 의하는 것이 아니라) 형법 제15조 제1항이 적용되는 경우로써 아버지 B에 대한 보통살인죄가 성립한다(대판 1977.1.11, 76도3871 참고).

정답 ②

03 다음 중 착오에 대한 설명으로 가장 옳지 않은 것은? (다툼이 있는 경우 판례에 의함)

23 해경승진

① 객관적으로는 존재하지도 않는 구성요건적 사실을 행위자가 적극적으로 존재한다고 생각한 '반전된 구성요건적 착오'는 형법상 불가벌이다.
② 甲이 절취한 물건이 자신의 아버지 소유인 줄 오신했다 하더라도 그 오신은 형면제사유에 관한 것으로서 절도죄의 성립이나 처벌에 아무런 영향을 미치지 않는다.
③ 절도죄에 있어서 재물의 타인성을 오신하여 그 재물이 자기에게 취득할 것이 허용된 동일한 물건으로 오인하고 가져온 경우에는 범죄사실에 대한 인식이 있다고 할 수 없으므로 범의가 조각되어 절도죄가 성립하지 아니한다.
④ 甲이 A를 살해하기 위해 A를 향하여 총을 쏘았으나 총알이 빗나가 A의 옆에 있던 B에게 맞아 B가 즉사한 경우, 구성요건적 착오에 관한 구체적 부합설에 의하면 甲에게는 B에 대한 살인죄의 죄책이 인정되지 않는다.

해설

① (×) 객관적으로는 존재하지도 않는 구성요건적 사실을 행위자가 적극적으로 존재한다고 생각한 '반전된 구성요건적 착오'는 불능미수로 처벌된다.
② (○) 피고인이 그 본가의 소유물로 오신하여 이를 절취하였다 할지라도 그 오신은 형의 면제사유에 관한 것으로서 이에 범죄의 구성요건 사실에 관한 제15조 제1항은 적용되지 않는 것이므로 그 오신은 범죄의 성립이나 처벌에 아무런 영향도 미치지 아니한다(대판 1966.6.28, 66도104)
③ (○) 대판 1983.9.13, 83도1762
④ (○) 구체적 사실의 착오 중 방법의 착오에 해당한다. 구체적 부합설에 의하면 A에 대한 살인미수죄와 B에 대한 과실치사죄의 상상적 경합이 된다. 따라서 甲에게는 B에 대한 살인죄의 죄책이 인정되지 않는다.

정답 ①

04 甲의 죄책에 대한 설명으로 가장 옳지 않은 것은? (다툼이 있는 경우 판례에 의함)

23 해경간부

① 甲이 친구 B를 살해할 의사로 치사량의 농약을 음료수에 넣어 B가 운영하는 분식점 주방에 놓아두었는데 그 정을 알지 못한 B의 아들 A가 이를 마시고 사망한 경우, 판례에 따르면 A에 대한 살인죄가 성립한다.
② 甲이 친구 B를 살해할 의도로 B를 향하여 몽둥이를 힘껏 후려쳤는데 그 몽둥이가 B의 등에 업힌 B의 아들 A의 머리 부분을 내리치게 되어 A가 현장에서 사망한 경우, 법정적 부합설에 따르면 A에 대한 살인죄의 고의가 인정된다.
③ 甲이 호텔 3층 객실에서 친구 A에게 상해의 의사로 폭행을 가함으로써 A가 의식을 잃자 사망한 것으로 오인한 나머지 자살로 가장하기 위하여 A를 베란다에서 떨어뜨려 추락사에 이르게 한 경우, 판례에 따르면 A에 대한 살인죄가 성립한다.
④ 甲이 친구 B를 살해할 목적으로 발사한 총탄이 이를 제지하려고 甲 앞으로 뛰어들던 B의 아들 A에게 명중되어 A가 사망한 경우, 구체적 부합설에 따르면 A에 대한 살인죄의 고의가 인정되지 않는다.

> **해설**
>
> ① (○) 대판 1968.8.23, 68도884
> ② (○) 구체적 사실의 착오 중 방법의 착오에 해당한다. 법정적 부합설에 따르면 A에 대한 살인죄(기수)가 성립한다.
> ③ (×) 피고인의 행위는 포괄하여 단일의 상해치사죄에 해당한다(대판 1994.11.4, 94도2361).
> ④ (○) 구체적 사실의 착오 중 방법의 착오에 해당한다. 구체적 부합설에 따르면 A에 대한 과실치사죄와 B에 대한 살인미수죄의 상상적 경합이 되므로, A에 대한 살인죄의 고의가 인정되지 않는다.

정답 ③

05 착오에 대한 설명으로 옳지 않은 것은? (다툼이 있는 경우 판례에 의함) 22 경간

① 甲이 A를 살해하고자 골프채로 A의 머리를 내리쳐 A가 실신하자 사망한 것으로 오인하여 범행을 은폐하기 위해 A를 자동차에 싣고 근처 바닷가 절벽으로 가 던졌는데 실제로는 익사로 판명된 경우 甲에게는 살인기수의 죄책이 인정된다.
② 甲이 상해의 고의로 A의 머리를 벽돌로 내리쳐 A가 바닥에 쓰러진 채 실신하자 A가 사망한 것으로 오인하여 범행을 은폐하고 A가 자살한 것처럼 위장하기 위하여 A를 절벽 아래로 떨어뜨려 사망에 이르게 하였다면 甲의 상해행위는 A에 대한 살인에 흡수되어 단일의 살인죄만 인정된다.
③ 甲은 옆집 개가 평소 시끄럽게 짖어 그 개에게 손괴의 고의로 돌을 던졌으나 마침 개가 있는 쪽으로 뛰어나온 어린아이를 맞춰 전치 2주의 상해를 입힌 경우 구체적 부합설에 의하면 손괴죄의 미수범과 과실치상죄의 상상적 경합이 성립한다.
④ 甲이 乙에게 A에 대한 상해를 교사하여 乙이 이를 승낙하고 실행을 하였으나 A가 그 상해로 인해 사망한 경우 甲에게 A의 사망에 대한 예견가능성이 인정된다면 상해치사죄의 교사범이 성립한다.

> **해설**
>
> ① (○) 피해자가 피고인들의 살해의 의도로 행한 구타행위에 의하여 직접 사망한 것이 아니라 죄적을 인멸할 목적으로 행한 매장행위에 의하여 사망하게 되었다 하더라도 전 과정을 개괄적으로 보면 피해자의 살해라는 처음의 예견된 사실이 결국은 실현된 것으로서 피고인들은 살인죄의 죄책을 면할 수 없다(대판 1988.6.28, 88도650). ※ 甲은 살인죄가 된다.
> ② (×) 피고인의 구타행위로 상해를 입은 피해자가 정신을 잃고 빈사상태에 빠지자 사망한 것으로 오인하고, 자신의 행위를 은폐하고 피해자가 자살한 것처럼 가장하기 위하여 피해자를 베란다 아래의 바닥으로 떨어뜨려 사망케 하였다면 포괄하여 단일의 상해치사죄에 해당한다(대판 1994.11.4, 94도2361). ※ 甲은 상해치사죄가 된다.
> ③ (○) 추상적 사실의 착오 중 방법의 착오 사례이다. 구체적 부합설은 특수손괴미수죄와 과실치상죄의 상상적 경합범으로 처리한다.
> ④ (○) 교사자가 피교사자에 대하여 상해를 교사하였는데 피교사자가 이를 넘어 살인을 실행한 경우 교사자에게 피해자의 사망이라는 결과에 대하여 과실 내지 예견가능성이 있는 때에는 상해치사죄의 죄책을 진다(대판 2002.10.25, 2002도4089)

정답 ②

제6절 과실범

01 과실범에 관한 설명으로 가장 적절하지 않은 것은? (다툼이 있는 경우 판례에 의함)

24 경찰승진

① 술을 마시고 찜질방에 들어온 A가 찜질방 직원 몰래 후문으로 나가 술을 더 마신 다음 후문으로 다시 들어와 발한실에서 잠을 자다가 사망한 경우, 찜질방 직원 및 영업주가 공중위생영업자로서의 업무상 주의의무를 위반하였다고 볼 수 없다.
② 골프경기를 하던 중 골프공을 쳐서 아무도 예상하지 못한 자신의 등 뒤편으로 보내어 등 뒤에 있던 경기보조원(캐디)에게 상해를 입힌 경우에는 과실치상죄가 성립하지 않는다.
③ 담당의사에게서 환자에 대한 앰부 배깅(ambu bagging)과 진정제 투여 업무만을 지시받은 병원 인턴 甲이 환자를 구급차로 이송하던 중 산소 공급 이상을 발견하고 의료인에게 기대되는 적절한 조치를 취하였음에도 환자가 사망한 경우, 일반적으로 구급차 탑승 전 또는 이송 도중 구급차에 비치되어 있는 산소통의 산소잔량을 확인할 주의의무는 없으므로 업무상과실치사죄가 성립하지 않는다.
④ 甲이 운전자의 부탁으로 차량의 조수석에 동승한 후, 운전자의 차량운전행위를 살펴보고 잘못된 점이 있으면 이를 지적하여 교정해 주려 했던 것에 그치고 전문적인 운전교습자가 피교습자에 대하여 차량운행에 관해 모든 지시를 하는 경우와 같이 주도적 지위에서 동 차량을 운행할 의도가 있었다거나 실제로 그같은 운행을 하였다고 보기 어렵다면 그와 같은 운행중에 야기된 사고에 대하여 과실범의 공동정범의 책임을 물을 수 없다.

> **해설**
>
> ① (○) 대판 2010.2.11, 2009도9807
> ② (×) 골프경기를 하던 중 골프공을 쳐서 아무도 예상하지 못한 자신의 등 뒤편으로 보내어 등 뒤에 있던 경기보조원(캐디)에게 상해를 입힌 경우에는 주의의무를 현저히 위반하여 사회적 상당성의 범위를 벗어난 행위로서 과실치상죄가 성립한다(대판 2008.10.23, 2008도6940)
> ③ (○) 대판 2011.9.8, 2009도13959
> ④ (○) 대판 1984.3.13, 82도3136

정답 ②

02 과실범에 관한 설명 중 가장 옳지 않은 것은? (다툼이 있는 경우 판례에 의함) 24 법행

① 과실범은 법률에 특별한 규정이 있는 경우에 한하여 처벌되며 형벌법규의 성질상 과실범을 처벌하는 특별규정은 그 명문에 의하여 명백, 명료하여야 한다.
② 군형법 제74조에 규정된 군용물분실죄는 같은 조에서 정한 군용에 공하는 물건을 보관할 책임이 있는 자가 선량한 보관자로서의 주의의무를 게을리 하여 그의 의사에 의하지 않고 물건의 소지를 상실하는 소위 과실범을 말한다.
③ 과실범에 있어서의 비난가능성의 지적 요소란 결과발생의 가능성에 대한 인식으로서 인식 있는 과실에는 이와 같은 인식이 있고, 인식 없는 과실에는 이에 대한 인식자체도 없는 경우인데, 과실책임이 발생하는 것은 전자이고, 후자에 대하여는 그 결과발생을 인식하지 못하였다는 데에 대한 부주의가 있다고 하더라도 과실책임을 물을 수 없다.
④ 행정상의 단속을 주안으로 하는 법규라 하더라도 명문규정이 있거나 해석상 과실범도 벌할 뜻이 명확한 경우를 제외하고는 형법의 원칙에 따라 고의가 있어야만 벌할 수 있다.
⑤ 2인 이상이 서로의 의사연락 아래 과실행위를 하여 범죄되는 결과를 발생하게 하면 과실범의 공동정범이 성립한다.

해설

① (○) 대판 1983.12.13, 83도2467
② (○) 대판 1999.7.9, 98도1719
③ (×) 과실범에 있어서의 비난가능성의 지적 요소란 결과발생의 가능성에 대한 인식으로서 인식 있는 과실에는 이와 같은 인식이 있고, 인식 없는 과실에는 이에 대한 인식자체도 없는 경우이나, 전자에 있어서 책임이 발생함은 물론, 후자에 있어서도 그 결과발생을 인식하지 못하였다는 데에 대한 부주의 즉 규범적 실재로서의 과실책임이 있다(대판 1984.2.28, 83도3007) ※ 인식 있는 과실과 인식 없는 과실은 형법상 같은 과실로 평가되며 불법과 책임의 경중에 차이가 없다.
④ (○) 대판 2010.2.11, 2009도9807
⑤ (○) 대판 1962.3.29, 4294형상598

정답 ③

03 과실범에 대한 설명으로 가장 적절한 것은? (다툼이 있는 경우 판례에 의함) 　22 경찰승진

① 甲이 사업당시 공사현장감독자이기는 하였으나 해당 공사의 발주자에 의하여 현장감독에 임명된 것이 아니고 구 건설업법상 요구되는 현장건설기술자의 자격도 없었다면 비록 그의 현장감독 부주의로 인하여 근로자가 다쳤다고 하더라도 甲에게 업무상 과실책임을 물을 수 없다.
② 의사가 설명의무를 위반한 채 의료행위를 하였다가 환자에게 사망의 결과가 발생한 경우 의사에게 업무상 과실로 인한 형사 책임을 지우기 위하여 의사의 설명의무위반과 환자의 사망 사이에 상당인과관계가 존재할 필요는 없다.
③ 의료사고에서 의사의 과실을 인정하기 위해서는 의사가 결과발생을 예견할 수 있었음에도 이를 예견하지 못하였고 결과발생을 회피할 수 있었음에도 이를 회피하지 못한 과실이 검토되어야 하고, 과실의 유무를 판단할 때에는 같은 업무와 직무에 종사하는 보통인의 주의정도를 표준으로 하여야 한다.
④ 법인 대표자의 법규위반행위에 대한 법인의 책임은 법인 자신의 법규위반행위로 평가될 수 있는 행위에 대한 법인의 직접책임으로서의 성격을 가지지만, 대표자의 과실에 의한 위반행위에 대하여는 법인 자신의 과실에 의한 책임이라고 할 수 없다.

> **해설**
>
> ① (×) 피고인이 사업 당시 공사현장 감독인인 이상 그 공사의 원래의 발주자의 직원이 아니고 또 발주자에 의하여 현장감독에 임명된 것도 아니며, 건설업법상 요구되는 현장건설기술자의 자격도 없다는 등의 사유는 업무상과실책임을 물음에 아무런 영향도 미칠 수 없다(대판 1983.6.14, 82도2713).
> ② (×) 의사가 설명의무를 위반한 채 의료행위를 하였다가 환자에게 상해 또는 사망의 결과가 발생한 경우 의사에게 업무상 과실로 인한 형사책임을 지우기 위해서는 의사의 설명의무 위반과 환자의 상해 또는 사망 사이에 상당인과관계가 존재하여야 한다(대판 2015.6.24, 2014도11315).
> ③ (○) 대판 2014.5.29, 2013도14079
> ④ (×) 법인 대표자의 법규위반행위에 대한 법인의 책임은 법인 자신의 법규위반행위로 평가될 수 있는 행위에 대한 법인의 직접책임으로서, 대표자의 고의에 의한 위반행위에 대하여는 법인 자신의 고의에 의한 책임을, 대표자의 과실에 의한 위반행위에 대하여는 법인 자신의 과실에 의한 책임을 부담한다(대판 2010.9.30, 2009도3876).

정답 ③

제7절 결과적 가중범

01 결과적 가중범과 과실범에 관한 설명으로 옳지 않은 것을 모두 고른 것은? (다툼이 있는 경우 판례에 의함)

24 경찰채용

> ㉠ 형법 제188조의 교통방해치사상죄가 성립하려면 교통방해 행위와 사상의 결과 사이에 상당인과관계가 있어야 하고 행위 시에 결과의 발생을 예견할 수 있어야 한다. 그 행위와 결과 사이에 피해자나 제3자의 과실 등 다른 사실이 개입되었을지라도 그와 같은 사실이 통상 예견될 수 있는 것이라면 상당인과관계가 인정된다.
> ㉡ 형법상 결과적 가중범이 성립하기 위해서는 고의나 과실에 의한 기본범죄가 있어야 하고, 이로 인해 중한 결과가 발생하여야 한다.
> ㉢ 결과적 가중범의 공동정범이 성립하기 위해서는 기본행위를 공동으로 할 의사뿐만 아니라 결과를 공동으로 할 의사도 필요하다.
> ㉣ 실화죄에 있어서 공동의 과실이 경합되어 화재가 발생한 경우, 적어도 각 과실이 화재의 발생에 대하여 하나의 조건이 되었다면 그 공동적 원인을 제공한 사람들은 각자 실화죄의 책임을 진다.

① ㉠㉡   ② ㉡㉢   ③ ㉢㉣   ④ ㉠㉣

해설

㉠ (○) 대판 2014.7.24, 2014도6206
㉡ (×) 형법상 결과적 가중범의 기본범죄는 고의범이어야 한다.
㉢ (×) 결과적 가중범의 공동정범은 기본행위를 공동으로 할 의사가 있으면 성립하고 결과를 공동으로 할 의사는 필요 없으며, 그 결과의 발생을 예견할 수 있으면 족한 것이다(대판 1993.8.24, 93도1674)
㉣ (○) 대판 1983.5.10, 82도227

정답 ②

02 결과적가중범에 관한 설명으로 옳은 것은 모두 몇 개인가? (다툼이 있는 경우 판례에 의함)

24 경찰승진

㉠ 기본범죄를 통하여 고의로 중한 결과를 발생하게 한 경우에 가중 처벌하는 부진정결과적가중범에서, 고의범에 대하여 더 무겁게 처벌하는 규정이 없는 경우에는 결과적가중범이 고의범에 대하여 특별관계에 있으므로 결과적가중범만 성립하고 이와 실체적 경합의 관계에 있는 고의범에 대하여는 별도로 죄를 구성하지 않는다.
㉡ 결과적가중범은 중한 결과가 발생하여야 성립되는 범죄이므로 형법에는 결과적가중범의 미수를 처벌하는 규정을 두고 있지 않다.
㉢ 甲의 구타행위로 상해를 입은 피해자가 정신을 잃고 빈사상태에 빠지자 사망한 것으로 오인하고, 자신의 행위를 은폐하고 피해자가 자살한 것처럼 가장하기 위하여 피해자를 베란다 아래의 바닥으로 떨어뜨려 사망케 하였다면, 甲의 행위는 포괄하여 단일의 상해치사죄에 해당한다.
㉣ 형법상 부진정결과적가중범은 중한 결과를 야기한 기본범죄가 고의범인 경우에만 인정되고 과실범의 경우에는 인정되지 않는 개념이다.
㉤ 결과적가중범이 성립하려면 행위와 결과 사이에 상당인과관계가 있어야 하고 행위 시에 결과의 발생을 예견할 수 있어야 하는데, 그러한 예견가능성은 행위자를 기준으로 판단되어야 하며 일반인을 기준으로 객관적으로 판단해야 하는 것은 아니다.

① 1개 ② 2개 ③ 3개 ④ 4개

> **해설**
>
> ㉠ (×) 기본범죄를 통하여 고의로 중한 결과를 발생하게 한 경우에 가중 처벌하는 부진정결과적가중범에서, 고의로 중한 결과를 발생하게 한 행위가 별도의 구성요건에 해당하고 그 고의범에 대하여 결과적가중범에 정한 형보다 더 무겁게 처벌하는 규정이 있는 경우에는 그 고의범과 결과적가중범이 상상적 경합관계에 있지만, 위와 같이 고의범에 대하여 더 무겁게 처벌하는 규정이 없는 경우에는 결과적가중범이 고의범에 대하여 특별관계에 있으므로 결과적가중범만 성립하고 이와 법조경합의 관계에 있는 고의범에 대하여는 별도로 죄를 구성하지 않는다(대판 2008.11.27, 2008도7311).
> ㉡ (×) 형법은 진정결과적 가중범인 강도치사상죄, 해상강도치사상죄, 인질치사상죄와 부진정결과적 가중범인 현주건조물일수치사상죄에 대하여 미수범 처벌규정을 두고 있다.
> ㉢ (○) 대판 1994.11.4, 94도2361
> ㉣ (○) 결과적 가중범의 기본범죄는 고의범이어야 하며, 기본범죄가 과실범인 경우에는 결과적 가중범이 인정되지 않는다.
> ㉤ (×) [1] 형법 제188조에 규정된 교통방해에 의한 치사상죄는 결과적 가중범이므로, 위 죄가 성립하려면 교통방해 행위와 사상의 결과 사이에 상당인과관계가 있어야 하고 행위 시에 결과의 발생을 예견할 수 있어야 한다.
> [2] 예견가능성은 일반인을 기준으로 객관적으로 판단되어야 하는 것이다(대판 2014.7.24,

2014도6206)

정답 ②

03 결과적 가중범에 대한 설명으로 옳지 않은 것은? (다툼이 있는 경우 판례에 의함) 23 검찰9급

① 부진정결과적 가중범의 경우에 중한 결과에 대한 고의범과 결과적 가중범의 법정형이 같은 경우에는 결과적 가중범만 성립하지만, 중한 결과에 대한 고의범의 법정형이 결과적 가중범보다 중한 경우에는 결과적 가중범과 중한 결과에 대한 고의범은 상상적 경합관계에 있다.
② 사람이 현존하는 건조물을 방화하는 집단행위의 과정에서 일부 집단원만이 고의행위로 살상을 가한 경우, 다른 집단원이 그 결과를 예견할 수 있었더라도 현존건조물방화치사상죄의 죄책을 인정할 수 없다.
③ 결과적 가중범에 있어서 중한 결과를 같이 발생시킬 의사가 없었더라도 행위를 공동으로 할 의사가 있고 중한 결과가 예견 가능한 것이었다면 결과적 가중범의 공동정범이 성립한다.
④ 조문형식상 결과적 가중범에 대한 미수범처벌규정이 있더라도 이는 결합범에만 적용되고, 결과적 가중범의 경우에는 중한 결과가 발생한 이상 기본범죄가 미수에 그쳐도 결과적 가중범의 기수범이 된다.

해설

① (○) 대판 2008.11.27, 2008도7311
② (×) 사람이 현존하는 건조물을 방화하는 집단행위의 과정에서 일부 집단원이 고의행위로 살상을 가한 경우에도 다른 집단원에게 그 사상의 결과가 예견 가능한 것이었다면 다른 집단원도 그 결과에 대하여 현존건조물방화치사상의 책임을 면할 수 없다(대판 1996.4.12, 96도215)
③ (○) 대판 1993.8.24, 93도1674
④ (○) 기본범죄가 미수에 그치더라도 이로 인하여 중한 결과가 발행한 경우에는 결과적 가중범의 기수에 해당한다.

정답 ②

04 과실범과 결과적 가중범에 관한 설명 중 옳은 것을 모두 고른 것은? (다툼이 있는 경우 판례에 의함)

24 변호사시험

㉠ 형법상 특수공무집행방해치상죄는 중한 결과에 대한 예견가능성이 있었음에도 불구하고 예견하지 못한 경우뿐만 아니라 고의가 있는 경우까지도 포함하는 부진정 결과적 가중범이다.
㉡ 과실범에 있어서의 인식 없는 과실은 결과 발생의 가능성에 대한 인식 자체도 없는 경우로 그 결과 발생을 인식하지 못하였다는 데에 대한 부주의, 즉 규범적 실재로서의 과실 책임이 있다고 할 것이다.
㉢ 건설회사가 건설공사 중 타워크레인의 설치작업을 전문업자에게 도급을 주어 타워크레인 설치작업을 하던 중 발생한 사고에 대하여, 건설회사의 현장대리인 甲에게 타워크레인의 설치작업을 관리하고 통제할 실질적인 지휘·감독 권한이 없었다면 업무상 주의의무를 위반한 과실이 있다고 볼 수 없다.
㉣ 甲이 A에 대한 살인의 고의로 A가 자고 있는 집에 불을 놓아 불이 A의 집 안방 천장까지 붙었으나 A가 잠에서 깨어 집 밖으로 빠져나오는 바람에 살인의 목적을 달성하지 못하였다면, 甲은 현주건조물방화치사죄의 미수범으로 처벌된다.
㉤ 상해를 교사하였는데 피교사자가 이를 넘어 살인을 실행한 경우 교사자는 상해죄에 대한 교사범이 되는 것이고, 다만 이 경우 교사자에게 피해자의 사망이라는 결과에 대하여 과실 내지 예견가능성이 있는 때에는 상해죄의 교사범과 과실치사죄의 상상적 경합범이 된다.

① ㉠㉡㉢   ② ㉠㉡㉤   ③ ㉡㉢㉣
④ ㉠㉡㉢㉣   ⑤ ㉠㉢㉣㉤

해설

㉠ (○) 대판 1995.1.20, 94도2842
㉡ (○) 대판 1984.2.28, 83도3007
㉢ (○) 건설회사가 건설공사 중 타워크레인의 설치작업을 전문업자에게 도급주어 타워크레인 설치작업을 하던 중 발생한 사고에 대하여 건설회사의 현장대리인에게 업무상과실치사상의 죄책을 물을 수 없다(대판 2005.9.9, 2005도3108).
㉣ (×) [1] 현주건조물방화치사죄는 미수범 처벌규정이 없다.
[2] 甲이 A를 살해할 고의로 방화를 하였으나 A가 사망하지 않았다면 甲은 현주건조물방화죄와 살인미수죄의 상상적 경합이 된다.
㉤ (×) 교사자가 피교사자에 대하여 상해를 교사하였는데 피교사자가 이를 넘어 살인을 실행한 경우에 일반적으로 교사자는 상해죄에 대한 교사범이 되는 것이고, 다만 이 경우 교사자에게 피해자의 사망이라는 결과에 대하여 과실 내지 예견가능성이 있는 때에는 상해치사죄의 교사범으로서의 죄책을 지울 수 있다(대판 1997.6.24, 97도1075).

정답 ①

05 다음 중 결과적 가중범에 대한 설명으로 가장 옳은 것은? (다툼이 있는 경우 판례에 의함)

23 해경승진

① 형법 제177조 제2항의 현주건조물일수치사죄의 법정형은 사형, 무기 또는 7년 이상의 징역이다.
② 기본범죄를 통하여 고의로 중한 결과를 발생하게 한 경우에 가중 처벌하는 부진정 결과적가중범에서, 고의로 중한 결과를 발생하게 한 행위가 별도의 구성요건에 해당하고 그 고의범에 대하여 결과적 가중범에 정한 형보다 더 무겁게 처벌하는 규정이 있는 경우에는 그 고의범과 결과적 가중범이 상상적 경합관계에 있다.
③ 형법 제15조 제2항 결과적 가중범은 기본범죄와 중한 결과 사이의 인과관계에 대해서만 규정하고 있을 뿐, 예견가능성을 명시적으로 요구하고 있지는 않다.
④ 해상강도치사상죄, 자기소유일반물건방화죄, 강도치사상죄, 인질치사상죄 모두 형법상 미수범 처벌규정이 있다.

> **해설**
>
> ① (×) 현주건조물일수치사죄는 무기 또는 7년 이상의 징역이다(제177조 제2항) ※ 현주건조물일수치사죄에는 사형이 없다.
> ② (O) 대판 2008.11.27, 2008도7311
> ③ (×) 형법 제15조 제2항의 결과적 가중범은 예견가능성에 대해서만 규정하고 있을 뿐, 기본범죄와 중한 결과사이의 인과관계를 명시적으로 요구하고 있지는 않다.
> ④ (×) 해상강도치사상죄, 강도치사상죄, 인질치사상죄는 형법상 미수범 처벌규정이 있으나, 자기소유일반물건방화죄는 형법상 미수범 처벌규정이 없다.

정답 ②

06 결과적 가중범에 관한 설명 중 가장 옳지 않은 것은? (다툼이 있는 경우 판례에 의함)

24 법행

① 기본범죄를 통하여 고의로 중한 결과를 발생하게 한 경우에 가중 처벌하는 부진정결과적 가중범에서, 고의로 중한 결과를 발생하게 한 행위가 별도의 구성요건에 해당하고 그 고의범에 대하여 결과적 가중범에 정한 형보다 더 무겁게 처벌하는 규정이 있는 경우에는 그 고의범과 결과적 가중범이 상상적 경합관계에 있다.
② 수뢰후부정처사죄는 반드시 뇌물수수 등의 행위가 완료된 이후에 부정한 행위가 이루어져야 함을 의미하는 것은 아니고, 결합범 또는 결과적가중범 등에서의 기본행위와 마찬가지로 뇌물수수 등의 행위를 하는 중에 부정한 행위를 한 경우도 포함한다.
③ 결과적 가중범의 공동정범이 성립하기 위해서는 기본행위를 공동으로 할 의사와 그 결과를 공동으로 할 의사가 필요하다.
④ 직무를 집행하는 공무원에 대하여 위험한 물건을 휴대하여 고의로 상해를 가한 경우에는 특수공무집행방해치상죄만 성립할 뿐, 이와는 별도로 폭력행위 등 처벌에 관한 법률 위반(집단·흉기 등 상해)죄를 구성한다고 볼 수 없다.
⑤ 강간이 미수에 그친 경우라도 그 수단이 된 폭행에 의하여 피해자가 상해를 입었으면 강간치상죄가 성립하고, 미수에 그친 것이 피고인이 자의로 실행에 착수한 행위를 중지한 경우이든 실행에 착수하여 행위를 종료하지 못한 경우이든 가리지 않는다.

> 해설

① (○) 대판 2008.11.27, 2008도7311
② (○) 대판 2021.2.4, 2020도12103
③ (×) 결과적 가중범의 공동정범은 기본행위를 공동으로 할 의사가 있으면 성립하고 결과를 공동으로 할 의사는 필요 없으며, 그 결과의 발생을 예견할 수 있으면 족한 것이다(대판 1993.8.24, 93도1674).
④ (○) 대판 2008.11.27, 2008도7311
⑤ (○) 대판 1988.11.8, 88도1628

정답 ③

03 위법성

제1절 위법성의 일반이론

01 위법성조각사유의 주관적 정당화요소에 대한 설명으로 옳은 것만을 모두 고르면? (다툼이 있는 경우 판례에 의함)   23 검찰9급

> ㉠ 위법성조각을 위해 주관적 정당화요소가 필요하다고 보는 견해에 의하면, 형법 제21조 제1항에서 '방위하기 위하여 한'은 정당방위의 주관적 정당화요소를 규정한 것으로 해석된다.
> ㉡ 판례는 위법성조각을 위해 방위의사나 피난의사와 같은 주관적 정당화요소가 요구된다고 본다.
> ㉢ 위법성조각을 위해 주관적 정당화요소가 필요 없다고 보는 견해에 의하면, 행위자가 행위 당시 존재하는 객관적 정당화사정을 인식하지 못한 채 범죄의 고의만으로 행위를 한 경우 고의기수범이 성립한다.
> ㉣ 위법성 판단에 행위반가치와 결과반가치가 모두 요구된다고 보는 이원적·인적 불법론의 입장에서는 주관적 정당화요소가 결여된 경우 행위반가치가 부정되므로 불능미수가 된다고 본다.

① ㉠㉡   ② ㉠㉢   ③ ㉡㉣   ④ ㉢㉣

해설

㉠ (○) 옳음
㉡ (○) 그 당시의 사태가 현재의 위난이 존재하는 상태이었다고 가정하더라도 소위 피난의사가 있었다고 인정할 수 없는 이상 긴급피난의 성립을 인정할 수 없다(대판 1980.5.20, 80도306)
※ 판례는 '피난의사가 있었다고 인정할 수 없는 이상 긴급피난의 성립을 인정할 수 없다'고 하여 주관적 정당화요소가 필요하다는 입장을 취하고 있다.
㉢ (×) 주관적 정당화요소 불요설에 의하면 위법성이 조각되어 무죄가 된다.
㉣ (×) 이원적·인적 불법론의 입장에서는 주관적 정당화요소가 결여된 경우 결과반가치가 부정되므로 불능미수가 된다고 본다.

정답 ①

02 甲은 층간소음문제로 평소 다툼이 있던 아파트 위층에 앙갚음을 할 마음으로 돌을 던져 유리창을 깨트렸다. 그런데 위층에 살던 A는 빚 독촉에 시달리다 자살하기로 마음먹고 창문을 닫은 채 연탄불을 피운 결과, 연탄가스에 중독되어 쓰러져 있던 상태였다. 유리창을 깨트린 甲의 행위로 인하여 A는 구조되었다. 이 사례에서 甲이 무죄라는 견해에 관한 설명으로 가장 적절하지 않은 것은?

22 경찰채용

① 범죄성립에 있어서 결과반가치만을 고려하는 입장에서 주장될 수 있다.
② 객관적으로 존재하는 정당화요건은 기수범 처벌에 대한 감경가능성으로만 고려될 수 있다.
③ 객관적 정당화사정의 존재가 행위자에게 유리하게 작용하는 경우이다.
④ 주관적 정당화사정이 있는 경우와 없는 경우를 동일하게 취급한다는 비판이 가능하다.

> **해설**
>
> ① (○) 객관적 정당화 요소가 모두 충족되는 한 그에 상응하는 주관적 정당화 요소가 없이도 위법성이 조각된다고 보는 견해는 위법성조각설이다. 위법성조각설은 불법의 본질을 오직 결과반가치에서만 바라본다.
> ② (×) 불능미수범설의 입장이다.
> ③ (○) 위법성 조각설의 입장으로 객관적 정당화사정의 존재가 행위자에게 유리하게 작용하는 경우이다. 행위자가 손괴죄로 처벌되지 않고 무죄가 되기 때문이다.
> ④ (○) 주관적 정당화요소 불요설에 대한 비판에 해당한다.

정답 ②

제2절 정당방위

01 정당방위에 관한 설명으로 옳은 것은 모두 몇 개인가? (다툼이 있는 경우 판례에 의함)

23 경간

> ㉠ 정당방위에서 '침해의 현재성'이란 침해행위가 형식적으로 기수에 이르렀는지에 따라 결정되는 것이 아니라 자기 또는 타인의 법익에 대한 침해상황이 종료되기 전까지를 의미한다.
> ㉡ 정당방위 상황을 이용할 목적으로 처음부터 공격자의 공격행위를 유발하는 의도적 도발의 경우라 하더라도 그 공격행위에 대해서는 방위행위를 인정할 수 있어 정당방위가 성립한다.
> ㉢ 피해자의 침해행위에 대하여 자기의 권리를 방위하기 위한 부득이한 행위가 아니고, 그 침해행위에서 벗어난 후 분을 풀려는 목적에서 나온 공격행위는 정당방위에 해당한다고 할 수 없다.
> ㉣ 정당방위의 성립요건으로서 방어행위는 순수한 수비적 방어뿐만 아니라 적극적 반격을 포함하는 반격방어의 형태도 포함되나, 그 방어행위는 자기 또는 타인의 법익침해를 방위하기 위한 행위로서 상당한 이유가 있어야 한다.

① 1개 ② 2개 ③ 3개 ④ 4개

해설

㉠ (○) 대판 2023.4.27, 2020도6874
㉡ (×) 의도적 도발의 경우에는 자초침해에 해당하므로 정당방위에 해당하지 않는다. 이는 권리남용에 해당하여 형법 제21조 제1항(정당방위)의 상당성 요건을 충족하지 못한다.
㉢ (○) 대판 1996.4.9, 96도241
㉣ (○) 대판 1992.12.22, 92도2540

정답 ③

02 다음 설명 중 가장 옳지 않은 것은? (다툼이 있는 경우 판례에 의함)   24 법행

① 형법 제21조 제1항은 "현재의 부당한 침해로부터 자기 또는 타인의 법익을 방위하기 위하여 한 행위는 상당한 이유가 있는 경우에는 벌하지 아니한다."라고 규정하여 정당방위를 위법성조각사유로 인정하고 있는데, 이때 '침해의 현재성'이란 침해행위가 형식적으로 기수에 이르렀는지에 따라 결정되는 것이 아니라 자기 또는 타인의 법익에 대한 침해상황이 종료되기 전까지를 의미하는 것이므로, 일련의 연속되는 행위로 인해 침해상황이 중단되지 아니하거나 일시 중단되더라도 추가 침해가 곧바로 발생할 객관적인 사유가 있는 경우에는 그 중 일부 행위가 범죄의 기수에 이르렀더라도 전체적으로 침해상황이 종료되지 않은 것으로 볼 수 있다.

② 정당방위의 성립 요건으로서의 방어행위에는 순수한 수비적 방어의 형태만이 포함되므로, 적극적 반격을 포함하는 반격방어의 형태는 자기 또는 타인의 법익침해를 방어하기 위한 행위로서 상당한 이유가 있더라도 정당방위가 성립할 수 없다.

③ 어떠한 행위가 정당방위로 인정되려면 그 행위가 자기 또는 타인의 법익에 대한 현재의 부당한 침해를 방어하기 위한 것으로서 상당성이 있어야 하므로, 위법하지 않은 정당한 침해에 대한 정당방위는 인정되지 않는다.

④ 경찰관이 현행범인 체포의 요건을 갖추지 못하였음에도 실력으로 현행범인으로 체포하려고 하였다면 적법한 공무집행이라고 할 수 없고, 현행범인 체포행위가 적법한 공무집행을 벗어나 불법하게 체포한 것으로 볼 수밖에 없다면, 현행범인의 체포를 면하려고 반항하는 과정에서 경찰관에게 폭행을 가한 것은 불법체포로 인한 신체에 대한 현재의 부당한 침해에서 벗어나기 위한 행위로서 정당방위에 해당하여 위법성이 조각된다.

⑤ 과잉방위란 자기 또는 타인의 법익에 대한 현재의 부당한 침해라는 정당방위의 객관적 전제조건하에서 그 침해를 방위하기 위한 행위가 있었으나 그 행위가 지나쳐 상당한 이유가 없는 경우를 말하므로, 가해자의 행위가 피해자의 부당한 공격을 방위하기 위한 것이라기보다는 서로 공격할 의사로 싸우다가 먼저 공격을 받고 이에 대항하여 가해를 한 경우라면 가해행위는 방어행위인 동시에 공격행위의 성격을 가지므로 과잉방위행위라고 볼 수 없다.

> **해설**
> ① (○) 대판 2023.4.27, 2020도6874
> ② (×) 정당방위의 성립요건으로서의 방어행위에는 순수한 수비적 방어뿐 아니라 적극적 반격을 포함하는 반격방어의 형태도 포함되나, 그 방어행위는 자기 또는 타인의 법익침해를 방위하기 위한 행위로서 상당한 이유가 있어야 한다(대판 1992.12.22, 92도2540)
> ③ (○) 대판 2017.3.15, 2013도2168
> ④ (○) 대판 2000.7.4, 99도4341
> ⑤ (○) 대판 2000.3.28, 2000도228

정답 ②

03 위법성조각사유에 대한 설명으로 옳지 않은 것은? (다툼이 있는 경우 판례에 의함) 22 검찰7급

① 형법 제20조가 정한 '사회상규에 위배되지 아니하는 행위'는 행위의 수단이나 방법의 상당성뿐만 아니라 그 행위의 동기나 목적의 정당성도 필요로 한다.
② 의붓아버지로부터 강간을 당한 후 계속해서 성관계를 강요받아 온 甲이 乙과 사전에 공모하여 범행을 준비하고 의붓아버지가 제대로 반항할 수 없는 상태에서 식칼로 심장을 찔러 살해한 행위는 형법 제21조 소정의 과잉방위에 해당한다.
③ 형법 제22조의 긴급피난에서 '상당한 이유'가 있다고 하기 위해서는 피난행위가 위난에 처한 법익을 보호하기 위한 유일한 수단이어야 할 뿐더러 피난행위에 의하여 보전되는 이익이 이로 인하여 침해되는 이익보다 우월해야 한다.
④ 현재의 부당한 침해로부터 타인의 법익을 방위하기 위하여 한 행위도 상당한 이유가 있으면 형법 제21조의 정당방위에 해당한다.

> **해설**
>
> ① (○) 대판 2021.12.30, 2021도9680
> ② (×) 원심이 피고인들의 행위가 정당방위에 해당한다거나 야간 기타 불안스러운 상태하에서 공포, 경악, 흥분 또는 당황으로 인하여 그 정도를 초과한 경우에 해당한다는 피고인들의 주장을 배척한 조처도 정당하다(대판 1992.12.22, 92도2540) ※ 정당방위나 과잉방위에 해당하지 않는다.
> ③ (○) 대판 2016.1.28, 2014도2477
> ④ (○) 제21조 제1항, 대판 2017.3.15, 2013도2168 참고

정답 ②

제3절 긴급피난 및 자구행위

01 자구행위에 대한 설명으로 옳지 않은 것은? (다툼이 있는 경우 판례에 의함) 24 검찰9급

① 자구행위는 법률에서 정한 절차에 따라서는 청구권을 보전할 수 없는 경우에 할 수 있다.
② 소유권의 귀속에 관한 분쟁이 있어 민사소송이 계속 중인 건조물에 관하여 현실적으로 관리인이 있음에도 위 건조물의 자물쇠를 쇠톱으로 절단하고 침입한 행위는 법정절차에 의하여 그 권리를 보전하기가 곤란하고 그 권리의 실행불능이나 현저한 실행곤란을 피하기 위해 상당한 이유가 있는 행위라고 할 수 없다.
③ 자신이 소유하는 토지상에 도로가 무단으로 확장 개설되어 그대로 방치할 경우 불특정 다수인이 통행할 우려가 있다는 사정만으로는 법정절차에 의하여 자신의 청구권을 보전하는 것이 불가능한 경우에 해당한다고 볼 수 없다.
④ 피해자에게 석고를 납품한 대금을 받지 못하고 있던 중 피해자가 화랑을 폐쇄하고 도주하자 야간에 폐쇄된 화랑의 베니어판 문을 미리 준비한 드라이버로 뜯어내고 피해자의 물건을 몰래 가지고 나온 경우 자구행위에 해당한다.

> **해설**
> ① (O) 제23조 제1항 참고
> ② (O) 대판 1985.7.9, 85도707
> ③ (O) 대판 2007.3.15, 2006도9418
> ④ (×) 피고인이 피해자에게 석고를 납품한 대금을 받지 못하고 있던중 피해자가 화랑을 폐쇄하고 도주하자, 피고인이 야간에 폐쇄된 화랑의 베니어판 문을 미리 준비한 드라이버로 뜯어내고 피해자의 물건을 몰래 가지고 나왔다면, 위와 같은 피고인의 강제적 채권추심 내지 이를 목적으로 하는 물품의 취거행위를 형법 제23조 소정의 자구행위라고 볼 수 없다(대판 1984.12.26, 84도2582)

정답 ④

02 자구행위에 관한 설명 중 가장 적절하지 않은 것은?   23 경찰채용

① 자구행위란 법률에서 정한 절차에 따라서는 청구권을 보전할 수 없는 경우에 그 청구권의 실행이 불가능해지거나 현저히 곤란해지는 상황을 피하기 위한 상당한 이유가 있는 행위를 말한다.
② 자구행위의 경우에도 야간이나 그 밖의 불안한 상태에서 공포를 느끼거나 경악하거나 흥분하거나 당황하였기 때문에 그 행위를 하였을 때 벌하지 아니하는 형법 제21조 제3항의 규정이 준용된다.
③ 자구행위는 사후적 긴급행위이므로 과거의 침해에 대해서만 가능하다.
④ 자구행위에서 청구권 보전의 불가능이란 시간적·장소적 관계로 국가기관의 구제를 기다릴 여유가 없거나 후일 공적수단에 의한다면 그 실효를 거두지 못할 긴급한 사정이 있는 경우를 말한다.

> **해설**
>
> ① (○) 제23조 제1항
> ② (×) 과잉자구행위는 정당방위, 긴급피난과 달리 '야간이나 그 밖의 불안한 상태에서 공포를 느끼거나 경악하거나 흥분하거나 당황하였기 때문에 그 행위를 하였을 때에는 벌하지 아니한다(제21조 제3항)'는 규정이 준용되지 않는다.
> ③ (○) 옳음
> ④ (○) 옳음

정답 ②

제4절 피해자의 승낙

01 위법성조각사유에 관한 설명으로 가장 적절하지 않은 것은? (다툼이 있는 경우 판례에 의함)

24 경찰승진

① 정당방위는 현재의 부당한 침해를 방어하기 위한 것이므로, 위법하지 않은 정당한 침해에 대한 정당방위는 인정되지 않는다.
② 긴급피난이 인정되기 위해서는 피난행위가 위난에 처한 법익을 보호하기 위한 유일한 수단이어야 하고, 피해자에게 가장 경미한 손해를 주는 방법을 택하여야 한다.
③ 자구행위에 의하여 보호되는 청구권은 보전할 수 있는 권리임을 요하므로, 명예와 같이 원상회복이 불가능한 권리는 자구행위의 청구권에 포함되지 않는다.
④ 피해자의 승낙은 언제든지 자유롭게 철회할 수 있고 그 방법에는 제한이 없으며, 법익이 침해된 이후의 사후승낙도 위법성을 조각할 수 있다.

> **해설**
>
> ① (○) 대판 2017.3.15, 2013도2168
> ② (○) 대판 2006.4.13, 2005도9396
> ③ (○) 옳음
> ④ (×) [1] 위법성조각사유로서의 피해자의 승낙은 언제든지 자유롭게 철회할 수 있다고 할 것이고, 그 철회의 방법에는 아무런 제한이 없다(대판 2011.5.13, 2010도9962).
> [2] 피해자의 사후승낙이 있는 경우에 판시 행위가 범죄를 구성하지 않게 되거나 벌할 수 없게 된다는 것은 독자적인 견해에 불과하다(대판 1991.3.27, 91도139).

정답 ④

02 위법성조각사유에 관한 설명으로 가장 적절한 것은? (다툼이 있는 경우 판례에 의함)

24 경찰채용

① 일련의 연속되는 행위로 인해 침해상황이 중단되지 아니하거나 일시 중단되더라도 추가 침해가 곧바로 발생할 객관적인 사유가 있는 경우, 그 중 일부 행위가 범죄의 기수에 이르렀을지라도 정당방위의 요건 중 침해의 현재성이 인정된다.

② 甲이 A를 살해하기 위해 총을 쏴 A가 사망하였는데, 알고 보니 A도 甲을 살해하기 위해 甲에게 총을 조준하고 있었던 경우, 위법성이 조각되기 위해서는 주관적 정당화요소가 필요하다는 견해에 따르면 甲의 행위는 위법성이 조각된다.

③ 위난을 피하지 못할 책임 있는 자에게는 긴급피난이 허용되지 않기에 이들이 감수해야 할 범위를 넘는 위난에 처한 때에도 긴급피난은 허용되지 않는다.

④ 무고죄는 국가의 형사사법권의 적정한 행사뿐만 아니라 개인이 부당하게 처벌받지 아니할 이익을 부수적으로 보호하는 죄이기에, 피무고자의 승낙이 있는 경우에는 위법성이 조각된다.

해설

① (○) 대판 2023.4.27, 2020도6874
② (×) 주관적 정당화요소가 필요설에 따르면 甲에게는 방위의사가 없었으므로 정당방위가 성립하지 않고, 이 경우에는 기수범설에 따르면 살인죄, 불능미수범설에 따르면 살인죄의 불능미수가 성립한다.
③ (×) 위난을 피하지 못할 책임이 있는 자에 대하여는 전항의 규정(긴급피난)을 적용하지 아니한다(제22조 제2항) ※ 위난을 피하지 못할 책임 있는 자에 대한 긴급피난의 제한은 절대적인 것이 아니라 직무수행상 의무적으로 감수해야 할 범위 내에서 긴급피난을 인정하지 않는다. 따라서 타인을 위한 긴급피난이나 감수해야 할 범위를 넘는 자기의 위난에 대해서는 긴급피난이 허용된다.
④ (×) 무고죄는 국가의 형사사법권 또는 징계권의 적정한 행사를 주된 보호법익으로 하고 다만, 개인의 부당하게 처벌 또는 징계받지 아니할 이익을 부수적으로 보호하는 죄이므로, 설사 무고에 있어서 피무고자의 승낙이 있었다고 하더라도 무고죄의 성립에는 영향을 미치지 못한다(대판 2005.9.30, 2005도2712)

정답 ①

제5절 정당행위

01 위법성조각사유에 대한 설명으로 옳지 않은 것은? (다툼이 있는 경우 판례에 의함)

24 검찰9급

① 형법 제20조에 따라 사회상규에 의한 정당행위를 인정하기 위한 요건 중 행위의 긴급성과 보충성은 수단의 상당성을 판단할 때 고려요소의 하나로 참작하여야 하고 이를 넘어 독립적인 요건으로 요구할 것은 아니다.
② 시위방법의 하나인 삼보일배 행진은 시위의 목적달성에 필요한 합리적인 범위에서 사회통념상 용인될 수 있는 다소의 피해를 발생시킨 경우에 불과하고, 신고내용에 포함되지 않은 삼보일배 행진을 한 것이 신고제도의 목적 달성을 심히 곤란하게 하는 정도에 이른다고 볼 수도 없으므로 사회상규에 위반되지 않는 행위로 위법성이 조각된다.
③ 회사의 이익을 빼돌린다는 소문을 확인할 목적으로 피해자가 비밀번호를 설정하여 사용하던 회사 소유 컴퓨터의 하드디스크를 떼어내어 다른 컴퓨터에 연결한 다음, 의심이 드는 단어로 파일을 검색하여 메신저 대화 내용, 이메일 등을 출력한 행위는 사회통념상 허용될 수 있는 행위라고 볼 수 없다.
④ 어떠한 행위가 범죄구성요건에 해당하지만 정당행위라는 이유로 위법성이 조각된다는 것은 그 행위가 적극적으로 용인·권장된다는 의미가 아니라 단지 특정한 상황에서 그 행위가 범죄행위로서 처벌대상이 될 정도의 위법성을 갖추지 못하였다는 것을 의미한다.

해설

① (○) 대판 2023.5.18, 2017도2760
② (○) 대판 2009.7.23, 2009도840
③ (×) 회사의 이익을 빼돌린다는 소문을 확인할 목적으로, 피해자가 사용하면서 비밀번호를 설정하여 비밀장치를 한 전자기록인 개인용 컴퓨터의 하드디스크를 검색한 행위는 형법 제20조의 '정당행위'에 해당된다(대판 2009.12.24, 2007도6243)
④ (○) 대판 2021.12.30, 2021도9680

정답 ③

02 정당행위에 관한 설명으로 가장 적절하지 않은 것은? (다툼이 있는 경우 판례에 의함)

24 경찰승진

① 적정한 한계를 벗어나는 현행범인 체포행위는 그 부분에 관한 한 법령에 의한 행위로 될 수 없다고 할 것이나, 적정한 한계를 벗어나는 행위인가 여부는 결국 정당행위의 일반적 요건을 갖추었는지 여부가 아니라 그 행위가 소극적인 방어행위인가 적극적인 공격행위인가에 따라 결정되어야 한다.
② 어떠한 행위가 범죄구성요건에 해당하지만 정당행위라는 이유로 위법성이 조각된다는 것은 그 행위가 적극적으로 용인, 권장된다는 의미가 아니라 단지 특정한 상황하에서 그 행위가 범죄행위로서 처벌대상이 될 정도의 위법성을 갖추지 못하였다는 것을 의미한다.
③ 집행관이 압류집행을 위하여 채무자의 주거에 들어가는 과정에서 집행을 방해하는 채무자를 배제하고 주거에 들어가기 위하여 채무자를 떠밀었고 그로 인하여 채무자에게 약 2주간의 가료를 요하는 상해를 입힌 경우, 정당행위로서 위법성이 조각된다.
④ 의학적 전문지식이 없는 甲이 찜질방 내에 침대, 부항기 및 부항침 등을 갖추어 놓고 찾아오는 사람들에게 아픈 부위와 증상을 물어 본 다음 아픈 부위에 부항을 뜬 후 그 곳을 부항침으로 10회 정도 찌르고 다시 부항을 뜨는 방법으로 치료를 하여 주고 치료비 명목으로 15,000원 또는 25,000원을 받은 경우, 정당행위로서 위법성이 조각되는 경우에 해당하지 않는다.

해설

① (×) 적정한 한계를 벗어나는 현행범인 체포행위는 그 부분에 관한 한 법령에 의한 행위로 될 수 없다고 할 것이나, 적정한 한계를 벗어나는 행위인가 여부는 결국 정당행위의 일반적 요건을 갖추었는지 여부에 따라 결정되어야 할 것이지 그 행위가 소극적인 방어행위인가 적극적인 공격행위인가에 따라 결정되어야 하는 것은 아니다(대판 1999.1.26, 98도3029)
② (○) 대판 2021.12.30, 2021도9680
③ (○) 대판 1993.10.12, 93도875
④ (○) 대판 2004.10.28, 2004도3405

정답 ①

03 다음 중 甲에게 정당행위가 인정되는 것은? (다툼이 있는 경우 판례에 의함) 24 경찰채용

① 사채업자 甲이 채권추심을 위하여 채무자 A에게 채무를 변제하지 않으면 A가 숨기고 싶어하는 과거 행적과 사채를 쓴 사실 등을 남편과 시댁에 알리겠다는 문자메시지를 발송한 경우
② A주식회사로부터 공립유치원의 놀이시설 제작 및 설치공사를 하도급 받은 甲이 유치원 행정실장 등에게 공사대금의 직접 지급을 요구하였으나 거절당하자, 공사대금 직불청구권이 있는 놀이시설의 정당한 유치권자로서 공사대금 채권을 확보할 필요가 있어 놀이시설의 일부인 보호대를 칼로 뜯어내고 일부 놀이시설은 철거하는 방법으로 공무소에서 사용하는 물건을 손상한 경우
③ 甲이 자신의 가옥 앞 도로가 폐기물 운반 차량의 통행로로 이용되어 가옥 일부에 균열 등이 발생하자 위 도로에 트랙터를 세워두거나 철책 펜스를 설치함으로써 위 차량의 통행을 불가능하게 한 경우
④ 학교법인의 전 이사장 A가 부정입학과 관련된 금품수수 혐의로 구속되었다가 그 학교법인이 설립한 B대학교의 총장으로 선임됨에 따라 학내 갈등을 빚던 중 총학생회 간부 甲이 대학 운영의 정상화를 위해 A와의 대화를 꾸준히 요구하였으나, 학교의 소극적인 태도로 인해 면담이 성사되지 않자 A를 직접 찾아가 면담하는 이외에는 다른 방도가 없다는 판단 아래 A와의 면담을 추진하는 과정에서 총장실 진입을 시도하거나, 교무위원회 회의실에 들어가 총장의 사퇴를 요구하면서 이를 막는 학교 교직원들과 길지 않은 시간 동안 실랑이를 벌인 경우

> **해설**
> ① (정당행위 ×) 피고인이 정당한 절차와 방법을 통해 그 권리를 행사하지 아니하고 피해자에게 위와 같이 해악을 고지한 것이 사회의 관습이나 윤리관념 등 사회통념에 비추어 용인할 수 있는 정도의 것이라고 볼 수는 없다(대판 2011.5.26, 2011도2412).
> ② (정당행위 ×) 피고인에게 공사대금 직불청구권이 있고 놀이시설의 정당한 유치권자로서 공사대금 채권을 확보할 필요가 있었다고 하더라도, 위와 같은 피고인의 행위가 수단과 방법의 상당성이 인정된다거나 공사대금 확보를 위한 유치권을 행사하는 데에 긴급하고 불가피한 수단이었다고 볼 수 없는데도, 공용물건손상의 공소사실에 대하여 무죄를 선고한 원심판결에 정당행위에 관한 법리오해의 잘못이 있다고 한 사례(대판 2017.5.30, 2017도2758)
> ③ (정당행위 ×) 차량들의 통행으로 인하여 피고인의 가옥에 균열이 발생한 사정 등이 있다고 하더라도, 피고인이 위 차량들의 통행을 금지하는 가처분 등의 방법을 이용하지 아니한 채 이 사건 통행 방해 행위에 이른 점에 비추어 그 행위의 수단이나 방법에 상당성이 있다고 보기 어렵고, 긴급성이나 보충성의 요건을 갖추었다고 보기도 어렵다((대판 2009.1.30, 2008도10560))
> ④ (정당행위 ○) 행위의 목적 및 경위 등에 비추어 보면, 피고인들이 분쟁의 중심에 있는 A를 직접 찾아가 면담하는 이외에는 다른 방도가 없다는 판단 아래 을과 면담을 추진하는 과정에서 피고인들을 막아서는 사람들과 길지 않은 시간 동안 실랑이를 벌인 것은 사회상규에 위배

되지 아니하는 정당행위에 해당한다(대판 2023.5.18, 2017도2760)

정답 ④

04 정당행위에 대한 설명으로 옳지 않은 것은? (다툼이 있는 경우 판례에 의함) 23 검찰9급

① 음란물이 문학적·예술적·사상적·과학적·의학적·교육적 표현 등과 결합되어 음란 표현의 해악이 상당한 방법으로 해소되거나 다양한 의견과 사상의 경쟁메커니즘에 의해 해소될 수 있는 정도에 이르렀다면, 이러한 결합표현물에 의한 표현행위는 형법 제20조에 정하여진 '사회상규에 위배되지 않는 행위'에 해당한다.

② 문언송신금지를 명한 「가정폭력범죄의 처벌 등에 관한 특례법」상 임시보호명령을 위반하여 피고인이 피해자에게 문자메시지를 보낸 경우 문자메시지 송신을 피해자가 양해 내지 승낙하였다면 형법 제20조의 정당행위에 해당한다.

③ 신문기자인 피고인이 고소인에게 2회에 걸쳐 증여세 포탈에 대한 취재를 요구하면서, 이에 응하지 않으면 자신이 취재한 내용대로 보도하겠다고 협박한 것은 특별한 사정이 없는 한 사회상규에 반하지 않는 행위이다.

④ 의료인이 아닌 자가 찜질방 내에서 부항과 부항침을 놓고 일정한 금원을 받은 행위는 그 시술로 인한 위험성이 적다는 사정만으로 사회상규에 위배되지 않는 행위로 보기는 어렵다.

해설

① (○) 대판 2017.10.26, 2012도13352
② (×) 피고인이 접근금지, 문언송신금지 등을 명한 임시보호명령을 위반하여 피해자의 주거지에 접근하고 문자메시지를 보낸 사안에서, 임시보호명령을 위반한 주거지 접근이나 문자메시지 송신을 피해자가 양해 내지 승낙했더라도 가정폭력범죄의 처벌 등에 관한 특례법 위반죄의 구성요건에 해당하고 형법 제20조의 정당행위로 볼 수 없다는 이유로 가정폭력범죄의 처벌 등에 관한 특례법 위반죄를 인정한 원심판결을 정당하다고 한 사례(대판 2022.1.14, 2021도14015)
③ (○) 대판 2011.7.14, 2011도639
④ (○) 대판 2004.10.28, 2004도3405

정답 ②

05 정당행위에 관한 설명 중 옳은 것만을 모두 고른 것은? (다툼이 있는 경우 판례에 의함)

23 경찰채용

> ㉠ 甲은 ○○수지요법학회의 지회를 운영하면서 일반인에게 수지침을 보급하고 무료의료 봉사활동을 하는 사람으로서 A에게 수지침 시술을 부탁받고 아무런 대가 없이 수지침 시술을 해 준 경우, 甲이 침술 면허가 없다고 해도 해당 행위는 사회상규에 위배되지 아니하는 행위로서 위법성이 조각될 수 있다.
> ㉡ A 노동조합의 조합원 甲등이 관계 법령에서 정하는 서면신고의무에 따라 쟁의행위의 일시, 장소, 참가인원 및 그 방법에 관한 서면신고를 하지 않고 쟁의행위를 한 경우, 세부적 형식적 절차를 미준수한 것으로서 쟁의행위의 정당성이 부정된다.
> ㉢ A 아파트 입주자대표회의 회장인 甲이 자신의 승인 없이 동대표들이 관리소장과 함께 게시한 입주자대표회의의 소집공고문을 뜯어내 제거한 경우, 해당 공고문을 손괴한 조치가 그에 선행하는 위법한 공고문 작성 및 게시에 따른 위법상태의 구체적 실현이 임박한 상황 하에서 그 위법성을 바로잡기 위한 것이라면 사회통념상 허용되는 범위를 크게 넘어서지 않는 것으로 볼 수 있다.
> ㉣ 甲이 가정폭력범죄의 처벌 등에 관한 특례법 상의 임시보호명령을 위반하여 피해자인 A의 주거지에 접근하고 문자메시지를 보낸 경우, 이에 대하여 A의 양해 내지 승낙이 있었다면 甲의 행위가 사회상규에 위배되는 행위로 볼 것은 아니다.

① ㉠㉡   ② ㉠㉢   ③ ㉠㉡㉣   ④ ㉠㉢㉣

해설

㉠ (○) 대판 2000.4.25, 98도2389
㉡ (×) 노동조합 및 노동관계조정법 시행령 제17조에서 규정하고 있는 쟁의행위의 일시·장소·참가인원 및 그 방법에 관한 서면신고의무는 쟁의행위를 함에 있어 그 세부적·형식적 절차를 규정한 것으로서 쟁의행위에 적법성을 부여하기 위하여 필요한 본질적인 요소는 아니므로, 신고절차의 미준수만을 이유로 쟁의행위의 정당성을 부정할 수는 없다(대판 2007.12.28, 2007도5204).
㉢ (○) 대판 2021.12.30, 2021도9680
㉣ (×) 피고인이 접근금지, 문언송신금지 등을 명한 임시보호명령을 위반하여 피해자의 주거지에 접근하고 문자메시지를 보낸 사안에서, 임시보호명령을 위반한 주거지 접근이나 문자메시지 송신을 피해자가 양해 내지 승낙했더라도 가정폭력범죄의 처벌 등에 관한 특례법 위반죄의 구성요건에 해당하고 형법 제20조의 정당행위로 볼 수 없다(대판 2022.1.14, 2021도14015).

정답 ②

06 형법 제20조 정당행위에 관한 설명 중 가장 옳지 않은 것은? (다툼이 있는 경우 판례에 의함)

22 법원9급

① 형법 제20조에 정하여진 '사회상규에 위배되지 아니하는 행위'란 법질서 전체의 정신이나 그 배후에 놓여 있는 사회윤리 내지 사회통념에 비추어 용인될 수 있는 행위를 말하므로 어떤 행위가 그 행위의 동기나 목적의 정당성, 행위의 수단이나 방법의 상당성, 보호이익과 침해이익의 법익균형성, 긴급성, 그 행위 이외의 다른 수단이나 방법이 없다는 보충성 등의 요건을 갖춘 경우에는 정당행위에 해당한다.

② 어떠한 행위가 위 요건들을 충족하는 정당한 행위로서 위법성이 조각되는 것인지는 구체적인 사정 아래서 합목적적, 합리적으로 고찰하여 개별적으로 판단되어야 하므로 구체적인 사안에서 정당행위로 인정되기 위한 긴급성이나 보충성의 정도는 개별 사안에 따라 다를 수 있다.

③ 어떠한 행위가 형법 제20조의 정당행위에 해당한다는 것은 그 행위가 단지 특정한 상황 하에서 범죄행위로서 처벌대상이 될 정도의 위법성을 갖추지 못하였다는 것을 의미하는 것이 아니라 그 행위가 적극적으로 용인, 권장된다는 의미이다.

④ 어떠한 글이 모욕적 표현을 포함하는 판단이나 의견을 담고 있을 경우에도 그 시대의 건전한 사회통념에 비추어 살펴보아 그 표현이 사회상규에 위배되지 않는 행위로 볼 수 있는 때에는 형법 제20조의 정당행위에 해당하여 위법성이 조각된다고 보아야 하고, 이로써 표현의 자유로 획득되는 이익 및 가치와 명예 보호에 의하여 달성되는 이익 및 가치를 적절히 조화할 수 있다.

> **해설**
>
> ① (○) 대판 2021.3.11, 2020도16527
> ② (○) 대판 2021.3.11, 2020도16527
> ③ (×) 어떠한 행위가 범죄구성요건에 해당하지만 정당행위라는 이유로 위법성이 조각된다는 것은 그 행위가 적극적으로 용인, 권장된다는 의미가 아니라 단지 특정한 상황 하에서 그 행위가 범죄행위로서 처벌대상이 될 정도의 위법성을 갖추지 못하였다는 것을 의미한다(대판 2021.12.30, 2021도9680)
> ④ (○) 대판 2021.8.19, 2020도14576

정답 ③

07 위법성에 관한 설명 중 옳지 않은 것을 모두 고른 것은? (다툼이 있는 경우 판례에 의함)

23 변호사시험

㉠ 甲과 乙이 교통사고를 가장하여 보험금을 편취할 것을 공모한 후 乙의 승낙을 받은 甲이 乙에게 상해를 가한 경우, 乙의 승낙이 위법한 목적에 이용하기 위한 것이었다고 할지라도 甲의 행위는 상해죄의 위법성이 조각된다.

㉡ 사채업자 甲이 채무자 A에게 채무를 변제하지 않으면 A가 숨기고 싶어하는 과거 행적과 사채를 쓴 사실 등을 남편과 시댁에 알리겠다는 등의 문자메시지를 발송한 경우, 甲의 행위는 사회통념상 용인되는 범위를 넘지 않는 것이어서 협박죄가 성립하지 않는다.

㉢ A와 B가 차량 통행 문제로 다투던 중에 A가 차를 몰고 대문 안으로 운전해 들어가려 하자 B가 양팔을 벌리고 제지하였음에도 A가 차를 약 3미터 가량 B의 앞쪽으로 급진시키자, 이때 그 차 운전석 옆에 서 있던 B의 아들 甲이 B를 구하려고 차를 정지시키기 위하여 운전석 옆 창문을 통해 A의 머리카락을 잡아당겨 A의 흉부가 차의 창문틀에 부딪혀 약간의 상처를 입게 하였다면, 甲의 행위는 정당방위에 해당한다.

㉣ 임대인의 승낙 없이 건물을 전차한 전차인은 비록 불법 침탈 등의 방법에 의하여 건물의 점유를 개시한 것이 아니고 그동안 평온하게 음식점 영업을 하면서 점유를 계속하여 왔더라도 그 전대차로써 임대인에게 대항할 수 없기 때문에, 임대인이 그 건물의 열쇠를 새로 만들어 잠근 행위는 업무방해죄의 위법성을 조각하는 자구행위에 해당한다.

㉤ 싸움의 상황에서 상대방의 공격을 피하기 위하여 소극적으로 방어를 하던 도중 그 상대방을 상해 또는 사망에 이르게 한 경우라 하더라도, 이는 사회통념상 허용될 만한 상당성이 있는 정당행위라고 할 수 없다.

① ㉠㉡㉢ ② ㉡㉢㉤ ③ ㉢㉣㉤
④ ㉠㉡㉣㉤ ⑤ ㉠㉢㉣㉤

해설

㉠ (×) 甲이 乙과 공모하여 보험사기를 목적으로 乙에게 상해를 가한 경우, 甲의 행위는 피해자의 승낙으로 위법성이 조각되지 아니한다(대판 2008.12.11, 2008도9606).

㉡ (×) 사채업자인 피고인이 채무자에게 채무를 변제하지 않으면 채무자가 숨기고 싶어 하는 과거행적과 사채를 쓴 사실 등을 남편과 시댁에 알리겠다는 등의 문자메시지를 발송한 경우, 위 협박행위는 정당행위에 해당하지 않는다(대판 2011.5.26, 2011도2412) ※ 협박죄가 성립한다.

㉢ (○) 대판 1986.10.14, 86도1091

㉣ (×) 피고인이 그 지하층의 열쇠를 새로 만들어 잠그고 박광식으로 하여금 그곳에 설치되어 있는 피해자 양희관등 소유의 의자, 탁자 등을 들어내게 한 행위는 결코 사회상규에 위배되지 않는 정당한 행위이거나 자구행위에 해당한다고 볼 수 없다(대판 1986.12.23, 86도1372)

㉤ (×) 외관상 서로 싸움을 하는 것처럼 보이지만 실제로는 한쪽 당사자가 일방적으로 불법한 공격을 하는 경우 상대방의 방어행위가 불법한 공격으로부터 자신을 보호하고 이를 벗어나기

위한 것으로 소극적인 방어의 한도를 벗어나지 않는 한 사회통념상 허용될 만한 상당성이 있는 행위로서 위법성이 조각된다(대판 1999.10.12, 99도3377)

정답 ④

08 형법 제20조(정당행위)에 대한 설명으로 옳지 않은 것은? (다툼이 있는 경우 판례에 의함)
22 경간

① 구성요건에 해당하는 행위가 형법 제20조에 따라 위법성이 조각되려면, 첫째 그 행위의 동기나 목적의 정당성, 둘째 행위의 수단이나 방법의 상당성, 셋째 보호법익과 침해법익의 균형성, 넷째 긴급성, 다섯째 그 행위 이외의 다른 수단이나 방법이 없다는 보충성의 요건을 모두 갖추어야 한다.

② 형법 제20조에서 '사회상규에 위배되지 아니하는 행위'라 함은 국가질서의 존중이라는 인식을 바탕으로 한 국민일반의 건전한 도의적 감정에 반하지 아니한 행위로서 초법규적인 기준에 의하여 이를 평가하여야 한다.

③ 집행관이 조합 소유 아파트에서 유치권을 주장하는 甲을 상대로 부동산인도집행을 실시하여 조합이 그 아파트를 인도받고 출입문의 잠금장치를 교체하는 등으로 그 점유가 확립된 이후에 甲이 아파트 출입문과 잠금장치를 훼손하며 강제로 개방하고 아파트에 들어간 경우 甲의 행위는 민법상 자력구제에 해당하므로 형법 제20조에 따라 위법성이 조각된다.

④ 「민사소송법」 제335조에 따른 법원의 감정인 지정결정 또는 같은 법 제341조 제1항에 따라 법원의 감정촉탁을 받은 사람이 감정평가업자가 아니었음에도 그 감정사항에 포함된 토지 등의 감정평가를 한 행위는 법령에 근거한 법원의 적법한 결정이나 촉탁에 따른 것으로 형법 제20조에 따라 위법성이 조각된다.

해설

① (○) 대판 2018.12.27, 2017도15226
② (○) 대판 1983.11.22, 83도2224
③ (×) 집행관이 집행채권자인 조합 소유 아파트에서 유치권을 주장하는 피고인을 상대로 부동산인도집행을 실시하였고, 조합이 집행관으로부터 아파트를 인도받은 후 출입문의 잠금 장치를 교체하는 등 그 점유가 확립된 상태에서 피고인이 이에 불만을 갖고 아파트 출입문과 잠금장치를 훼손하고 아파트에 들어간 것은 점유권 침해의 현장성 내지 추적가능성이 있다고 보기 어려워 민법 제209조 제1항에 규정된 자력구제에 해당하지 않는다(대판 2017.9.7, 2017도9999)
④ (○) 대판 2021.10.14, 2017도10634

정답 ③

04 책임론

제1절 책임의 일반이론

01 책임에 대한 설명으로 가장 옳지 않은 것은? (다툼이 있는 경우 판례에 의함) 23 해경간부

① 심신장애의 유무는 그 판단에 전문감정인의 정신감정결과가 중요한 참고자료가 되지만, 법원은 반드시 그 의견에 구속되는 것이 아니라 독자적으로 심신장애의 유무를 판단하여야 한다.
② 도의적 책임론은 인간의 자유의사를 인정하여 개인의 위법한 의사형성에 대한 비난을 책임의 근거로 봄으로 형벌과 보안처분을 구분하지 않는다.
③ 원인에 있어서 자유로운 행위에 있어 행위와 책임의 동시존재원칙을 고수하는 구성요건모델설에 의하면 원인행위시를 기준으로 실행의 착수를 인정한다.
④ 인식 없는 과실에 있어서는 결과에 대한 행위자의 심적 관계가 없기 때문에 심리적 책임개념에 의해서는 책임을 인정하기 어렵다.

> **해설**
> ① (○) 대판 1995.2.24, 94도3163
> ② (×) 도의적 책임론은 인간의 자유의사를 인정하여 개인의 위법한 의사형성에 대한 비난을 책임의 근거로 본다. 책임능력자에게는 형벌을 부과하고, 책임무능력자에게는 보안처분을 부과한다는 점에서 형벌과 보안처분을 구분한다.
> ③ (○) 원인에 있어서 자유로운 행위에 있어 행위와 책임의 동시존재원칙을 고수하는 구성요건모델설(원인설정행위시설, 일치설)에 따르면 원인행위시에 실행의 착수가 있는 것으로 본다.
> ④ (○) 심리적 책임론은 책임을 결과에 대한 행위자의 심리적 사실관계로 파악하여 심리적 사실인 고의·과실만 있으면 책임을 인정하는 견해이다. 이에 대해서 심리적 사실관계가 없는 인식 없는 과실의 책임을 설명하기 어렵다는 비판이 제기된다.

정답 ②

02 책임에 대한 설명 중 옳은 것만을 모두 고른 것은? (다툼이 있는 경우 판례에 의함) 22 경간

> ㉠ 책임비난의 근거를 행위자의 자유의사에서 찾는 도의적 책임론은 행위자책임을 형벌권 행사의 근거로 보기 때문에 책임무능력자에 대한 보안처분 부과를 옹호한다.
> ㉡ 사회적 책임론은 과거에 잘못 형성된 행위자의 성격에서 책임의 근거를 찾으므로 범죄는 행위자의 소질과 환경에 의해 결정된다고 이해한다.
> ㉢ 행위 당시 18세였던 甲이 제1심에서 부정기형을 선고받은 후 항소심 선고 이전에 19세에 도달한 경우 항소심 법원은 甲에 대하여 정기형을 선고하여야 한다.
> ㉣ 형법 제10조에 규정된 심신장애는 정신병 또는 비정상적 정신상태와 같은 정신적 장애가 있는 외에 정신적 장애로 말미암아 사물에 대한 변별능력과 그에 따른 행위통제능력이 결여되거나 감소되었음을 요하므로 정신적 장애가 있는 자라고 하여도 범행 당시 정상적인 사물변별능력이나 행위통제능력이 있었다면 심신장애로 볼 수 없다.
> ㉤ 음주습벽이 있는 甲이 음주운전을 할 의사를 가지고 음주만취하여 심신상실 상태에서 운전을 결행하여 부주의로 보행자 A를 충격하여 현장에서 즉사시키고 도주하였다면, 이는 음주시에 교통사고를 일으킬 위험성을 예견하였는데도 자의로 심신장애를 야기한 경우에 해당하므로 甲에 대한 형사처벌이 가능하다.

① ㉠㉢㉣　② ㉡㉣㉤　③ ㉢㉣㉤　④ ㉡㉢㉣㉤

해설

㉠ (×), ㉡ (○) 도의적 책임론은 자유의사를 가진 자가 적법한 행위를 할 수 있었음에도 위법한 행위를 하였다는 행위책임(의사책임)에서 책임의 근거를 찾는다. 이에 비하여 사회적 책임론은 행위자가 과거에 잘못된 성격을 형성한 행위자책임(성격책임)에서 책임의 근거를 찾는다. 전자는 책임무능력자에 대한 보안처분 부과를 반대하지만, 후자는 책임무능력자에 대한 보안처분 부과를 옹호한다.

㉢ (○) 대판 2020.10.22, 2020도4140 전원합의체
㉣ (○) 대판 2021.9.9, 2021도8657
㉤ (○) 대판 2007.7.27, 2007도4484

정답 ④

제2절 책임능력

01 다음 설명 중 옳지 않은 것은 모두 몇 개인가? (다툼이 있는 경우 판례에 의함)   24 법행

> ㉠ 듣거나 말하는 데 모두 장애가 있는 사람의 행위에 대하여는 그 형을 감경 또는 면제할 수 있다.
> ㉡ 10세 미만의 자는 범죄행위를 하더라도 어떠한 형사적인 처분이나 소년법상 제재로부터도 면책된다.
> ㉢ 피고인에게 적법행위를 기대할 가능성이 있는지 여부를 판단하기 위하여는 행위 당시의 구체적인 상황 하에 행위자 대신 사회적 평균인을 두고 이 평균인의 관점에서 그 기대가능성 유무를 판단하여야 하므로, 기자가 취재원과 하던 전화통화를 끊지 않던 중 전화기 너머로 들리는 다른 대화를 녹음한 경우에 불법녹음을 하지 아니할 기대가능성이 있다고 볼 수 있다.
> ㉣ 소년에 대한 형의 임의적 감경을 규정한 소년법 제60조 제2항의 소년이라 함은 특별한 정함이 없는 한 소년법 제2조에서 말하는 소년을 의미한다고 할 것이고, 이는 심판의 조건이므로 범행 시뿐만 아니라 심판 시까지 계속되어야 한다고 보아야 하므로, 피고인이 범행 시에 소년이었다고 하더라도 사실심 판결 선고 당시 이미 성년이 되었다면 소년법 제60조 제2항이 적용될 수 없다.

① 없음   ② 1개   ③ 2개
④ 3개   ⑤ 4개

해설

㉠ (×) 듣거나 말하는 데 모두 장애가 있는 사람의 행위에 대해서는 형을 감경한다(제11조)
㉡ (○) 14세 되지 아니한 자의 행위는 벌하지 아니한다(제9조)
㉢ (○) 대판 2016.5.12, 2013도15616
㉣ (○) 대판 2000.8.18, 2000도2704

정답 ②

02 책임에 관한 설명으로 가장 적절하지 않은 것은? (다툼이 있는 경우 판례에 의함) 23 경찰채용

① 형법 제10조 제2항에 따르면 심신장애로 인하여 사물을 변별할 능력이나 의사를 결정할 능력이 미약한 사람의 행위는 형을 감경할 수 있다.
② 형법 제10조에 규정된 심신장애는 생물학적 요소로서 정신병 또는 비정상적 정신상태와 같은 정신적 장애가 있는 외에 심리학적 요소로서 이와 같은 정신적 장애로 말미암아 사물에 대한 변별능력과 그에 따른 행위통제능력이 결여되거나 감소되었음을 요하므로, 정신적 장애가 있는 자라고 하여도 범행 당시 정상적인 사물변별능력이나 행위통제능력이 있었다면 심신장애로 볼 수 없다.
③ 형법 제10조 제1항 및 동조 제2항에 규정된 심신장애의 유무 및 정도의 판단은 법률적 판단으로서 반드시 전문감정인의 의견에 기속되어야 하는 것은 아니고, 정신분열증의 종류와 정도, 범행의 동기, 경위, 수단과 태양, 범행 전후의 피고인의 행동, 반성의 정도 등 여러 사정을 종합하여 법원이 독자적으로 판단할 수 있다.
④ 원인에 있어서 자유로운 행위에 관한 형법 제10조 제3항은 원인행위시 심신장애 상태에서 위법행위로 나아갈 예견가능성이 없었던 경우에도 적용된다.

> **해설**
>
> ① (○) 심신장애로 인하여 사물을 변별할 능력이나 의사를 결정할 능력이 미약한 자의 행위는 형을 감경할 수 있다(제10조 제2항)
> ② (○) 대판 2018.9.13, 2018도7658
> ③ (○) 대판 1999.8.24, 99도1194
> ④ (×) 형법 제10조 제3항의 '위험의 발생을 예견'이란 행위자가 구성요건적 결과발생을 인식한 경우(고의)뿐만 아니라 그 예견가능성이 있었던 경우(과실)도 포함된다. 따라서 원인행위시에 행위자가 전혀 예견할 수 없었던 행위에 의해 결과가 발생한 경우에는 원인에 있어서 자유로운 행위에 해당하지 않는다.

정답 ④

03 다음 사례에 관한 설명으로 가장 적절한 것은? (다툼이 있는 경우 판례에 의함) 24 경찰승진

> [사례 1] 甲은 A를 살해하기로 마음먹었고 용기를 내기 위해 술을 마신 후 심신미약 상태에서 A를 살해하였다.
> [사례 2] 乙은 음주시 교통사고의 위험성을 예견하였음에도 자의로 음주 후, 음주만취한 상태에서 운전하여 교통사고를 일으켰다.
> [사례 3] 丙은 자신이 저지른 살해 행위에 대한 재판 도중, 범행 당시 심신장애로 인하여 사물을 변별할 능력 또는 의사를 결정할 능력이 미약하였음을 주장하고 있다.

① [사례 1]에서 실행의 착수시기를 심신미약상태에서의 살해행위로 본다는 견해는 책임능력과 행위의 동시존재 원칙을 고수한다는 장점이 있다.
② [사례 1]에서 실행의 착수시기를 원인행위시로 보는 견해에 대해서는 구성요건의 정형성을 무시한다는 비판이 제기된다.
③ [사례 2]는 [사례 1]과 달리 형법 제10조 제3항의 적용이 배제되어 심신장애로 인한 감경 등을 할 수 있다.
④ [사례 3]에서 전문감정인이 丙의 범행 당시에 심신미약상태임을 인정하는 소견서를 제출하였다면, 법원은 전문감정인의 의견에 구속되어 형법 제10조 제2항을 적용하여야 한다.

> **해설**
>
> ① (×) 실행의 착수시기를 심신미약상태에서의 살해행위로 본다는 견해(불가분적 연관설, 예외설, 책임모델)는 행위와 책임능력의 동시존재 원칙에 대한 예외를 인정한다.
> ② (○) 실행의 착수시기를 원인행위시로 보는 견해(원인설정행위시설, 일치설, 구성요건모델)는 행위와 책임의 동시존재 원칙을 유지한다는 장점이 있으나 구성요건의 정형성을 무시한다는 비판이 제기된다.
> ③ (×) 운전을 할 의사를 가지고 음주만취한 후 운전을 결행하다가 교통사고를 일으켰다면 음주시에 교통사고를 일으킬 위험성을 예견하였는데도 자의로 심신장애를 야기한 경우에 해당하므로 형법 제10조 제3항에 의하여 심신미약으로 인한 감경 등을 할 수 없다(대판 1992.7.28, 92도999).
> ④ (×) 형법 제10조에 규정된 심신장애의 유무 및 정도의 판단은 법률적 판단으로서 반드시 전문감정인의 의견에 기속되어야 하는 것은 아니고, 정신질환의 종류와 정도, 범행의 동기, 경위, 수단과 태양, 범행 전후의 피고인의 행동, 반성의 정도 등 여러 사정을 종합하여 법원이 독자적으로 판단할 수 있다(대판 1999.8.24, 99도1194).

정답 ②

04 다음 중 원인에 있어서 자유로운 행위에 관한 설명으로 가장 옳지 않은 것은? (다툼이 있는 경우 판례에 의함)

22 해경간부

① 형법 제10조 제3항은 고의에 의한 원인에 있어서 자유로운 행위만이 아니라 과실에 의한 원인에 있어서 자유로운 행위에도 적용된다는 것이 판례의 입장이다.
② 행위의 가벌성을 원인행위 자체에서 찾는 견해에 따르면 실행의 착수에 구성요건적 행위정형성이 결여되어 죄형법정주의에 반할 위험이 있다.
③ 구성요건적 결과실현행위에 실행의 착수시기를 인정하는 견해에서는 행위와 책임능력의 동시 존재 원칙에 대한 예외를 인정한다.
④ 원인에 있어서 자유로운 행위는 형법상 책임무능력자의 행위와 동일하게 취급한다.

> **해설**
>
> ① (○) 원인설정행위시설(일치설)에 관한 설명으로 행위와 책임의 동시존재의 원칙이 유지된다는 장점이 있지만, 구성요건적 정형성을 무시한다는 비판이 제기되기도 한다.
> ② (○) 원인설정행위시설(일치설)에 관한 설명으로 행위와 책임의 동시존재의 원칙이 유지된다는 장점이 있지만, 구성요건적 정형성을 무시한다는 비판이 제기되기도 한다.
> ③ (○) 불가분적 연관설(예외설)에 관한 설명으로 책임능력 결함상태에서 구성요건해당 행위를 시작한 때에 실행의 착수가 있는 것으로 보지만, 행위와 책임의 동시존재 원칙의 예외를 인정하는 결과가 되어 책임주의에 반한다는 비판이 제기되고 있다.
> ④ (×) 원인에 있어 자유로운 행위는 형법상 책임능력자의 행위와 동일하게 취급된다(제10조 제3항).

정답 ④

제3절 위법성의 인식

01 법률의 착오에 관한 설명으로 가장 적절하지 않은 것은? (다툼이 있는 경우 판례에 의함)

24 경찰승진

① 자신의 행위가 사회정의와 조리에 어긋난다는 것을 인식하여도 금지규범에 위반한다는 것을 인식하지 못하였다면 위법성의 인식이 있는 것으로 볼 수 없다.
② 일본 영주권을 가진 재일교포가 국내 입국시 관세신고를 하지 않아도 되는 것으로 착오한 것은 그 오인에 정당한 이유가 있는 경우에 해당하지 않는다.
③ 행정청의 허가가 있어야 함에도 불구하고 허가를 담당하는 공무원이 허가를 요하지 않는 것으로 잘못 알려 주어 이를 믿고 허가를 받지 아니하고 처벌대상의 행위를 한 경우라면, 허가를 받지 않더라도 죄가 되지 않는 것으로 착오를 일으킨 데 대하여 정당한 이유가 있는 경우에 해당한다.
④ 변호사에게 상세한 내용의 문의를 하지는 않았지만 자문을 받은 후 압류물을 집달관의 승인 없이 관할구역 밖으로 옮긴 경우 그 오인에 대해 정당한 이유가 있는 경우에 해당하지 않는다.

> **해설**
>
> ① (×) 범죄의 성립에 있어서 위법의 인식은 그 범죄사실이 사회정의와 조리에 어긋난다는 것을 인식하는 것으로서 족하고 구체적인 해당 법조문까지 인식할 것을 요하는 것은 아니므로 설사 형법상의 허위공문서작성죄에 해당되는 줄 몰랐다고 가정하더라도 그와 같은 사유만으로는 위법성의 인식이 없었다고 할 수 없다(대판 1987.3.24, 86도2673).
> ② (○) 대판 2007.5.11, 2006도1993
> ③ (○) 대판 1995.7.11, 94도1814
> ④ (○) 대판 1992.5.26, 91도894

정답 ①

제4절 법률의 착오

01 책임에 관한 설명 중 옳지 않은 것은? (다툼이 있는 경우 판례에 의함)   23 변호사시험

① 성격적 결함을 가진 자에 대하여 자신의 충동을 억제하고 법을 준수하도록 하는 것이 기대할 수 없는 행위를 요구하는 것이라고 할 수 없으므로, 특단의 사정이 없는 한 충동조절장애와 같은 성격적 결함은 원칙적으로 형의 감면사유인 심신장애에 해당하지 않는다.

② 자신의 차를 운전하여 술집에 가서 음주상태에서 교통사고를 일으킬 수 있다는 위험성을 예견하고도 술을 마신 후 심신미약 상태에서 운전을 하다가 교통사고를 일으킨 경우, 심신미약으로 인한 형의 감경을 할 수 없다.

③ 법률 위반 행위 중간에 일시적으로 판례에 따라 그 행위가 처벌대상이 되지 않는 것으로 해석되었던 적이 있었다고 하더라도 그것만으로 자신의 행위가 처벌되지 않는 것으로 믿은 데 정당한 이유가 있다고 할 수 없다.

④ 직장의 상사가 범법행위를 하는 데 가담한 부하가 그 상사와 직무상 지휘·복종관계에 있는 경우, 그 부하에게는 상사의 범법행위에 가담하지 않을 기대가능성이 없다.

⑤ 자신의 범행을 일관되게 부인하였으나 강도상해로 유죄판결이 확정된 甲이 위 강도상해의 공범으로 기소된 乙의 형사사건에서 자신의 범행사실을 부인하는 증언을 한 경우, 행위 당시의 구체적인 상황하에 행위자 대신에 사회적 평균인을 두고 이 평균인의 관점에서 볼 때 甲에게 사실대로 진술할 기대가능성이 있다.

> **해설**
>
> ① (○) 대판 1995.2.24, 94도3163
> ② (○) 대판 1992.7.28, 92도999
> ③ (○) 대판 1994.4.15, 94도365
> ④ (×) 직장의 상사가 범법행위를 하는 데 가담한 부하에게 직무상 지휘복종관계 있다하여 범법행위에 가담하지 않을 기대가능성이 없다고 할 수 없다(대판 1999.7.23, 99도1911)
> ⑤ (○) 대판 2008.10.23, 2005도10101

정답 ④

02 착오에 관한 설명 중 옳은 것은? (다툼이 있는 경우 판례에 의함)
24 변호사시험

① 형법 제16조의 법률의 착오는 행위자가 자기의 행위를 금지하는 법규의 존재 자체를 인식하지 못하는 법률의 부지뿐만 아니라, 일반적으로 범죄가 되는 경우이지만 자기의 특수한 경우에는 법령에 의하여 허용된 행위로서 죄가 되지 아니한다고 그릇 인식한 경우를 포함한다.

② 甲이 A를 살해할 의도를 갖고 A와 비슷한 외모의 B를 A로 오인하여 B에게 총을 발사한 결과 B가 사망에 이른 경우, 구체적 부합설에 따르면 甲에게는 A에 대한 살인미수죄와 B에 대한 과실치사죄의 상상적 경합이 성립한다.

③ 법률 위반 행위 중간에 일시적으로 판례에 따라 그 행위가 처벌대상이 되지 않는 것으로 해석되었던 적이 있었던 경우에는 행위자가 자신의 행위가 처벌되지 않는 것으로 믿은 데에 형법 제16조의 '오인에 정당한 이유'가 있다.

④ 甲이 A가 자신의 아버지임을 알아보지 못하고 A를 살해한 경우, 이와 같은 착오는 존속살해의 고의를 조각하지 못한다.

⑤ 관리자에 의해 출입이 통제되는 건조물에 관리자의 현실적인 승낙을 받아 통상적인 출입방법으로 들어간 경우, 승낙의 동기에 착오가 있어 관리자가 행위자의 실제 출입 목적을 알았더라면 출입을 승낙하지 않았을 사정이 있더라도 행위자에게 건조물침입죄가 성립하지 않는다.

> **해설**
>
> ① (×) 형법 제16조에 "자기의 행위가 법령에 의하여 죄가 되지 아니한 것으로 오인한 행위는 그 오인에 정당한 이유가 있는 때에 한하여 벌하지 아니한다"고 규정하고 있는 것은 단순한 법률의 부지의 경우를 말하는 것이 아니고, 일반적으로 범죄가 되는 행위이지만 자기의 특수한 경우에는 법령에 의하여 허용된 행위로서 죄가 되지 아니한다고 그릇 인식하고 그와 같이 그릇 인식함에 있어 정당한 이유가 있는 경우에는 벌하지 아니한다는 취지이다(대판 2005.9.29, 2005도4592) ※ 판례는 단순한 법률의 부지는 법률의 착오에 해당하지 않는다고 본다.
> ② (×) 구체적 사실의 착오 중 객체의 착오에 해당한다. 구체적 부합설에 의하면 B에 대한 살인죄가 성립한다.
> ③ (×) 법률 위반 행위 중간에 일시적으로 판례에 따라 그 행위가 처벌대상이 되지 않는 것으로 해석되었던 적이 있었다고 하더라도 그것만으로 자신의 행위가 처벌되지 않는 것으로 믿은 데에 정당한 이유가 있다고 할 수 없다(대판 2021.11.25, 2021도10903)
> ④ (×) 특별히 무거운 죄가 되는 사실을 인식하지 못한 행위는 무거운 죄로 벌하지 아니한다(형법 제15조 제1항) ※ 甲이 A가 자신의 아버지임을 알아보지 못하고 A를 살해한 경우 존속살해의 고의가 조각된다.
> ⑤ (○) 대판 2022.3.31, 2018도15213

정답 ⑤

03 다음 설명 중 가장 옳지 않은 것은? (다툼이 있는 경우 판례에 의함) 24 법행

① 방조자의 인식과 피방조자의 실행간에 착오가 있고 양자의 구성요건을 달리한 경우에는 원칙적으로 방조자의 고의는 조각되는 것이나 그 구성요건이 중첩되는 부분이 있는 경우에는 그 중복되는 한도 내에서 방조자의 죄책을 인정하여야 하므로, 甲으로서는 정범인 乙이 특정범죄 가중처벌 등에 관한 법률 제6조(「관세법」위반행위의 가중처벌)에 해당하는 범죄행위를 한 것을 전연 인식하지 못하고 오로지 관세법 제270조에 해당하는 관세포탈 범죄를 방조하는 것으로만 인식하였다면 甲은 구성요건이 중복되는 관세법 제270조의 종범으로서만 처벌되어야 한다.

② 피기망자가 행위자의 기망행위로 인하여 착오에 빠진 결과 내심의 의사와 다른 효과를 발생시키는 내용의 처분문서에 서명 또는 날인함으로써 처분문서의 내용에 따른 재산상 손해가 초래된 경우, 비록 피기망자에게 문서에 서명 또는 날인한다는 인식이 있었더라도 그 문서의 구체적 내용과 법적 효과에 대해 아무런 인식이 없었다면 피기망자의 처분의사와 처분행위를 인정할 수 없다.

③ 피고인들이 저작권 침해물 링크 사이트를 운영하던 도중에 저작권자의 공중송신권을 침해하는 웹페이지 등으로 링크를 하는 행위만으로는 공중송신권 침해의 방조행위에 해당하지 않는다는 대법원 판결이 선고되었다가 이후 전원합의체 판결로 판례가 변경되었다고 하더라도 피고인들이 자신의 행위가 죄가 되지 않는 것으로 오인한 데에 정당한 이유가 있는 경우에 해당한다고 볼 수 없다.

④ 피고인이 선거관리위원회에 단순히 피고인이 억울하게 연고도 없는 지역으로 전출발령을 받은 것에 대하여 동료나 지인에게 구두답변을 대신하여 그 경위를 기재한 유인물을 교부하는 경우에 선거법에 저촉되는지 여부를 질의한 것이고, 선거관리위원회가 회신한 내용도 그러한 행위는 선거법의 적용대상이 아니거나 선거법상 후보자 비방행위에 해당하지 않는다는 것에 불과하다면, 피고인이 선거관리위원회에 질의 내지 자문을 한 후 위와 같은 유인물을 배부하였다고 하더라도, 그 사유만으로 피고인의 범행이 형법 제16조에서 말하는 '그 오인에 정당한 이유가 있는 때'에 해당한다고 할 수 없다.

해설

① (○) 대판 1985.2.26, 84도2987
② (×) 피기망자가 행위자의 기망행위로 인하여 착오에 빠진 결과 내심의 의사와 다른 효과를 발생시키는 내용의 처분문서에 서명 또는 날인함으로써 처분문서의 내용에 따른 재산상 손해가 초래되었다면 그와 같은 처분문서에 서명 또는 날인을 한 피기망자의 행위는 사기죄에서 말하는 처분행위에 해당한다. 아울러 비록 피기망자가 처분결과, 즉 문서의 구체적 내용과 그 법적 효과를 미처 인식하지 못하였다고 하더라도, 어떤 문서에 스스로 서명 또는 날인함으로써 그 처분문서에 서명 또는 날인하는 행위에 관한 인식이 있었던 이상 피기망자의 처분의사 역시 인정된다(대판 2017.2.16, 2016도13362 전원합의체)
③ (○) 대판 2021.11.25, 2021도10903

④ (○) 대판 2002.1.25, 2000도1696

정답 ②

04 법률의 착오에 관한 설명으로 옳은 것은 모두 몇 개인가? (다툼이 있는 경우 판례에 의함)

23 경간

㉠ 형법 제16조의 규정은 단순한 법률의 부지를 말하는 것이 아니고, 일반적으로 범죄가 되는 경우이지만 자기의 특수한 경우에는 법령에 의하여 허용된 행위로서 죄가 되지 아니한다고 그릇 인식하고 그와 같이 그릇 인식함에 정당한 이유가 있는 경우에는 벌하지 않는다는 것이다.
㉡ 전송의 방법으로 공중송신권을 침해하는 게시물이나 그 게시물이 위치한 웹페이지 등에 연결되는 링크를 한 행위자가, 그 링크 사이트 운영 도중에 일시적으로 판례에 따라 그 행위가 처벌대상이 되지 않는 것으로 해석되었던 적이 있었다 하더라도 그것만으로 자신의 행위가 처벌되지 않는 것으로 믿은 데에 정당한 이유가 없다.
㉢ 형법 제16조의 정당한 이유는 행위자에게 자기 행위의 위법 가능성에 대해 심사숙고하거나 조회할 수 있는 계기가 있어 자신의 지적 능력을 다하여 이를 회피하기 위한 진지한 노력을 다하였더라면 스스로의 행위에 대하여 위법성을 인식할 수 있는 가능성이 있었는데도 이를 다하지 못한 결과 자기 행위의 위법성을 인식하지 못한 것인지 여부에 따라 판단해야 한다.
㉣ 숙박업소에서 위성방송수신장치를 이용하여 수신한 외국의 음란한 위성방송프로그램을 투숙객 등에게 제공한 행위로 구「풍속영업의 규제에 관한 법률」제3조 제2호 위반행위를 한 피고인이 그 이전에 그와 유사한 행위로 '혐의없음' 처분을 받은 전력이 있다거나 일정한 시청차단장치를 설치하였다면 형법 제16조의 정당한 이유가 있는 경우에 해당한다.

① 1개　　　② 2개　　　③ 3개　　　④ 4개

해설

㉠ (○) 대판 2015.2.12, 2014도11501
㉡ (○) 대판 2021.11.25, 2021도10903
㉢ (○) 대판 2006.3.24, 2005도3717
㉣ (×) 피고인 그와 유사한 행위에 대하여 '혐의없음' 처분을 받은 전력이 있다거나 일정한 시청차단장치를 설치하였다는 등의 사정만으로는 형법 제16조 소정의 정당한 이유가 있다고 볼 수 없다(대판 2010.7.15, 2008도11679).

정답 ③

05 다음 사례에 대하여 위법성 인식의 체계적 지위에 관한 학설의 설명으로 가장 적절한 것은?

24 경찰채용

> A는 관장 B가 운영하는 복싱클럽에 회원등록을 한 후 등록을 취소하는 문제로 B로부터 질책을 들은 다음 약 1시간이 지나 다시 복싱클럽을 찾아와 B에게 항의를 하였다. 그 과정에서 A와 B가 서로 멱살을 잡아당기거나 뒤엉켜 몸싸움을 벌였다. 이를 지켜보던 코치 甲은 A가 왼손을 주머니에 넣어 특정한 물건을 꺼내 움켜쥐자, 조금만 주의를 기울였으면 흉기가 아니라는 것을 알 수 있었음에도 불구하고 B를 찌르기 위해 흉기를 꺼낸다고 오인하여 A를 다치게 해서라도 이를 막고자 A의 왼손을 때려 손가락 골절상을 입혔다. 그러나 A가 움켜쥔 물건은 휴대용 녹음기로 밝혀졌다.

① 엄격고의설에 따르면 甲에게는 A에 대한 상해죄의 고의가 인정된다.
② 제한고의설에 따르면 甲이 현실적으로 자신의 행위가 위법하다고 인식하지 못했지만 위법성을 인식할 가능성이 있었기에 甲에게는 A에 대한 과실치상죄가 성립한다.
③ 엄격책임설에 따르면 甲에게는 A에 대한 상해죄의 고의가 조각된다.
④ 법효과제한책임설에 따르면 甲에게는 A에 대한 과실치상죄가 성립한다.

해설

위법성조각사유 전제사실의 착오에 대한 사례로, 오상정당행위에 해당한다.
① (×), ④ (○) 엄격고의설, 소극적 구성요건표지이론, 유추적용설, 법효과제한적 책임설은 행위자에게 과실이 있는 경우에는 과실범으로 처벌하므로 과실치상죄가 성립한다.
② (×) 제한적 고의설에 따르면 행위자에게 현실적인 위법성의 인식이 없더라도 위법성의 인식 가능성이 있었던 경우에는 고의범, 위법성의 인식 가능성마저 없었던 경우에는 불가벌이 된다. 따라서 현실적으로 자신의 행위가 위법하다고 인식하지 못했지만 위법성을 인식할 가능성이 있었던 경우에는 고의범인 상해죄가 성립한다.
③ (×) 엄격책임설에 따르면 행위자에게 과실이 있는 경우 고의범으로 처벌된다. 따라서 甲은 상해죄가 성립한다.

정답 ④

06 다음 사례와 학설에 관한 설명으로 가장 적절한 것은?

23 경찰채용

〈사 례〉
甲이 야간에 자신의 방에 들어오는 룸메이트를 강도로 오인하고 상해의 고의는 없이 방어할 의사로 그를 폭행하였는데 강도로 오인한 과실이 회피 가능하였을 경우

〈학 설〉
(가) 범죄를 불법과 책임의 두 단계로 나누어, 위법성조각사유의 요건을 소극적 구성요건요소로 이해하는 이론으로서, 위 사례는 구성요건적 착오의 문제로 이해하는 견해
(나) 위법성의 인식을 고의의 요소가 아닌 독자적인 책임요소로 파악하는 이론으로서, 위 사례는 금지착오의 문제로 이해하는 견해
(다) 위법성조각사유의 전제사실은 구성요건적 사실과 유사하다는 점을 전제로 하여, 위 사례는 구성요건적 착오 규정을 유추적용 해야 하는 것으로 이해하는 견해
(라) 고의의 이중적 지위를 전제로 하여, 위 사례는 구성요건적 고의는 인정되나 책임고의가 탈락되어 결국 구성요건적 착오와 법효과적으로 동일한 것으로 이해하는 견해

① (가)와 (다)에 따르면 甲에게는 폭행죄가 성립한다.
② (나)와 (라)에 따르면 甲에게는 상해죄가 성립한다.
③ (나)와 (다)에 따르면 甲에게는 과실치상죄가 성립한다.
④ (가)와 (라)에 따르면 甲은 처벌되지 않는다.

해설

[1] 위법성조각사유의 전제사실에 대한 착오로, 착오에 과실이 있는 경우이다.
[2] (가)는 소극적구성요건표지이론, (나)는 엄격책임설, (다)는 유추적용설, (라)는 법효과제한적책임설에 대한 설명이다.
[3] 엄격책임설에 의하면 폭행죄가 성립하고, 나머지 학설은 과실폭행에 해당하나 폭행죄는 과실범 처벌규정이 없으므로 불가벌이다.

정답 ④

07 해양경찰관 순경 甲은 경위 乙과 야간에 해안가 순찰 중 경위 乙이 동료 경찰관 丙을 침입자로 오인하고 "침입자가 나타났다." 소리쳤고, 그 말을 들은 순경 甲이 소지하고 있던 전자충격기를 사용하여 상해를 가하였다. 다음 중 형사책임에 관한 설명으로 가장 옳은 것은?

22 해경간부

① 엄격고의설에 따르면 甲과 乙이 오인한 점에 정당한 이유 유무와 관계없이 甲과 乙의 행위는 상해죄의 죄책을 진다.
② 법적효과제한적 책임설은 고의의 이중적 기능을 전제로 오상방위의 경우 甲의 책임고의가 조각된다고 보나, 책임고의가 조각되면 제한적 종속형식에 의할 경우 이에 대한 공범 乙의 성립이 불가능하여 처벌의 흠결이 있다는 비판이 가해진다.
③ 소극적 구성요건요소(표지)이론에 따르면 사실의 착오규정이 직접 적용되어 甲과 乙의 구성요건적 고의가 조각된다고 보나, 이에 대해서는 구성요건해당성과 위법성의 차이를 인정하지 않는다는 비판이 가해진다.
④ 유추적용설에 의하면 위법성조각사유의 전제사실에 대한 착오의 경우 형법 제13조를 직접 적용함으로써 甲과 乙의 구성요건적 고의는 인정되지만 책임고의를 부정하여 고의범의 성립을 부정한다.

해설

① (×) 엄격고의설에 의하면 행위자에게 현실적인 위법성의 인식이 없으므로 고의가 조각되고, 다만 행위자에게 과실이 있으면 과실범으로 처벌된다. 甲과 乙은 과실치상죄의 죄책을 지는 것은 별론으로 하고 상해죄의 죄책은 지지 않는다.
② (×) 법효과제한적 책임설에 의하면 구성요건적 고의는 인정되지만 책임 고의가 조각되고, 다만 행위자에게 과실이 있으면 과실범으로 처벌되고, 과실이 없으면 무죄가 된다. "정범이 구성요건에 해당하고 위법하면 공범이 성립한다"라는 제한적 종속형식에 의할 때 乙에게 공범의 죄책을 물을 수 있다.
③ (○) 소극적 구성요건표지이론에 의하면 위법성조각사유는 소극적 구성요건이므로 구성요건적 착오에 관한 규정을 직접 적용하여 고의가 조각되고, 다만 행위자에게 과실이 있으면 과실범으로 처벌된다. 이 이론에 대하여 구성요건해당성이 없는 행위와 구성요건에는 해당하나 위법성이 조각되는 행위 사이에 존재하는 가치 차이를 무시한다는 비판이 제기된다.
④ (×) 유추적용설에 의하면 이는 사실의 착오와 유사하므로 구성요건적 착오에 관한 규정을 유추적용하여 고의가 조각되고, 다만 행위자에게 과실이 있으면 과실범으로 처벌된다. 甲과 乙의 경우 구성요건적 고의가 조각되어 상해죄의 죄책은 지지 않고, 경우에 따라 과실치상죄의 죄책을 질 뿐이다.

정답 ③

08 (가) ~ (라)는 甲이 밤에 연락 없이 자신의 집을 방문한 이웃을 강도로 오인하여 상해를 입힌 사례와 관련한 견해이다. 이에 대한 설명으로 옳지 않은 것은? 23 검찰7급

> (가) "위법성의 인식은 고의와 구별되는 책임의 독자적인 요소인데, 이 사례는 행위자가 구성요건 사실은 인식하였지만 자기 행위의 위법성을 인식하지 못한 경우에 해당한다."
> (나) "이 사례와 관련하여 甲이 위법성조각사유의 전제사실의 부존재를 인식하는 것 역시 구성요건에 해당한다."
> (다) "이 사례는 구성요건 착오는 아니지만 구성요건 착오와 유사한 경우이니, 구성요건 착오 규정을 적용하여 행위자에게 고의책임을 인정하지 않아야 한다."
> (라) "이 사례의 경우 구성요건 고의는 인정되지만, 책임 고의가 부정된다."

① (가)견해에 의하면, 甲의 오인에 정당한 이유가 없다면 甲은 상해의 고의범으로 처벌된다.
② (나)견해에 의하면, 甲은 구성요건 착오에 해당하여 상해의 고의가 조각된다.
③ (다)견해에 의하면, 甲에 대해 상해의 과실범의 성립을 검토할 수 있다.
④ (라)견해에 의하면, 甲은 상해의 고의범으로 처벌되지만 그 책임이 감경된다.

해설

위 사례는 위법성조각사유의 전제사실에 대한 착오로, 오상방위에 해당한다.
① (○) 엄격책임설의 입장으로, 오인에 정당한 이유가 없으면 고의범으로 처벌된다. 따라서 甲은 상해의 고의범으로 처벌된다.
② (○) 소극적구성요건표지이론의 입장으로, 甲은 구성요건적 착오에 해당하며 상해의 고의가 조각된다.
③ (○) 유추적용설의 입장으로, 구성요건적 착오에 관한 규정을 유추적용하여 고의가 조각되고, 오인에 과실이 있으면 과실범으로 처벌된다. 따라서 甲은 과실치상죄의 성립을 검토할 수 있다.
④ (×) 법효과제한적 책임설의 입장으로, 행위자의 구성요건적 고의는 인정되지만 착오로 인하여 행위자의 심정반가치를 인정할 수 없으므로 책임고의가 조각되어 행위자에게 과실이 있으면 과실범으로 처벌되고, 과실이 없으면 무죄가 된다. 따라서 甲은 과실치상죄로 처벌된다.

정답 ④

제5절 기대가능성

01 기대가능성에 관한 설명 중 가장 적절하지 않은 것은? (다툼이 있는 경우 판례에 의함)

22 경찰채용

① 기대가능성의 판단기준을 국가에 두면 국가는 국민의 적법행위를 기대하므로 기대가능성이 없다는 이유로 책임이 조각되는 경우가 축소될 수 있다.
② 甲이 담배제조업 허가 없이 전자장치를 이용해 흡입할 수 있는 니코틴이 포함된 용액을 제조한 경우 궐련담배제조업의 허가 기준은 존재하나 전자담배제조업에 관한 허가기준이 없는 이상 甲에게 담배제조업 관련 법령의 허가기준을 준수하거나 허가기준이 새롭게 마련될 때까지 법 준수를 요구하는 것을 기대할 수 없다.
③ 형법 제12조의 '저항할 수 없는 폭력'은 심리적 의미에 있어서 육체적으로 어떤 행위를 절대적으로 할 수 밖에 없게 하는 경우와 윤리적 의미에서 강압된 경우를 의미한다.
④ 영업정지처분에 대한 집행정지 신청이 잠정적으로 받아들여졌다는 사정만으로는 구 음반·비디오물 및 게임물에 관한 법률 위반으로 기소된 피고인에게 적법행위의 기대가능성이 없다고 볼 수 없다.

> **해설**
> ① (○) 국가표준설의 입장이다.
> ② (×) 담배사업법의 위임을 받은 기획재정부가 전자담배제조업에 관한 허가기준을 마련하지 않고 있으나, 정부는 전자담배제조업의 허가와 관련하여 적정한 기준을 마련함에 있어 법률이 위임한 정책적 판단 재량이 존재하고 궐련담배제조업에 관한 허가기준은 이미 마련되어 있는 상황이므로 담배제조업 관련 법령의 허가 기준을 준수하거나 허가 기준이 새롭게 마련될 때까지 법 준수를 요구하는 것이 사회적 평균인의 입장에서도 불가능하거나 현저히 곤란한 것을 요구하여 죄형법정주의 원칙에 위반된다거나 **기대가능성이 없는 행위를 처벌하는 것이어서 위법하다고 보기는 어렵다**(대판 2018.9.28, 2018도9828).
> ③ (○) 대판 2009.6.11, 2008도11784
> ④ (○) 대판 2010.11.11, 2007도8645

정답 ②

02 기대가능성에 관한 설명으로 옳지 않은 것을 모두 고른 것은? (다툼이 있는 경우 판례에 의함)

24 경찰승진

㉠ 직장의 상사가 범법행위를 하는데 가담한 부하에게 직무상 지휘·복종관계에 있다 하여 범법행위에 가담하지 않을 기대가능성이 없다고 할 수 없다.
㉡ 「병역법」 제88조 제1항은 현역입영 등의 통지서를 받고도 정당한 사유 없이 이에 응하지 않은 사람을 처벌하는데, 여기에서 정당한 사유는 구성요건해당성을 조각하는 사유가 아니라 책임조각사유인 기대불가능성을 의미한다.
㉢ 자기 또는 친족의 생명, 신체, 재산에 대한 위해를 방어할 방법이 없는 협박에 의하여 강요된 행위는 형법 제12조에 따라 벌하지 아니하며, 이때의 강요라 함은 피강요자의 자유스러운 의사결정을 하지 못하게 하면서 특정한 행위를 하게 하는 것을 말한다.
㉣ 기대가능성은 행위자에 대한 비난가능성을 판단하기 위한 것이므로 양심상의 결정에 반한 행위를 기대할 가능성이 있는지 여부를 판단하기 위해서는, 행위 당시의 구체적 상황하에 사회적 평균인이 아니라 행위자를 두고 이 행위자의 관점에서 기대가능성 유무를 판단하여야 한다.

① ㉠㉡   ② ㉡㉣   ③ ㉢㉣   ④ ㉡㉢㉣

해설

㉠ (○) 대판 1999.7.23, 99도1911
㉡ (×) 병역법 제88조 제1항은 국방의 의무를 실현하기 위하여 현역입영 또는 소집통지서를 받고도 정당한 사유 없이 이에 응하지 않은 사람을 처벌함으로써 입영기피를 억제하고 병력구성을 확보하기 위한 규정이다. 위 조항에 따르면 정당한 사유가 있는 경우에는 피고인을 벌할 수 없는데, 여기에서 **정당한 사유는 구성요건해당성을 조각하는 사유이다**(대판 2018.11.1, 2016도10912 전원합의체) ※ 병역법 제88조의 정당한 사유는 구성요건을 조각하는 것이지, 책임을 조각하는 것이 아니다.
㉢ (×) 형법 제12조에서 말하는 강요된 행위는 저항할 수 없는 폭력이나 **생명, 신체**에 위해를 가하겠다는 협박 등 다른 사람의 강요에 의하여 이루어진 행위를 의미하는데, 여기서 저항할 수 없는 폭력은 심리적 의미에 있어서 육체적으로 어떤 행위를 절대적으로 하지 아니할 수 없게 하는 경우와 윤리적 의미에 있어서 강압된 경우를 말하고, 협박이란 자기 또는 친족의 생명, 신체에 대한 위해를 달리 막을 방법이 없는 협박을 말하며, 강요라 함은 피강요자의 자유스런 의사결정을 하지 못하게 하면서 특정한 행위를 하게 하는 것을 말하는 것이다(대판 2009.6.11, 2008도11784) ※ 제12조의 강요된 행위에 '재산'은 포함되지 않는다
㉣ (×) 피고인에게 적법행위를 기대할 가능성이 있는지 여부를 판단하기 위하여는 행위 당시의 구체적인 상황하에 행위자 대신에 사회적 평균인을 두고 이 평균인의 관점에서 기대가능성 유무를 판단하여야 한다(대판 2018.2.28, 2017도16725)

정답 ④

03 다음 중 기대가능성에 대한 설명으로 가장 옳은 것은? (다툼이 있는 경우 판례에 의함)

22 해경간부

① 직장의 상사가 범법행위를 하는데 가담한 부하에게 직무상 지휘·복종관계에 있다 하면 적법행위를 할 기대가능성이 있다고 할 수 없다.
② 영업정지처분에 대한 집행정지를 잠정적으로 받아들여졌다는 사정만으로 구「음반·비디오물 및 게임물에 관한 법률」위반으로 기소된 피고인에게 적법행위의 기대가능성이 없다고 볼 수 없다.
③ 교수가 출제교수들로부터 대학원입학전형시험 문제를 제출받아 알게 된 것을 틈타서 수험생 등에게 그 시험문제를 알려주었고, 수험생이 답안쪽지를 작성한 다음 그대로 베껴써서 그 정을 모르는 시험감독관에게 제출하였다면 기대가능성이 없는 경우에 해당한다.
④ 자신의 강도상해 범행을 일관되게 부인하였으나 유죄판결이 확정된 피고인이 별건으로 기소된 공범의 형사사건에서 자신의 범행사실을 부인하는 증언을 한 경우에는 사실대로 진술할 기대가능성이 없다고 할 수 있다.

> **해설**
>
> ① (×) 직장 상사의 지시로 인하여 그 부하가 범법행위에 가담한 경우 비록 직무상 지휘·복종관계가 인정된다고 하더라도 그것 때문에 범법행위에 가담하지 않을 기대가능성이 부정된다고 볼 수는 없다(대판 2009.4.23, 2008도11921).
> ② (○) 대판 2010.11.11, 2007도8645
> ③ (×) 피고인 甲이 출제교수들로부터 대학원신입생전형시험문제를 제출받아 알게 된 것을 틈타서 피고인 乙, 丙 등에게 그 시험문제를 알려주었고 그렇게 알게 된 乙, 丙 등이 답안쪽지를 작성한 다음 이를 답안지에 그대로 베껴써서 정을 모르는 시험감독관에게 제출하였다면 이는 위계로써 입시감독업무를 방해한 것이다(대판 1991.11.12, 91도2211) ※ 기대가능성이 있는 경우에 해당한다.
> ④ (×) 이미 유죄의 확정판결을 받은 피고인은 공범의 형사사건에서 그 범행에 대한 증언을 거부할 수 없을 뿐만 아니라 나아가 사실대로 증언하여야 하고, 설사 피고인이 자신의 형사사건에서 시종일관 그 범행을 부인하였다 하더라도 이러한 사정은 위증죄에 관한 양형참작사유로 볼 수 있음은 별론으로 하고 이를 이유로 피고인에게 사실대로 진술할 것을 기대할 가능성이 없다고 볼 수는 없다(대판 2008.10.23, 2005도10101).

정답 ②

05 미수론

제1절 미수범의 일반이론

※ 기출문제 없음

제2절 장애미수

01 실행의 착수에 관한 설명으로 가장 적절하지 않은 것은? (다툼이 있는 경우 판례에 의함)

24 경찰승진

① 야간에 다세대주택에 침입하여 물건을 절취하기 위하여 가스배관을 타고 오르다가 순찰 중이던 경찰관에게 발각되어 그냥 뛰어내렸다면, 야간주거침입절도죄의 실행의 착수가 인정되지 않는다.
② 업무상배임죄에서 부작위를 실행의 착수로 볼 수 있기 위해서는 작위의무가 이행되지 않으면 사무처리의 임무를 부여한 사람이 재산권을 행사할 수 없으리라고 객관적으로 예견되는 등으로 구성요건적 결과 발생의 위험이 구체화한 상황에서 부작위가 이루어지면 충분하고, 행위자가 부작위 당시 자신에게 주어진 임무를 위반한다는 점과 그 부작위로 인해 손해가 발생할 위험이 있다는 점을 인식할 필요는 없다.
③ 사기도박에서 사기적인 방법으로 도금을 편취하려고 하는 자가 상대방에게 도박에 참가할 것을 권유하였다면 사기죄의 실행에 착수한 것으로 볼 수 있다.
④ 2인 이상이 합동하여 주간에 절도의 목적으로 피해자의 아파트 출입문 시정장치를 손괴하다가 발각되어 도주한 경우 형법 제331조 제2항에 정한 특수절도죄의 실행의 착수가 인정되지 않는다.

해설

① (○) 대판 2008.3.27, 2008도917
② (×) 업무상배임죄에 있어 부작위를 실행의 착수로 볼 수 있기 위해서는 작위의무가 이행되지 않으면 사무처리의 임무를 부여한 사람이 재산권을 행사할 수 없으리라고 객관적으로 예견되는 등으로 구성요건적 결과 발생의 위험이 구체화한 상황에서 부작위가 이루어져야 한다. 그리고 **행위자는 부작위 당시 자신에게 주어진 임무를 위반한다는 점과 그 부작위로 인해 손해가 발생할 위험이 있다는 점을 인식하였어야 한다**(대판 2021.5.27, 2020도15529).
③ (○) 대판 2011.1.13, 2010도9330
④ (○) 대판 2009.12.24, 2009도9667

정답 ②

02 미수에 관한 설명으로 가장 적절하지 않은 것은? (다툼이 있는 경우 판례에 의함) 24 경찰채용

① 甲은 A가 술에 만취하여 심신상실 또는 항거불능의 상태에 있다고 인식하고 그러한 상태를 이용하여 간음할 의사로 A를 간음하였으나, 실제로는 A가 심신상실 또는 항거불능의 상태에 있지 않았던 경우, 甲에게는 준강간죄의 불능미수가 성립한다.

② 甲은 A가 운영하는 주점에서 양주를 절취할 목적으로 야간에 그 주점의 잠금장치를 뜯고 침입하여 주점 내 진열장에 있던 양주를 미리 준비한 바구니에 담던 중, A가 주점으로 돌아오는 소리가 들려 양주를 주점에 그대로 둔 채 도망가다가 A에게 붙잡히자 체포를 면탈하기 위해 A를 폭행한 경우, 甲에게는 준강도죄의 미수범이 성립한다.

③ 甲이 금품을 훔칠 목적으로 A의 집에 담을 넘어 침입한 후 부엌에서 금품을 물색하던 중 발각되어 도주한 경우, 甲에게는 절도죄의 실행의 착수가 인정되지 않는다.

④ 甲이 A를 강간하려고 속옷을 강제로 벗기고 음부를 만지던 중 A가 수술한 지 얼마 되지 않아 배가 아프다면서 애원하는 바람에 간음행위를 중단한 경우, 甲에게는 중지미수의 성립요건인 '자의성'이 인정되지 않는다.

> **해설**
>
> ① (○) 대판 2019.3.28, 2018도16002 전원합의체
> ② (○) 대판 2004.11.18, 2004도5074 전원합의체
> ③ (×) 이는 절취행위에 착수한 것이라고 보아야 한다(대판 1987.1.20, 86도2199)
> ④ (○) 대판 1992.7.28, 92도917

정답 ③

03 실행의 착수에 대한 설명으로 가장 적절한 것은? (다툼이 있는 경우 판례에 의함) 22 경찰승진

① 업무상배임죄에서 부작위를 실행의 착수로 볼 수 있기 위해서는 작위의무가 이행되지 않으면 사무처리의 임무를 부여한 사람이 재산권을 행사할 수 없으리라고 객관적으로 예견되는 등으로 구성요건적 결과 발생의 위험이 구체화한 상황에서 부작위가 이루어져야 한다.

② 구 외국환거래법에서 규정하는 신고를 하지 아니하거나 허위로 신고하고 지급수단 귀금속 또는 증권을 수출하는 행위는 지급 수단 등을 국외로 반출하기 위한 행위에 근접 밀착하는 행위가 행하여진 때에 그 실행의 착수가 있으므로 공항 내에서 보안 검색대에 나아가지 않은 채 휴대용 가방 안에 해당 물건을 가지고 탑승을 기다리던 중에 발각되었다면 이미 실행의 착수가 있는 것으로 볼 수 있다.

③ 타인의 사망을 보험사고로 하는 생명보험계약을 체결함에 있어 제3자가 피보험자인 것처럼 가장하여 체결하는 등으로 그 유효 요건이 갖추어지지 못한 경우 보험사고의 우연성과 같은 보험의 본질을 해칠 정도라고 볼 수 있는 특별한 사정이 없더라도 그와 같이 하자 있는 보험계약을 체결한 행위는 보험금을 편취하려는 의사에 의한 기망행위의 실행에 착수한 것으로 볼 수 있다.

④ 정범의 실행의 착수 전에 장래의 실행행위를 예상하고 이를 용이하게 하는 행위를 하여 방조한 경우에도 정범이 그 실행 행위에 나아갔다면 종범이 성립하지만, 정범이 실행의 착수에 이르지 못한 경우 방조자는 예비죄의 종범으로 처벌된다.

> **해설**
>
> ① (O) 대판 2021.5.27, 2020도15529
> ② (×) 휴대용 가방을 보안검색대에 올려놓거나 이를 휴대하고 통과하는 때에 비로소 실행의 착수가 있다고 볼 것이고, 피고인이 휴대용 가방을 가지고 보안검색대에 나아가지 않은 채 공항 내에서 탑승을 기다리고 있던 중에 체포되었다면 일화 400만¥에 대하여는 실행의 착수가 있다고 볼 수 없다(대판 2001.7.27, 2000도4298)
> ③ (×) 타인의 사망을 보험사고로 하는 생명보험계약을 체결함에 있어 제3자가 피보험자인 것처럼 가장하여 체결하는 등으로 그 유효요건이 갖추어지지 못한 경우에도, 보험사고의 우연성과 같은 보험의 본질을 해칠 정도라고 볼 수 있는 특별한 사정이 없는 한 그와 같이 하자 있는 보험계약을 체결한 행위만으로는 미필적으로라도 보험금을 편취하려는 의사에 의한 기망행위의 실행에 착수한 것으로 볼 것은 아니다(대판 2013.11.14, 2013도7494)
> ④ (×) 종범이 처벌되기 위하여는 정범의 실행의 착수가 있는 경우에만 가능하고 정범이 실행의 착수에 이르지 아니한 예비의 단계에 그친 경우에는 이에 가공하는 행위가 예비의 공동정범이 되는 경우를 제외하고는 이를 종범으로 처벌할 수 없다(대판 1976.5.25, 75도1549)

정답 ①

04 다음 중 가장 적절한 것은? (다툼이 있는 경우 판례에 의함)

23 경찰채용

① 甲이 허위내용의 고소장을 경찰관에게 제출하였다가 그 경찰관으로부터 고소장의 내용만으로는 범죄 혐의가 없는 것이라 하므로 그 고소장을 되돌려 받은 때에는 형법 제156조에 따른 무고죄의 장애미수에 해당한다.
② 甲이 소송비용을 편취할 의사로 소송비용의 지급을 구하는 손해배상청구의 소를 제기하였다가 담당 판사로부터 소송비용의 확정은 소송비용액 확정절차를 통해 하라는 권유를 받고 위 소를 취하한 때에는 형법 제347조에 따른 사기죄의 불능미수에 해당한다.
③ 甲이 외국환 수출의 신고를 하지 않은 채 일화를 국외로 반출하기 위해, 일화 400만 엔이 든 휴대용 가방을 가지고 보안검색대에 나아가지 않은 채 공항 내에서 탑승을 기다리고 있던 중에 체포되었다면 일화 400만 엔의 반출에 대해서는 실행의 착수가 있다고 볼 수 없다.
④ 甲이 A의 뒤에 서서 카메라폰으로 치마 속 신체 부위를 일정한 시간 동안 촬영하다가 경찰관에게 발각되어 저장버튼을 누르지 않고 촬영을 종료하였다면 구 성폭력범죄의 처벌 및 피해자보호 등에 관한 법률 제14조의2 제1항에 따른 카메라 등 이용촬영죄의 장애미수에 해당한다.

> **해설**
>
> ① (×) 피고인이 최초에 작성한 허위내용의 고소장을 경찰관에게 제출하였을 때 이미 허위사실의 신고가 수사기관에 도달되어 무고죄의 기수에 이른 것이라 할 것이므로, 그 후에 그 고소장을 되돌려 받았다 하더라도 이는 무고죄의 성립에 아무런 영향이 없다(대판 1985.2.8, 84도2215)
> ② (×) 소송비용을 편취할 의사로 소송비용의 지급을 구하는 손해배상청구의 소를 제기한 경우 사기죄의 불능범에 해당한다(대판 2005.12.8, 2005도8105)
> ③ (○) 대판 2001.7.27, 2000도4298
> ④ (×) 피고인이 휴대폰을 이용하여 동영상 촬영을 시작하여 일정한 시간이 경과하였다면 설령 촬영 중 경찰관에게 발각되어 저장버튼을 누르지 않고 촬영을 종료하였더라도 카메라 등 이용 촬영 범행은 이미 '기수'에 이르렀다(대판 2011.6.9, 2010도10677)

정답 ③

05 미수범에 관한 설명 중 가장 옳지 않은 것은? (다툼이 있는 경우 판례에 의함) 23 법행

① 카메라 기타 이와 유사한 기능을 갖춘 기계장치 속에 들어 있는 필름이나 저장장치에 피사체에 대한 영상정보가 입력되었을 뿐 전자파일 등의 형태로 영구저장되지 않은 채 사용자에 의해 강제종료되었다면, 구 성폭력범죄의 처벌 및 피해자보호 등에 관한 법률 제14조의2 제1항에서 정한 '카메라 등 이용 촬영죄'는 미수에 그친 것으로 보아야 할 것이다.

② 甲이 강간할 목적으로 피해자의 집에 침입하였다 하더라도 안방에 들어가 누워 자고 있는 피해자의 가슴과 엉덩이를 만지면서 간음을 기도하였다는 사실만으로는 강간의 수단으로 피해자에게 폭행이나 협박을 개시하였다고 하기 어렵다.

③ 甲이 제1차 매수인으로부터 계약금 및 중도금 명목의 금원을 교부받은 후 제2차 매수인에게 부동산을 매도하기로 하고 계약금만을 지급받은 뒤 더 이상의 계약 이행에 나아가지 않았다면 배임죄의 실행의 착수가 있었다고 볼 수 없다.

④ 구 외국환거래법 제28조 제1항 제3호는 신고를 하지 아니하거나 허위로 신고하고 지급수단·귀금속 또는 증권을 수출하는 행위를 처벌하고 있는데, 甲이 신고없이 일화 400만 엔을 휴대용 가방에 넣어 국외로 반출하려고 하는 경우, 甲이 휴대용 가방을 가지고 보안검색대에 나아가지 않은 채 공항 내에서 탑승을 기다리고 있던 중에 체포되었다면 실행의 착수가 있다고 볼 수 없다.

> **해설**
>
> ① (×) 피고인이 지하철 환승에스컬레이터 내에서 짧은 치마를 입고 있는 피해자의 뒤에 서서 카메라폰으로 성적 수치심을 느낄 수 있는 치마 속 신체 부위를 피해자 의사에 반하여 동영상 촬영 중 경찰관에게 발각되어 저장버튼을 누르지 않고 촬영을 종료하였더라도 동영상 촬영을 시작하여 일정한 시간이 경과하였다면 구 「성폭력범죄의 처벌 및 피해자보호 등에 관한 법률」상 카메라이용촬영죄의 기수에 해당한다(대판 2011.6.9, 2010도10677)
> ② (○) 대판 2006.9.14, 2006도2824
> ③ (○) 대판 2010.4.29, 2009도14427
> ④ (○) 대판 2001.7.27, 2000도4298

정답 ①

06 미수범에 관한 설명 중 옳지 않은 것은? (다툼이 있는 경우 판례에 의함) 23 변호사시험

① 甲이 위험한 물건인 전기충격기를 사용하여 A에 대한 강간을 시도하다가 미수에 그쳤다 하더라도 그로 인하여 A에게 약 2주간의 치료를 요하는 안면부 좌상 등 치상의 결과를 초래하였다면, 甲에게는 「성폭력범죄의 처벌 등에 관한 특례법」위반의 특수강간치상죄의 기수가 성립한다.
② 甲이 소송비용을 편취할 의사로 소송비용의 지급을 구하는 손해배상청구의 소를 제기하였다가 담당 판사로부터 소송비용의 확정은 소송비용액 확정절차를 통하여 하라는 권유를 받고 위 소를 취하하였다면, 甲에게는 소송사기죄의 불능미수범이 성립한다.
③ 甲이 A로부터 위탁받아 식재·관리하여 오던 나무들을 A 모르게 제3자에게 매도하는 계약을 체결하고 그 제3자로부터 계약금을 수령한 상태에서 A에게 적발되어 위 계약이 더 이행되지 아니하고 무위로 그쳤다면, 甲에게는 횡령미수죄가 성립한다.
④ 甲이 주간에 재물을 절취할 목적으로 A가 운영하는 주점에 이르러 주점의 잠금장치를 뜯고 침입하여 주점 내 진열장에 있던 양주 45병을 바구니 3개에 담고 있던 중, A가 주점으로 들어오는 소리를 듣고서 담고 있던 양주들을 그대로 둔 채 출입문을 열고 나오다가 A에게 붙잡히자 체포를 면탈할 목적으로 A를 폭행하였다면, 甲에게는 준강도미수죄가 성립한다.
⑤ 범인이 피해자를 촬영하기 위하여 육안 또는 캠코더의 줌 기능을 이용하여 피해자가 있는지 여부를 탐색하다가 피해자를 발견하지 못하고 촬영을 포기한 경우에는 촬영을 위한 준비행위에 불과하여 성폭력범죄의 처벌 등에 관한 특례법 위반(카메라등이용촬영)죄의 실행에 착수한 것으로 볼 수 없다.

> **해설**
>
> ① (○) 대판 2008.4.24, 2007도10058
> ② (×) 소송비용을 편취할 의사로 소송비용의 지급을 구하는 손해배상청구의 소를 제기한 경우 사기죄의 불능범에 해당한다(대판 2005.12.8, 2005도8105)
> ③ (○) 대판 2012.8.17, 2011도9113
> ④ (○) 대판 2004.11.18, 2004도5074 전원합의체
> ⑤ (○) 대판 2021.8.12, 2021도7035

정답 ②

07 실행의 착수에 관한 설명 중 가장 적절하지 않은 것은? (다툼이 있는 경우 판례에 의함)

23 경찰채용

① 소유권이전등기청구권에 대한 압류는 강제집행절차를 위한 일련의 시작행위라고 할 수 있으므로, 허위 채권에 기한 공정증서를 집행권원으로 하여 채무자의 소유권이전등기청구권에 대하여 압류신청을 한 시점에 소송사기의 실행에 착수하였다고 볼 수 있다.
② 배임죄는 임무에 위배하는 행위를 한다는 점과 이로 인하여 자기 또는 제3자가 이익을 취득하여 본인에게 손해를 가한다는 점에 대한 인식이나 의사를 가지고 임무에 위배한 행위를 개시한 때 실행에 착수하였다고 볼 수 있다.
③ 업무상배임죄에서 부작위를 실행의 착수로 볼 수 있기 위해서는 작위의무가 이행되지 않으면 사무처리의 임무를 부여한 사람이 재산권을 행사할 수 없으리라고 객관적으로 예견되는 등으로 구성요건적 결과 발생의 위험이 구체화한 상황에서 부작위가 이루어져야 하고, 행위자는 부작위 당시 자신에게 주어진 임무를 위반한다는 점과 그 부작위로 인해 손해가 발생할 위험이 있다는 점을 인식하였어야 한다.
④ 甲이 乙로부터 국제우편을 통해 향정신성의약품을 수입하는 경우, 필로폰을 받을 국내 주소를 알려주었으나 乙이 필로폰이 들어 있는 우편물을 발신국의 우체국에 제출하지 않았다고 하더라도 甲의 이러한 행위는 향정신성의약품 수입행위의 실행에 착수하였다고 볼 수 있다.

해설

① (○) 대판 2015.2.12. 2014도10086
② (○) 대판 2017.7.20. 2014도1104 전원합의체
③ (○) 대판 2021.5.27. 2020도15529
④ (×) 국제우편 등을 통하여 향정신성의약품을 수입하는 경우에는 국내에 거주하는 사람이 수신인으로 명시되어 발신국의 우체국 등에 향정신성의약품이 들어 있는 우편물을 제출할 때에 범죄의 실행에 착수하였다고 볼 수 있다(대판 2019.5.16. 2019도97) ※ 乙이 필로폰이 들어 있는 우편물을 발신국의 우체국에 제출하지 않았으므로 아직 향정신성의약품 수입의 예비행위라고 볼 수 있을지언정 이를 가지고 실행에 착수하였다고 볼 수 없다.

정답 ④

제3절 중지미수

※ 기출문제 없음

제4절 불능미수

01 미수에 대한 설명으로 옳은 것은? (다툼이 있는 경우 판례에 의함) 24 검찰9급

① 甲이 A에게 위조한 통장 사본 등을 보여 주면서 투자금을 받았다고 거짓말하며 자금 대여를 요청하였으나 A와 함께 그 입금 여부를 확인하기 위해 은행에 가던 중 범행이 발각될 것이 두려워 차용을 포기하고 돌아간 경우, 사기죄의 중지미수가 성립한다.
② 甲이 A가 심신상실 또는 항거불능의 상태에 있다고 인식하고 그러한 상태를 이용하여 간음할 의사로 A를 간음하였으나 실제로는 A가 심신상실 또는 항거불능의 상태에 있지 않았다면 甲에게 준강간죄의 장애미수가 성립한다.
③ 강도가 재물강취의 뜻을 재물의 부재로 이루지 못한 채 미수에 그쳤고 그 자리에서 항거불능의 상태에 빠진 피해자를 간음할 것을 결의하고 실행에 착수했으나 역시 미수에 그친 경우, 반항을 억압하기 위한 폭행으로 피해자에게 상해를 입혔다면 강도강간미수죄와 강도치상죄가 성립하고 양 죄는 상상적 경합관계에 있다.
④ 甲이 소송에서 주장하는 권리가 존재하지 않는 사실을 알고 있으면서도 법원을 기망한다는 인식을 가지고 소를 제기하였지만, 상대방의 주소를 허위로 기재함으로써 소장의 유효한 송달이 되지 않는 경우 소송사기의 실행의 착수가 인정되지 않는다.

해설
① (×) 사기죄의 중지미수에 해당하지 않는다(대판 2011.11.10, 2011도10539)
② (×) 준강간죄의 불능미수가 성립한다(대판 2019.3.28, 2018도16002 전원합의체)
③ (○) 대판 1988.6.28, 88도820
④ (×) 소송사기는 소송에서 주장하는 권리가 존재하지 않는 사실을 알고 있으면서도 법원을 기망한다는 인식을 가지고 소를 제기하면 이로써 실행의 착수가 있고 소장의 유효한 송달을 요하지 아니한다고 할 것인바, 이러한 법리는 제소자가 상대방의 주소를 허위로 기재함으로써 그 허위주소로 소송서류가 송달되어 그로 인하여 상대방 아닌 다른 사람이 그 서류를 받아 소송이 진행된 경우에도 마찬가지로 적용된다(대판 2006.11.10, 2006도5811)

정답 ③

02 미수에 대한 설명으로 가장 적절한 것은? (다툼이 있는 경우 판례에 의함) 22 경찰승진

① 불능미수의 성립요건인 '위험성'은 피고인이 행위 당시에 인식한 사정과 일반인이 인식할 수 있었던 사정을 놓고 일반인이 객관적으로 판단하여 결과 발생의 가능성이 있는지 여부를 따져야 한다.
② 불능미수에서 '결과의 발생이 불가능'하다는 것은 범죄행위의 성질상 그 어떠한 경우에도 구성요건의 실현이 불가능하다는 것을 의미한다.
③ 예비·음모의 행위를 한 후 실행의 착수로 나아가기 전에 자의로 중지한 경우에는 예비·음모죄의 중지미수를 인정할 수 있다.
④ 타인의 재물을 공유하는 자가 공유자의 승낙을 받지 않고 공유 대지를 담보에 제공하고 가등기를 경료한 후 자의로 가등기를 말소하였다면 이는 횡령죄의 중지미수에 해당한다.

> **해설**
>
> ① (×) 불능범과 구별되는 불능미수의 성립요건인 '위험성'은 피고인이 행위 당시에 인식한 사정을 놓고 일반인이 객관적으로 판단하여 결과 발생의 가능성이 있는지 여부를 따져야 한다 (대판 2019.3.28, 2018도16002 전원합의체)
> ② (○) 대판 2019.5.16, 2019도97
> ③ (×) 중지범은 범죄의 실행에 착수한 후 자의로 그 행위를 중지한 때를 말하는 것이고 실행의 착수가 있기 전인 예비음모의 행위를 처벌하는 경우에 있어서 중지범의 관념은 이를 인정할 수 없다(대판 1999.4.9, 99도424)
> ④ (×) 타인의 재물을 공유하는 자가 공유자의 승낙을 받지 않고 공유대지를 담보에 제공하고 가등기를 경료한 경우 횡령행위는 기수에 이르고 그 후 가등기를 말소했다고 하여 중지미수에 해당하는 것이 아니다(대판 1978.11.28, 78도2175)

정답 ②

제5절 예비죄

01 예비·음모에 관한 설명 중 가장 옳지 않은 것은? (다툼이 있는 경우 판례에 의함) 24 법행

① 은행강도 범행으로 강취할 돈을 송금받을 계좌를 개설한 것만으로는 범죄수익은닉의 규제 및 처벌 등에 관한 법률 제3조 제1항 제3호에서 정한 범죄수익 등의 은닉에 관한 죄의 실행에 착수한 것으로 볼 수 없다.
② 도주원조의 죄를 범할 목적으로 예비 또는 음모한 자는 3년 이하의 징역에 처한다.
③ 타인의 사망을 보험사고로 하는 생명보험계약을 체결함에 있어 제3자가 피보험자인 것처럼 가장하여 체결하는 등으로 그 유효요건이 갖추어지지 못한 경우에도, 특별한 사정이 없는 한, 그와 같이 하자 있는 보험계약을 체결한 행위만으로는 미필적으로라도 보험금을 편취하려는 의사에 의한 기망행위의 실행에 착수한 것으로 볼 것은 아니다.
④ 준강제추행의 죄를 범할 목적으로 예비 또는 음모한 사람은 3년 이하의 징역에 처한다.
⑤ 중지범은 범죄의 실행에 착수한 후 자의로 그 행위를 중지한 때를 말하는 것이고 실행의 착수가 있기 전인 예비음모의 행위를 처벌하는 경우에 있어서 중지범의 관념은 인정할 수 없다.

> **해설**
>
> ① (○) 대판 2007.1.11, 2006도5288
> ② (○) 제147조, 제150조
> ③ (○) 대판 2013.11.14, 2013도7494
> ④ (×) 준강제추행죄는 예비처벌규정이 없으므로 불가벌이다(제305조의3 참고)
> ⑤ (○) 대판 1999.4.9, 99도424

정답 ④

02 예비·음모에 관한 설명 중 옳은 것은 모두 몇 개인가? (다툼이 있는 경우 판례에 의함)

23 법행

⊙ 강도예비·음모죄가 성립하기 위해서는 예비·음모 행위자에게 미필적으로라도 '강도'를 할 목적이 있음이 인정되어야 하고 그에 이르지 않고 단순히 '준강도'할 목적이 있음에 그치는 경우에는 강도예비·음모죄로 처벌할 수 없다.
ⓒ 살인예비죄가 성립하기 위하여는 살인죄를 범할 목적 외에도 살인의 준비에 관한 고의가 있어야 하며, 나아가 실행의 착수까지에는 이르지 아니하는 살인죄의 실현을 위한 준비행위가 있어야 한다. 여기서의 준비행위는 단순히 범행의 의사 또는 계획만으로는 그것이 있다고 할 수 없고 객관적으로 보아서 살인죄의 실현에 실질적으로 기여할 수 있는 외적 행위를 필요로 한다.
ⓒ 본범이 절취한 차량이라는 정을 알면서도 본범 등으로부터 그들이 위 차량을 이용하여 강도를 하려 함에 있어 차량을 운전해 달라는 부탁을 받고 위 차량을 운전해 준 경우, 강도예비죄 뿐만 아니라 장물운반죄도 함께 성립한다.
ⓔ 예비죄의 실행행위는 무정형 무한정한 행위이고 종범의 행위도 무정형 무한정하며, 형법 제28조에 의하면 범죄의 음모 또는 예비행위가 실행의 착수에 이르지 아니한 때에는 법률에 특별한 규정이 없는 한 벌하지 아니한다고 규정하고 있으므로, 형법각칙의 예비죄를 처단하는 규정을 바로 독립된 구성요건 개념에 포함시킬 수 없다.

① 1개 ② 2개 ③ 3개 ④ 4개

> **해설**
>
> ⊙ (○) 대판 2006.9.14, 2004도6432
> ⓒ (○) 대판 2009.10.29, 2009도7150
> ⓒ (○) 대판 1999.3.26, 98도3030
> ⓔ (○) 대판 1976.5.25, 75도1549

정답 ④

03 예비·음모와 미수에 관한 설명 중 옳은 것을 모두 고른 것은? (다툼이 있는 경우 판례에 의함)

24 변호사시험

㉠ 甲이 乙의 강도예비죄의 범행에 방조의 형태로 가담한 경우 甲을 강도예비죄의 방조범으로 처벌할 수 없다.
㉡ 형법상 음모죄의 성립을 위한 범죄실행의 합의가 있다고 하기 위하여는 단순히 범죄결심을 외부에 표시·전달하는 것만으로는 부족하고, 객관적으로 보아 특정한 범죄의 실행을 위한 준비행위라는 것이 명백히 인식되고, 그 합의에 실질적인 위험성이 인정되어야 한다.
㉢ 중지미수의 경우에는 법정형의 상한과 하한 모두를 2분의 1로 감경하는 반면, 장애미수의 경우에는 법익침해의 위험 발생 정도에 따라 법정형에 대한 감경을 하지 않거나 법정형의 하한만 2분의 1로 감경할 수 있다.
㉣ 실행의 착수가 있기 전인 예비나 음모의 행위를 처벌하는 경우 중지미수범의 관념을 인정할 수 없으므로, 예비단계에서 범행을 중지하더라도 중지미수범의 규정이 적용될 수 없다.
㉤ 甲이 피해자가 심신상실 또는 항거불능의 상태에 있다고 인식하고 그러한 상태를 이용하여 간음할 의사로 피해자를 간음하였으나 실행의 착수 당시부터 피해자가 실제로는 심신상실 또는 항거불능의 상태에 있지 않은 경우 甲이 행위 당시에 인식한 사정을 놓고 일반인이 객관적으로 판단하여 보았을 때 준강간의 결과가 발생할 위험성이 있었다면 준강간죄의 불능미수가 성립한다.

① ㉠㉡㉢ ② ㉠㉡㉣ ③ ㉡㉢㉤
④ ㉠㉡㉣㉤ ⑤ ㉠㉢㉣㉤

해설

㉠ (○) 대판 1976.5.25, 75도1549
㉡ (○) 대판 1999.11.12, 99도3801
㉢ (×) 유기징역형에 대한 법률상 감경을 하면서 형법 제55조 제1항 제3호에서 정한 것과 같이 장기와 단기를 모두 2분의 1로 감경하는 것이 아닌 장기 또는 단기 중 어느 하나만을 2분의 1로 감경하는 방식이나 2분의 1보다 넓은 범위를 감경을 하는 방식 등은 죄형법정주의 원칙상 허용될 수 없다(대판 2021.1.21, 2018도5475 전원합의체). ※ 중지미수와 장애미수의 경우 감경시 상한과 하한 모두 2분의 1로 감경한다.
㉣ (○) 대판 1999.4.9, 99도424
㉤ (○) 대판 2019.3.28, 2018도16002 전원합의체

정답 ④

04 형법상 예비죄에 대한 설명 중 옳지 않은 것만을 모두 고른 것은? (다툼이 있는 경우 판례에 의함)

22 경간

⊙ 형법각칙의 예비죄를 처단하는 규정을 바로 독립된 구성요건 개념에 포함시킬 수는 없다고 하는 것이 죄형법정주의에 부합한다.
ⓒ 예비와 미수는 각각 형법 각칙에 처벌규정이 있는 경우에만 처벌할 수 있지만 구체적인 법정형까지 규정될 필요는 없다.
ⓒ 예비죄를 처벌하는 범죄의 예비단계에서 자의로 중지를 하였다면, 예비죄의 중지미수가 성립한다.
ⓔ 살인예비죄가 성립하기 위하여는 살인죄를 범할 목적이 있어야 할 뿐만 아니라 살인의 준비에 관한 고의도 있어야 한다.
ⓜ 정범의 실행 착수 전에 장래의 실행행위를 예상하고 이를 용이하게 하는 행위를 하여 방조한 경우 정범이 실행의 착수에 이르지 못했다면 방조자는 종범이 성립되지 않지만 정범이 그 실행행위로 나아갔다면 종범이 성립한다.

① ㉠ⓛ ② ⓛⓒ ③ ㉠ⓒⓜ ④ ⓒⓔⓜ

해설

㉠ (○) 대판 1976.5.25, 75도1549
ⓛ (×) 미수의 경우에는 형법 총칙에 기수의 형을 감경 또는 면제하는 형식으로 규정되어 있어 각칙에 그 구체적인 법정형까지 규정될 필요는 없으나(형법 제25조부터 제27조), 예비의 경우에는 각칙에 구체적인 법정형이 없으면 죄형법정주의 원칙상 피고인을 처벌할 수 없다(대판 1979.12.26, 78도957)
ⓒ (×) 중지범은 범죄의 실행에 착수한 후 자의로 그 행위를 중지한 때를 말하는 것이고 실행의 착수가 있기 전인 예비음모의 행위를 처벌하는 경우에 있어서 중지범의 관념은 이를 인정할 수 없다(대판 1999.4.9, 99도424)
ⓔ (○) 대판 2009.10.29, 2009도7150
ⓜ (○) 대판 1976.5.25, 75도1549

정답 ②

05 예비와 미수에 관한 설명으로 옳은 것은 모두 몇 개인가? (다툼이 있는 경우 판례에 의함)

22 경찰채용

㉠ 미수범이란 행위를 종료했더라도 결과가 발생하지 아니한 경우를 말하는 것이므로 결과가 발생한 경우에는 미수범이 성립할 여지가 없다.
㉡ 강도치상죄와는 달리 강도상해죄는 강도가 미수에 그쳤다면 상해가 발생하였어도 강도상해죄의 미수에 해당한다.
㉢ 대법원은 예비죄의 실행행위성을 긍정하는 입장에 서 있으므로 예비죄의 공동정범뿐만 아니라 예비죄에 대한 종범의 성립도 긍정한다.
㉣ 저작권 침해 게시물을 인터넷 웹사이트 서버 등에 업로드하여 공중의 구성원이 개별적으로 선택한 시간과 장소에서 접근할 수 있도록 이용에 제공하였더라도 공중에게 침해 게시물을 실제로 송신하지 않았다면 저작권법상 공중송신권 침해는 기수에 이르지 않는다.
㉤ 교사를 받은 자가 범죄의 실행 자체를 승낙하지 아니하거나 실행을 승낙하고 실행의 착수에 이르지 않은 경우 교사자는 예비·음모에 준하여 처벌된다.

① 1개　　② 2개　　③ 3개　　④ 4개

해설

㉠ (×) 결과가 발생하였더라도 행위와 결과 사이에 인과관계가 인정되지 않으면 미수범이 성립할 수 있다.
㉡ (×) 강도상해죄가 성립하기 위하여는 강도가 반드시 재물강취의 목적을 달성하여 강도기수에 이른 것을 요건으로 하는 것은 아니므로 강도미수에 그쳤다 할지라도 강도행위 과정에서 피해자에게 상해를 입힌 이상 강도상해죄가 성립한다(대판 1969.3.18, 69도154).
㉢ (×) 종범이 처벌되기 위하여는 정범의 실행의 착수가 있는 경우에만 가능하고 정범이 실행의 착수에 이르지 아니한 예비의 단계에 그친 경우에는 이에 가공하는 행위가 예비의 공동정범이 되는 경우를 제외하고는 이를 종범으로 처벌할 수 없다(대판 1976.5.25, 75도1549).
※ 예비죄의 공동정범은 성립할 수 있지만, 예비죄의 방조범은 성립할 수 없다.
㉣ (×) 정범이 침해 게시물을 인터넷 웹사이트 서버 등에 업로드하여 공중의 구성원이 개별적으로 선택한 시간과 장소에서 접근할 수 있도록 이용에 제공하면 공중에게 침해 게시물을 실제로 송신하지 않더라도 공중송신권 침해는 기수에 이른다(대판 2021.9.9, 2017도19025 전원합의체).
㉤ (○) 형법 제31조 제2항, 제3항

정답 ①

06 정범 및 공범

제1절 정범·공범의 일반이론

01 공범에 관한 설명으로 가장 적절하지 않은 것은? (다툼이 있는 경우 판례에 의함) 24 경찰승진

① 매도, 매수와 같이 2인 이상의 서로 대향된 행위의 존재를 필요로 하는 관계에 있어서는 공범이나 방조범에 관한 형법총칙 규정의 적용이 있을 수 없고, 따라서 매도인에게 따로 처벌규정이 없는 이상 매도인의 매도행위는 그와 대향적 행위의 존재를 필요로 하는 상대방의 매수범행에 대하여 공범이나 방조범관계가 성립되지 아니한다.

② 도박의 습벽이 있는 자가 타인의 도박을 방조하면 상습도박방조의 죄에 해당하는 것이며, 도박의 습벽이 있는 자가 도박을 하고 또 도박방조를 하였을 경우 상습도박죄와 상습도박방조죄가 성립하고 두 범죄는 실체적 경합의 관계에 있다.

③ 변호사 아닌 자에게 고용되어 법률사무소의 개설·운영에 관여한 변호사의 행위가 일반적인 형법 총칙상의 공모, 교사 또는 방조에 해당된다고 하더라도 변호사를 변호사 아닌 자의 공범으로서 처벌할 수는 없다.

④ 필요적 공범이라는 것은 법률상 범죄의 실행이 다수인의 협력을 필요로 하는 것을 가리키는 것으로서 이러한 범죄의 성립에는 행위의 공동을 필요로 하는 것에 불과하고 반드시 협력자 전부가 책임이 있음을 필요로 하는 것은 아니다.

> **해설**
>
> ① (O) 대판 2001.12.28, 2001도5158
> ② (×) 상습도박의 죄나 상습도박방조의 죄에 있어서의 상습성은 행위의 속성이 아니라 행위자의 속성으로서 도박을 반복해서 거듭하는 습벽을 말하는 것인 바, 도박의 습벽이 있는 자가 타인의 도박을 방조하면 상습도박방조의 죄에 해당하는 것이며, **도박의 습벽이 있는 자가 도박을 하고 또 도박방조를 하였을 경우 상습도박방조의 죄는 무거운 상습도박의 죄에 포괄시켜 일죄로서 처단하여야 한다**(대판 1984.4.24, 84도195)
> ③ (O) 대판 2004.10.28, 2004도3994
> ④ (O) 대판 1987.12.22, 87도1699

정답 ②

02 공범의 종류에 대한 설명으로 옳지 않은 것은? (다툼이 있는 경우 판례에 의함) 24 검찰9급

① 형법 제127조는 공무원 또는 공무원이었던 자가 법령에 의한 직무상 비밀을 누설하는 행위만을 처벌하고 있을 뿐 직무상 비밀을 누설받은 상대방을 처벌하는 규정이 없으므로, 직무상 비밀을 누설받은 자에 대하여는 공범에 관한 형법총칙 규정을 적용하여 처벌할 수 없다.

② 뇌물공여죄와 뇌물수수죄 사이와 같은 이른바 대향범 관계에 있는 자는 서로 대향된 행위의 존재를 필요로 할 뿐 각자 자신의 구성요건을 실현하고 별도의 형벌규정에 따라 처벌되는 것이어서, 2인 이상이 가공하여 공동의 구성요건을 실현하는 공범관계에 있는 자와는 본질적으로 다르다.

③ 구 정치자금법 제45조 제1항의 정치자금을 기부한 자와 기부받은 자는 이른바 대향범인 필요적 공범관계에 있으므로, 정치자금을 기부하는 자의 범죄가 성립하지 않더라도 정치자금을 기부받는 자가 구 정치자금법이 정하지 않은 방법으로 정치자금을 제공받는다는 의사를 가지고 받으면 정치자금부정수수죄가 성립한다.

④ 쟁의행위 기간 중 그 쟁의행위로 중단된 업무의 수행을 위하여 당해 사업과 관계없는 자를 채용 또는 대체하는 사용자를 처벌하는 노동조합 및 노동관계조정법 제91조, 제43조 제1항을 사용자에게 채용 또는 대체되는 자의 행위에 대하여 일반적인 형법총칙상의 공범 규정을 적용하여 동법 위반죄의 공동정범, 교사범 또는 방조범으로 처벌할 수 있다.

> **해설**
>
> ① (○) 대판 2009.6.23, 2009도544
> ② (○) 대판 2015.2.12, 2012도4842
> ③ (○) 대판 2017.11.14, 2017도3449
> ④ (×) 노동조합법 제91조, 제43조 제1항은 사용자의 위와 같은 행위를 처벌하도록 규정하고 있으므로, 사용자에게 채용 또는 대체되는 자에 대하여 위 법조항을 바로 적용하여 처벌할 수 없음은 문언상 분명하다. 나아가 채용 또는 대체하는 행위와 채용 또는 대체되는 행위는 2인 이상의 서로 대향된 행위의 존재를 필요로 하는 관계에 있음에도 채용 또는 대체되는 자를 따로 처벌하지 않는 노동조합법 문언의 내용과 체계, 법 제정과 개정 경위 등을 통해 알 수 있는 입법 취지에 비추어 보면, 쟁의행위 기간 중 그 쟁의행위로 중단된 업무의 수행을 위하여 당해 사업과 관계없는 자를 채용 또는 대체하는 사용자에게 채용 또는 대체되는 자의 행위에 대하여는 일반적인 형법 총칙상의 공범 규정을 적용하여 공동정범, 교사범 또는 방조범으로 처벌할 수 없다(대판 2020.6.11, 2016도3048)

정답 ④

03 공범에 관한 설명으로 옳고 그름의 표시(○, ×)가 옳게 된 것은? (다툼이 있는 경우 판례에 의함)

23 해경간부

> ㉠ 필요적 공범은 구성요건행위의 실현에 반드시 2인 이상이 참여해야 하지만, 반드시 2인 이상이 범죄가 성립하거나 처벌되어야 하는 것은 아니다.
> ㉡ 집합범은 다수의 행위자가 동일한 목표를 향하여 같은 방향에서 공동으로 작용하는 범죄이며, 모든 집합범은 참여한 모든 자에 대하여 동일한 법정형을 규정하고 있다.
> ㉢ 대향범인 뇌물죄는 대향자 쌍방의 법정형이 같은 경우도 있고 다른 경우도 있으나 대향자의 일방만 처벌하는 경우는 없다.
> ㉣ 합동범은 2인 이상이 합동하여 범행하는 경우를 법문으로 구성요건화한 범죄유형으로 대체로 형벌이 가중되어 있다.

① ㉠(○) ㉡(×) ㉢(×) ㉣(○)
② ㉠(○) ㉡(×) ㉢(○) ㉣(×)
③ ㉠(×) ㉡(○) ㉢(×) ㉣(○)
④ ㉠(×) ㉡(×) ㉢(×) ㉣(○)

해설

> ㉠ (○) 대판 2008.3.13, 2007도10804
> ㉡ (×) 집합범이란 2인 이상이 동일한 목표달성을 위하여 같은 방향으로 행하는 공범형태로서 가담자에게 같은 법정형이 규정된 경우도 있고(소요죄, 해상강도죄 등), 가담자에게 다른 법정형이 규정된 경우도 있다(내란죄 등)
> ㉢ (×) 뇌물공여죄가 성립하기 위하여는 뇌물을 공여하는 행위와 상대방 측에서 금전적으로 가치가 있는 그 물품 등을 받아들이는 행위가 필요할 뿐 반드시 상대방 측에서 뇌물수수죄가 성립하여야 하는 것은 아니다(대판 1987.12.22, 87도1699) ※ 뇌물수수죄는 성립하지 않고 뇌물공여죄만 성립하므로, 대향자의 일방만 처벌하는 경우도 있다.
> ㉣ (○) 합동범은 2인 이상이 합동하여 범행하는 경우를 법문으로 구성요건화한 범죄유형으로 대체로 형벌이 가중되어 있다.

정답 ①

04 공범의 종속성에 관한 설명 중 가장 적절하지 않은 것은? 23 경찰채용

① 공범종속성설에 의하면 공범은 정범의 실행행위에 종속해서만 성립할 수 있고, 정범이 적어도 실행의 착수에 이르러야 공범이 성립할 수 있다.
② 공범종속성설 중 극단적 종속형식에 의하면 정범의 행위가 구성요건에 해당하고 위법하며 유책할 뿐만 아니라 가벌성의 조건(처벌조건)까지 모두 갖추어야 공범이 성립할 수 있다.
③ 공범독립성설에 의하면 공범은 독립된 범죄로서 교사·방조행위가 있으면 정범의 실행행위가 없더라도 공범이 성립할 수 있다.
④ 공범종속성설 중 제한적 종속형식에 의하면 정범의 실행행위가 구성요건에 해당하고 위법하면 공범이 성립할 수 있고 유책할 것을 요하지 않는다는 것으로, 책임무능력자의 위법행위를 교사·방조한 경우에도 공범이 성립할 수 있다.

> **해설**
>
> ① (○) 옳음
> ② (×) 극단적 종속형식에 의하면, 공범(교사범 및 종범)이 성립하기 위해서는 정범의 행위가 구성요건에 해당하고 위법하며 책임까지 갖춰야 한다. 정범의 행위가 구성요건에 해당하고 위법하며 유책할 뿐만 아니라 가벌성의 조건(처벌조건)까지 모두 갖추어야 공범이 성립할 수 있다는 견해는 초극단적 종속형식(확장적 종속형식)이다.
> ③ (○) 옳음
> ④ (○) 옳음
>
> **정답** ②

제2절 간접정범

01 간접정범에 관한 설명 중 가장 옳지 않은 것은? (다툼이 있는 경우 판례에 의함) 24 법행

① 자기에게 유리한 판결을 얻기 위하여 소송상의 주장이 사실과 다름이 객관적으로 명백하거나 증거가 조작되어 있다는 정을 인식하지 못하는 제3자를 이용하여 그로 하여금 소송의 당사자가 되게 하고 법원을 기망하여 소송 상대방의 재물 또는 재산상 이익을 취득하고자 하여 그 승소판결을 확정받게 한 경우, 간접정범의 형태에 의한 소송사기죄가 성립할 수 있다.
② 공무원 아닌 자가 관공서에 허위 내용의 증명원을 제출하여 그 내용이 허위인 정을 모르는 담당공무원으로부터 그 증명원 내용과 같은 증명서를 발급받은 경우 공문서위조죄의 간접정범이 성립한다.
③ 공문서의 작성권한이 있는 공무원의 직무를 보좌하는 자가 그 직위를 이용하여 행사할 목적으로 허위의 내용이 기재된 문서 초안을 그 정을 모르는 상사에게 제출하여 결재하도록 하는 등의 방법으로 작성권한이 있는 공무원으로 하여금 허위의 공문서를 작성하게 한 경우에는 허위공문서작성죄의 간접정범이 성립하고, 이와 공모한 자 역시 그 간접정범의 공범으로서의 죄책을 진다.
④ 수표의 발행인 아닌 자는 부정수표단속법 제4조가 정한 거짓신고죄의 주체가 될 수 없고, 거짓신고의 고의 없는 발행인을 이용하여 간접정범의 형태로 거짓신고죄를 범할 수도 없다.

> **해설**
>
> ① (○) 대판 2007.9.6, 2006도3591
> ② (×) 공무원 아닌 자가 관공서에 허위내용의 증명원을 제출하여 그 내용이 허위인 정을 모르는 담당공무원으로부터 그 증명원 내용과 같은 증명서를 발급받은 경우 공문서위조죄의 간접정범으로 처벌할 수는 없다(대판 2001.3.9, 2000도938)
> ③ (○) 대판 1992.1.17, 91도2837
> ④ (○) 대판 1992.11.20, 92도1342

정답 ②

02 간접정범에 관한 설명 중 옳은 것을 모두 고른 것은? (다툼이 있는 경우 판례에 의함)

22 변호사시험

㉠ 甲이 A회사의 전문건설업등록증 등의 이미지 파일을 위조하여 공사 수주에 사용하기 위해 발주업체 직원 B에게 이메일로 송부하여 위조 사실을 모르는 B로 하여금 위 이미지 파일을 출력하게 한 경우 간접정범을 통한 위조문서행사 범행의 피이용자인 B는 甲과 동일시할 수 있는 자와 마찬가지이므로 甲에게는 위조문서행사죄의 간접정범이 성립하지 아니한다.

㉡ 甲이 A에 대한 사기범행을 실현하는 수단으로서 B를 기망하여 B를 A로부터 편취한 재물이나 재산상 이익을 전달하는 도구로서만 이용한 경우에는 편취의 대상인 재물 또는 재산상 이익에 관하여 A에 대한 사기죄가 성립할 뿐 도구로 이용된 B에 대한 사기죄가 별도로 성립하는 것은 아니다.

㉢ 타인을 비방할 목적으로 허위의 기사 재료를 그 정을 모르는 기자에게 제공하여 신문 등에 보도하게 한 경우 출판물에 의한 명예훼손죄의 간접정범이 성립할 수 있다.

㉣ 강제추행에 관한 간접정범의 의사를 실현하는 도구로서의 타인에는 피해자도 포함될 수 있으므로 피해자를 도구로 삼아 피해자의 신체를 이용하여 추행행위를 한 경우에도 강제추행죄의 간접정범에 해당할 수 있다.

① ㉠㉡   ② ㉢㉣   ③ ㉠㉡㉢
④ ㉡㉢㉣   ⑤ ㉠㉡㉢㉣

해설

㉠ (×) 피고인 甲이 위조한 A회사의 전문건설업등록증 등의 컴퓨터 이미지 파일을 공사 수주에 사용하기 위하여 B 등에게 이메일로 송부하였고, B 등이 甲으로부터 이메일로 송부받은 컴퓨터 이미지 파일을 프린터로 출력할 당시 그 이미지 파일이 위조된 것임을 알지 못한 경우 형법 제229조의 위조·변조공문서행사죄(간접정범)를 구성한다(대판 2012.2.23, 2011도14441)

㉡ (○) 대판 2017.5.31, 2017도3894

㉢ (○) 대판 2002.6.28, 2000도3045

㉣ (○) 대판 2018.2.8, 2016도17733

정답 ④

03 간접정범에 관한 설명 중 가장 적절하지 않은 것은? (다툼이 있는 경우 판례에 의함)

22 경찰채용

① 국헌문란의 목적을 달성하기 위해 그러한 목적이 없는 대통령을 이용하여 비상계엄 전국 확대조치를 한 것은 간접정범의 방법으로 내란죄를 실행한 것이다.
② 처벌되지 아니하는 타인의 행위를 적극적으로 유발하고 이를 이용하여 자신의 범죄를 실현한 자는 간접정범의 죄책을 지게 되고, 그 과정에서 타인의 의사를 부당하게 억압하여야만 간접정범에 해당하는 것은 아니다.
③ 자기의 지휘·감독을 받는 자를 교사하여 범죄를 실행하게 한 때에는 정범에 정한 형의 장기 또는 다액의 2분의 1까지 가중한다.
④ 간접정범의 실행의 착수시기를 이용자의 이용행위시로 보는 경우 이용자의 이용의사가 외부로 표현되기만 하면 실행의 착수가 인정되어 미수범의 처벌 범위가 축소될 수 있다.

> **해설**
>
> ① (○) 대판 1997.4.17, 96도3376 전원합의체
> ② (○) 대판 2008.9.11, 2007도7204
> ③ (○) 형법 제34조 제2항
> ④ (×) 간접정범의 실행의 착수시기를 이용자의 이용행위시로 보는 경우 이용자의 이용의사가 외부로 표현되기만 하면 실행의 착수가 인정되므로 미수범 성립과 처벌범위가 지나치게 확장되게 된다.

정답 ④

제3절 공동정범

01 공동정범에 관한 설명으로 가장 적절한 것은? (다툼이 있는 경우 판례에 의함) 24 경찰승진

① 상명하복 관계에 있는 자들이 범행에 공동 가공한 경우 특수교사·방조범(형법 제34조 제2항)이 성립할 수 있으나 공동정범은 인정될 수 없다.
② 사기죄의 실행행위에 직접 관여하지 아니한 사람도 공모관계가 인정되면 공모공동정범이 성립할 수 있지만, 공모자 중 사기의 기망방법을 구체적으로 몰랐던 자는 공모관계가 부정된다.
③ 처(妻) 乙이 구속된 남편 甲을 대행하여 甲의 지시를 받아 회사를 운영하면서「조세범처벌법」상 조세포탈행위를 하다가 협의이혼 한 후, 乙 혼자 회사를 경영하였더라도 이혼 전 甲의 영향력이 제거되지 않아 조세포탈행위가 계속되었다면, 甲은 협의이혼 후에도 여전히 乙의 조세범처벌법위반죄에 대하여 공동정범으로서 책임을 진다.
④ 甲은 乙, 丙과 함께 택시강도를 하기로 모의하였는데, 甲은 乙과 丙이 피해자 A에 대해 폭행에 착수하기도 전에 겁을 먹고 미리 현장에서 도주해 버렸고 그 후 乙과 丙은 폭행에 저항하는 A를 격분하여 살해하고 택시에 있던 현금 8만 원을 강취하였다면, 甲은 특수강도의 합동범, 乙과 丙은 강도살인죄의 공동정범이 성립한다.

> **해설**
> ① (×) 상명하복관계에 있는 자들 사이에서도 범행에 공동 가공한 이상 공동정범이 성립하는데 아무런 지장이 없다(대판 2013.7.11, 2011도15056)
> ② (×) 사기의 공모공동정범이 그 기망방법을 구체적으로 몰랐다고 하더라도 공모관계를 부정할 수 없다(대판 1997.9.12, 97도1706)
> ③ (○) 대판 2008.7.24, 2007도4310
> ④ (×) 피고인이 다른 피고인들과 택시강도를 모의한 후 다른 피고인들이 피해자에 대한 폭행에 착수하기 전에 겁을 먹고 미리 현장에서 도주해 버린 경우 피고인을 특수강도의 합동범으로 다스릴 수 없다(대판 1985.3.26, 84도2956)

정답 ③

02 공동정범과 간접정범에 관한 설명으로 가장 적절하지 않은 것은? (다툼이 있는 경우 판례에 의함)

24 경찰채용

① 포괄일죄의 범행 도중에 공동정범으로 범행에 가담한 자는 그 가담 이후의 범행에 대해서만 공동정범으로 책임을 지고, 그 가담 이전에 이미 이루어진 종전의 범행을 인식하고 범행에 가담한 경우라도 그 가담 이전의 범행에 대해서는 공동정범으로 책임을 지지 않는다.

② 수표금액의 지급 또는 거래정지처분을 면할 목적으로 금융기관에 허위신고한 자를 처벌하는 구 부정수표 단속법 제4조의 허위신고죄와 관련하여, 발행인이 아닌 자는 허위신고의 고의가 없는 발행인을 이용하여 간접정범의 형태로 구 부정수표 단속법 제4조의 허위신고죄를 범할 수 없다.

③ 비공무원 甲이 소속 예비군동대 방위병 乙에게 '자신이 예비군훈련에 불참했으나 예비군훈련 참가 확인서를 발급해 달라'는 취지의 부탁을 하자, 확인서 작성권자인 동대장 A의 직무를 보좌하는 乙은 이를 A에게 보고하여 甲의 불참 사실을 모르는 A로부터 甲의 예비군훈련 참가 여부를 확인하여 확인서를 발급하도록 지시받았으나 미리 A의 직인을 찍어 보관하고 있던 용지를 이용하여 확인서를 발급해 준 경우, 甲에게는 허위공문서작성죄의 간접정범의 공범이 성립하지 않는다.

④ 공동정범의 본질에 관한 범죄공동설에 따르면, 고의범과 과실범 상호간에는 공동정범이 인정되지 않는다.

> **해설**
>
> ① (○) 대판 1997.6.27, 97도163
> ② (○) 대판 2003.1.24, 2002도5939
> ③ (×) 공문서의 작성권한이 있는 공무원의 직무를 보좌하는 자가 그 직위를 이용하여 행사할 목적으로 허위의 내용이 기재된 문서 초안을 그 정을 모르는 상사에게 제출하여 결재하도록 하는 등의 방법으로 작성권한이 있는 공무원으로 하여금 허위의 공문서를 작성하게 한 경우에는 간접정범이 성립되고 이와 공모한 자 역시 그 간접정범의 공범으로서의 죄책을 면할 수 없는 것이고, 여기서 말하는 공범은 반드시 공무원의 신분이 있는 자로 한정되는 것은 아니라고 할 것이다(대판 1992.1.17, 91도2837)
> ④ (○) 범죄공동설은 2인 이상이 특정한 범죄를 공동으로 실행하여야 공동정범이 성립한다는 견해이다. 이에 따르면 고의범과 과실범 상호간에는 공동정범이 인정되지 않는다.

정답 ③

03 공범에 관한 설명 중 가장 옳지 않은 것은? (다툼이 있는 경우 판례에 의함) 24 법행

① 공무원이 아닌 사람이 공무원과 공동가공의 의사와 이를 기초로 한 기능적 행위지배를 통하여 공무원의 직무에 관하여 뇌물을 수수하는 범죄를 실행하였다면 공무원과 비공무원에게 형법 제129조 제1항에서 정한 뇌물수수죄의 공동정범이 성립한다.

② 2인 이상의 서로 대향된 행위의 존재를 필요로 하는 대향범에 대하여 공범에 관한 형법 총칙 규정이 적용될 수 없는데, 이러한 법리는 해당 처벌규정의 구성요건 자체에서 2인 이상의 서로 대향적 행위의 존재를 필요로 하는 필요적 공범인 대향범을 전제로 하고, 구성요건상으로는 단독으로 실행할 수 있는 형식으로 되어 있는데 단지 구성요건이 대향범의 형태로 실행되는 경우에도 대향범에 관한 법리가 적용된다고 볼 수는 없다.

③ 피고인이 공문서 위조행위 자체에는 관여한 바 없다고 하더라도 타인에게 위조를 부탁하여 의사연락이 되고 그로 하여금 범행을 하게 하였다면 공모공동정범에 의한 공문서위조죄가 성립된다.

④ 여러 사람이 함께 폭행의 범행을 공모하고 그 중 1인이 범행 장소에서 범죄를 실행하였다면 범행 장소에 없었던 나머지 공모자에게도 폭력행위 등 처벌에 관한 법률 제2조 제2항 제1호의 공동폭행죄의 공모공동정범이 성립한다.

⑤ 간접정범을 통한 범행에서 피이용자는 간접정범의 의사를 실현하는 수단으로서의 지위를 가질 뿐이므로 피해자에 대한 사기범행을 실현하는 수단으로서 타인을 기망하여 그를 피해자로부터 편취한 재물이나 재산상 이익을 전달하는 도구로서만 이용한 경우에는 편취의 대상인 재물 또는 재산상 이익에 관하여 피해자에 대한 사기죄가 성립할 뿐 도구로 이용된 타인에 대한 사기죄가 별도로 성립한다고 할 수 없다.

해설

① (○) 대판 2019.8.29, 2018도2738 전원합의체
② (○) 대판 2022.6.30, 2020도7866
③ (○) 피고인이 위조행위 자체에는 관여한 바 없다고 하더라도 타인에게 위조를 부탁하여 의사연락이 되고 그로 하여금 범행을 하게 하였다면 공모공동정범에 의한 위조죄가 성립된다 (대판 1980.5.27, 80도907).
④ (×) 구 폭력행위 등 처벌에 관한 법률 제2조 제2항의 "2인 이상이 공동하여 전항 게기의 죄를 범한 때"라고 함은 그 수인간에 소위 공범관계가 존재하는 것을 요건으로 하는 것이고 수인이 동일 장소에서 동일 기회에 상호 다른자의 범행을 인식하고 이를 이용하여 범행을 한 경우임을 요한다고 할 것이므로 폭행의 실행범과의 공모사실은 인정되나 그와 공동하여 범행에 가담하였거나 범행장소에 있었다고 인정되지 아니하는 경우에는 "공동하여" 죄를 범한 때에 해당하지 아니한다(대판 1990.10.30, 90도2022) ※ 폭력행위 등 처벌에 관한 법률 제2조 제2항의 경우에는 공모공동정범을 인정하지 않고, '2인 이상이 공동하여'를 더 엄격하게 판단한다.
⑤ (○) 대판 2017.5.31, 2017도3894

정답 ④

04 공범에 관한 설명 중 가장 옳지 않은 것은? (다툼이 있는 경우 판례에 의함)   23 법행

① 업무상의 임무라는 신분관계가 없는 자가 그러한 신분관계 있는 자와 공모하여 업무상배임죄를 저질렀다면, 그러한 신분관계가 없는 공범에게도 형법 제33조 본문에 따라 일단 신분범인 업무상배임죄가 성립하고 다만 과형에서만 단순배임죄의 법정형이 적용된다.
② 공동정범은 행위자 상호간에 범죄행위를 공동으로 한다는 공동가공의 의사를 가지고 범죄를 공동실행하는 경우에 성립하는 것으로서, 여기에서의 공동가공의 의사는 공동행위자 상호간에 있어야 하며 행위자 일방의 가공의사만으로는 공동정범관계가 성립할 수 없다.
③ 종범은 정범의 실행행위 중에 이를 방조하는 경우뿐만 아니라, 실행 착수 전에 장래의 실행행위를 예상하고 이를 용이하게 하는 행위를 하여 방조한 경우에도 정범이 실행행위를 한 경우에는 성립한다.
④ 변호사 사무실 직원인 甲이 법원공무원 乙에게 부탁하여 수사 중인 사건의 체포영장 발부자 53명의 명단을 누설받은 경우, 甲의 행위는 공범에 관한 형법총칙 규정이 적용되어 공무상비밀누설교사죄가 성립한다.

> **해설**
>
> ① (○) 대판 1986.10.28, 86도1517
> ② (○) 대판 1985.5.14, 84도2118
> ③ (○) 대판 1997.4.17, 96도3377
> ④ (×) 공무상비밀누설교사죄에 해당하지 않는다(대판 2011.4.28, 2009도3642)

정답 ④

05 다음 중 공동정범에 대한 설명으로 옳은 것을 모두 고른 것은? (다툼이 있는 경우 판례에 의함)

23 해경승진

㉠ 상명하복관계에 있는 자들이 범행에 공동가공한 경우, 특수교사·방조범(형법 제34조 제2항)이 성립할 수 있으나 공동정범은 인정될 수 없다.
㉡ 공모자에게 범죄에 대한 본질적 기여를 통한 기능적 행위지배가 인정된다면 공모공동정범으로서의 죄책을 물을 수 있다.
㉢ 공모자들이 그 공모한 범행을 수행하거나 목적 달성을 위해 나아가는 도중에 부수적인 다른 범죄가 파생되리라고 예상하거나 충분히 예상할 수 있는데도 그 가능성을 외면한 채 이를 방지하기에 족한 합리적 조치를 취하지 않고 공모한 범행에 나아갔다가 결국 그와 같이 예상된 범행들이 발생한 경우, 그 파생적인 범행 하나하나에 대하여 개별적 의사연락이 없었다면 그 범행 전부에 대한 기능적 행위지배가 존재한다고 볼 수 없다.
㉣ 공동정범이 성립하기 위하여 반드시 공범자 간 사전모의가 있어야 하는 것은 아니며, 우연히 만난 자리에서 서로 협력하여 공동의 범의를 실현하려는 의사가 암묵적으로 상통하여 범행에 공동가공하더라도 공동정범은 성립된다.

① ㉠㉡   ② ㉠㉡㉢   ③ ㉡㉣   ④ ㉡㉢㉣

해설

㉠ (×) 상명하복관계에 있는 자들 사이에서도 범행에 공동 가공한 이상 공동정범이 성립하는데 아무런 지장이 없다(대판 2013.7.11, 2011도15056)
㉡ (○) 대판 2021.3.11, 2020도12583
㉢ (×) 공모공동정범의 경우 제반 상황에 비추어 공모자들이 범행 도중에 부수적인 다른 범죄가 파생되리라고 예상하거나 충분히 예상할 수 있는데도 이를 방지하기 위한 합리적인 조치를 취하지 아니하여 예상되던 범행들이 발생하였다면, 그 파생적인 범행에 대하여 개별적인 의사의 연락이 없었다고 하더라도 당초의 공모자들 사이에 그 범행 전부에 대하여 암묵적인 공모는 물론 그에 대한 기능적 행위지배가 인정된다(대판 2010.12.23, 2010도7412)
㉣ (○) 대판 1984.12.26, 82도1373

정답 ③

06 다음 설명 중 가장 옳지 않은 것은? (다툼이 있는 경우 판례에 의함) 22 법행

① 부작위범 사이의 공동정범은 다수의 부작위범에게 공통된 의무가 부여되어 있고 그 의무를 공통으로 이행할 수 있을 때에만 성립한다.
② 형법상 방조행위는 정범의 실행을 용이하게 하는 직접, 간접의 모든 행위를 가리키는 것으로서 작위에 의한 경우뿐만 아니라 부작위에 의하여도 성립되는 것이다.
③ 피고인 자신이 직접 형사처분을 받게 될 것을 두려워한 나머지 자기의 이익을 위하여 그 증거가 될 자료를 은닉하였다면 증거은닉죄에 해당하지 않으나, 제3자와 공동하여 그러한 행위를 하였다면 제3자와 증거은닉죄의 공동정범이 성립한다.
④ 처벌되지 아니하는 타인의 행위를 적극적으로 유발하고 이를 이용하여 자신의 범죄를 실현한 자는 형법 제34조 제1항이 정하는 간접정범의 죄책을 지게 되고, 그 과정에서 타인의 의사를 부당하게 억압하여야만 간접정범에 해당하는 것은 아니다.

> **해설**
>
> ① (○) 대판 2009.2.12, 2008도9476
> ② (○) 대판 2006.4.28, 2003도4128
> ③ (×) 증거은닉죄는 타인의 형사사건이나 징계사건에 관한 증거를 은닉할 때 성립하고, 범인 자신이 한 증거은닉 행위는 형사소송에 있어서 피고인의 방어권을 인정하는 취지와 상충하여 처벌의 대상이 되지 아니하므로 범인이 증거은닉을 위하여 타인에게 도움을 요청하는 행위 역시 원칙적으로 처벌되지 아니한다. 따라서 **피고인 자신이 직접 형사처분을 받게 될 것을 두려워한 나머지 자기의 이익을 위하여 그 증거가 될 자료를 은닉하였다면 증거은닉죄에 해당하지 않고, 제3자와 공동하여 그러한 행위를 하였다고 하더라도 마찬가지이다**(대판 2018.10.25, 2015도1000)
> ④ (○) 대판 2008.9.11, 2007도7204

정답 ③

07 공동정범에 관한 설명 중 가장 적절하지 않은 것은? (다툼이 있는 경우 판례에 의함)

22 경찰채용

① 甲이 A투자금융회사에 입사하여 다른 공범들과 특정 회사 주식을 허위매수 주문 등의 방법으로 시세조종 주문을 내기로 공모하고 시세조종 행위의 일부를 실행한 후 A회사로부터 해고를 당하여 공범관계에서 이탈한 경우 甲이 다른 공범들의 범죄실행을 저지하지 않은 이상 그 이후 공범들이 행한 나머지 시세조종 행위에 대해서도 공동정범이 성립한다.

② 예인선 정기용선자의 현장소장 甲은 사고의 위험성이 높은 시점에 출항을 강행할 것을 지시하였고, 예인선 선장 乙은 甲의 지시에 따라 사고의 위험성이 높은 시점에 출항하는 등 무리하게 예인선을 운항한 결과 예인되던 선박에 적재된 물건이 해상에 추락하여 선박교통을 방해한 경우 甲과 乙은 업무상과실일반교통방해죄의 공동정범이 성립한다.

③ 甲·乙·丙주식회사가 A주식회사의 주식 총수의 5/100 이상을 보유하여 「자본시장과 금융투자업에 관한 법률」상 주식 등 변경 보고의무를 공동으로 부담하게 되었고, 동법은 이러한 보고의무를 이행하지 않는 자를 처벌하는 진정부작위범인 주식 등 변경 보고의무 위반죄를 규정하고 있음에도 불구하고 甲과 乙주식회사만이 공모하여 보고의무를 이행하지 않은 경우 보고의무가 있는 甲주식회사, 乙주식회사, 丙주식회사에게 주식 등 변경 보고의무 위반죄의 공동정범이 성립한다.

④ 강도를 모의한 甲, 乙, 丙이 A에게 칼을 들이댄 후 전화선으로 A의 손발을 묶고 폭행하여 반항을 억압한 후 甲이 다른 방에서 물건을 찾는 사이 乙과 丙이 공동으로 A를 강간하고 다 같이 도주한 경우 甲에게는 강도강간죄의 공동정범이 성립하지 않는다.

> 해설

① (○) 대판 2011.1.13, 2010도9927
② (○) 대판 2009.6.11, 2008도11784
③ (×) 주권상장법인의 주식 등 변경 보고의무 위반으로 인한 자본시장법위반죄는 구성요건이 부작위에 의해서만 실현될 수 있는 진정부작위범에 해당한다. 진정부작위범인 주식 등 변경 보고의무 위반으로 인한 자본시장법위반죄의 공동정범은 그 의무가 수인에게 공통으로 부여되어 있는데도 수인이 공모하여 전원이 그 의무를 이행하지 않았을 때 성립할 수 있다(대판 2022.1.13, 2021도11110).
④ (○) 대판 1988.9.13, 88도1114 ※ 甲은 乙, 丙과 강도를 공모하였을 뿐 강도강간을 공모한 것이 아니므로 甲은 강도강간죄의 죄책은 지지 아니한다.

정답 ③

08 동시범에 관한 설명으로 옳은 것은 모두 몇 개인가? (다툼이 있는 경우 판례에 의함)

22 경찰채용

> ㉠ 시간적 차이가 있는 독립행위가 경합한 경우 그 결과발생의 원인된 행위가 판명되지 아니한 때에 형법 제263조가 적용되는 경우를 제외하고는 형법 제19조가 적용된다.
> ㉡ 독립행위가 경합하여 상해의 결과를 발생하게 한 경우에 있어서 원인된 행위가 판명되지 아니한 때에는 각 행위자를 미수범으로 처벌한다.
> ㉢ 형법 제263조의 동시범은 강간치상죄에는 적용할 수 없다.
> ㉣ A가 甲으로부터 폭행을 당하고 얼마 후 함께 A를 폭행하자는 甲의 연락을 받고 달려온 乙로부터 다시 폭행을 당하고 사망하였으나 사망의 원인행위가 판명되지 않았다면 형법 제263조가 적용되어 甲과 乙은 폭행치사죄의 공동정범의 예에 의하여 처벌된다.

① 1개   ② 2개   ③ 3개   ④ 4개

해설

㉠ (○) 형법 제19조, 제263조
㉡ (×) 독립행위가 경합하여 상해의 결과를 발생하게 한 경우에 있어서 원인된 행위가 판명되지 아니한 때에는 공동정범의 예에 의한다(형법 제263조).
㉢ (○) 대판 1984.4.24, 84도372
㉣ (×) 공범관계에 있어 공동가공의 의사가 있었다면 이에는 동시범 등의 문제는 제기될 여지가 없다(대판 1985.12.10, 85도1892). 乙은 甲의 연락을 받고 왔으므로 甲과 乙은 공모가 인정되고, 따라서 甲과 乙은 제30조에 따라 폭행치사죄의 공동정범으로 처벌된다.

정답 ②

09 합동범에 대한 설명으로 옳지 않은 것은? (다툼이 있는 경우 판례에 의함) 23 검찰9급

① 합동강도의 공범자 중 1인이 강도의 기회에 피해자를 살해한 경우, 다른 공모자가 살인의 공모를 하지 아니하였다고 하여도 그 살인행위나 치사의 결과를 예견할 수 없었던 경우가 아니면 강도치사죄의 죄책을 면할 수 없다.
② 피고인이 다른 피고인들과 택시강도를 하기로 모의한 일이 있다고 하여도 다른 피고인들이 피해자에 대한 폭행에 착수하기 전에 겁을 먹고 미리 현장에서 도주해 버린 것이라면, 피고인을 특수강도의 합동범으로 다스릴 수는 없다.
③ 합동절도에서도 공동정범과 교사범·종범의 구별기준은 일반원칙에 따라야 하고, 그 결과 범행현장에 존재하지 아니한 범인도 공동정범이 될 수 있으며, 상황에 따라서는 장소적으로 협동한 범인도 방조만 한 경우에는 종범으로 처벌될 수도 있다.
④ 합동범이 성립하기 위한 주관적 요건으로서 공모는 법률상 어떠한 정형을 요구하는 것이 아니어서 공범자 상호 간에 직접 또는 간접으로 범죄의 공동가공의사가 암묵리에 서로 상통하면 되지만, 적어도 그 모의과정은 사전에 있어야 한다.

> **해설**
>
> ① (○) 대판 1988.9.13, 88도1046
> ② (○) 대판 1985.3.26, 84도2956
> ③ (○) 대판 1998.5.21, 98도321 전원합의체
> ④ (×) 합동범이 성립하기 위하여는 주관적 요건으로서의 공모와 객관적 요건으로서의 실행행위의 분담이 있어야 하나, 그 공모는 법률상 어떠한 정형을 요구하는 것이 아니어서 공범자 상호간에 직접 또는 간접으로 범죄의 공동가공의사가 암묵리에 서로 상통하면 되고, 사전에 반드시 어떠한 모의과정이 있어야 하는 것도 아니어서 범의 내용에 대하여 포괄적 또는 개별적인 의사연락이나 인식이 있었다면 공모관계가 성립하며, 그 실행행위는 시간적으로나 장소적으로 협동관계에 있다고 볼 수 있는 사정이 있으면 되는 것이다(대판 2012.6.28, 2012도2631)

정답 ④

10 합동범에 대한 설명으로 가장 적절한 것은? (다툼이 있는 경우 판례에 의함) 22 경찰승진

① 甲이 乙과 공모한 대로 칼을 들고 강도를 하기 위하여 A의 집에 들어가 칼을 휘둘러 A에게 상해를 가한 이상 대문 밖에서 망을 본 乙이 구체적으로 상해를 가할 것까지 공모하지 않았다 하더라도 乙은 상해의 결과에 대하여도 공범으로서의 책임을 면할 수 없다.
② 甲이 乙 및 丙과 택시강도를 하기로 모의를 하였다면 乙과 丙이 피해자에 대한 폭행에 착수하기 전에 겁을 먹고 미리 현장에서 도주해 버렸더라도 특수강도의 합동범이 성립한다.
③ 3인 이상의 범인이 절도의 범행을 공모한 후 적어도 2인 이상의 범인이 시간적, 장소적으로 협동관계를 이루어 절도의 실행행위를 분담하여 절도 범행을 한 경우 현장에서 실행행위를 직접 분담하지 않은 가담자는 합동절도의 공동정범도 될 수 없다.
④ 甲은 乙, 丙과 실행행위의 분담을 공모하고 乙과 丙의 절취행위 장소 부근에서 甲 자신이 운전하는 차량 내에 대기한 경우 甲에게는 합동절도가 성립할 수 없다.

해설

① (○) 대판 1998.4.14, 98도356
② (×) 피고인이 다른 피고인들과 택시강도를 하기로 모의한 일이 있다고 하여도 다른 피고인들이 피해자에 대한 폭행에 착수하기 전에 겁을 먹고 미리 현장에서 도주해 버렸다면 다른 피고인들과의 사이에 강도의 실행행위를 분담한 협동관계가 있었다고 보기는 어려우므로 피고인을 특수강도의 합동범으로 다스릴 수는 없다(대판 1985.3.26, 84도2956).
③ (×) 3인 이상의 범인이 합동절도의 범행을 공모한 후 적어도 2인 이상의 범인이 범행 현장에서 시간적, 장소적으로 협동관계를 이루어 절도의 실행행위를 분담하여 절도 범행을 한 경우에, 그 공모에는 참여하였으나 현장에서 절도의 실행행위를 직접 분담하지 아니한 다른 범인에 대하여도 그가 현장에서 절도 범행을 실행한 위 2인 이상의 범인의 행위를 자기 의사의 수단으로 하여 합동절도의 범행을 하였다고 평가할 수 있는 정범성의 표지를 갖추고 있는 한 공동정범의 일반 이론에 비추어 그 다른 범인에 대하여 합동절도의 공동정범으로 인정할 수 있다(대판 2011.5.13, 2011도2021).
④ (×) 甲은 乙, 丙과 실행행위의 분담을 공모하고 乙, 丙의 절취행위 장소부근에서 甲이 운전하는 차량 내에 대기하여 실행행위를 분담한 사실이 인정되고 다만 乙, 丙이 범행대상을 물색하는 과정에서 절취행위 장소가 甲이 대기중인 차량으로부터 다소 떨어지게 된 때가 있었으나 그렇다고 하여 시간적, 장소적 협동관계에서 일탈하였다고는 보여지지 아니한다(대판 1988.9.13, 88도1197).

정답 ①

제4절 교사범 및 종범

01 교사범과 방조범에 관한 설명으로 가장 적절하지 않은 것은? (다툼이 있는 경우 판례에 의함)

24 경찰채용

① 교사자의 교사행위에 의해 정범이 범죄의 실행을 결의하게 되었다면, 비록 정범에게 범죄의 습벽이 있어 그 습벽과 함께 교사행위가 원인이 되어 정범이 범죄를 실행하게 되었다고 하더라도 교사범이 성립한다.
② 甲이 乙에게 A의 주거에 침입할 것을 교사하였으나 乙은 A의 승낙을 얻어 정당하게 A의 주거에 들어간 경우, 공범종속성설 중 제한종속형식에 의하면 甲에게는 주거침입죄의 교사범이 성립하지 않는다.
③ 도박의 습벽이 있는 甲이 도박의 습벽이 없는 乙의 도박을 방조한 경우, 甲에게는 상습도박죄의 방조범이 성립한다.
④ 甲으로부터 A의 불륜관계를 이용해 A를 공갈할 것을 교사받은 乙은 A의 불륜 현장을 촬영한 후 그 사실을 甲에게 알렸으나, 甲이 乙에게 수고비를 줄테니 촬영물을 넘기고 공갈을 단념하라고 만류하였음에도, 乙이 甲의 제안을 명시적으로 거절하고 돈을 주지 않으면 촬영물을 유포하겠다고 A에게 겁을 주어 돈을 받아낸 경우, 甲은 공갈죄의 공범관계에서 이탈한 것으로 볼 수 있다.

> **해설**
>
> ① (○) 대판 1991.5.14, 91도542
> ② (○) 주거침입을 교사하였으나 정범이 피해자의 승낙을 얻어 주거에 들어간 경우에는 견해에 따라 주거침입죄의 구성요건해당성 또는 위법성이 조각된다. 따라서 제한적 종속형식에 의할 경우 교사자인 甲에게 주거침입죄의 교사범이 성립하지 않는다.
> ③ (○) 대판 1984.4.24, 84도195
> ④ (×) 피고인 甲은 乙로 하여금 이 사건 공갈 범죄의 실행을 결의하게 하였고, 피고인의 교사에 의하여 범죄 실행을 결의하게 된 乙이 그 실행행위에 나아가기 전에 피고인으로부터 범행을 만류하는 전화를 받기는 하였으나 이를 명시적으로 거절함으로써 여전히 피고인의 교사 내용과 같은 범죄 실행의 결의를 그대로 유지하였으며, 그 결의에 따라 실제로 피해자를 공갈하였음을 알 수 있다. 피고인의 교사행위와 乙의 공갈행위 사이에는 상당인과관계가 인정된다 할 것이고, 피고인의 만류행위가 있었지만 乙이 이를 명시적으로 거절하고 당초와 같은 범죄 실행의 결의를 그대로 유지한 것으로 보이는 이상, 피고인이 공범관계에서 이탈한 것으로 볼 수도 없다(대판 2012.11.15, 2012도7407)

정답 ④

02 공범에 관한 설명 중 옳지 않은 것은? (다툼이 있는 경우 판례에 의함) 24 변호사시험

① 방조범에게 요구되는 정범 등의 고의는 정범에 의하여 실현되는 범죄의 구체적 내용을 인식해야 하는 것은 아니고 미필적 인식이나 예견으로 충분하지만, 이는 정범의 범행 등의 불법성에 대한 인식이 필요하다는 점과 모순되지 않는다.
② 대향범에 대하여 공범에 관한 형법 총칙 규정이 적용될 수 없다는 법리는 필요적 공범인 대향범뿐만 아니라 구성요건상으로는 단독으로 실행할 수 있는 형식으로 되어 있는데 단지 구성요건이 대향범의 형태로 실행되는 경우에도 적용된다.
③ 업무라는 신분관계가 없는 자가 그러한 신분관계 있는 자와 공모하여 업무상배임죄를 저질렀다면, 그러한 신분관계가 없는 공범에 대하여는 형법 제33조 단서에 따라 단순배임죄에서 정한 형으로 처단하여야 한다.
④ 공동정범의 성립을 위한 공동가공의 의사는 타인의 범행을 인식하면서도 이를 제지하지 아니하고 용인하는 것만으로는 부족하고, 공동의 의사로 특정한 범죄행위를 하기 위해 일체가 되어 서로 다른 사람의 행위를 이용하여 자기 의사를 실행에 옮기는 것을 내용으로 하는 것이어야 한다.
⑤ 방조범이 성립하려면 방조행위가 정범의 범죄 실현과 밀접한 관련이 있어야 하므로, 정범의 범죄 실현과 밀접한 관련이 없는 행위를 도와준 데 지나지 않는 경우에는 방조범이 성립하지 않는다.

> **해설**
>
> ① (○) 대판 2022.6.30, 2020도7866
> ② (×) 2인 이상의 서로 대향된 행위의 존재를 필요로 하는 대향범에 대하여 공범에 관한 형법 총칙 규정이 적용될 수 없다. 이러한 법리는 해당 처벌규정의 구성요건 자체에서 2인 이상의 서로 대향적 행위의 존재를 필요로 하는 필요적 공범인 대향범을 전제로 한다. **구성요건상으로는 단독으로 실행할 수 있는 형식으로 되어 있는데 단지 구성요건이 대향범의 형태로 실행되는 경우에도 대향범에 관한 법리가 적용된다고 볼 수는 없다**(대판 2022.6.30, 2020도7866)
> ③ (○) 대판 2018.8.30, 2018도10047
> ④ (○) 대판 2003.3.28, 2002도7477
> ⑤ (○) 대판 2021.9.16, 2015도12632

정답 ②

03 교사범과 방조범에 관한 설명 중 가장 적절하지 않은 것은? (다툼이 있는 경우 판례에 의함)

23 경찰채용

① 교사범이란 타인으로 하여금 범죄실행의 결의를 일으키게 하고, 이 결의에 의하여 범죄를 실행하게 함으로써 성립하는 범죄로서 형법 제31조 제1항에 따라 정범과 동일한 형으로 처벌한다.
② 방조범은 정범의 실행행위를 방조한다는 '방조의 고의'와 정범의 행위가 구성요건에 해당하는 행위인 점에 대한 '정범의 고의'를 갖추어야 하며, 목적범의 경우 정범의 목적에 대한 구체적 내용까지 인식할 것을 요한다.
③ 교사자의 교사행위에도 불구하고 피교사자가 범행을 승낙하지 아니하거나 피교사자의 범행결의가 교사자의 교사행위에 의하여 생긴 것으로 보기 어려운 경우에는 실패한 교사로서 형법 제31조 제3항에 따라 교사자를 예비 음모에 준하여 처벌할 수 있다.
④ 방조범이란 타인의 범죄실행을 방조함으로써 성립하는 범죄이며, 형법 제32조 제2항에 따라 방조범의 형은 정범의 형보다 감경한다.

> **해설**
>
> ① (○) 제31조 제1항 참고
> ② (×) 방조범에 있어서 정범의 고의는 정범에 의하여 실현되는 범죄의 구체적 내용을 인식할 것을 요하는 것은 아니고 미필적 인식 또는 예견으로 족하다(대판 2005.4.29, 2003도6056)
> ③ (○) 대판 2013.9.12, 2012도2744
> ④ (○) 제32조 제1항·제2항

정답 ②

04 교사범에 관한 설명 중 가장 옳지 않은 것은? (다툼이 있는 경우 판례에 의함) 23 법행

① 교사범이란 정범인 피교사자로 하여금 범죄를 결의하게 하여 그 죄를 범하게 한 때에 성립하므로, 교사자의 교사행위에도 불구하고 피교사자가 범행을 승낙하지 아니하거나 피교사자의 범행결의가 교사자의 교사행위에 의하여 생긴 것으로 보기 어려운 경우에는 이른바 실패한 교사로서 형법 제31조 제3항에 의하여 교사자를 음모 또는 예비에 준하여 처벌할 수 있을 뿐이다.

② 피교사자가 교사자의 교사행위 당시에는 일응 범행을 승낙하지 아니한 것으로 보여진다 하더라도 이후 그 교사행위에 의하여 범행을 결의한 것으로 인정되는 이상 교사범의 성립에는 영향이 없다.

③ 신분관계로 인하여 형의 경중이 있는 경우에 신분이 있는 자가 신분이 없는 자를 교사하여 죄를 범하게 한 때에는 형법 제33조 단서가 형법 제31조 제1항에 우선하여 적용됨으로써 신분이 있는 교사범이 신분이 없는 정범보다 중하게 처벌된다.

④ 교사범이란 정범으로 하여금 범죄를 결의하게 하여 그 죄를 범하게 한 때에 성립하는 것이고 피교사자는 교사범의 교사에 의하여 범죄실행을 결의하여야 하는 것이므로, 피교사자가 이미 범죄의 결의를 가지고 있거나, 범죄의 습벽이 있는 경우에는 교사범이 성립할 수 없다.

해설

① (○) 대판 2013.9.12, 2012도2744
② (○) 대판 2013.9.12, 2012도2744
③ (○) 대판 1994.12.23, 93도1002
④ (×) 교사행위에 의하여 정범이 실행을 결의하게 된 이상 비록 정범에게 범죄의 습벽이 있어 그 습벽과 함께 교사행위가 원인이 되어 정범이 범죄를 실행한 경우에도 교사범은 성립한다 (대판 1991.5.14, 91도542)

정답 ④

05 공범에 관한 설명 중 옳은 것은? (다툼이 있는 경우 판례에 의함)   23 변호사시험

① 공무원이 아닌 사람이 공무원과 공동가공의 의사와 이를 기초로 한 기능적 행위지배를 통하여 공무원의 직무에 관하여 뇌물을 수수하는 범죄를 실행하였다 하더라도 공무원이 아닌 사람은 뇌물수수죄의 공동정범이 될 수 없다.
② 모해의 목적을 가진 甲이 모해의 목적이 없는 乙에게 위증을 교사하여 乙이 위증죄를 범한 경우, 공범종속성에 따라 甲에게는 모해위증교사죄가 성립할 수 없다.
③ 공문서 작성권자의 직무를 보조하는 공무원이 그 직위를 이용하여 행사할 목적으로 허위내용의 공문서의 초안을 작성한 후 문서에 기재된 내용의 허위사실을 모르는 작성권자에게 제출하여 결재하도록 하는 방법으로 작성권자로 하여금 허위의 공문서를 작성하게 한 경우, 그 보조공무원에게는 허위공문서작성죄의 간접정범이 성립하지 않는다.
④ 비신분자가 업무상 타인의 사무를 처리하는 자의 배임행위를 교사한 경우, 그 비신분자는 타인의 사무처리자에 해당하지 않으므로 업무상배임죄의 교사범이 성립하지 않는다.
⑤ 벌금 이상의 형에 해당하는 죄를 범한 甲이 자신의 동거가족 乙에게 자신을 도피시켜 달라고 교사한 경우, 乙이 甲과의 신분관계로 인해 범인도피죄로 처벌될 수 없다 하더라도 甲에게는 범인도피죄의 교사범이 성립한다.

해설

① (×) 공무원이 아닌 사람이 공무원과 공동가공의 의사와 이를 기초로 한 기능적 행위지배를 통하여 공무원의 직무에 관하여 뇌물을 수수하였다면 공무원과 공무원 아닌 사람에게 뇌물수수죄의 공동정범이 성립한다(대판 2019.8.29, 2018도2738 전원합의체).
② (×) 피고인이 丙을 모해할 목적으로 乙에게 위증을 교사한 이상, 가사 정범인 乙에게 모해의 목적이 없었다고 하더라도 형법 제33조 단서의 규정에 의하여 피고인을 모해위증교사죄로 처벌할 수 있다(대판 1994.12.23, 93도1002).
③ (×) 문서작성 권한있는 공무원을 보조하는 보조공무원이 허위공문서를 기안하여 그 정을 모르는 작성권자의 결재를 받아 공문서를 완성한 경우, 허위공문서작성죄의 간접정범이 된다(대판 1981.7.28, 81도898).
④ (×) 업무상의 임무라는 신분관계가 없는 자가 그러한 신분관계 있는 자와 공모하여 업무상배임죄를 저질렀다면, 그러한 신분관계가 없는 공범에 대하여는 형법 제33조 단서에 따라 단순배임죄에서 정한 형으로 처단하여야 한다. 이 경우에는 신분관계 없는 공범에게도 같은 조 본문에 따라 일단 신분범인 업무상배임죄가 성립하고 다만 과형에서만 무거운 형이 아닌 단순배임죄의 법정형이 적용된다(대판 2018.8.30, 2018도10047) ※ 비신분자의 경우 업무상배임교사죄가 성립하지만, 단순배임교사죄에 정한 형으로 처벌된다.
⑤ (○) 대판 2006.12.7, 2005도3707

정답 ⑤

06 다음 중 교사범과 방조범에 대한 설명으로 가장 옳지 않은 것은? (다툼이 있는 경우 판례에 의함)

22 해경간부

① 과실범에 대한 교사범은 성립할 수 있으나, 과실범에 대한 방조범은 성립할 수 없다.
② 부작위에 의한 교사범은 성립할 수 없으나, 부작위에 의한 방조범은 성립할 수 있다.
③ 편면적 교사범은 성립할 수 없으나, 편면적 방조범은 성립할 수 있다.
④ 효과없는 교사는 교사자와 피교사자 모두가 예비·음모에 준하여 처벌되지만, 효과 없는 방조는 처벌되지 않는다.

> **해설**
>
> ① (×) 과실범에 대한 교사범이나 방조범은 성립할 수 없다. 과실범에 대한 교사나 방조행위는 경우에 따라 간접정범이 될 수 있다(제34조 제1항)
> ② (○) 부작위에 의한 교사는 불가능하지만, 부작위에 의한 방조는 가능하다. 형법상 방조행위는 정범의 실행을 용이하게 하는 직접, 간접의 모든 행위를 가리키는 것으로서 작위에 의한 경우뿐만 아니라 부작위에 의하여도 성립된다(대판 2006.4.28, 2003도4128)
> ③ (○) 정범이 교사행위를 인식하지 못한 편면적 교사범은 성립할 수 없지만, 정범이 방조행위를 인식하지 못한 편면적 방조범은 성립할 수 있다는 것이 통설의 입장이다(대판 1974.5.28, 74도509 참고)
> ④ (○) 효과 없는 교사는 교사자와 피교사자 모두 예비·음모에 준하여 처벌되지만(제31조 제2항), 효과 없는 방조는 처벌되지 않는다(대판 1976.5.25, 75도1549)

정답 ①

07 교사의 착오에 관한 설명으로 가장 적절하지 않은 것은? (다툼이 있는 경우 판례에 의함)

23 경간

① 甲이 乙에게 강도를 교사하였는데 乙이 절도를 실행한 경우, 甲은 강도의 예비·음모죄와 절도죄의 교사범이 성립하는데, 양죄는 상상적 경합관계에 있으므로 甲은 형이 더 무거운 강도예비·음모죄로 처벌된다.
② 甲이 乙에게 절도를 교사하였는데 乙이 강간을 실행한 경우, 甲은 절도죄의 예비·음모에 준하여 처벌될 수 있는데, 절도죄의 예비·음모는 처벌규정이 없으므로 무죄가 된다.
③ 甲이 乙에게 사기를 교사하였는데 乙이 공갈을 실행한 경우, 교사내용과 실행행위의 질적 차이가 본질적이지 않으므로 甲은 교사한 범죄에 대한 교사범의 책임을 지지 않는다.
④ 甲이 乙에게 상해를 교사하였는데 乙이 살인을 실행한 경우, 甲에게 사망이라는 결과에 대하여 예견가능성이 있다면 甲을 상해치사죄의 교사범으로 처벌할 수 있다.

해설

① (○) 甲이 강도를 교사하였으나 乙이 절도를 실행한 경우에 甲은 절도죄의 교사범과 강도죄의 예비·음모의 상상적 경합이 성립하고, 무거운 형인 강도죄의 예비·음모로 처벌된다.
② (○) 甲은 효과없는 교사로, 교사한 범죄인 절도죄의 예비·음모로 처벌되나, 절도죄의 예비·음모 처벌규정이 없으므로 불가벌이다.
③ (×) 甲이 乙에게 사기를 교사하였는데 乙이 공갈을 실행한 경우에 甲은 교사한 범죄의 교사범(사기죄의 교사범)의 책임을 진다.
④ (○) 대판 1997.6.24, 97도1075

정답 ③

08 甲은 乙에게 A를 살해하라고 교사하였다. 甲의 청부를 받아들인 乙은 A라고 생각되는 사람이 골목길에 들어서는 것을 보고 그가 집에 들어가려는 순간을 기다려 총을 쏘았다. 사망을 확인하기 위하여 다가가서 보니 죽은 사람은 A가 아니라 A와 꼭 닮은 동생 B였다. 이 사례에 관한 설명으로 옳은 것은? (다툼이 있는 경우 판례에 의함) 22 경찰채용

① 乙의 착오를 객체의 착오로 보고 구체적 부합설을 따르는 견해에 의하면 乙에게는 살인미수죄와 과실치사죄의 상상적 경합이 인정된다.
② 만일 乙이 A가 오는 것을 보고 총을 쏘았으나 빗나가서 그 옆에 있던 C 소유의 자전거에 맞고 자전거의 일부가 손괴된 경우 乙의 행위는 발생사실인 과실재물손괴죄로 처벌된다.
③ 乙의 착오를 객체의 착오로 보고 이에 기반을 둔 甲의 착오도 객체의 착오로 보는 경우 구체적 부합설을 따르는 견해에 의하면 甲에게는 살인미수죄와 과실치사죄의 상상적 경합이 인정된다.
④ 乙의 착오를 객체의 착오로 보고 이에 기반을 둔 甲의 착오를 방법의 착오로 보는 경우 법정적 부합설을 따르는 견해에 의하면 甲은 살인죄의 교사범으로 처벌된다.

해설

① (×) 乙의 경우 구체적 사실의 착오 중 객체의 착오 사례이다. 구체적 부합설에 의하면 乙은 B에 대한 살인죄 기수가 성립한다.
② (×) 추상적 사실의 착오 중 방법의 착오 사례이다. 구체적 부합설이나 법정적 부합설 모두 A에 대한 살인미수죄로 처리한다. 과실손괴는 불가벌이다.
③ (×) 乙의 경우 구체적 사실의 착오 중 객체의 착오 사례이다. 구체적 부합설에 의하면 乙은 B에 대한 살인죄 기수의 죄책을 지며, 甲은 B에 대한 살인교사죄의 죄책을 진다.
④ (○) 乙의 경우 구체적 사실의 착오 중 객체의 착오 사례이다. 법정적 부합설에 의하면, 乙은 B에 대한 살인죄의 죄책을 지며, 피교사자 乙의 객체의 착오·방법의 착오를 불문하고 교사자 甲은 발생사실에 대한 교사범이 성립한다. 따라서 甲은 살인죄의 교사범으로 처벌된다.

정답 ④

제5절 공범과 신분

01 공범과 신분에 관한 설명 중 가장 옳지 않은 것은? (다툼이 있는 경우 판례에 의함) 23 해경간부

① 도박의 습벽이 있는 甲이 도박의 습벽이 없는 乙의 도박을 방조하면 공범종속성의 일반원칙에 따라 甲에게는 도박방조죄가 성립한다.
② 업무상배임죄에서의 업무상의 임무라는 신분관계가 없는 자가 신분관계 있는 자와 공모한 경우, 신분관계가 없는 공범에 대하여는 형법 제33조 단서에 따라 단순배임죄에서 정한 형으로 처단하여야 한다.
③ 의사가 의사 면허 없는 일반인의 무면허의료행위에 공모하여 가공하는 등 기능적 행위지배가 인정된다면, 의사도 「의료법」상 무면허의료행위의 공동정범으로서의 죄책을 진다.
④ 비공무원이 공무원과 공동가공의 의사와 이를 기초로 한 기능적 행위지배를 통하여 공무원의 직무에 관하여 뇌물을 수수한 경우, 공무원과 비공무원에게 뇌물수수죄의 공동정범이 성립한다.

> **해설**
> ① (×) 도박의 습벽이 있는 자가 타인의 도박을 방조하면 상습도박방조의 죄에 해당하는 것이다(대판 1984.4.24, 84도195).
> ② (○) 대판 2018.8.30, 2018도10047
> ③ (○) 대판 1986.2.11, 85도448
> ④ (○) 대판 2019.8.29, 2018도2738 전원합의체

정답 ①

02 공범과 신분에 대한 설명으로 옳지 않은 것은? (다툼이 있는 경우 판례에 의함) 23 검찰9급

① 물건의 소유자가 아닌 사람이 소유자의 권리행사방해 범행에 가담한 경우에는 절도죄가 성립할 뿐, 권리행사방해죄의 공범이 성립할 여지가 없다.
② 업무자라는 신분관계가 없는 자가 그러한 신분관계 있는 자와 공모하여 업무상배임죄를 저질렀다면, 그러한 신분관계가 없는 공범에 대하여는 단순배임죄에서 정한 형으로 처단하여야 한다.
③ 간호사가 주도적으로 실시한 무면허의료행위에 의사가 간호사와 함께 공모하여 그 공동의사에 의한 기능적 행위지배가 있었다면, 의사도 무면허의료행위의 공동정범으로서의 죄책을 진다.
④ 형법 제33조 소정의 신분이라 함은 남녀의 성별, 내·외국인의 구별, 친족관계, 공무원인 자격과 같은 관계뿐만 아니라 널리 일정한 범죄행위에 관련된 범인의 인적관계인 특수한 지위 또는 상태를 지칭한다.

> **해설**
>
> ① (×) 물건의 소유자가 아닌 사람은 형법 제33조 본문에 따라 소유자의 권리행사방해 범행에 가담한 경우에 한하여 그의 공범이 될 수 있을 뿐이다. 그러나 권리행사방해죄의 공범으로 기소된 물건의 소유자에게 고의가 없는 등으로 범죄가 성립하지 않는다면 공동정범이 성립할 여지가 없다(대판 2017.5.30, 2017도4578) ※ 물건의 소유자가 아닌 사람이 소유자의 권리행사방해 범행에 가담한 경우에 권리행사방해죄의 공범이 성립할 수 있다.
> ② (○) 대판 1986.10.28, 86도1517 ※ 업무상 배임죄가 성립하나 제33조 단서에 의하여 단순배임죄의 형으로 처벌된다.
> ③ (○) 대판 2012.5.10, 2010도5964
> ④ (○) 대판 1994.12.23, 93도1002

정답 ①

03 공범과 신분에 대한 설명 중 옳은 것만을 모두 고른 것은? (다툼이 있는 경우 판례에 의함)

22 경간

> ㉠ 비신분자가 신분관계로 인하여 성립될 범죄에 가공한 경우 비신분자에게 공동가공의 의사와 이에 기초한 기능적 행위지배를 통한 범죄의 실행이라는 주관적·객관적 요건이 충족되면 신분자와 공동정범이 성립한다.
> ㉡ 甲이 친구 乙과 공모하여 자신의 아버지를 살해한 경우 乙은 존속살해죄의 공동정범이 성립하나 보통살인죄에 정한 형으로 처단된다.
> ㉢ 도박의 습벽이 있는 甲이 도박을 하고 또한 도박의 습벽이 없는 A의 도박을 방조한 경우 甲은 상습도박죄와 도박방조죄가 성립하고 양죄는 실체적 경합관계에 있다.
> ㉣ 甲이 공무원인 자신의 남편 A에게 채무변제로 받는 돈이라고 속여 A로 하여금 뇌물을 받게 한 경우 甲은 형법 제33조에 의해 수뢰죄의 간접정범으로 처벌된다.

① ㉠㉡   ② ㉡㉣   ③ ㉢㉣   ④ ㉠㉡㉣

해설

㉠ (O) 대판 2019.8.29, 2018도13792 전원합의체
㉡ (O) 乙이 甲과 공모하여 甲의 아버지를 살해한 경우에 乙은 제33조 본문에 의하여 존속살해죄가 성립하지만, 제33조 단서에 의하여 보통살인죄에 정한 형으로 처단된다(대판 1961.8.2, 61도284 참고).
㉢ (×) 상습도박의 죄나 상습도박방조의 죄에 있어서의 상습성은 행위의 속성이 아니라 행위자의 속성으로서 도박을 반복해서 거듭하는 습벽을 말하는 것인 바, 도박의 습벽이 있는 자가 타인의 도박을 방조하면 상습도박방조의 죄에 해당하는 것이며, 도박의 습벽이 있는 자가 도박을 하고 또 도박방조를 하였을 경우 상습도박방조의 죄는 무거운 상습도박의 죄에 포괄시켜 일죄로서 처단하여야 한다(대판 1984.4.24, 84도195) 甲은 상습도박의 포괄일죄로 처벌된다.
㉣ (×) 진정신분범에 가담한 비신분자는 공동정범, 교사범, 종범은 성립할 수 있으나 간접정범은 성립할 수 없다. 따라서 甲은 수뢰죄의 간접정범이 성립하지 않는다.

정답 ①

07 죄수론

제1절 일 죄

01 죄수에 관한 설명으로 가장 적절하지 않은 것은? (다툼이 있는 경우 판례에 의함) 24 경찰채용

① 하나의 사건에 관하여 한 번 선서한 증인이 같은 기일에 여러 가지 사실에 관하여 기억에 반하는 허위의 진술을 한 경우, 1개의 위증죄만이 성립한다.
② 한 개의 행위가 서로 다른 둘 이상의 구성요건을 실현하는 경우에는 상상적 경합이 성립하나, 한 개의 행위가 동일한 구성요건을 2회 이상 실현하는 경우에는 상상적 경합이 성립하지 않는다.
③ 주식회사의 대표이사가 타인을 기망하여 그 회사가 발행하는 신주를 인수하게 한 후 그로부터 납입받은 신주인수대금을 보관하던 중 횡령한 경우, 신주인수대금을 횡령한 행위는 사기죄의 불가벌적 사후행위에 해당하지 않는다.
④ 같은 날 무면허운전 행위를 여러 차례 반복한 경우, 그 범의의 단일성 내지 계속성이 인정되지 않거나 범행 방법 등이 동일하지 않다면 각 무면허운전 범행은 실체적 경합 관계에 있다.

> **해설**
> ① (○) 대판 1998.4.14, 97도3340
> ② (×) 한 개의 행위가 서로 다른 둘 이상의 구성요건을 실현하는 경우는 물론 동일한 구성요건을 2회 이상 실현하는 경우에도 상상적 경합이 성립한다.
> ③ (○) 대판 2006.10.27, 2004도6503
> ④ (○) 대판 2022.10.27, 2022도8806

정답 ②

02 다음 설명 중 가장 옳지 않은 것은? (다툼이 있는 경우 판례에 의함)

24 법행

① '불가벌적 수반행위'란 법조경합의 한 형태인 흡수관계에 속하는 것으로서, 행위자가 특정한 죄를 범하면 비록 논리 필연적인 것은 아니지만 일반적·전형적으로 다른 구성요건을 충족하고 이때 그 구성요건의 불법이나 책임 내용이 주된 범죄에 비하여 경미하기 때문에 처벌이 별도로 고려되지 않는 경우를 말한다.

② 법원을 기망하여 승소판결을 받고 그 확정판결에 의하여 소유권이전등기를 경료한 경우, 소송사기 범행 이후 그 확정판결에 의하여 소유권이전등기를 경료하였다고 하여 새로운 법익을 침해하였다고 평가할 수는 없으므로, 사기죄와 별도로 공정증서원본부실기재죄가 성립하지는 않는다.

③ 단체의 대표자 등이 그 단체가 체결한 계약을 이행하는 과정에서 계약의 상대방을 기망하여 교부받은 돈은 그 단체에 귀속되는 것인데, 그 후 단체의 대표자 등이 이를 보관하고 있으면서 횡령하였다면 이는 사기범행과는 침해법익을 달리하므로 횡령죄가 성립하고, 이를 단순한 불가벌적 사후행위로 볼 수는 없다.

④ 장물에 관한 죄에 있어서의 '장물'이라 함은 재산범죄로 인하여 취득한 물건 그 자체를 말하므로, 재산범죄를 저지른 이후에 별도의 재산범죄의 구성요건에 해당하는 사후행위가 있었다면 비록 그 행위가 불가벌적 사후행위로서 처벌의 대상이 되지 않는다 할지라도 그 사후행위로 인하여 취득한 물건은 재산범죄로 인하여 취득한 물건으로서 장물이 될 수 있다.

⑤ 甲 종친회 회장인 피고인이 위조한 종친회 규약 등을 공탁관에게 제출하는 방법으로 甲 종친회를 피공탁자로 하여 공탁된 수용보상금을 출급받아 편취하고, 이를 甲 종친회를 위하여 업무상 보관하던 중 반환을 거부하여 횡령하였다는 내용으로 기소된 경우, 피고인이 공탁관을 기망하여 공탁금을 출급받음으로써 甲 종친회를 피해자로 한 사기죄가 성립하고, 그 후 甲 종친회에 대하여 공탁금 반환을 거부한 행위는 새로운 법익의 침해를 수반하지 않는 불가벌적 사후행위에 해당할 뿐 별도의 횡령죄가 성립하지 않는다.

해설

① (○) 대판 2012.10.11, 2012도1895
② (×) 사기죄와 별도로 공정증서원본부실기재죄가 성립하고 양죄는 **실체적 경합범관계에 있다** (대판 1983.4.26, 83도188)
③ (○) 대판 1989.10.24, 89도1605
④ (○) 대판 2004.4.16, 2004도353
⑤ (○) 대판 2015.9.10, 2015도8592

정답 ②

03 포괄일죄에 대한 설명으로 옳은 것은? (다툼이 있는 경우 판례에 의함) 24 검찰9급

① 국가정보원 직원이 동일한 사안에 관한 일련의 직무집행 과정에서 단일하고 계속된 범의로 일정 기간 계속하여 저지른 직권남용행위에 대하여는 설령 그 상대방이 수인이라고 하더라도 직권남용권리행사방해죄의 포괄일죄가 성립할 수 있다.
② 행정소송사건의 같은 심급이라도 변론기일을 달리하여 수차 증인으로 나가 수 개의 허위진술을 하였다면, 최초에 한 선서의 효력을 유지시킨 후 증언하였다고 하더라도 수 개의 위증죄가 성립한다.
③ 같은 날 무면허운전 행위를 여러 차례 반복하였다면 그 범의의 단일성 내지 계속성이 인정되지 않거나 범행 방법 등이 동일하지 않은 경우라도 각 무면허운전 행위를 통틀어 포괄일죄로 처단하여야 한다.
④ 포괄일죄로 되는 개개의 범죄행위가 법 개정의 전후에 걸쳐서 행하여진 경우에는 신·구법의 법정형의 경중을 비교하여 행위자에게 유리한 법을 적용하여 포괄일죄로 처단하여야 한다.

해설

① (○) 대판 2021.3.1, 2020도12583
② (×) 포괄하여 1개의 위증죄를 구성하는 것이고 각 진술마다 수 개의 위증죄를 구성하는 것이 아니다(대판 1998.4.14, 97도3340).
③ (×) 같은 날 무면허운전 행위를 여러 차례 반복한 경우라도 그 범의의 단일성 내지 계속성이 인정되지 않거나 범행 방법 등이 동일하지 않은 경우 각 무면허운전 범행은 실체적 경합 관계에 있다고 볼 수 있으나, 그와 같은 특별한 사정이 없다면 각 무면허운전 행위는 동일 죄명에 해당하는 수 개의 동종 행위가 동일한 의사에 의하여 반복되거나 접속·연속하여 행하여진 것으로 봄이 상당하고 그로 인한 피해법익도 동일한 이상, **각 무면허운전 행위를 통틀어 포괄일죄로 처단하여야 한**다(대판 2022.10.27, 2022도8806).
④ (×) 포괄일죄로 되는 개개의 범죄행위가 법 개정의 전후에 걸쳐서 행하여진 경우에는 신·구법의 법정형에 대한 경중을 비교하여 볼 필요도 없이 범죄실행 종료시의 법이라고 할 수 있는 신법을 적용하여 포괄일죄로 처벌하여야 한다(대판 1998.2.24, 97도183).

정답 ①

04 다음 설명 중 가장 옳지 않은 것은? (다툼이 있는 경우 판례에 의함) 24 법행

① 상습범과 같은 포괄일죄는 그 중간에 별종의 범죄에 대한 확정판결이 끼어 있어도 그 때문에 포괄적 범죄가 둘로 나뉘는 것은 아니라 할 것이고, 또 이 경우에는 그 확정판결 후의 범죄로서 다루어야 할 것이므로, 그 포괄일죄와 판결이 확정된 죄는 형법 제37조 후단에서 정한 경합범 관계에 있다고 할 수 없다.

② 유죄의 확정판결을 받은 사람이 그 후 별개의 후행범죄를 저질렀는데 유죄의 확정판결에 대하여 재심이 개시된 경우, 후행범죄가 그 재심대상판결에 대한 재심판결 확정 전에 범하여졌다 하더라도 아직 판결을 받지 아니한 후행범죄와 재심판결이 확정된 선행범죄 사이에는 형법 제37조 후단 경합범이 성립하지 않는다.

③ 포괄일죄로 되는 개개의 범죄행위가 법 개정의 전후에 걸쳐서 행하여진 경우 신·구법의 법정형에 대한 경중을 비교하여 그 중 가장 피고인에게 유리한 법을 적용하여 포괄일죄로 처단하여야 한다.

④ 동일 죄명에 해당하는 수 개의 행위를 단일하고 계속된 범의하에 일정기간 계속하여 행하고 그 피해법익도 동일한 경우에는 이들 각 행위를 통틀어 포괄일죄로 처단하여야 한다.

> **해설**
>
> ① (○) 대판 2003.8.22, 2002도5341
> ② (○) 대판 2019.6.20, 2018도20698 전원합의체
> ③ (×) 포괄일죄로 되는 개개의 범죄행위가 법 개정의 전후에 걸쳐서 행하여진 경우에는 신·구법의 법정형에 대한 경중을 비교하여 볼 필요도 없이 범죄실행 종료시의 법이라고 할 수 있는 신법을 적용하여 포괄일죄로 처벌하여야 한다(대판 1998.2.24, 97도183)
> ④ (○) 대판 2004.6.25, 2004도1751

정답 ③

05 　포괄일죄에 관한 설명으로 가장 적절하지 않은 것은? (다툼이 있는 경우 다수설과 판례에 의함)

23 경간

① 연속범은 개별적인 행위가 범죄의 요소인 구성요건에 해당하고 위법·유책해야 하며, 동일한 법익의 침해가 있어야 성립되므로 피해법익의 동일성에 따라 보호법익을 같이 하는 횡령, 배임 등의 행위와 사기의 행위는 포괄일죄를 구성한다.
② 집합범은 다수의 동종의 행위가 동일한 의사에 의하여 반복될 것이 당해 구성요건에서 당연히 예상되는 범죄를 말하며, 집합범의 종류로는 영업범과 상습범이 있다.
③ 접속범은 동일한 법익에 대하여 수개의 구성요건적 행위가 불가분하게 접속하여 행하여지는 범행형태로 같은 기회에 하나의 행위로 여러 개의 영업비밀을 취득하였다면 이는 일죄로 평가된다.
④ 결합범은 개별적으로 독립된 범죄의 구성요건에 해당하는 수개의 행위가 결합하여 일죄를 구성하는 경우로 결합범 자체는 1개의 범죄완성을 위한 수개 행위의 결합이고, 수개 행위의 불법내용을 함께 평가하는 것이므로 포괄일죄가 된다.

> 해설

① (×) 구성요건을 달리하고 있는 횡령, 배임 등의 행위와 사기의 행위는 포괄일죄를 구성할 수 없다(대판 1988.2.9, 87도58)
② (○) 옳음
③ (○) 대판 2009.4.9, 2006도9022
④ (○) 옳음

정답 ①

제2절 수 죄

01 죄수론에 관한 설명으로 옳지 않은 것을 모두 고른 것은? (다툼이 있는 경우 판례에 의함)

24 경찰승진

㉠ 피해자에 대한 폭행행위가 동일한 피해자에 대한 업무방해죄의 수단이 되었다고 하더라도 그러한 폭행행위가 이른바 '불가벌적 수반행위'에 해당하여 업무방해죄에 대하여 흡수관계에 있다고 볼 수는 없다.
㉡ 형법 제37조 후단, 제39조 제1항의 문언과 입법 취지 등에 비추어 보면, 아직 판결을 받지 않은 죄가 이미 판결이 확정된 죄와 동시에 판결할 수 없었던 경우라 하더라도 형법 제39조 제1항에 따라 동시에 판결할 경우와 형평을 고려하여 형을 선고하거나 그 형을 감경 또는 면제할 수 있다고 해석함이 타당하다.
㉢ 피해신고를 받고 출동한 두 명의 경찰관에게 욕설을 하면서 순차로 폭행을 하여 경찰관의 정당한 직무집행을 방해한 경우 포괄하여 하나의 공무집행방해죄가 성립한다.
㉣ 상습사기죄에 있어서의 사기행위의 습벽은 행위자의 사기습벽의 발현으로 인정되는 한, 동종의 수법에 의한 사기범행의 습벽만을 의미하는 것이 아니라 이종의 수법에 의한 사기범행을 포괄하는 사기의 습벽도 포함한다.

① ㉠㉡   ② ㉡㉢   ③ ㉢㉣   ④ ㉡㉢㉣

해설

㉠ (○) 대판 2012.10.11, 2012도1895
㉡ (×) 아직 판결을 받지 아니한 죄가 이미 판결이 확정된 죄와 동시에 판결할 수 없었던 경우에는 형법 제39조 제1항에 따라 동시에 판결할 경우와 형평을 고려하여 형을 선고하거나 형을 감경 또는 면제할 수 없다(대판 2012.9.27, 2012도9295) ※ 금고 이상의 형에 처한 판결이 확정된 죄와 사후적 경합범 관계에 있지 않은 죄에 대해 제39조 제1항이 적용되지 않는다.
㉢ (×) 두 명의 경찰관에 대한 공무집행방해죄의 상상적 경합범이 성립한다(대판 2009.6.25, 2009도3505)
㉣ (○) 대판 2000.2.11, 99도4797

정답 ②

02 죄수에 관한 설명 중 옳은 것(○)과 옳지 않은 것(×)을 올바르게 조합한 것은? (다툼이 있는 경우 판례에 의함)

24 변호사시험

> ㉠ 수인의 피해자에 대하여 1개의 기망행위를 통해 각각 재물을 편취한 경우에는 범의가 단일하고 범행방법이 동일하더라도 피해자별로 독립한 사기죄가 성립하고 각 사기죄는 상상적 경합관계에 있다.
> ㉡ 절도범인으로부터 장물보관 의뢰를 받은 자가 그 정을 알면서 이를 인도받아 보관하고 있다가 임의처분한 경우, 이러한 횡령행위는 장물죄의 불가벌적 사후행위에 불과하여 별도의 횡령죄가 성립하지 않는다.
> ㉢ 회사 명의의 합의서를 임의로 작성·교부한 행위에 의해 회사에 재산상 손해를 가하였다면, 사문서위조죄와 업무상 배임죄는 실체적 경합관계에 있다.
> ㉣ 2인 이상의 작성명의인이 연명으로 서명·날인한 문서를 하나의 행위로 위조한 때에는 작성명의인의 수에 해당하는 문서위조죄의 상상적 경합범에 해당한다.
> ㉤ 유죄의 확정판결을 받은 사람이 그 후 별개의 후행범죄를 저질렀는데 유죄의 확정판결에 대하여 재심이 개시된 경우, 후행범죄와 재심판결이 확정된 선행범죄 사이에는 형법 제37조 후단에서 정한 경합범이 성립한다.

① ㉠(○) ㉡(×) ㉢(×) ㉣(○) ㉤(○)
② ㉠(○) ㉡(○) ㉢(○) ㉣(×) ㉤(×)
③ ㉠(○) ㉡(○) ㉢(×) ㉣(○) ㉤(×)
④ ㉠(×) ㉡(○) ㉢(○) ㉣(○) ㉤(○)
⑤ ㉠(×) ㉡(×) ㉢(×) ㉣(×) ㉤(○)

해설

㉠ (○) 대판 1997.6.27, 97도508
㉡ (○) 대판 1976.11.23, 76도3067
㉢ (×) 사문서위조죄와 업무상 배임죄는 상상적 경합관계에 있다(대판 2009.4.9, 2008도5634)
㉣ (○) 대판 1987.7.21, 87도564
㉤ (×) 유죄의 확정판결을 받은 사람이 그 후 별개의 후행범죄를 저질렀는데 유죄의 확정판결에 대하여 재심이 개시된 경우 후행범죄가 그 재심대상판결에 대한 재심판결 확정 전에 범하여졌다 하더라도 (아직 판결을 받지 아니한 후행범죄는 재심심판절차에서 재심대상이 된 선행범죄와 함께 심리하여 동시에 판결할 수 없었으므로) 아직 판결을 받지 아니한 후행범죄와 재심판결이 확정된 선행범죄 사이에는 형법 제37조 후단 경합범이 성립하지 않는다(대판 2019.6.20, 2018도20698 전원합의체)

정답 ③

03 죄수 관계에 관한 설명 중 옳지 않은 것은 모두 몇 개인가? (다툼이 있는 경우 판례에 의함)

24 법행

㉠ 저작권법은 제140조 단서 제1호에서 영리를 목적으로 또는 상습적으로 저작재산권 침해 범행을 한 경우에는 고소가 없어도 공소를 제기할 수 있다고 규정하고 있으므로, 피고인들이 저작재산권 침해 방조행위를 하였고 피고인들에게 영리 목적 또는 상습성이 인정된다면 다수 저작권자의 다수 저작물 전체에 대한 피고인들의 범행 전체에 대하여 하나의 포괄일죄가 성립한다.
㉡ 등록을 하지 아니하고 다단계판매조직을 개설·관리·운영한 자를 처벌하는 방문판매 등에 관한 법률 제13조 제1항 위반죄와 무등록 다단계판매업 영업행위를 통하여 금전을 수입한 유사수신행위를 처벌하는 유사수신행위의 규제에 관한 법률 제3조, 제2조 각 호의 위반죄는 상상적 경합관계에 있다.
㉢ 단순배임죄와 사기죄는 그 구성요건을 달리하는 별개의 범죄이고 형법상으로도 각각 별개의 장에 규정되어 있으므로, 1개의 행위에 관하여 사기죄와 단순배임죄의 각 구성요건이 모두 구비된 때에는 양 죄를 상상적 경합관계로 보아야 한다.
㉣ 공무원이 취급하는 사건에 관하여 청탁 또는 알선을 할 의사와 능력이 없는데도 청탁 또는 알선을 한다고 기망하고 금품을 교부받은 경우 사기죄와 변호사법위반죄가 성립하는데, 양 죄는 구성요건과 보호법익을 달리하여 법률상 1개의 행위로 평가되는 경우에 해당하지 않으므로, 양 죄를 상상적 경합관계로 볼 것이 아니라 실체적 경합관계로 보아야 한다.
㉤ 타인의 사무를 처리하는 자가 여러 사람으로부터 각각 부정한 청탁을 받고 그들로부터 각각 금품을 수수한 경우 만일 그 청탁이 동종의 것이라고 한다면 이는 단일하고 계속된 범의 아래 이루어진 범행에 해당하므로 그 전체를 포괄일죄로 보아야 한다.

① 1개   ② 2개   ③ 3개
④ 4개   ⑤ 5개

해설

㉠ (×) [1] 수회에 걸쳐 구 저작권법 제136조 제1항의 죄를 범한 것이 상습성의 발현에 따른 것이라고 하더라도, 이는 원칙적으로 경합범으로 보아야 하는 것이지 하나의 죄로 처단되는 상습범으로 볼 것은 아니다. 그리고 저작재산권 침해행위는 저작권자가 같더라도 저작물별로 침해되는 법익이 다르므로 각각의 저작물에 대한 침해행위는 원칙적으로 각 별개의 죄를 구성한다고 할 것이다.
[2] 위 법리와 기록에 비추어 살펴보면, 위 피고인들에 대한 이 사건 저작권법 위반 방조의 대상이 되는 저작물이 모두 동일한 저작물은 아니므로, 원심이 위 피고인들의 범행을 경합범으로 보아 경합범 가중을 한 것은 정당하다(대판 2013.9.26, 2011도1435)
㉡ (×) 방문판매등에관한법률 제58조 제1호는 "제28조 제1항의 규정에 위반하여 등록을 하지 아니하고 다단계판매조직을 개설·관리·운영한 자"를 처벌하고 있어 유사수신행위의규제에 관한법률 제3조, 제2조 제4호 소정의 '유사수신행위금지' 규정과는 구성요건과 보호법익을

달리하므로 무등록 다단계판매업 영업행위를 통하여 금전을 수입한 유사수신행위에 대한 유사수신행위의규제에관한법률 제3조, 제2조 각 호의 위반죄와 방문판매등에관한법률 제28조 제1항 위반죄는 법률상 1개의 행위로 평가되는 경우에 해당하지 않으므로, 양 죄를 상상적 경합관계로 볼 것이 아니라 실체적 경합관계로 보아야 한다(대판 2001.12.24, 2001도205).
ⓒ (○) 대판 2002.7.18, 2002도669 전원합의체
ⓓ (×) 사기죄와 변호사법위반죄가 상상적 경합의 관계에 있다(대판 2006.1.27, 2005도8704).
ⓔ (×) 수인으로부터 각각 부정한 청탁을 받고 그들로부터 각각 금품을 수수한 경우에는 비록 그 청탁이 동종의 것이라고 하더라도 단일하고 계속된 범의 아래 이루어진 범행으로 보기 어려워 그 전체를 포괄일죄로 볼 수 없다(대판 2008.12.11, 2008도6987).

정답 ④

04 죄수에 관한 설명 중 가장 적절하지 않은 것은? (다툼이 있는 경우 판례에 의함) 23 경찰채용

① 공무원이 직무관련자에게 제3자와 계약을 체결하도록 요구하여 계약 체결을 하게 한 행위가 제3자뇌물수수죄의 구성요건과 직권남용권리행사방해죄의 구성요건에 모두 해당하는 경우, 제3자뇌물수수죄와 직권남용권리행사방해죄가 각각 성립하고 양죄는 상상적 경합관계에 있다.
② 허위공문서작성죄와 동행사죄가 수뢰후 부정처사죄와 각각 상상적 경합관계에 있는 경우, 허위공문서작성죄와 동행사죄 상호간은 실체적 경합범관계에 있다고 할지라도 상상적 경합범 관계에 있는 수뢰후 부정처사죄와 대비하여 가장 중한 죄에 정한 형으로 처단하면 족하다.
③ 수개의 행위가 여러 개의 구성요건을 충족하는 경우에도 포괄일죄가 될 수 있으므로 횡령, 배임의 행위와 사기의 행위 사이에는 포괄일죄를 구성할 수 있다.
④ 형법 제40조가 규정하는 한 개의 행위가 여러 개의 죄에 해당하는 경우에 "가장 무거운 죄에 정한 형으로 처벌한다"란, 여러 개의 죄명 중 가장 무거운 형을 규정한 법조에 의하여 처단한다는 취지와 함께 다른 법조의 최하한의 형보다 가볍게 처단할 수 없다는 취지 즉, 각 법조의 상한과 하한을 모두 중한 형의 범위 내에서 처단한다는 것을 포함한다.

해설

① (○) 대판 2017.3.15, 2016도19659
② (○) 대판 1983.7.26, 83도137
③ (×) 구성요건을 달리하고 있는 횡령, 배임 등의 행위와 사기의 행위는 포괄일죄를 구성할 수 없다(대판 1988.2.9, 87도58).
④ (○) 대판 2006.1.27, 2005도8704

정답 ③

05 죄수 관계에 관한 설명 중 가장 옳지 않은 것은? (다툼이 있는 경우 판례에 의함) 23 법원9급

① 타인의 사무를 처리하는 자가 그 사무처리상 임무에 위배하여 본인을 기망하고 착오에 빠진 본인으로부터 재물을 교부받은 경우 사기죄와 함께 배임죄도 성립하고, 양 죄는 상상적 경합범 관계이다.

② 피고인이 여관에서 종업원을 칼로 찔러 상해를 가하고 객실로 끌고 들어가는 등 폭행·협박을 하고 있던 중, 마침 다른 방에서 나오던 여관의 주인도 같은 방에 밀어 넣은 후, 주인으로부터 금품을 강취하고, 1층 안내실에서 종업원 소유의 현금을 꺼내 갔다면, 여관 종업원과 주인에 대한 각 강도행위가 각별로 강도죄를 구성하되 상상적 경합범 관계에 있다.

③ 음주로 인한 특정범죄 가중처벌 등에 관한 법률 위반(위험운전치사상)죄는 중한 형태의 도로교통법위반(음주운전)죄를 기본범죄로 하는 결과적 가중범으로 그 행위유형과 보호법익을 이미 모두 포함하고 있으므로 특정범죄 가중처벌 등에 관한 법률 위반(위험운전치사상)죄가 성립하면 도로교통법위반(음주운전)죄는 이에 흡수되어 따로 성립하지 아니한다.

④ 피고인이 1개의 행위로 피해자 甲으로부터 렌탈(임대차)하여 보관하던 컴퓨터 본체, 모니터 등을 횡령하면서 피해자 乙로부터 리스(임대차)하여 보관하던 컴퓨터 본체, 모니터, 그래픽카드, 마우스 등을 횡령하였다면 위탁관계별로 수개의 횡령죄가 성립하고, 그 사이에는 상상적 경합의 관계가 있다.

> **해설**
>
> ① (○) 대판 2002.7.18, 2002도669 전원합의체
> ② (○) 대판 1991.6.25, 91도643
> ③ (×) 음주로 인한 특가법위반(위험운전치사상)죄와 도로교통법위반(음주운전)죄는 입법 취지와 보호법익 및 적용 영역을 달리하는 별개의 범죄로서 두 죄는 **실체적 경합관계**에 있다(대판 2008.11.13, 2008도7143)
> ④ (○) 대판 2013.10.31, 2013도10020

정답 ③

06 죄수론에 대한 설명 중 옳지 않은 것을 모두 고른 것은? (다툼이 있는 경우 판례에 의함)

23 경찰승진

㉠ 공무원 甲이 A를 기망하여 그로부터 뇌물을 수수한 경우 수뢰죄와 사기죄는 구성요건을 달리하는 별개의 범죄로서 서로 보호법익을 달리하고 있으므로 양죄는 실체적 경합범의 관계에 있다.
㉡ 甲이 공무원이 취급하는 사건에 관하여 청탁 또는 알선을 할 의사와 능력이 없음에도 청탁 또는 알선을 한다고 A를 기망하여 금품을 교부받은 경우 사기죄와 변호사법위반죄는 상상적 경합범의 관계에 있다.
㉢ 甲이 A로부터 수수한 메스암페타민을 장소를 이동하여 투약하고서 잔량을 은닉하는 방법으로 소지한 행위는 그 소지의 경위나 태양에 비추어 볼 때 당초의 수수행위에 수반되는 필연적 결과로 볼 수 있으므로 향정신성의약품 수수죄만 성립하고 별도로 그 소지죄는 성립하지 않는다.
㉣ 甲이 음주의 영향으로 정상적인 운전이 곤란한 상태에서 자동차를 운전하여 사람을 상해에 이르게 함과 동시에 다른 사람의 재물을 손괴한 경우 특정범죄가중처벌 등에 관한 법률 위반(위험운전치사상)죄 외에 업무상과실 재물손괴로 인한 도로교통법위반죄가 성립하고, 양죄는 실체적 경합관계에 있다.
㉤ 甲이 음주상태로 자동차를 운전하다가 제1차 사고를 내고 그대로 진행하여 제2차 사고를 낸 경우 제1차 사고 당시의 음주운전으로 인한 도로교통법위반(음주운전)죄와 제2차 사고 당시의 음주운전으로 인한 도로교통법위반(음주운전)죄는 포괄일죄의 관계에 있다.

① ㉠㉡㉣   ② ㉠㉢㉣   ③ ㉠㉢㉤   ④ ㉡㉢㉣㉤

해설

㉠ (×) 상상적 경합으로 처단하여야 한다(대판 2015.10.29, 2015도12838)
㉡ (○) 대판 2007.5.10, 2007도2372
㉢ (×) 수수한 메스암페타민을 장소를 이동하여 투약하고서 잔량을 은닉하는 방법으로 소지한 행위는 그 소지의 경위나 태양에 비추어 볼 때 당초의 수수행위에 수반되는 필연적 결과로 볼 수는 없고, 사회통념상 수수행위와는 독립한 별개의 행위를 구성한다(대판 1999.8.20, 99도1744)
㉣ (×) 특가법위반(위험운전치사상)죄 외에 업무상과실 재물손괴로 인한 도로교통법위반죄가 성립하고, 두 죄는 **상상적 경합관계**에 있다(대판 2010.1.14, 2009도10845)
㉤ (○) 대판 2007.7.26, 2007도4404

정답 ②

07 죄수에 관한 설명으로 옳은 것은 모두 몇 개인가? (다툼이 있는 경우 판례에 의함) 23 경찰채용

> ㉠ 강도범인이 체포를 면탈할 목적으로 경찰관에게 폭행을 가한 때에는 강도죄와 공무집행방해죄는 상상적 경합관계에 있다.
> ㉡ 피고인들이 피해자들의 재물을 강취한 후 그들을 살해할 목적으로 현주건조물에 방화하여 사망에 이르게 한 경우, 피고인들의 행위는 강도살인죄와 현주건조물방화치사죄에 모두 해당하고 그 두 죄는 실체적 경합관계에 있다.
> ㉢ 폭력행위 등 처벌에 관한 법률 제4조 제1항은 그 법에 규정된 범죄행위를 목적으로 하는 단체를 구성하거나 이에 가입하는 행위(범죄단체구성 가입죄) 또는 구성원으로 활동하는 행위(범죄단체 활동죄)를 처벌하도록 정하고 있는데, 범죄단체를 구성하거나 이에 가입한 자가 더 나아가 구성원으로 활동하는 경우, 각 행위는 실체적 경합관계에 있다.
> ㉣ 범죄단체 등에 소속된 조직원이 저지른 폭력행위 등 처벌에 관한 법률 위반(단체 등의 공동강요)죄 등의 개별적 범행과 동법 위반(단체 등의 활동)죄는 범행의 목적이나 행위 등 측면에서 일부 중첩되는 부분이 있고, 이에 특별한 사정이 없는 한 법률상 1개의 행위로 평가되어 실체적 경합이 아닌 상상적 경합관계에 있다고 보아야 한다.

① 없음 ② 1개 ③ 2개 ④ 3개

해설

㉠ (×) 강도죄와 공무집행방해죄는 실체적 경합관계에 있다(대판 1992.7.28, 92도917).
㉡ (×) 강도살인죄와 현주건조물방화치사죄의 상상적 경합범관계에 있다(대판 1998.12.8, 98도3416).
㉢ (×) 폭력행위 등 처벌에 관한 법률 제4조 제1항의 범죄단체를 구성하거나 이에 가입한 자가 더 나아가 구성원으로 활동하는 경우, 이는 포괄일죄의 관계에 있다(대판 2015.9.10, 2015도7081).
㉣ (×) 범죄단체 등에 소속된 조직원이 저지른 폭력행위 등 처벌에 관한 법률(이하 '폭력행위처벌법'이라 한다) 위반(단체 등의 공동강요)죄 등의 개별적 범행과 폭력행위처벌법 위반(단체 등의 활동)죄는 범행의 목적이나 행위 등 측면에서 일부 중첩되는 부분이 있더라도, 일반적으로 구성요건을 달리하는 별개의 범죄로서 범행의 상대방, 범행 수단 내지 방법, 결과 등이 다를 뿐만 아니라 그 보호법익이 일치한다고 볼 수 없다. 또한 폭력행위처벌법 위반(단체 등의 구성·활동)죄와 위 개별적 범행은 특별한 사정이 없는 한 법률상 1개의 행위로 평가되는 경우로 보기 어려워 실체적 경합관계에 있다고 보아야 한다(대판 2022.9.7, 2022도6993).

정답 ①

08 다음 설명 중 옳지 않은 것은 모두 몇 개인가? (다툼이 있는 경우 판례에 의함)   23 법행

> ㉠ 형법 제40조에서 말하는 1개의 행위란 법적 평가를 떠나 사회관념상 행위가 사물자연의 상태로서 1개로 평가되는 것을 말하는 바, 무면허인데다가 술이 취한 상태에서 오토바이를 운전하였다는 것은 위의 관점에서 분명히 1개의 운전행위라 할 것이므로 무면허운전죄와 음주운전죄는 형법 제40조의 상상적 경합관계에 있다.
> ㉡ 문서에 2인 이상의 작성명의인이 있을 때에는 각 명의자 마다 1개의 문서가 성립되므로 2인 이상의 연명으로 된 문서를 위조한 때에는 작성명의인의 수대로 수개의 문서위조죄가 성립하고 또 그 연명문서를 위조하는 행위는 자연적 관찰이나 사회통념상 하나의 행위라 할 것이어서 위 수개의 문서위조죄는 형법 제40조가 규정하는 상상적 경합범에 해당한다.
> ㉢ 업무방해죄와 폭행죄는 그 구성요건과 보호법익을 달리하고 있고, 업무방해죄의 성립에 일반적·전형적으로 사람에 대한 폭행행위를 수반하는 것은 아니며, 폭행행위가 업무방해죄에 비하여 별도로 고려되지 않을 만큼 경미한 것이라고 할 수도 없으므로, 설령 피해자에 대한 폭행행위가 동일한 피해자에 대한 업무방해죄의 수단이 되었다고 하더라도 그러한 폭행행위가 이른바 '불가벌적 수반행위'에 해당하여 업무방해죄에 대하여 흡수관계에 있다고 볼 수는 없다.
> ㉣ 수표금액의 지급 또는 거래정지처분을 면할 목적으로 금융기관에 거짓 신고를 한 자를 처벌하도록 규정하는 부정수표단속법위반죄와 타인으로 하여금 형사처분 또는 징계처분을 받게 할 목적으로 공무소 또는 공무원에 대하여 허위의 사실을 신고하는 때에 성립하는 무고죄는 서로 보호법익이 다르고, 사회관념상 행위가 사물자연의 상태로서 1개로 평가되는 것으로 보기도 어려워 상상적 경합 관계에 있다고 볼 수 없다.

① 없음   ② 1개   ③ 2개   ④ 3개

해설

㉠ (○) 대판 1987.2.24, 86도2731
㉡ (○) 대판 1987.7.21, 87도564
㉢ (○) 대판 2012.10.11, 2012도1895
㉣ (○) 대판 2014.1.23, 2013도12064

정답 ①

09 죄수에 대한 설명으로 옳은 것은? (다툼이 있는 경우 판례에 의함) 22 경간

① 징역형만 규정된 A죄와 징역형과 벌금형의 병과규정이 있는 B죄가 상상적 경합관계에 있는 경우 A죄에 정해진 징역형의 상한이 B죄에 정해진 징역형의 상한보다 높다면 A죄에서 정한 징역형으로 처벌해야 하고 벌금형은 병과할 수 없다.
② 甲이 상습절도죄(A죄)로 X법원으로부터 징역형을 선고받고 확정된 후 동일한 습벽이 있는 별개의 B죄를 저질러 Y법원에서 심리 중이었는데 확정된 A죄에 대한 X법원의 적법한 재심심판절차에서 징역형이 선고되어 확정된 경우 별개로 기소된 B죄를 심판하는 Y법원은 B죄에 대하여 형법 제39조 제1항에 의한 형의 감경 또는 면제를 할 수 없다.
③ 甲이 A를 살해할 목적으로 흉기를 구입하여 A의 집 앞에서 A를 기다렸으나 만나지 못하였고 다음날 A의 맥주잔에 독약으로 오인한 제초제를 몰래 넣었으나 복통만 일으키게 하다가 며칠 뒤 A를 자동차로 치어 사망하게 한 경우 甲에게는 살인예비 내지 미수죄와 동 기수죄의 경합죄가 성립한다.
④ 운전면허시험에 계속 불합격하였으나 운전을 잘하던 甲이 영업을 하기 위해 자동차를 구입하여 일주일 동안 매일 매일 운전 해오다가 적발된 경우 甲에게는 포괄하여 도로교통법위반(무면허운전)의 일죄가 성립한다.

해설

① (×) [1] 형법 제40조가 규정하는 1개의 행위가 수개의 죄에 해당하는 경우에 '가장 중한 죄에 정한 형으로 처벌한다'라고 함은 수개의 죄명 중 가장 중한 형을 규정한 법조에 의하여 처단한다는 취지와 함께 다른 법조의 최하한의 형보다 가볍게 처단할 수 없다는 취지 즉, 각 법조의 상한과 하한을 모두 중한 형의 범위 내에서 처단한다는 것을 포함하는 것으로 새겨야 한다. [2] 법원은 A죄에 규정된 징역형으로 처벌하면서 B죄에 규정된 벌금형을 병과할 수 있다(대판 2008.12.24, 2008도9169)
② (○) 유죄의 확정판결을 받은 사람이 그 후 별개의 후행범죄를 저질렀는데 유죄의 확정판결에 대하여 재심이 개시된 경우 후행범죄가 그 재심대상판결에 대한 재심판결 확정 전에 범하여졌다 하더라도 (아직 판결을 받지 아니한 후행범죄는 재심심판절차에서 재심대상이 된 선행범죄와 함께 심리하여 동시에 판결할 수 없었으므로) 아직 판결을 받지 아니한 후행범죄와 재심판결이 확정된 선행범죄 사이에는 형법 제37조 후단 경합범이 성립하지 않는다(대판 2019.6.20, 2018도20698 전원합의체) ※ A죄와 B죄는 형법 제37조 후단의 경합범 관계에 있지 않으므로 Y법원은 B죄에 대하여 형법 제39조 제1항에 의한 형의 감경 또는 면제를 할 수 없다.
③ (×) 그 살해의 목적을 달성할 때까지의 행위는 모두 실행행위의 일부로서 이를 포괄적으로 보고 단순한 한개의 살인기수죄로 처단할 것이지 살인예비 내지 미수죄와 동 기수죄의 경합죄로 처단할 수는 없다(대판 1965.9.28, 65도695) ※ 甲은 살인죄(기수)의 죄책만 진다.
④ (×) 무면허운전으로 인한 도로교통법위반죄는 특별한 경우를 제외하고는 운전한 날마다 1죄가 성립한다고 보아야 할 것이고, 비록 계속적으로 무면허운전을 할 의사를 가지고 여러 날에 걸쳐 무면허운전행위를 반복하였다 하더라도 이를 포괄하여 일죄로 볼 수는 없다(대판

2002.7.23, 2001도6281)

정답 ②

10 형법 제37조 후단 경합범에 관한 설명 중 옳지 않은 것은? (다툼이 있는 경우 판례에 의함)

22 변호사시험

① 후단 경합범이란 금고 이상의 형에 처한 판결이 확정된 죄와 그 판결확정 전에 범한 죄를 가리키는데, 여기서 말하는 판결에는 집행유예 판결도 포함된다.
② 확정판결이 있는 죄에 대하여 일반사면이 있는 경우는 형의 선고효력이 상실되지만 그 죄에 대한 확정판결이 있었던 사실 자체는 인정되므로 그 확정판결 이전에 범한 죄와의 관계에서 후단 경합범이 성립한다.
③ 포괄일죄로 되는 개개의 범죄행위가 다른 종류의 죄의 확정판결 전후에 걸쳐서 행하여진 경우에는 그 죄는 2죄로 분리되지 않고 확정판결 후인 최종의 범죄행위시에 완성되므로 후단 경합범에 해당하지 않는다.
④ 판결을 받지 아니한 수개의 죄가 판결확정을 전후하여 저질러진 경우 판결확정 전에 범한 죄를 이미 판결이 확정된 죄와 동시에 판결할 수 없었던 경우라면 판결확정을 전후한 각각의 범죄는 형법 제37조 후단 경합범이 아니라 전단 경합범에 해당하여 하나의 형을 선고하여야 한다.
⑤ 후단 경합범에 대하여 형법 제39조 제1항에 의하여 형을 감경할 때에도 법률상 감경에 관한 형법 제55조 제1항이 적용되어 유기징역을 감경할 때에는 그 형기의 2분의 1 미만으로는 감경할 수 없다.

해설

① (○) 대결 1984.8.21, 84모1297
② (○) 대판 1996.3.8, 95도2114
③ (○) 대판 2015.9.10, 2015도7081
④ (×) 아직 판결을 받지 아니한 수개의 죄가 판결 확정을 전후하여 저질러진 경우 판결 확정 전에 범한 죄를 이미 판결이 확정된 죄와 동시에 판결할 수 없었던 경우라고 하여 마치 확정된 판결이 존재하지 않는 것처럼 그 수개의 죄 사이에 형법 제37조 전단의 경합범 관계가 인정되어 형법 제38조가 적용된다고 볼 수도 없으므로, 판결 확정을 전후한 각각의 범죄에 대하여 별도로 형을 정하여 선고할 수밖에 없다(대판 2014.3.27, 2014도469)
⑤ (○) 대판 2019.4.18, 2017도14609 전원합의체

정답 ④

PART 03

최신 3개년 **기출문제집**
cafe.naver. 김종욱형사법

형벌론

01 형벌

제1절 형벌의 종류

01 몰수·추징에 대한 설명으로 옳지 않은 것은? (다툼이 있는 경우 판례에 의함) 23 검찰7급

① 몰수 또는 이에 갈음하는 추징은 부가형적 성질을 가지므로 그 주형에 대하여 선고를 유예하지 아니하면서 이에 부가할 몰수·추징에 대하여서만 선고를 유예할 수는 없다.
② 범죄실행행위의 착수 전의 행위 또는 실행행위의 종료 후에 사용한 물건이더라도 그것이 범죄행위의 수행에 실질적으로 기여하였다고 인정되는 한, 몰수의 대상인 범죄행위에 제공한 물건에 포함된다.
③ 추징 가액의 산정은 특별한 사정이 없는 한 재판선고시의 가격을 기준으로 하여야 한다.
④ 피고인이 범죄행위에 이용한 웹사이트는 범죄행위에 제공된 무형의 재산에 해당하여 몰수할 수는 없지만, 범죄행위에 이용한 웹사이트 매각을 통하여 취득한 대가는 범죄행위로 인하여 생겼거나 이로 인하여 취득한 물건의 가액에 해당하므로 추징의 대상이 된다.

> **해설**
>
> ① (○) 대판 1988.6.21, 88도551
> ② (○) 대판 2006.9.14, 2006도4075
> ③ (○) 대판 1991.5.28, 91도352
> ④ (×) 피고인이 乙, 丙과 공모하여 정보통신망을 통하여 음란한 화상 또는 영상을 배포하고, 도박 사이트를 홍보하면서 범죄행위에 이용한 웹사이트 매각을 통해 취득한 대가의 경우, 위 웹사이트는 범죄행위에 제공된 무형의 재산에 해당할 뿐 형법 제48조 제1항 제2호에서 정한 '범죄행위로 인하여 생하였거나 이로 인하여 취득한 물건'에 해당하지 않으므로 **피고인이 위 웹사이트 매각을 통해 취득한 대가는 형법 제48조 제1항 제2호, 제2항이 규정한 추징의 대상에 해당하지 않는다**(대판 2021.10.14, 2021도7168)

정답 ④

02 형벌에 관한 설명으로 가장 적절한 것은? (다툼이 있는 경우 판례에 의함) 24 경찰채용

① 형법 제48조 제1항의 '범인'에는 공범자도 포함되므로 피고인의 소유물은 물론 공범자의 소유물도 그 공범자의 소추 여부를 불문하고 몰수할 수 있고, 여기에서의 공범자에는 공동정범, 교사범, 방조범에 해당하는 자는 포함되나 필요적 공범관계에 있는 자는 포함되지 않는다.
② 형법 제48조 제1항 제1호의 '범죄행위에 제공하려고 한 물건'은 범죄행위에 사용하려고 준비하였으나 실제 사용하지 못한 물건을 의미하며, 어떠한 물건을 '범죄행위에 제공하려고 한 물건'으로서 몰수하기 위해서는 그 물건이 유죄로 인정되는 당해 범죄행위에 제공하려고 한 물건임이 인정되어야 한다.
③ 형법은 벌금형의 집행유예는 인정하나, 벌금형의 선고유예는 인정하지 않는다.
④ 수뢰자가 뇌물로 받은 수표를 은행에 예금한 후 그 수표금액에 상당하는 금전을 찾아 증뢰자에게 반환한 경우, 증뢰자로부터 그 가액을 추징하여야 한다.

> **해설**
>
> ① (×) 형법 제48조 제1항의 '범인'에는 공범자도 포함되므로 피고인의 소유물은 물론 공범자의 소유물도 그 공범자의 소추 여부를 불문하고 몰수할 수 있고, 여기에서의 공범자에는 공동정범, 교사범, 방조범에 해당하는 자는 물론 필요적 공범관계에 있는 자도 포함된다(대판 2006.11.23, 2006도5586).
> ② (○) 대판 2008.2.14, 2007도10034
> ③ (×) [1] 3년 이하의 징역이나 금고 또는 500만원 이하의 벌금의 형을 선고할 경우에 제51조의 사항을 참작하여 그 정상에 참작할 만한 사유가 있는 때에는 1년 이상 5년 이하의 기간 형의 집행을 유예할 수 있다(제62조 제1항)
> [2] 1년 이하의 징역이나 금고, 자격정지 또는 벌금의 형을 선고할 경우에 제51조의 사항을 고려하여 뉘우치는 정상이 뚜렷할 때에는 그 형의 선고를 유예할 수 있다(제59조 제1항)
> ※ 벌금형의 집행유예는 물론 선고유예도 인정한다.
> ④ (×) 뇌물로 받은 돈을 은행에 예금한 경우 그 예금행위는 뇌물의 처분행위에 해당하므로 그 후 수뢰자가 같은 액수의 돈을 증뢰자에게 반환하였다 하더라도 이를 뇌물 그 자체의 반환으로 볼 수 없으니 이러한 경우에는 수뢰자로부터 그 가액을 추징하여야 한다(대판 1996.10.25, 96도2022)

정답 ②

03 몰수와 추징에 관한 설명 중 옳지 않은 것은? (다툼이 있는 경우 판례에 의함) 24 변호사시험

① 공소사실이 인정되지 않는 경우에 이와 관련되지 않은 범죄사실을 법원이 인정하여 몰수·추징을 선고하는 것은 불고불리의 원칙에 위반된다.
② 수뢰자가 자기앞수표를 뇌물로 받아 이를 소비한 후 자기앞수표 상당액을 증뢰자에게 반환하였다 하더라도 뇌물 그 자체를 반환한 것은 아니므로 이를 몰수할 수 없고 수뢰자로부터 그 가액을 추징하여야 한다.
③ 범죄행위의 수행에 실질적으로 기여한 것으로 인정된다고 하더라도, 실행행위의 착수 전 또는 실행행위 종료 후의 행위에 사용되었을 뿐 범죄의 실행행위 자체에 사용되지 않은 물건은 몰수·추징의 대상인 '범죄행위에 제공한 물건'에 포함될 수 없다.
④ 몰수·추징이 공소사실과 관련이 있다 하더라도 그 공소사실에 관하여 이미 공소시효가 완성된 경우에는 몰수·추징을 할 수 없다.
⑤ 甲이 공무원 직무에 속한 사항의 알선에 관하여 1억 원을 받았으나 그 중 3,000만 원을 받은 취지에 따라 청탁과 관련하여 관계 공무원에게 뇌물로 공여한 경우라면, 甲으로부터는 이를 제외한 나머지 7,000만 원만 몰수·추징할 수 있다.

> **해설**
>
> ① (○) 대판 1992.7.28, 92도700
> ② (○) 대판 1983.4.12, 82도2462
> ③ (×) 형법 제48조 제1항 제1호의 "범죄행위에 제공한 물건"은 가령 살인행위에 사용한 칼 등 범죄의 실행행위 자체에 사용한 물건에만 한정되는 것이 아니며, 실행행위의 착수 전의 행위 또는 실행행위의 종료 후의 행위에 사용한 물건이더라도 그것이 범죄행위의 수행에 실질적으로 기여하였다고 인정되는 한 위 법조 소정의 제공한 물건에 포함된다(대판 2006.9.14, 2006도4075).
> ④ (○) 대판 1992.7.28, 92도700
> ⑤ (○) 대판 2002.6.14, 2002도1283

정답 ③

04 몰수 및 추징에 관한 설명 중 가장 옳은 것은? (다툼이 있는 경우 판례에 의함) 23 법행

① 형법 제49조 단서는 "행위자에게 유죄의 재판을 아니할 때에도 몰수의 요건이 있는 때에는 몰수만을 선고할 수 있다."라고 규정하고 있으므로, 공소가 제기되지 않은 별개의 범죄사실을 법원이 인정하여 그에 관하여 몰수나 추징을 선고할 수 있다.

② 피고인이 개설한 웹사이트에 음란 사이트 링크 배너와 도박 사이트 홍보배너를 게시하는 등의 방식으로 운영하다가 성명불상자에게 이 사건 웹사이트를 50,000,000원에 매각하고 현금으로 위 돈을 지급받은 경우, 이 사건 웹사이트는 각 범죄행위에 제공된 무형의 재산에 해당할 뿐만 아니라 형법 제48조 제1항 제2호에서 정한 '범죄행위로 인하여 생(生)하였거나 이로 인하여 취득한 물건'에 해당한다.

③ 특별법에서 해당 법률의 입법 목적과 취지 등을 고려하여 몰수·추징의 성격이나 그 범위 등에 관하여 형법과 달리 정한 경우에는 특별법 우선의 원칙상 특별법 규정이 적용되는 한도에서 형법 제48조의 적용이 배제되므로, 특별법에 따른 몰수·추징 요건이 구비되지 않고 형법 제48조의 요건만 충족되는 경우에는 이에 따른 몰수·추징이 가능하지 않다.

④ 동영상과 같은 전자기록은 일정한 저장매체에 전자방식이나 자기방식에 의하여 저장된 기록으로서 저장매체를 매개로 존재하는 물건이므로 형법 제48조 제1항 각호의 사유가 있는 때에는 이를 몰수할 수 있다

해설

① (×) 공소사실이 인정되지 않는 경우에 이와 별개의 공소가 제기되지 아니한 범죄사실을 법원이 인정하여 그에 관하여 몰수나 추징을 선고할 수 없다(대판 1992.7.28, 92도700)

② (×) 피고인이 乙, 丙과 공모하여 정보통신망을 통하여 음란한 화상 또는 영상을 배포하고, 도박 사이트를 홍보하면서 범죄행위에 이용한 웹사이트 매각을 통해 취득한 대가의 경우, 위 웹사이트는 범죄행위에 제공된 무형의 재산에 해당할 뿐 형법 제48조 제1항 제2호에서 정한 '범죄행위로 인하여 생하였거나 이로 인하여 취득한 물건'에 해당하지 않으므로 **피고인이 위 웹사이트 매각을 통해 취득한 대가는 형법 제48조 제1항 제2호, 제2항이 규정한 추징의 대상에 해당하지 않는다**(대판 2021.10.14, 2021도7168)

③ (×) 특별법에서 해당 법률의 입법 목적과 취지 등을 고려하여 몰수·추징의 성격이나 그 범위 등에 관하여 형법과 달리 정한 경우에는 특별법 우선의 원칙상 특별법 규정이 적용되는 한도에서 형법 제48조의 적용이 배제된다. 그러나 **특별법에 따른 몰수·추징 요건이 구비되지 않고 형법 제48조의 요건이 충족되는 경우에는 이에 따른 몰수·추징이 가능하다**. 다만 형법 제48조 제1항에 따른 몰수는 임의적인 것이므로 그 몰수의 요건에 해당하는 물건이라도 이를 몰수할 것인지는 법원의 재량에 맡겨져 있다(대판 2018.7.26, 2018도8194)

④ (○) 대판 2017.10.23, 2017도5905

정답 ④

05 다음 설명 중 가장 옳은 것은? (다툼이 있는 경우 판례에 의함) 23 법원9급

① 압수되어 있는 물건만을 몰수할 수 있는 것은 아니나, 압수되어 있는 물건을 몰수하기 위하여는 그 압수가 적법한 절차에 의하여 이루어졌을 것이 요구된다.
② 피고인이 필로폰을 수수하여 그 중 일부를 직접 투약한 경우, 필로폰 수수죄와 필로폰 투약죄가 별도로 성립하므로 피고인이 수수한 필로폰의 가액에 피고인이 투약한 필로폰의 가액을 더하여 추징하여야 한다.
③ 수뢰자가 뇌물로 받은 돈을 입금시켜 두었다가 뇌물공여자에게 같은 금액의 돈을 반환한 경우라면, 수뢰자가 뇌물을 그대로 보관하여 두었다가 뇌물공여자에게 반환한 것과 달리 볼 이유가 없으므로, 뇌물공여자로부터 그 가액을 추징하여야 한다.
④ 우리 법제상 공소제기 없이 별도로 몰수·추징만을 선고할 수 있는 제도가 마련되어 있지 아니하므로, 몰수·추징을 선고하려면 몰수·추징의 요건이 공소가 제기된 공소사실과 관련되어 있어야 하고, 공소가 제기되지 아니한 별개의 범죄사실을 법원이 인정하여 그에 관하여 몰수·추징을 선고하는 것은 불고불리의 원칙에 위배되어 허용되지 않는다.

> **해설**
>
> ① (×) 몰수는 반드시 압수되어 있는 물건에 대하여서만 하는 것이 아니므로, 몰수대상물건이 압수되어 있는가 하는 점 및 적법한 절차에 의하여 압수되었는가 하는 점은 몰수의 요건이 아니다(대판 2003.5.30, 2003도705).
> ② (×) 히로뽕을 수수하여 그 중 일부를 직접 투약한 경우에는 수수한 히로뽕의 가액만을 추징할 수 있고 직접 투약한 부분에 대한 가액을 별도로 추징할 수 없다(대판 2000.9.8, 2000도546).
> ③ (×) 뇌물로 받은 돈을 은행에 예금한 경우 그 예금행위는 뇌물의 처분행위에 해당하므로 그 후 수뢰자가 같은 액수의 돈을 증뢰자에게 반환하였다 하더라도 이를 뇌물 그 자체의 반환으로 볼 수 없으니 이러한 경우에는 수뢰자로부터 그 가액을 추징하여야 한다(대판 1996.10.25, 96도2022) ※ 수뢰자가 뇌물을 예금한 후 같은 액수의 금원을 반환한 경우에 예금도 소비에 해당하므로 수뢰자로부터 추징해야 한다.
> ④ (○) 대판 2022.11.17, 2022도8662

정답 ④

06 다음 중 몰수 또는 추징할 수 있는 것은 모두 몇 개인가? (다툼이 있는 경우 판례에 의함)

22 법행, 22 해경간부

> ㉠ 피고인이 음란물유포 인터넷사이트를 운영하면서「정보통신망 이용촉진 및 정보보호 등에 관한 법률」위반(음란물유포)죄와 도박개장방조죄에 의하여 비트코인(Bitcoin)을 취득한 사안에서 비트코인
> ㉡ 甲주식회사 대표인 피고인이 금융기관에 청탁하여 乙주식회사가 대출받을 수 있도록 알선행위를 하고 그 대가로 용역대금 명목의 수수료를 甲회사 계좌를 통해 송금받아「특정경제범죄가중처벌 등에 관한 법률」위반(알선수재)죄가 인정된 사안에서 甲회사 계좌를 통해 받은 수수료
> ㉢ 피고인이 신고없이 외국환을 해외 계좌로 송금한 사실로 체포될 당시 미처 송금하지 못하고 소지하고 있던 각 자기앞수표 또는 현금
> ㉣ 범죄행위로 인하여 취득한 물건이기는 하나 판결선고 전 검찰에 의하여 압수된 후 피고인에게 환부된 것

① 1개　　② 2개　　③ 3개　　④ 4개

해설

㉠ (몰수 또는 추징 ○) 범죄수익은닉의 규제 및 처벌 등에 관한 법률에 정한 중대범죄에 해당하는 범죄행위에 의하여 취득한 것으로 재산적 가치가 인정되는 무형재산인 비트코인은 몰수할 수 있다(대판 2018.5.30, 2018도3619).

㉡ (몰수 또는 추징 ○) 피고인이 주식회사의 대표이사로서 특경법 제7조(알선수재)에 해당하는 행위를 하고 당해 행위로 인한 대가로 수수료를 받았다면 수수료에 대한 권리가 회사에 귀속된다 하더라도 행위자인 피고인으로부터 수수료로 받은 금품을 몰수 또는 그 가액을 추징할 수 있고, 이는 피고인이 개인적으로 실제 사용한 금품이 없다고 하더라도 마찬가지이다(대판 2015.1.15, 2012도7571).

㉢ (몰수 또는 추징 ×) 체포될 당시에 미처 송금하지 못하고 소지하고 있던 자기앞수표나 현금은 장차 실행하려고 한 외국환거래법 위반의 범행에 제공하려는 물건일 뿐 그 이전에 범해진 외국환거래법 위반의 '범죄행위에 제공하려고 한 물건'으로는 볼 수 없으므로 몰수할 수 없다(대판 2008.2.14, 2007도10034).

㉣ (몰수 또는 추징 ○) 몰수는 압수되어 있는 물건에 대해서만 하는 것이 아니므로 판결선고전 검찰에 의하여 압수된 후 피고인에게 환부된 물건에 대하여도 피고인으로부터 몰수할 수 있다(대판 1977.5.24, 76도4001).

정답 ③

07 형벌에 관한 설명 중 옳은 것(○)과 옳지 않은 것(×)을 올바르게 조합한 것은? (다툼이 있는 경우 판례에 의함)
22 변호사시험

> ⊙ 경합범의 처벌에 관한 형법 제38조 제1항 제3호에 의하여 징역형과 벌금형을 병과하는 경우에 징역형에만 정상참작감경을 하고 벌금형에는 정상참작감경을 하지 않는 것은 위법하다.
> ⓒ 2020. 7. 1. 무고죄로 징역 1년에 집행유예 2년을 선고받고 그 판결이 같은 달 9. 확정된 甲이 2021. 6. 1. 상습도박죄를 범하여 같은 해 11. 1. 유죄판결을 선고받는 경우 법원은 甲에게 상습도박죄에 대한 집행유예는 선고할 수 없다.
> ⓒ 몰수에 관한 형법 제48조 제1항의 '범인'에는 공범자도 포함되므로 피고인의 소유물은 물론 공범자의 소유물도 그 공범자의 소추 여부를 불문하고 몰수할 수 있다.
> ⓔ 사기도박에 참여하도록 유인하기 위하여 고액의 수표를 제시해 보인 경우라도 그 수표가 직접적으로 도박자금으로 사용되지 않았다면 몰수할 수 없다.
> ⓜ 강도상해의 범행에 대하여 자수한 사안에서 법원이 자수감경을 하지 않았거나 자수감경 주장에 대한 판단을 하지 않았다고 해도 위법하다고 할 수 없다.

① ⊙(○) ⓒ(○) ⓒ(×) ⓔ(×) ⓜ(○)
② ⊙(×) ⓒ(×) ⓒ(○) ⓔ(○) ⓜ(×)
③ ⊙(○) ⓒ(○) ⓒ(×) ⓔ(×) ⓜ(×)
④ ⊙(×) ⓒ(○) ⓒ(○) ⓔ(×) ⓜ(○)
⑤ ⊙(×) ⓒ(×) ⓒ(○) ⓔ(○) ⓜ(○)

> **해설**
>
> ⊙ (×) 형법 제38조 제1항 제3호에 의하여 징역형과 벌금형을 병과하는 경우에는 각 형에 대한 범죄의 정상에 차이가 있을 수 있으므로 징역형에만 정상참작감경을 하고 벌금형에는 정상참작감경을 하지 아니하였다고 하여 이를 위법하다고 할 수 없다(대판 2006. 3. 23, 2006도1076).
> ⓒ (○) 집행유예기간 중에 범한 죄에 대해서는 다시 집행유예를 할 수 없는 것이 원칙이나, 집행유예기간 중에 범한 범죄라 하더라도 그 재판 도중에 집행유예가 실효·취소됨이 없이 그 유예기간이 경과한 경우라면 이에 대해 다시 집행유예를 선고할 수 있다(대판 2007. 2. 8, 2006도6196). 따라서 판결선고시인 2021. 11. 1. 현재 무고죄에 대한 집행유예기간이 아직 경과하지 않았으므로 상습도박죄에 대하여 집행유예를 선고할 수 없다.
> ⓒ (○) 대판 2013. 5. 24, 2012도15805
> ⓔ (×) 피해자로 하여금 사기도박에 참여하도록 유인하기 위하여 고액의 수표를 제시해 보이기만 하였을 뿐 위 수표가 직접적으로 도박자금으로 사용되지 아니하였다 하더라도 이를 몰수할 수 있다(대판 2002. 9. 24, 2002도3589).
> ⓜ (○) 대판 2013. 11. 28, 2013도9003

정답 ④

제2절 형의 양정(양형)

01 다음 중 형의 필요적 감경 또는 면제사유에 해당하는 것을 모두 고른 것은? 24 법행

> ㉠ 무고죄의 재판 확정 전 자백
> ㉡ 살인죄의 실행 착수 후 중지미수
> ㉢ 강도죄의 심신미약
> ㉣ 장물취득죄에서 본범이 아들인 경우
> ㉤ 폭행죄에서 과잉방위

① ㉠㉢㉤ ② ㉡㉢㉤ ③ ㉠㉢㉣
④ ㉡㉣㉤ ⑤ ㉠㉡㉣

해설

㉠ (필요적 감면) 무고죄를 범한 자가 그 신고한 사건의 재판 또는 징계처분이 확정되기 전에 자백 또는 자수한 때에는 그 형을 감경 또는 면제한다(제157조).

㉡ (필요적 감면) 범인이 실행에 착수한 행위를 자의로 중지하거나 그 행위로 인한 결과의 발생을 자의로 방지한 경우에는 형을 감경하거나 면제한다(제26조).

㉢ (임의적 감경) 심신장애로 인하여 전항의 능력이 미약한 자의 행위는 형을 감경할 수 있다(제10조 제2항).

㉣ (필요적 감면) 장물죄를 범한 자와 본범 간에 직계혈족, 배우자, 동거친족, 동거가족 또는 그 배우자의 신분관계가 있는 때에는 그 형을 감경 또는 면제한다(제365조 제2항).

㉤ (임의적 감면) 방위행위가 그 정도를 초과한 경우에는 정황에 따라 그 형을 감경하거나 면제할 수 있다(제21조 제2항).

정답 ⑤

02 다음 설명 중 옳지 않은 것은 모두 몇 개인가? (다툼이 있는 경우 판례에 의함) 24 법행

㉠ 형을 가중·감경할 사유가 경합하는 경우에는 '각칙 조문에 따른 가중, 누범 가중, 제34조 제2항에 따른 가중, 법률상 감경, 경합범 가중, 정상참작감경'의 순서에 따른다.
㉡ 직계혈족, 배우자, 동거친족, 동거가족 또는 그 배우자간의 제323조(권리행사방해)의 죄는 그 형을 감경 또는 면제한다.
㉢ 형법 제52조 제1항 소정의 자수란 범인이 자발적으로 자신의 범죄사실을 수사기관에 신고하여 그 소추를 구하는 의사표시를 함으로써 성립하는 것이므로, 일단 자수가 성립한 이상 자수의 효력은 확정적으로 발생하고 그 후에 범인이 번복하여 수사기관이나 법정에서 범행을 부인한다고 하더라도 일단 발생한 자수의 효력이 소멸하는 것은 아니다.
㉣ 무기징역 또는 무기금고를 감경할 때에는 10년 이상 50년 이하의 징역 또는 금고로 한다.
㉤ 형법 제152조(위증, 모해위증)의 죄를 범한 자가 그 공술한 사건의 재판 또는 징계처분이 확정되기 전에 자백 또는 자수한 때에는 그 형을 감경 또는 면제하고, 제324조의2(인질강요) 또는 제324조의3(인질상해·치상)의 죄를 범한 자 및 그 죄의 미수범이 인질을 안전한 장소로 풀어준 때에는 그 형을 감경할 수 있다.

① 없음
② 1개
③ 2개
④ 3개
⑤ 4개

해설

㉠ (×) 형을 가중·감경할 사유가 경합된 때에는 형법 각칙 본조에 의한 가중 → 형법 제34조 제2항의 가중(특수교사·방조) → 누범가중 → 법률상 감경 → 경합범 가중 → 정상참작감경의 순서에 따른다(제56조 참고).
㉡ (×) 직계혈족, 배우자, 동거친족, 동거가족 또는 그 배우자간의 제323조(권리행사방해)의 죄는 그 형을 면제한다(제328조 제1항).
㉢ (○) 대판 1999.7.9, 99도1695
㉣ (○) 제55조 제1항 제2호
㉤ (○) [1] 형법 제152조(위증, 모해위증)의 죄를 범한 자가 그 공술한 사건의 재판 또는 징계처분이 확정되기 전에 자백 또는 자수한 때에는 그 형을 감경 또는 면제한다(제153조).
[2] 제324조의2(인질강요) 또는 제324조의3(인질상해·치상)의 죄를 범한 자 및 그 죄의 미수범이 인질을 안전한 장소로 풀어준 때에는 그 형을 감경할 수 있다(제324조의6).

정답 ③

03 다음 설명 중 옳지 않은 것은 모두 몇 개인가? (다툼이 있는 경우 판례에 의함) 23 법행

> ㉠ 형법 제55조 제1항은 형벌의 종류에 따라 법률상 감경의 방법을 규정하고 있는데, 형법 제55조 제1항 제3호는 "유기징역 또는 유기금고를 감경할 때에는 그 형기의 2분의 1로 한다."라고 규정하고 있다. 이와 같이 유기징역형을 감경할 경우에는 '단기'나 '장기'의 어느 하나만 2분의 1로 감경하는 것이 아니라 '형기' 즉 법정형의 장기와 단기를 모두 2분의 1로 감경함을 의미한다는 것은 법문상 명확하다.
> ㉡ 처단형은 선고형의 최종적인 기준이 되므로 그 범위는 법률에 따라서 엄격하게 정하여야 하고, 별도의 명시적인 규정이 없는 이상 형법 제56조에서 열거하고 있는 가중·감경할 사유에 해당하지 않는 다른 성질의 감경사유를 인정할 수는 없다.
> ㉢ 유기징역형에 대한 법률상 감경을 하면서 형법 제55조 제1항 제3호에서 정한 것과 같이 장기와 단기를 모두 2분의 1로 감경하는 것이 아닌 장기 또는 단기 중 어느 하나만을 2분의 1로 감경하는 방식이나 2분의 1보다 넓은 범위의 감경을 하는 방식 등은 죄형법정주의 원칙상 허용될 수 없다.
> ㉣ 죄를 범한 후 수사책임이 있는 관서에 자수한 때에는 그 형을 감경 또는 면제할 수 있으나 이는 임의적 감면사유일 뿐더러(형법 제52조 제1항), '자수'는 범인이 스스로 수사책임이 있는 관서에 자기의 범행을 자발적으로 신고하고 그 처분을 구하는 의사표시를 말하고, 수사기관의 직무상의 질문 또는 조사에 응하여 범죄사실을 진술하는 것은 자백일 뿐 자수로는 되지 않는다.
> ㉤ 형법 제37조 후단 경합범에 대해서는 그 죄와 판결이 확정된 죄를 동시에 판결할 경우와 형평을 고려하여 형을 정해야 하고, 이 경우 그 형을 감경 또는 면제할 수 있다.

① 없음 ② 1개 ③ 2개 ④ 3개

해설

㉠ (○) 대판 2021.1.21, 2018도5475 전원합의체
㉡ (○) 대판 2021.1.21, 2018도5475 전원합의체
㉢ (○) 대판 2021.1.21, 2018도5475 전원합의체
㉣ (○) 대판 2011.12.22, 2011도12041
㉤ (○) 제39조 제1항

정답 ①

04 자수에 관한 설명으로 가장 적절한 것은? (다툼이 있는 경우 판례에 의함) 24 경찰승진

① 반의사불벌죄를 저지른 자가 피해자에게 죄를 자복하였을 경우와 달리 죄를 지은 후 수사기관에 자수한 경우에는 형을 감경하거나 면제할 수 있다.
② 법률상의 형의 감경사유가 되는 자수를 위하여는 법적으로 요건을 완전히 갖춘 범죄행위라고 적극적으로 인식하고 있을 필요가 있다.
③ 형법 제52조 제1항에서 말하는 '자수'란 범행이 발각된 후에 수사기관에 자진 출석하여 범죄사실을 자백한 경우도 포함하나, 그 후에 범인이 번복하여 수사기관이나 법정에서 범행을 부인하는 경우라면 일단 발생한 자수의 효력은 소멸한다.
④ 자수서를 소지하고 수사기관에 출석하였으나 조사를 받으면서 자수서를 제출하지 아니하고 범행사실을 부인하였다면 자수가 성립한다고 볼 수 없고, 그 이후 구속까지 된 상태에서 자수서를 제출하고 제4회 피의자신문 당시 범행사실을 시인한 것은 자수에 해당하지 않는다.

> **해설**
>
> ① (×) [1] 죄를 지은 후 수사기관에 자수한 경우에는 형을 감경하거나 면제할 수 있다(제52조 제1항).
> [2] 피해자의 의사에 반하여 처벌할 수 없는 범죄의 경우에는 피해자에게 죄를 자복하였을 때에도 형을 감경하거나 면제할 수 있다(제52조 제2항) ※ 반의사불벌죄를 저지른 자가 피해자에게 죄를 자복하였을 경우에도 형을 감경하거나 면제할 수 있다.
> ② (×) 자수를 위하여는 범인이 자기의 범행으로서 범죄성립요건을 갖춘 객관적 사실을 자발적으로 수사관서에 신고하여 그 처분에 맡기는 것으로 족하고, 더 나아가 법적으로 그 요건을 완전히 갖춘 범죄행위라고 적극적으로 인식하고 있을 필요까지는 없다(대판 1995.6.30, 94도1017)
> ③ (×) 형법 제52조 제1항 소정의 자수란 범인이 자발적으로 자신의 범죄사실을 수사기관에 신고하여 그 소추를 구하는 의사표시를 함으로써 성립하는 것으로서, 일단 자수가 성립한 이상 자수의 효력은 확정적으로 발생하고 그 후에 범인이 번복하여 수사기관이나 법정에서 범행을 부인한다고 하더라도 일단 발생한 자수의 효력이 소멸하는 것은 아니라고 할 것이다(대판 1999.7.9, 99도1695)
> ④ (○) 대판 2004.10.14, 2003도3133

정답 ④

05 자수에 대한 설명으로 가장 옳은 것은? (다툼이 있는 경우 판례에 의함) 23 해경간부

① 피고인이 자수하였음에도 불구하고 법원이 형법 제52조 제1항에 따른 자수감경을 하지 않거나 자수감경 주장에 대하여 판단을 하지 않는 것은 위법하다.
② 수사기관에의 자발적 신고 내용이 범행을 부인하는 등 범죄성립요건을 갖추지 아니한 경우에는 자수는 성립하지 않지만, 그 후 수사과정에서 범행을 시인하였다면 새롭게 자수가 성립될 여지가 있다.
③ 수사기관의 직무상의 질문 또는 조사에 응하여 범죄사실을 진술하는 경우라도 자수가 성립한다.
④ 범인이 수사기관에 뇌물수수의 범죄사실을 자발적으로 신고하였다면, 「특정범죄 가중처벌 등에 관한 법률」의 적용을 피하기 위해 그 수뢰액을 실제보다 적게 신고함으로써 적용법조와 법정형이 달라지게 된 경우, 자수의 성립을 인정할 수 없다.

> **해설**
>
> ① (×) 피고인이 자수하였다 하더라도 자수한 자에 대하여는 법원이 임의로 형을 감경할 수 있음에 불과한 것으로서 원심이 자수감경을 하지 아니하였다거나 자수감경 주장에 대하여 판단을 하지 아니하였다 하여 위법하다고 할 수 없다(대판 2001.4.24, 2001도872)
> ② (×) 수사기관에의 신고가 자발적이라고 하더라도 그 신고의 내용이 자기의 범행을 명백히 부인하는 등의 내용으로 자기의 범행으로서 범죄성립요건을 갖추지 아니한 사실일 경우에는 자수는 성립하지 아니하고, 일단 자수가 성립하지 아니한 이상 그 이후의 수사과정이나 재판과정에서 범행을 시인하였다고 하더라도 새롭게 자수가 성립할 여지는 없다(대판 2011.12.22, 2011도12041)
> ③ (×) 수사기관의 직무상의 질문 또는 조사에 응하여 범죄사실을 진술하는 것은 자백일 뿐 자수로는 되지 아니한다(대판 2011.12.22, 2011도12041)
> ④ (○) 대판 2004.6.24, 2004도2003

정답 ④

제3절 누 범

01 다음 설명 중 가장 옳은 것은? (다툼이 있는 경우 판례에 의함) 23 법원9급

① 자수가 성립하였다고 하더라도 그 후에 범인이 이를 번복하여 수사기관이나 법정에서 범행을 부인하면 자수의 효력이 소멸하여 형법 제52조 제1항의 자수감경을 할 수 없다.
② 수사기관에의 신고가 자발적인 이상 그 신고의 내용이 자기의 범행을 명백히 부인하는 등의 내용으로 자기의 범행으로서 범죄성립요건을 갖추지 아니한 사실이라고 하더라도 자수는 성립한다.
③ 형법 제35조 소정의 누범이 되려면 금고 이상의 형을 받아 그 집행을 종료하거나 면제를 받은 후 3년 내에 다시 금고 이상에 해당하는 죄를 범하여야 하는데, 이 경우 다시 금고 이상에 해당하는 죄를 범하였는지 여부는 그 범죄가 기수에 이르렀는지 여부를 기준으로 결정하여야 하므로, 3년의 기간 내에 기수에 이르러야 누범 가중이 가능하다.
④ 집행유예가 실효되는 등의 사유로 인하여 두 개 이상의 금고형 내지 징역형을 선고받아 각 형을 연이어 집행받음에 있어 하나의 형의 집행을 마치고 또 다른 형의 집행을 받던 중 먼저 집행된 형의 집행종료일로부터 3년 내에 금고 이상에 해당하는 죄를 저지른 경우에, 집행 중인 형에 대한 관계에 있어서는 누범에 해당하지 않지만 앞서 집행을 마친 형에 대한 관계에 있어서는 누범에 해당한다.

> **해설**
>
> ① (×) 형법 제52조 제1항 소정의 자수란 범인이 자발적으로 자신의 범죄사실을 수사기관에 신고하여 그 소추를 구하는 의사표시를 함으로써 성립하는 것으로서, **일단 자수가 성립한 이상 자수의 효력은 확정적으로 발생하고 그 후에 범인이 번복하여 수사기관이나 법정에서 범행을 부인한다고 하더라도 일단 발생한 자수의 효력이 소멸하는 것은 아니라고 할 것이다**(대판 1999. 7. 9, 99도1695).
> ② (×) 수사기관에의 신고가 자발적이라고 하더라도 그 신고의 내용이 자기의 범행을 명백히 부인하는 등의 내용으로 자기의 범행으로서 범죄성립요건을 갖추지 아니한 사실일 경우에는 자수는 성립하지 않고, 일단 자수가 성립하지 아니한 이상 그 이후의 수사과정이나 재판과정에서 범행을 시인하였다고 하더라도 새롭게 자수가 성립할 여지는 없다고 할 것이다(대판 2004. 10. 14, 2003도3133).
> ③ (×) 형법 제35조 소정의 누범이 되려면 금고 이상의 형을 받아 그 집행을 종료하거나 면제를 받은 후 3년 내에 다시 금고 이상에 해당하는 죄를 범하여야 하는바, 이 경우 다시 금고 이상에 해당하는 죄를 범하였는지 여부는 그 범죄의 실행행위를 하였는지 여부를 기준으로 결정하여야 하므로 **3년의 기간 내에 실행의 착수가 있으면 족하고**, 그 기간 내에 기수에까지 이르러야 되는 것은 아니다(대판 2006. 4. 7, 2005도9858 전원합의체).
> ④ (○) 대판 2021. 9. 16, 2021도8764

정답 ④

02 다음 설명 중 옳은 것은 모두 몇 개인가? (다툼이 있는 경우 판례에 의함) 22 법행

> ㉠ 피고인이 2016. 6. 2. 사기죄 등으로 징역 1년 및 징역 3년을 각 선고받고 2016. 9. 20. 위 판결이 확정되어 2018. 5. 27. 위 징역 3년 형의 집행을 종료하고 연이어 징역 1년 형을 복역하던 중 공무집행방해 범행을 저질렀다면 형의 집행을 종료하거나 면제를 받은 후 3년이 경과하지 않아 누범으로 처벌할 수 없다.
> ㉡ 피고인이 2014. 10. 30. 특수절도죄 등으로 징역 1년을 선고받고 2015. 9. 17. 안동교도소에서 그 형의 집행을 종료하였고, 2018. 9. 17. 01:10경 이 사건 범행을 저지른 경우 누범기간은 특수절도죄 등에 대한 형의 집행을 종료한 날인 2015. 9. 17.부터 역수상 3년이 되는 2018. 9. 16.까지이므로 이 사건 범행은 누범에 해당하지 않는다.
> ㉢ 상습범 중 일부 범행이 누범기간 내에 이루어진 이상 나머지 범행이 누범기간 경과 후에 행하여 졌더라도 그 행위 전부는 누범관계에 있다.
> ㉣ 형법 제35조 소정의 누범이 되려면 금고 이상의 형을 선고받아 그 집행이 종료되거나 면제된 후 3년 내에 다시 금고 이상에 해당하는 죄를 지어야 하고, 이 경우 다시 금고 이상에 해당하는 죄를 지었는지 여부는 그 범죄의 실행행위를 하였는지 여부를 기준으로 결정하여야 하므로 3년의 기간 내에 실행의 착수가 있으면 족하고, 그 기간 내에 기수에까지 이르러야 되는 것은 아니다.

① 없음 ② 1개 ③ 2개 ④ 3개

해설

㉠ (×), ㉡ (×) [1] 금고 이상의 형을 선고받아 그 집행이 종료되거나 면제된 후 3년 내에 금고 이상에 해당하는 죄를 지은 사람은 누범으로 처벌한다(제35조 제1항).
[2] 징역 3년 형의 집행이 종료된 때부터 3년 이내에 공무집행방해 범행을 저질렀으므로 (비록 연이어 징역 1년 형을 복역하던 중이라고 하더라도) 그 범행은 누범에 해당한다.
[3] 석방은 형기종료일에 하여야 한다(제86조) 형법 제86조의 해석상 누범기간은 피고인이 출소한 다음날인 2015. 9. 18. 00:00부터 2018. 9. 17. 24:00까지이다. 따라서 피고인이 2018. 9. 17. 01:10경 범행을 저지른 경우 그 범행은 누범에 해당한다.
㉢ (○) 대판 1982.5.25, 82도600
㉣ (○) 대판 2006.4.7, 2005도9858 전원합의체

정답 ③

제4절 집행유예, 선고유예, 가석방

01 집행유예 및 선고유예에 관한 설명으로 가장 적절한 것은? (다툼이 있는 경우 판례에 의함)

24 경찰승진

① 3년 이하의 징역이나 금고의 형을 선고할 경우에 형법 제51조의 사항을 참작하여 그 정상에 참작할 만한 사유가 있는 때에는 1년 이상 5년 이하의 기간 형의 집행을 유예할 수 있지만, 500만 원 이하의 벌금형을 선고할 경우에는 집행유예를 선고할 수 없다.
② 형법 제37조 후단의 경합범 관계에 있는 두 개의 범죄에 대하여 하나의 판결로 두 개의 자유형을 선고하는 경우에 형법 제62조 제1항에 정한 집행유예의 요건에 해당하더라도 그 두 개의 징역형 중 하나의 징역형에 대하여는 실형을 선고하면서 다른 징역형에 대하여 집행유예를 선고하는 것은 허용되지 아니한다.
③ 1천만 원의 벌금형을 선고할 경우에 형법 제51조의 사항을 고려하여 뉘우치는 정상이 뚜렷하고 자격정지 이상의 형을 받은 전과가 없다면 그 형의 선고를 유예할 수 있다.
④ 법원이 집행유예 또는 선고유예를 하는 경우에 보호관찰을 받을 것을 명하거나, 사회봉사 또는 수강을 명할 수 있다.

> **해설**
>
> ① (×) 3년 이하의 징역이나 금고 또는 500만원 이하의 벌금의 형을 선고할 경우에 제51조의 사항을 참작하여 그 정상에 참작할 만한 사유가 있는 때에는 1년 이상 5년 이하의 기간 형의 집행을 유예할 수 있다(제62조 제1항).
> ② (×) 형법 제37조 후단의 경합범 관계에 있는 두 개의 범죄에 대하여 하나의 판결로 두 개의 자유형을 선고하는 경우 그 두 개의 자유형은 각각 별개의 형이므로 형법 제62조 제1항에 정한 집행유예의 요건에 해당하면 그 각 자유형에 대하여 각각 집행유예를 선고할 수 있는 것이고, 또 그 두 개의 징역형 중 하나의 징역형에 대하여는 실형을 선고하면서 다른 징역형에 대하여 집행유예를 선고하는 것도 우리 형법상 이러한 조치를 금하는 명문의 규정이 없는 이상 허용되는 것으로 보아야 한다(대판 2001.10.12, 2001도3579).
> ③ (○) 제59조 제1항 참고
> ④ (×) [1] 형의 선고를 유예하는 경우에 재범방지를 위하여 지도 및 원호가 필요한 때에는 보호관찰을 받을 것을 명할 수 있다(제59조의2 제1항)
> [2] 형의 집행을 유예하는 경우에는 보호관찰을 받을 것을 명하거나 사회봉사 또는 수강을 명할 수 있다(제62조의2 제1항) ※ 집행유예시에는 사회봉사명령 또는 수강명령을 할 수 있지만, 선고유예시에는 할 수 없다.

정답 ③

02 형벌에 관한 설명 중 옳은 것을 모두 고른 것은? (다툼이 있는 경우 판례에 의함) 24 법행

> ㉠ 형법이 집행유예 기간의 시기에 관하여 명문의 규정을 두고 있지는 않으므로, 형의 집행유예를 할 때 집행유예 기간의 시기(始期)는 법원이 재량으로 정할 수 있다.
> ㉡ 집행유예 기간 중에 범한 범죄라고 할지라도 집행유예가 실효, 취소됨이 없이 그 유예기간이 경과한 경우에는 이에 대해 다시 집행유예의 선고가 가능하다.
> ㉢ 법관이 임의적 감경사유의 존재에 따라 징역형에 대해 법률상 감경을 하는 경우 형법 제55조 제1항 제3호에 따라 법정형의 상한은 그대로 둔 채 하한만 2분의 1로 감경한 형의 범위가 임의적 처단형의 범위가 된다.
> ㉣ 법정형인 징역형과 벌금형 가운데서 벌금형을 선택하여 선고하면서 그에 대한 노역장 유치기간을 환산한 결과 선택형의 하나로 되어 있는 징역형의 장기보다 유치기간이 더 길 수 있게 되었다 하더라도 위법하다고 볼 수 없다.
> ㉤ 형의 선고를 유예하는 경우에 재범방지를 위하여 지도 및 원호가 필요한 때에는 보호관찰을 받을 것을 명할 수 있다.

① ㉠㉡㉤   ② ㉡㉢㉤   ③ ㉠㉣㉤
④ ㉡㉣㉤   ⑤ ㉠㉢㉣

[해설]

㉠ (×) 우리 형법이 집행유예기간의 시기(시기)에 관하여 명문의 규정을 두고 있지는 않지만 형사소송법 제459조가 "재판은 이 법률에 특별한 규정이 없으면 확정한 후에 집행한다."고 규정한 취지나 집행유예 제도의 본질 등에 비추어 보면 집행유예를 함에 있어 그 집행유예기간의 시기는 집행유예를 선고한 판결 확정일로 하여야 하고 법원이 판결 확정일 이후의 시점을 임의로 선택할 수는 없다(대판 2002.2.26, 2000도4637)

㉡ (○) 대판 2007.2.8, 2006도6196

㉢ (×) 형법 제55조 제1항 제3호는 "유기징역 또는 유기금고를 감경할 때에는 그 형기의 2분의 1로 한다."라고 법률상 감경의 방법을 규정하고 있는데, 유기징역형에 대한 법률상 감경을 하면서 장기 또는 단기 중 어느 하나만을 2분의 1로 감경하는 방식이나 2분의 1보다 넓은 범위의 감경을 하는 방식 등은 죄형법정주의 원칙상 허용될 수 없다(대판 2021.1.21, 2018도5475 전원합의체)

㉣ (○) 대판 2000.11.24, 2000도3945

㉤ (○) 제59조의2 제1항

정답 ④

03 집행유예와 선고유예에 대한 설명으로 옳은 것은? (다툼이 있는 경우 판례에 의함) 24 검찰9급

① 집행유예의 선고를 받은 자가 유예기간 중 고의 또는 과실로 범한 죄로 금고 이상의 실형을 선고받아 그 판결이 확정된 때에는 집행유예의 선고는 효력을 잃는다.
② 실형을 선고받고 집행종료나 집행면제 후 3년이 지나지 않은 시점에서 범한 죄에 대하여 형을 선고하는 경우뿐만 아니라, 집행유예 기간 중에 범한 죄에 대하여 형을 선고할 때 이미 집행유예가 실효 또는 취소된 경우도 형법 제62조 제1항 단서의 집행유예 결격사유에 해당한다.
③ 형의 선고를 유예하는 경우에 재범방지를 위하여 지도 및 원호가 필요한 때에는 보호관찰을 받을 것을 명하여야 하며, 보호관찰을 명한 선고유예를 받은 자가 보호관찰기간 중에 준수사항을 위반하고 그 정도가 무거운 때에는 유예한 형을 선고하여야 한다.
④ 형의 선고유예를 받은 자에 대해 유예기간 중 자격정지 이상의 형에 처한 전과가 발견된 경우 유예한 형을 선고할 수 없다.

해설

① (×) 집행유예의 선고를 받은 자가 유예기간 중 고의로 범한 죄로 금고 이상의 실형을 선고받아 그 판결이 확정된 때에는 집행유예의 선고는 효력을 잃는다(제63조). ※ 집행유예기간 중에 범한 죄는 고의범이어야 한다.
② (○) 형법 제62조 제1항 단서는 집행유예 결격사유로 '금고 이상의 형을 선고한 판결이 확정된 때부터 그 집행을 종료하거나 면제된 후 3년까지의 기간에 범한 죄에 대하여 형을 선고하는 경우'를 정하고 있다. 이는 실형을 선고받고 집행종료나 집행면제 후 3년이 지나지 않은 시점에서 범한 죄에 대하여 형을 선고하는 경우뿐만 아니라, 집행유예 기간 중에 범한 죄에 대하여 형을 선고할 때 이미 집행유예가 실효 또는 취소된 경우와 그 선고 시점에 집행유예 기간이 지나지 않아 형 선고의 효력이 실효되지 않은 채로 남아 있는 경우도 포함한다(대판 2007.2.8, 2006도6196).
③ (×) [1] 형의 선고를 유예하는 경우에 재범방지를 위하여 지도 및 원호가 필요한 때에는 보호관찰을 받을 것을 명할 수 있다(제59조의2 제1항).
[2] 보호관찰을 명한 선고유예를 받은 자가 보호관찰기간중에 준수사항을 위반하고 그 정도가 무거운 때에는 유예한 형을 선고할 수 있다(제61조 제2항).
④ (×) 형의 선고유예를 받은 자가 유예기간 중 자격정지 이상의 형에 처한 판결이 확정되거나 자격정지 이상의 형에 처한 전과가 발견된 때에는 유예한 형을 선고한다(제61조 제1항).

정답 ②

04 다음 설명 중 가장 옳지 않은 것은? (다툼이 있는 경우 판례에 의함) 24 법행

① 형의 선고유예를 받은 날로부터 2년을 경과한 때에는 면소된 것으로 간주한다.
② 형의 선고를 유예하는 경우 보호관찰을 받을 것을 명할 수 있는데, 그 경우 보호관찰의 기간은 2년 이하의 범위에서 법원이 재량에 따라 정할 수 있다.
③ 형법 제59조 제1항은 "1년 이하의 징역이나 금고, 자격정지 또는 벌금의 형을 선고할 경우에 제51조의 사항을 고려하여 뉘우치는 정상이 뚜렷할 때에는 그 형의 선고를 유예할 수 있다. 다만, 자격정지 이상의 형을 받은 전과가 있는 사람에 대해서는 예외로 한다."라고 규정하고 있는데, 형법 제39조 제1항에 따라 형법 제37조 후단 경합범 중 판결을 받지 아니한 죄에 대하여 형을 선고하는 경우 형법 제37조 후단에 규정된 '금고 이상의 형에 처한 판결이 확정된 죄'의 형도 형법 제59조 제1항 단서에서 규정한 '자격정지 이상의 형을 받은 전과'에 포함된다.
④ 형의 집행유예를 선고받은 사람이 형법 제65조에 의하여 그 선고가 실효 또는 취소됨이 없이 정해진 유예기간을 무사히 경과하여 형의 선고가 효력을 잃게 되었더라도, 이는 형의 선고의 법적 효과가 없어질 뿐이고 형의 선고가 있었다는 기왕의 사실 자체까지 없어지는 것은 아니므로, 그는 형법 제59조 제1항 단서에서 정한 선고유예 결격사유인 '자격정지 이상의 형을 받은 전과가 있는 사람'에 해당한다고 보아야 한다.
⑤ 형의 선고유예를 받은 자가 유예기간 중 자격정지 이상의 형에 처한 판결이 확정되거나 자격정지 이상의 형에 처한 전과가 발견된 때에는 유예한 형을 선고한다.

> **해설**
>
> ① (○) 제60조
> ② (×) [1] 형의 선고를 유예하는 경우에 재범방지를 위하여 지도 및 원호가 필요한 때에는 보호관찰을 받을 것을 명할 수 있다(제59조의2 제1항)
> [2] 선고유예의 보호관찰의 기간은 <u>1년</u>으로 한다(제59조의2 제2항)
> ③ (○) 대판 2010.7.8, 2010도931
> ④ (○) 대판 2003.12.26, 2003도3768
> ⑤ (○) 제61조 제1항
>
> 정답 ②

05 선고유예·집행유예·가석방에 관한 설명 중 가장 적절하지 않은 것은? (다툼이 있는 경우 판례에 의함)

23 경찰채용

① 집행유예의 선고를 받은 후 그 선고의 실효 또는 취소됨이 없이 유예기간을 경과한 때에는 형법 제65조가 정하는 바에 따라 형의 선고는 효력을 잃는 것이고, 그와 같이 유예기간이 경과 함으로써 형의 선고가 효력을 잃은 후에는 형법 제62조 단행의 사유가 발각되었다고 하더라도 그와 같은 이유로 집행유예를 취소할 수 없고 그대로 유예기간 경과의 효과가 발생한다.

② 1년 이하의 징역이나 금고, 자격정지, 벌금 또는 구류의 형을 선고할 경우에 형법 제51조의 사항을 고려하여 뉘우치는 정상이 뚜렷할 때에는 그 형의 선고를 유예할 수 있지만, 자격정지 이상의 형을 받은 전과가 있는 사람에 대해서는 그러하지 아니하다.

③ 형법 제62조의2의 규정에 의하여 보호관찰이나 사회봉사 또는 수강을 명한 집행유예를 받은 자가 준수사항이나 명령을 위반한 경우에 그 위반사실이 동시에 범죄행위로 되더라도 그 기소나 재판의 확정 여부 등 형사절차와는 별도로 법원이 「보호관찰 등에 관한 법률」에 의한 검사의 청구에 의하여 형법 제64조 제2항에 규정된 집행유예 취소의 요건에 해당하는가를 심리하여 준수 사항이나 명령 위반사실이 인정되고 위반의 정도가 무거운 때에는 집행유예를 취소할 수 있다.

④ 형법에 의하면 징역이나 금고의 집행 중에 있는 사람이 행상(行狀)이 양호하여 뉘우침이 뚜렷한 때에는 무기형은 20년, 유기형은 형기의 3분의 1이 지난 후 행정처분으로 가석방을 할 수 있다. 벌금 과료가 병과되어 있는 때에는 그 금액을 완납하여야 하며, 벌금이나 과료에 관한 노역장 유치기간에 산입된 판결선고 전 구금일수는 그에 해당하는 금액이 납입된 것으로 본다.

> **해설**
>
> ① (○) 대결 1999.1.12, 98모151
> ② (×) 1년 이하의 징역이나 금고, 자격정지, 벌금의 형을 선고할 경우에 형법 제51조의 사항을 고려하여 뉘우치는 정상이 뚜렷할 때에는 그 형의 선고를 유예할 수 있다. 다만, 자격정지 이상의 형을 받은 전과가 있는 사람에 대해서는 예외로 한다(제59조 제1항) ※ **구류형에 대해서는 선고유예를 할 수 없다.**
> ③ (○) 대결 1999.3.10, 99모33
> ④ (○) 제72조 제1항·제2항, 제73조 제2항

정답 ②

06 형벌에 대한 설명으로 옳지 않은 것은? (다툼이 있는 경우 판례에 의함)   23 검찰9급

① 형을 가중·감경할 사유가 경합하는 경우에는 각칙 조문에 따른 가중, 형법 제34조 제2항에 따른 가중, 누범 가중, 경합범 가중, 법률상 감경, 정상참작감경의 순으로 한다.
② 판결선고전의 구금일수는 그 전부를 유기징역, 유기금고, 벌금이나 과료에 관한 유치 또는 구류에 산입한다.
③ 형을 병과할 경우에도 형의 전부 또는 일부에 대하여 선고를 유예할 수 있다.
④ 형의 선고를 유예하는 경우에 재범방지를 위하여 지도 및 원호가 필요한 때에는 보호관찰을 받을 것을 명할 수 있다.

해설

① (×) 형을 가중·감경할 사유가 경합하는 경우에는 각칙 조문에 따른 가중 → 형법 제34조 제2항에 따른 가중 → 누범 가중 → 법률상 감경 → 경합범 가중 → 정상참작감경의 순서로 한다(제56조 참고)
② (○) 제57조 제1항
③ (○) 제59조 제2항
④ (○) 제59조의2 제1항

정답 ①

제5절 형의 시효·소멸·기간

01 형의 시효·소멸에 관한 설명으로 가장 적절하지 않은 것은? (다툼이 있는 경우 판례에 의함)

23 경간

① 3년 미만의 징역이나 금고 또는 5년 이상의 자격정지의 형을 선고하는 재판이 확정된 후 그 집행을 받지 아니하고 7년의 기간이 지나면 형의 시효는 완성된다.
② 징역형의 집행유예와 벌금형의 병과를 선고받은 자에 대하여 징역형의 집행유예의 효력을 상실케 하는 특별사면이 있었다면 그 벌금형 역시 선고의 효력이 상실된다.
③ 형의 시효는 형의 집행의 유예나 정지 또는 가석방 기타 집행할 수 없는 기간은 진행되지 아니한다.
④ 형의 시효는 형이 확정된 후 그 형의 집행을 받지 아니한 자가 형의 집행을 면할 목적으로 국외에 있는 기간 동안은 진행되지 아니한다.

> **해설**
>
> ① (○) 제78조 제5호
> ② (×) [1] 여러 개의 형이 병과된 사람에 대하여 그 병과형 중 일부의 집행을 면제하거나 그에 대한 형의 선고의 효력을 상실케 하는 특별사면이 있은 경우 그 특별사면의 효력이 병과된 나머지 형에까지 미치는 것은 아니다.
> [2] 징역형의 집행유예와 벌금형이 병과된 후 징역형의 집행유예의 효력을 상실케 하는 내용의 특별사면이 있는 경우 그 벌금형의 선고의 효력까지 상실케 하는 것은 아니다(대결 1997. 10.13, 96모33). ※ 병과형의 일부에 대한 특별사면은 개별적인 효력만 있고, 병과형에는 영향이 없다.
> ③ (○) 제79조 제1항
> ④ (○) 제79조 제2항

정답 ②

02 사면, 복권에 관한 설명 중 옳지 않은 것은 모두 몇 개인가? (다툼이 있는 경우 판례에 의함)

23 법행

> ㉠ 여러 개의 형이 병과된 사람에 대하여 그 병과형 중 일부의 집행을 면제하거나 그에 대한 형의 선고의 효력을 상실케 하는 특별사면이 있은 경우, 그 특별사면의 효력이 병과된 나머지 형에까지 미치는 것은 아니다.
> ㉡ 형의 선고를 받은 자가 특별사면을 받아 형의 집행을 면제받고, 또 후에 복권이 되었다 하더라도 형의 선고의 효력이 상실되는 것은 아니지만, 복권이 된 이상 누범의 기초가 되는 전과에는 포함되지 아니한다.
> ㉢ 확정판결의 죄에 대하여 일반사면이 있다 하더라도 일사부재리의 효력 등은 여전히 계속 존속하는 것이고, 확정판결이 있었던 사실에 의하여 그 전의 죄와 후의 죄 등이 형법 제37조 후단의 경합범관계에 있었다고 하는 효과에도 영향이 있다고 할 수 없다.

① 없음   ② 1개   ③ 2개   ④ 3개

해설

㉠ (○) 대결 1997.10.13. 96모33
㉡ (×) 형의 선고를 받은 자가 특별사면을 받아 형의 집행을 면제받고 또 후에 복권이 되었다 하더라도 형의 선고의 효력이 상실되는 것은 아니므로, 실형을 선고받아 복역하다가 특별사면으로 출소한 후 3년 이내에 다시 범죄를 저지른 자에 대한 누범가중은 정당하다(대판 1986.11.11. 86도2004)
㉢ (○) 확정판결의 죄에 대하여 일반사면이 있다 하더라도 일사부재리의 효력 등은 여전히 계속 존속하는 것이고, 확정판결이 있었던 사실에 의하여 그 전의 죄와 후의 죄 등이 형법 제37조 후단의 경합범관계에 있었다고 하는 효과도 일반사면에 의하여 좌우되는 것은 아니다(대판 1995.12.22. 95도2446)

정답 ②

형법 각론
형사법 II

PART 01

최신 3개년 **기출문제집**
cafe.naver. 김종욱형사법

개인적 법익에 대한 죄

01 생명과 신체에 대한 죄

제1절 살인의 죄

01 생명과 신체에 대한 죄에 관한 설명으로 가장 적절하지 않은 것은? (다툼이 있는 경우 판례에 의함)
24 경찰승진

① 산부인과 의사 甲의 업무상 과실로 임신 32주의 임산부 A의 배 속에 있는 태아를 사망에 이르게 한 경우, 甲에게 A에 대한 업무상과실치상죄가 성립할 수 없다.
② 甲이 인터넷 사이트 내 자살 관련 카페 게시판에 청산염 등 자살용 유독물의 판매공고를 하였더라도 그것이 단지 금원 편취 목적의 사기 행각의 일환으로 이루어졌고, 변사자들이 다른 경로로 입수한 청산염을 이용하여 자살하였다면, 甲의 행위는 자살방조죄에 해당하지 않는다.
③ 甲이 A를 살해하기 위하여 사람들을 고용하면서 그들에게 대가지급을 약속한 행위는 살인죄의 실현을 위한 준비행위에 이르렀다고 볼 수 있으므로, 甲에게 살인예비죄가 성립할 수 있다.
④ 甲이 7세, 3세 남짓한 어린 자식들에게 함께 죽자고 권유하여 물속에 따라 들어오게 해 결국 죽음에 이르게 했다 하더라도 甲이 자식들을 물속에 직접 밀어서 빠뜨리지 않은 이상, 甲에게 살인죄를 인정할 수 없다.

> **해설**
> ① (○) 대판 2009.7.9, 2009도1025
> ② (○) 대판 2005.6.10, 2005도1373
> ③ (○) 대판 2009.10.29, 2009도7150
> ④ (×) 살인죄의 간접정범이 성립한다(대판 1987.1.20, 86도2395)

정답 ④

02 살인의 죄에 대한 설명 중 가장 적절한 것은? (다툼이 있는 경우 판례에 의함) 23 경찰승진

① 사람의 시기(始期)는 규칙적인 진통을 동반하면서 분만이 개시된 때를 말하는데, 제왕절개 수술의 경우에는 '의학적으로 제왕절개 수술이 가능하였고 규범적으로 수술이 필요하였던 시기'를 분만의 시기로 볼 수 있다.
② 살인죄의 고의는 살해의 목적이나 계획적인 의도가 있어야만 인정되고, 사망의 결과에 대한 예견 또는 인식이 불확정적인 경우에는 살인의 범의가 인정될 수 없다.
③ 혼인 외의 출생자와 생모 간에는 생모의 인지나 출생신고를 기다리지 않고 당연히 법률상의 친족관계가 성립하므로 혼인 외의 자가 생모를 살해한 때에는 존속살해죄가 성립한다.
④ 살인예비죄가 성립하기 위해서는 살인죄의 실현을 위한 준비 행위가 있어야 하는데, 이때 준비행위는 객관적으로 보아 살인죄의 실현에 실질적으로 기여할 수 있는 외적 행위일 필요는 없고, 단순한 범행의 의사 또는 계획이면 족하다.

> **해설**
>
> ① (×) 제왕절개 수술의 경우 '의학적으로 제왕절개 수술이 가능하였고 규범적으로 수술이 필요하였던 시기'는 판단하는 사람 및 상황에 따라 다를 수 있어 분만개시 시점 즉, 사람의 시기(始期)도 불명확하게 되므로 이 시점을 분만의 시기로 볼 수는 없다(대판 2007.6.29, 2005도3832)
> ② (×) 살인죄에서 살인의 범의는 반드시 살해의 목적이나 계획적인 살해의 의도가 있어야 인정되는 것은 아니고, 자기의 행위로 인하여 타인의 사망이라는 결과를 발생시킬 만한 가능성 또는 위험이 있음을 인식하거나 예견하면 족한 것이며 그 인식이나 예견은 확정적인 것은 물론 불확정적인 것이라도 이른바 미필적 고의로 인정된다(대판 2008.3.27, 2008도507)
> ③ (○) 대판 1980.9.9, 80도1731
> ④ (×) 살인예비죄가 성립하기 위하여는 살인죄를 범할 목적 외에도 살인의 준비에 관한 고의가 있어야 하며, 나아가 실행의 착수까지에는 이르지 아니하는 살인죄의 실현을 위한 준비행위가 있어야 한다. 여기서의 준비행위는 물적인 것에 한정되지 아니하며 특별한 정형이 있는 것도 아니지만, 단순히 범행의 의사 또는 계획만으로는 그것이 있다고 할 수 없고 객관적으로 보아서 살인죄의 실현에 실질적으로 기여할 수 있는 외적 행위를 필요로 한다(대판 2009.10.29, 2009도7150)

정답 ③

제2절 상해와 폭행의 죄

01 다음 설명 중 가장 적절하지 않은 것은? (다툼이 있는 경우 판례에 의함) 23 경찰채용

① 살인예비죄가 성립하기 위하여는 살인죄를 범할 목적 외에도 살인의 준비에 관한 고의가 있어야 한다.
② 자살의 의미를 이해할 능력이 없고 자신의 말은 무엇이나 복종하는 어린 자식을 권유하여 익사하게 하였다면, 물속에 직접 밀어서 빠뜨린 것이 아니더라도 형법 제253조의 위계에 의한 살인죄가 성립한다.
③ 시간적 차이가 있는 2인 이상의 독립된 상해행위가 경합하여 사망의 결과가 일어난 경우에 그 원인된 행위가 판명되지 아니한 때에는 공동정범의 예에 의하여야 한다.
④ 단순폭행, 존속폭행의 범행이 동일한 폭행 습벽의 발현에 의한 것으로 인정되어 상습존속폭행죄로 처벌되는 경우 피해자의 명시한 의사에 반하여도 공소를 제기할 수 있다.

> **해설**
> ① (○) 대판 2009.10.29, 2009도7150
> ② (×) 7세, 3세 남짓 된 어린 자식들에게 함께 죽자고 권유하여 물속으로 따라 들어오게 하여 어린 자식들을 익사하게 한 경우에 살인죄의 간접정범이 성립한다(대판 1987.1.20, 86도2395)
> ③ (○) 대판 2000.7.28, 2000도2466
> ④ (○) 대판 2018.4.24, 2017도10956

정답 ②

02 상해의 죄에 관한 설명으로 가장 적절하지 않은 것은? (다툼이 있는 경우 판례에 의함)

23 경간

① 甲이 강간하려고 A의 반항을 억압하는 과정에서 주먹으로 A의 얼굴과 머리를 몇 차례 때려 A가 코피를 흘리고 콧등이 부은 경우라도, A가 병원치료를 받지 않아도 일상생활에 지장이 없고 또 자연적으로 치료될 수 있는 것이라면, 甲의 행위로 인해 A의 신체의 완전성이 손상되고 생활기능에 장애가 왔다거나 건강상태가 불량하게 변경되었다고 보기 어려워 강간치상죄의 '상해'에 해당하지 않는다.

② 상해죄에서 '상해'는 피해자의 신체의 완전성을 훼손하거나 생리적 기능에 장애를 초래하였는지를 객관적·일률적으로 판단할 것이 아니라 피해자의 신체·정신상의 구체적인 상태나 신체·정신상의 변화와 내용 및 정도를 종합적으로 고려하여 판단하여야 한다.

③ 피고인으로부터 왼쪽 젖가슴을 꽉 움켜잡힘으로 인하여 왼쪽 젖가슴에 약 10일간의 치료를 요하는 좌상을 입고, 심한 압통과 약간의 종창이 있어 그 치료를 위하여 병원에서 주사를 맞고 3일간 투약을 한 경우, 피해자는 위와 같은 상처로 인하여 신체의 건강상태가 불량하게 변경되고 생활기능에 장애가 초래되었다 할 것이어서 이는 강제추행치상죄에 있어서의 '상해'의 개념에 해당한다 할 것이다.

④ 오랜 시간 동안의 협박과 폭행을 이기지 못하고 실신한 피해자가 범인들이 불러온 구급차 안에서야 정신을 차리게 되었다면, 비록 외부적으로 어떤 상처가 발생하지 않았다고 하더라도 생리적 기능에 훼손을 입어 신체에 대한 '상해'가 있었다고 봄이 상당하다.

> **해설**
>
> ① (×) 비록 병원에서 치료를 받지 않더라도 일상생활에 지장이 없고 또 자연적으로 치료될 수 있는 것이라 하더라도 강간치상죄에 있어서의 상해에 해당한다(대판 1991.10.22, 91도1832)
> ② (○) 대판 2017.6.29, 2017도3196
> ③ (○) 대판 2000.2.11, 99도4794
> ④ (○) 대판 1996.12.10, 96도2529

정답 ①

03 상해와 폭행의 죄에 관한 설명으로 가장 적절하지 않은 것은? (다툼이 있는 경우 판례에 의함)

24 경찰승진

① 거리상 멀리 떨어져 있는 사람에게 전화기를 이용하여 전화하면서 고성을 내거나 그 전화 대화를 녹음 후 듣게 하더라도 수화자의 청각기관을 자극하여 그 수화자로 하여금 고통스럽게 느끼게 할 정도의 음향이 아닌 경우에는 신체에 대한 유형력의 행사를 한 것으로 보기 어렵다.
② 상해를 입힌 행위가 동일한 일시, 장소에서 동일한 목적으로 저질러진 것이라 하더라도 피해자를 달리하고 있으면 피해자별로 각각 별개의 상해죄가 성립된다.
③ 오랜 시간 동안의 협박과 폭행을 이기지 못하고 실신하여 범인들이 불러온 구급차 안에서야 정신을 차리게 되었다면 외부적으로 어떤 상처가 발생하지 않아도 상해가 인정된다.
④ 산부인과 의사가 난소가 이미 제거되어 임신불능 상태에 있는 피해자의 자궁을 적출했다 하더라도 자궁을 제거한 것이 신체의 완전성을 해한 것이거나 생활기능에 아무런 장애를 주는 것이 아니고 건강 상태를 불량하게 변경한 것도 아니라고 할 것이므로, 업무상 과실치상죄에 있어서의 상해에 해당하지 않는다.

해설

① (○) 대판 2003.1.10, 2000도5716
② (○) 대판 1983.4.26, 83도524
③ (○) 대판 1996.12.10, 96도2529
④ (×) 난소의 제거로 이미 임신불능 상태에 있는 피해자의 자궁을 적출했다 하더라도 그 경우 자궁을 제거한 것이 신체의 완전성을 해한 것이 아니라거나 생활기능에 아무런 장애를 주는 것이 아니라거나 건강상태를 불량하게 변경한 것이 아니라고 할 수 없고 이는 업무상 과실치상죄에 있어서의 상해에 해당한다(대판 1993.7.27, 92도2345).

정답 ④

04 다음 중 가장 적절한 것은? (다툼이 있는 경우 판례에 의함) 23 경찰채용

① 폭행치사죄와 상해치사죄까지 형법 제263조(동시범)를 적용하면 피고인에게 불리한 유추적용이 되므로 동 규정의 적용은 배제되어야 한다.
② 공무집행방해죄에서의 '폭행'은 사람에 대한 유형력의 행사로 족하고 반드시 그 신체에 대한 것임을 요하지 아니하며, 또한 추상적 위험범으로서 구체적으로 직무집행의 방해라는 결과발생을 요하지도 아니한다.
③ 살인예비죄가 성립하기 위한 '준비행위'는 물적인 것에 한정되지 아니하며 특별한 정형이 있는 것도 아니어서 단순히 범행의 의사 또는 계획만으로도 충분하므로, 객관적으로 보아 살인죄의 실현에 실질적으로 기여할 수 있는 외적 행위를 필요로 하는 것은 아니다.
④ 甲이 상습으로 A를 폭행하고, 자신의 어머니 B를 존속폭행하였다는 내용으로 기소된 사안에서, 甲에게 폭행 범행을 반복하여 저지르는 습벽이 있고 이러한 습벽에 의하여 단순폭행, 존속폭행 범행을 저지른 사실이 인정된다면 단순폭행, 존속폭행의 각 죄별로 상습성을 판단하여야 한다.

> **해설**
>
> ① (×) 시간적 차이가 있는 독립된 상해행위나 폭행행위가 경합하여 사망의 결과가 일어나고 그 사망의 원인된 행위가 판명되지 않은 경우에는 공동정범의 예에 의하여 처벌할 것이다 (대판 2000.7.28, 2000도2466)
> ② (○) 대판 2018.3.29, 2017도21537
> ③ (×) 살인예비죄가 성립하기 위한 준비행위는 단순히 범행의 의사 또는 계획만으로는 부족하고 객관적으로 보아서 살인죄의 실현에 실질적으로 기여할 수 있는 외적 행위를 필요로 한다 (대판 2009.10.29, 2009도7150)
> ④ (×) 단순폭행, 존속폭행의 범행이 동일한 폭행 습벽의 발현에 의한 것으로 인정되는 경우에 그 중 법정형이 더 중한 상습존속폭행죄에 나머지 행위를 포괄하여 하나의 죄만 성립한다 (대판 2018.4.24, 2017도10956)

정답 ②

05 상해와 폭행의 죄에 관한 설명 중 가장 옳지 않은 것은? (다툼이 있는 경우 판례에 의함)

24 법행

① 직계존속인 피해자를 폭행하고, 상해를 가한 것이 존속에 대한 동일한 폭력 습벽의 발현에 의한 것으로 인정되는 경우, 그중 법정형이 더 중한 상습존속상해죄에 나머지 행위들을 포괄시켜 하나의 죄만이 성립한다.
② 군인 등이 대한민국의 국군이 군사작전을 수행하기 위한 근거지에서 군인 등을 폭행했다면 그곳이 대한민국의 영토 내인지, 외국군의 군사기지인지 등과 관계없이 군형법 제60조의6 제1호에 따라 형법 제260조 제3항이 적용되지 않는다.
③ 형법 제263조의 동시범 규정은 강간치상죄에는 적용할 수 없으나, 상해치사죄에는 적용된다.
④ 피고인이 상습으로 甲을 단순폭행하고, 어머니인 乙을 존속폭행한 경우 각 범행이 동일한 폭행 습벽의 발현에 의한 것으로 인정되는 경우, 그중 법정형이 더 중한 상습존속폭행죄에 나머지 행위를 포괄하여 하나의 죄만이 성립한다고 봄이 타당하나, 만일 乙이 제1심판결 선고 전에 처벌을 원하지 않는다는 의사를 밝힌 경우에는 상습존속폭행죄에 대하여 공소기각 판결을 선고하여야 한다.

> **해설**
>
> ① (○) 대판 2003.2.28, 2002도7335
> ② (○) 대판 2023.6.15, 2020도927
> ③ (○) [1] 동시범의 특례를 규정한 형법 제263조는 강간치상죄에는 적용할 수 없다(대판 1984.4.24, 84도372)
> [2] 동시범의 특례를 규정한 형법 제263조는 상해치사죄에도 적용된다(대판 1985.5.14, 84도2118)
> ④ (×) [1] 단순폭행, 존속폭행의 범행이 동일한 폭행 습벽의 발현에 의한 것으로 인정되는 경우에 그 중 법정형이 더 중한 상습존속폭행죄에 나머지 행위를 포괄하여 하나의 죄만 성립한다(대판 2018.4.24, 2017도10956)
> [2] 상습존속폭행죄는 반의사불벌죄가 아니므로 비록 乙이 제1심판결 선고 전에 처벌을 원하지 않는다는 의사를 밝힌 경우라도 법원은 공소기각판결을 선고할 수 없다.

정답 ④

06 다음 설명 중 가장 옳지 않은 것은? (다툼이 있는 경우 판례에 의함) 23 해경승진

① 폭행에 수반된 상처가 극히 경미한 것으로서 굳이 치료할 필요가 없어서 자연적으로 치유되며 일상생활을 하는데 아무런 지장이 없는 경우에는 상해죄의 상해에 해당되지 아니한다고 할 수 있을 터이나, 이는 폭행이 없어도 일상생활 중 통상 발생할 수 있는 상처와 같은 정도임을 전제로 하는 것이므로 그러한 정도를 넘는 상처가 폭행에 의하여 생긴 경우라면 상해에 해당된다.

② 폭행죄의 상습성은 폭행 범행을 반복하여 저지르는 습벽을 말하는 것으로서, 동종 전과의 유무와 그 사건 범행의 횟수, 기간, 동기 및 수단과 방법 등을 종합적으로 고려하여 상습성 유무를 결정하여야 하고, 단순폭행, 존속폭행의 범행이 동일한 폭행 습벽의 발현에 의한 것으로 인정되는 경우, 그 중 법정형이 더 중한 상습존속폭행죄에 나머지 행위를 포괄하여 하나의 죄만이 성립한다고 봄이 타당하다.

③ 강요죄는 폭행 또는 협박으로 사람의 권리행사를 방해하거나 의무 없는 일을 하게 하는 범죄이다. 여기에서 협박은 객관적으로 사람의 의사결정의 자유를 제한하거나 의사실행의 자유를 방해할 정도로 겁을 먹게 할 만한 해악을 고지하는 것을 말한다. 이와 같은 협박이 인정되기 위해서는 발생 가능한 것으로 생각할 수 있는 정도의 구체적인 해악의 고지가 있어야 한다.

④ 피고인이 혼자 술을 마시던 중 甲정당이 국회에서 예산안을 강행처리하였다는 것에 화가 나서 공중전화를 이용하여 경찰서에 여러 차례 전화를 걸어 전화를 받은 각 경찰관에게 경찰서 관할구역 내에 있는 甲정당의 당사를 폭파하겠다는 말을 하였다면 각 경찰관에 대한 협박죄를 구성한다.

> **해설**
>
> ① (○) 대판 2008.11.13, 2007도9794
> ② (○) 대판 2018.4.24, 2017도10956
> ③ (○) 대판 2019.8.29, 2018도13792 전원합의체
> ④ (×) 피고인은 甲정당에 관한 해악을 고지한 것이므로 각 경찰관 개인에 관한 해악을 고지하였다고 할 수 없고, 다른 특별한 사정이 없는 한 일반적으로 甲정당에 대한 해악의 고지가 각 경찰관 개인에게 공포심을 일으킬 만큼 서로 밀접한 관계에 있다고 보기 어렵다(대판 2012.8.17, 2011도10451)

정답 ④

07 폭행의 죄에 있어서 '위험한 물건'에 해당하는 것은? (다툼이 있는 경우 판례에 의함)

24 경찰채용

① 국회의원이 한미 자유무역협정 비준동의안의 국회 본회의 심리를 막기 위하여 의장석 앞 발언대 뒤에서 CS최루분말 비산형 최루탄 1개를 터뜨리고 최루탄 몸체에 남아있는 최루분말을 국회부의장에게 뿌린 경우, 그 최루탄과 최루분말
② 당구장에서 피해자가 시끄럽게 떠든다는 이유로, 주먹으로 피해자의 얼굴 부위를 1회 때리고 당구대 위에 놓여있던 당구공으로 피해자의 머리 부위를 툭툭 건드린 경우, 그 당구공
③ 경륜장 사무실에서 술에 취해 소란을 피우면서 소화기를 집어던졌지만, 특정인을 겨냥하여 던진 것이 아니어서 피해자들이 상해를 입지 않은 경우, 그 소화기
④ 이혼 분쟁 과정에서 자신의 아들을 승낙 없이 중형자동차에 태우고 떠나려고 하는 피해자들 일행을 상대로 급하게 추격 또는 제지하는 과정에서 소형자동차로 중형자동차를 충격하였으나, 차량 속도가 빠르지 않았으며 상대방 차량의 손괴 정도나 피해자들이 입은 상해의 정도가 경미한 경우, 그 소형자동차

> **해설**
>
> ① (위험한 물건 ○) 회의 진행을 막기 위하여 의장석 앞 발언대 뒤에서 최루탄을 터뜨리고 최루탄 몸체에 남아있는 최루 분말을 회의 진행을 하던 의장에게 뿌린 경우 위 최루탄과 최루분말은 사회 통념에 비추어 '위험한 물건'에 해당한다(대판 2014.6.12, 2014도1894).
> ② (위험한 물건 ×) 당구공으로는 피해자의 머리를 툭툭 건드린 정도에 불과한 것이라면 위 '당구공'은 위험한 물건에는 해당하지 아니한다(대판 2008.1.17, 2007도9624).
> ③ (위험한 물건 ×) 甲은 경륜장 사무실에서 소화기들을 던지며 소란을 피웠는데 특정인을 겨냥하여 던진 것으로는 보이지 아니하는 점, 피해자들이 상해를 입지 않은 점 등의 여러 사정을 종합하면, 이때 '소화기'는 폭력행위 등 처벌에 관한 법률 제3조 제1항의 '위험한 물건'에 해당하지 않는다(대판 2010.4.29, 2010도930) ※ 폭처법 제3조 제1항은 위헌판결로 개정 삭제되었다.
> ④ (위험한 물건 ×) 피고인의 범행이 소형승용차로 중형승용차를 충격한 것이고, 충격할 당시 두 차량 모두 정차하여 있다가 막 출발하는 상태로서 차량 속도가 빠르지 않았으며 상대방 차량의 손괴 정도가 그다지 심하지 아니한 점 등을 종합하면 피고인의 자동차 운행으로 인하여 사회통념상 상대방이나 제3자가 생명 또는 신체에 위험을 느꼈다고 보기 어렵다(대판 2009.3.26, 2007도3520).

정답 ①

제3절 과실치사상의 죄

01 업무상과실치사상죄에 관한 설명으로 가장 적절하지 않은 것은? (다툼이 있는 경우 판례에 의함)

23 경간

① 초등학교 6학년생이 수영장 안에 엎어져 있는 것을 수영장 안전요원이 발견하여 인공호흡을 실시한 뒤 의료기관에 후송하였으나 후송도중 사망한 경우, 그 사망의 원인이 구체적으로 밝혀지지 않은 상태에서 수영장 안전요원과 수영장 관리책임자에게 업무상주의의무를 게을리 한 과실이 있다고 볼 수 없다.

② 화물차주 甲이 화물차를 주차하고 적재함에 적재된 토마토 상자를 운반하던 중 적재된 상자 일부가 떨어지면서 지나가던 A에게 상해를 입힌 경우, 「교통사고처리특례법」에 정한 '교통사고'에 해당하여 업무상과실치상죄가 성립한다.

③ 내과의사가 신경과 전문의에 대한 협의진료결과와 환자에 대한 진료경과 등을 신뢰하여 뇌혈관계통 질환의 가능성을 염두에 두지 않고 내과 영역의 진료행위를 계속하다가 환자의 뇌지주막하출혈을 발견하지 못하여 식물상태에 이르게 한 경우, 업무상주의의무위반이 인정되지 않는다.

④ 간호사가 의사의 처방에 의한 정맥주사(Side Injection 방식)를 의사의 입회 없이 간호실습생에게 실시하게 하여 의료사고가 발생한 경우, 그 사고에 대한 의사의 과실은 부정된다.

> **해설**
>
> ① (○) 대판 2002.4.9, 2001도6601
> ② (×) 화물차를 주차하고 적재함에 적재된 토마토 상자를 운반하던 중 적재된 상자 일부가 떨어지면서 지나가던 피해자에게 상해를 입힌 경우, 교통사고처리 특례법에 정한 '교통사고'에 해당하지 않아 업무상과실치상죄가 성립한다(대판 2009.7.9, 2009도2390)
> ③ (○) 대판 2003.1.10, 2001도3292
> ④ (○) 대판 2003.8.19, 2001도3667

정답 ②

02 과실치사상의 죄에 관한 설명으로 가장 적절하지 않은 것은? (다툼이 있는 경우 판례에 의함)

23 경찰채용

① 4층 건물의 2층 내부 벽면에 설치된 분전반을 통해 3층과 4층으로 가설된 전선이 합선으로 단락되어 화재가 나 상해가 발생한 사안에서, 단지 4층 건물의 소유자로서 위 건물 2층을 임대하였다는 사정만으로는 업무상과실치상죄에 있어서의 '업무'로 보기 어렵다.

② 고속도로를 무단횡단하는 보행자를 충격하여 사고를 발생시킨 경우라도 운전자가 상당한 거리에서 보행자의 무단횡단을 미리 예상할 수 있는 사정이 있었고, 그에 따라 즉시 감속하거나 급제동하는 등의 조치를 취하였다면 보행자와의 충돌을 피할 수 있었다는 등의 특별한 사정이 인정되는 경우에는 자동차 운전자의 과실을 인정할 수 있다.

③ 야간 당직간호사가 담당 환자의 심근경색 증상을 당직의사에게 제대로 보고하지 않음으로써 당직의사가 필요한 조치를 취하지 못한 채 환자가 사망하였다면 병원의 야간당직 운영체계상 당직의사에게도 업무상 과실이 있다.

④ 의사가 환자에 대하여 주된 의사의 지위에서 진료하는 경우라도 자신은 환자의 수술이나 시술에 전념하고 마취과 의사로 하여금 마취와 환자 감시 등을 담당토록 하는 경우처럼 서로 대등한 지위에서 각자의 의료영역을 나누어 환자 진료의 일부를 분담하였다면, 진료를 분담받은 다른 의사의 전적인 과실로 환자에게 발생한 결과에 대하여는 주된 의사의 책임을 인정할 수 없다.

> **해설**
>
> ① (○) 대판 2009.5.28, 2009도1040
> ② (○) 대판 2000.9.5, 2000도2671
> ③ (×) 야간 당직간호사가 담당 환자의 심근경색 증상을 당직의사에게 제대로 보고하지 않음으로써 당직의사가 필요한 조치를 취하지 못한 채 환자가 사망한 경우, 병원의 야간당직 운영체계상 당직간호사에게 환자의 사망을 예견하거나 회피하지 못한 업무상 과실이 있고, 당직의사에게는 업무상 과실을 인정하기 어렵다(대판 2007.9.20, 2006도294)
> ④ (○) 대판 2022.12.1, 2022도1499

정답 ③

제4절 유기와 학대의 죄

01 유기죄에 관한 설명으로 옳은 것을 모두 고른 것은? (다툼이 있는 경우 판례에 의함)

24 경찰승진

> ㉠ 甲은 자신의 주점에 손님으로 와서 수일 동안 식사는 한 끼도 하지 않은 채 계속하여 술을 마시고 만취한 피해자를 추운 날씨에 주점 내에 그대로 방치하여 저체온증 등으로 사망에 이르게 한 경우, 甲에게 유기치사죄가 성립한다.
> ㉡ 강간치상의 범행을 저지른 자가 그 범행으로 인하여 실신 상태에 있는 피해자를 구호하지 아니하고 방치한 경우 강간치상죄와 유기죄가 성립한다.
> ㉢ 유기죄에서 '계약상 의무'는 계약에 기한 주된 급부의무가 도움을 제공하는 것인 경우에 한정된다.
> ㉣ 사실혼 관계에 있는 사람들 사이에서 유기죄가 성립하기 위해서는 단순한 동거 또는 간헐적인 정교 관계를 맺고 있다는 사정만으로는 부족하고, 그 당사자 사이에 혼인 의사가 있고 사회관념상 혼인생활의 실체가 존재해야 한다.

① ㉠㉡　　② ㉠㉢　　③ ㉠㉣　　④ ㉢㉣

해설

㉠ (○) 대판 2011.11.24, 2011도12302
㉡ (×) 그 행위는 포괄적으로 단일의 강간치상죄만을 구성하며 별도로 유기죄는 성립하지 않는다(대판 1980.6.24, 80도726)
㉢ (×) 유기죄에서의 '계약상 의무'는 간호사나 보모와 같이 **계약에 기한 주된 급부의무가 부조를 제공하는 것인 경우에 반드시 한정되지 아니하며**, 계약의 해석상 계약관계의 목적이 달성될 수 있도록 상대방의 신체 또는 생명에 대하여 주의와 배려를 한다는 **부수적 의무의 한 내용으로 상대방을 부조하여야 하는 경우를 배제하는 것은 아니라고 할 것이다**(대판 2011.11.24, 2011도12302)
㉣ (○) 대판 2008.2.14, 2007도3952

정답 ③

02 유기죄에 대한 설명으로 옳지 않은 것은? (다툼이 있는 경우 판례에 의함) 24 검찰9급

① 사실혼 관계가 인정되는 경우에도 민법 규정의 취지 및 유기죄의 보호법익에 비추어 법률상 보호의무의 존재를 긍정하여야 한다.
② 형법 제271조 제3항의 중유기죄는 유기죄를 지어 사람의 생명 또는 신체에 위험을 발생하게 한 경우에 성립한다.
③ 유기죄의 계약상 의무는 계약에 기한 주된 부조의무에 한정되지 아니하며, 계약의 목적 달성을 위해 상대방의 생명·신체에 주의와 배려를 한다는 부수의무로서의 민사적 부조의무 또는 보호의무를 배제하는 것은 아니다.
④ 유기치사상죄에서 유기행위와 피해자의 사상이라는 결과 사이에 제3자의 행위가 일부 기여하였다고 할지라도 유기행위로 초래된 위험이 사상이라는 결과로 현실화된 경우라면 상당인과관계를 인정할 수 있다.

> **해설**
> ① (○) 대판 2008.2.14, 2007도3952
> ② (×) 중유기죄는 유기죄를 범하여 사람의 생명에 대한 위험을 발생하게 한 경우에 성립한다 (제271조 제3항) ※ 신체에 대한 위험발생은 포함되지 않는다.
> ③ (○) 대판 2011.11.24, 2011도12302
> ④ (○) 대판 2015.11.12, 2015도6809 전원합의체

정답 ②

02 자유에 대한 죄

제1절 협박의 죄

01 협박죄에 관한 설명으로 가장 적절한 것은? (다툼이 있는 경우 판례에 의함) 24 경찰승진

① 공중전화를 이용하여 경찰서에 여러 차례 전화를 걸어 전화를 받은 각 경찰관에게 경찰서 관할구역 내에 있는 A정당의 당사를 폭파하겠다는 말을 한 경우, 다른 특별한 사정이 없는 한 A정당에 대한 해악의 고지가 각 경찰관 개인에게 공포심을 일으킬 만큼 서로 밀접한 관계가 있으므로 협박에 해당한다.
② 협박죄에서 말하는 협박은 피해자와 밀접한 관계에 있는 제3자에 대한 해악도 포함되나 이때 제3자에는 자연인만 해당하고 법인은 포함되지 아니한다.
③ 해악의 발생이 직접·간접적으로 행위자에 의하여 좌우될 수 없는 것도 협박에 포함된다.
④ 사채업자인 피고인 甲이 채권 추심과정에서 채무자 A에게 채무를 변제하지 않으면 A가 숨기고 싶어하는 과거 행적과 사채를 쓴 사실 등을 남편과 시댁에 알리겠다는 등의 문자 메시지를 발송한 경우, 甲에게 협박죄가 성립한다.

> **해설**
> ① (×) 피고인은 A정당에 관한 해악을 고지한 것이므로 각 경찰관 개인에 관한 해악을 고지하였다고 할 수 없고, 다른 특별한 사정이 없는 한 일반적으로 A정당에 대한 해악의 고지가 각 경찰관 개인에게 공포심을 일으킬 만큼 서로 밀접한 관계에 있다고 보기 어렵다(대판 2012.8.17, 2011도10451).
> ② (×) 피해자 본인이나 그 친족뿐만 아니라 그 밖의 '제3자'에 대한 법익 침해를 내용으로 하는 해악을 고지하는 것이라고 하더라도 피해자 본인과 제3자가 밀접한 관계에 있어 그 해악의 내용이 피해자 본인에게 공포심을 일으킬 만한 정도의 것이라면 협박죄가 성립할 수 있다. 이 때 '제3자'에는 자연인뿐만 아니라 법인도 포함된다(대판 2010.7.15, 2010도1017).
> ③ (×) 협박이라고 하기 위해서는 해악의 발생이 직접·간접적으로 행위자에 의하여 좌우될 수 있는 것이어야 한다(대판 2007.6.1, 2006도1125).
> ④ (○) 대판 2011.5.26, 2011도2412

정답 ④

02 다음 설명 중 옳은 것을 모두 고른 것은? (다툼이 있는 경우 판례에 의함) 22 변호사시험

㉠ 피해자 본인이나 그 친족뿐만 아니라 그 밖의 제3자에 대한 법익 침해를 내용으로 하는 해악을 고지하는 것이라고 하더라도 피해자 본인과 제3자가 밀접한 관계에 있어 그 해악의 내용이 피해자 본인에게 공포심을 일으킬 만한 정도의 것이라면 협박죄가 성립할 수 있고, 이 때 제3자에는 자연인뿐만 아니라 법인도 포함된다.

㉡ 4층 건물의 소유자가 그 중 2층을 임대하여 임차인이 학원을 운영하던 중 건물 내부 벽면에 설치된 분전반을 통해 3층과 4층으로 가설된 전선이 합선으로 단락되어 화재가 나 학생들에게 상해가 발생한 경우, 건물의 소유자로서 건물을 비정기적으로 수리하거나 건물의 일부분을 임대하였다는 사정만으로는 업무상과실치상죄의 '업무'로 보기 어렵다.

㉢ 주택재건축조합 조합장이 자신에 대한 감사활동을 방해하기 위하여 조합사무실에 있던 다른 직원의 컴퓨터에 비밀번호를 설정하고 조합 업무 담당자의 컴퓨터 하드디스크를 분리·보관하여 조합 업무를 방해한 경우 형법 제314조 제1항의 업무방해죄에 해당한다.

㉣ 강요죄에서 '의무 없는 일'이란 법령, 계약 등에 기하여 발생하는 법률상 의무 없는 일을 말하므로 폭행 또는 협박으로 법률상 의무 있는 일을 하게 한 경우에는 폭행 또는 협박죄만 성립할 뿐 강요죄는 성립하지 아니한다.

① ㉠㉢ ② ㉡㉣ ③ ㉠㉡㉣
④ ㉡㉢㉣ ⑤ ㉠㉡㉢㉣

해설

㉠ (○) 대판 2010.7.15. 2010도1017
㉡ (○) 대판 2009.5.28. 2009도1040
㉢ (×) 주택재건축조합 조합장인 피고인이 조합의 감사 A가 자신을 탄핵하는 것을 저지하기 위하여 조합사무실에 있던 컴퓨터 중 경리 여직원 B가 사용하던 컴퓨터에 자신만이 아는 비밀번호를 설정하고, 조합업무 담당자 C가 사용하던 컴퓨터의 하드디스크를 분리하여 사무실 금고에 보관하게 하여 감사 A가 탄핵자료를 수집하지 못하게 한 경우 함부로 컴퓨터에 비밀번호를 설정한 행위는 '허위의 정보 또는 부정한 명령의 입력'에 해당하고 컴퓨터의 하드디스크를 분리·보관한 행위는 '손괴'에 해당하므로 형법 제314조 제2항의 컴퓨터등장애업무방해죄가 성립한다(대판 2012.5.24. 2011도7943)
㉣ (○) 대판 2008.5.15. 2008도1097

정답 ③

제2절 강요의 죄

01 협박과 강요의 죄에 관한 설명으로 가장 적절한 것은? (다툼이 있는 경우 판례에 의함)

23 경간

① 甲이 A에게 공포심을 일으키게 하기에 충분한 해악을 고지하였으나, A가 현실적으로 공포심을 일으키지 않았어도, 그 의미를 인식한 이상 甲의 행위는 협박미수죄에 해당한다.
② 강요죄에서의 폭행은 사람에 대한 직접적인 유형력의 행사를 의미하고 사람의 신체에 대한 것이어야 한다.
③ 甲이 A를 폭행하였으나 그의 권리행사를 방해함이 없이 법률상 의무 있는 일을 하게 한 경우에는 강요죄가 성립할 여지가 없다.
④ 공무원 甲이 자신의 직무와 관련한 상대방 A에게 자신을 위하여 재산적 이익을 제공할 것을 요구하고 A는 甲의 지위에 따른 직무에 관하여 어떠한 이익을 기대하며 그에 대한 대가로서 요구에 응하였다면, 비록 甲의 요구 행위를 해악의 고지로 인정될 수 없다 하더라도 강요죄의 성립에는 아무런 지장을 주지 않는다.

> **해설**
>
> ① (×) 협박죄가 성립하려면 고지된 해악의 내용이 일반적으로 사람으로 하여금 공포심을 일으키게 하기에 충분한 것이어야 하지만 상대방이 그에 의하여 현실적으로 공포심을 일으킬 것까지 요구하는 것은 아니며, 그와 같은 정도의 해악을 고지함으로써 상대방이 그 의미를 인식한 이상 상대방이 현실적으로 공포심을 일으켰는지 여부와 관계없이 그로써 구성요건은 충족되어 협박죄의 기수에 이르는 것으로 해석하여야 한다(대판 2007.9.28, 2007도606 전원합의체).
> ② (×) 강요죄에서의 폭행은 사람에 대한 직접적인 유형력의 행사뿐만 아니라 간접적인 유형력의 행사도 포함하며, 반드시 사람의 신체에 대한 것에 한정되지 않는다(대판 2021.11.25, 2018도1346).
> ③ (○) 대판 2008.5.15, 2008도1097
> ④ (×) 공무원인 행위자가 상대방에게 어떠한 이익 등의 제공을 요구한 경우 위와 같은 해악의 고지로 인정될 수 없다면 직권남용이나 뇌물 요구 등이 될 수는 있어도 협박을 요건으로 하는 강요죄가 성립하기는 어렵다(대판 2019.8.29, 2018도13792 전원합의체).

정답 ③

제3절 체포와 감금의 죄

01 다음 중 가장 적절하지 않은 것은? (다툼이 있는 경우 판례에 의함)   23 경찰채용

① 협박죄는 사람의 의사결정의 자유를 보호법익으로 하는 위험범이라 봄이 상당하고, 협박죄의 미수범 처벌조항은 해악의 고지가 현실적으로 상대방에게 도달하지 아니한 경우나, 도달은 하였으나 상대방이 이를 지각하지 못하였거나 고지된 해악의 의미를 인식하지 못한 경우 등에 적용될 뿐이다.

② 체포죄는 계속범으로서 원칙적으로 체포의 행위에 확실히 사람의 신체의 자유를 구속한다고 인정할 수 있을 정도의 시간적 계속이 있어야 성립하고, 신체의 자유에 대한 구속이 그와 같은 정도에 이르지 못하고 일시적인 것으로 그친 경우라면 체포죄의 성립은 부정되어 무죄가 된다.

③ 강간죄의 성립에 언제나 직접적으로 또 필요한 수단으로서 감금행위를 수반하는 것은 아니므로 감금행위가 강간미수죄의 수단이 되었다 하여 감금행위는 강간미수죄에 흡수되어 범죄를 구성하지 않는다고 할 수는 없는 것이고, 그때에는 감금죄와 강간미수죄는 일개의 행위에 의하여 실현된 경우로서 형법 제40조의 상상적 경합관계에 있다.

④ 甲은 A로 하여금 주차장을 이용하지 못하게 할 의도로 乙과 공모하여 乙의 차량을 A의 주택 앞에 주차하였으나, 주차 당시 甲과 A 사이에 물리적 접촉이 있거나 甲이 A에게 어떠한 유형력을 행사했다고 볼만한 사정이 없고, 甲의 행위로 A 본인의 차량을 주택 내부의 주차장에 출입시키지 못하는 불편은 발생하였으나 A는 차량을 용법에 따라 정상적으로 사용할 수 있었다면 甲은 A를 폭행하여 차량 운행에 관한 권리행사를 방해하였다고 평가하기는 어렵다.

> **해설**
>
> ① (○) 대판 2007.9.28, 2007도606 전원합의체
> ② (×) 체포죄는 계속범으로서 체포의 행위에 확실히 사람의 신체의 자유를 구속한다고 인정할 수 있을 정도의 시간적 계속이 있어야 기수에 이르고, 신체의 자유에 대한 구속이 그와 같은 정도에 이르지 못하고 일시적인 것으로 그친 경우에는 체포죄의 미수범이 성립할 뿐이다 (대판 2020.3.27, 2016도18713) ※ 체포죄의 미수범으로 처벌할 수 있다.
> ③ (○) 대판 1983.4.26, 83도323
> ④ (○) 대판 2021.11.25, 2018도1346

정답 ②

제4절 약취, 유인 및 인신매매의 죄

01 약취와 유인의 죄에 관한 설명으로 옳고 그름의 표시(O, ×)가 바르게 된 것은? (다툼이 있는 경우 판례에 의함)

24 경찰승진

> ㉠ 미성년자 혼자 머무는 주거에 침입하여 강도 범행을 하는 과정에서 미성년자와 그 부모에게 폭행·협박을 가하여 일시적으로 부모와의 보호관계가 사실상 침해·배제되었더라도, 미성년자가 기존의 생활관계로부터 완전히 이탈되었다거나 새로운 생활관계가 형성되었다고 볼 수 없고 범인의 의도도 위와 같은 생활관계의 이탈이 아니라 단지 금품 강취를 위한 반항 억압에 있었다면 미성년자약취죄가 성립되지 않는다.
> ㉡ 미성년의 자녀를 부모가 함께 동거하면서 보호·양육하여 오던 중 부모의 일방이 어떠한 폭행, 협박이나 불법적인 사실상의 힘을 행사함이 없이 그 자녀를 데리고 종전의 거소를 벗어나 다른 곳으로 옮겨 자녀에 대한 보호·양육을 계속한 경우, 그 행위가 보호·양육권의 남용에 해당하는 등 특별한 사정이 없어도 상대방 부모의 동의가 없었다면 미성년자약취죄가 성립한다.
> ㉢ 甲이 미성년자인 A를 보호·감독하고 있던 그 아버지의 감호권을 침해하여 A를 자신의 사실상 지배로 옮긴 이상 甲에게 미성년자약취죄가 성립한다 할 것이고, 설령 미성년자인 A의 동의가 있었다 하더라도 마찬가지이다.
> ㉣ 미성년자를 약취·유인한 자가 그 미성년자를 안전한 장소로 풀어준 때에는 그 형을 감경하거나 면제할 수 있다.

① ㉠(×) ㉡(O) ㉢(×) ㉣(×)   ② ㉠(O) ㉡(×) ㉢(O) ㉣(×)
③ ㉠(O) ㉡(×) ㉢(O) ㉣(O)   ④ ㉠(O) ㉡(O) ㉢(×) ㉣(O)

해설

㉠ (O) 대판 2008.1.17, 2007도8485
㉡ (×) 미성년의 자녀를 부모가 함께 동거하면서 보호·양육하여 오던 중 부모의 일방이 상대방 부모나 그 자녀에게 어떠한 폭행, 협박이나 불법적인 사실상의 힘을 행사함이 없이 그 자녀를 데리고 종전의 거소를 벗어나 다른 곳으로 옮겨 자녀에 대한 보호·양육을 계속하였다면, 그 행위가 보호·양육권의 남용에 해당한다는 등 특별한 사정이 없는 한 설령 이에 관하여 법원의 결정이나 상대방 부모의 동의를 얻지 아니하였다고 하더라도 그러한 행위에 대하여 곧바로 형법상 미성년자에 대한 약취죄의 성립을 인정할 수는 없다(대판 2013.6.20, 2010도14328 전원합의체).
㉢ (O) 대판 2003.2.11, 2002도7115
㉣ (×) 미성년자를 약취·유인한 자가 그 미성년자를 안전한 장소로 풀어준 때에는 그 형을 감경할 수 있다(제295조의2 참고).

정답 ②

02 미성년자약취·유인죄에 관한 설명 중 가장 옳지 않은 것은? (다툼이 있는 경우 판례에 의함)

22 법원9급

① 미성년자를 보호·감독하는 사람이라고 하더라도 다른 보호감독자의 보호·양육권을 침해하거나 자신의 보호·양육권을 남용하여 미성년자 본인의 이익을 침해하는 때에는 형법 제287조 미성년자약취죄의 주체가 될 수 있다.

② 부모가 이혼하였거나 별거하는 상황에서 미성년의 자녀를 부모의 일방이 평온하게 보호·양육하고 있는데, 상대방 부모가 폭행, 협박 또는 불법적인 사실상의 힘을 행사하여 그 보호·양육 상태를 깨뜨리고 자녀를 탈취하여 자기 또는 제3자의 사실상 지배하에 옮긴 경우 그와 같은 행위는 특별한 사정이 없는 한 미성년자에 대한 약취죄를 구성한다고 볼 수 있다.

③ 미성년의 자녀를 부모가 함께 동거하면서 보호·양육하여 오던 중 부모의 일방이 상대방 부모나 그 자녀에게 어떠한 폭행, 협박이나 불법적인 사실상의 힘을 행사함이 없이 그 자녀를 데리고 종전의 거소를 벗어나 다른 곳으로 옮겨 자녀에 대한 보호·양육을 계속하였다면, 그 행위가 보호·양육권의 남용에 해당한다는 등 특별한 사정이 없는 한 설령 이에 관하여 법원의 결정이나 상대방 부모의 동의를 얻지 아니하였다고 하더라도 그러한 행위에 대하여 곧바로 형법상 미성년자에 대한 약취죄의 성립을 인정할 수는 없다.

④ 부모가 별거하는 상황에서 비양육친이 면접교섭권을 행사하여 미성년 자녀를 데리고 갔다가 면접교섭 기간이 종료하였음에도 불구하고 자녀를 양육친에게 돌려주지 않은 경우에는 그러한 부작위를 폭행, 협박이나 불법적인 사실상의 힘을 행사한 것으로 볼 수는 없으므로 미성년자약취죄가 성립할 수 없다.

> **해설**
>
> ① (○) 대판 2021.9.9, 2019도16421
> ② (○) 대판 2013.6.20, 2010도14328 전원합의체
> ③ (○) 대판 2013.6.20, 2010도14328 전원합의체
> ④ (×) 부모의 별거 상황에서 일방 배우자인 피고인이 면접교섭권을 행사하기 위하여 프랑스에서 타방 배우자와 함께 생활하고 있던 만 5세인 피해아동을 대한민국으로 데려온 후 면접교섭 기간이 종료하였음에도 프랑스로 데려다 주지 않은 채 피해아동이 친모를 제대로 만나지도 못하게 한 경우 불법적인 사실상의 힘을 행사하여 피해아동을 약취한 것으로 볼 수 있다(대판 2021.9.9, 2019도16421).

정답 ④

제5절 강간과 추행의 죄

01 강간과 추행의 죄에 관한 설명으로 가장 적절하지 않은 것은? (다툼이 있는 경우 판례에 의함)

24 경찰승진

① 엘리베이터 안에서 피해자들을 칼로 위협하여 자신의 실력적인 지배하에 둔 다음 피해자들에게 자신의 자위행위 모습을 보여 주고 이를 외면하거나 피할 수 없게 한 행위는 강제추행에 해당한다.
② 피해자가 의식상실 상태에 빠져 있지는 않지만 알코올의 영향으로 의사를 형성할 능력이나 성적 자기결정권 침해행위에 맞서려는 저항력이 현저하게 저하된 상태였다면 준강간죄 또는 준강제추행죄에서의 항거불능 상태에 해당한다.
③ 강간죄의 폭행·협박 여부를 판단함에 있어 피해자가 성교 이전에 범행 현장을 벗어날 수 있었다거나 피해자가 사력을 다하여 반항하지 않았다면 가해자의 폭행·협박이 피해자의 항거를 현저히 곤란하게 할 정도에 이르지 않았다고 보아야 한다.
④ 협박과 간음 사이에 시간적 간격이 있더라도 협박에 의하여 간음이 이루어진 것으로 인정될 수 있으면 강간죄가 성립한다.

> **해설**
>
> ① (○) 대판 2010.2.25, 2009도13716
> ② (○) 대판 2021.2.4, 2018도9781
> ③ (×) 강간죄가 성립하기 위한 가해자의 폭행·협박이 있었는지 여부는 그 폭행·협박의 내용과 정도는 물론 유형력을 행사하게 된 경위, 피해자와의 관계, 성교 당시와 그 후의 정황 등 모든 사정을 종합하여 피해자가 성교 당시 처하였던 구체적인 상황을 기준으로 판단하여야 하며, 사후적으로 보아 피해자가 성교 이전에 범행현장을 벗어날 수 있었다거나 피해자가 사력을 다하여 반항하지 않았다는 사정만으로 가해자의 폭행·협박이 피해자의 항거를 현저히 곤란하게 할 정도에 이르지 않았다고 섣불리 단정하여서는 안 된다(대판 2005.7.28, 2005도3071)
> ④ (○) 대판 2007.1.25, 2006도5979

정답 ③

02 추행의 죄에 관한 설명 중 가장 옳지 않은 것은? (다툼이 있는 경우 판례에 의함) 24 법행

① 수면제와 같은 약물을 투약하여 피해자를 일시적으로 수면 또는 의식불명 상태에 이르게 한 경우에도 약물로 인하여 피해자의 건강상태가 불량하게 변경되고 생활기능에 장애가 초래되었다면 자연적으로 의식을 회복하거나 외부적으로 드러난 상처가 없더라도 이는 강간치상죄나 강제추행치상죄에서 말하는 상해에 해당한다.

② 강제추행죄의 '폭행 또는 협박'은 상대방의 항거를 곤란하게 할 정도로 강력할 것이 요구되지 아니하고, 상대방의 신체에 대하여 불법한 유형력을 행사(폭행)하거나 일반적으로 보아 상대방으로 하여금 공포심을 일으킬 수 있는 정도의 해악을 고지(협박)하는 것이다.

③ 강제추행치상죄에서 상해의 결과는 강제추행의 수단으로 사용한 폭행이나 추행행위 그 자체 또는 강제추행에 수반하는 행위로부터 발생한 것이어야 한다. 따라서 상해를 가한 부분을 고의범인 상해죄로 처벌하면서 이를 다시 결과적 가중범인 강제추행치상죄의 상해로 인정하여 이중으로 처벌할 수는 없다.

④ 동성인 군인 사이의 항문성교나 그 밖에 이와 유사한 행위가 사적 공간에서 자발적 의사 합치에 따라 이루어지는 등 군이라는 공동사회의 건전한 생활과 군기를 직접적·구체적으로 침해한 것으로 보기 어려운 경우, 군형법 제92조의6의 추행죄에 해당하지 않는다.

⑤ 성폭력범죄의 처벌 등에 관한 특례법 제11조의 공중 밀집 장소에서의 추행죄의 추행행위에 해당하기 위해서는 객관적으로 일반인에게 성적 수치심이나 혐오감을 일으키게 할 만한 행위여야 하므로, 행위자가 대상자를 상대로 그러한 행위를 실행하여야 하고, 그 행위로 말미암아 대상자가 성적 수치심이나 혐오감을 반드시 실제로 느끼는 경우여야 한다.

> **해설**
>
> ① (○) 대판 2017.6.29, 2017도3196
> ② (○) 대판 2023.9.21, 2018도13877 전원합의체
> ③ (○) 대판 2009.7.23, 2009도1934
> ④ (○) 대판 2022.4.21, 2019도3047 전원합의체
> ⑤ (×) 성폭력특례법 제11조(공중밀집장소추행)위반죄가 기수에 이르기 위해서는 객관적으로 일반인에게 성적 수치심이나 혐오감을 일으키게 할 만한 행위로서 선량한 성적 도덕관념에 반하는 행위를 행위자가 대상자를 상대로 실행하는 것으로 충분하고, **행위자의 행위로 말미암아 대상자가 성적 수치심이나 혐오감을 반드시 실제로 느껴야 하는 것은 아니다**(대판 2020.6.25, 2015도7102).

정답 ⑤

03 강간과 추행의 죄에 관한 설명으로 가장 적절한 것은? (다툼이 있는 경우 판례에 의함)

23 경찰채용

① 형법 제299조의 준강제추행죄는 정신적·신체적 사정으로 인하여 성적인 자기방어를 할 수 없는 사람의 성적 자기결정권을 보호해주는 것을 보호법익으로 하며, 그 성적 자기결정권은 원치 않는 성적 관계를 거부할 권리라는 소극적 측면을 말한다.

② 범인이 피해자를 촬영하기 위하여 육안 또는 캠코더의 줌 기능을 이용하여 피해자가 있는지 여부를 탐색하다가 피해자를 발견하지 못하고 촬영을 포기하였더라도 이는 촬영을 위한 준비행위를 한 것으로 성폭력범죄의 처벌 등에 관한 특례법 위반(카메라등이용촬영)죄의 실행에 착수한 것이다.

③ 성폭력범죄의 처벌 등에 관한 특례법 제14조 제2항에서 유포행위의 한 유형으로 열거하고 있는 '공공연한 전시'란 불특정 또는 다수인이 촬영물 등을 인식할 수 있는 상태에 두는 것을 의미하고, 따라서 촬영물 등의 '공공연한 전시'로 인한 범죄는 불특정 또는 다수인이 전시된 촬영물 등을 실제 인식하지 못하였다면 성립하지 않는다.

④ '강제추행'이란 객관적으로 일반인에게 성적 불쾌감이나 혐오감을 일으키게 하고 선량한 성적 도덕관념에 반하는 행위로서 피해자의 성적 자유를 침해하는 것이므로 강제추행죄의 성립에 필요한 주관적 구성요건으로는 성욕을 자극·흥분·만족시키려는 주관적 동기나 목적이 있어야 한다.

> **해설**
>
> ① (○) 대판 2021.2.4, 2018도9781
> ② (×) 범인이 피해자를 촬영하기 위하여 육안 또는 캠코더의 줌 기능을 이용하여 피해자가 있는지 여부를 탐색하다가 피해자를 발견하지 못하고 촬영을 포기한 경우에는 촬영을 위한 준비행위에 불과하여 카메라등이용촬영죄의 실행에 착수한 것으로 볼 수 없다(대판 2021.3.25, 2021도749).
> ③ (×) 구 성폭력처벌법 제14조 제2항에서 유포 행위의 한 유형으로 열거하고 있는 '공공연한 전시'란 불특정 또는 다수인이 촬영물 등을 인식할 수 있는 상태에 두는 것을 의미하고, 촬영물 등의 '공공연한 전시'로 인한 범죄는 불특정 또는 다수인이 전시된 촬영물 등을 실제 인식하지 못했다고 하더라도 촬영물 등을 위와 같은 상태에 둠으로써 성립한다(대판 2022.6.9, 2022도1683).
> ④ (×) 강제추행죄의 성립에 필요한 주관적 구성요건으로 성욕을 자극·흥분·만족시키려는 주관적 동기나 목적이 있어야 하는 것은 아니다(대판 2013.9.26, 2013도5856).

정답 ①

04 성폭력범죄에 관한 설명으로 가장 적절한 것은? (다툼이 있는 경우 판례에 의함) 24 경찰채용

① 자신의 웹사이트에 아동·청소년성착취물이 저장된 다른 웹사이트로 연결되는 링크를 게시하여 불특정 또는 다수인이 링크를 이용하여 별다른 제한 없이 아동·청소년성착취물에 바로 접할 수 있는 상태를 실제로 조성한 경우, 아동·청소년의 성보호에 관한 법률 제11조 제3항에서 정한 아동·청소년성착취물을 배포하거나 공연히 전시한 것으로 평가할 수 있다.

② 지하철 환승에스컬레이터 내에서 카메라폰으로 일정한 시간 동안 피해자의 치마 속 신체부위를 동영상 촬영하였으나, 경찰관에게 발각되어 저장버튼을 누르지 않고 촬영을 종료한 경우, 구 성폭력범죄의 처벌 및 피해자보호 등에 관한 법률상 카메라 등 이용 촬영죄의 미수범이 성립한다.

③ 강제추행죄의 '폭행 또는 협박'의 의미에 있어서 폭행행위 자체가 곧바로 추행에 해당하는 경우에는 상대방의 의사를 억압할 정도의 것임을 요하지 아니하나, 폭행 또는 협박이 추행보다 시간적으로 앞서 그 수단으로 행해진 경우에는 상대방의 항거를 곤란하게 할 정도에 이르러야 한다.

④ 피해자가 술·약물 등에 의해 완전히 의식을 잃지 않았다면 그와 같은 사유로 정상적인 판단능력과 대응·조절능력을 행사할 수 없는 상태에 있었더라도 준강제추행죄에서의 심신상실 또는 항거불능 상태에 해당한다고 볼 수 없다.

> **해설**
>
> ① (○) 대판 2023.10.12, 2023도5757
> ② (×) 피고인이 휴대폰을 이용하여 동영상 촬영을 시작하여 일정한 시간이 경과하였다면 설령 촬영 중 경찰관에게 발각되어 저장버튼을 누르지 않고 촬영을 종료하였더라도 카메라 등 이용 촬영 범행은 이미 '기수'에 이르렀다(대판 2011.6.9, 2010도10677)
> ③ (×) 형법 및 성폭력범죄의 처벌 등에 관한 특례법은 강제추행죄의 구성요건으로 '폭행 또는 협박'을 규정하고 있는데, 대법원은 강제추행죄의 '폭행 또는 협박'의 의미에 관하여 이를 두 가지 유형으로 나누어, 폭행행위 자체가 곧바로 추행에 해당하는 경우(이른바 기습추행형)에는 상대방의 의사를 억압할 정도의 것임을 요하지 않는다(대판 2023.9.21, 2018도13877 전원합의체)
> ④ (×) 피해자가 깊은 잠에 빠져 있거나 술·약물 등에 의해 일시적으로 의식을 잃은 상태 또는 완전히 의식을 잃지는 않았더라도 그와 같은 사유로 정상적인 판단능력과 대응·조절능력을 행사할 수 없는 상태에 있었다면 준강간죄 또는 준강제추행죄에서의 심신상실 또는 항거불능 상태에 해당한다(대판 2021.2.4, 2018도9781)

정답 ①

05 강제추행죄에 관한 설명 중 가장 옳지 않은 것은? (다툼이 있는 경우 판례에 의함) 23 법행

① 강제추행죄는 처벌되지 아니하는 타인을 도구로 삼아 피해자를 강제로 추행하는 간접정범의 형태로도 범할 수 있고, 피해자를 도구로 삼아 피해자의 신체를 이용하여 추행행위를 한 경우도 강제추행죄의 간접정범에 해당할 수 있다.

② 초등학교 기간제 교사가 다른 학생들이 지켜보는 가운데 건강검진을 받으러 온 학생의 옷 속으로 손을 넣어 배와 가슴 등의 신체 부위를 만진 행위는, 설사 성욕을 자극·흥분·만족시키려는 주관적 동기나 목적이 없었더라도 구 성폭력범죄의 처벌 및 피해자보호 등에 관한 법률 제8조의2 제5항에서 말하는 '추행'에 해당한다.

③ 甲이 밤에 술을 마시고 배회하던 중 버스에서 내려 혼자 걸어가는 피해자 A(여, 17세)를 발견하고 마스크를 착용한 채 뒤따라가다가 인적이 없고 외진 곳에서 가까이 접근하여 껴안으려 하였으나, A가 뒤돌아보면서 소리치자 그 상태로 몇 초 동안 쳐다보다가 다시 오던 길로 되돌아간 경우, 甲의 행위는 아동·청소년에 대한 강제추행미수죄에 해당하지 아니한다.

④ 甲이 피해자 A(여, 48세)에게 욕설을 하면서 자신의 바지를 벗어 성기를 보여주었더라도 A에 대하여 어떠한 신체 접촉도 없었고, 행위장소가 사람 및 차량의 왕래가 빈번한 도로로서 공중에게 공개된 곳이었으며, 甲이 한 욕설이 성적인 성질을 가지지 아니하는 것으로서 추행과 관련이 없었던 경우에는 甲이 폭행 또는 협박으로 추행을 했다고 볼 수 없다.

> 해설
>
> ① (○) 대판 2018.2.8, 2016도17733
> ② (○) 대판 2009.9.24, 2009도2576
> ③ (×) 피고인의 행위는 「아동·청소년의 성보호에 관한 법률」상 아동·청소년에 대한 강제추행의 미수에 해당한다(대판 2015.9.10, 2015도6980)
> ④ (○) 대판 2012.7.26, 2011도8805

정답 ③

06 강간과 추행의 죄에 관한 설명 중 가장 옳은 것은? (다툼이 있는 경우 판례에 의함)

24 법행 변형

① A는 인터넷 채팅사이트를 통해 성매매를 하려고 만난 甲으로부터 졸피뎀과 트리아졸람이 섞인 커피를 받아 마신 후 정신을 잃고 깊이 잠들었다가 약 3시간 뒤에 깨어났고, 甲은 A를 항거불능 상태에 빠뜨린 후 강간하려고 시도하였으나 미수에 그쳤으며, A는 커피를 마신 다음에 자신이 잠들기 전까지 무슨 행동을 하였는지를 기억하지 못하였으나, A가 의식을 회복한 다음에는 일상생활에 특별한 지장이 없었고 치료도 받지 않았다면 甲을 강간치상죄로 처벌할 수는 없다.

② 乙이 방안에서 丙의 숙제를 도와주던 중 丙의 왼손을 잡아 자신의 성기 쪽으로 끌어당겼고, 이를 거부하고 자리를 이탈하려는 丙의 의사에 반하여 丙을 끌어안은 다음 침대로 넘어져 丙의 위에 올라탄 후 丙의 가슴을 만졌으며, 방문을 나가려는 丙을 뒤따라가 끌어안은 행위를 한 경우, 설령 乙의 행위가 丙의 항거를 곤란하게 할 정도의 폭행 또는 협박에 해당하지 않는다고 하더라도 丙을 강제추행한 것에 해당한다고 볼 수 있다.

③ 업무상 위력 등에 의한 추행에 관한 처벌 규정인 성폭력범죄의 처벌 등에 관한 특례법 제10조 제1항에서 정한 '업무, 고용이나 그 밖의 관계로 인하여 자기의 보호, 감독을 받는 사람'에는 직장 안에서 보호 또는 감독을 받거나 사실상 보호 또는 감독을 받는 상황에 있는 사람만이 포함되는 것이고, 채용 절차에서 영향력의 범위 안에 있는 사람도 포함된다고 해석할 수는 없다.

④ 의붓아버지와 의붓딸의 관계가 성폭력범죄의 처벌 등에 관한 특례법 제5조 제4항에서 규정한 친족관계에 해당한다고 해석하는 것은 형벌법규의 명확성의 원칙에 반하는 것이거나 죄형법정주의에 의하여 금지되는 확장해석이나 유추해석에 해당하는 것으로 보아야 한다.

> **해설**
>
> ① (×) 피해자는 당시에 약물 투약으로 정보나 경험을 기억하는 신체의 기능에 일시적으로 장애가 생긴 것으로 보이고, 여기에 의식이 저하된 정도나 수면시간 등을 종합하여 피해자의 상태를 살펴보면, 약물의 투약으로 피해자의 항거가 불가능하거나 현저히 곤란해진 데에서 나아가 피해자의 건강상태가 나쁘게 변경되고 생활기능에 장애가 초래되는 결과가 발생하였다고 할 것이므로 이는 강간치상죄에서 말하는 상해에 해당한다. 피해자가 의식을 회복한 후에 일상생활에 지장이 없거나 치료를 받지 않았다고 하여 달리 볼 것은 아니다(대판 2017.7.11, 2015도3939).
> ② (○) 대판 2023.9.21, 2018도13877 전원합의체
> ③ (×) 성폭력범죄의 처벌 등에 관한 특례법 제10조 제1항에서 정한 '업무, 고용이나 그 밖의 관계로 인하여 자기의 보호, 감독을 받는 사람'에는 직장 안에서 보호 또는 감독을 받거나 사실상 보호 또는 감독을 받는 상황에 있는 사람뿐만 아니라 채용 절차에서 영향력의 범위 안에 있는 사람도 포함된다(대판 2020.7.9, 2020도5646)

④ (×) 민법 제767조는 "배우자, 혈족 및 인척을 친족으로 한다."라고 규정하고 있고, 같은 법 제769조는 "혈족의 배우자, 배우자의 혈족, 배우자의 혈족의 배우자를 인척으로 한다."라고 규정하고 있으며, 같은 법 제771조는 "인척은 배우자의 혈족에 대하여는 배우자의 그 혈족에 대한 촌수에 따르고, 혈족의 배우자에 대하여는 그 혈족에 대한 촌수에 따른다."라고 규정하고 있다. 따라서 의붓아버지와 의붓딸의 관계는 성폭력처벌법 제5조 제4항이 규정한 4촌 이내의 인척으로서 친족관계에 해당한다(대판 2020.11.5, 2020도10806)

정답 ②

07 강간과 추행의 죄에 관한 설명으로 가장 적절하지 않은 것은? (다툼이 있는 경우 판례에 의함)

23 경간

① 강간죄에서의 폭행·협박과 간음 사이에는 인과관계가 있어야 하나, 폭행·협박이 반드시 간음행위보다 선행되어야 하는 것은 아니다.
② 피해자가 깊은 잠에 빠져 있거나 술·약물 등에 의해 일시적으로 의식을 잃은 상태 또는 완전히 의식을 잃지는 않았더라도 그와 같은 사유로 정상적인 판단능력과 대응·조절능력을 행사할 수 없는 상태에 있었다면, 이는 준강간죄 또는 준강제추행죄에서의 심신상실 또는 항거불능 상태에 해당한다.
③ 甲이 아파트 놀이터의 의자에 앉아 전화통화를 하고 있던 A의 등 뒤로 몰래 다가가 성기를 드러내고 A의 머리카락 및 옷 위에 소변을 본 경우, 甲의 행위가 A의 성적자기결정권을 침해하는 추행행위에 해당하기 위해서는 甲의 행위 당시 A가 이를 인식해야 한다.
④ 甲은 A가 심신상실 또는 항거불능의 상태에 있다고 인식하고 그러한 상태를 이용하여 간음할 의사로 A를 간음하였으나, A가 실제로는 심신상실 또는 항거불능의 상태에 있지 않은 경우 준강간죄의 불능미수가 성립한다.

해설

① (○) 대판 2017.10.12, 2016도16948
② (○) 대판 2021.2.4, 2018도9781
③ (×) 피고인이 처음 보는 여성인 갑의 뒤로 몰래 접근하여 성기를 드러내고 갑을 향한 자세에서 A의 등 쪽에 소변을 본 행위는 객관적으로 일반인에게 성적 수치심이나 혐오감을 일으키게 하고 선량한 성적 도덕관념에 반하는 행위로서 A의 성적 자기결정권을 침해하는 추행행위에 해당한다고 볼 여지가 있고, 행위 당시 A이 이를 인식하지 못하였더라도 마찬가지이다(대판 2021.10.28, 2021도7538)
④ (○) 대판 2019.3.28, 2018도16002 전원합의체

정답 ③

08 다음 설명 중 가장 옳지 않은 것은? (다툼이 있는 경우 판례에 의함) 23 해경승진

① 기습추행의 경우 추행행위와 동시에 저질러지는 폭행행위는 반드시 상대방의 의사를 억압할 정도의 것임을 요하지 않고 상대방의 의사에 반하는 유형력의 행사가 있기만 하면 그 힘의 대소강약을 불문한다.
② 형법 제302조의 위계에 의한 미성년자간음죄에 있어서 위계라 함은 행위자가 간음의 목적으로 상대방에게 오인, 착각, 부지를 일으키고는 상대방의 그러한 심적 상태를 이용하여 간음의 목적을 달성하는 것을 말하는 것이고, 여기에서 오인, 착각, 부지란 간음행위 자체에 대한 오인, 착각, 부지를 말하는 것이지, 간음행위와 불가분적 관련성이 인정되지 않는 다른 조건에 관한 오인, 착각, 부지를 가리키는 것은 아니다.
③ 형법은 제2편 제32장에서 '강간과 추행의 죄'를 규정하고 있는데, 이 장에 규정된 죄는 모두 개인의 성적 자유 또는 성적 자기결정권을 침해하는 것을 내용으로 한다. 여기에서 '성적 자유'는 적극적으로 성행위를 할 수 있는 자유가 아니라 소극적으로 원치 않는 성행위를 하지 않을 자유를 말하고, '성적 자기결정권'은 성행위를 할 것인가 여부, 성행위를 할 때 상대방을 누구로 할 것인가 여부, 성행위의 방법 등을 스스로 결정할 수 있는 권리를 의미한다.
④ 강간치상죄나 강제추행치상죄에 있어서의 상해는 피해자의 신체의 완전성을 훼손하거나 생리적 기능에 장애를 초래하는 것, 즉 피해자의 건강상태가 불량하게 변경되고 생활기능에 장애가 초래되는 것을 말하는 것으로, 여기서의 생리적 기능에는 육체적 기능뿐만 아니라 정신적 기능도 포함된다.

해설

① (○) 대판 2020.3.26, 2019도15994
② (×) 행위자가 간음의 목적으로 피해자에게 오인, 착각, 부지를 일으키고 피해자의 그러한 심적 상태를 이용하여 간음의 목적을 달성하였다면 위계와 간음행위 사이의 인과관계를 인정할 수 있고, 따라서 위계에 의한 간음죄가 성립한다. 다만 행위자의 위계적 언동이 존재하였다는 사정만으로 위계에 의한 간음죄가 성립하는 것은 아니므로 위계적 언동의 내용 중에 피해자가 성행위를 결심하게 된 중요한 동기를 이룰 만한 사정이 포함되어 있어 피해자의 자발적인 성적 자기결정권의 행사가 없었다고 평가할 수 있어야 한다(대판 2020.8.27, 2015도9436 전원합의체).
③ (○) 대판 2019.6.13, 2019도3341
④ (○) 대판 1999.1.26, 98도3732

정답 ②

03 명예와 신용에 대한 죄

제1절 명예에 관한 죄

01 명예에 관한 죄에 대한 설명으로 옳은 것을 모두 고른 것은? (다툼이 있는 경우 판례에 의함)

24 경찰승진

> ㉠ 정부 또는 국가기관의 정책결정이나 업무수행과 관련된 사항은 항상 국민의 감시와 비판의 대상이 되어야 하고, 이러한 감시와 비판은 표현의 자유가 충분히 보장될 때 비로소 정상적으로 이루어질 수 있으므로, 정부 또는 국가기관은 형법상 명예훼손죄의 피해자가 될 수 없다.
> ㉡ 명예훼손죄와 모욕죄에서 전파가능성을 이유로 공연성을 인정하는 경우에 적어도 범죄구성요건의 주관적 요소로서 미필적 고의가 필요하므로, 전파가능성에 대한 인식이 있음은 물론 나아가 위험을 용인하는 내심의 의사가 있어야 한다.
> ㉢ 형법 제310조는 "제307조 제1항의 행위가 진실한 사실로서 오로지 공공의 이익에 관한 때에는 처벌하지 아니한다."라고 규정하고 있는데, 여기서 '공공의 이익에 관한 것'에는 널리 국가·사회 기타 일반 다수인의 이익에 관한 것을 의미할 뿐 특정한 사회집단이나 그 구성원 전체의 관심과 이익에 관한 것은 포함되지 아니한다.
> ㉣ 피고인이 인터넷 포털사이트 뉴스 댓글난에 연예인인 피해자를 '국민호텔녀'로 지칭하는 댓글을 게시한 경우, 모욕죄의 구성요건에 해당하지만 정당한 비판의 범위를 벗어나지 않은 것으로서 정당행위에 해당한다.

① ㉠㉡   ② ㉠㉢   ③ ㉡㉣   ④ ㉢㉣

해설

㉠ (○) 대판 2021.3.25, 2016도14995
㉡ (○) 대판 2018.6.15, 2018도4200
㉢ (×) 사회 기타 일반 다수인의 이익에 관한 것뿐만 아니라 특정한 사회집단이나 그 구성원 전체의 관심과 이익에 관한 것도 포함하는 것이다(대판 2004.10.15, 2004도3912).
㉣ (×) '국민호텔녀'라는 표현은 피해자의 사생활을 들추어 피해자가 종전에 대중에게 호소하던 청순한 이미지와 반대의 이미지를 암시하면서 피해자를 성적 대상화하는 방법으로 비하하는 것으로서 여성 연예인인 피해자의 사회적 평가를 저하시킬 만한 모멸적인 표현으로 평가할 수 있고, 정당한 비판의 범위를 벗어난 것으로서 정당행위로 보기도 어렵다(대판 2022.12.15, 2017도19229).

정답 ①

02 명예훼손죄와 모욕죄에 관한 설명으로 옳지 않은 것만을 모두 고른 것은? (다툼이 있는 경우 판례에 의함)

24 경찰채용

⊙ A대학교 총학생회장인 甲이 총학생회 주관의 농활 사전답사 과정에서 B를 비롯한 학생회 임원진의 음주 및 음주운전 사실을 계기로 음주운전 및 이를 묵인하는 관행을 공론화하여 '총학생회장으로서 음주운전을 끝까지 막지 못하여 사과드립니다.'라는 글을 페이스북 등에 게시한 경우, 甲에게는 B에 대한 명예훼손죄가 성립하지 않는다.
⊙ 지역버스 노동조합 조합원인 甲이 자신의 페이스북에 집회 일정을 알리면서 노동조합 집행부인 A와 B를 지칭하며 "버스노조 악의 축, A와 B를 구속수사하라!!"라는 표현을 적시한 경우, 甲에게는 A와 B에 대한 모욕죄가 성립한다.
⊙ 甲이 초등학생인 딸 A의 학교폭력 피해사실을 신고하여 교장이 가해학생인 B에게 학교폭력대책자치위원회의 의결에 따라 '피해학생에 대한 접촉, 보복행위의 금지' 등의 조치를 하였는데, 그 후 甲이 자신의 카카오톡 계정 프로필 상태메시지에 "학교폭력범은 접촉금지!!!"라는 글과 주먹 모양의 그림말 세 개를 게시한 경우, 甲에게는 B에 대한 명예훼손죄가 성립한다.
⊙ 甲이 골프클럽 경기보조원들의 구직편의를 위해 제작된 인터넷 사이트 내 회원 게시판에 특정 골프클럽의 운영상 불합리성을 비난하는 글을 게시하면서 위 클럽담당자 A에 대하여 '한심하고 불쌍한 인간'이라는 등 경멸적 표현을 한 경우, 甲에게는 A에 대한 모욕죄가 성립한다.

① ㉠㉡   ② ㉡㉢   ③ ㉠㉢㉣   ④ ㉡㉢㉣

해설

㉠ (O) 대판 2023.2.2, 2022도13425
㉡ (×) 표현이 모욕적 표현에 해당하여 구성요건이 인정된다고 한 원심의 판단은 정당하나, 피고인이 노동조합 집행부의 공적 활동과 관련한 자신의 의견을 담은 게시글을 작성하면서 이 사건 표현을 한 것은 사회상규에 위배되지 않는 행위로서 형법 제20조에 의하여 위법성이 조각된다고 볼 여지가 크다는 이유로, 이와 달리 위법성을 인정한 원심의 판단에는 모욕죄의 위법성 판단에 관한 법리를 오해한 나머지 심리를 다하지 아니하여 판결에 영향을 미친 잘못이 있다고 하여 파기·환송한 사례(대판 2022.8.25, 2020도16897)
㉢ (×) 제반 사정에 비추어 피고인이 위 상태메시지를 통해 을의 사회적 가치나 평가를 저하시키기에 충분한 구체적인 사실을 드러냈다고 볼 수 없다(대판 2020.5.28, 2019도12750)
※ 명예훼손죄는 성립하지 않는다.
㉣ (×) 골프클럽 경기보조원들의 구직편의를 위해 제작된 인터넷 사이트 내 회원 게시판에 특정 골프클럽의 운영상 불합리성을 비난하는 글을 게시하면서 위 클럽담당자에 대하여 한심하고 불쌍한 인간이라는 등 경멸적 표현을 한 사안에서, 게시의 동기와 경위, 모욕적 표현의 정도와 비중 등에 비추어 사회상규에 위배되지 않는다고 보아 모욕죄의 성립을 부정한 사례 (대판 2008.7.10, 2008도1433)

정답 ④

03 명예에 관한 죄에 대한 설명으로 가장 적절하지 않은 것은? (다툼이 있는 경우 판례에 의함)
23 경찰채용

① 사실적시의 내용이 개인에 관한 사항이더라도 공공의 이익과 관련되어 있고 사회적인 관심을 획득한 경우라면 직접적으로 국가·사회 일반의 이익이나 특정한 사회집단에 관한 것이 아니라는 이유만으로 형법 제310조의 적용을 배제할 것은 아니다.
② 명예훼손죄와 모욕죄에서 전파가능성을 이유로 공연성을 인정하는 경우에는 적어도 범죄구성요건의 주관적 요소로서 미필적 고의가 필요하므로, 전파가능성에 대한 인식이 있음은 물론 나아가 위험을 용인하는 내심의 의사가 있어야 한다.
③ 인터넷 등 공간에서 작성된 단문의 글이라고 하더라도, 그 내용이 자신의 의견을 강조하거나 압축하여 표현한 것이라고 평가할 수 있고 표현도 지나치게 모욕적이거나 악의적이지 않다면 형법 제20조에 의하여 위법성이 조각될 수 있다.
④ 甲은 자신의 인터넷 채널에 A의 방송 영상을 게시하면서 A의 얼굴에 '개' 얼굴을 합성하는 방법을 사용하였는바, 그 영상의 전체적인 내용을 살펴볼 때 A의 얼굴을 가리는 용도로 동물 그림을 사용하면서 A에 대한 부정적인 감정을 다소 해학적으로 표현하려 한 것에 불과한 경우라도 이러한 행위는 모욕적 표현에 해당한다.

> **해설**
>
> ① (○) 대판 2022.2.11, 2021도10827
> ② (○) 대판 2022.7.28, 2020도8336
> ③ (○) 대판 2022.8.25, 2020도16897
> ④ (×) 피고인이 피해자의 얼굴을 가리는 용도로 동물 그림을 사용하면서 피해자에 대한 부정적인 감정을 다소 해학적으로 표현하려 한 것에 불과하다고 볼 여지도 상당하므로, 해당 영상이 피해자를 불쾌하게 할 수 있는 표현이기는 하지만 객관적으로 피해자의 인격적 가치에 대한 사회적 평가를 저하시킬 만한 모욕적 표현을 한 경우에 해당한다고 단정하기는 어렵다 (대판 2023.2.2, 2022도4719)

정답 ④

04 명예에 관한 죄에 관한 설명 중 가장 옳지 않은 것은? (다툼이 있는 경우 판례에 의함)

24 법행

① 甲이 乙에 대한 징계절차 회부 사실이 기재된 문서를 근무현장 방재실, 기계실, 관리사무실의 각 게시판에 게시한 경우 위 문서의 내용은 회사 내부의 원활하고 능률적인 운영의 도모라는 공공의 이익에 관한 것이라고 볼 수 있어 위법성이 조각되는 경우에 해당한다.
② 사자명예훼손죄는 고소가 있어야 공소를 제기할 수 있고, 출판물에 의한 명예훼손죄는 피해자의 명시한 의사에 반하여 공소를 제기할 수 없다.
③ 다른 특별한 사정이 없는 한, 그 진실이 무엇인지 확인할 수 없는 과거의 역사적 사실관계 등에 대하여 민사판결을 통하여 어떠한 사실인정이 있었다는 이유만으로, 이후 그와 반대되는 사실의 주장이나 견해의 개진 등을 형법상 명예훼손죄 등에 있어서 '허위의 사실 적시'라는 구성요건에 해당한다고 쉽게 단정하여서는 아니 된다.
④ 사실적시의 내용이 사회 일반의 일부 이익에만 관련된 사항이라도 다른 일반인과 공동생활에 관계된 사항이라면 공익성을 지니고, 나아가 개인에 관한 사항이더라도 공공의 이익과 관련되어 있고 사회적인 관심을 획득하거나 획득할 수 있는 경우라면 직접적으로 국가·사회 일반의 이익이나 특정한 사회집단에 관한 것이 아니라는 이유만으로 형법 제310조의 적용을 배제할 것은 아니다.

> **해설**
>
> ① (×) 징계 업무 담당 직원인 피고인이 피해자에 대한 징계절차 회부 사실이 기재된 문서를 근무현장 방재실 등의 게시판에 게시함으로써 공연히 피해자의 명예를 훼손하였다는 내용으로 기소된 사안에서, 피해자에 대한 징계절차 회부 사실을 공지하는 것이 회사 내부의 원활하고 능률적인 운영의 도모라는 공공의 이익에 관한 것으로 볼 수 없다(대판 2021.8.26, 2021도6416)
> ② (○) [1] 사자명예훼손죄와 모욕죄는 고소가 있어야 공소를 제기할 수 있다(제312조 제1항) [2] 단순명예훼손죄와 출판물에 의한 명예훼손죄는 피해자의 명시한 의사에 반하여 공소를 제기할 수 없다(제312조 제2항)
> ③ (○) 대판 2017.12.5, 2017도15628
> ④ (○) 대판 2022.2.11, 2021도10827

정답 ①

05 명예훼손의 죄에 관한 설명 중 옳지 않은 것은 모두 몇 개인가? (다툼이 있는 경우 판례에 의함)

23 경찰채용

> ㉠ 형법 제307조 제1항의 '사실'은 제2항의 '허위의 사실'과 반대되는 '진실한 사실'을 말하며, 가치판단이나 평가를 내용으로 하는 '의견'에 대치되는 개념은 아니다.
> ㉡ 공연성의 존부는 발언자와 상대방 또는 피해자 사이의 관계나 지위, 대화를 하게 된 경위와 상황, 사실적시의 내용, 적시의 방법과 장소 등 행위 당시의 객관적 제반 사정으로부터 상대방이 불특정 또는 다수인에게 전파할 가능성이 있는지 여부를 검토하여 종합적으로 판단하여야 하며, 발언 후 실제 전파 여부라는 우연한 사정은 공연성 인정 여부를 판단함에 있어 소극적 사정으로만 고려되어야 한다.
> ㉢ 형법 제310조의 '공공의 이익'이라 함은 널리 국가 사회 기타 일반 다수인의 이익에 관한 것뿐만 아니라 특정한 사회집단이나 그 구성원의 관심과 이익에 관한 것도 포함한다.
> ㉣ 형법 제309조 제1항의 '사람을 비방할 목적'은 제310조의 '공공의 이익'을 위한 것과는 행위자의 주관적 의도의 방향에 있어 서로 상반되는 관계에 있으므로, 적시한 사실이 공공의 이익에 관한 것인 경우 특별한 사정이 없는 한 비방할 목적은 부인된다.

① 1개   ② 2개   ③ 3개   ④ 4개

해설

㉠ (×) 명예훼손죄에 있어서의 '사실의 적시'란 가치판단이나 평가를 내용으로 하는 의견표현에 대치되는 개념으로서 시간과 공간적으로 구체적인 과거 또는 현재의 사실관계에 관한 보고 내지 진술을 의미하는 것이며, 그 표현내용이 증거에 의한 입증이 가능한 것을 말한다 (대판 2008.10.9, 2007도1220)
㉡ (○) 대판 2020.11.19, 2020도5813 전원합의체
㉢ (○) 대판 2004.10.15, 2004도3912
㉣ (○) 대판 2003.12.26, 2003도6036

정답 ①

06 명예훼손죄에 관한 설명 중 가장 옳지 않은 것은? (다툼이 있는 경우 판례에 의함) 23 법원9급

① 작업장의 책임자인 피고인이 甲으로부터 작업장에서 발생한 성추행 사건에 대해 보고받은 사실이 있음에도, 직원 5명이 있는 회의 자리에서 상급자로부터 경과보고를 요구받으면서 과태료 처분에 관한 책임을 추궁받자 이에 대답하는 과정에서 '甲은 성추행 사건에 대해 애초에 보고한 사실이 없다. 그런데도 이를 수사기관 등에 신고하지 않았다고 과태료 처분을 받는 것은 억울하다.'는 취지로 발언한 경우 피고인에게 명예훼손의 고의를 인정하기 어렵다.

② 동장인 피고인이 동 주민자치위원에게 전화를 걸어 '어제 열린 당산제(마을제사) 행사에 남편과 이혼한 甲도 참석을 하여, 이에 대해 행사에 참여한 사람들 사이에 안 좋게 평가하는 말이 많았다.'는 취지로 말하고, 동 주민들과 함께한 저녁식사 모임에서 '甲은 이혼했다는 사람이 왜 당산제에 왔는지 모르겠다.'는 취지로 말한 경우, 피고인의 위 발언은 甲의 사회적 가치나 평가를 침해하는 구체적인 사실의 적시에 해당한다.

③ 회사에서 징계 업무를 담당하는 직원인 피고인이 피해자에 대한 징계절차 회부 사실이 기재된 문서를 근무현장 방재실, 기계실, 관리사무실의 각 게시판에 게시한 경우, 위 행위는 회사 내부의 원활하고 능률적인 운영의 도모라는 공공의 이익에 관한 것으로 볼 수 없다.

④ 피고인이 피해자 집 뒷길에서 피고인의 남편 및 피해자의 친척이 듣는 가운데 피해자에게 '저것이 징역 살다온 전과자다.' 등으로 큰 소리로 말한 경우 공연성이 인정된다.

> **해설**
>
> ① (○) 대판 2022.4.14, 2021도17744
> ② (×) 동장인 피고인이 동 주민자치위원에게 전화를 걸어 '어제 열린 당산제(마을제사) 행사에 남편과 이혼한 甲도 참석을 하여, 이에 대해 행사에 참여한 사람들 사이에 안 좋게 평가하는 말이 많았다.'는 취지로 말하고, 동 주민들과 함께한 저녁식사 모임에서 '甲은 이혼했다는 사람이 왜 당산제에 왔는지 모르겠다.'는 취지로 말한 경우, 피고인의 발언은 甲의 사회적 가치나 평가를 침해하는 구체적인 사실의 적시에 해당하지 않고 甲의 당산제 참여에 관한 의견 표현에 지나지 않는다는 이유로, 이와 달리 본 원심판결에 법리오해의 잘못이 있다고 한 사례 (대판 2022.5.13, 2020도15642)
> ③ (○) 대판 2021.8.26, 2021도6416
> ④ (○) 대판 2020.11.19, 2020도5813 전원합의체

정답 ②

07 명예의 죄에 관한 설명으로 가장 적절하지 않은 것은? (다툼이 있는 경우 판례에 의함)

23 경간

① 甲이 제3자에게 A가 乙을 선거법 위반으로 고발하였다는 말만 하고 그 고발의 동기나 경위에 관하여는 언급하지 않았다고 하더라도, 그 자체만으로 A의 사회적 가치나 평가를 침해하기에 충분한 구체적인 사실이 적시되었다고 볼 수 있어, 甲에게는 명예훼손죄가 성립한다.

② 명예훼손죄 성립에 필요한 '사실의 적시'의 정도는 특정인의 사회적 가치 내지 평가가 침해될 가능성이 있을 정도로 구체성을 띠어야 하고, 반드시 그러한 사실이 직접적으로 명시되어 있지 않더라도, 적어도 내용 중의 특정 문구에 의하여 그러한 사실이 곧바로 유추될 수 있을 정도는 되어야 한다.

③ 정보통신망을 이용한 명예훼손의 경우에도 서적·신문 등 기존의 매체에 명예훼손적 내용의 글을 게시하는 경우와 마찬가지로 그 게시행위로써 명예훼손의 범행은 종료된다.

④ 인터넷 신문사 소속 기자 A가 인터넷 포털 사이트의 '핫이슈' 난에 제품의 안정성에 관한 논란이 되고 있는 제품을 옹호하는 기사를 게재하자, 그 기사를 읽은 상당수의 독자들이 '네티즌 댓글' 난에 A를 비판하는 댓글을 달고 있는 상황에서 甲이 "이런걸 기레기라고 하죠?" 라는 댓글을 게시한 경우, 이는 모욕적 표현에 해당하나 사회상규에 위배되지 않는 행위로서 형법 제20조에 의하여 위법성이 조각된다.

> **해설**
>
> ① (×) 甲이 제3자에게 A가 乙을 선거법 위반으로 고발하였다는 말만 하고 그 고발의 동기나 경위에 관하여는 언급하지 않았다면, 그 자체만으로는 A의 사회적 가치나 평가를 침해하기에 충분한 구체적인 사실이 적시되었다고 보기 어렵다(대판 2009.9.24, 2009도6687)
> ※ 甲에게는 명예훼손죄가 성립하지 않는다.
> ② (○) 대판 2011.8.18, 2011도6904
> ③ (○) 대판 2007.10.25, 2006도346 ※ 정보통신망을 이용한 명예훼손의 경우에도 게재행위의 종료만으로 범죄행위가 종료하는 것이다.
> ④ (○) 대판 2021.3.25, 2017도17643

정답 ①

08 명예에 관한 죄에 대한 아래 ㉠부터 ㉤까지의 설명 중 옳고 그름의 표시(O, ×)가 모두 바르게 된 것은? (다툼이 있는 경우 판례에 의함)

22 경찰채용

> ㉠ 인터넷 댓글에 의하여 모욕을 당한 피해자의 인터넷 아이디(ID)만을 알 수 있을 뿐 그 밖의 주위사정을 종합해 보더라도 그와 같은 인터넷 아이디를 가진 사람이 동 피해자임을 알아차릴 수 없는 경우라면 명예훼손죄 또는 모욕죄가 성립하지 않는다.
> ㉡ 어떠한 표현이 상대방의 인격적 가치에 대한 사회적 평가를 저하시킬 만한 것이 아니라면 설령 그 표현이 다소 무례한 방법으로 표시되었다 하더라도 이를 두고 모욕죄의 구성요건에 해당한다고 볼 수 없다.
> ㉢ 모욕죄는 피해자의 외부적 명예를 저하시킬 만한 추상적 판단이나 경멸적 감정을 공연히 표시함으로써 성립하는 것으로 피해자의 외부적 명예가 현실적으로 침해되거나 적어도 구체적 현실적으로 침해될 위험이 발생하여야 한다.
> ㉣ 형법 제307조 명예훼손죄에 있어서의 사실의 적시는 가치 판단이나 평가를 내용으로 하는 의견표현에 대치되는 개념으로서 시간적으로나 공간적으로 구체적인 과거 또는 현재의 사실관계에 관한 보고나 진술을 뜻한다.
> ㉤ 정보통신망을 이용한 명예훼손의 경우에는 게재행위의 종료만으로 범죄행위가 종료하는 것은 아니고 원래 게시물이 삭제되어 정보의 송수신이 불가능해지는 시점을 범죄의 종료시기로 보아야 한다.

① ㉠(O) ㉡(×) ㉢(O) ㉣(×) ㉤(O)
② ㉠(O) ㉡(O) ㉢(×) ㉣(O) ㉤(×)
③ ㉠(×) ㉡(×) ㉢(O) ㉣(×) ㉤(×)
④ ㉠(O) ㉡(O) ㉢(×) ㉣(O) ㉤(O)

해설

㉠ (O) 헌재 2008.6.26, 2007헌마461
㉡ (O) 대판 2018.11.29, 2017도2661
㉢ (×) 모욕죄는 피해자의 외부적 명예를 저하시킬 만한 추상적 판단이나 경멸적 감정을 공연히 표시함으로써 성립하는 것이므로 피해자의 외부적 명예가 현실적으로 침해되거나 구체적·현실적으로 침해될 위험이 발생하여야 하는 것은 아니다(대판 2017.4.13, 2016도15264) ※ 모욕죄는 추상적 위험범이다.
㉣ (O) 대판 2021.3.25, 2016도14995
㉤ (×) 서적·신문 등 기존의 매체에 명예훼손적 내용의 글을 게시하는 경우에 그 게시행위로써 명예훼손의 범행은 종료하는 것이며 그 서적이나 신문을 회수하지 않는 동안 범행이 계속된다고 보지는 않는다는 점을 고려해 보면, 정보통신망을 이용한 명예훼손의 경우에 게시행위 후에도 독자의 접근가능성이 기존의 매체에 비하여 좀 더 높다고 볼 여지가 있다 하더라도 그러한 정도의 차이만으로 정보통신망을 이용한 명예훼손의 경우에 범죄의 종료시기가 달라진다고 볼 수는 없다(대판 2007.10.25, 2006도346) ※ 정보통신망을 이용한 명예훼손의 경우에도 **게재행위의 종료만**으로 범죄행위가 종료하는 것이다.

정답 ②

09 모욕죄에 관한 설명 중 가장 옳지 않은 것은? (다툼이 있는 경우 판례에 의함)   23 법원9급

① 어떠한 표현이 상대방의 인격적 가치에 대한 사회적 평가를 저하시킬 만한 것이 아니라면 설령 그 표현이 다소 무례한 방법으로 표시되었다 하더라도 이를 두고 모욕죄의 구성요건에 해당한다고 볼 수 없다.
② 언어적 수단이 아닌 비언어적·시각적 수단만을 사용하여 표현을 한 경우라면, 그것이 사람의 사회적 평가를 저하시킬 만한 추상적 판단이나 경멸적 감정을 전달하는 것이라 하더라도 모욕죄가 성립할 수 없다.
③ 어떠한 표현이 모욕죄의 모욕에 해당하는지는 상대방 개인의 주관적 감정이나 정서상 어떠한 표현을 듣고 기분이 나쁜지 등 명예감정을 침해할 만한 표현인지를 기준으로 판단할 것이 아니라 당사자들의 관계, 해당 표현에 이르게 된 경위, 표현방법, 당시 상황 등 객관적인 제반 사정에 비추어 상대방의 외부적 명예를 침해할 만한 표현인지를 기준으로 엄격하게 판단하여야 한다.
④ 공연성은 명예훼손죄와 모욕죄의 구성요건으로서, 명예훼손이나 모욕에 해당하는 표현을 특정 소수에게 한 경우 공연성이 부정되는 유력한 사정이 될 수 있으므로, 전파될 가능성에 관해서는 검사의 엄격한 증명이 필요하다.

> **해설**
>
> ① (○) 대판 2018.11.29, 2017도2661
> ② (×) 모욕의 수단과 방법에는 제한이 없으므로 언어적 수단이 아닌 비언어적·시각적 수단만을 사용하여 표현을 하더라도 그것이 사람의 사회적 평가를 저하시킬 만한 추상적 판단이나 경멸적 감정을 전달하는 것이라면 모욕죄가 성립한다(대판 2023.2.2, 2022도4719)
> ③ (○) 대판 2022.8.31, 2019도7370
> ④ (○) 대판 2022.7.28, 2020도8336

정답 ②

10 모욕죄에 관한 설명 중 가장 옳지 않은 것은? (다툼이 있는 경우 판례에 의함) 23 법행

① 자동차 정보 관련 인터넷 신문사 소속 기자 A가 작성한 기사가 인터넷 포털 사이트의 자동차 뉴스 '핫이슈' 난에 게재되자, 甲이 "이런걸 기레기라고 하죠?"라는 댓글을 게시한 경우, '기레기'는 기자인 A의 사회적 평가를 저하시킬 만한 추상적 판단이나 경멸적 감정을 표현한 모욕적 표현에 해당한다.

② A 주식회사 해고자 신분으로 노동조합 사무장직을 맡아 노조활동을 하는 甲이 노사 관계자 140여 명이 있는 가운데 큰 소리로 甲보다 15세 연장자로서 A 주식회사 부사장인 B를 향해 "야 ○○아, ○○이 여기 있네, 니 이름이 ○○이잖아, ○○아 나오니까 좋지?" 등으로 여러 차례 B의 이름을 부른 것은 객관적으로 B의 인격적 가치에 대한 사회적 평가를 저하시킬 만한 모욕적 언사에 해당하지 않는다.

③ 사업소 소장인 甲이 직원들에게 A가 관리하는 다른 사업소의 문제를 지적하는 내용의 카카오톡 문자메시지를 발송하면서 "A는 정말 야비한 사람인 것 같습니다."라고 표현하였더라도 이를 A의 외부적 명예를 침해할 만한 표현이라고 단정하기 어렵다.

④ 아파트 입주자대표회의 감사인 甲이 관리소장 A의 외부특별감사에 관한 업무처리에 항의하기 위해 관리소장실을 방문한 자리에서, A와 언쟁을 하다가 "야, 이따위로 일할래.", "나이 처먹은 게 무슨 자랑이냐."라고 말한 경우, 甲의 발언은 객관적으로 A의 인격적 가치에 대한 사회적 평가를 저하시킬 만한 모욕적 언사에 해당하지 않는다.

⑤ 甲이 방송국 시사프로그램을 시청한 후 방송국 홈페이지의 시청자 의견란에 출연자 A에 대해 "그렇게 소중한 자식을 범법행위의 변명의 방패로 쓰시다니 정말 대단하십니다."는 등의 글을 작성·게시한 경우, 甲의 표현은 그 출연자인 A의 사회적 평가를 훼손할 만한 모욕적 언사에 해당하지 않는다.

> **해설**
>
> ① (○) 대판 2021.3.25, 2017도17643
> ② (○) 대판 2018.11.29, 2017도2661
> ③ (○) 대판 2022.8.31, 2019도7370
> ④ (○) 대판 2015.9.10, 2015도2229
> ⑤ (×) 게시글 전체를 두고 보면 사회상규에 위배되지 않는다고 봄이 상당하다(대판 2003.11.28, 2003도3972) ※ 모욕죄의 구성요건에는 해당하나 사회상규에 위배되지 않는 행위로 위법성이 조각된다.

정답 ⑤

11 다음 사례 중 甲에게 모욕죄(또는 상관모욕죄)가 성립하는 것은? (다툼이 있는 경우 판례에 의함)
22 경찰채용

① 甲이 소속 노동조합 위원장 A를 '어용', '앞잡이' 등으로 지칭하여 표현한 현수막, 피켓 등을 장기간 반복하여 일반인의 왕래가 잦은 도로변 등에 게시한 경우
② 부사관 교육생 甲이 동기들과 함께 사용하는 단체 채팅방에서 지도관 A가 목욕탕 청소 담당에게 과실 지적을 많이 한다는 이유로 "도라이 ㅋㅋㅋ 습기가 그렇게 많은데"라는 글을 게시한 경우
③ A주식회사 해고자 신분으로 노동조합 사무장직을 맡아 노조활동을 하는 甲이 노사 관계자 140여 명이 있는 가운데 큰 소리로 자신보다 15세 연장자인 A회사 부사장 B를 향해 "야 ㅇㅇ아, ㅇㅇ이 여기 있네, 니 이름이 ㅇㅇ이잖아, ㅇㅇ아 나오니까 좋지?" 등으로 여러 차례 B의 이름을 부른 경우
④ 甲이 인터넷 포털 사이트의 'A추진운동본부'에 접속하여 '자칭타칭 B 하면 떠오르는 키워드!!!'라는 제목의 게시글에 '공황장애 ㅋ'라는 댓글을 게시한 경우

> **해설**
>
> ① (성립 ○) 피고인들이 피해자를 '어용', '앞잡이' 등으로 표현한 현수막, 피켓 등을 장기간 반복하여 일반인의 왕래가 잦은 도로변 등에 게시한 행위는 피해자에 대한 모욕적 표현으로서 사회상규에 위배되지 않는 행위라고 보기 어렵다고 본 원심의 판단은 정당한 것으로 수긍할 수 있다(대판 2021.9.9, 2016도88).
> ② (성립 ×) 피고인의 표현은 동기 교육생들끼리 고충을 토로하고 의견을 교환하는 사이버공간에서 상관인 피해자에 대하여 일부 부적절한 표현을 사용하게 된 것에 불과하고 이로 인하여 군의 조직질서와 정당한 지휘체계가 문란하게 되었다고 보이지 않으므로 이러한 행위는 사회상규에 위배되지 않는다고 보는 것이 타당하다(대판 2021.8.19, 2020도14576).
> ③ (성립 ×) 피고인의 발언은 상대방을 불쾌하게 할 수 있는 무례하고 예의에 벗어난 표현이기는 하지만 객관적으로 A의 인격적 가치에 대한 사회적 평가를 저하시킬 만한 모욕적 언사에 해당한다고 보기는 어렵다(대판 2018.11.29, 2017도2661).
> ④ (성립 ×) 피고인의 표현은 상대방을 불쾌하게 할 수 있는 무례한 표현이기는 하나 상대방의 인격적 가치에 대한 사회적 평가를 저하시킬 만한 표현에 해당한다고 보기는 어렵다(대판 2018.5.30, 2016도20890).

정답 ①

제2절 신용·업무와 경매에 관한 죄

01 업무방해죄에 관한 설명 중 옳지 않은 것은? (다툼이 있는 경우 판례에 의함) 24 변호사시험

① 업무수행 자체가 아니라 업무의 적정성 내지 공정성이 방해된 경우에는 업무방해죄가 성립하지 않는다.
② 공인중개사가 아닌 사람이 영위하는 중개업을 위력으로 방해한 경우 업무방해죄가 성립하지 않는다.
③ 형법 제314조 제2항의 컴퓨터등장애업무방해죄가 성립하기 위해서는 정보처리에 장애가 현실적으로 발생하였을 것을 요하나, 정보처리에 장애를 발생하게 하여 업무방해의 결과를 초래할 위험이 발생한 이상, 업무방해의 결과가 실제로 발생하지 않더라도 위 죄가 성립한다.
④ 위력에 의한 업무방해죄는 위력에 의해 현실적으로 피해자의 자유의사가 제압되지 않은 경우에도 성립할 수 있다.

> **해설**
>
> ① (×) 업무방해죄의 성립에는 업무방해의 결과가 실제로 발생함을 요하지 않고 업무방해의 결과를 초래할 위험이 발생하는 것이면 족하며, 업무수행 자체가 아니라 업무의 적정성 내지 공정성이 방해된 경우에도 업무방해죄가 성립한다(대판 2002.3.29, 2000도3231)
> ② (○) 대판 2007.1.12, 2006도6599
> ③ (○) 대판 2009.4.9, 2008도11978
> ④ (○) 대판 1995.10.12, 95도1589

정답 ①

02 업무방해죄에 관한 설명 중 가장 옳지 않은 것은? (다툼이 있는 경우 판례에 의함) 22 법원9급

① 위계에 의한 업무방해죄에서 '위계'란 행위자가 행위목적을 달성하기 위하여 상대방에게 오인, 착각 또는 부지를 일으키게 하여 이를 이용하는 것을 말한다.
② 컴퓨터 등 정보처리장치에 정보를 입력하는 등의 행위가 그 입력된 정보 등을 바탕으로 업무를 담당하는 사람의 오인, 착각 또는 부지를 일으킬 목적으로 행해진 경우에는 그 행위가 업무를 담당하는 사람을 직접적인 대상으로 이루어진 것이 아니라고 하여 위계가 아니라고 할 수는 없다.
③ 금융기관이 설치·운영하는 자동화기기(ATM)를 통한 무통장·무카드 입금을 하면서 '1인 1일 100만원' 한도를 준수하는 것처럼 가장하기 위하여 제3자의 이름과 주민등록번호를 자동화기기에 입력한 후 100만원 이하의 금액으로 나누어 여러 차례 현금을 입금하는 행위는 자동화기기를 설치·운영하는 금융기관 관리자로 하여금 정상적인 입금인 것과 같은 오인, 착각을 일으키게 하여 금융기관의 자동화기기를 통한 입금거래 업무를 방해한 것으로서 위계에 의한 업무방해죄가 성립한다.
④ 업무방해죄의 성립에는 업무방해의 결과가 실제로 발생함을 요하지 않고 업무방해의 결과를 초래할 위험이 발생하면 족하며, 업무수행 자체가 아니라 업무의 적정성 내지 공정성이 방해된 경우에도 업무방해죄가 성립한다.

> **해설**
>
> ① (○) 대판 2022.2.11, 2021도12394
> ② (○) 대판 2013.11.28, 2013도5117
> ③ (×) 전화금융사기 조직의 현금 수거책인 피고인이 무매체 입금거래의 '1인 1일 100만원' 한도 제한을 회피하기 위하여 은행 자동화기기에 제3자의 주민등록번호를 입력하는 방법으로 이른바 '쪼개기 송금'을 한 행위는 업무방해죄에서 말하는 위계에 해당하지 않는다(대판 2022.2.11, 2021도12394)
> ④ (○) 대판 2021.3.11, 2016도14415

정답 ③

03 신용·업무·경매에 관한 죄에 대한 설명으로 적절한 것을 모두 고른 것은? (다툼이 있는 경우 판례에 의함)
22 경찰승진

㉠ 쟁의행위로서 파업이 언제나 업무방해죄에 해당하는 것으로 볼 것은 아니고, 전후 사정과 경위 등에 비추어 사용자가 예측할 수 없는 시기에 전격적으로 이루어져 사용자의 사업 운영에 심대한 혼란 내지 막대한 손해를 초래하는 등으로 사용자의 사업계속에 관한 자유의사가 제압 혼란될 수 있다고 평가할 수 있는 경우 집단적 노무제공의 거부는 위력에 해당하여 업무방해죄가 성립한다.
㉡ 공인중개사 甲이 공인중개사가 아닌 A와 동업하여 중개사무소를 운영하다가 동업관계가 종료된 후 자신의 명의로 등록되어 있는 지위를 이용하여 임의로 폐업신고를 하였다면 위력에 의한 업무방해죄가 성립한다.
㉢ 위계에 의한 업무방해죄에서 '위계'란 상대방에게 오인, 착각 또는 부지를 일으키게 하여 업무수행 자체를 방해하는 것을 말하며, 그로써 업무의 적정성 내지 공정성이 방해된 정도에 그친 데 불과하다면 업무방해죄가 성립하지 않는다.
㉣ 컴퓨터등장애업무방해죄가 성립하기 위해서는 가해행위의 결과 정보처리장치가 그 사용목적에 부합하는 기능을 하지 못하거나 사용목적과 다른 기능을 하는 등 정보처리의 장애가 현실적으로 발생하였을 것을 요한다.

① ㉠㉡ ② ㉠㉢ ③ ㉠㉣ ④ ㉡㉢㉣

> **해설**
>
> ㉠ (○) 대판 2014.11.13, 2011도393
> ㉡ (×) 공인중개사인 피고인이 자신의 명의로 등록되어 있으나 실제로는 공인중개사가 아닌 피해자가 주도적으로 운영하는 형식으로 동업하여 중개사무소를 운영하다가 위 동업관계가 피해자의 귀책사유로 종료되고 피고인이 동업관계의 종료로 부동산중개업을 그만두기로 한 경우(폐업신고를 한 경우), 피해자의 중개업은 형사처벌의 대상이 되는 범죄행위에 해당하는 것으로서 업무방해죄의 보호대상이 되는 업무라고 볼 수 없다(대판 2007.1.12, 2006도6599)
> ㉢ (×) 업무방해죄의 성립에는 업무방해의 결과가 실제로 발생함을 요하지 않고 업무방해의 결과를 초래할 위험이 발생하면 족하며, 업무수행 자체가 아니라 업무의 적정성 내지 공정성이 방해된 경우에도 업무방해죄가 성립한다(대판 2021.3.11, 2016도14415)
> ㉣ (○) 대판 2013.3.14, 2010도410

정답 ③

04 업무방해죄에 관한 설명 중 가장 옳지 않은 것은? (다툼이 있는 경우 판례에 의함) 23 법원9급

① 상대방으로부터 신청을 받아 상대방이 일정한 자격요건 등을 갖춘 경우에 한하여 그에 대한 수용 여부를 결정하는 업무에 있어서 업무담당자가 사실을 충분히 확인하지 않은 채 신청인이 제출한 허위의 신청사유나 허위의 소명자료를 가볍게 믿고 이를 수용하였다고 하더라도 신청인의 위계가 업무방해의 위험성을 발생시킨 것이므로 위계에 의한 업무방해죄가 성립한다.
② 업무방해죄에 있어서의 '위력'이란 사람의 자유의사를 제압·혼란케 할 만한 일체의 세력을 말하고, 유형적이든 무형적이든 묻지 아니하며, 폭행·협박은 물론 사회적, 경제적, 정치적 지위와 권세에 의한 압박 등을 포함한다고 할 것이고, 위력에 의해 현실적으로 피해자의 자유의사가 제압되는 것을 요하는 것은 아니다.
③ 제3자로 하여금 상대방에게 어떤 조치를 취하게 하는 등으로 상대방의 업무에 곤란을 야기하거나 그러한 위험이 초래되게 하였더라도, 행위자가 그 제3자의 의사결정에 관여할 수 있는 권한을 가지고 있거나 그에 대하여 업무상의 지시를 할 수 있는 지위에 있는 경우에는 특별한 사정이 없는 한 업무방해죄를 구성하지 아니한다.
④ 업무방해죄에서 행위의 객체는 타인의 업무이고, 여기서 말하는 '타인'에는 범인 이외의 자연인·법인 또는 법인격 없는 단체가 모두 포함된다.

> **해설**
>
> ① (×) 그 업무담당자가 사실을 충분히 확인하지 아니한 채 신청인이 제출한 허위의 신청사유나 허위의 소명자료를 가볍게 믿고 이를 수용하였다면 이는 업무담당자의 불충분한 심사에 기인한 것으로서 신청인의 위계가 업무방해의 위험성을 발생시켰다고 할 수 없어 위계에 의한 업무방해죄를 구성하지 않는다고 할 것이다(대판 2007.12.27, 2007도5030)
> ② (○) 대판 2005.5.27, 2004도8447
> ③ (○) 대판 2013.2.28, 2011도16718
> ④ (○) 대판 2018.5.15, 2017도19499

정답 ①

05 업무방해죄에 관한 설명으로 가장 적절하지 않은 것은? (다툼이 있는 경우 판례에 의함)

23 법학특채

① 업무방해죄의 성립에는 업무방해의 결과가 실제로 발생함을 요하지 않고 업무방해의 결과를 초래할 위험이 발생하면 족하다.
② 의료인이나 의료법인이 아닌 자가 의료기관을 개설하여 운영하는 행위는 그 위법의 정도가 중하여 사회생활상 도저히 용인될 수 없는 정도로 반사회성을 띠고 있으므로 업무방해죄의 보호대상이 되는 '업무'에 해당하지 않는다.
③ 甲이 A와 토지 지상에 창고를 신축하는데 필요한 형틀공사 계약을 체결한 후 그 공사를 완료하였는데, A가 공사대금을 주지 않는다는 이유로 위 토지에 쌓아 둔 건축자재를 치우지 않고 공사현장을 막는 방법으로 A의 창고 신축 공사 업무를 방해한 것은 부작위에 의한 업무방해죄가 성립하지 않는다.
④ 특성화고 교장인 甲이 신입생 입학 사정회의 과정에서 면접위원들에게 "참 선생님들이 말을 안 듣네. 중학교는 이 정도면 교장 선생님한테 권한을 줘서 끝내는데. 왜 그러는 거죠?" 등 특정 학생을 합격시키라는 취지의 발언을 하여 특정 학생의 면접 점수를 상향시켜 신입생으로 선발되도록 한 것은 甲이 학교 교장이자 학교입학전형위원회 위원장으로서 사정회의에 참석하여 자신의 의견을 밝힌 후 계속하여 논의가 길어지자 발언을 한 것이라도 위력으로 면접위원들의 신입생 면접 업무를 방해한 것이다.

해설

① (○) 대판 2008.1.17, 2006도1721
② (○) 대판 2001.11.30, 2001도2015
③ (○) 대판 2017.12.22, 2017도13211
④ (×) 피고인은 학교 교장이자 전형위원회 위원장으로서 사정회의에 참석하여 자신의 의견을 밝힌 후 계속하여 논의가 길어지자 발언을 한 것인바, 그 발언에 다소 과도한 표현이 사용되었더라도 그것만으로 그 행위의 내용이나 수단이 사회통념상 허용할 수 없는 것이었다거나 피해자들의 자유의사를 제압하기에 충분한 위력을 행사하였다고 단정하기 어렵고, 그로 인하여 피해자들의 신입생 면접 업무가 방해될 위험이 발생하였다고 보기도 어렵다(대판 2023.3.30, 2019도7446) ※ 업무방해죄가 성립하지 않는다.

정답 ④

06 업무와 경매에 관한 죄의 설명 중 가장 적절한 것은? (다툼이 있는 경우 판례에 의함)

22 경찰채용

① 甲이 도시철도공사가 발주한 시각장애인용 음성유도기제작설치 입찰에 관한 담합에 가담하기로 하였다가 자신이 낙찰받기 위하여 당초의 합의에 따르지 아니한 채 원래 낙찰받기로 한 특정업체보다 저가로 입찰한 경우 비록 입찰의 공정을 해할 우려가 있었으나 실제 입찰의 공정을 해하지 아니하였기에 甲에게는 입찰방해죄가 성립하지 아니한다.
② 甲이 일부 입찰참가자들과 가격을 합의하고, 낙찰이 되면 특정 업체가 모든 공사를 하기로 합의하는 등 담합하여 투찰행위를 한 경우 그 투찰에 참여한 업체의 수가 많아서 실제로 가격형성에 부당한 영향을 주지 않았다면 甲에게는 입찰방해죄가 성립하지 아니한다.
③ 한국토지공사가 중고자동차매매단지를 분양하기 위하여 유자격 신청자들을 대상으로 무작위 공개추첨하여 1인의 수분양자를 선정하는 절차를 진행함에 있어, 신청자격이 없는 甲이 총 12인의 신청자 중 9인과 맺은 합작투자의 약정에 따라 그 신청자의 자격과 명의를 빌려 당첨확률을 약 75%까지 인위적으로 높여 분양을 신청한 경우 분양업무의 적정성과 공정성 등을 방해하는 행위라고 볼 수 있어 甲에게는 입찰방해죄가 성립한다.
④ 甲과 乙이 공모하여, 甲은 A고등학교의 학생 丙이 약 10개월 동안 총 84시간의 봉사활동을 한 것처럼 허위로 기재된 봉사 활동확인서를 발급받아 乙에게 교부하고, 乙은 이를 丙의 담임교사를 통하여 A학교에 제출하여 丙이 학교장 명의의 봉사상을 수상하게 한 경우 甲과 乙에게는 업무방해죄가 성립한다.

해설

① (×) 입찰자들 상호간에 특정업체가 낙찰받기로 하는 담합이 이루어진 상태에서 그 특정업체를 포함한 다른 입찰자들은 당초의 합의에 따라 입찰에 참가하였으나 일부 입찰자는 자신이 낙찰받기 위하여 당초의 합의에 따르지 아니한 채 오히려 낙찰받기로 한 특정업체보다 저가로 입찰하였다면 이러한 일부 입찰자의 행위는 담합을 이용하여 낙찰을 받은 것이라는 점에서 적법하고 공정한 경쟁방법을 해한 것이 되고 따라서 이러한 일부 입찰자의 행위 역시 입찰방해죄에 해당한다(대판 2010.10.14, 2010도4940).
② (×) 피고인 甲이 투찰을 함에 있어서 다른 피고인 乙, 丙, 丁과 가격을 합의하고, 낙찰이 되면 특정 업체에서 공사를 모두 하기로 하는 등의 담합행위를 한 이상 적법하고 공정한 경쟁방법을 해하는 행위로서 입찰의 공정을 해하는 경우에 해당하는 것이고 위와 같이 담합하여 투찰행위를 함으로써 위태범인 입찰방해죄가 성립하는 것이며, 결과적으로 투찰에 참여한 업체의 수가 많아서 실제로 가격형성에 부당한 영향을 주지 않았다고 하여 입찰방해죄의 성립을 방해할 수는 없다(대판 2009.5.14, 2008도11361).
③ (×) 분양절차는 공정한 자유경쟁을 통한 적정한 가격형성을 목적으로 하는 입찰절차에 해당하지 않고, 피고인이 분양절차에 참가한 것은 9인의 신청자와 맺은 합작투자의 약정에 따른 것으로서 분양업무의 주체인 한국토지공사가 예정하고 있던 범위 내의 행위이므로 위 추첨방식의 분양업무의 적정성과 공정성 등을 방해하는 행위라고 볼 수 없어 입찰방해죄죄가 성립하

지 않는다(대판 2008.5.29, 2007도5037)
④ (○) 대판 2020.9.24, 2017도19283

정답 ④

07 신용과 업무의 죄에 관한 설명으로 가장 적절하지 않은 것은? (다툼이 있는 경우 판례에 의함)
23 경간

① 컴퓨터등업무방해죄가 성립하기 위해서는 가해행위의 결과 정보처리장치가 그 사용목적에 부합하는 기능을 하지 못하거나 사용목적과 다른 기능을 하는 등 정보처리의 장애가 현실적으로 발생하였을 것을 요한다.
② 학칙에 따라 입학에 관한 업무가 총장 甲의 권한에 속한다고 하더라도 그 중 면접업무가 면접위원 A에게 위임되었다면, 그 위임된 업무는 A의 독립된 업무에 속하므로 甲과의 관계에서도 업무방해죄의 객체인 타인의 업무에 해당한다.
③ 甲이 무자격자에 의해 개설된 의료기관에 고용된 의료인 A의 진료업무를 방해한 경우, A의 진료업무가 업무방해죄의 보호대상이 되는 업무에 해당하여 甲을 업무방해죄로 처벌하기 위해서는 의료기관의 개설·운영 형태, 해당 의료기관에서 이루어지는 진료의 내용과 방식, 甲의 행위로 인하여 방해되는 업무의 내용 등 사정을 종합적으로 고려하여 판단해야 한다.
④ 비록 다른 사람이 작성한 논문을 피고인 단독 혹은 공동으로 작성한 논문인 것처럼 학술지에 제출·발표한 논문연구실적을, 부교수 승진심사 서류에 포함하여 제출하였다고 하더라도, 당해 논문을 제외한 다른 논문만으로도 부교수 승진 요건을 월등히 충족하고 있었다면 위계에 의한 업무방해죄가 성립하지 않는다.

해설
① (○) 대판 2013.3.14, 2010도410
② (○) 대판 2018.5.15, 2017도19499
③ (○) 대판 2023.3.16, 2021도16482
④ (×) 당해 논문을 제외한 다른 논문만으로도 부교수 승진 요건을 월등히 충족하고 있었다는 등의 사정만으로는 승진심사 업무의 적정성이나 공정성을 해할 위험성이 없었다고 단정할 수 없으므로, 위계에 의한 업무방해죄를 구성한다(대판 2009.9.10, 2009도4772)

정답 ④

04 사생활의 평온에 대한 죄

제1절 비밀침해의 죄

01 다음 중 가장 적절한 것은? (다툼이 있는 경우 판례에 의함)   23 경찰채용

① 甲을 비롯한 직원들의 임금이 체불되고 사무실 임대료를 내지 못할 정도로 재정 상태가 좋지 않는 등 회사의 경영상황이 우려되고 대표이사 겸 최대주주인 A의 경영능력이 의심받던 상황에서, 甲이 동료 직원들과 함께 A를 만나 사임제안서만을 전달한 행위는 협박죄에서의 '협박'에 해당한다.

② 형법 제316조 제2항 소정의 전자기록등내용탐지죄의 객체인 '전자기록 등 특수매체기록'이 되기 위해서는 특정인의 의사가 표시되어야 하는바, 인터넷 계정 등에 접속하는 과정에서 입력하는 아이디 및 비밀번호 등 자체는 특정인의 의사를 표시한 것으로 보기 어려워 '전자기록 등 특수매체기록'이라 할 수 없다.

③ 형법 제316조 제2항 소정의 전자기록등내용탐지죄는 봉함 기타 비밀장치한 전자기록 등 특수매체기록을 기술적 수단을 이용하여 그 내용을 알아낸 자를 처벌하는 규정인바, 전자기록 등 특수매체기록에 해당하더라도 봉함 기타 비밀장치가 되어 있지 아니한 것은 이를 기술적 수단을 동원해서 알아냈더라도 전자기록등내용탐지죄가 성립하지 않는다.

④ 甲은 연인관계인 A로부터 안방에 TV를 설치하여 달라는 요청을 받고 통상적인 출입방법에 따라 A의 안방에 들어간 후 A가 있는 자리에서 TV를 설치하는 등 달리 A의 사실상 평온상태가 침해되었다고 볼 만한 사정이 없었더라도, 甲의 출입이 실제로는 CCTV 카메라와 동영상 저장장치를 부착한 TV인 사실을 숨기고 이루어졌다면 甲에게는 주거침입죄가 성립한다.

> **해설**
> ① (×) 피고인들의 '사임제안서' 전달 행위를 협박죄에서의 '협박'으로 볼 수 없고, 설령 '협박'에 해당하더라도 사회통념상 용인할 수 있는 정도이거나 이 사건 회사의 경영 정상화라는 정당한 목적을 위한 상당한 수단에 해당하여 사회상규에 반하지 아니한다고 봄이 타당하다(대판 2022.12.15, 2022도9187).
> ② (×) 아이디 등은 전자방식에 의하여 피해자의 노트북 컴퓨터에 저장된 기록으로서 형법 제316조 제2항의 '전자기록 등 특수매체기록'에 해당한다(대판 2022.3.31, 2021도8900)
> ③ (○) 대판 2022.3.31, 2021도8900
> ④ (×) 주거침입죄가 성립하지 않는다(대판 2022.4.28, 2022도1717)

정답 ③

제2절 주거침입의 죄

01 주거침입죄에 관한 설명으로 가장 적절하지 않은 것은? (다툼이 있는 경우 판례에 의함)

24 경찰승진

① 주거침입죄의 실행의 착수는 구성요건의 일부를 실현하는 행위까지 요구하는 것은 아니고 범죄구성요건의 실현에 이르는 현실적 위험성을 포함하는 행위를 개시하는 것으로 족하다.
② 연립주택 아래층에 사는 피해자가 위층 피고인의 집으로 통하는 상수도관의 밸브를 임의로 잠근 후 이를 피고인에게 알리지 않아 하루 동안 수돗물이 나오지 않은 고통을 겪었던 피고인이 상수도관의 밸브를 확인하고 이를 열기 위하여 부득이 피해자의 집에 들어간 것이라면 이는 정당행위에 해당하여 주거침입죄가 성립하지 않는다.
③ 甲이 교제하다 헤어진 A가 거주하는 아파트에 들어가려고 아파트 지하 주차장에서 A나 다른 입주자의 승낙 없이 무단으로 A가 거주하는 101동으로 연결된 출입구의 공동출입문 비밀번호를 입력하여 아파트의 공용부분에 들어가 A의 집 현관문 앞까지 출입한 경우, A와 같은 아파트 101동에 거주하는 다른 입주자들의 사실상 주거의 평온 상태를 해한 것으로 볼 수 있다면 甲에게 주거침입죄가 성립한다.
④ 관리자의 현실적인 승낙을 받아 건조물에 통상적인 출입방법으로 들어간 경우에도 관리자의 가정적·추정적 의사는 고려되어야 하며, 그 승낙의 동기에 착오가 있었던 경우 승낙의 유효성에 영향을 미쳐 건조물침입죄가 성립할 수 있다.

> **해설**
>
> ① (○) 대판 2008.4.10, 2008도1464
> ② (○) 대판 2004.2.13, 2003도7393
> ③ (○) 대판 2022.1.27, 2021도15507
> ④ (×) 관리자에 의해 출입이 통제되는 건조물에 관리자의 승낙을 받아 건조물에 통상적인 출입방법으로 들어갔다면, 이러한 승낙의 의사표시에 기망이나 착오 등의 하자가 있더라도 특별한 사정이 없는 한 형법 제319조 제1항에서 정한 건조물침입죄가 성립하지 않는다. 이러한 경우 관리자의 현실적인 승낙이 있었으므로 가정적·추정적 의사는 고려할 필요가 없다. 단순히 승낙의 동기에 착오가 있다고 해서 승낙의 유효성에 영향을 미치지 않으므로, 관리자가 행위자의 실제 출입 목적을 알았더라면 출입을 승낙하지 않았을 사정이 있더라도 건조물침입죄가 성립한다고 볼 수 없다(대판 2022.3.31, 2018도15213).

정답 ④

02 주거침입죄에 관한 설명 중 옳은 것을 모두 고른 것은? (다툼이 있는 경우 판례에 의함)

23 해경간부

㉠ 甲이 A의 부재중에 A의 아내인 B와 혼인 외 성관계를 가질 목적으로 B가 열어준 출입문을 통하여 A와 B가 공동거주하는 아파트에 들어간 경우, 甲이 B의 승낙을 얻어 통상적인 출입방법에 의하여 들어갔다 하더라도 甲의 출입은 부재중인 A의 추정적 의사에 반하므로 주거침입죄가 성립한다.

㉡ 甲이 일반인의 출입이 허용된 음식점에 영업주의 승낙을 받아 통상적인 출입방법으로 들어갔다면, 설령 甲이 범죄 등의 목적으로 음식점에 출입하였거나 영업주가 甲의 실제 출입목적을 알았더라면 출입을 승낙하지 않았을 것이라는 사정이 인정되더라도 주거침입죄가 성립하지 아니한다.

㉢ 甲이 아내 A와 불화로 인해 A와 공동생활을 영위하던 아파트에 짐 일부를 챙겨 나온 후 A의 외출 중 자신의 어머니 乙과 함께 그 아파트에 들어가려고 그 안에 있던 처제 B에게 출입문을 열어달라고 요구하였으나 A로부터 열어주지 말라는 말을 들은 B가 체인형 걸쇠를 걸어 잠그며 현관문을 열어주지 않자 甲이 乙과 함께 그 걸쇠를 부수고 아파트에 들어간 경우, 공동주거자 중 한 사람인 甲은 주거침입죄가 성립하지 아니하나, 외부인인 乙에게는 주거침입죄가 성립한다.

㉣ 건조물의 이용에 기여하는 인접의 부속토지라고 하더라도 인적 또는 물적 설비 등에 의한 구획 내지 통제가 없어 통상의 보행으로 그 경계를 쉽사리 넘을 수 있는 정도라고 한다면, 이는 특별한 사정이 없는 한 주거침입죄의 객체에 속하지 아니한다.

① ㉠㉡ ② ㉡㉢ ③ ㉡㉣ ④ ㉡㉢㉣

해설

㉠ (×) 피고인이 A의 부재중에 A의 처 B와 혼외 성관계를 가질 목적으로 B가 열어 준 현관 출입문을 통하여 A와 B가 공동으로 거주하는 아파트에 들어간 경우에 주거침입죄가 성립하지 않고, 피고인의 주거 출입이 부재중인 A의 의사에 반하는 것으로 추정되더라도 주거침입죄의 성립 여부에 영향을 미치지 않는다(대판 2021.9.9, 2020도12630 전원합의체)

㉡ (○) 대판 2022.3.24, 2017도18272 전원합의체

㉢ (×) 甲과 乙에게는 주거침입죄의 공동정범이 성립하지 않는다(대판 2021.9.9, 2020도6085 전원합의체)

㉣ (○) 대판 2010.4.29, 2009도14643

정답 ③

03 다음 설명 중 옳은 것은 모두 몇 개인가? (다툼이 있는 경우 판례에 의함) 24 법행 변형

㉠ 주택의 매수인이 계약금과 중도금을 지급하고서 그 주택을 인도받아 점유하고 있던 중 위 매매계약을 해제하고 중도금반환청구소송을 제기하여 얻은 그 승소판결에 기하여 강제집행에 착수한 이후에, 매도인이 매수인이 잠가 놓은 위 주택의 출입문을 열고 들어간 경우라면 매도인으로서는 매수인이 그 주택에 대한 모든 권리를 포기한 것으로 알고 그 주택에 들어간 것이라고 할 수 있을 뿐만 아니라 그 주택에 대하여 보호받아야 할 매수인의 주거에 대한 평온상태는 소멸되었다고 볼 수 있으므로 매도인의 행위는 주거침입죄를 구성하지 아니한다.

㉡ 일반인의 출입이 허용된 상가 등 영업장소에 영업주의 승낙을 받아 통상적인 출입방법으로 들어갔다면 특별한 사정이 없는 한 건조물침입죄에서 규정하는 침입행위에 해당하지 않고, 설령 행위자가 범죄 등을 목적으로 영업장소에 출입하였거나 영업주가 행위자의 실제 출입 목적을 알았더라면 출입을 승낙하지 않았을 것이라는 사정이 인정되더라도 그러한 사정만으로는 출입 당시 객관적·외형적으로 드러난 행위태양에 비추어 사실상의 평온상태를 해치는 방법으로 영업장소에 들어갔다고 평가할 수 없으므로 침입행위에 해당하지 않는다.

㉢ 관리자가 일정한 토지와 외부의 경계에 인적 또는 물적 설비를 갖추고 외부인의 출입을 제한하고 있다면 그 토지에 인접하여 건조물로서의 요건을 갖춘 구조물이 존재하지 않더라도 이러한 토지는 건조물침입죄의 객체인 위요지에 해당한다.

㉣ 피고인이 주택에 무단 침입한 범죄사실로 이미 유죄판결을 받고 그 판결이 확정되었음에도 퇴거하지 아니한 채 계속해서 위 주택에 거주함으로써 위 판결이 확정된 이후로 피고인의 주거침입행위 및 그로 인한 위법상태가 계속되고 있다고 하더라도 이미 확정판결이 있었던 이상 별도의 주거침입죄를 구성하지 않는다.

① 1개　　② 2개　　③ 3개　　④ 4개

해설

㉠ (○) 대판 1987.5.12, 87도3 ※ 매수인이 주택에 대한 강제경매신청까지 하였으므로 매수인은 주택에 대한 권리를 포기한 것으로 주거침입죄의 보호법익이 소멸되어 주거침입죄가 성립하지 않는다.

㉡ (○) 대판 2022.8.25, 2022도3801

㉢ (×) 관리자가 일정한 토지와 외부의 경계에 인적 또는 물적 설비를 갖추고 외부인의 출입을 제한하고 있더라도 그 토지에 인접하여 건조물로서의 요건을 갖춘 구조물이 존재하지 않는다면 그러한 토지는 건조물침입죄의 객체인 위요지에 해당하지 않는다(대판 2017.12.22, 2017도690)

㉣ (×) 다른 사람의 주택에 무단 침입한 범죄사실로 이미 유죄판결을 받은 사람이 그 판결이 확정된 후에도 퇴거하지 않은 채 계속하여 당해 주택에 거주한 경우에 위 판결 확정 이후의 행위는 별도의 주거침입죄를 구성한다(대판 2008.5.8, 2007도11322)

정답 ②

04 주거침입죄에 관한 설명 중 옳은 것은? (다툼이 있는 경우 판례에 의함) 24 변호사시험

① 침입 대상인 아파트에 사람이 있는지를 확인하기 위해 그 집의 초인종을 누른 행위만으로도 주거침입죄의 실행에 착수한 것으로 보아야 한다.
② 건조물의 이용에 기여하는 인접의 부속 토지에 해당한다면 그 토지가 인적 또는 물적 설비 등에 의하여 구획 또는 통제되지 않아 통상의 보행으로 그 경계를 쉽사리 넘을 수 있는 정도라고 하더라도 건조물침입죄의 객체에 해당한다.
③ 甲이 수개월 전 헤어진 연인인 A를 폭행하기 위하여 A가 사는 오피스텔 공동현관의 출입문에 교제 당시 알게 된 비밀번호를 눌러 들어간 후 엘리베이터를 타고 A의 집 현관문 앞으로 이동해 침입하려다 실패하여 도주한 경우, 알고 있던 공동현관 비밀번호를 입력하여 출입한 이상 공용부분에 대한 주거침입을 인정할 여지는 없다.
④ 수일 전에 피해자를 강간하였던 甲이 대문을 몰래 열고 들어와 담장과 피해자가 거주하던 방 사이의 좁은 통로에서 창문을 통하여 방안을 엿보던 상황이라면 피해자의 주거에 대한 사실상 평온 상태가 침해된 것으로 주거침입죄에 해당한다.
⑤ 甲이 처(妻) A와의 불화로 인해 A와 같이 살던 아파트에서 나온 후 위 아파트에 임의로 출입한 경우 甲이 공동생활관계에서 이탈하거나 위 아파트 주거 등에 대한 사실상의 지배·관리를 상실하였다는 등의 특별한 사정이 있는 경우라 하더라도 주거침입죄가 성립할 여지는 없다.

> **해설**
>
> ① (×) 침입 대상인 아파트에 사람이 있는지를 확인하기 위해 그 집의 초인종을 누른 행위만으로는 침입의 현실적 위험성을 포함하는 행위를 시작하였다거나 주거의 사실상의 평온을 침해할 객관적인 위험성을 포함하는 행위를 한 것으로 볼 수 없다 할 것이다(대판 2008.4.10, 2008도1464).
>
> ② (×) 건조물의 이용에 기여하는 인접의 부속 토지라고 하더라도 인적 또는 물적 설비 등에 의한 구획 내지 통제가 없어 통상의 보행으로 그 경계를 쉽사리 넘을 수 있는 정도라고 한다면 일반적으로 외부인의 출입이 제한된다는 사정이 객관적으로 명확하게 드러났다고 보기 어려우므로, 이는 다른 특별한 사정이 없는 한 건조물침입죄의 객체에 속하지 아니한다(대판 2010.4.29, 2009도14643).
>
> ③ (×) 아파트 등 공동주택의 공동현관에 출입하는 경우에도, 그것이 주거로 사용하는 각 세대의 전용 부분에 필수적으로 부속하는 부분으로 거주자와 관리자에게만 부여된 비밀번호를 출입문에 입력하여야만 출입할 수 있거나, 외부인의 출입을 통제·관리하기 위한 취지의 표시나 경비원이 존재하는 등 외형적으로 외부인의 무단출입을 통제·관리하고 있는 사정이 존재하고, 외부인이 이를 인식하고서도 그 출입에 관한 거주자나 관리자의 승낙이 없음은 물론, 거주자와의 관계 기타 출입의 필요 등에 비추어 보더라도 정당한 이유 없이 비밀번호를 임의로 입력하거나 조작하는 등의 방법으로 거주자나 관리자 모르게 공동현관에 출입한 경우와 같이, 그 출입 목적 및 경위, 출입의 태양과 출입한 시간 등을 종합적으로 고려할 때 공동주택 거주자의 사실상 주거의 평온상태를 해치는 행위태양으로 볼 수 있는 경우라면 공동주택 거

주자들에 대한 주거침입에 해당할 것이다(대판 2022.1.27, 2021도15507)
④ (○) 대판 2001.4.24, 2001도1092
⑤ (×) 주거침입죄의 객체는 행위자 이외의 사람, 즉 '타인'이 거주하는 주거 등이라고 할 것이므로 행위자 자신이 단독으로 또는 다른 사람과 공동으로 거주하거나 관리 또는 점유하는 주거 등에 임의로 출입하더라도 주거침입죄를 구성하지 않는다. 다만 다른 사람과 공동으로 주거에 거주하거나 건조물을 관리하던 사람이 공동생활관계에서 이탈하거나 주거 등에 대한 사실상의 지배·관리를 상실한 경우 등 특별한 사정이 있는 경우에 주거침입죄가 성립할 수 있을 뿐이다(대판 2021.9.9, 2020도6085 전원합의체)

정답 ④

05 재산에 대한 죄

제1절 재산죄의 기본개념

01 재산죄 기초이론에 관한 설명으로 가장 적절하지 않은 것은? (다툼이 있는 경우 판례에 의함)

24 경찰채용

① 사기죄 및 컴퓨터등사용사기죄는 재물뿐만 아니라 재산상의 이익도 객체로 하는 재물죄 겸 이득죄이다.
② 절도죄는 재물만을 객체로 하는 재물죄인 반면, 강도죄는 재물뿐만 아니라 재산상의 이익도 객체로 하는 재물죄 겸 이득죄이다.
③ 형법상 친족상도례 규정은 특정경제범죄 가중처벌 등에 관한 법률 제3조 제1항에 의하여 가중처벌되는 사기죄에도 적용된다.
④ 부(父)가 혼인 외의 출생자를 인지하는 경우 민법상 인지의 소급효는 친족상도례에 관한 규정의 적용에도 미친다고 보아야 할 것이므로, 인지가 범행 후에 이루어졌다 하더라도 그 소급효에 따라 형성되는 친족관계를 기초로 하여 형법상 친족상도례 규정이 적용된다.

> **해설**
>
> ① (×) [1] 사기죄는 사람을 기망하여 재물의 교부를 받거나 재산상의 이익을 취득하는 경우에 성립한다(제347조 제1항)
> [2] 컴퓨터등사용사기죄는 컴퓨터등 정보처리장치에 허위의 정보 또는 부정한 명령을 입력하거나 권한 없이 정보를 입력·변경하여 정보처리를 하게 함으로써 재산상의 이익을 취득하거나 제3자로 하여금 취득하게 하는 경우에 성립한다(제347조의2) ※ 사기죄는 재물죄 겸 이득죄이지만, 컴퓨터등사용사기죄는 이득죄이다.
> ② (○) [1] 절도죄는 타인의 재물을 절취한 경우에 성립한다(제329조)
> [2] 강도죄는 폭행 또는 협박으로 타인의 재물을 강취하거나 기타 재산상의 이익을 취득하거나 제삼자로 하여금 이를 취득하게 한 경우에 성립한다(제333조 참고) ※ 절도죄는 재물죄이지만, 강도죄는 재물죄 겸 이득죄이다.
> ③ (○) 대판 2010.2.11, 2009도12627
> ④ (○) 대판 1997.1.24, 96도1731

정답 ①

02 재산죄에 관한 설명 중 가장 적절한 것은? (다툼이 있는 경우 판례에 의함)   23 경찰채용

① 甲과 乙이 공동으로 생강밭을 경작하여 그 이익을 분배하기로 약정하고 생강 농사를 시작하였으나 곧바로 동업 관계에 불화가 생겨 乙이 묵시적으로 동업 탈퇴의 의사표시를 한 채 생강밭에 나오지 않자 그때부터 甲이 혼자 생강밭을 경작하고 수확하여 생강을 반출한 경우, 甲의 행위는 절도죄를 구성한다.
② 절도죄의 성립에 필요한 불법영득의 의사는 물건의 가치만을 영득할 의사만으로는 부족하고, 재물의 소유권 또는 이에 준하는 본권을 영구적으로 보유할 의사를 필요로 한다.
③ 횡령범인이 위탁자가 소유자를 위해 보관하고 있는 물건을 위탁자로부터 보관받아 이를 횡령한 경우, 범인과 피해물건의 소유자 사이에 친족관계가 있으면 범인과 위탁자 사이에 친족 관계가 없더라도 친족상도례가 적용된다.
④ 재산범죄를 저지른 이후에 별도의 재산범죄의 구성요건에 해당하는 사후행위가 있었다면 비록 그 행위가 불가벌적 사후행위로서 처벌의 대상이 되지 않는다 할지라도 그 사후행위로 인하여 취득한 물건은 재산범죄로 인하여 취득한 물건으로서 장물이 될 수 있다.

> **해설**
>
> ① (×) 두 사람으로 된 생강농사 동업관계에 불화가 생겨 그 중 1인이 나오지 않자 남은 동업인이 혼자 생강밭을 경작하여 생강을 반출한 경우, 절도죄가 성립하지 않는다(대판 2009.2.12, 2008도11804).
> ② (×) 절도죄의 성립에 필요한 불법영득의 의사란 타인의 물건을 그 권리자를 배제하고 자기의 소유물과 같이 그 경제적 용법에 따라 이용·처분하고자 하는 의사를 말하는 것으로서 단순히 타인의 점유만을 침해하였다고 하여 그로써 곧 절도죄가 성립하는 것은 아니나 재물의 소유권 또는 이에 준하는 본권을 침해하는 의사가 있으면 되고 반드시 영구적으로 보유할 의사가 필요한 것은 아니며 그것이 물건 그 자체를 영득할 의사인지 물건의 가치만을 영득할 의사인지를 불문한다(대판 2014.2.21, 2013도14139).
> ③ (×) 횡령범인이 위탁자가 소유자를 위해 보관하고 있는 물건을 위탁자로부터 보관받아 이를 횡령한 경우에 형법 제361조에 의하여 준용되는 제328조 제2항의 친족간의 범행에 관한 조문은 범인과 피해물건의 소유자 및 위탁자 쌍방 사이에 같은 조문에 정한 친족관계가 있는 경우에만 적용되고, 단지 횡령범인과 피해물건의 소유자간에만 친족관계가 있거나 횡령범인과 피해물건의 위탁자간에만 친족관계가 있는 경우에는 적용되지 않는다(대판 2008.7.24, 2008도3438).
> ④ (○) 대판 2004.4.16, 2004도353

정답 ④

03 재산범죄의 불법영득의사에 대한 설명으로 옳은 것은? (다툼이 있는 경우 판례에 의함)

22 검찰7급

① 피해자의 영업점 내에 있는 피해자 소유의 휴대전화를 허락 없이 가지고 나와 사용한 다음 약 1~2시간 후 위 영업점 정문 옆 화분에 놓아두고 간 경우 절도죄의 불법영득의사가 인정되지 않는다.
② 피해자의 가방에서 은행직불카드를 몰래 꺼내어 가 그 직불카드를 이용하여 피해자의 예금계좌에서 자기의 예금계좌로 돈을 이체시킨 후 3시간 가량 지난 무렵에 피해자에게 그 사실을 전화로 말하고 나서 만난 즉시 직불카드를 반환한 경우 그 직불카드에 대한 절도죄의 불법영득의사가 인정된다.
③ 법인의 운영자나 관리자가 회계로부터 분리해 별도로 관리하는 비자금이 법인을 위한 목적이 아니라 법인의 자금을 빼내어 착복할 목적으로 조성한 것임이 명백히 밝혀진 경우 비자금 조성행위 자체만으로는 횡령죄의 불법영득의사가 인정되지 않는다.
④ 회사에 대하여 개인적인 채권을 가지고 있는 대표이사가 회사를 위하여 보관하고 있는 회사 소유의 금전으로 이사회의 승인 등의 절차 없이 변제기가 도래한 자신의 채권 변제에 충당한 경우 이는 자신의 권한 내에서 한 회사 채무의 이행행위로서 유효하므로 횡령죄의 불법영득의사가 인정되지 않는다.

> **해설**
>
> ① (×) 피고인이 휴대전화를 자신의 소유물과 같이 경제적 용법에 따라 이용하다가 본래의 장소와 다른 곳에 유기한 것이므로 불법영득의사가 있었다고 할 것이다(대판 2012.7.12, 2012도1132).
> ② (×) 직불카드를 사용하여 타인의 예금계좌에서 자기의 예금계좌로 돈을 이체시켰다 하더라도 직불카드 자체가 가지는 경제적 가치가 계좌이체된 금액만큼 소모되었다고 할 수는 없으므로 이를 일시 사용하고 곧 반환한 경우에는 직불카드에 대한 불법영득의 의사는 없다고 보아야 한다(대판 2006.3.9, 2005도7819).
> ③ (×) 법인의 회계장부에 올리지 않고 법인의 운영자나 관리자가 회계로부터 분리시켜 별도로 관리하는 이른바 비자금은, 법인을 위한 목적이 아니라 법인의 자금을 빼내어 착복할 목적으로 조성한 것임이 명백히 밝혀진 경우에는 조성행위 자체로써 불법영득의 의사가 실현된 것으로 볼 수 있다(대판 2017.5.30, 2016도9027).
> ④ (○) 대판 2014.2.27, 2013도12155

정답 ④

04 친족상도례에 관한 설명 중 옳지 않은 것은 모두 몇 개인가? (다툼이 있는 경우 판례에 의함)

22 법행

> ㉠ 형법 제361조, 제328조의 규정에 의하면, 직계혈족, 배우자, 동거친족, 동거가족 또는 그 배우자 간의 횡령죄는 그 형을 면제하여야 하고 그 외의 친족 간에는 고소가 있어야 공소를 제기할 수 있는바, 형법상 횡령죄의 성질은 특정경제범죄 가중처벌 등에 관한 법률(이하 '특정경제범죄법'이라 한다) 제3조 제1항에 의해 가중 처벌되는 경우에도 그대로 유지되므로 형법 제361조는 특정경제범죄법 제3조 제1항 위반죄에도 그대로 적용된다.
> ㉡ 사기죄를 범하는 자가 금원을 편취하기 위한 수단으로 피해자와 혼인신고를 한 경우라 하더라도 친족상도례가 적용된다.
> ㉢ 형법 제344조, 제328조 제1항 소정의 친족간의 범행에 관한 규정이 적용되기 위한 친족관계는 원칙적으로 범행 당시에 존재하여야 하는 것이므로 부가 혼인 외의 출생자를 인지하는 경우 민법 제860조에 의하여 그 자의 출생 시에 소급하여 인지의 효력이 생긴다고 하더라도 이와 같은 인지의 소급효는 친족상도례에 관한 위 규정의 적용에는 미치지 아니한다.
> ㉣ 법원을 기망하여 제3자로부터 재물을 편취한 경우 피해자인 제3자와 사기죄를 범한 자가 직계혈족의 관계에 있더라도 피기망자가 법원인 이상 그 범인에 대하여 친족상도례가 적용되지 아니한다.
> ㉤ 절도죄의 보호법익은 소유권이므로 형법 제344조에 의하여 준용되는 형법 제328조 제1항의 친족간의 범행에 관한 규정은 절도범인과 피해물건의 소유자간에 친족관계가 있으면 절도범인과 피해물건의 점유자간에 친족관계가 없는 경우에도 적용된다.

① 1개 ② 2개 ③ 3개 ④ 4개

해설

㉠ (○) 대판 2013.9.13, 2013도7754
㉡ (×) 사기죄를 범하는 자가 금원을 편취하기 위한 수단으로 피해자와 혼인신고를 한 것이어서 그 혼인이 무효인 경우라면, 그러한 피해자에 대한 사기죄에서는 친족상도례를 적용할 수 없다(대판 2015.12.10, 2014도11533).
㉢ (×) 부(父)가 혼인 외의 출생자를 인지하는 경우에 있어서는 그 자(子)의 출생시에 소급하여 인지의 효력이 생기는 것이며, 이와 같은 인지의 소급효는 친족상도례에 관한 규정의 적용에도 미친다(대판 1997.1.24, 96도1731).
㉣ (×) 법원을 기망하여 제3자로부터 재물을 편취한 경우에 피기망자인 법원은 피해자가 될 수 없고 재물을 편취당한 제3자가 피해자라고 할 것이므로 피해자인 제3자와 사기죄를 범한 자가 직계혈족의 관계에 있을 때에는 그 범인에 대하여는 형법 제354조에 의하여 준용되는 형법 제328조 제1항에 의하여 그 형을 면제하여야 한다(대판 2018.1.25, 2016도6757)
㉤ (×) 형법 제344조에 의하여 준용되는 형법 제328조 제1항에 정한 친족간의 범행에 관한 규

정은 범인과 피해물건의 소유자 및 점유자 쌍방간에 같은 규정에 정한 친족관계가 있는 경우에만 적용되는 것이며, 단지 절도범인과 피해물건의 소유자간에만 친족관계가 있거나 절도범인과 피해물건의 점유자간에만 친족관계가 있는 경우에는 그 적용이 없다(대판 2014.9.25, 2014도8984).

정답 ④

05 재물과 재산상의 이익에 관한 설명으로 가장 적절하지 않은 것은? (다툼이 있는 경우 판례에 의함)

22 경찰채용

① 비트코인은 경제적인 가치를 디지털로 표상하여 전자적으로 이전, 저장과 거래가 가능하도록 한 가상자산의 일종으로 사기죄의 객체인 재산상 이익에 해당한다.
② 甲이 乙의 돈을 절취한 다음 다른 금전과 섞거나 교환하지 않고 쇼핑백 등에 넣어 자신의 집에 숨겨두었는데, 丙이 乙의 지시로 甲에게 겁을 주어 쇼핑백 등에 들어 있던 절취된 돈을 교부받아 갈취하였다면 위 돈은 타인인 甲의 재물이라고 볼 수 없다.
③ 형법 제333조(강도)에서의 '재산상 이익'은 반드시 사법상 유효한 재산상의 이득만을 의미하는 것은 아니나, 단지 외견상 재산상의 이득을 얻을 것이라고 인정할 수 있는 사실관계만으로는 재산상의 이익을 인정할 수 없다.
④ 배임죄에 있어서 재산상의 손해를 가한 때라 함은 현실적인 손해를 가한 경우뿐만 아니라 재산상 실해 발생의 위험을 초래한 경우도 포함된다.

해설

① (○) 대판 2021.11.11, 2021도9855
② (○) 대판 2012.8.30, 2012도6157
③ (×) 법률상 정당하게 그 이행을 청구할 수 있는 것이 아니어도 강도죄에서의 재산상의 이익에 해당할 수 있고, 그 재산상의 이익은 반드시 사법상 유효한 재산상의 이득만을 의미하는 것이 아니며, 외견상 재산상의 이득을 얻을 것이라고 인정할 수 있는 사실관계만 있으면 여기에 해당된다(대판 2020.10.15, 2020도7218).
④ (○) 대판 2012.2.23, 2011도15857

정답 ③

제2절 절도의 죄

01 절도죄에 관한 설명으로 가장 적절한 것은? (다툼이 있는 경우 판례에 의함) 24 경찰승진

① 甲이 피해 회사의 사무실에서 피해 회사 명의의 농협 통장을 몰래 가지고 나와 예금 1,000만 원을 인출한 후 다시 위 통장을 제자리에 갖다 놓은 경우, 위 통장에 대한 불법영득의사는 없다고 보아야 하므로 위 통장에 대한 절도죄는 성립하지 않는다.
② 甲이 자신의 모친 A의 명의로 구입·등록하여 A에게 명의신탁한 자동차를 B에게 담보로 제공한 후 B 몰래 가져간 경우, 甲에게 절도죄가 성립한다.
③ 피해자의 영업점 내에 있는 피해자 소유의 휴대전화를 허락 없이 가지고 나와 사용한 다음 약 1~2시간 후 위 영업점 정문 옆 화분에 놓아두고 간 경우, 절도죄의 불법영득의사가 인정되지 않는다.
④ 어떠한 물건을 점유자의 의사에 반하여 취거하더라도 그것이 결과적으로 소유자의 이익으로 된다는 사정 또는 소유자의 추정적 승낙이 있다고 볼 만한 사정이 인정된다면, 다른 특별한 사정이 없는 한 불법영득의 의사가 있다고 할 수 없다.

> **해설**
>
> ① (×) 타인의 예금통장을 무단사용하여 예금을 인출한 후 바로 예금통장을 반환하였다 하더라도 그 사용으로 인한 위와 같은 경제적 가치의 소모가 무시할 수 있을 정도로 경미한 경우가 아닌 이상, 예금통장 자체가 가지는 예금액 증명기능의 경제적 가치에 대한 불법영득의 의사를 인정할 수 있으므로 절도죄가 성립한다(대판 2010.5.27, 2009도9008)
> ② (○) 대판 2012.4.26, 2010도11771
> ③ (×) 피고인이 乙의 휴대전화를 자신의 소유물과 같이 경제적 용법에 따라 이용하다가 본래의 장소와 다른 곳에 유기한 것이므로 피고인에게 불법영득의사가 있었다고 할 것인데도, 이와 달리 보아 무죄를 선고한 원심판결에 절도죄의 불법영득의사에 관한 법리오해의 위법이 있다고 한 사례(대판 2012.7.12, 2012도1132)
> ④ (×) 어떠한 물건을 점유자의 의사에 반하여 취거하는 행위가 결과적으로 소유자의 이익으로 된다는 사정 또는 소유자의 추정적 승낙이 있다고 볼 만한 사정이 있다고 하더라도 다른 특별한 사정이 없는 한 그러한 사유만으로 불법영득의 의사가 없다고 할 수는 없다(대판 2014.2.21, 2013도14139)

정답 ②

02 다음 설명 중 가장 옳지 않은 것은? (다툼이 있는 경우 판례에 의함) 23 법행

① 피고인이 강도상해 등의 범행을 저지르고 도주하기 위하여 피고인이 근무하던 중국집 앞에 세워져 있는 오토바이를 소유자의 승낙 없이 타고 간 뒤 오토바이를 버리고 간 경우 피고인에게 위 오토바이를 불법영득할 의사가 없었다고 할 수 없어, 형법 제331조의2의 자동차등불법사용죄가 아닌 절도죄가 성립한다.

② 형법 제332조에 규정된 상습절도죄를 범한 범인이 그 범행 외에 상습적인 절도의 목적으로 주간에 주거침입을 하였다가 절도에 이르지 아니하고 주거침입에 그친 경우에 그 주간 주거침입행위는 상습절도죄와 별개로 주거침입죄를 구성하지 않는다.

③ 불법영득의 의사 없이 타인의 자동차를 일시 사용한 경우, 이에 따른 유류소비행위는 위 자동차의 일시사용에 필연적으로 부수되어 생긴 결과로서 절도죄를 구성하지 않는 위 자동차의 일시사용행위에 포함된 것이라 할 것이므로 자동차 자체의 일시사용과 독립하여 별개의 절도죄를 구성하지 않는다.

④ 피고인이 A의 집에 침입하여 그 집의 방안에서 A 소유의 재물을 절취하고 그 무렵 그 집에 세들어 사는 B의 방에 침입하여 재물을 절취하려다 미수에 그쳤다면 위 두 범죄는 그 범행장소와 물품의 관리자를 달리하고 있어서 별개의 범죄를 구성한다.

⑤ 야간에 타인의 재물을 절취할 목적으로 사람의 주거에 침입한 경우에는 주거에 침입한 단계에서 이미 형법 제330조에서 규정한 야간주거침입절도죄라는 범죄행위의 실행에 착수한 것이라고 보아야 한다.

> **해설**
>
> ① (○) 대판 2002.9.6, 2002도3465
> ② (×) 형법 제332조에 규정된 상습절도죄를 범한 범인이 범행의 수단으로 주간에 주거침입을 한 경우 주간 주거침입행위는 상습절도죄와 별개로 주거침입죄를 구성한다. 또 형법 제332조에 규정된 상습절도죄를 범한 범인이 그 범행 외에 상습적인 절도의 목적으로 주간에 주거침입을 하였다가 절도에 이르지 아니하고 주거침입에 그친 경우에도 **주거침입행위는 상습절도죄와 별개로 주거침입죄를 구성한다**(대판 2015.10.15, 2015도8169)
> ③ (○) 대판 1985.3.26, 84도1613
> ④ (○) 대판 1989.8.8, 89도664
> ⑤ (○) 대판 1984.12.26, 84도2433

정답 ②

03 절도와 강도의 죄에 관한 설명으로 옳은 것은 모두 몇 개인가? (다툼이 있는 경우 판례에 의함)

23 경간

> ㉠ 작성권한 없는 자에 의하여 위조된 유가증권이라고 하더라도 절차에 따라 몰수되기까지는 그 소지자의 점유를 보호하여야 한다는 점에서 절도죄의 객체가 될 수 있다.
> ㉡ 강도범행 이후에도 피해자를 계속 끌고 다니거나 차량에 태우고 함께 이동하는 등으로 강도범행으로 인한 피해자의 심리적 저항불능 상태가 해소되지 않은 상태에서 강도범인의 상해행위가 있었다면 강취행위와 상해행위 사이에 다소의 시간적·공간적 간격이 있었으므로 강도상해죄가 성립하지 않는다.
> ㉢ 甲이 A의 방에서 A를 살해한 후 불법영득의사가 생겨 비로소 A의 물건을 가지고 나온 경우, 그 물건에 대한 A의 점유가 계속되고 있어 甲의 행위는 절도죄에 해당한다.
> ㉣ 절도 습벽의 발현으로 절도, 야간주거침입절도, 특수절도, 자동차등불법사용의 범행을 함께 저지른 경우, 자동차등불법사용의 범행은 상습절도 등의 죄에 흡수되어 1죄만이 성립하고 이와 별개로 자동차등불법사용죄가 성립하는 것은 아니다.

① 1개 ② 2개 ③ 3개 ④ 4개

해설

㉠ (○) 대판 1998.11.24, 98도2967
㉡ (×) 강도상해죄는 강도범인이 그 강도의 기회에 상해행위를 함으로써 성립하는 것이므로 강도범행의 실행 중이거나 그 실행 직후 또는 실행의 범의를 포기한 직후로서 사회통념상 범죄행위가 완료되지 아니하였다고 볼 수 있는 단계에서 상해가 행하여짐을 요건으로 한다. 그러나 반드시 강도범행의 수단으로 한 폭행에 의하여 상해를 입힐 것을 요하는 것은 아니고 상해행위가 강도가 기수에 이르기 전에 행하여져야만 하는 것은 아니므로, 강도범행 이후에도 피해자를 계속 끌고 다니거나 차량에 태우고 함께 이동하는 등으로 강도범행으로 인한 피해자의 심리적 저항불능 상태가 해소되지 않은 상태에서 강도범인의 상해행위가 있었다면 강취행위와 상해행위 사이에 다소의 시간적·공간적 간격이 있었다는 것만으로는 강도상해죄의 성립에 영향이 없다(대판 2014.9.26, 2014도9567).
㉢ (○) 대판 1993.9.28, 93도2143
㉣ (○) 대판 2002.4.26, 2002도429

정답 ③

04 다음 사례 중 甲의 행위가 동일한 범죄구성요건에 해당하는 것으로만 짝지어진 것은? (다툼이 있는 경우 판례에 의함)

22 경찰채용

> ㉠ A는 B가 운영하는 피씨방을 이용하고 나오면서 자신의 핸드폰을 두고 왔는데, 그때 B의 피씨방을 이용하고 있던 甲이 A가 두고 간 핸드폰을 발견하고 그것을 가지고 갔다.
> ㉡ 甲은 A로부터 그의 오토바이를 타고 심부름을 다녀와 달라는 부탁을 받고 다녀오던 중, 마음이 변하여 A에게 오토바이를 돌려주지 않고 그대로 타고 가버렸다.
> ㉢ A는 지하철 선반 위에 올려둔 가방을 깜빡 잊고 그대로 지하철에서 내렸고, 이를 본 甲은 A가 가방을 두고 내린 것을 아무도 알아채지 못한 틈을 타 그 가방을 들고 지하철에서 내렸다.
> ㉣ 甲은 자신의 토지를 임차하여 대나무를 식재하고 가꾸어 온 A의 대나무를 그의 의사에 반하여 벌채하여 갔다.
> ㉤ 甲은 A의 토지 위에 권원 없이 식재한 자신의 감나무에 열린 감을 수확해 갔다.

① ㉠㉡㉣ ② ㉡㉢㉤ ③ ㉠㉢㉣ ④ ㉠㉣㉤

해설

㉠ (절도죄) 피해자가 PC방에 두고 간 핸드폰은 PC방 관리자의 점유하에 있으므로 피고인이 이를 취한 행위는 절도죄를 구성한다(대판 2007.3.15, 2006도9338).

㉡ (횡령죄) 피해자가 오토바이를 타고 심부름을 다녀오라고 하여서 피고인이 오토바이를 타고 가다가 마음이 변하여 이를 반환하지 아니한 채 그대로 타고 가버렸다면 횡령죄를 구성함은 별론으로 하고 적어도 절도죄를 구성하지는 아니한다(대판 1986.8.19, 86도1093).

㉢ (점유이탈물횡령죄) 지하철의 승무원은 유실물법상 전동차의 관수자(管守者)로서 승객이 잊고 내린 유실물을 교부받을 권능을 가질 뿐 전동차 안에 있는 승객의 물건을 점유한다고 할 수 없고, 그 유실물을 현실적으로 발견하지 않는 한 이에 대한 점유를 개시하였다고 할 수도 없으므로 피고인이 유실물을 발견하고 가져간 행위는 점유이탈물횡령죄에 해당함은 별론으로 하고 절도죄에 해당하지 아니한다(대판 1999.11.26, 99도3963).

㉣ (절도죄) 타인의 토지상에 권원없이 식재한 수목의 소유권은 토지소유자에게 귀속되고, 권원에 의하여 식재한 경우에는 그 소유권이 식재한 자에게 있다(대판 1980.9.30, 80도1874) 권원에 의하여, 즉 토지를 임차하여 식재한 대나무는 A 소유이므로 甲은 그 대나무를 무단 벌채해 간 경우 절도죄가 성립한다.

㉤ (절도죄) 타인의 토지상에 권원 없이 식재한 수목의 소유권은 토지소유자에게 귀속하고 권원에 의하여 식재한 경우에는 그 소유권이 식재한 자에게 있으므로 권원 없이 식재한 감나무에서 감을 수확한 것은 절도죄에 해당한다(대판 1998.4.24, 97도3425).

정답 ④

05 절도와 강도의 죄에 관한 설명으로 가장 적절한 것은? (다툼이 있는 경우 판례에 의함)

24 경찰채용

① 타인의 예금통장을 무단사용하여 예금을 인출한 후 바로 통장을 반환한 경우, 그 사용으로 인한 경제적 가치의 소모 정도를 불문하고 예금통장에 대한 절도죄는 성립하지 않는다.
② 강간범이 강간행위의 계속 중에 강도행위를 한 경우, 이후에 그 자리에서 강간행위를 계속한다 하더라도 형법상 강도강간죄가 성립하지 않는다.
③ 형법상 권리자의 동의없이 타인의 자동차를 일시 사용한 자는 처벌되는 데 반해, 권리자의 동의없이 타인의 원동기장치자전거를 일시 사용한 자는 처벌되지 않는다.
④ 甲이 2024. 1. 1. 15:40경 문이 열려 있는 A의 주거에 침입하여 머물러 있다가, 같은 날 21:00경 그곳에 있던 A 소유의 시가 100만 원 상당 노트북 1대를 가지고 나와 절취한 경우, 甲에게는 야간주거침입절도죄가 성립하지 않는다.

> 해설

① (×) 타인의 예금통장을 무단사용하여 예금을 인출한 후 바로 예금통장을 반환하였다 하더라도 그 사용으로 인한 위와 같은 경제적 가치의 소모가 무시할 수 있을 정도로 경미한 경우가 아닌 이상, 예금통장 자체가 가지는 예금액 증명기능의 경제적 가치에 대한 불법영득의 의사를 인정할 수 있으므로 절도죄가 성립한다(대판 2010.5.27, 2009도9008)
② (×) 강간범이 강간행위를 계속 중에 강도행위를 하고 이후에 그 자리에서 강간행위를 계속하는 때에는 강도강간죄가 성립한다(대판 1988.9.9, 88도1240)
③ (×) 권리자의 동의없이 타인의 자동차, 선박, 항공기 또는 원동기장치자전거를 일시 사용한 자는 3년 이하의 징역, 500만원 이하의 벌금, 구류 또는 과료에 처한다(제331조의2) ※ 권리자의 동의없이 타인의 원동기장치자전거를 일시 사용한 경우에도 자동차등불법사용죄(제331조의2)로 처벌된다.
④ (○) 대판 2011.4.14, 2011도300

정답 ④

제3절 강도의 죄

01 절도와 강도의 죄에 관한 설명 중 옳지 않은 것은 모두 몇 개인가? (다툼이 있는 경우 판례에 의함)

24 법행

> ㉠ 회사 직원이 업무와 관련하여 다른 사람이 작성한 회사의 문서(회사 중역들에 대한 특별상여금 지급내역서 1부 및 퇴직금 지급내역서 2부)를 복사기를 이용하여 복사한 후 원본은 제자리에 갖다 놓고 그 사본만 가져간 경우 회사 소유의 문서 사본을 절취한 것으로 볼 수는 없다.
> ㉡ 임차인이 임대차계약 종료 후 식당 건물에서 퇴거하면서 종전부터 사용하던 냉장고의 전원을 켜 둔 채 그대로 두었다가 약 1개월 후 철거해 가는 바람에 그 기간 동안 전기가 소비되었다고 하더라도 임차인에게 절도죄가 성립하지 않는다.
> ㉢ 甲이 마당에 심어져 있던 영산홍을 땅에서 완전히 캐낸 이후 乙이 비로소 범행장소로 와서 甲과 함께 위 영산홍을 승용차까지 운반하였다면 乙은 甲과 합동하여 영산홍 절취 행위를 한 것으로 볼 수 있다.
> ㉣ 절도범인이 체포를 면탈할 목적으로 경찰관에게 폭행 또는 협박을 가한 때에는 준강도죄와 공무집행방해죄를 구성하고 양 죄는 상상적 경합 관계에 있으나, 강도범인이 체포를 면탈할 목적으로 경찰관에게 폭행을 가한 때에는 강도죄와 공무집행방해죄는 실체적 경합 관계에 있다.

① 없음   ② 1개   ③ 2개   ④ 3개

해설

㉠ (○) 대판 1996.8.23, 95도192
㉡ (○) 대판 2008.7.10, 2008도3252
㉢ (×) [1] 입목을 절취하기 위하여 캐낸 때에 소유자의 입목에 대한 점유가 침해되어 범인의 사실적 지배하에 놓이게 되므로 범인이 그 점유를 취득하고 절도죄는 기수에 이른다. 이를 운반하거나 반출하는 등의 행위는 필요하지 않다.
[2] 절도범인이 혼자 입목을 땅에서 완전히 캐낸 후에 비로소 제3자가 가담하여 함께 입목을 운반한 경우에 특수절도죄가 성립하지 않는다(대판 2008.10.23, 2008도6080) ※ 입목절도의 경우 입목채취시에 절도죄의 기수가 되고, 이를 운반하거나 반출하는 등의 행위는 필요로 하지 않는다.
㉣ (○) 대판 1992.7.28, 92도917

정답 ②

02 강도의 죄에 관한 설명 중 옳지 않은 것은 모두 몇 개인가? (다툼이 있는 경우 판례에 의함)

22 법행

> ⊙ 강도죄의 객체인 재산상 이익은 재물 이외의 재산상의 이익을 말하는 것으로서 적극적 이익이든 소극적 이익이든 모두 포함하는 것이나 그 이익이 사법상 무효로서 법률상 정당하게 그 이행을 청구할 수 없는 경우에는 강도죄에 있어서 재산상 이익에 해당한다고 보기 어렵다.
> ⓒ 감금행위가 강도죄의 수단이 된 경우에는 감금죄는 강도죄에 흡수되어 별도의 죄를 구성하지 아니한다.
> ⓒ 피고인이 여관에 들어가 1층 안내실에 있던 여관의 관리인을 칼로 찔러 상해를 가하고 그로부터 금품을 강취한 다음, 각 객실에 들어가 각 투숙객들로부터 금품을 강취하였다면 피고인의 위와 같은 행위는 시간적으로 근접한 단일한 강도의 기회에 이루어진 것으로서 포괄하여 1개의 강도상해죄가 성립한다.
> ⓔ 피고인이 절도행위가 발각되어 도주하다가 곧바로 뒤쫓아 온 보안요원에게 붙잡혀 보안사무실로 인도되어 피해자로부터 그 경위를 확인받던 중 체포된 상태를 벗어나기 위해서 피해자에게 폭행을 가하여 상해를 가한 경우 피고인의 폭행은 절도의 기회에 이루어진 것이라고 볼 수 없으므로 강도상해죄가 성립하지 아니한다.

① 1개 ② 2개 ③ 3개 ④ 4개

해설

> ⊙ (×) 법률상 정당하게 그 이행을 청구할 수 있는 것이 아니어도 강도죄에서의 재산상의 이익에 해당할 수 있고, 그 재산상의 이익은 반드시 사법상 유효한 재산상의 이득만을 의미하는 것이 아니며, 외견상 재산상의 이득을 얻을 것이라고 인정할 수 있는 사실관계만 있으면 여기에 해당된다(대판 2020.10.15, 2020도7218).
> ⓒ (×) 감금행위가 강간죄나 강도죄의 수단이 된 경우에도 감금죄는 강간죄나 강도죄에 흡수되지 아니하고 별죄를 구성한다(대판 1997.1.21, 96도2715).
> ⓒ (×) 피고인이 여관에 들어가 1층 안내실에 있던 여관의 관리인을 칼로 찔러 상해를 가하고 그로부터 금품을 강취한 다음, 각 객실에 들어가 투숙객들로부터 금품을 강취하였다면, 피고인의 행위는 비록 시간적으로 접착된 상황에서 동일한 방법으로 이루어지기는 하였으나 **포괄하여 1개의 강도상해죄만을 구성하는 것이 아니라 실체적 경합범의 관계에 있다**(대판 1991.6.25, 91도643).
> ⓔ (×) 피고인이 절도행위가 발각되어 도주하다가 곧바로 뒤쫓아 온 보안요원 A에게 붙잡혀 보안사무실로 인도되어 A로부터 그 경위를 확인받던 중 체포된 상태를 벗어나기 위해서 A에게 폭행을 가하여 상해를 입힌 경우, 피고인이 일단 체포되었다고는 하지만 아직 신병확보가 확실하다고 할 수 없는 단계에서 체포된 상태를 면하기 위해서 A를 폭행하여 상해를 가한 것이므로 **강도상해죄에 해당한다**(대판 2001.10.23, 2001도4142).

정답 ④

03 다음 사례와 관련된 설명 중 옳은 것은? (다툼이 있는 경우 판례에 의함) 24 변호사시험

> 甲이 절도의 고의로 이웃집에 담을 넘어 들어갔다가 훔칠 물건을 찾을 새도 없이 때마침 귀가한 A에게 곧바로 발각되었다. A가 甲을 향해 "너, 누구야?"라고 소리치며 붙잡으려 하자, 甲이 도망치기 위해 A를 폭행하였다.

① 위 사례가 주간에 발생했다면, 甲에게 절도미수죄가 성립한다.
② 위 사례가 주간에 발생했고, 甲이 담을 넘어 들어갈 때 범행에 사용할 의도로 칼을 소지하고 있었다고 하더라도, 실제 甲이 A를 폭행할 때 칼을 사용하지 않았다면 특수주거침입죄나 특수폭행죄는 성립하지 않는다.
③ 위 사례가 야간에 발생했다면, 甲에게 준강도기수죄가 성립한다.
④ 위 사례가 야간에 발생했고, 甲이 A를 폭행한 후 곧이어 뒤따라 온 B에게 붙잡히게 되자 도망치기 위해 B에게 상해를 가한 경우, 甲에게는 포괄하여 하나의 강도상해죄가 성립한다.
⑤ 위 사례와는 별도로, 甲이 차량 내부의 물건을 훔치려고 하다가 혹시라도 발각되었을 때 체포를 면탈하는 데 도움이 될 수 있을 것이라는 생각에서 칼을 소지하고 심야에 인적이 드문 길가에 주차된 차량들을 살피던 중 적발된 경우, 甲에게 강도예비죄가 성립한다.

> **해설**
>
> ① (×) 야간이 아닌 주간에 절도의 목적으로 다른 사람의 주거에 침입하여 절취할 재물의 물색행위를 시작하는 등 그에 대한 사실상의 지배를 침해하는 데에 밀접한 행위를 개시하면 절도죄의 실행에 착수한 것으로 보아야 한다(대판 2003.6.24, 2003도1985) ※ 甲은 훔칠 물건을 찾을 새도 없이 발각되었으므로 절도죄의 실행의 착수가 인정되지 않아 절도미수죄가 성립하지 않는다.
> ② (×) 범행현장에서 범행에 사용하려는 의도 아래 흉기 등 위험한 물건을 소지하거나 몸에 지닌 경우에는 그 사실을 피해자가 인식하거나 실제로 범행에 사용하였을 것까지 요구되는 것은 아니다(대판 2007.3.30, 2007도914) ※ 甲이 범행에 사용할 의도로 칼을 소지하고 있던 이상 실제 甲이 A를 폭행할 때 칼을 사용하지 않았다고 하더라도 특수주거침입죄나 특수폭행죄가 성립한다.
> ③ (×) [1] 야간에 타인의 재물을 절취할 목적으로 사람의 주거에 침입한 경우에는 주거에 침입한 단계에서 이미 야간주거침입절도라는 범죄행위의 실행에 착수한 것이다(대판 1970.4.24, 70도507)
> [2] 준강도죄의 기수 여부는 절도행위의 기수 여부를 기준으로 하여 판단하여야 한다(대판 2004.11.18, 2004도5074 전원합의체) ※ 甲은 절도의 기수에 이르지 못 하였으므로 준강도미수죄가 성립한다.
> ④ (○) 절도범이 체포를 면탈할 목적으로 체포하려는 여러 명의 피해자에게 같은 기회에 폭행을 가하여 그 중 1인에게만 상해를 가하였다면 이러한 행위는 포괄하여 하나의 강도상해죄만 성립한다(대판 2001.8.21, 2001도3447) ※ 甲은 포괄하여 하나의 강도상해죄가 성립한다.

⑤ (×) 강도예비·음모죄가 성립하기 위해서는 예비·음모 행위자에게 미필적으로라도 '강도'할 목적이 있음이 인정되어야 하고 그에 이르지 않고 단순히 '준강도'할 목적이 있음에 그치는 경우에는 강도예비·음모죄로 처벌할 수 없다(대판 2006.9.14, 2004도6432) ※ 甲은 강도예비죄가 성립하지 않는다.

정답 ④

04 다음 사례에서 강도죄의 구성요건이 실현된 경우는 모두 몇 개인가? (다툼이 있는 경우 판례에 의함)

23 해경채용

㉠ 피고인이 피해자의 가방을 날치기하려고 조용히 다가가 순간적으로 가방을 낚아채어 도주하였는데 피해자가 이를 빼앗기지 않으려고 가방을 꽉 붙잡는 바람에 손가락에 골절상을 입은 경우
㉡ 신경안정제를 탄 음료수를 사람에게 마시게 하여 졸음에 빠지게 하고 그 틈을 이용해 그 사람의 지갑을 가져간 경우
㉢ 강간범인이 부녀를 강간할 목적으로 폭행·협박으로 반항을 억압한 후 반항 억압상태가 계속 중임을 이용하여 피해녀의 재물을 탈취하는 경우
㉣ 주점도우미와 합의하여 윤락행위 중 시비가 붙어 피해자를 이불을 덮어 폭행하고 이불 속에 들어있는 피해자를 두고 나가다가 탁자 위에 있는 피해자 가방에 든 현금을 가져간 경우

① 1개　　② 2개　　③ 3개　　④ 4개

해설

㉠ (구성요건 ×) 피해자의 상해가 차량을 이용한 날치기 수법의 절도시 점유탈취의 과정에서 우연히 가해진 것에 불과하고, 그에 수반된 강제력 행사도 피해자의 반항을 억압하기 위한 목적 또는 정도의 것은 아니었던 것으로 보아 **강도치상죄가 성립하지 않는다**(대판 2003.7.25, 2003도2316) ※ 단순 절도에 해당한다.
㉡ (구성요건 ○) 신경안정제를 탄 우유를 피해자에게 마시게 하여 졸음에 빠지게 한 후 그 틈에 피해자의 돈이나 물건을 가져갔다면 강도죄가 성립한다(대판 1979.9.25, 79도1735).
㉢ (구성요건 ○) 강간범인이 부녀를 강간할 목적으로 폭행, 협박에 의하여 반항을 억압한 후 반항억압 상태가 계속 중임을 이용하여 재물을 탈취하는 경우에는 재물탈취를 위한 새로운 폭행, 협박이 없더라도 강도죄가 성립한다(대판 2010.12.9, 2010도9630).
㉣ (구성요건 ×) 주점 도우미인 피해자와의 윤락행위 도중 시비 끝에 피해자를 이불로 덮어씌우고 폭행한 후 이불 속에 들어 있는 피해자를 두고 나가다가 탁자 위의 피해자 손가방 안에서 현금을 가져간 경우에 강도죄가 성립하지 않는다(대판 2009.1.30, 2008도10308).

정답 ②

제4절 사기의 죄

01 절도와 사기의 구별에 관한 다음 설명 중 가장 옳지 않은 것은? (다툼이 있는 경우 판례에 의함)
23 법원9급

① 형법상 절취란 타인이 점유하고 있는 자기 이외의 자의 소유물을 점유자의 의사에 반하여 점유를 배제하고 자기 또는 제3자의 점유로 옮기는 것이므로, 기망의 방법으로 타인으로 하여금 처분행위를 하도록 하여 재물 또는 재산상 이익을 취득한 경우에는 절도죄가 아니라 사기죄가 성립한다.

② 사기죄에서 처분행위는 착오에 빠진 피해자의 행위를 이용하여 재산을 취득하는 것을 본질적 특성으로 하는 사기죄와 피해자의 행위에 의하지 아니하고 행위자가 탈취의 방법으로 재물을 취득하는 절도죄를 구분하는 역할을 한다.

③ 피기망자의 의사에 기초한 어떤 행위를 통해 행위자 등이 재물 또는 재산상의 이익을 취득하였다고 평가할 수 있는 경우라면, 사기죄에서 말하는 처분행위가 인정된다.

④ 사기죄가 성립되려면 피기망자가 착오에 빠져 어떠한 재산상의 처분행위를 하도록 유발하여 재산적 이득을 얻을 것을 요하나, 피기망자와 재산상의 피해자가 같은 사람이 아닌 경우에는 피기망자가 피해자를 위하여 그 재산을 처분할 수 있는 권능을 갖거나 그 지위에 있을 것을 요하지는 않는다.

> **해설**
>
> ① (○) 대판 2001.10.26, 2001도4546
> ② (○) 대판 2022.12.29, 2022도12494
> ③ (○) 대판 2018.8.1, 2018도7030
> ④ (×) 사기죄가 성립되려면 피기망자가 착오에 빠져 어떠한 재산상의 처분행위를 하도록 유발하여 재산적 이득을 얻을 것을 요하고, 피기망자와 재산상의 피해자가 같은 사람이 아닌 경우에는 피기망자가 피해자를 위하여 그 재산을 처분할 수 있는 권능을 갖거나 그 지위에 있어야 한다(대판 2022.12.29, 2022도12494).

정답 ④

02 사기와 공갈의 죄에 관한 설명으로 옳은 것을 모두 고른 것은? (다툼이 있는 경우 판례에 의함)

24 경찰승진

㉠ 비트코인은 경제적인 가치를 디지털로 표상하여 전자적으로 이전, 저장과 거래가 가능하도록 한 가상자산의 일종으로 사기죄의 객체인 재산상 이익에 해당한다.
㉡ 피해자 A는 드라이버를 구매하기 위해 특정 매장에 방문하였다가 지갑을 떨어뜨렸는데, 10분쯤 후 甲이 같은 매장에서 우산을 구매하고 계산을 마친 뒤, 지갑을 발견하여 습득한 매장 주인 B로부터 "이 지갑이 선생님 지갑이 맞느냐?"라는 질문을 받자 "내 것이 맞다."라고 대답한 후 이를 교부받아 가지고 간 경우, 甲에게 사기죄가 아닌 절도죄가 성립한다.
㉢ 소송사기가 성립하기 위하여는 제소 당시에 그 주장과 같은 채권이 존재하지 아니한다는 것만으로는 부족하고 그 주장의 채권이 존재하지 아니하는 사실을 잘 알면서도 허위의 주장과 증명으로써 법원을 기망한다는 인식을 하고 있어야만 한다.
㉣ 재산상 이익의 취득으로 인한 공갈죄가 성립하려면 폭행 또는 협박과 같은 공갈행위로 인하여 피공갈자가 재산상 이익을 공여하는 처분행위가 있어야 하므로, 피공갈자가 외포심을 일으켜 묵인하고 있는 동안에 공갈자가 직접 재산상의 이익을 탈취한 경우에는 공갈죄가 성립할 수 없다.

① ㉠㉢   ② ㉠㉣   ③ ㉡㉢   ④ ㉢㉣

> **해설**
>
> ㉠ (○) 대판 2021.11.11, 2021도9855
> ㉡ (×) 피해자 A는 드라이버를 구매하기 위해 특정 매장에 방문하였다가 지갑을 떨어뜨렸는데, 10분쯤 후 甲이 같은 매장에서 우산을 구매하고 계산을 마친 뒤, 지갑을 발견하여 습득한 매장 주인 B로부터 "이 지갑이 선생님 지갑이 맞느냐?"라는 질문을 받자 "내 것이 맞다."라고 대답한 후 이를 교부받아 가지고 간 사안에서, B의 행위는 사기죄에서 말하는 처분행위에 해당하고, 甲의 행위를 절취행위로 평가할 수 없다(대판 2022.12.29, 2022도12494) ※ 甲에게는 사기죄가 성립한다.
> ㉢ (○) 대판 2004.6.24, 2002도4151
> ㉣ (×) 재산상 이익의 취득으로 인한 공갈죄가 성립하려면 폭행 또는 협박과 같은 공갈행위로 인하여 피공갈자가 재산상 이익을 공여하는 처분행위가 있어야 한다. 물론 그러한 처분행위는 반드시 작위에 한하지 아니하고 부작위로도 족하여서, 피공갈자가 외포심을 일으켜 묵인하고 있는 동안에 공갈자가 직접 재산상의 이익을 탈취한 경우에도 공갈죄가 성립할 수 있다(대판 2012.1.27, 2011도16044)

정답 ①

03 사기죄에 관한 설명 중 옳은 것을 모두 고른 것은? (다툼이 있는 경우 판례에 의함) 24 법행

> ㉠ 매도인이 매수인을 기망하여 부동산을 매도하면서 매매대금 중 일부를 매수인의 매도인에 대한 기존 채권과 상계하는 방법으로 지급받은 경우 매도인에게 사기죄가 성립할 수 있고, 후에 위 매매행위가 사기를 이유로 민법에 따라 취소될 수 있다고 하여 달리 볼 것은 아니다.
> ㉡ 甲이 보험가입자 乙의 형사책임을 면하게 하기 위해서 보험회사를 기망하여 보험가입사실증명원을 발급받아 수사기관에 제출한 경우 甲에게 사기죄가 성립한다.
> ㉢ 채권자가 A가 대표이사로 있는 B 주식회사 소유의 부동산에 관하여 가압류결정을 받아 집행까지 마친 상태에서 A가 채권자를 기망하여 위 가압류를 해제하였다고 하더라도 이후 채권자에게 위 가압류에 관한 피보전채권이 존재하지 않는 것으로 밝혀졌다면 A로서는 위 가압류가 해제됨으로써 위 부동산의 담보가치 상당의 재산상 이익을 취득하였다고 할 수 없어 사기죄가 성립하지 않는다.
> ㉣ 가맹점주가 용역의 제공을 가장한 허위의 매출전표임을 고지하지 아니한 채 신용카드회사에 제출하여 대금을 청구한 경우 신용카드회사가 허위의 매출전표임을 알았더라면 그 대금을 지급하지 아니하였을 관계가 인정된다면, 비록 당시 가맹점주에게 신용카드 이용대금을 변제할 의사와 능력이 있었다고 하더라도 사기죄의 기망행위에 해당한다.
> ㉤ 중고 자동차 매매에 있어서 매도인의 할부금융회사 또는 보증보험에 대한 할부금 채무가 매수인에게 당연히 승계되는 것은 아니므로 매도인이 매수인에게 그 할부금 채무의 존재를 고지하지 아니하였다고 하더라도 부작위에 의한 기망에 해당한다고 볼 수 없다.

① ㉠㉡㉣   ② ㉡㉣㉤   ③ ㉠㉡㉤
④ ㉡㉢㉣   ⑤ ㉠㉣㉤

해설

㉠ (○) 대판 2012.4.13, 2012도1101
㉡ (×) 보험가입사실증명원은 교통사고를 일으킨 차가 교통사고처리특례법 제4조에서 정한 취지의 보험에 가입하였음을 보험회사가 증명하는 내용의 문서일 뿐이고 거기에 재물이나 재산상의 이익의 처분에 관한 사항을 포함하고 있는 것은 아니므로, **보험가입사실증명원은 사기죄의 객체가 되지 아니한다**(대판 1997.3.8, 96도2625)
㉢ (×) 부동산가압류결정을 받아 부동산에 관한 가압류집행까지 마친 자가 그 가압류를 해제하면 소유자는 가압류의 부담이 없는 부동산을 소유하는 이익을 얻게 되므로 가압류를 해제하는 것 역시 사기죄에서 말하는 재산적 처분행위에 해당하고, **그 이후 가압류의 피보전채권이 존재하지 않는 것으로 밝혀졌다고 하더라도 가압류의 해제로 인한 재산상의 이익이 없었다고 할 수 없다**(대판 2007.9.20, 2007도5507) ※ 사기죄가 성립한다.
㉣ (○) 대판 1999.2.12, 98도3549
㉤ (○) 대판 1998.4.14, 98도231

정답

04 사기죄에 대한 설명으로 옳은 것은? (다툼이 있는 경우 판례에 의함) 22 검찰7급

① 농민이 담당 공무원을 기망하여 납부의무가 있는 농지보전부담금을 면제받아 재산상 이익을 취득한 경우 일반 국민의 재산권을 제한하는 침해행정 영역에서 담당 공무원을 기망하여 권력작용에 의한 재산권 제한을 면한 경우에 해당하므로 사기죄가 성립한다.
② 부동산의 명의수탁자가 명의신탁 사실을 숨기고 부동산을 자신의 소유라고 주장하면서 제3자에게 매도하고 매매를 원인으로 한 소유권이전등기까지 마친 경우 제3자에 대한 사기죄가 성립한다.
③ 선거후보자가 여러 개의 선거비용 항목을 허위로 기재한 하나의 선거비용 보전청구서를 제출하여 국가로부터 선거비용을 과다 보전받아 이를 편취한 경우 회계보고 허위기재로 인한 특별법위반죄 외에 각 선거비용 항목에 따라 별개의 사기죄가 성립한다.
④ 은행에 대출을 신청하면서 담보 부동산의 매매계약서상 매매대금을 허위로 부풀려 기재한 매매계약서를 제출하고 이 부풀린 금액이 정당한 매매대금임을 전제로 하여 대출을 받은 경우 사기죄가 성립하며 지급받은 대출금 전부가 사기죄의 이득액에 해당한다.

> **해설**
> ① (×) 피고인이 담당 공무원을 기망하여 납부의무가 있는 농지보전부담금을 면제받은 경우에 사기죄가 성립하지 않는다(대판 2019.12.24, 2019도2003)
> ② (×) 부동산의 명의수탁자가 부동산을 제3자에게 매도하고 매매를 원인으로 한 소유권이전등기까지 마쳐 준 경우 명의신탁의 법리상 대외적으로 수탁자에게 그 부동산의 처분권한이 있는 것임이 분명하고, 제3자로서도 자기 명의의 소유권이전등기가 마쳐진 이상 무슨 실질적인 재산상의 손해가 있을 리 없으므로 그 명의신탁 사실과 관련하여 신의칙상 고지의무가 있다거나 기망행위가 있었다고 볼 수도 없어서 그 제3자에 대한 사기죄가 성립될 여지가 없고, 나아가 그 처분시 매도인(명의수탁자)의 소유라는 말을 하였다고 하더라도 역시 사기죄가 성립되지 않는다(대판 2007.1.11, 2006도4498)
> ③ (×) 피고인이 수개의 선거비용 항목을 허위기재한 하나의 선거비용 보전청구서를 제출하여 대한민국으로부터 선거비용을 과다 보전받아 이를 편취하였다면 이는 일죄로 평가되어야 하고, 각 선거비용 항목에 따라 별개의 사기죄가 성립하는 것은 아니다(대판 2017.5.30, 2016도21713)
> ④ (○) 대판 2019.4.3, 2018도19772

정답 ④

05 사기의 죄에 관한 설명으로 옳은 것은 모두 몇 개인가? (다툼이 있는 경우 판례에 의함)

24 경찰채용

㉠ 사기죄에서 피해자에게 대가가 지급된 후 피해자를 기망하여 그가 보유하고 있는 그 대가를 다시 편취한 경우, 이는 새로운 법익의 침해가 발생한 것으로서 기존에 성립한 사기죄와 별도의 새로운 사기죄가 성립한다.
㉡ 적극적 소송당사자인 원고뿐만 아니라 방어적인 위치에 있는 피고라 하더라도 허위내용의 서류를 작성하여 이를 증거로 제출하거나 위증을 시키는 등의 적극적인 방법으로 법원을 기망하여 착오에 빠지게 한 결과 승소확정판결을 받음으로써 자기의 재산상의 의무이행을 면하게 된 경우, 그 재산가액 상당에 대하여 사기죄가 성립한다.
㉢ 甲은 A를 기망하여 A가 소유한 X부동산(아무런 부담이 없는 상태에서 시가 10억 원임)의 소유권을 이전받음으로써 X부동산을 편취하였는데 X부동산에는 근저당권설정등기가 경료되어 있었던 경우(근저당권의 채권최고액은 3억 원이고, 피담보채권액은 4억 원임), 특정경제범죄 가중처벌 등에 관한 법률 제3조의 적용을 전제로 하여 그 부동산의 가액(이득액)을 산정하면 10억 원이 된다.
㉣ 금방에서 마치 귀금속을 구입할 것처럼 가장하여 금방 주인으로부터 순금목걸이 등을 건네받은 다음 화장실에 갔다 오겠다는 핑계를 대고 도주한 경우, 사기죄가 성립한다.
㉤ 거래의 상대방이 일정한 사정에 관한 고지를 받았더라면 당해 거래에 임하지 아니하였을 것임이 경험칙상 명백한 경우, 그 거래로 인하여 재물을 수취하는 자에게는 신의성실의 원칙상 사전에 상대방에게 그와 같은 사정을 고지할 의무가 있다고 할 것이므로 이를 고지하지 아니한 것은 고지할 사실을 묵비함으로써 상대방을 기망한 것이 되어 사기죄를 구성한다.

① 1개 ② 2개 ③ 3개 ④ 4개

해설

㉠ (○) 대판 2009.10.29, 2009도7052
㉡ (○) 대판 1998.2.27, 97도2786
㉢ (×) 사람을 기망하여 부동산의 소유권을 이전받거나 제3자로 하여금 이전받게 함으로써 이를 편취한 경우, 그 부동산에 근저당권설정등기가 경료되어 있거나 압류 또는 가압류 등이 이루어져 있는 때에는 그 부동산의 시가 상당액에서 근저당권의 채권최고액 범위 내에서의 피담보채권액, 압류에 걸린 집행채권액, 가압류에 걸린 청구금액 범위 내에서의 피보전채권액 등을 뺀 실제의 교환가치를 편취금액으로 보아야 한다(대판 2007.4.19, 2005도7288 전원합의체). ※ 10억짜리 부동산에 3억원의 근저당권이 설정되어 있으므로 편취액은 총 7억원에 해당한다.
㉣ (×) 피고인이 금방에서 마치 귀금속을 구입할 것처럼 가장하여 피해자로부터 순금목걸이 등을 건네받은 다음 화장실에 갔다 오겠다는 핑계를 대고 도주한 것이라면 순금목걸이 등은 도주하기 전까지는 아직 피해자의 점유하에 있었다고 할 것이므로 이를 절도죄로 의율 처단

한 것은 정당하다(대판 1994.8.12. 94도1487)
ⓜ (○) 대판 1996.7.30, 96도1081

정답 ③

06 사기죄에 관한 설명 중 가장 적절한 것은? (다툼이 있는 경우 판례에 의함)   23 경찰채용

① 민법 제746조의 불법원인급여에 해당하여 급여자가 수익자에 대한 반환청구권을 행사할 수 없다면, 수익자가 기망을 통하여 급여자로 하여금 불법원인급여에 해당하는 재물을 제공하도록 하였더라도 사기죄를 구성하지 않는다.
② 甲이 A에 대한 사기범행을 실현하는 수단으로서 사기의 고의가 없는 B를 기망하여 그를 A로부터 편취한 재물이나 재산상 이익을 전달하는 도구로서만 이용한 경우, 편취의 대상인 재물 또는 재산상 이익에 관하여 A에 대한 사기죄가 성립할 뿐, 도구로 이용된 B에 대한 사기죄는 별도로 성립하지 않는다.
③ 사기죄가 성립하기 위해서는 적극적 기망행위가 있어야 하므로 부작위에 의한 기망은 있을 수 없다.
④ 사기죄의 '처분행위'라 함은 재산적 처분행위로서 피해자가 자유의사로 직접 재산상 손해를 초래하는 작위에 나아가는 것을 말하므로, 피해자가 기망에 의하여 착오에 빠진 결과 채권의 존재를 알지 못하여 채권을 행사하지 아니한 것에 불과하다면 그와 같은 부작위는 재산의 처분행위에 해당하지 않는다.

해설

① (×) 민법 제746조의 불법원인급여에 해당하여 급여자가 수익자에 대한 반환청구권을 행사할 수 없다고 하더라도, 수익자가 기망을 통하여 급여자로 하여금 불법원인급여에 해당하는 재물을 제공하도록 하였다면 사기죄가 성립한다(대판 2006.11.23, 2006도6795)
② (○) 대판 2017.5.31, 2017도3894
③ (×) 사기죄의 요건으로서의 기망은 널리 재산상의 거래관계에 있어 서로 지켜야 할 신의와 성실의 의무를 저버리는 모든 적극적 또는 소극적 행위를 말하는 것이고, 이러한 소극적 행위로서의 부작위에 의한 기망은 법률상 고지의무 있는 자가 일정한 사실에 관하여 상대방이 착오에 빠져 있음을 알면서도 이를 고지하지 아니함을 말한다(대판 2007.4.12, 2007도967)
※ 부작위에 의한 기망도 가능하다.
④ (×) 피해자가 착오에 빠진 결과 채권의 존재를 알지 못하여 채권을 행사하지 아니하였다면 그와 같은 부작위도 재산의 처분행위에 해당한다(대판 2007.7.12, 2005도9221)

정답 ②

07 사기죄에 관한 설명 중 옳지 않은 것은 모두 몇 개인가? (다툼이 있는 경우 판례에 의함)

24 법행

㉠ 적법하게 개설되지 아니한 의료기관의 실질 개설·운영자가 적법하게 개설된 의료기관인 것처럼 의료급여비용 지급을 청구하여 이에 속은 국민건강보험공단으로부터 의료급여비용 명목의 금원을 지급받아 편취한 경우 국민건강보험공단을 피해자로 보아야 하고, 의료급여비용이 시·도에 설치된 의료급여기금을 재원으로 지급된다거나, 의료급여비용 편취 범행으로 인한 재산상 손해가 최종적으로 국민건강보험공단에 귀속되지 않는다고 하여 달리 볼 것은 아니다.

㉡ 재물을 편취한 후 현실적인 자금의 수수 없이 형식적으로 기왕에 편취한 금원을 새로이 장부상으로만 재투자하는 것으로 처리한 경우 그 재투자금액도 편취액의 합산에 포함시켜야 한다.

㉢ 기망행위에 의하여 조세를 포탈하거나 조세의 환급·공제를 받은 경우 조세범 처벌법 위반죄와 형법상 사기죄가 별개로 성립한다.

㉣ 도급계약에서 편취에 의한 사기죄의 성립 여부는 계약 당시를 기준으로 피고인에게 일을 완성할 의사나 능력이 없음에도 피해자에게 일을 완성할 것처럼 거짓말을 하여 피해자로부터 일의 대가 등을 편취할 고의가 있었는지 여부에 의하여 판단하여야 하고, 이때 법원으로서는 도급계약의 내용, 그 체결 경위 및 계약의 이행과정이나 그 결과 등을 종합하여 판단하여야 한다.

㉤ 피고인의 제소가 사망한 자를 상대로 한 것이라면 이와 같은 사망한 자에 대한 판결은 그 내용에 따른 효력이 생기지 아니하여 상속인에게 그 효력이 미치지 아니하므로, 사기죄를 구성한다고 할 수 없다.

① 없음   ② 1개   ③ 2개   ④ 3개

해설

㉠ (○) 대판 2023.10.26, 2022도90
㉡ (×) 재물을 편취한 후 현실적인 자금의 수수 없이 형식적으로 기왕에 편취한 금원을 새로이 장부상으로만 재투자하는 것으로 처리한 경우 그 재투자금액은 이를 편취액의 합산에서 제외하여야 한다(대판 2007.1.25, 2006도7470).
㉢ (×) 기망행위에 의하여 조세를 포탈하거나 조세의 환급·공제를 받은 경우에는 조세범처벌법 제9조에서 이러한 행위를 처벌하는 규정을 별도로 두고 있을 뿐만 아니라, 조세를 강제적으로 징수하는 국가 또는 지방자치단체의 직접적인 권력작용을 사기죄의 보호법익인 재산권과 동일하게 평가할 수 없는 것이므로 조세범처벌법 위반죄가 성립함은 별론으로 하고, 형법상 사기죄는 성립하지 않는다(대판 2008.11.27, 2008도7303).
㉣ (○) 대판 2022.7.14, 2017도20911
㉤ (○) 대판 2002.1.11, 2000도1881

정답 ③

08 다음 중 사기죄에 대한 설명으로 가장 옳은 것은? (다툼이 있는 경우 판례에 의함) 23 해경승진

① 채권자에 대하여 소정기일까지 지급할 의사나 능력이 없음에도 종전 채무의 변제기를 늦출 목적에서 어음을 발행, 교부한 것만으로는 사기죄가 성립하지 아니한다.
② 비의료인이 의료법 제33조 제2항을 위반하여 개설한 의료기관이 마치 적법하게 개설된 요양기관인 것처럼 국민건강보험공단에 요양급여비용을 청구하여 국민건강보험공단으로부터 이를 지급받은 행위는 사기죄의 기망행위에 해당하지 아니한다.
③ 피고인이 피해자에게 자동차를 양도하면서 소유권이전등록에 필요한 서류를 교부하고 자동차를 인도하여 매매대금을 받은 후 자동차에 미리 부착해 놓은 지피에스(GPS)로 위치를 추적하여 자동차를 절취한 경우 절도 외에 매매대금에 대한 사기죄도 성립한다.
④ 위조된 약속어음을 진정한 약속어음인 것처럼 속여 기왕의 물품대금채무의 변제를 위하여 채권자에게 교부하였다고 하여도 어음이 결제되지 않는 한 물품대금채무가 소멸되지 아니하므로 사기죄는 성립되지 않는다.

> **해설**
>
> ① (×) 채무이행을 연기받는 것은 사기죄에 있어서 재산상의 이익이 되므로 채무자가 채권자에 대하여 소정기일까지 지급할 의사나 능력이 없음에도 종전 채무의 변제기를 늦출 목적에서 어음을 발행·교부한 경우에는 사기죄가 성립한다(대판 2005.9.15, 2005도5215)
> ② (×) 비의료인이 개설한 의료기관이 마치 의료법에 의하여 적법하게 개설된 요양기관인 것처럼 국민건강보험공단에 요양급여비용의 지급을 청구하는 것은 국민건강보험공단으로 하여금 요양급여비용 지급에 관한 의사결정에 착오를 일으키게 하는 것으로서 사기죄의 기망행위에 해당하고, 이러한 기망행위에 의하여 국민건강보험공단에서 요양급여비용을 지급받을 경우에는 사기죄가 성립한다. 이 경우 의료기관의 개설인인 비의료인이 개설 명의를 빌려준 의료인으로 하여금 환자들에게 요양급여를 제공하게 하였다 하여도 마찬가지이다(대판 2015.7.9, 2014도11843)
> ③ (×) 사기죄가 성립하지 않는다(대판 2016.3.24, 2015도17452)
> ④ (○) 대판 1983.4.12, 82도2938

정답 ④

09 사기의 죄에 대한 설명으로 가장 적절하지 않은 것은? (다툼이 있는 경우 판례에 의함)

22 경찰승진

① 침해행정 영역에서 일반 국민이 담당 공무원을 기망하여 권력작용에 의한 재산권 제한을 면하는 경우에는 사기죄가 성립할 수 없다.
② 사기죄의 '재산상의 이익'은 영속적·일시적 이익, 적극적·소극적 이익을 불문하며, 자기의 채권자에 대한 채무이행으로 존재하지 않는 채권을 양도한 경우에도 재산상의 이익을 취득한 것으로 볼 수 있다.
③ 사기죄의 요건으로서의 부작위에 의한 '기망'은 고지의무 있는 자가 일정한 사실에 관하여 상대방이 착오에 빠져 있음을 알면서도 이를 고지하지 않는 것을 말한다.
④ 피해자를 기망하여 착오를 일으키게 하고 피해자가 착오에 빠진 결과 채권의 존재를 알지 못하여 채권을 행사하지 않은 경우 그와 같은 부작위는 사기죄에 있어서의 재산의 처분행위에 해당한다.

해설

① (○) 대판 2019.12.24, 2019도2003
② (×) 피고인이 자기의 채권자에 대한 채무이행으로 채권을 양도하였다 하더라도 위 채권이 존재하지 않는다면 이를 양도하였다 하여 권리이전의 효력을 발생할 수 없는 것이고 따라서 채권자에 대한 기존의 채무도 소멸하는 것이 아니므로 채무면탈의 효과도 발생할 수 없어 채권의 양도로써 재산상의 이득을 취하였다고는 볼 수 없으므로 사기죄는 성립하지 않는다 (대판 1985.3.12, 85도74) ※ 채무자가 채무이행으로 존재하지 않는 허위채권을 양도한 경우에는 사기죄가 성립하지 않는다
③ (○) 대판 2007.4.12, 2007도967
④ (○) 대판 2007.7.12, 2005도9221

정답 ②

10 소송사기에 관한 설명 중 옳지 않은 것을 모두 고른 것은? (다툼이 있는 경우 판례에 의함)

23 변호사시험

㉠ 甲이 자신이 토지의 소유자라고 허위 주장을 하면서 소유권보존등기 명의자를 상대로 보존등기의 말소를 구하는 소송을 제기한 경우, 그 소송에서 위 토지가 甲의 소유임을 인정하여 보존등기 말소를 명하는 내용의 승소확정판결을 받는다면 甲에게 소송사기죄가 성립하고, 이 경우 기수시기는 위 판결이 확정된 때이다.

㉡ A가 자기의 비용과 노력으로 건물을 신축하여 소유권을 원시취득한 미등기건물의 소유자임에도, A에 대한 채권담보 등을 위하여 건축허가명의만을 가진 甲과 甲에 대한 채권자 乙이 공모하여 乙이 甲을 상대로 위 건물에 관한 강제경매를 신청하여 법원의 경매개시결정이 내려지고, 그에 따라 甲 앞으로 촉탁에 의한 소유권보존등기가 된 경우, 甲과 乙에게는 A에 대한 관계에서 사기죄의 공동정범이 성립한다.

㉢ 허위 채권에 기한 공정증서를 집행권원으로 하여 채무자의 소유권이전등기청구권에 대하여 압류신청을 한 것만으로는 소송사기의 실행에 착수하였다고 볼 수 없다.

㉣ 甲이 소송상의 주장이 사실과 다름이 객관적으로 명백하거나 증거가 조작되어 있다는 점을 인식하지 못하는 제3자를 이용하여 그로 하여금 소송의 당사자가 되게 하여 법원을 기망하였다면, 甲에게 간접정범의 형태에 의한 소송사기죄가 성립한다.

㉤ 甲이 법원을 기망하여 소송상대방인 직계혈족으로부터 재물을 편취하여 사기죄가 성립하는 경우, 甲에게는 친족상도례가 적용되므로 그 형을 면제하여야 한다.

① ㉠
② ㉠㉡
③ ㉡㉢
④ ㉢㉣
⑤ ㉢㉤

해설

㉠ (○) 대판 1997.7.11, 95도1874

㉡ (×) 자기의 비용과 노력으로 건물을 신축하여 그 소유권을 원시취득한 미등기건물의 소유자가 있고 그에 대한 채권담보 등을 위하여 건축허가명의만을 가진 자가 따로 있는 상황에서, 건축허가명의자에 대한 채권자가 위 명의자와 공모하여 명의자를 상대로 위 건물에 관한 강제경매를 신청하여 법원의 경매개시결정이 내려지고, 그에 따라 위 명의자 앞으로 촉탁에 의한 소유권보존등기가 되고 나아가 그 경매절차에서 건물이 매각되었다고 하더라도, 위와 같은 경매신청행위 등이 진정한 소유자에 대한 관계에서 사기죄가 된다고 볼 수는 없다(대판 2013.11.28, 2013도459) ※ 무권한자를 상대로 한 경우에는 사기죄가 성립하지 않는다.

㉢ (×) 허위 채권에 기한 공정증서를 집행권원으로 하여 채무자의 소유권이전등기청구권에 대하여 압류신청을 한 시점에 소송사기의 실행에 착수하였다고 볼 것이다(대판 2015.2.12, 2014도10086)

㉣ (○) 대판 2007.9.6, 2006도3591

㉤ (○) 대판 1976.4.13, 75도781

정답 ③

11 소송사기에 관한 설명 중 가장 옳지 않은 것은? (다툼이 있는 경우 판례에 의함) 22 법원9급

① 유치권자가 피담보채권을 실제보다 허위로 부풀려 유치권에 의한 경매를 신청한 경우 이는 소송사기죄의 실행의 착수에 해당한다.
② 소송절차에서 상대방에게 유리한 증거를 가지고 있더라도 상대방을 위하여 이를 현출하여야 할 의무가 있다고 할 수 없으므로 이러한 증거를 제출하지 아니한 행위만으로 소송사기의 기망행위가 있었다고 할 수 없다.
③ 소송사기에 의한 사기죄는 소를 제기한 때에 실행의 착수가 인정되고, 그 소장이 상대방에게 유효하게 도달할 것을 요하지 않는다.
④ 타인과 공모하여 그 공모자를 상대로 제소하여 의제자백의 판결을 받아 이에 기하여 부동산의 소유권이전등기를 한 경우에는 사기죄와 공정증서원본부실기재죄가 성립하고 양죄는 실체적 경합범 관계에 있다.

> **해설**
>
> ① (○) 대판 2012.11.15, 2012도9603
> ② (○) 대판 2002.6.28, 2001도1610
> ③ (○) 대판 2006.11.10, 2006도5811
> ④ (×) 소송사기에 있어 피기망자인 법원의 재판은 피해자의 처분행위에 갈음하는 내용과 효력이 있는 것이어야 하므로 피고인이 타인과 공모하여 그 공모자를 상대로 제소하여 의제자백의 판결을 받아 이에 기하여 부동산의 소유권이전등기를 하였다고 하더라도 이는 소송 상대방의 의사에 부합하는 것으로서 착오에 의한 재산적 처분행위가 있다고 할 수 없어 동인으로부터 부동산을 편취한 것이라고 볼 수 없고 또 그 부동산의 진정한 소유자가 따로 있다고 하더라도 피고인이 의제자백 판결에 기하여 진정한 소유자로부터 소유권을 이전받은 것이 아니므로 그 소유자로부터 부동산을 편취한 것이라고 볼 여지도 없다(대판 1997.12.23, 97도2430) ※ 사기죄는 성립하지 않지만, 공정증서원본부실기재죄는 성립한다

정답 ④

12 다음 중 가장 적절한 것은? (다툼이 있는 경우 판례에 의함) 23 경찰채용

① 甲은 건물의 소유자로, 해당 건물을 매입하기 위한 소요자금을 대납하는 조건으로 해당 건물에서 약 2개월 동안 거주하고 있던 A가 위 금액을 입금하지 않자, A를 내쫓을 목적으로 아들인 乙에게 A가 거주하는 곳의 현관문에 설치된 디지털 도어락의 비밀번호를 변경할 것을 지시하고, 이에 따라 乙이 그 도어락의 비밀번호를 변경하였다면 甲에게는 권리행사방해교사죄가 성립한다.

② 甲이 타인 소유 토지의 이용을 방해할 목적으로 권한 없이 건물을 신축하였다면, 이는 다른 사람의 소유물을 본래의 용법에 따라 무단으로 사용·수익하는 행위로 소유자를 배제한 채 물건의 이용가치를 영득하는 것이고 그 결과 소유자가 물건의 효용을 누리지 못하게 된 것으로 볼 수 있어 이와 같은 甲의 행위는 재물손괴죄에 해당한다.

③ 건물의 임차인인 甲이 임대인 A에 대한 임대차보증금반환채권을 B에게 양도하였는데도 A에게 채권양도 통지를 하지 않고 A로부터 남아 있던 임대차보증금을 반환받아 보관하던 중 개인적인 용도로 사용하였다면 甲에게는 횡령죄가 성립한다.

④ 甲은 PC방에 게임을 하러 온 A로부터 20,000원을 인출해 오라는 부탁과 함께 현금카드를 건네받게 되자, 위법하게 이득할 의사로 권한 없이 그 위임받은 금액을 초과한 50,000원을 인출한 후 그 중 20,000원만 A에게 건네주고 30,000원을 취득하였다면, 甲의 행위는 그 차액 상당액에 관하여 컴퓨터등사용사기죄에 해당한다.

> **해설**
>
> ① (×) 甲이 자기의 물건이 아닌 위 도어락의 비밀번호를 변경하였다고 하더라도 권리행사방해죄가 성립할 수 없고, 정범인 甲의 권리행사방해죄가 인정되지 않는 이상 교사자인 피고인에 대하여 권리행사방해교사죄도 성립할 수 없다(대판 2022.9.15, 2022도5827)
> ② (×) [1] 다른 사람의 소유물을 본래의 용법에 따라 무단으로 사용·수익하는 행위는 소유자를 배제한 채 물건의 이용가치를 영득하는 것이고, 그 때문에 소유자가 물건의 효용을 누리지 못하게 되었더라도 효용 자체가 침해된 것이 아니므로 재물손괴죄에 해당하지 않는다.
> [2] 타인의 토지 지상에 건물을 신축한 행위는 토지에 관한 재물손괴죄가 성립하지 않는다(대판 2022.11.30, 2022도1410)
> ③ (×) 채권양도인이 위와 같이 양도한 채권을 추심하여 수령한 금전에 관하여 채권양수인을 위해 보관하는 자의 지위에 있다고 볼 수 없으므로, 채권양도인이 위 금전을 임의로 처분하더라도 횡령죄는 성립하지 않는다(대판 2022.6.23, 2017도3829 전원합의체)
> ④ (○) 대판 2006.3.24, 2005도3516

정답 ④

13 신용카드 관련 범죄에 대한 설명으로 옳지 않은 것은? (다툼이 있는 경우 판례에 의함)

24 검찰9급

① 타인의 명의를 모용하여 발급받은 신용카드의 번호와 그 비밀번호를 이용하여 ARS 전화 서비스나 인터넷 등을 통하여 신용대출을 받는 방법으로 재산상 이익을 취득하는 행위는 컴퓨터등사용사기죄에 해당한다.

② 대금결제의 의사와 능력이 없으면서도 카드회사를 기망하여 신용카드를 발급받고 이를 사용한 경우, 이는 피해자인 카드회사의 기망당한 의사표시에 따른 카드발급에 터 잡아 이루어지는 사기의 포괄일죄에 해당한다.

③ 타인의 명의를 모용하여 신용카드를 발급받은 후 그 신용카드를 사용하여 현금자동지급기에서 현금대출을 받는 행위는, 카드회사에 의하여 미리 포괄적으로 허용된 행위라 할 수 없고 별도의 절도죄에 해당한다.

④ 예금주인 현금카드 소유자로부터 일정한 금액의 현금을 인출해 오라는 부탁을 받으면서, 건네받은 현금카드로 위임받은 금액을 초과하여 현금을 인출하고 그 차액 상당액의 현금에 대한 점유를 취득한 경우 횡령죄에 해당한다.

> **해설**
>
> ① (O) 대판 2006.7.27, 2006도3126
> ② (O) 대판 1996.4.9, 95도2466
> ③ (O) 대판 2006.7.27, 2006도3126
> ④ (×) 피고인 甲이 A로부터 그 소유의 현금카드로 2만원을 인출하여 오라는 부탁과 함께 현금카드를 건네받게 된 것을 기화로 현금자동지급기에 현금카드를 넣고 인출금액을 5만원으로 입력하여 그 금액을 인출한 후 2만원만 A에게 건네주어 3만원은 취득한 경우 그 인출된 현금에 대한 점유를 취득함으로써 이 때에 인출한 현금 총액 중 인출을 위임받은 금액을 넘는 부분의 비율에 상당하는 재산상 이익을 취득한 것으로 볼 수 있으므로 그 차액 상당액에 관하여 **컴퓨터등사용사기죄가 성립한다**(대판 2006.3.24, 2005도3516)

정답 ④

14 신용카드 관련 범죄에 관한 설명으로 가장 적절하지 않은 것은? (다툼이 있는 경우 판례에 의함)

24 경찰채용

① 정상적으로 발급받은 신용카드를 소지한 카드회원 甲이 일시적인 자금궁색 등의 이유로 그 채무를 일시적으로 이행하지 못하게 되는 상황이 아니라 이미 과다한 부채의 누적 등으로 신용카드 사용으로 인한 대출금채무를 변제할 의사나 능력이 없는 상황에 처하였음에도 불구하고 신용카드를 사용한 경우, 甲에게는 사기죄가 성립한다.
② 甲이 현금카드 소유자 A로부터 강취한 현금카드로 현금자동지급기에서 예금을 인출한 경우, 이는 모두 A의 예금을 강취하고자 하는 甲의 단일하고 계속된 범의 아래에서 이루어진 일련의 행위로서 포괄하여 하나의 강도죄를 구성하므로, 현금 인출행위를 현금카드 강취행위와 분리하여 따로 절도죄로 처벌할 수는 없다.
③ 甲이 현금카드 소유자 A로부터 편취한 현금카드로 현금자동지급기에서 예금을 인출한 경우, A가 예금인출을 승낙한 이상 甲의 현금 인출행위는 절도죄에 해당하지 않는다.
④ 여신전문금융업법상 신용카드 부정사용죄와 관련하여, 동법 제70조 제1항 제4호의 '기망하거나 공갈하여 취득한 신용카드나 직불카드'는 '신용카드나 직불카드의 소유자 또는 점유자를 기망하거나 공갈하여 그들의 자유로운 의사에 의하지 않고 점유가 배제되어 그들로부터 사실상 처분권을 취득한 신용카드나 직불카드'라고 해석되어야 한다.

> **해설**
>
> ① (○) 대판 2005.8.19, 2004도6859
> ② (×) 강취한 현금카드를 사용하여 현금자동지급기에서 예금을 인출한 행위는 피해자의 승낙에 기한 것이라고 할 수 없으므로 현금자동지급기 관리자의 의사에 반하여 그의 지배를 배제하고 그 현금을 자기의 지배하에 옮겨 놓는 것이 되어서 **강도죄와는 별도로 절도죄를 구성한다** (대판 2007.5.10, 2007도1375)
> ③ (○) 대판 2005.9.30, 2005도5869
> ④ (○) 대판 2022.12.16, 2022도10629

정답 ②

제5절 공갈의 죄

01 사기와 공갈의 죄에 관한 설명으로 옳은 것은 모두 몇 개인가? (다툼이 있는 경우 판례에 의함)

23 경간

> ㉠ 부동산에 대한 공갈죄는 그 부동산에 관하여 소유권이전등기를 경료받거나 또는 인도를 받은 때에 기수로 되는 것이고, 소유권이전등기에 필요한 서류를 교부받은 때에 기수로 되어 그 범행이 완료되는 것은 아니다.
> ㉡ 피해자 법인이나 단체의 대표자 또는 실질적으로 의사결정을 하는 최종결재권자 등 기망의 상대방이 기망행위자와 동일인이거나 기망행위자와 공모하는 등 기망행위를 알고 있었던 경우에는 사기죄가 성립할 여지가 없다.
> ㉢ 사기죄에서 그 대가가 일부 지급되거나 담보가 제공된 경우에도 편취액은 피해자로부터 교부된 금원으로부터 그 대가 또는 담보 상당액을 공제한 차액이 아니라 교부받은 금원 전부라고 보아야 한다.
> ㉣ A가 甲의 돈을 절취한 다음 다른 금전과 섞이거나 교환하지 않고 쇼핑백에 넣어 자신의 집에 숨겨두었는데 乙이 甲의 지시를 받아 A에게 겁을 주어 쇼핑백에 들어 있던 절취된 돈을 교부받았다고 하더라도 乙에게 공갈죄가 성립하지 않는다.

① 1개 ② 2개 ③ 3개 ④ 4개

해설

㉠ (○) 대판 1992.9.14, 92도1506
㉡ (○) 대판 2017.9.26, 2017도8449
㉢ (○) 사기죄에서 그 대가가 일부 지급되거나 담보가 제공된 경우에도 편취액은 피해자로부터 교부된 금원으로부터 그 대가 또는 담보 상당액을 공제한 차액이 아니라 교부받은 금원 전부라고 보아야 한다(대판 2017.12.22, 2017도12649).
㉣ (○) 대판 2012.8.30, 2012도6157

정답 ④

02 공갈죄에 관한 설명 중 옳은 것은 모두 몇 개인가? (다툼이 있는 경우 판례에 의함) 23 법행

○ 피고인의 도박행위가 폭력행위 등 처벌에 관한 법률의 공동공갈 범행을 위한 수단적 역할에 불과한 경우 따로 도박죄를 구성하지 않는다.
○ A가 B의 돈을 절취한 다음 다른 금전과 섞거나 교환하지 않고 쇼핑백 등에 넣어 자신의 집에 숨겨두었는데, 피고인이 B의 지시로 폭력조직원 C와 함께 A에게 겁을 주어 쇼핑백 등에 들어 있던 절취된 돈을 교부받아 갈취하였다고 하여 폭력행위 등 처벌에 관한 법률 위반(공동공갈)으로 기소된 사안에서, 피고인 등이 A에게서 되찾은 돈은 절취 대상인 당해 금전이라고 구체적으로 특정할 수 있어 객관적으로 A의 다른 재산과 구분됨이 명백하므로 이를 타인인 A의 재물이라고 볼 수 없고, 따라서 비록 피고인 등이 A를 공갈하여 돈을 교부받았더라도 타인의 재물을 갈취한 행위로서 공갈죄가 성립된다고 볼 수 없다.
○ 피고인이 장시간에 걸쳐 피해자의 건물건축공사 현장사무실에서 일행 3인과 합세하여 과격한 언사와 함께 집기를 손괴하고 건물 창문에 피해자의 신용을 해치는 불온한 내용을 기재하거나, 같은 취지의 현수막을 건물 외벽에 게시할 듯한 태도를 보인 것은 점포임대차계약의 해제에 따른 원상회복 및 손해배상청구권이라는 권리를 실현할 목적으로 이루어졌더라도 사회통념상 허용될 수 있는 범위를 넘어서 공갈죄를 구성한다.
○ 재산상 이익의 취득으로 인한 공갈죄가 성립하려면 폭행 또는 협박과 같은 공갈행위로 인하여 피공갈자가 재산상 이익을 공여하는 처분행위가 있어야 한다. 물론 그러한 처분행위는 반드시 작위에 한하지 아니하고 부작위로도 족하여서, 피공갈자가 외포심을 일으켜 묵인하고 있는 동안에 공갈자가 직접 재산상의 이익을 탈취한 경우에도 공갈죄가 성립할 수 있다.

① 1개 ② 2개 ③ 3개 ④ 4개

> **해설**
>
> ○ (×) 도박행위가 공갈죄의 수단이 되었다 하여 그 도박행위가 공갈죄에 흡수되어 별도의 범죄를 구성하지 않는다고 할 수 없다(대판 2014.3.13, 2014도212)
> ○ (○) 대판 2012.8.30, 2012도6157
> ○ (○) 대판 1995.3.10, 94도2422
> ○ (○) 대판 2012.1.27, 2011도16044

정답 ③

제6절 횡령의 죄

01 횡령의 죄에 관한 설명으로 가장 적절하지 않은 것은? (다툼이 있는 경우 판례에 의함)

24 경찰채용

① 횡령죄의 본질에 관한 영득행위설에 따르면, 보관하는 재물을 위탁의 취지에 반하여 일시사용·손괴·은닉의 목적으로 처분하는 등 불법영득의 의사가 없는 경우, 횡령죄가 성립하지 않는다.
② 보관자도 업무자도 아닌 甲이 위탁받은 재물의 보관자인 동시에 업무자인 乙의 업무상횡령죄를 방조한 경우, 甲에게는 업무상횡령죄의 방조범이 성립한다.
③ 주주나 대표이사 또는 그에 준하여 회사 자금의 보관이나 운용에 관한 사실상의 사무를 처리하는 자가 회사 소유 재산을 제3자의 자금 조달을 위하여 담보로 제공하는 등 사적인 용도로 임의 처분한 경우 횡령죄가 성립하지만, 그 처분에 관하여 주주총회나 이사회의 결의가 있었다면 횡령죄가 성립하지 않는다.
④ 건물의 임차인 甲이 임대인 A에 대한 임대차보증금반환채권을 B에게 양도하였는데도 A에게 채권양도 통지를 하지 않고 A로부터 남아있던 임대차보증금을 반환받아 보관하던 중 개인적인 용도로 사용한 경우, 별도의 약정이나 그 밖의 특별한 사정이 인정되지 않는 한 甲에게는 횡령죄가 성립하지 않는다.

> **해설**
> ① (○) 영득행위설은 위탁물을 불법하게 영득하는 데 횡령죄의 본질이 있다는 견해이다. 이에 따르면 보관하는 재물을 위탁의 취지에 반하여 일시사용·손괴·은닉의 목적으로 처분하는 등 불법영득의 의사가 없는 경우에는 횡령죄가 성립하지 않는다.
> ② (○) 대판 2015.2.26, 2014도15182
> ③ (×) 주식회사는 주주와 독립된 별개의 권리주체로서 이해가 반드시 일치하는 것은 아니므로, 주주나 대표이사 또는 그에 준하여 회사 자금의 보관이나 운용에 관한 사실상의 사무를 처리하는 자가 회사 소유 재산을 제3자의 자금 조달을 위하여 담보로 제공하는 등 사적인 용도로 임의 처분하였다면 **그 처분에 관하여 주주총회나 이사회의 결의가 있었는지 여부와는 관계없이 횡령죄의 죄책을 면할 수는 없다**(대판 2011.3.24, 2010도17396)
> ④ (○) 대판 2022.6.23, 2017도3829 전원합의체

정답 ③

02 횡령죄에 관한 설명 중 옳은 것은 모두 몇 개인가? (다툼이 있는 경우 판례에 의함) 23 법행

㉠ A와 甲이 당구장을 동업하기로 약정하였다가 공동으로 운영하지 못한채 A가 동업조건에 불만을 갖고 약정투자금의 일부만을 지급한 후 동업계약을 해지하고 탈퇴해버린 경우, 甲이 위 당구장을 단독처분하였다 하더라도 횡령죄를 구성하지 아니한다.
㉡ 채무의 담보로 하기 위하여 매매의 형식을 취하여 동산을 담보로 제공하고 이를 계속 사용하고 있다가 채권자의 승낙을 받고 이를 매각한 후 그 매각대금을 채무자가 소비하였다 하더라도 횡령죄는 성립하지 아니한다.
㉢ 부동산 입찰절차에서 수인이 대금을 분담하되 그 중 1인 명의로 낙찰받기로 약정하고 그에 따라 낙찰이 이루어진 경우, 이후 명의인이 이를 임의로 처분하였다면 횡령죄를 구성한다.
㉣ 소개인인 甲이 매매잔대금조로 교부받아 보관하던 약속어음을 현금으로 할인한 자체가 불법영득의사의 실현인 경우, 횡령액은 횡령한 약속어음의 액면금 상당액이 아니라 어음을 할인한 현금액이다.
㉤ 부동산 매수인이 매매대금의 완납 전에 그 매매목적물을 담보로 하여 금전을 차용함에 있어 매도인의 승낙을 받는 한편 매도인과 사이에 그 차용금액의 일부는 매도인에게 매매대금으로 우선 교부하여 주기로 약정한 다음, 금전을 차용하여 이를 전부 임의로 소비한 경우라 하더라도 횡령죄는 성립하지 아니한다.

① 1개 ② 2개 ③ 3개
④ 4개 ⑤ 5개

해설

㉠ (○) 대판 1983.2.22, 82도3236
㉡ (○) 대판 1977.11.8, 77도1715
㉢ (×) 경매에서 낙찰받은 경우에 그 목적물은 낙찰자 소유가 되므로 횡령죄가 성립하지 않는다(대판 2000.9.8, 2000도258)
㉣ (×) 소개인인 피고인이 매매잔대금조로 교부받아 보관하던 약속어음을 현금으로 할인한 자체가 불법영득의사의 실현인 경우, 횡령액은 어음을 할인한 현금액이 아니라 횡령한 약속어음의 액면금 상당액인 것이다(대판 1983.11.8, 83도2346)
㉤ (○) 대판 2005.9.29, 2005도4809

정답 ③

03 횡령의 죄에 관한 설명 중 가장 적절한 것은? (다툼이 있는 경우 판례에 의함) 22 경찰채용

① 횡령죄의 본질에 관한 학설 중 월권행위설에 따르면 본죄가 성립하기 위하여는 불법영득의사가 있어야 한다.
② 횡령죄에 있어서 재물의 보관이란 재물에 대한 사실상 또는 법률상 지배력이 있는 상태를 의미하며, 그것은 반드시 사용대차, 임대차, 위임 등이 계약에 의해 설정될 필요는 없고, 사무관리, 관습, 조리, 신의칙에 의해서도 성립한다.
③ 소유권의 취득에 등록이 필요한 차량에 대한 횡령죄에서는 타인의 재물을 보관하는 사람의 지위는 등록에 의하여 차량을 제3자에게 법률상 유효하게 처분할 수 있는 권능 유무에 따라 결정된다.
④ 횡령죄는 타인의 재물에 관한 소유권 등 본권을 보호법익으로 하는 범죄이므로 본권 침해의 결과가 발생하였을 때 성립하는 이른바 침해범이다.

> **해설**
>
> ① (×) 횡령죄의 본질에 관한 학설 중 월권행위설은 월권행위만 있으면 영득행위를 하지 않더라도 횡령죄가 성립하므로 횡령죄 성립에 불법영득의사를 필요로 하지 않는다. 이에 비하여 영득행위설은 횡령죄가 성립하기 위하여는 불법영득의사를 필요로 한다.
> ② (○) 대판 2014.2.27, 2011도48
> ③ (×) [1] 소유권의 취득에 등록이 필요한 타인 소유의 차량을 인도받아 보관하고 있는 사람이 이를 사실상 처분하면 횡령죄가 성립하며, 그 보관 위임자나 보관자가 차량의 등록명의자일 필요는 없다.
> [2] 지입회사에 소유권이 있는 차량에 대하여 지입회사로부터 운행관리권을 위임받은 지입차주가 지입회사의 승낙 없이 그 보관 중인 차량을 사실상 처분하거나 지입차주로부터 차량보관을 위임받은 사람이 지입차주의 승낙 없이 보관 중인 차량을 사실상 처분한 경우 횡령죄가 성립한다(대판 2015.6.25, 2015도1944 전원합의체).
> ④ (×) 횡령죄는 다른 사람의 재물에 관한 소유권 등 본권을 그 보호법익으로 하고, 본권이 침해될 위험성이 있으면 그 침해의 결과가 발생되지 아니하더라도 성립하는 이른바 위태범(위험범)이다(대판 2009.2.12, 2008도10971).

정답 ②

04 부동산 명의신탁에 관한 설명 중 가장 옳지 않은 것은? (다툼이 있는 경우 판례에 의함)

23 법원9급

① 명의신탁자와 명의수탁자 사이에 무효인 명의신탁약정 등에 기초하여 존재한다고 주장될 수 있는 사실상의 위탁관계라는 것은 부동산실명법에 반하여 범죄를 구성하는 불법적인 관계에 지나지 아니할 뿐 이를 형법상 보호할 만한 가치있는 신임에 의한 것이라고 할 수 없다.

② 명의신탁자가 매수한 부동산에 관하여 부동산실명법을 위반하여 명의수탁자와 맺은 명의신탁약정에 따라 매도인에게서 바로 명의수탁자 명의로 소유권이전등기를 마친 이른바 중간생략등기형 명의신탁을 한 경우, 명의신탁자는 신탁부동산의 소유권을 가지지 아니하고, 명의신탁자와 명의수탁자 사이에 위탁신임관계를 인정할 수도 없다.

③ 부동산 명의신탁이 부동산실명법 시행 전에 이루어졌으나, 같은 법이 정한 유예기간 이내에 실명등기를 하지 아니함으로써 그 명의신탁약정 및 이에 따라 행하여진 등기에 의한 물권변동이 무효로 된 후에 처분행위가 이루어졌다면, 명의수탁자가 명의신탁자에 대한 관계에서 여전히 '타인의 재물을 보관하는 자'의 지위에 있다고 보아야 한다.

④ 구분소유하고 있는 특정 구분부분별로 독립한 필지로 분할되는 경우에는 특별한 사정이 없는 한 각 공유자 상호간에 상호명의신탁관계만이 존속하는 것이므로, 각 공유자는 나머지 각 필지 위에 전사된 자신 명의의 공유지분에 관하여 다른 공유자에 대한 관계에서 그 공유지분을 보관하는 자의 지위에 있다.

> **해설**
>
> ① (○) 대판 2021.2.18, 2016도18761 전원합의체
> ② (○) 대판 2016.5.19, 2014도6992 전원합의체
> ③ (×) [1] 명의신탁자와 명의수탁자 사이에 무효인 명의신탁약정 등에 기초하여 존재한다고 주장될 수 있는 사실상의 위탁관계라는 것은 부동산실명법에 반하여 범죄를 구성하는 불법적인 관계에 지나지 아니할 뿐 이를 형법상 보호할 만한 가치 있는 신임에 의한 것이라고 할 수 없다. 말소등기의무의 존재나 명의수탁자에 의한 유효한 처분가능성을 들어 **명의수탁자가 명의신탁자에 대한 관계에서 '타인의 재물을 보관하는 자'의 지위에 있다고 볼 수도 없다.** 그러므로 부동산실명법을 위반한 양자간 명의신탁의 경우 명의수탁자가 신탁받은 부동산을 임의로 처분하여도 명의신탁자에 대한 관계에서 횡령죄가 성립하지 아니한다.
> [2] 이러한 법리는 부동산 명의신탁이 부동산실명법 시행 전에 이루어졌고 같은 법이 정한 유예기간 이내에 실명등기를 하지 아니함으로써 그 명의신탁약정 및 이에 따라 행하여진 등기에 의한 물권변동이 무효로 된 후에 처분행위가 이루어진 경우에도 마찬가지로 적용된다 (대판 2021.2.18, 2016도18761 전원합의체).
> ④ (○) 대판 2014.12.24, 2011도11084

정답 ③

05 다음 중 횡령죄에 대한 설명으로 가장 옳지 않은 것은? (다툼이 있는 경우 판례에 의함)

23 해경승진

① 부동산의 공유자 중 1인이 다른 공유자의 지분을 임의로 처분하거나 임대하여도 그에게는 그 처분권능이 없어 횡령죄가 성립하지 않게 되는데, 구분소유자 전원의 공유에 속하는 공용부분인 지하주차장 일부를 그 중 1인이 독점 임대하고 수령한 임차료를 임의로 소비한 경우도 마찬가지다.
② 국민연금법 제64조 등의 규정에 의하여 사용자는 매월 임금에서 국민연금보험료 중 근로자가 부담할 기여금을 원천공제하여 근로자를 위하여 보관하고, 국민연금관리공단에 위 보험료를 납부하여야 할 업무상 임무를 부담하게 되며, 사용자가 이에 위배하여 근로자의 임금에서 원천공제한 기여금을 위 공단에 납부하지 아니하고, 나아가 이를 개인적 용도로 소비하였다면 업무상횡령죄에 해당한다.
③ 보관자의 지위에 있는 공동명의 예금채권자가 피해자 조합원들이 제기한 소송으로 인하여 조합이 입게 되는 손해에 대한 구상금 채권의 집행 확보를 위하여 피해자 조합원들에 대하여 예금계좌에 초과로 입금된 개발부담금의 반환을 거부한 경우에는 불법영득의사가 인정되어 횡령죄가 성립한다.
④ 횡령죄가 성립하기 위하여는 재물의 보관자와 재물의 소유자 사이에 위탁관계가 있어야 하는데, 이러한 위탁관계는 사용대차, 임대차, 위임, 임치 등의 계약에 의하여 발생하는 것뿐만 아니라 사무관리와 같은 법률의 규정, 관습이나 조리 또는 신의성실의 원칙에 의해서도 발생한다.

> **해설**
>
> ① (○) 대판 2004.5.27, 2003도6988
> ② (○) 대판 2011.2.10, 2010도13284
> ③ (×) 보관자의 지위에 있는 공동명의 예금채권자가 피해자 조합원들이 제기한 소송으로 인하여 조합이 입게 되는 손해에 대한 구상금채권의 집행 확보를 위하여 피해자 조합원들에 대하여 예금계좌에 초과로 입금된 개발부담금의 반환을 거부한 경우에는 불법영득의사가 인정되지 아니하여 횡령죄가 성립하지 않는다(대판 2008.12.11, 2008도8279)
> ④ (○) 대판 1987.10.13, 87도1778

정답 ③

06 횡령죄에 대한 설명으로 옳지 않은 것은? (다툼이 있는 경우 판례에 의함) 23 검찰7급

① 익명조합의 경우에는 익명조합원이 영업을 위하여 출자한 금전 기타의 재산은 상대편인 영업자의 재산이 되므로, 그 영업자는 타인의 재물을 보관하는 자의 지위에 있지 않아 영업이익금 등을 임의로 소비하였더라도 횡령죄가 성립하지 않는다.
② 사기범행에 이용되리라는 사정을 알고서 자신 명의 계좌의 접근매체를 양도함으로써 사기범행을 방조한 종범이 사기이용계좌로 송금된 피해자의 자금을 임의로 인출한 경우, 그 종범에게 횡령죄가 성립한다.
③ 乙이 범죄수익 등의 은닉을 위해 甲에게 교부한 무기명 양도성예금증서가 불법원인급여물에 해당한다면, 甲이 이를 현금으로 교환하여 임의로 소비한 행위에 대해서는 횡령죄가 성립하지 않는다.
④ 부동산을 공동으로 상속한 자들 중 1인이 부동산을 혼자 점유하다가 다른 공동상속인의 상속지분을 임의로 처분하여도 그에게는 그 처분권능이 없어 횡령죄가 성립하지 않는다.

해설

① (○) 대판 2011.11.24, 2010도5014
② (×) 전기통신금융사기(이른바 보이스피싱 범죄)의 범인이 피해자를 기망하여 피해자의 돈을 사기이용계좌로 송금·이체받았다면 이로써 편취행위는 기수에 이른다. 따라서 범인이 피해자의 돈을 보유하게 되었더라도 이로 인하여 피해자와 사이에 어떠한 위탁 또는 신임관계가 존재한다고 할 수 없는 이상 피해자의 돈을 보관하는 지위에 있다고 볼 수 없으며, 나아가 그 후에 범인이 사기이용계좌에서 현금을 인출하였더라도 이는 이미 성립한 사기범행의 실행행위에 지나지 아니하여 새로운 법익을 침해한다고 보기도 어려우므로, 위와 같은 인출행위는 사기의 피해자에 대하여 따로 횡령죄를 구성하지 아니한다. 그리고 이러한 법리는 사기범행에 이용되리라는 사정을 알고서도 자신 명의 계좌의 접근매체를 양도함으로써 사기범행을 방조한 종범이 사기이용계좌로 송금된 피해자의 돈을 임의로 인출한 경우에도 마찬가지로 적용된다(대판 2017.5.31, 2017도3045) ※ 종범에게 횡령죄가 성립하지 않는다.
③ (○) 대판 2017.10.26, 2017도9254
④ (○) 대판 2000.4.11, 2000도565

정답 ②

07 횡령죄에 관한 설명 중 가장 옳지 않은 것은? (다툼이 있는 경우 판례에 의함) 23 해경채용

① 피고인이 자신이 위탁받아 보관하고 있던 돈이 모두 없어졌는데도 그 행방이나 사용처를 제대로 설명하지 못한다면 일응 피고인이 이를 임의소비하여 횡령한 것이라고 추단할 수 있다.
② 아파트 입주자대표회의 회장인 피고인이 일반관리비와 별도로 적립·관리되는 특별수선충당금을 아파트 구조진단 견적비 및 시공사에 대한 손해배상청구소송의 변호사 선임료로 사용함으로써 아파트 관리규약에 의하여 정하여진 용도 외에 사용한 경우 피고인이 특별수선충당금을 위와 같이 지출한 것이 위탁 취지에 반하여 자기 또는 제3자의 이익을 위하여 자기의 소유인 것처럼 처분하였다고 단정하기 어렵다.
③ 단체의 비용으로 지출할 수 있는 변호사 선임료는 단체 자체가 소송당사자가 된 경우에 한하므로 단체의 대표자 개인이 당사자가 된 민·형사사건의 변호사 비용은 단체의 비용으로 지출할 수 없다. 따라서 비록 분쟁에 대한 실질적인 이해관계는 단체에 있으나 법적인 이유로 그 대표자의 지위에 있는 개인이 소송 기타 법적절차의 당사자가 된 경우에는 단체의 비용으로 변호사 선임료를 지출할 수 없다.
④ 수의계약을 체결하는 공무원이 해당 공사업자와 적정한 금액 이상으로 계약금액을 부풀려서 계약하고, 부풀린 금액을 자신이 되돌려 받기로 사전에 약정한 다음 그에 따라 수수한 돈은 성격상 뇌물이 아니고 횡령금에 해당한다.

> **해설**
>
> ① (O) 대판 2001.9.4, 2000도1743
> ② (O) 대판 2017.2.15, 2013도14777
> ③ (×) [1] 단체의 비용으로 지출할 수 있는 변호사 선임료는 원칙적으로 단체 자체가 소송당사자가 된 경우에 한하므로 다른 특별한 사정이 없는 한 단체의 대표자 개인이 당사자가 된 민·형사사건의 변호사 비용은 단체의 비용으로 지출할 수 없다.
> [2] 그러나 예외적으로 분쟁에 대한 실질적인 이해관계는 단체에게 있으나 법적인 이유로 그 대표자의 지위에 있는 개인이 소송 기타 법적 절차의 당사자가 되었다거나 대표자로서 단체를 위하여 적법하게 행한 직무행위 또는 대표자의 지위에 있음으로 말미암아 의무적으로 행한 행위 등과 관련하여 분쟁이 발생한 경우와 같이, 당해 법적 분쟁이 단체와 업무적인 관련이 깊고 당시의 제반 사정에 비추어 단체의 이익을 위하여 소송을 수행하거나 고소에 대응하여야 할 특별한 필요성이 있는 경우에는 단체의 비용으로 변호사 선임료를 지출할 수 있다(대판 2013.6.13, 2011도524)
> ④ (O) 대판 2007.10.12, 2005도7112

정답 ③

08 재산죄에 관한 설명으로 옳지 않은 것은 모두 몇 개인가? (다툼이 있는 경우 판례에 의함)

22 경찰채용

> ⊙ 채무자가 채권자에 대하여 소비대차 등으로 인한 채무를 부담하고 이를 담보하기 위하여 장래에 부동산의 소유권을 이전하기로 하는 내용의 대물변제예약에서, 약정의 내용에 좇은 이행을 하여야 할 채무는 특별한 사정이 없는 한 '타인의 사무'에 해당하는 것이 원칙이다.
> ⓒ 횡령죄의 본질이 신임관계에 기초하여 위탁된 타인의 물건을 위법하게 영득하는 데 있음에 비추어 볼 때 위탁신임관계는 횡령죄로 보호할 만한 가치 있는 신임에 의한 것으로 한정함이 타당하다.
> ⓒ 횡령죄는 타인의 재물에 대한 재산범죄로서 재물의 소유권 등 본권을 보호법익으로 하는 범죄이다. 따라서 횡령죄의 객체가 타인의 재물에 속하는 이상 구체적으로 누구의 소유인지는 횡령죄의 성립 여부에 영향이 없다.
> ⓔ 침해행정 영역에서 일반 국민이 담당 공무원을 기망하여 권력작용에 의한 재산권 제한을 면하는 경우에는 부과권자의 직접적인 권력작용을 사기죄의 보호법익인 재산권과 동일하게 평가할 수 없는 것이므로 사기죄는 성립할 수 없다.

① 1개 ② 2개 ③ 3개 ④ 4개

해설

⊙ (×) 대물변제예약의 궁극적 목적은 차용금반환채무의 이행 확보에 있고, 채무자가 대물변제예약에 따라 부동산에 관한 소유권이전등기절차를 이행할 의무는 궁극적 목적을 달성하기 위해 채무자에게 요구되는 부수적 내용이어서 이를 가지고 배임죄에서 말하는 신임관계에 기초하여 채권자의 재산을 보호 또는 관리하여야 하는 '타인의 사무'에 해당한다고 볼 수 없다(대판 2014.8.21, 2014도3363 전원합의체)
ⓒ (○) 대판 2016.5.19, 2014도6992 전원합의체
ⓒ (○) 대판 2019.12.24, 2019도9773
ⓔ (○) 대판 2019.12.24, 2019도2003

정답 ①

제7절 배임의 죄

01 배임죄에 관한 설명 중 가장 옳지 않은 것은? (다툼이 있는 경우 판례에 의함) 23 법행

① 甲이 인쇄기를 A에게 양도하기로 하고 계약금 및 중도금을 수령하였음에도 이를 자신의 채권자 B에게 기존 채무 변제에 갈음하여 양도하더라도 A에 대한 배임죄가 성립하지 아니한다.
② 금융기관 임직원이 임의로 예금주의 예금계좌에서 5,000만 원을 인출한 경우, 예금주에 대한 업무상배임죄는 성립하지 않는다.
③ 회사 직원이 영업비밀이나 영업상 주요자산인 자료를 적법하게 반출하여 그 반출행위가 업무상배임죄에 해당하지 않는 경우라도, 퇴사 시에 그 영업비밀 등을 회사에 반환하거나 폐기할 의무가 있음에도 경쟁업체에 유출하거나 스스로의 이익을 위하여 이용할 목적으로 이를 반환하거나 폐기하지 아니하였다면, 이러한 행위는 업무상배임죄에 해당한다.
④ 부실대출에 의한 업무상배임죄가 성립하는 경우에는 담보물의 가치를 초과하여 대출한 금액이나 실제로 회수가 불가능하게 된 금액만을 손해액으로 볼 것은 아니고, 재산상 권리의 실행이 불가능하게 될 염려가 있거나 손해발생의 위험이 있는 대출금 전액을 손해액으로 보아야 한다.
⑤ 음식점 임대차계약에 의한 임차인의 지위를 양도한 자는 양도사실을 임대인에게 통지하고 양수인이 갖는 임차인의 지위를 상실하지 않게 할 의무가 있고, 이러한 임무는 자기의 사무임과 동시에 양수인의 권리취득을 위한 사무의 일부를 이룬다고 할 것이다.

> **해설**
>
> ① (○) 대판 2011.1.20, 2008도10479 전원합의체
> ② (○) 대판 2008.4.24, 2008도1408
> ③ (○) 대판 2016.6.23, 2014도11876
> ④ (○) 대판 2006.4.27, 2004도1130
> ⑤ (×) 음식점 임대차계약에 의한 임차인의 지위를 양도한 자는 양도사실을 임대인에게 통지하고 양수인이 갖는 임차인의 지위를 상실하지 않게 할 의무가 있다고 하여도, 이러한 임무는 임차권 양도인으로서 부담하는 채무로서 양도인 자신의 의무일 뿐이지 자기의 사무임과 동시에 양수인의 권리취득을 위한 사무의 일부를 이룬다고 볼 수 없으므로 **양도인을 배임죄의 주체인 타인의 사무를 처리하는 자로 볼 수 없다**(대판 1991.12.10, 91도2184)

정답 ⑤

02 배임의 죄에 관한 설명으로 가장 적절한 것은? (다툼이 있는 경우 판례에 의함) 24 경찰채용

① 채무자 甲이 자신의 금전채무를 담보하기 위하여 채권자 A와 자신 소유의 자동차에 관한 양도담보설정계약을 체결한 후, A에게 양도담보설정계약에 따른 의무를 다하지 않고 이를 B에게 처분한 경우, 甲에게는 배임죄의 기수범이 성립한다.
② 수분양권 매도인 甲이 수분양권 매매계약에 따라 매수인 A에게 수분양권을 이전할 의무를 이행하지 않고, 수분양권 또는 이에 근거하여 향후 소유권을 취득하게 될 목적물을 미리 B에게 처분한 경우, 특별한 사정이 없는 한 甲에게는 배임죄의 기수범이 성립한다.
③ A주식회사의 대표이사인 甲이 대표권을 남용하는 등 그 임무에 위배하여 A주식회사 명의의 약속어음을 발행하고 그 사정을 모르는 B에게 이를 교부하였으나 아직 어음채무가 실제로 이행되기 전인 경우, 甲에게는 배임죄의 기수범이 성립한다.
④ 甲이 A로부터 18억 원을 차용하면서 담보로 甲 소유의 아파트에 A 명의의 4순위 근저당권을 설정해 주기로 약정하였음에도 B에게 채권최고액을 12억 원으로 하는 4순위 근저당권을 설정해 준 경우, 甲에게는 배임죄의 기수범이 성립한다.

> **해설**
>
> ① (×) 자동차 등에 관하여 양도담보설정계약을 체결한 채무자는 채권자에 대하여 그의 사무를 처리하는 지위에 있지 아니하므로, 채무자가 채권자에게 양도담보설정계약에 따른 의무를 다하지 아니하고 이를 타에 처분하였다고 하더라도 **배임죄가 성립하지 아니한다**(대판 2022.12.22, 2020도8682 전원합의체)
> ② (×) [1] 수분양권 매도인이 수분양권 매매계약에 따라 매수인에게 수분양권을 이전할 의무는 자신의 사무에 해당할 뿐이므로, 매수인에 대한 관계에서 '타인의 사무를 처리하는 자'라고 할 수 없다.
> [2] 수분양권 매도인이 매매계약에 따라 매수인에게 수분양권을 이전할 의무를 이행하지 아니하고 수분양권 또는 이에 근거하여 향후 소유권을 취득하게 될 목적물을 미리 제3자에게 처분하였더라도 **배임죄가 성립하는 것은 아니다**(대판 2021.7.8, 2014도12104)
> ③ (○) 대판 2017.7.20, 2014도1104 전원합의체
> ④ (×) 위 근저당권설정계약에서 甲과 A 사이 당사자 관계의 전형적·본질적 내용은 채무의 변제와 이를 위한 담보에 있고, 甲을 통상의 계약에서의 이익대립관계를 넘어서 A와의 신임관계에 기초하여 A의 사무를 맡아 처리하는 것으로 볼 수 없는 이상 A에 대한 관계에서 **'타인의 사무를 처리하는 자'에 해당한다고 할 수 없다**(대판 2020.6.18, 2019도14340 전원합의체)

정답 ③

03 재산죄에 관한 설명 중 옳지 않은 것을 모두 고른 것은? (다툼이 있는 경우 판례에 의함)

24 변호사시험

㉠ 지입회사에 소유권이 있는 차량에 대하여 지입회사로부터 운행관리권을 위임받은 지입차주 甲이 지입회사의 승낙 없이 보관 중인 차량을 사실상 처분하더라도 법률상 처분권한이 없기 때문에 횡령죄가 성립하지 않는다.

㉡ 甲이 피해자 경영의 금은방에서 마치 귀금속을 구입할 것처럼 가장하여 피해자로부터 금목걸이를 건네받은 다음 화장실에 갔다 오겠다는 핑계를 대고 도주한 행위는 절도죄에 해당한다.

㉢ 甲이 토지의 소유자이자 매도인 A에게 토지거래허가 등에 필요한 서류라고 속여 근저당권설정계약서 등에 서명·날인하게 하고 인감증명서를 교부받은 다음, 이를 이용하여 A 소유 토지에 甲을 채무자로 한 근저당권을 B에게 설정하여 주고 돈을 차용한 경우에도 A의 처분의사가 인정되므로 사기죄에 해당한다.

㉣ 甲이 A에게 자신의 자동차를 양도담보로 제공하기로 약정한 후 B에게 임의로 매도하고 B 명의로 이전등록을 해 준 경우, 등록을 요하는 재산인 자동차 등에 관하여 양도담보설정계약을 체결한 채무자는 채권자에 대하여 그의 사무를 처리하는 지위가 인정되어 그 임무에 위배하여 이를 他에 처분하였다면 배임죄가 성립한다.

㉤ 甲이 권리자의 착오나 가상자산 운영 시스템의 오류 등으로 법률상 원인관계 없이 자신의 전자지갑에 이체된 가상자산을 반환하지 않고 자신의 또 다른 전자지갑에 이체하였다면 착오송금의 법리가 적용되어 배임죄가 성립한다.

① ㉠㉡㉢ ② ㉠㉡㉣ ③ ㉠㉣㉤
④ ㉡㉣㉤ ⑤ ㉢㉣㉤

해설

㉠ (×) [1] 소유권의 취득에 등록이 필요한 타인 소유의 차량을 인도받아 보관하고 있는 사람이 이를 사실상 처분하면 횡령죄가 성립하며, 보관 위임자나 보관자가 차량의 등록명의자일 필요는 없다.
[2] 지입회사에 소유권이 있는 차량에 대하여 지입회사에서 운행관리권을 위임받은 지입차주가 지입회사의 승낙 없이 보관 중인 차량을 처분하거나 지입차주에게서 차량 보관을 위임받은 사람이 지입차주의 승낙 없이 보관 중인 차량을 처분한 경우, **횡령죄가 성립한다**(대판 2015.6.25, 2015도1944 전원합의체)

㉡ (○) 대판 1994.8.12, 94도1487

㉢ (○) 대판 2017.2.16, 2016도13362 전원합의체

㉣ (×) 자동차 등에 관하여 양도담보설정계약을 체결한 채무자는 채권자에 대하여 그의 사무를 처리하는 지위에 있지 아니하므로, 채무자가 채권자에게 양도담보설정계약에 따른 의무를 다하지 아니하고 이를 他에 처분하였다고 하더라도 **배임죄가 성립하지 아니한다**(대판 2022.12.22, 2020도8682 전원합의체)

ⓜ (×) 비트코인이 법률상 원인관계 없이 A로부터 피고인 명의의 전자지갑으로 이체되었더라도 피고인이 신임관계에 기초하여 A의 사무를 맡아 처리하는 것으로 볼 수 없는 이상 A에 대한 관계에서 '타인의 사무를 처리하는 자'에 해당하지 않는다(대판 2021.12.16. 2020도9789).

정답 ③

04 배임죄에 관한 설명 중 가장 옳은 것은? (다툼이 있는 경우 판례에 의함) 23 법원9급

① 배임죄는 피해자에 대한 재산상 손해 발생 위험만으로 기수에 이르는 구체적 위험범이므로, 배임미수죄는 성립할 수 없다.
② 자동차 양도담보설정계약을 체결한 채무자가 채권자에게 소유권이전등록의무를 이행하지 않은 채 제3자에게 담보목적 자동차를 처분하였다고 하더라도 배임죄가 성립하지 않는다.
③ 피고인이 알 수 없는 경위로 甲의 특정 거래소 가상지갑에 들어 있던 비트코인을 자신의 계정으로 이체받은 후 이를 자신의 다른 계정으로 이체하였다면 배임죄가 성립한다.
④ 금융기관의 직원은 예금주의 예금반환채권을 관리하는 사무처리자 지위에 있으므로 금융기관 직원이 임의로 예금주의 예금계좌에서 예금을 무단으로 인출하면 업무상배임죄가 성립한다.

해설

① (×) 타인의 사무를 처리하는 자가 배임의 범의로, 즉 임무에 위배하는 행위를 한다는 점과 이로 인하여 자기 또는 제3자가 이익을 취득하여 본인에게 손해를 가한다는 점에 대한 인식이나 의사를 가지고 임무에 위배한 행위를 개시한 때 배임죄의 실행에 착수한 것이고, **이러한 행위로 인하여 자기 또는 제3자가 이익을 취득하여 본인에게 손해를 가한 때 기수에 이르는 것이다**(대판 2017.7.20. 2014도1104 전원합의체).
② (○) 대판 2022.12.22. 2020도8682 전원합의체
③ (×) 비트코인이 법률상 원인관계 없이 A로부터 피고인 명의의 전자지갑으로 이체되었더라도 피고인이 신임관계에 기초하여 A의 사무를 맡아 처리하는 것으로 볼 수 없는 이상 A에 대한 관계에서 '타인의 사무를 처리하는 자'에 해당하지 않는다고 한 사례(대판 2021.12.16. 2020도9789).
④ (×) [1] 금융기관의 임직원은 예금주로부터 예금계좌를 통한 적법한 예금반환 청구가 있으면 이에 응할 의무가 있을 뿐 예금주와의 사이에서 그의 재산관리에 관한 사무를 처리하는 자의 지위에 있다고 할 수 없다.
[2] 임의로 예금주의 예금계좌에서 5,000만 원을 인출한 금융기관의 임직원에게 업무상배임죄가 성립하지 않는다(대판 2008.4.24. 2008도1408).

정답 ②

05 횡령과 배임의 죄에 대한 설명으로 옳지 않은 것은? (다툼이 있는 경우 판례에 의함) 24 검찰9급

① 타인의 재물을 보관하는 사람이 단순히 반환을 거부한 사실만으로 횡령죄가 성립하는 것은 아니며, 반환거부의 이유 및 주관적인 의사 등을 종합하여 반환거부행위가 횡령행위와 같다고 볼 수 있을 정도이어야만 횡령죄가 성립할 수 있다.
② 저당권설정계약에 따라 채권자에게 저당권설정의무를 부담하는 채무자가 제3자에게 먼저 담보물에 관한 저당권을 설정하거나 담보물을 양도하는 등으로 채권자의 채권실현에 위험을 초래하더라도 배임죄가 성립한다고 할 수 없다.
③ 건물의 임차인이 임대인에 대한 임대차보증금반환채권을 제3자에게 양도하였는데도 임대인에게 채권양도 통지를 하지 않고 임대인으로부터 남아 있던 임대차보증금을 반환받아 보관하던 중 이를 개인적인 용도로 사용하면, 채권을 양수한 제3자를 피해자로 하는 횡령죄가 성립한다.
④ 주식회사의 대표이사가 대표권을 남용하는 등 그 임무에 위배하여 회사 명의로 의무를 부담하는 행위를 하더라도 상대방이 대표권남용 사실을 알았거나 알 수 있었던 경우, 그 의무부담행위로 인하여 실제로 채무의 이행이 이루어졌다거나 회사가 민법상 불법행위책임을 부담하게 되었다는 등의 사정이 없는 이상 배임죄의 기수에 이른 것은 아니다.

> **해설**
>
> ① (○) 대판 2013.8.23, 2011도7637
> ② (○) 대판 2020.6.18, 2019도14340 전원합의체
> ③ (×) [1] 채권양도인이 채무자에게 채권양도 통지를 하는 등으로 채권양도의 대항요건을 갖추어 주지 않은 채 채무자로부터 채권을 추심하여 금전을 수령한 경우, 특별한 사정이 없는 한 금전의 소유권은 채권양수인이 아니라 채권양도인에게 귀속하고 채권양도인이 채권양수인을 위하여 양도 채권의 보전에 관한 사무를 처리하는 신임관계가 존재한다고 볼 수 없다.
> [2] 채권양도인이 위와 같이 양도한 채권을 추심하여 수령한 금전에 관하여 채권양수인을 위해 보관하는 자의 지위에 있다고 볼 수 없으므로, 채권양도인이 위 금전을 임의로 처분하더라도 횡령죄는 성립하지 않는다(대판 2022.6.23, 2017도3829 전원합의체)
> ④ (○) 대판 2017.7.20, 2014도1104 전원합의체

정답 ③

06 재산죄에 관한 설명으로 옳지 않은 것은 모두 몇 개인가? (다툼이 있는 경우 판례에 의함)

23 경찰채용

○ 회사직원이 퇴사한 후에는 특별한 사정이 없는 한 더 이상 업무상배임죄에서 타인의 사무를 처리하는 자의 지위에 있다고 볼 수 없어, 퇴사한 회사직원이 반환하거나 폐기하지 아니한 영업비밀 등을 경쟁업체에 유출하거나 스스로의 이익을 위하여 이용하더라도 그 유출 내지 이용행위에 대하여는 따로 업무상배임죄를 구성할 여지는 없다.
○ A는 드라이버를 구매하기 위해 특정 매장에 방문하였다가 자신의 지갑을 떨어뜨렸는데, 10분쯤 후 甲이 같은 매장에서 우산을 구매하고 계산을 마친 뒤, 그 지갑을 발견하여 습득한 매장 주인 B로부터 "이 지갑이 선생님 지갑이 맞느냐?"라는 질문을 받자 "내 것이 맞다."라고 대답한 후 이를 교부받아 가지고 갔다면 甲에게는 절도죄가 아니라 사기죄가 성립한다.
○ 업무상배임죄에 있어 '재산상 이익 취득'과 '재산상 손해 발생'은 대등한 범죄성립요건이고, 따라서 임무위배행위로 인하여 여러 재산상 이익과 손해가 발생하더라도 재산상 이익과 손해 사이에 서로 대응하는 관계에 있는 등 일정한 관련성이 인정되어야 업무상배임죄가 성립한다.
○ 주류회사 이사인 甲은 A를 상대로 주류대금 청구소송을 제기한 민사 분쟁 중에 A의 착오로 위 주류회사 명의 계좌로 송금된 4,700,000원을 보관하게 되었고, 이후 A로부터 해당 금원이 착오 송금된 것이라는 사정을 문자메시지를 통해 고지받았음에도 불구하고, 甲본인이 주장하는 채권액인 1,108,310원을 임의로 상계 정산하여 반환을 거부하였다면, 설령 나머지 금액을 반환하고 상계권 행사의 의사를 충분히 밝혔다 하더라도 甲에게는 횡령죄가 성립한다.

① 없음 ② 1개 ③ 2개 ④ 3개

해설

○ (○) 대판 2017.6.29, 2017도3808
○ (○) 대판 2022.12.29, 2022도12494
○ (○) 대판 2021.11.25, 2016도3452
○ (×) 피고인이 피해자의 착오로 갑 회사 명의 계좌로 송금된 금원 중 갑 회사의 피해자에 대한 채권액에 상응하는 부분에 관하여 반환을 거부한 행위는 정당한 상계권의 행사로 볼 여지가 있으므로, 피고인의 반환거부행위가 횡령행위와 같다고 보아 불법영득의사를 인정한 원심판결에 법리오해의 잘못이 있다(대판 2022.12.29, 2021도2088) ※ 상계권은 일방이 행사할 수 있으므로 정당한 상계권 행사에 해당하여 정당하게 반환거부한 것에 해당하여 횡령죄가 성립하지 않는다.

정답 ②

07. 횡령과 배임의 죄에 관한 설명 중 옳지 않은 것은 모두 몇 개인가? (다툼이 있는 경우 판례에 의함)

24 법행

> ㉠ 채권양도인이 채무자에게 채권양도 통지를 하는 등으로 채권양도의 대항요건을 갖추어 주지 않은 채 채무자로부터 채권을 추심하여 수령한 경우, 원칙적으로 그 금전은 채권양수인을 위하여 수령한 것으로서 채권양수인의 소유에 속하므로 채권양도인이 위 금전을 임의로 처분한 경우 횡령죄가 성립한다.
> ㉡ 피고인이 송금 절차의 착오로 인하여 피고인 명의의 은행 계좌에 입금된 돈을 임의로 인출하여 소비한 행위는 횡령죄에 해당하지만, 만일 송금인과 피고인 사이에 별다른 거래관계가 없었다면 피고인에게 위탁관계에 의한 보관자의 지위가 인정된다고 볼 수 없으므로 위와 같은 피고인의 행위는 횡령죄가 아닌 점유이탈물횡령죄를 구성할 뿐이다.
> ㉢ 예탁결제원에 예탁되어 계좌 간 대체 기재의 방식에 의하여 양도되는 주권은 유가증권으로서 재물에 해당되므로 횡령죄의 객체가 될 수 있으나, 주권이 발행되지 않은 상태에서 주권불소지 제도, 일괄예탁 제도 등에 근거하여 예탁결제원에 예탁된 것으로 취급되어 계좌 간 대체 기재의 방식에 의하여 양도되는 주식은 재물이 아니므로 횡령죄의 객체가 될 수 없다.
> ㉣ 甲 주식회사가 도시개발사업의 시행자인 乙 조합으로부터 기성금 명목으로 체비지를 지급받은 다음 이를 다시 丙에게 매도하였는데, 乙 조합의 조합장인 丁이 환지처분 전 체비지대장에 소유권 취득자로 등재된 甲 회사와 丙의 명의를 임의로 말소한 경우 丁의 행위는 배임죄를 구성한다고 보아야 한다.
> ㉤ A 새마을금고의 임원인 B가 새마을금고의 여유자금 운용에 관한 규정을 위반하여 금융기관으로부터 원금 손실의 위험이 있는 금융상품을 매입함으로써 A 새마을금고에 액수 불상의 재산상 손해를 가하고 금융기관에 수수료 상당의 재산상 이익을 취득하게 한 경우 위 수수료 상당의 이익은 배임죄에서의 재산상 이익에 해당한다.

① 2개 ② 3개 ③ 4개 ④ 5개

해설

㉠ (×) 채권양도인이 위와 같이 양도한 채권을 추심하여 수령한 금전에 관하여 채권양수인을 위해 보관하는 자의 지위에 있다고 볼 수 없으므로, 채권양도인이 위 금전을 임의로 처분하더라도 횡령죄는 성립하지 않는다(대판 2022.6.23, 2017도3829 전원합의체).
㉡ (×) 어떤 예금계좌에 돈이 착오로 잘못 송금되어 입금된 경우에는 그 예금주와 송금인 사이에 신의칙상 보관관계가 성립한다고 할 것이므로, 피고인이 송금 절차의 착오로 인하여 피고인 명의의 은행 계좌에 입금된 돈을 임의로 인출하여 소비한 행위는 횡령죄에 해당하고, 이는 송금인과 피고인 사이에 별다른 거래관계가 없다고 하더라도 마찬가지이다(대판 2010.12.9, 2010도891).
㉢ (○) 대판 2023.6.1, 2020도2884
㉣ (×) 乙 조합이 시행한 도시개발사업은 도시개발법에 따라 이루어진 것이므로 체비지대장에

의 등재가 환지처분 전 체비지 양수인이 취득하는 채권적 청구권의 공시방법이라고 볼 수 없다는 등의 이유로, 이와 다른 전제에서 피고인의 행위가 배임죄를 구성한다고 본 원심판결에 법리오해의 잘못이 있다고 한 사례(대판 2022.10.14, 2018도13604)
ⓜ (×) B가 임무위배행위로 A 금고에 액수 불상의 재산상 손해가 발생하였더라도 금융기관이 취득한 수수료 상당의 이익을 그와 관련성 있는 재산상 이익이라고 인정할 수 없고, 또한 위 수수료 상당의 이익은 배임죄에서의 재산상 이익에 해당한다고 볼 수도 없다(대판 2021.11.25, 2016도3452)

정답 ③

08 배임의 죄에 관한 설명 중 가장 적절하지 않은 것은? (다툼이 있는 경우 판례에 의함)

23 경찰채용

① 채무자가 금전채무를 담보하기 위해 주식에 관하여 양도담보설정계약을 체결한 후 변제일 전에 제3자에게 해당 주식을 처분하더라도 배임죄는 성립하지 않는다.
② 권리이전에 등록을 요하는 자동차에 대한 매매계약에서 매도인은 매수인의 사무를 처리하는 자의 지위에 있지 않으므로, 매도인이 매수인에게 소유권이전등록을 하지 아니하고 그 자동차를 제3자에게 처분하였다고 하더라도 배임죄는 성립하지 않는다.
③ 배임수재죄의 주체로서 '타인의 사무를 처리하는 자'라 함은 타인과의 대내관계에 있어서 신의성실의 원칙에 비추어 그 사무를 처리할 신임관계가 존재한다고 인정되는 자를 의미하고, 반드시 제3자에 대한 대외관계에서 그 사무에 관한 권한이 존재할 것을 요하지는 않는다.
④ 서면으로 부동산 증여의 의사를 표시한 증여자가 증여계약을 취소하거나 해제할 수 없음에도 불구하고 증여계약에 따라 수증자에게 부동산의 소유권을 이전하지 않고 부동산을 제3자에게 처분하여 등기를 한 경우, 증여자의 소유권이전등기의무는 증여자 자신의 사무일 뿐 타인의 사무에 해당하지 않으므로 배임죄가 성립하지 않는다.

해설

① (○) 대판 2021.1.28, 2014도8714
② (○) 대판 2020.10.22, 2020도6258 전원합의체
③ (○) 대판 2003.2.26, 2002도6834
④ (×) 서면으로 부동산 증여의 의사를 표시한 증여자는 계약이 취소되거나 해제되지 않는 한 수증자에게 목적부동산의 소유권을 이전할 의무에서 벗어날 수 없다. 그러한 증여자는 '타인의 사무를 처리하는 자'에 해당하고, 그가 수증자에게 증여계약에 따라 부동산의 소유권을 이전하지 않고 부동산을 제3자에게 처분하여 등기를 하는 행위는 수증자와의 신임관계를 저버리는 행위로서 배임죄가 성립한다(대판 2018.12.13, 2016도19308).

정답 ④

09 횡령과 배임의 죄에 관한 설명으로 옳은 것은 모두 몇 개인가? (다툼이 있는 경우 판례에 의함)

23 경간

> ㉠ 건물의 임차인 甲이 임대인 A에 대한 임대차 보증금반환채권을 B에게 양도하고, 이를 A에게 통지하지 않고, A로부터 남아있던 임대차보증금을 반환받아 甲이 소비한 경우 횡령죄가 성립하지 않는다.
> ㉡ 직무발명에 대한 권리를 사용자 등에게 승계한다는 취지를 정한 약정 또는 근무규정의 적용을 받는 종업원 등이 직무발명의 완성 사실을 사용자 등에게 통지하지 아니한 채 그에 대한 특허를 받을 수 있는 권리를 제3자에게 이중으로 양도하여 제3자가 특허권 등록까지 마치도록 하는 등으로 발명의 내용이 공개되도록 한 경우, 배임죄가 성립한다.
> ㉢ 채무자가 본인 소유의 동산을 채권자에게 「동산·채권 등의 담보에 관한 법률」에 따른 동산담보로 제공한 경우, 채무자가 담보물을 제3자에게 처분하는 등으로 담보가치를 감소 또는 상실시켜 채권자의 담보권 실행이나 이를 통한 채권실현에 위험을 초래하더라도 배임죄는 성립하지 않는다.
> ㉣ 甲이 범죄수익 등의 은닉을 위해 乙로부터 교부받은 무기명 양도성예금증서를 현금으로 교환하여 임의로 소비하였다면 횡령죄가 성립한다.

① 1개   ② 2개   ③ 3개   ④ 4개

해설

㉠ (○) 대판 2022.6.23, 2017도3829 전원합의체
㉡ (○) 대판 2012.11.15, 2012도6676
㉢ (○) 대판 2020.8.27, 2019도14770 전원합의체
㉣ (×) 피고인 甲이 乙로부터 범죄수익 등의 은닉을 위해 교부받은 무기명 양도성예금증서는 불법의 원인으로 급여한 물건에 해당하여 소유권이 甲에게 귀속되므로, 甲이 무기명 양도성예금증서를 교환한 현금을 임의로 소비하였더라도 횡령죄가 성립하지 않는다(대판 2017.10.26, 2017도9254).

정답 ③

10 배임죄에 관한 다음 설명 중 옳은 것은 모두 몇 개인가? (다툼이 있는 경우 판례에 의함)

23 법행

㉠ 1인 회사의 주주가 자신의 개인채무를 담보하기 위하여 회사 소유의 부동산에 대하여 근저당권설정등기를 마쳐 주어 배임죄가 성립한 이후에 그 부동산에 대하여 새로운 담보권을 설정해 주는 행위는, 선순위 근저당권의 담보가치를 공제한 나머지 담보가치 상당의 재산상 이익을 침해하는 행위로서 별도의 배임죄가 성립한다.
㉡ 법률적 판단에 의하여 당해 배임행위가 무효라면 경제적 관점에서 파악하여 배임행위로 인하여 본인에게 현실적인 손해를 가하였거나 재산상 실해발생의 위험을 초래한 경우에도 재산상의 손해를 가한 때에 해당되지 아니하여 배임죄를 구성하지 아니한다.
㉢ 채권 담보를 위한 대물변제예약을 한 경우, 채무자가 대물로 변제하기로 한 부동산을 제3자에게 처분하였다고 하더라도 형법상 배임죄가 성립하는 것은 아니다.
㉣ 금융기관이 금원을 대출함에 있어 대출금 중 선이자를 공제한 나머지만 교부한 경우, 배임행위로 인하여 금융기관이 입는 손해는 선이자를 공제한 금액으로 보아야 하고, 이와 달리 선이자로 공제한 금원을 포함한 대출금 전액으로 볼 것은 아니다.
㉤ 타인을 위하여 도급계약을 체결할 임무가 있는 자가 부당하게 높은 가격으로 도급계약을 체결하여 타인에게 부당하게 많은 채무를 부담하게 하였다면 그로써 곧바로 업무상배임죄가 성립하고, 그 경우 배임액은 도급계약의 도급금액 전액에서 정당한 도급금액을 공제한 금액으로 보아야 한다.

① 1개 ② 2개 ③ 3개 ④ 4개

해설

㉠ (○) 대판 2005.10.28, 2005도4915
㉡ (×) 배임죄에 있어 재산상의 손해를 가한 때라 함은 현실적인 손해를 가한 경우뿐만 아니라 재산상 실해 발생의 위험을 초래한 경우도 포함되고, 재산상 손해의 유무에 대한 판단은 본인의 전 재산 상태와의 관계에서 법률적 판단에 의하지 아니하고 **경제적 관점에서 파악하여야 하며**, 따라서 법률적 판단에 의하여 당해 배임행위가 무효라 하더라도 경제적 관점에서 파악하여 배임행위로 인하여 본인에게 현실적인 손해를 가하였거나 재산상 실해 발생의 위험을 초래한 경우에는 재산상의 손해를 가한 때에 해당되어 배임죄를 구성한다(대판 2012.2.23, 2011도15857).
㉢ (○) 대판 2014.8.21, 2014도3363 전원합의체
㉣ (×) 금융기관이 금원을 대출함에 있어 대출금 중 선이자를 공제한 나머지만 교부하거나 약속어음을 할인함에 있어 만기까지의 선이자를 공제한 경우, 배임행위로 인하여 금융기관이 입는 손해는 선이자를 공제한 금액이 아니라 **선이자로 공제한 금원을 포함한 대출금 전액이나 약속어음 액면금 상당액으로 보아야 한다**(대판 2003.10.10, 2003도3516).
㉤ (○) 대판 1999.4.27, 99도883

정답 ③

11 횡령과 배임의 죄에 대한 설명 중 옳지 않은 것만을 모두 고른 것은? (다툼이 있는 경우 판례에 의함)

22 경간

㉠ A가 착오로 甲의 통장계좌로 송금한 돈을 甲이 인출하여 임의로 사용한 경우 甲은 그 송금된 돈을 보관하는 지위에 있다고 볼 수 없으므로 이를 영득할 의사로 인출하는 경우에도 횡령죄에 해당하지 아니한다.
㉡ 甲이 A에게 1억 원을 빌리면서 그 채무에 대한 담보로 자신의 부동산에 근저당권을 설정해주기로 약정하였음에도 이후 B에게 자신의 부동산을 매도해버린 경우 甲에게는 배임죄가 성립하지 아니한다.
㉢ 채무자 甲이 금전채무를 담보하기 위하여 그 소유의 동산을 채권자 A에게 양도담보로 제공하였음에도 甲이 채무변제 이전에 담보물을 임의로 처분한 경우 甲에게는 A에 대한 횡령죄가 아니라 배임죄가 성립한다.
㉣ 매도인 甲이 자기 소유의 부동산을 매수인 A에게 매도하기로 약정하고 A로부터 계약금과 중도금을 지급받는 등 계약이 본격적으로 이행되는 단계에 이르렀음에도 그 부동산에 관한 소유권을 A에게 이전해주기 전에 B에게 처분하면서 소유권이전등기를 경료해 준 경우 甲에게는 A에 대한 배임죄가 성립한다.
㉤ 甲이 자신이 알 수 없는 경위로 A의 특정 거래소 가상지갑에 들어있던 가상화폐를 甲 자신의 계좌로 이체받은 후 이를 자신의 다른 계정으로 이체한 경우 甲에게는 A에 대한 배임죄가 성립하지 아니한다.

① ㉠㉢   ② ㉡㉢㉣   ③ ㉡㉣㉤   ④ ㉠㉢㉤

해설

㉠ (×) 어떤 예금계좌에 돈이 착오로 잘못 송금되어 입금된 경우에는 그 예금주와 송금인 사이에 신의칙상 보관관계가 성립한다고 할 것이므로 피고인이 송금 절차의 착오로 인하여 피고인 명의의 은행 계좌에 입금된 돈을 임의로 인출하여 소비한 행위는 **횡령죄에 해당하고**, 이는 송금인과 피고인 사이에 별다른 거래관계가 없다고 하더라도 마찬가지이다(대판 2010.12.9, 2010도891)
㉡ (○) 대판 2020.6.18, 2019도14340 전원합의체
㉢ (×) 채무자를 배임죄의 주체인 '타인의 사무를 처리하는 자'에 해당한다고 할 수 없어, 그가 담보물을 제3자에게 처분하는 등으로 담보가치를 감소 또는 상실시켜 채권자의 담보권 실행이나 이를 통한 채권실현에 위험을 초래하더라도 배임죄가 성립한다고 할 수 없다(대판 2020.2.20, 2019도9756 전원합의체) ※ **횡령죄나 배임죄는 성립하지 않는다.**
㉣ (○) 대판 2018.5.17, 2017도4027 전원합의체
㉤ (○) 대판 2021.12.16, 2020도9789

정답 ①

12 배임죄와 배임수재죄에 관한 설명 중 가장 옳은 것은? (다툼이 있는 경우 판례에 의함)

23 해경간부

① 금융기관 임직원이 대출상대방과 공모하여 임무에 위배하여 담보가치를 초과하는 금원을 대출하여 주고 대출금 중 일부를 되돌려 받기로 한 다음 그에 따라 약정된 금품을 수수하는 경우, 부실대출로 인한 업무상배임죄 외에 별도로 특정경제범죄 가중처벌 등에 관한 법률 위반(수재등)죄가 성립한다.
② 배임수재죄에서 말하는 '재산상 이익의 취득'이라 함은 현실적인 취득만이 아니고 단순히 요구 또는 약속만을 한 경우도 이에 포함된다.
③ 채무자가 A로부터 투자를 받으면서 투자금 반환 채무의 변제를 위하여 아울렛 의류매장에 관한 임차인 명의와 판매대금의 입금계좌 명의를 A 앞으로 변경해주었음에도 제3자에게 위 임차인의 지위 등 권리일체를 양도하였다면 배임죄가 성립한다.
④ A은행 지점장인 甲이 A은행을 대리하여 乙이 丙에 대하여 장래 부담하게 될 물품대금채무에 대하여 지급보증을 하였다고 하더라도 乙과 丙이 거래를 개시하지 않아 지급보증의 대상인 물품대금 지급채무가 현실적으로 발생하지 않았다면, 甲에게 배임죄가 성립하는지 여부를 검토함에 있어, A은행에게 경제적 관점에서 손해가 발생한 것과 같은 정도의 구체적인 위험이 발생하였다고 평가하기는 어렵다고 보아야 한다.

> **해설**
>
> ① (×) [1] 금융기관의 임직원은 예금주로부터 예금계좌를 통한 적법한 예금반환 청구가 있으면 이에 응할 의무가 있을 뿐 예금주와의 사이에서 그의 재산관리에 관한 사무를 처리하는 자의 지위에 있다고 할 수 없다.
> [2] 임의로 예금주의 예금계좌에서 5,000만 원을 인출한 금융기관의 임직원에게 업무상배임죄가 성립하지 않는다(대판 2008.4.24, 2008도1408)
> ② (×) 배임수재죄에서 말하는 '재산상의 이익의 취득'이라 함은 현실적인 취득만을 의미하므로 단순한 요구 또는 약속만을 한 경우에는 이에 포함되지 아니한다(대판 1999.1.29, 98도4182)
> ③ (×) 피고인이 아울렛 의류매장의 운영과 관련하여 乙로부터 투자를 받으면서 투자금반환채무의 변제를 위하여 의류매장에 관한 임차인 명의와 판매대금의 입금계좌 명의를 乙 앞으로 변경해 주었음에도 제3자에게 의류매장에 관한 임차인의 지위 등 권리 일체를 양도한 행위가 배임죄에 해당하지 않는다(대판 2015.3.26, 2015도1301)
> ④ (○) 대판 2015.9.10, 2015도6745

정답 ④

13 배임수증재죄에 관한 설명 중 옳지 않은 것은? (다툼이 있는 경우 판례에 의함) 23 변호사시험

① 배임수재자가 배임증재자로부터 부정한 청탁으로 받은 재물을 그대로 가지고 있다가 증재자에게 반환하였더라도, 이미 기수에 이른 범죄 수익에 불과한 그 재물에 대한 몰수나 가액의 추징은 배임수재자를 대상으로 하여야 한다.

② 배임수재죄에서 타인의 업무를 처리하는 자에게 공여한 금품에 부정한 청탁의 대가로서의 성질과 그 외의 행위에 대한 사례로서의 성질이 불가분적으로 결합되어 있는 경우에는 그 전부가 불가분적으로 부정한 청탁의 대가로서의 성질을 갖는 것으로 보아야 한다.

③ 배임수재죄는 타인의 사무를 처리하는 자가 그 임무에 관하여 부정한 청탁을 받고 재물 또는 재산상의 이익을 취득한 경우는 물론, 제3자로 하여금 이를 취득하게 한 때에도 성립한다.

④ 타인의 사무를 처리하는 자가 증재자로부터 돈이 입금된 계좌의 예금을 인출할 수 있는 현금카드를 교부받아 이를 소지하면서 언제든지 위 현금카드를 이용하여 예금된 돈을 인출할 수 있다면, 예금된 돈을 재물로 취득한 것으로 보아야 한다.

⑤ 공동의 사기 범행으로 인하여 얻은 돈을 공범자끼리 수수한 행위가 공동정범들 사이의 그 범행에 의하여 취득한 돈이나 재산상 이익의 내부적인 분배행위에 지나지 않는 것이라면, 공범자끼리 내부적으로 그 돈을 수수하는 행위가 따로 배임수증재죄를 구성한다고 볼 수 없다.

> **해설**
>
> ① (×) [1] 제357조 제3항에서 몰수의 대상으로 규정한 '범인이 취득한 제1항의 재물'은 배임수재죄의 범인이 취득한 목적물이자 배임증재죄의 범인이 공여한 목적물을 가리키는 것이지 배임수재죄의 목적물만을 한정하여 가리키는 것이 아니다.
> [2] 수재자가 증재자로부터 받은 재물을 그대로 가지고 있다가 증재자에게 반환하였다면 증재자로부터 이를 몰수하거나 그 가액을 추징하여야 한다(대판 2017.4.7. 2016도18104)
> ② (○) 대판 2012.5.24. 2012도535
> ③ (○) 타인의 사무를 처리하는 자가 그 임무에 관하여 부정한 청탁을 받고 재물 또는 재산상의 이익을 취득하거나 제3자로 하여금 이를 취득하게 하면 배임수재죄가 성립한다(제357조 제1항)
> ④ (○) 대판 2017.12.5. 2017도11564
> ⑤ (○) 대판 2016.05.24. 2015도18795

정답 ①

14 배임수증재죄에 관한 설명 중 가장 옳지 않은 것은? (다툼이 있는 경우 판례에 의함) 23 법행

① 甲이 A로부터 골프장 회원권 제공의 의사표시를 받고 이를 승낙한 후 골프장 회원권의 입회신청서를 제출한 경우, 그 골프장 회원권에 관하여 甲 명의로 명의변경이 이루어지지 아니하였더라도 甲에게 배임수재죄가 성립한다.
② 주택조합아파트 시공회사 직원인 甲이 조합장으로부터 조합의 이중분양에 관한 민원을 회사에 보고하지 않고 묵인하거나 이중분양에 대한 조치를 강구할 때 조합의 입장을 배려하여 달라는 청탁을 받고 위 아파트 분양권을 취득한 경우, 甲에게 배임수재죄가 성립한다.
③ 배임수재죄는 타인의 사무를 처리하는 자가 그 임무에 관하여 부정한 청탁을 받고 재물 또는 재산상의 이익을 취득하거나 제3자로 하여금 이를 취득하게 한 때에 성립하는 것이고 그 취득 후에 청탁의 취지에 따른 배임행위를 하였음을 요하지 않는다.
④ 학교법인의 이사장이 학교법인 운영권을 양도하고 양수인으로부터 양수인 측을 학교법인의 임원으로 선임해 주는 대가로 양도대금을 받기로 하는 내용의 청탁을 받았다 하더라도, 그 청탁의 내용이 학교법인의 존립에 중대한 위협을 초래할 것임이 명백하다는 등의 특별한 사정이 없는 한, 이를 배임수재죄의 부정한 청탁에 해당한다고 할 수 없다.

> **해설**
>
> ① (×) 골프장 회원권에 관하여 피고인 명의로 명의변경이 이루어지지 아니한 이상 피고인이 현실적으로 재산상 이익을 취득하지 않았다는 이유로 배임수재죄의 성립을 부정한 사례(대판 1999.1.29, 98도4182)
> ② (○) 대판 2011.2.24, 2010도11784
> ③ (○) 제357조 제1항, 대판 1982.7.13, 82도925
> ④ (○) 대판 2014.1.23, 2013도11735

정답 ①

제8절 장물의 죄

01 재산죄에 관한 설명으로 가장 적절하지 않은 것은? (다툼이 있는 경우 판례에 의함) 23 경찰채용

① 사기죄의 보호법익은 재산권이므로 도급계약이나 물품구매 조달 계약 체결 당시 관련 영업 또는 업무를 규제하는 행정법규나 입찰 참가자격, 계약절차 등에 관한 규정을 위반한 사정이 있더라도 그러한 사정만으로 도급계약을 체결한 행위가 기망행위에 해당한다고 단정해서는 안 된다.
② 예금주인 현금카드 소유자를 협박하여 그 카드를 갈취한 다음 피해자의 승낙에 의하여 현금카드를 사용할 권한을 부여받아 이를 이용하여 현금자동지급기에서 현금을 인출한 행위는 현금카드 갈취행위와 분리하여 따로 절도죄로 처단할 수는 없다.
③ 자동차를 절취한 후 자동차등록번호판을 떼어내는 행위는 새로운 법익의 침해로 보아야 하므로 이와 같은 번호판을 떼어내는 행위가 절도범행의 불가벌적 사후행위가 되는 것은 아니다.
④ 절도 범인으로부터 장물보관 의뢰를 받은 자가 그 정을 알면서 이를 인도받아 보관하고 있다가 그 보관 장물을 임의로 처분하였다면 장물보관죄 외에 별도로 횡령죄가 성립한다.

> **해설**
>
> ① (O) 대판 2019.12.27, 2015도10570
> ② (O) 대판 1996.9.20, 95도1728
> ③ (O) 대판 2007.9.6, 2007도4739
> ④ (×) 절도범인으로부터 장물보관의뢰를 받은 자가 그 정을 알면서 이를 인도받아 보관하고 있다가 임의처분하였다 하여도 장물보관죄가 성립되는 때에는 이미 그 소유자의 소유물추구권을 침해하였으므로 그 후의 횡령행위는 불가벌적 사후행위에 불과하여 별도로 횡령죄가 성립하지 않는다(대판 1976.11.23, 76도3067).

정답 ④

02 장물죄에 관한 설명으로 옳은 것을 모두 고른 것은? (다툼이 있는 경우 판례에 의함)

24 경찰승진

㉠ 재산범죄를 저지른 이후에 별도의 재산범죄의 구성요건에 해당하는 사후행위가 있었다면 비록 그 행위가 불가벌적 사후행위로서 처벌의 대상이 되지 않는다 할지라도 그 사후행위로 인하여 취득한 물건은 재산범죄로 인하여 취득한 물건으로서 장물이 될 수 있다.
㉡ 단순히 보수를 받고 본범을 위하여 장물을 일시 사용하거나 그와 같이 사용할 목적으로 장물을 건네받은 것만으로도 장물을 '취득'한 것으로 볼 수 있다.
㉢ 장물인 정을 알면서 장물을 매매하는 계약을 중개하였더라도 실제로 매매계약이 성립하지 아니하였거나 장물의 점유가 현실적으로 이전되지 아니하였다면, 장물알선죄는 성립하지 않는다.
㉣ 장물죄에 있어서 장물범과 피해자 간에 동거친족의 신분관계가 있는 때에는 형이 감경 또는 면제되지만, 장물범과 본범 간에 동거친족의 신분관계가 있는 때에는 형이 면제된다.

① ㉠   ② ㉠㉣   ③ ㉡㉢   ④ ㉡㉢㉣

해설

㉠ (○) 대판 2004.4.16, 2004도353
㉡ (×) 단순히 보수를 받고 본범을 위하여 장물을 일시 사용하거나 그와 같이 사용할 목적으로 장물을 건네받은 것만으로는 장물을 취득한 것으로 볼 수 없다(대판 2003.5.13, 2003도1366)
㉢ (×) 형법 제362조 제2항에 정한 장물알선죄에서 '알선'이란 장물을 취득·양도·운반·보관하려는 당사자 사이에 서서 이를 중개하거나 편의를 도모하는 것을 의미한다. 따라서 장물인 정을 알면서 장물을 취득·양도·운반·보관하려는 당사자 사이에 서서 서로를 연결하여 장물의 취득·양도·운반·보관행위를 중개하거나 편의를 도모하였다면, 그 알선에 의하여 당사자 사이에 실제로 장물의 취득·양도·운반·보관에 관한 계약이 성립하지 아니하였거나 장물의 점유가 현실적으로 이전되지 아니한 경우라도 장물알선죄가 성립한다(대판 2009.4.23, 2009도1203)
㉣ (×) 장물죄에 있어서 장물범과 피해자 간에 동거친족의 신분관계가 있는 때에는 형을 면제하지만, 장물범과 본범 간에 동거친족의 신분관계가 있는 때에는 형을 감경 또는 면제한다(제365조 제1항·제2항 참고)

정답 ①

03 다음 설명 중 가장 옳지 않은 것은? (다툼이 있는 경우 판례에 의함)   23 법원9급

① 장물인 정을 모르고 장물을 보관하였다가 그 후에 장물인 정을 알게된 경우 그 정을 알고서도 이를 계속하여 보관하는 행위는 장물죄를 구성하는 것이나 이 경우에도 점유할 권한이 있는 때에는 이를 계속하여 보관하더라도 장물보관죄가 성립하지 않는 것이라고 할 것이다. 따라서 채권의 담보로서 수표들을 교부받았다가 장물인 정을 알게 되었음에도 이를 계속하여 보관한 행위는 장물보관죄에 해당하지 않는다.

② 장물알선죄에서 '알선'이란 장물을 취득·양도·운반·보관하려는 당사자 사이에 서서 이를 중개하거나 편의를 도모하는 것을 의미한다. 따라서 장물인 정을 알면서, 장물을 취득·양도·운반·보관하려는 당사자 사이에 서서 서로를 연결하여 장물의 취득·양도·운반·보관행위를 중개하거나 편의를 도모하였다면, 그 알선에 의하여 당사자 사이에 실제로 장물의 취득·양도·운반·보관에 관한 계약이 성립하지 아니하였거나 장물의 점유가 현실적으로 이전되지 아니한 경우라도 장물알선죄가 성립한다.

③ 절도 범인으로부터 장물보관 의뢰를 받은 자가 그 정을 알면서 이를 인도받아 보관하고 있다가 임의 처분하였다 하여도 장물보관죄가 성립하는 때에는 이미 그 소유자의 소유물추구권을 침해하였으므로 그 후의 횡령행위는 불가벌적 사후행위에 불과하여 별도로 횡령죄가 성립하지 않는다.

④ 장물이라 함은 재산범죄로 인하여 취득한 물건 그 자체를 말하고, 그 장물의 처분대가는 장물성을 상실하는 것이다. 따라서 본범이 사기 범행으로 교부받은 자기앞수표를 그의 명의의 예금계좌에 예치하였다가 현금으로 인출한 경우, 그 현금은 이미 장물성을 상실한 것이어서 그 현금을 보관 또는 취득하였다고 하더라도 장물죄가 성립할 수 없다.

해설

① (○) 대판 1986.1.21, 85도2472
② (○) 대판 2009.4.23, 2009도1203
③ (○) 대판 1976.11.23, 76도3067
④ (×) 장물인 현금을 금융기관에 예금의 형태로 보관하였다가 이를 반환받기 위하여 동일한 액수의 현금을 인출한 경우에 예금계약의 성질상 인출된 현금은 당초의 현금과 물리적인 동일성은 상실되었지만 액수에 의하여 표시되는 금전적 가치에는 아무런 변동이 없으므로 장물로서의 성질은 그대로 유지된다고 봄이 상당하고, 자기앞수표도 그 액면금을 즉시 지급받을 수 있는 등 현금에 대신하는 기능을 가지고 거래상 현금과 동일하게 취급되고 있는 점에서 금전의 경우와 동일하게 보아야 한다(대판 2004.3.12, 2004도134).

정답 ④

최신 3개년 기출문제집

04 장물에 관한 죄에 관한 설명 중 옳은 것을 모두 고른 것은? (다툼이 있는 경우 판례에 의함)

22 법행

> ㉠ 장물인 정을 모르고 보관하던 중 장물임을 알게 되었고, 이를 반환하는 것이 불가능하지 않음에도 장물을 반환하지 않고 계속 보관하였다면 장물보관죄에 해당한다.
> ㉡ 甲이 권한 없이 인터넷뱅킹으로 타인의 예금계좌에서 자신의 예금계좌로 돈을 이체한 후 그 중 일부를 인출하여 그 정을 아는 乙에게 교부한 경우 乙에게 장물취득죄가 성립한다.
> ㉢ 절도 범인으로부터 장물보관 의뢰를 받은 자가 그 정을 알면서 이를 인도받아 보관하고 있다가 임의 처분하였다면 장물보관죄와 횡령죄의 실체적 경합범에 해당한다.
> ㉣ 금은방을 운영하는 자가 귀금속류를 매수함에 있어 매도자의 신원확인절차를 거쳤다고 하여도 장물인지의 여부를 의심할 만한 특별한 사정이 있거나 매수물품의 성질과 종류 및 매도자의 신원 등에 좀 더 세심한 주의를 기울였다면 그 물건이 장물임을 알 수 있었음에도 불구하고 이를 게을리 하여 장물인 정을 모르고 매수하여 취득한 경우에는 업무상과실장물취득죄가 성립한다.
> ㉤ 甲이 지입회사와 지입계약을 체결하고 지입회사 명의로 등록된 차량에 대하여 운행관리권을 위임받아 보관하던 중 지입회사의 승낙 없이 보관 중인 차량을 그 정을 아는 乙에게 처분하였더라도 횡령죄가 성립하지 아니하고, 乙에게도 장물취득죄가 성립하지 아니한다.

① ㉠㉤   ② ㉠㉡   ③ ㉡㉢
④ ㉠㉣   ⑤ ㉠㉡㉣

해설

㉠ (○) 대판 1987.10.13, 87도1633
㉡ (×) 甲이 권한 없이 인터넷뱅킹으로 타인의 예금계좌에서 자신의 예금계좌로 돈을 이체한 후 그 중 일부를 인출하여 그 사정을 아는 乙에게 교부한 경우, **乙에게는 장물취득죄가 성립하지 않는다**(대판 2004.4.16, 2004도353)
㉢ (×) 절도범인으로부터 장물보관 의뢰를 받은 자가 그 정을 알면서 이를 인도받아 보관하고 있다가 임의 처분하였다 하여도 장물보관죄가 성립하는 때에는 이미 그 소유자의 소유물 추구권을 침해하였으므로 그 후의 횡령행위는 불가벌적 사후행위에 불과하여 별도로 횡령죄가 성립하지 않는다(대판 2004.4.9, 2003도8219)
㉣ (○) 대판 2003.4.25, 2003도348
㉤ (×) 지입회사에 소유권이 있는 차량에 대하여 지입회사로부터 운행관리권을 위임받은 지입차주가 지입회사의 승낙 없이 그 보관 중인 차량을 사실상 처분하거나 지입차주로부터 차량보관을 위임받은 사람이 지입차주의 승낙 없이 보관 중인 차량을 사실상 처분한 경우 횡령죄가 성립한다(대판 2015.6.25, 2015도1944 전원합의체) ※ 甲은 횡령죄, 乙은 장물취득죄가 성립한다.

정답 ④

제9절 손괴의 죄

01 손괴의 죄에 관한 설명으로 가장 적절하지 않은 것은? (다툼이 있는 경우 판례에 의함)

24 경찰승진

① 피고인이 피해 차량의 앞뒤에 쉽게 제거하기 어려운 철근콘크리트 구조물 등을 바짝 붙여 놓아 차량을 운행할 수 없게 하였더라도 피해 차량 자체에 물리적 훼손이나 기능적 효용의 멸실 내지 감소가 발생하지 않았으므로 재물 본래의 효용을 해한 것이라고 볼 수 없다.

② 재건축사업으로 철거예정이고 그 입주자들이 모두 이사하여 아무도 거주하지 않은 채 비어 있는 아파트라 하더라도, 그 객관적 성상이 본래 사용 목적인 주거용으로 쓰일 수 없는 상태가 아니었고 그 소유자들이 신탁등기 등의 방법으로 계속 소유권을 행사하고 있다면, 재물로서의 이용가치나 효용이 없는 물건이라고도 할 수 없어 재물손괴죄의 객체가 된다.

③ 홍보를 위해 1층 로비에 설치해 둔 홍보용 배너와 거치대를 훼손 없이 그 장소에서 제거하여 컨테이너로 된 창고로 옮겨 놓아 사용할 수 없게 한 행위는 재물의 효용을 해하는 행위에 해당한다.

④ 포도주 원액이 부패하여 포도주 원료로서의 효용가치는 상실되었으나, 그 산도가 1.8도 내지 6.2도에 이르고 있어서 식초의 제조 등 다른 용도에 사용할 수 있다면, 이 포도주 원액은 재물손괴죄의 객체가 될 수 있다.

해설

① (×) 피고인이 평소 자신이 굴삭기를 주차하던 장소에 갑의 차량이 주차되어 있는 것을 발견하고 갑의 차량 앞에 철근콘크리트 구조물을, 뒤에 굴삭기 크러셔를 바짝 붙여 놓아 갑이 17~18시간 동안 차량을 운행할 수 없게 된 사안에서, 차량 앞뒤에 쉽게 제거하기 어려운 구조물 등을 붙여 놓은 행위는 차량에 대한 유형력 행사로 보기에 충분하고, 차량 자체에 물리적 훼손이나 기능적 효용의 멸실 내지 감소가 발생하지 않았더라도 갑이 위 구조물로 인해 차량을 운행할 수 없게 됨으로써 일시적으로 본래의 사용목적에 이용할 수 없게 된 이상 차량 본래의 효용을 해한 경우라고 한 사례(대판 2021.5.7. 2019도13764)
② (○) 대판 2010.2.25. 2009도8473
③ (○) 대판 2018.7.24. 2017도18807
④ (○) 대판 1979.7.24. 78도2138

정답 ①

02 손괴의 죄에 관한 설명 중 가장 옳지 않은 것은? (다툼이 있는 경우 판례에 의함) 24 법행

① 재건축조합이 조합원들을 상대로 재건축사업 대상 아파트에 관한 소유권이전등기 및 인도청구소송을 제기하여 제1심에서 가집행선고부 승소판결이 선고되었고, 위 조합의 조합장 등이 제1심판결에 기하여 위 아파트에 관한 부동산인도집행을 완료한 후 이를 철거한 경우 그 철거 전에 관할구청장에게 신고를 하지 않았다고 하더라도 이는 형법 제20조에서 정한 정당행위로서 재물손괴의 공소사실은 범죄로 되지 아니하는 경우에 해당한다.
② 甲이 乙로부터 전세금을 받고 영수증을 작성·교부한 다음 乙에게 위 전세금을 반환하겠다고 말하여 乙로부터 위 영수증을 교부받고 나서 전세금을 반환하기 전에 이를 찢어버렸다고 하더라도 위 영수증은 甲의 점유 하에 있었으므로, 문서손괴죄가 성립하지 않는다.
③ 재건축사업으로 철거 예정이고 입주자들이 모두 이사하여 아무도 거주하지 않은 채 비어 있는 아파트라고 하더라도, 그 객관적 성상이 본래 사용 목적인 주거용으로 쓰일 수 없는 상태라거나 재물로서의 이용가치나 효용이 없는 물건이라고 할 수 없는 이상 재물손괴죄의 객체가 될 수 있다.
④ 형법 제370조에서 말하는 경계는 반드시 법률상의 정당한 경계를 말하는 것이 아니고 비록 법률상의 정당한 경계에 부합되지 아니하는 경계라고 하더라도 이해관계인들의 명시적 또는 묵시적 합의에 의하여 정하여진 것이면 이는 이 법조에서 말하는 경계라고 할 것이다.
⑤ 자동문을 자동으로 작동하지 않고 수동으로만 개폐가 가능하게 하여 자동잠금장치로서 역할을 할 수 없도록 한 경우에도 재물손괴죄가 성립한다.

> **해설**
>
> ① (○) 대판 2010.2.25, 2009도8473
> ② (×) [1] 문서손괴죄의 객체는 타인소유의 문서이며 피고인 자신의 점유 하에 있는 문서라 할지라도 타인소유인 이상 이를 손괴하는 행위는 문서손괴죄에 해당한다.
> [2] 피고인이 피해자로부터 전세금 200만원을 받고 영수증을 작성·교부한 뒤에 피해자에게 전세금을 반환하겠다고 말하여 영수증을 교부받고 나서 전세금을 반환하기도 전에 이를 찢어 버렸다면 문서손괴죄가 성립한다(대판 1984.12.26, 84도2290)
> ③ (○) 대판 2010.2.25, 2009도8473
> ④ (○) 대판 1986.12.9, 86도1492
> ⑤ (○) 대판 2016.11.25, 2016도9219

정답 ②

03 손괴에 대한 설명으로 옳은 것만을 모두 고르면? (다툼이 있는 경우 판례에 의함) 24 검찰9급

> ㉠ 재물을 절취하기 위해 야간에 피해자들이 운영하는 식당의 창문과 방충망을 물리적 훼손 없이 창틀에서 분리하여 놓고 침입한 행위는 특수절도죄의 손괴에 해당한다.
> ㉡ 다른 기관에 접수되어 있는 자기명의의 문서에 대하여 함부로 이를 무효화시켜 그 용도에 사용하지 못하게 하였다면 문서손괴죄의 손괴에 해당한다.
> ㉢ 자동문을 자동으로 작동하지 않고 수동으로만 개폐가 가능하게 하여 일시적으로 자동잠금장치로서 역할을 할 수 없게 한 경우에는 재물손괴죄의 손괴에 해당한다.
> ㉣ 주차되어 있는 차량의 앞에 철근콘크리트 구조물을, 뒤에 굴삭기 크러셔를 바짝 붙여 놓아 해당 차량의 차주가 17~18시간 동안 차량을 운행할 수 없게 한 행위는 재물손괴죄의 '재물의 효용을 해한 경우'에 해당한다.

① ㉠㉡ ② ㉡㉢ ③ ㉢㉣ ④ ㉡㉢㉣

해설

㉠ (×) 피고인이 야간에 피해자들이 운영하는 식당의 창문과 방충망을 손괴하고 침입하여 현금을 절취하였다는 내용으로 형법 제331조 제1항의 특수절도로 기소된 사안에서, 피고인은 창문과 방충망을 창틀에서 분리하였을 뿐 물리적으로 훼손하여 효용을 상실하게 한 것은 아니라는 이유로 무죄를 인정한 사례(대판 2015.10.29, 2015도7559)
㉡ (○) 대판 1987.4.14, 87도177
㉢ (○) 대판 2016.11.25, 2016도9219
㉣ (○) 대판 2021.5.7, 2019도13764

정답 ④

제10절 권리행사를 방해하는 죄

01 다음 설명 중 가장 적절하지 않은 것은? (다툼이 있는 경우 판례에 의함) 23 경찰채용

① 소유자의 의사에 따라 어느 장소에 게시 중인 문서를 소유자의 의사에 반하여 떼어내는 것과 같이 소유자의 의사에 따라 형성된 종래의 이용상태를 변경시켜 종래의 상태에 따른 이용을 일시적으로 불가능하게 하는 경우에도 문서손괴죄가 성립할 수 있다.

② 다른 사람의 소유물을 본래의 용법에 따라 무단으로 사용 수익하는 행위는 소유자를 배제한 채 물건의 이용가치를 영득하는 것이고, 그 때문에 소유자가 물건의 효용을 누리지 못하게 되었다면 그 효용 자체가 침해된 것으로 볼 수 있어 재물손괴죄를 구성한다.

③ 물건의 소유자가 아닌 甲은 형법 제33조 본문에 따라 권리행사방해 범행에 가담한 경우에 한하여 권리행사방해죄의 공범이 될 수 있을 뿐이며, 甲과 함께 권리행사방해죄의 공동정범으로 기소된 물건의 소유자 乙에게 고의가 없어 범죄가 성립하지 않는다면 甲에게 공동정범이 성립할 여지가 없다.

④ 가압류 후에 목적물의 소유권을 취득한 제3취득자가 다른 사람에 대한 허위의 채무에 기하여 근저당권설정등기를 경료하더라도 강제집행면탈죄를 구성하지 않는다.

> **해설**
> ① (○) 대판 2015.11.27, 2014도13083
> ② (×) 다른 사람의 소유물을 본래의 용법에 따라 무단으로 사용·수익하는 행위는 소유자를 배제한 채 물건의 이용가치를 영득하는 것이고, 그 때문에 소유자가 물건의 효용을 누리지 못하게 되었더라도 효용 자체가 침해된 것이 아니므로 재물손괴죄에 해당하지 않는다(대판 2022.11.30, 2022도1410)
> ③ (○) 대판 2017.5.30, 2017도4578
> ④ (○) 대판 2008.5.29, 2008도2476

정답 ②

02 다음 설명 중 가장 옳지 않은 것은? (다툼이 있는 경우 판례에 의함)   23 법원9급

① 자동문을 자동으로 작동하지 않고 수동으로만 개폐가 가능하게 하여 자동잠금장치로서 역할을 할 수 없도록 한 경우에도 재물손괴죄가 성립한다.
② 다른 사람의 소유물을 본래의 용법에 따라 무단으로 사용·수익하는 행위는 소유자를 배제한 채 물건의 이용가치를 영득하는 것이고, 그 때문에 소유자가 물건의 효용을 누리지 못하게 되었더라도 효용 자체가 침해된 것이 아니므로 재물손괴죄에 해당하지 않는다.
③ 형법 제323조의 권리행사방해죄는 타인의 점유 또는 권리의 목적이 된 자기의 물건을 취거, 은닉 또는 손괴하여 타인의 권리행사를 방해함으로써 성립하므로 그 취거, 은닉 또는 손괴한 물건이 자기의 물건이 아니라면 권리행사방해죄가 성립할 수 없다.
④ 권리행사방해죄에서의 보호대상인 '타인의 점유'는 반드시 점유할 권원에 기한 점유만을 의미하는 것은 아니고, 일단 적법한 권원에 기하여 점유를 개시하였으나 사후에 점유권원을 상실한 경우의 점유, 점유권원의 존부가 외관상 명백하지 아니하여 법정절차를 통하여 권원의 존부가 밝혀질 때까지의 점유, 권원에 기하여 점유를 개시한 것은 아니나 동시이행항변권 등으로 대항할 수 있는 점유 등과 같이 법정절차를 통한 분쟁해결시까지 잠정적으로 보호할 가치있는 점유는 모두 포함된다고 볼 것이고, 따라서 절도범인의 점유와 같이 점유할 권리없는 자의 점유임이 외관상 명백한 경우도 이에 포함된다고 보아야 한다.

> **해설**
>
> ① (○) 대판 2016.11.25, 2016도9219
> ② (○) 대판 2022.11.30, 2022도1410
> ③ (○) 대판 2019.12.27, 2019도14623
> ④ (×) 권리행사방해죄에서의 보호대상인 타인의 점유는 반드시 점유할 권원에 기한 점유만을 의미하는 것은 아니고, 일단 적법한 권원에 기하여 점유를 개시하였으나 사후에 점유 권원을 상실한 경우의 점유, 점유 권원의 존부가 외관상 명백하지 아니하여 법정절차를 통하여 권원의 존부가 밝혀질 때까지의 점유, 권원에 기하여 점유를 개시한 것은 아니나 동시이행항변권 등으로 대항할 수 있는 점유 등과 같이 법정절차를 통한 분쟁 해결시까지 잠정적으로 보호할 가치 있는 점유는 모두 포함된다고 볼 것이고, 다만 절도범인의 점유와 같이 점유할 권리 없는 자의 점유임이 외관상 명백한 경우는 포함되지 아니한다(대판 2006.3.23, 2005도4455)

정답 ④

03 권리행사를 방해하는 죄에 관한 설명으로 옳지 않은 것을 모두 고른 것은? (다툼이 있는 경우 판례에 의함)

24 경찰승진

> ㉠ 권리행사방해죄는 타인의 점유 또는 권리의 목적이 된 자기의 물건을 취거, 은닉 또는 손괴하여 타인의 권리행사를 방해함으로써 성립하므로, 물건의 소유자가 아닌 제3자가 소유자의 권리행사방해 범행에 가담한 경우에 그의 공범이 될 수 없다.
> ㉡ 권리행사방해죄에 있어서의 타인의 점유와 관련하여 본권을 갖지 아니하는 절도범인의 점유도 여기에 해당한다.
> ㉢ 물건에 대한 점유를 수반하지 아니하는 채권의 목적이 된 자기물건은 권리행사방해죄의 구성요건 중 타인의 권리에 포함되지 아니한다.
> ㉣ 채무자와 제3채무자 사이에 채무자의 장래청구권이 충분하게 표시되었거나 결정된 법률관계가 존재한다면 동산·부동산뿐만 아니라 장래의 권리라도 강제집행면탈죄의 객체에 해당한다.
> ㉤ 강제집행면탈죄는 강제집행을 당할 구체적인 위험이 있는 상태에서 재산을 은닉, 손괴, 허위양도 또는 허위의 채무를 부담하면 바로 성립하는 것이고, 반드시 채권자를 해하는 결과가 야기되거나 이로 인하여 행위자가 어떤 이득을 취하여야 범죄가 성립하는 것은 아니다.

① ㉠㉡㉢   ② ㉠㉡㉤   ③ ㉠㉢㉣   ④ ㉡㉣㉤

해설

㉠ (×) 물건의 소유자가 아닌 사람은 형법 제33조 본문에 따라 소유자의 권리행사방해 범행에 가담한 경우에 한하여 그의 공범이 될 수 있을 뿐이다(대판 2017.5.30, 2017도4578).
㉡ (×) 권리행사방해죄에 있어서의 타인의 점유에는 본권을 갖지 아니하는 절도범의 점유는 여기에 포함되지 않는다(대판 1994.11.11, 94도343).
㉢ (×) 권리행사방해죄의 구성요건 중 타인의 '권리'에 점유를 수반하지 아니하는 채권도 포함된다(대판 1991.4.26, 90도1958).
㉣ (○) 대판 2011.7.28, 2011도6115
㉤ (○) 대판 2012.6.28, 2012도3999

정답 ①

04 권리행사를 방해하는 죄에 관한 설명 중 옳지 않은 것은 모두 몇 개인가? (다툼이 있는 경우 판례에 의함)

24 법행

> ㉠ 피고인들이 공모하여 렌트카 회사인 甲 주식회사를 설립한 다음 乙 주식회사 등의 명의로 저당권등록이 되어 있는 다수의 차량들을 사들여 甲 회사 소유의 영업용 차량으로 등록한 후 자동차대여사업자등록 취소처분을 받아 차량등록을 직권말소시켜 저당권 등이 소멸되게 하였다는 사정만으로는 위 각 차량을 은닉하였다고 단정할 수 없으므로 위 각 차량에 대한 권리행사방해가 성립하지 않는다.
> ㉡ 배우자 명의로 부동산에 관한 물권을 등기한 경우 만일 명의신탁자가 조세포탈, 강제집행의 면탈 또는 법령상 제한의 회피를 목적으로 명의신탁을 함으로써 명의신탁이 무효로 되는 경우에는 말할 것도 없고, 그러한 목적이 없어서 유효한 명의신탁이 되는 경우에도 제3자인 부동산의 임차인에 대한 관계에서는 명의신탁자는 소유자가 될 수 없으므로, 어느 모로 보나 신탁한 부동산이 권리행사방해죄에서 말하는 '자기의 물건'이라고 할 수 없다.
> ㉢ 국세징수법에 의한 체납처분을 면탈할 목적으로 재산을 은닉하는 등의 행위는 형법 제327조에서 정한 강제집행면탈죄의 규율 대상에 포함되지 않는다.
> ㉣ 민사집행법 제3편의 적용 대상인 '담보권 실행 등을 위한 경매'를 면탈할 목적으로 재산을 은닉하는 등의 행위는 형법 제327조에서 정한 강제집행면탈죄의 규율 대상에 포함되지 않는다.
> ㉤ 압류금지채권의 목적물을 수령하는 데 사용하던 기존 예금계좌가 채권자에 의해 압류된 채무자가 압류되지 않은 다른 예금계좌를 통하여 그 목적물을 수령하더라도 강제집행이 임박한 채권자의 권리를 침해할 위험이 있는 행위라고 볼 수 없으므로 강제집행면탈죄가 성립하지 않는다.

① 없음 ② 1개 ③ 2개 ④ 3개

해설

> ㉠ (×) 피고인들이 공모하여 렌트카 회사인 甲 주식회사를 설립한 다음 乙 주식회사 등의 명의로 저당권등록이 되어 있는 다수의 차량들을 사들여 甲 회사 소유의 영업용 차량으로 등록한 후 자동차대여사업자등록 취소처분을 받아 차량등록을 직권말소시켜 저당권 등이 소멸되게 함으로써 B회사 등의 저당권의 목적인 차량들을 은닉한 경우, **권리행사방해죄가 성립한다** (대판 2017.5.17, 2017도2230)
> ㉡ (○) 대판 2005.9.9, 2005도626
> ㉢ (○) 대판 2012.4.26, 2010도5693
> ㉣ (○) 대판 2015.3.26, 2014도14909
> ㉤ (○) 대판 2017.8.18, 2017도6229

정답 ②

05 권리행사를 방해하는 죄에 대한 설명 중 가장 적절한 것은? (다툼이 있는 경우 판례에 의함)

23 경찰승진

① 권리행사방해죄에서 '은닉'이란 타인의 점유 또는 권리의 목적이 된 자기 물건 등의 소재를 발견하기 불가능하게 하거나 또는 현저히 곤란한 상태에 두는 것을 말하고, 그로 인하여 현실적으로 권리행사가 방해되었을 것을 요한다.

② 피고인이 피해자에게 담보로 제공한 차량이 그 자동차등록원부에 타인 명의로 등록되어 있는 경우 피고인이 피해자의 승낙 없이 미리 소지하고 있던 위 차량의 보조키를 이용해서 운전하여 간 행위는 권리행사방해죄를 구성하지 않는다.

③ 물건의 소유자가 아닌 甲이 소유자 乙의 권리행사방해 범행에 가담한 경우 乙에게 고의가 없어 범죄가 성립하지 않더라도 甲은 권리행사방해죄의 공범으로 처벌될 수 있다.

④ 채권자들이 피고인을 상대로 법적 절차를 취하기 위한 준비를 하고 있지 않았으나 피고인이 어음의 지급기일 도래 전에 강제집행을 면탈하기 위해 자신의 형에게 허위채무를 부담하고 가등기를 해주었다면 강제집행면탈죄가 성립한다.

해설

① (×) 권리행사방해죄에 있어 '은닉'이란 타인의 점유 또는 권리의 목적이 된 자기 물건 등의 소재를 발견하기 불가능하게 하거나 또는 현저히 곤란한 상태에 두는 것을 말하고, 그로 인하여 권리행사가 방해될 우려가 있는 상태에 이르면 권리행사방해죄가 성립하고 **현실로 권리행사가 방해되었을 것까지 필요로 하는 것은 아니다**(대판 2021.1.14, 2020도14735)

② (○) 대판 2005.11.10, 2005도6604

③ (×) 권리행사방해죄의 공범으로 기소된 물건의 소유자에게 고의가 없는 등으로 범죄가 성립하지 않는다면 공동정범이 성립할 여지가 없다(대판 2017.5.30, 2017도4578)

④ (×) [1] 강제집행면탈죄가 성립되려면 행위자의 주관적인 강제집행을 면탈하려는 의도가 객관적으로 강제집행을 당할 급박한 상태하에서 나타나야 한다.
[2] 채권자들이 피고인을 상대로 법적 절차를 취하기 위한 준비를 하고 있지 않았으나 피고인이 어음의 지급기일 도래 전에 강제집행을 면탈하기 위해 자신의 형에게 허위채무를 부담하고 가등기를 해주었다면 **강제집행면탈죄가 성립하지 않는다**(대판 1979.9.11, 79도436)

정답 ②

06 강제집행면탈죄에 관한 설명 중 가장 옳지 않은 것은? (다툼이 있는 경우 판례에 의함)

23 법행

① 甲이 A와 공모하여, A의 B에 대한 채무를 면탈하기 위하여 A 소유의 부동산에 대하여 甲 앞으로 근저당권설정등기를 하였다고 하더라도, A의 B에 대한 채무가 존재하지 아니한다는 판결이 확정된 경우에는 강제집행면탈죄가 성립하지 않는다.
② 허위양도한 부동산의 시가액보다 그 부동산에 의하여 담보된 채무액이 더 많은 경우에도 강제집행면탈죄가 성립할 수 있다.
③ '보전처분 단계에서의 가압류채권자의 지위' 자체는 원칙적으로 민사집행법상 강제집행 또는 보전처분의 대상이 될 수 없어 강제집행면탈죄의 객체에 해당한다고 볼 수 없다.
④ 甲이 타인에게 채무를 부담하고 있는 양 가장하는 방편으로 甲 소유의 부동산들에 관하여 소유권이전청구권보전을 위한 가등기를 경료하여 준 경우, 그와 같이 가등기를 경료한 사실만으로도 甲이 강제집행을 면탈할 목적으로 허위채무를 부담하여 채권자를 해한 것이라고 할 수 있다.
⑤ 진의에 의하여 재산을 양도하였다면 설령 그것이 강제집행을 면탈할 목적으로 이루어진 것으로서 채권자의 불이익을 초래하는 결과가 되었다고 하더라도 강제집행면탈죄의 허위양도 또는 은닉에는 해당하지 아니한다.

해설

① (○) 대판 1988.4.12, 88도48
② (○) 대판 1999.2.12, 98도2474
③ (○) 대판 2008.9.11, 2006도8721
④ (×) 피고인이 타인에게 채무를 부담하고 있는 양 가장하는 방편으로 피고인 소유의 부동산들에 관하여 소유권이전청구권보전을 위한 가등기를 경료하여 주었다 하더라도 그와 같은 가등기는 원래 순위보전의 효력밖에 없는 것이므로 그와 같이 각 가등기를 경료한 사실만으로는 피고인이 강제집행을 면탈할 목적으로 허위채무를 부담하여 채권자를 해한 것이라고 할 수 없다(대판 1987.8.18, 87도1260)
⑤ (○) 대판 1998.9.8, 98도1949

정답 ④

07 강제집행면탈죄에 관한 설명 중 가장 옳은 것은? (다툼이 있는 경우 판례에 의함) 23 법원9급

① 강제집행의 기본이 되는 채권자의 권리, 즉 채권의 존재는 강제집행면탈죄의 성립요건으로서 채권의 존재가 인정되지 않을 때에는 강제집행면탈죄는 성립하지 않는다.
② 형법 제327조에 규정된 강제집행면탈죄에 있어서의 재산의 '은닉'이라 함은 강제집행을 실시하는 자에 대하여 재산의 발견을 불능 또는 곤란케 하는 것을 말하는 것으로서, 재산의 소재를 불명케 하는 경우를 의미하고, 재산의 소유관계를 불명하게 하는 경우는 이에 포함되지 않는다.
③ 형법 제327조의 강제집행면탈죄는 채권자를 해하는 결과가 야기되거나 행위자가 이득을 취하여야 성립하는 것이고, 채권자를 해할 위험의 발생만으로는 성립하지 않는다.
④ 계약명의신탁의 방식으로 명의수탁자가 당사자가 되어 소유자와 부동산에 관한 매매계약을 체결하고 그 명의로 소유권이전등기를 마친 경우, 명의신탁자가 그 매매계약에 의하여 당해 부동산의 소유권을 취득하지 못하게 된다고 하더라도, 그 부동산은 실질적으로 명의신탁자의 재산이므로 명의신탁자에 대한 강제집행이나 보전처분의 대상이 될 수 있어 강제집행면탈죄의 객체가 될 수 있다.

해설

① (○) 대판 2012.8.30, 2011도2252
② (×) 형법 제327조에 규정된 강제집행면탈죄에서 재산의 '은닉'이란 강제집행을 실시하는 자에 대하여 재산의 발견을 불능 또는 곤란케 하는 것을 말하는 것으로서, **재산의 소재를 불명케 하는 경우는 물론 그 소유관계를 불명하게 하는 경우도 포함한다**(대판 2014.6.12, 2012도2732)
③ (×) 강제집행면탈죄는 **위태범**으로서 현실적으로 민사소송법에 의한 강제집행 또는 가압류·가처분의 집행을 받을 우려가 있는 객관적인 상태 아래, 즉 채권자가 본안 또는 보전소송을 제기하거나 제기할 태세를 보이고 있는 상태에서 주관적으로 강제집행을 면탈하려는 목적으로 재산을 은닉, 손괴, 허위양도하거나 허위의 채무를 부담하여 **채권자를 해할 위험이 있으면 성립하고**, 반드시 채권자를 해하는 결과가 야기되거나 행위자가 어떤 이득을 취하여야 범죄가 성립하는 것은 아니다(대판 2012.6.28, 2012도3999)
④ (×) 명의신탁자와 명의수탁자가 이른바 계약명의신탁 약정을 맺고 명의수탁자가 당사자가 되어 명의신탁 약정이 있다는 사실을 알지 못하는 소유자와 부동산에 관한 매매계약을 체결한 후 그 매매계약에 따라 당해 부동산의 소유권이전등기를 명의수탁자 명의로 마친 경우에는, **명의신탁자는 그 매매계약에 의해서는 당해 부동산의 소유권을 취득하지 못하게 되어, 결국 그 부동산은 명의신탁자에 대한 강제집행이나 보전처분의 대상이 될 수 없다**(대판 2009.5.14, 2007도2168)

정답 ①

PART
02

최신 3개년 **기출문제집**
cafe.naver. 김종욱형사법

사회적 법익에 대한 죄

01 공공의 안전과 평온에 대한 죄

제1절 공안을 해하는 죄

01 범죄단체조직죄에 대한 설명 중 가장 적절하지 않은 것은? (다툼이 있는 경우 판례에 의함)

23 경찰승진

① 사형, 무기 또는 장기 4년 이상의 징역에 해당하는 범죄를 목적으로 하는 단체 또는 집단을 조직하거나 이에 가입 또는 그 구성원으로 활동한 사람은 그 목적한 죄에 정한 형으로만 처벌하고, 그 형을 감경할 수 없다.
② 형법 제114조 소정 범죄단체조직죄는 범죄를 목적으로 하는 단체를 조직함으로써 성립하는 것이고 그 후 목적한 범죄의 실행행위를 하였는가 여부는 위 죄의 성립에 영향이 없다.
③ 형법 제114조에서 정한 '범죄를 목적으로 하는 집단'으로 인정되기 위해서는 최소한의 통솔체계를 갖출 필요는 없으나, 범죄의 계획과 실행을 용이하게 할 정도의 조직적 구조를 갖추어야 한다.
④ 사기범죄를 목적으로 구성된 다수인의 계속적인 결합체로서 총책을 중심으로 간부급 조직원들과 상담원들, 현금인출책 등으로 구성되어 내부의 위계질서가 유지되고 조직원의 역할 분담이 이루어지는 최소한의 통솔체계를 갖추고 있는 보이스피싱 사기조직은 형법상 범죄단체에 해당한다.

> **해설**
> ① (×) 사형, 무기 또는 장기 4년 이상의 징역에 해당하는 범죄를 목적으로 하는 단체 또는 집단을 조직하거나 이에 가입 또는 그 구성원으로 활동한 사람은 그 목적한 죄에 정한 형으로 처벌한다. 다만, 형을 감경할 수 있다(제114조)
> ② (○) 대판 1994.8.9, 94도1318
> ③ (○) 대판 2020.8.20, 2019도16263
> ④ (○) 대판 2017.10.26, 2017도8600

정답 ①

제2절 폭발물에 관한 죄

※ 기출문제 없음

제3절 방화와 실화의 죄

01 다음 설명 중 옳지 않은 것은? (다툼이 있는 경우 판례에 의함) 22 경간

① 형법 제114조(범죄단체 등의 조직)에서 정한 '범죄를 목적으로 하는 집단'이란 특정 다수인이 일정한 범죄를 수행한다는 공동목적 아래 구성한 계속적인 결합체로서 그것을 주도하거나 내부의 질서를 유지하는 최소한의 통솔체계를 갖춘 것을 의미한다.

② 노상에서 전봇대 주변에 놓인 재활용품과 쓰레기 등 무주물에 불을 놓아 태워버린 경우 그 무주물은 형법 제167조 제2항에 정한 '자기 소유의 물건'에 준하는 것으로 보아야 하므로 자기소유일반물건방화죄가 성립한다.

③ 현주건조물방화죄의 주된 보호법익은 공공의 안전이고, 부차적인 보호법익은 개인의 재산권이다.

④ 甲이 국가정보원 직원임을 사칭하면서 위임받은 채권추심을 한 경우 형법상 공무원자격사칭죄가 성립하지 아니한다.

해설

① (×) 범죄단체조직죄 소정의 '범죄를 목적으로 하는 집단'이란 특정 다수인이 사형, 무기 또는 장기 4년 이상의 범죄를 수행한다는 공동목적 아래 구성원들이 정해진 역할분담에 따라 행동함으로써 범죄를 반복적으로 실행할 수 있는 조직체계를 갖춘 계속적인 결합체를 의미한다. **범죄단체에서 요구되는 최소한의 통솔체계를 갖출 필요는 없지만** 범죄의 계획과 실행을 용이하게 할 정도의 조직적 구조를 갖추어야 한다(대판 2020.8.20, 2019도16263)

② (○) 대판 2009.10.15, 2009도7421

③ (○) 대판 2009.10.15, 2009도7421

④ (○) 대판 1981.9.8, 81도1955

정답 ①

02 방화죄에 관한 설명으로 가장 적절하지 않은 것은? (다툼이 있는 경우 판례에 의함) 24 경찰승진

① 방화의 의사로 뿌린 휘발유가 사람이 현존하는 주택 주변과 피해자의 몸에 적지 않게 살포되어 있는 사정을 알면서도 라이터를 켜 불꽃을 일으킴으로써 피해자의 몸에 불이 붙은 경우, 비록 불이 방화 목적물인 주택 자체에 옮겨붙지는 아니하였다 하더라도 현존건조물방화죄의 실행의 착수가 인정된다.

② 피해자의 방 안에 옷가지 등을 모아놓고 불을 붙인 천조각을 던져서 그 불길이 방안을 태우면서 천정까지 옮겨 붙었다면 도중에 진화되었다고 하더라도 현주건조물방화죄의 기수가 성립한다.

③ 甲이 주택에 불을 놓고, 그 곳에서 빠져나오려는 A를 막아 소사케 한 경우, 甲에게 현주건조물방화죄와 살인죄가 성립하고 양 죄는 실체적 경합관계에 있다.

④ 지붕과 문짝, 창문이 없고 담장과 일부 벽체가 붕괴된 철거 대상 건물로서 사실상 기거·취침에 사용할 수 없는 상태인 폐가의 외부에 쓰레기를 모아놓고 태워 그 불길로 폐가의 벽을 일부 그을리게 한 정도인 경우, 타인소유 일반건조물방화죄 미수가 성립한다.

> **해설**
>
> ① (○) 대판 2002.3.26, 2001도6641
> ② (○) 대판 2007.3.16, 2006도9164
> ③ (○) 대판 1983.1.18, 82도2341
> ④ (×) 피고인이 이 사건 폐가의 내부와 외부에 쓰레기를 모아놓고 태워 그 불길이 이 사건 폐가 주변 수목 4~5그루를 태우고 폐가의 벽을 일부 그을리게 하는 정도만으로는 방화죄의 기수에 이르렀다고 보기 어려우며, 일반물건방화죄에 관하여는 미수범의 처벌 규정이 없으므로 무죄에 해당한다(대판 2013.12.12, 2013도3950)

정답 ④

03 방화죄에 관한 설명으로 가장 적절한 것은? (다툼이 있는 경우 판례에 의함) 24 경찰채용

① 甲이 지붕과 문짝, 창문이 없고 담장과 일부 벽체가 붕괴된 철거 대상 건물로서 사실상 기거·취침에 사용할 수 없는 폐가의 내부와 외부에 쓰레기를 모아놓고 태워 그 불길이 폐가 주변 수목 4~5그루를 태우고 폐가의 벽을 일부 그을리게 한 경우, 甲은 일반물건방화죄의 미수범으로 처벌된다.

② 甲이 A의 집에 불을 놓은 후 불이 붙은 집에서 탈출하려는 A를 막아 탈출하지 못하게 함으로써 A가 결국 불에 타 사망한 경우, 甲에게는 현주건조물방화죄와 살인죄의 상상적 경합범이 성립한다.

③ 노상에서 전봇대 주변에 놓인 쓰레기에 불을 놓아 태움으로써 공공의 위험을 발생케 한 경우 자기소유 일반물건방화죄가 성립한다.

④ 형법 제167조의 일반물건방화죄는 형법 제166조의 일반건조물등방화죄에 대한 관계에서 법조경합 중 특별관계에 있으므로, 형법 제166조의 일반건조물등방화죄가 성립하는 경우에는 형법 제167조의 일반물건방화죄는 성립하지 않는다.

> **해설**
>
> ① (×) 피고인이 이 사건 폐가의 내부와 외부에 쓰레기를 모아놓고 태워 그 불길이 이 사건 폐가 주변 수목 4~5그루를 태우고 폐가의 벽을 일부 그을리게 하는 정도만으로는 방화죄의 기수에 이르렀다고 보기 어려우며, 일반물건방화죄에 관하여는 미수범의 처벌 규정이 없으므로 무죄에 해당한다(대판 2013.12.12, 2013도3950).
>
> ② (×) 현주건조물에 방화후 탈출하려는 피해자들을 가로막아 소사케 한 경우에는 현주건조물방화죄와 살인죄의 실체적 경합범이 성립한다(대판 1983.1.18, 82도2341).
>
> ③ (○) 대판 2009.10.15, 2009도7421
>
> ④ (×) 형법 제167조의 일반물건방화죄는 형법 제166조의 일반건조물등방화죄에 대한 관계에서 법조경합 중 보충관계에 있으므로 형법 제166조의 일반건조물등방화죄가 성립하는 경우에는 형법 제167조의 일반물건방화죄는 성립하지 않는다.

정답 ③

04 방화의 죄에 관한 설명으로 가장 적절하지 않은 것은? (다툼이 있는 경우 판례에 의함)

23 경간

① 형법상 방화죄의 객체인 '건조물'은 토지에 정착되고 벽 또는 기둥과 지붕 또는 천장으로 구성되어 사람이 내부에 기거하거나 출입할 수 있는 공작물을 말하고, 반드시 사람의 주거용이어야 하는 것은 아니라도 사람이 사실상 기거·취침에 사용할 수 있는 정도는 되어야 한다.

② 모텔에 투숙한 甲은 담배를 피운 후 담뱃불이 완전히 꺼졌는지 여부를 확인하지 않고 잠이든 사이 담뱃불이 휴지와 침대시트에 옮겨 붙어 화재가 발생하였고, 그 사실을 알면서 甲이 모텔을 빠져나오면서도 모텔 주인이나 다른 투숙객들에게 이를 알리지 않은 甲의 행위는 부작위에 의한 현주건조물방화치사상죄에 해당한다.

③ 甲은 A의 재물을 강취한 후 그를 살해할 목적으로 현주건조물에 방화하여 사망케 한 경우, 甲의 행위는 강도살인죄와 현주건조물방화치사죄에 모두에 해당하고 그 두 죄는 상상적 경합범관계에 있다.

④ 공무집행을 방해하는 집단행위 과정에서 일부 집단원인 甲이 고의로 방화행위를 하여 사상의 결과를 초래한 경우, 방화행위 자체에 공모가담한 바 없고, 그 결과 발생 또한 예견할 수 없었던 乙을 방화치상죄로 처벌할 수 없다.

> **해설**
>
> ① (○) 대판 2013.12.12, 2013도3950
> ② (×) 위 화재가 중대한 과실 있는 선행행위로 발생한 이상 화재를 소화할 법률상 의무는 있다 할 것이나, 화재 발생 사실을 안 상태에서 모텔을 빠져나오면서도 모텔 주인이나 다른 투숙객들에게 이를 알리지 아니하였다는 사정만으로는 화재를 용이하게 소화할 수 있었다고 보기 어렵다는 이유로, 부작위에 의한 현주건조물방화치사상죄가 성립하지 않는다(대판 2010.1.14, 2009도12109)
> ③ (○) 대판 1998.12.8, 98도3416
> ④ (○) 대판 1990.6.26, 90도765

정답 ②

05 방화의 죄에 관한 설명 중 가장 적절한 것은? (다툼이 있는 경우 판례에 의함)   23 경찰채용

① 공용건조물방화죄를 범할 목적으로 예비 음모한 후 목적한 죄의 실행에 이른 후에 수사기관에 자수한 경우 형을 감경하거나 면제할 수 있다.
② 주거로 사용하지 않고 사람이 현존하지도 않는 타인 소유의 자동차를 불태웠으나 공공의 위험이 발생하지 않았다면 방화죄를 구성하지 않는다.
③ 甲이 A의 재물을 강취한 후 A를 살해할 의사로 현주건조물에 방화하여 A가 사망한 경우, 甲의 행위는 강도살인죄와 현주건조물방화치사죄에 모두 해당하고 그 두 죄는 실체적 경합범 관계에 있다.
④ 甲이 A를 살해할 의사로 A가 혼자 있는 건조물에 방화하였으나 A가 사망하지 않은 경우 현존건조물방화치사미수죄를 구성한다.

> **해설**
> ① (○) 형법 제52조 제1항 공용건조물방화죄의 실행에 이르렀으므로 형법 각칙상 자수특례규정(제175조)이 아닌 총칙상의 자수(제51조 제1항)를 적용하여 형을 감경하거나 면제할 수 있다.
> ② (×) 주거로 사용하지 않고 사람이 현존하지도 않는 타인 소유의 자동차를 불태웠다면 공공의 위험이 발생하지 않았더라도 일반자동차방화죄가 성립한다(제166조 제1항 참고)
> ③ (×) 피해자의 재물을 강취한 직후 피해자를 살해할 목적으로 현주건조물에 방화하여 사망에 이르게 한 경우에는 강도살인죄와 현주건조물방화치사죄가 모두 성립하고 두 죄는 상상적 경합의 관계에 있다(대판 1998.12.8. 98도3416)
> ④ (×) 현주건조물방화치사죄는 미수범 처벌규정이 없다. 현주건조물방화죄와 살인미수죄가 된다.

정답 ①

제4절 일수와 수리에 관한 죄

※ 기출문제 없음

제5절 교통방해의 죄

01 교통방해의 죄에 대한 설명으로 옳지 않은 것은? (다툼이 있는 경우 판례에 의함) 23 검찰9급

① 일반교통방해죄는 추상적 위험범으로서 교통이 불가능하거나 또는 현저히 곤란한 상태가 발생하면 바로 기수가 되고 교통방해의 결과가 현실적으로 발생하여야 하는 것은 아니다.
② 집회 또는 시위가 신고된 내용과 다소 다르게 행해졌으나 신고된 범위를 현저히 일탈하지 않는 경우, 그로 인하여 도로의 교통이 방해를 받았다고 하더라도 특별한 사정이 없는 한 일반교통방해죄가 성립하지 않는다.
③ 일반교통방해죄는 즉시범이므로 일단 동 죄의 기수에 이르렀다면 기수 이후 그러한 교통방해의 위법상태가 제거되기 전에 교통방해행위에 가담한 자는 일반교통방해죄의 공동정범이 될 수 없다.
④ 업무상과실로 인하여 교량을 손괴하여 자동차의 교통을 방해하고 그 결과 자동차를 추락시킨 경우, 업무상과실일반교통방해죄와 업무상과실자동차추락죄가 각각 성립하고 양 죄는 상상적 경합관계에 있다.

> **해설**
>
> ① (○) 대판 2007.12.14, 2006도4662
> ② (○) 대판 2008.11.13, 2006도755
> ③ (×) 일반교통방해죄에서 교통방해 행위는 계속범의 성질을 가지는 것이어서 교통방해의 상태가 계속되는 한 위법상태는 계속 존재한다. 따라서 교통방해를 유발한 집회에 참가한 경우 참가 당시 이미 다른 참가자들에 의해 교통의 흐름이 차단된 상태였다고 하더라도 교통방해를 유발한 다른 참가자들과 암묵적·순차적으로 공모하여 교통방해의 위법상태를 지속시켰다고 평가할 수 있다면 일반교통방해죄(공동정범)가 성립한다(대판 2018.5.11, 2017도9146)
> ④ (○) 대판 1997.11.28, 97도1740

정답 ③

02 교통방해죄에 관한 설명 중 가장 옳지 않은 것은? (다툼이 있는 경우 판례에 의함)   22 법행

① 신고 범위를 현저히 벗어나거나 집회 및 시위에 관한 법률 제12조에 따른 조건을 중대하게 위반함으로써 교통방해를 유발한 집회에 참가한 경우 참가 당시 이미 다른 참가자들에 의해 교통의 흐름이 차단된 상태였다고 하더라도 교통방해를 유발한 다른 참가자들과 암묵적·순차적으로 공모하여 교통방해의 위법상태를 지속시켰다고 평가할 수 있다면 일반교통방해죄가 성립한다.
② 형법 제187조에서 정한 '파괴'란 교통기관으로서의 기능·용법의 전부나 일부를 불가능하게 할 정도의 파손에 이르지 아니하는 단순한 손괴도 포함된다.
③ 일반교통방해죄는 이른바 추상적 위험범으로서 교통이 불가능하거나 또는 현저히 곤란한 상태가 발생하면 바로 기수가 되고 교통방해의 결과가 현실적으로 발생하여야 하는 것은 아니다.
④ 공로에 출입할 수 있는 다른 도로가 있는 상태에서 토지 소유자로부터 일시적인 사용승낙을 받아 통행하거나 토지 소유자가 개인적으로 사용하면서 부수적으로 타인의 통행을 묵인한 장소에 불과한 도로는 형법 제185조에서 말하는 육로에 해당하지 않는다.
⑤ 교통방해 행위가 피해자의 사상이라는 결과를 발생하게 한 유일하거나 직접적인 원인이 된 경우만이 아니라 그 행위와 결과 사이에 피해자나 제3자의 과실 등 다른 사실이 개재된 때에도 그와 같은 사실이 통상 예견될 수 있는 것이라면 상당인과관계를 인정할 수 있다.

> **해설**
>
> ① (O) 대판 2018.2.28, 2017도16846
> ② (×) 형법 제187조에서 정한 '파괴'란 전복, 매몰, 추락 등과 같은 수준으로 인정할 수 있을 만큼 교통기관으로서의 기능·용법의 전부나 일부를 불가능하게 할 정도의 파손을 의미하고 그 정도에 이르지 아니하는 단순한 손괴는 포함되지 않는다(대판 2009.4.23, 2008도11921)
> ③ (O) 대판 2019.4.23, 2017도1056
> ④ (O) 대판 2017.4.7, 2016도12563
> ⑤ (O) 대판 2014.7.24, 2014도6206

정답 ②

03 다음 중 옳지 않은 것을 모두 고른 것은? (다툼이 있는 경우 판례에 의함) 22 해경간부

> ㉠ 목장 소유자가 목장운영을 위해 목장용지 내에 임도를 개설하고 차량 출입을 통제하면서 인근 주민들의 일부 통행을 부수적으로 묵인한 경우 위 임도는 공공성을 지닌 장소로 일반교통방해죄의 '육로'에 해당한다.
> ㉡ 농촌주택에서 배출되는 생활하수의 배수관(소형 PVC관)을 토사로 막아 하수가 내려가지 못하게 한 경우 수리방해죄에 해당하지 아니한다.
> ㉢ 도선사가 강제도선 구역 내에서 조기 하선함에 따라 적기에 충돌회피동작을 취하지 못하여 선박충돌사고가 일어난 경우 도선사에게 업무상과실선박파괴죄가 성립한다.
> ㉣ 형법에는 업무상 과실 또는 중대한 과실로 인하여 과실일수죄를 범한 자를 가중하여 처벌하는 규정이 있다.

① ㉠㉡   ② ㉠㉣   ③ ㉡㉢   ④ ㉢㉣

해설

> ㉠ (×) 목장 소유자가 목장운영을 위해 목장용지 내에 임도(林道)를 개설하고 차량 출입을 통제하면서 인근 주민들의 일부 통행을 부수적으로 묵인한 경우, 위 임도는 공공성을 지닌 장소가 아니어서 '육로'에 해당하지 않는다(대판 2007.10.11, 2005도7573)
> ㉡ (○) 대판 2001.6.26, 2001도404
> ㉢ (○) 대판 2007.9.21, 2006도6949
> ㉣ (×) 형법은 과실일수죄만 규정하고 있고, 업무상 과실이나 중대한 과실로 인하여 과실일수죄를 범한 자에 대한 가중처벌 규정을 두고 있지 않다.

정답 ②

02 공공의 신용에 대한 죄

제1절 통화에 관한 죄

01 공공신용에 관한 죄에 대한 설명 중 가장 적절하지 않은 것은? (다툼이 있는 경우 판례에 의함)
23 경찰승진

① 통화의 변조는 권한 없이 진정한 통화에 가공하여 그 진실한 가치를 변경시키는 행위를 말하며, 진정한 통화를 그 재료로 삼는다.
② 자신의 신용력을 증명하기 위하여 타인에게 보일 목적으로 통화를 위조한 경우에는 행사할 목적을 인정할 수 없다.
③ 유가증권이란 증권상에 표시된 재산상의 권리의 행사와 처분에 그 증권의 점유를 필요로 하는 것을 총칭하고, 반드시 유통성을 가져야 한다.
④ 위조유가증권의 교부자와 피교부자가 서로 유가증권위조를 공모한 경우 그들 간의 위조유가증권교부행위는 위조유가증권행사죄에 해당하지 않는다.

> **해설**
>
> ① (○) 대판 2004.3.26, 2003도5640
> ② (○) 대판 2012.3.29, 2011도7704
> ③ (×) 유가증권은 재산권이 증권에 화체된다는 것과 그 권리의 행사와 처분에 증권의 점유를 필요로 한다는 두 가지 요소를 갖추면 족하지 반드시 유통성을 가질 필요는 없다(대판 2001.8.24, 2001도2832).
> ④ (○) 대판 2010.12.9, 2010도12553

정답 ③

제2절 유가증권·인지와 우표에 관한 죄

01 통화 및 유가증권의 죄에 관한 설명 중 가장 적절한 것은? (다툼이 있는 경우 판례에 의함)

23 경찰채용

① 위조통화를 행사하여 재물을 취득한 경우 위조통화행사죄와 사기죄가 성립하고 양죄는 상상적 경합관계에 있다.
② 위조유가증권행사죄에 있어서의 유가증권에는 원본뿐만 아니라 사본도 포함된다.
③ 통화위조죄에서의 '행사할 목적'이란 위조한 통화를 진정한 통화로서 유통에 놓겠다는 목적을 말하므로, 자신의 신용력을 증명하기 위하여 타인에게 보일 목적으로 통화를 위조한 경우에는 행사할 목적이 있다고 할 수 없다.
④ 유가증권의 내용 중 권한 없는 자에 의하여 이미 변조된 부분을 다시 권한 없이 변경한 경우 유가증권변조죄를 구성한다.

> **해설**
>
> ① (×) 실체적 경합관계에 있다(대판 1979.7.10, 79도840)
> ② (×) 위조유가증권행사죄에 있어서의 유가증권이라 함은 위조된 유가증권의 원본을 말하는 것이지 전자복사기 등을 사용하여 기계적으로 복사한 사본은 이에 해당하지 않는다(대판 1998.2.13, 97도2922) ※ 유가증권의 복사본은 위조유가증권행사죄에서의 유가증권이 아니므로 위조유가증권을 복사한 사본을 법원에 제출한 행위는 유가증권위조죄만 구성하고, 위조유가증권행사죄는 성립하지 않는다.
> ③ (○) 대판 2012.3.29, 2011도7704
> ④ (×) 유가증권변조죄에서 '변조'는 진정하게 성립된 유가증권의 내용에 권한 없는 자가 유가증권의 동일성을 해하지 않는 한도에서 변경을 가하는 것을 의미하고, 이와 같이 권한 없는 자에 의해 변조된 부분은 진정하게 성립된 부분이라 할 수 없다. 따라서 유가증권의 내용 중 권한 없는 자에 의하여 이미 변조된 부분을 다시 권한 없이 변경하였다고 하더라도 유가증권변조죄는 성립하지 않는다(대판 2012.9.27, 2010도15206)

정답 ③

02 유가증권, 우표와 인지에 관한 죄에 관한 설명 중 옳지 않은 것은 모두 몇 개인가? (다툼이 있는 경우 판례에 의함)

24 법행

> ㉠ 유가증권변조죄에서 '변조'는 진정하게 성립된 유가증권의 내용에 권한 없는 자가 유가증권의 동일성을 해하지 않는 한도에서 변경을 가하는 것을 의미하므로, 유가증권의 내용 중 권한 없는 자에 의하여 이미 변조된 부분을 다시 권한 없이 변경하였다고 하더라도 유가증권변조죄는 성립하지 않는다.
> ㉡ 자기앞수표의 발행인이 수표의뢰인으로부터 수표자금을 입금받지 아니한 채 자기앞수표를 발행하더라도 그 수표의 효력에는 아무런 영향이 없으므로 허위유가증권작성죄가 성립하지 아니한다.
> ㉢ 주식회사 대표이사로 재직하던 피고인이 대표이사가 타인으로 변경되었음에도 불구하고 이전부터 사용하여 오던 피고인 명의로 된 위 회사 대표이사의 명판을 이용하여 여전히 피고인을 위 회사의 대표이사로 표시하여 약속어음을 발행, 행사한 경우, 만일 약속어음을 작성, 행사함에 있어 후임 대표이사의 승낙을 얻었다거나 위 회사의 실질적인 대표이사로서의 권한을 행사하는 피고인이 은행과의 당좌계약을 변경하는 데에 시일이 걸려 잠정적으로 전임 대표이사인 그의 명판을 사용한 것이라는 사정이 인정된다면 자격모용유가증권작성 및 동행사죄는 성립하지 않는다.
> ㉣ 위조우표취득죄 및 위조우표행사죄에 관한 형법 제219조 및 제218조 제2항 소정의 "행사"라 함은 위조된 대한민국 또는 외국의 우표를 진정한 우표로서 사용하는 것으로 반드시 우편요금의 납부용으로 사용하는 것에 한정되지 않고 우표수집의 대상으로서 매매하는 경우도 이에 해당된다.

① 없음 ② 1개 ③ 2개 ④ 3개

해설

㉠ (○) 대판 2012. 9. 27, 2010도15206
㉡ (○) 대판 2005. 10. 27, 2005도4528
㉢ (×) 자격모용유가증권작성 및 동행사죄에 해당한다(대판 1991. 2. 26, 90도577)
㉣ (○) 대판 1989. 4. 11, 88도1105

정답 ②

03 다음 중 甲에게 괄호 안의 범죄가 성립되지 않는 경우는 모두 몇 개인가? (다툼이 있는 경우 판례에 의함)

24 경찰채용

> ㉠ 甲이 인터넷을 통해 등기사항전부증명서를 열람·출력한 후, 행사할 목적으로 그 증명서 하단의 열람 일시 부분을 수정 테이프로 지우고 복사해 둔 경우 (공문서변조죄)
> ㉡ 甲과 乙은 乙이 甲으로부터 1,000만 원을 차용하는 것처럼 가장하여 乙의 연인 A로 하여금 이를 변제하도록 협박하기로 공모한 후, A를 보증인으로 하는 차용증을 작성하는 자리에서 甲이 위조된 100만 원권 자기앞수표 10장이 들어 있는 봉투를 乙에게 교부하면서 그 자기앞수표 자체를 봉투에서 꺼내거나 그 자기앞수표의 위조 사실을 모르는 A에게 보여주지 않은 경우 (위조유가증권행사죄)
> ㉢ 甲이 1995년에 미국에서 진정하게 발행된 미화 1달러권 지폐와 2달러권 지폐를 화폐수집가들이 수집하는 희귀화폐인 것처럼 만들어 행사할 목적으로 발행연도 '1995'를 빨간색으로 '1928'로 고치고, 발행번호와 미국 재무부를 상징하는 문양 및 재무부장관의 사인 부분을 지운 후 빨간색으로 다시 가공한 경우 (외국통용외국통화변조죄)
> ㉣ 甲은 A종중의 적법한 대표자가 아님에도 A종중 소유의 토지가 소유권보존등기가 되어 있지 않은 점을 이용하여, 자신이 A종중의 대표자인 것처럼 종중규약과 회의록을 허위로 작성한 후 이를 근거로 그 토지에 대하여 A종중을 소유자로, 甲을 A종중의 대표자로 소유권보존등기를 경료하여, 부동산등기부상 자신을 A종중의 대표자로 등재되도록 한 경우 (공정증서원본부실기재죄)

① 1개   ② 2개   ③ 3개   ④ 4개

> **해설**
>
> ㉠ (성립 ○) 피고인이 인터넷을 통하여 열람·출력한 등기사항전부증명서 하단의 열람 일시 부분을 수정테이프로 지우고 복사해 두었다가 이를 타인에게 교부한 경우, 공문서변조죄 및 변조공문서행사죄가 성립한다(대판 2021.2.25, 2018도19043).
> ㉡ (성립 ×) 위조유가증권의 교부자와 피교부자가 서로 유가증권위조를 공모하였거나 위조유가증권을 타에 행사하여 그 이익을 나누어 가질 것을 공모한 공범의 관계에 있다면, 그들 사이의 위조유가증권 교부행위는 그들 이외의 자에게 행사함으로써 범죄를 실현하기 위한 전단계의 행위에 불과한 것으로서 위조유가증권은 아직 범인들의 수중에 있다고 볼 것이지 행사되었다고 볼 수는 없다(대판 2010.12.9, 2010도12553).
> ㉢ (성립 ×) 통화변조죄에 해당하지 않는다(대판 2004.3.26, 2003도5640).
> ㉣ (성립 ○) 종중 대표자의 기재는 당해 부동산의 처분권한과 관련된 중요한 부분의 기재로서 이에 대한 공공의 신용을 보호할 필요가 있으므로 이를 허위로 등재한 경우에는 공정증서원본부실기재죄의 대상이 되는 부실의 기재에 해당한다(대판 2006.1.13, 2005도4790).

정답 ②

제3절 문서에 관한 죄

01 문서에 관한 죄에 관한 설명 중 가장 옳지 않은 것은? (다툼이 있는 경우 판례에 의함)

24 법행

① 가정법원의 서기관 등이 이혼의사확인서등본을 작성한 뒤 이를 이혼의사확인신청 당사자 쌍방에게 교부하면서 이혼신고서를 확인서등본 뒤에 첨부하여 그 직인을 간인한 경우, 당사자가 이혼의사확인서등본과 간인으로 연결된 이혼신고서를 떼어내고 원래 이혼신고서의 내용과는 다른 이혼신고서를 작성하여 이혼의사확인서등본과 함께 호적관서에 제출하였다고 하더라도, 공문서인 이혼의사확인서등본을 변조하였다거나 변조된 이혼의사확인서등본을 행사하였다고 할 수 없다.
② 십지지문 지문대조표는 수사기관이 피의자의 신원을 특정하고 지문대조조회를 하기 위하여 직무상 작성하는 서류로서 자서란에 피의자로 하여금 스스로 성명 등의 인적사항을 기재하도록 하고 있는 이상 이를 사문서로 보아야 한다.
③ 허위공문서작성죄란 공문서에 진실에 반하는 기재를 하는 때에 성립하는 범죄로서, 고의로 법령을 잘못 적용하여 공문서를 작성하였다고 하더라도 그 법령적용의 전제가 된 사실관계에 대한 내용에 거짓이 없다면 허위공문서작성죄가 성립될 수 없으므로, 당사자로부터 뇌물을 받고 고의로 적용하여서는 안 될 조항을 적용하여 과세표준을 결정하고 그 과세표준에 기하여 세액을 산출하였다고 하더라도, 그 세액계산서에 허위내용의 기재가 없다면 허위공문서작성죄는 성립하지 않는다.
④ 공무원인 의사가 공무소의 명의로 허위진단서를 작성한 경우에는 허위공문서작성죄만이 성립하고 허위진단서작성죄는 별도로 성립하지 않는다.

> **해설**
>
> ① (○) 대판 2009.1.30, 2006도7777
> ② (×) 십지지문 지문대조표는 수사기관이 피의자의 신원을 특정하고 지문대조조회를 하기 위하여 직무상 작성하는 서류로서 비록 자서란에 피의자로 하여금 스스로 성명 등의 인적 사항을 기재하도록 하고 있다 하더라도 이를 사문서로 볼 수는 없다(대판 2000.8.22, 2000도2393)
> ③ (○) 대판 1996.5.14, 96도554
> ④ (○) 대판 2004.4.9, 2003도7762

정답 ②

02 문서에 관한 죄에 대한 설명으로 가장 적절하지 않은 것은? (다툼이 있는 경우 판례에 의함)

23 경찰채용

① 형법 제228조 제1항 공전자기록 등 부실기재죄의 구성요건인 '부실의 사실기재'는 당사자의 허위신고에 의하여 이루어져야 하므로, 법원의 촉탁에 의하여 등기를 마친 경우에는 그 전제 절차에 허위적 요소가 있더라도 위 죄가 성립하지 않는다.
② 작성자가 '행사할 목적'으로 타인의 자격을 모용하여 문서를 작성하였다 하더라도, 문서행사의 상대방이 자격모용 사실을 알았다거나, 작성자가 그 문서에 모용한 자격과 무관한 직인을 날인하였다는 등의 사정이 있었다면 자격모용에 의한 사문서작성죄의 범의와 행사의 목적은 인정되지 않는다.
③ 명의인을 기망하여 문서를 작성케 하는 경우에는, 서명·날인이 정당히 성립된 경우라도 기망자는 명의인을 이용하여 서명 날인자의 의사에 반하는 문서를 작성케 하는 것이므로 사문서위조죄가 성립한다.
④ 사용권한자와 용도가 특정되어 있는 공문서를 사용권한 없는 자가 사용한 경우에도 그 공문서 본래의 용도에 따른 사용이 아닌 경우에는 공문서부정행사죄가 성립하지 않는다.

> **해설**
>
> ① (O) 대판 1983.12.27, 83도2442
> ② (×) 작성자가 '행사할 목적'으로 자격을 모용하여 문서를 작성한 이상 문서행사의 상대방이 자격모용 사실을 알았다거나, 작성자가 그 문서에 모용한 자격과 무관한 직인을 날인하였다는 등의 사정이 있다고 하여 달리 볼 것은 아니다(대판 2022.6.30, 2021도17712)
> ③ (O) 대판 2006.6.13, 2000도778
> ④ (O) 대판 2003.2.26, 2002도4935

정답 ②

03 문서의 죄에 관한 설명 중 옳지 않은 것은? (다툼이 있는 경우 판례에 의함) 23 변호사시험

① 사진을 바꾸어 붙이는 방법으로 위조한, 외국 공무원이 발행한 국제운전면허증이 유효기간을 경과하여 본래의 용법에 따라 사용할 수 없더라도, 면허증 행사 시 상대방이 유효기간을 쉽게 알 수 없는 등의 사정으로 발급 권한 있는 자로부터 국제운전면허를 받은 것으로 오신하기에 충분한 정도의 형식과 외관을 갖추고 있다면, 문서위조죄의 위조문서에 해당한다.

② 변조 당시 명의인의 명시적, 묵시적 승낙이 없었다면 변조된 문서가 명의인에게 유리하여 결과적으로 그 의사에 합치한다 하더라도 사문서변조죄의 구성요건을 충족한다.

③ 사법인(私法人)이 구축한 전산망 시스템의 설치·운영 주체로부터 각자의 직무 범위에서 개개의 단위정보의 입력 권한을 부여받은 사람이 그 권한을 남용하여 허위의 정보를 입력함으로써 시스템 설치·운영 주체의 의사에 반하는 전자기록을 생성한 경우, 이는 사전자기록등위작죄에서 말하는 전자기록의 '위작'에 포함되지 않는다.

④ 권한 없이 행사할 목적으로 전세계약서 원본을 스캐너로 복사하여 컴퓨터 화면에 띄운 후 그 보증금액란을 포토숍 프로그램을 이용하여 공란으로 만든 다음 이를 프린터로 출력하여 그 공란에 볼펜으로 보증금액을 사실과 달리 기재하여 그 정을 모르는 자에게 교부하였다면, 사문서변조죄 및 변조사문서행사죄가 성립한다.

> **해설**
>
> ① (O) 대판 1998.4.10, 98도164
> ② (O) 대판 1985.1.22, 84도2422
> ③ (X) 작성권한 있는 자가 그 권한을 남용하여 허위의 정보를 입력함으로써 시스템 설치·운영 주체의 의사에 반하는 전자기록을 생성한 행위는 형법 제232조의2에서 정한 사전자기록위작죄의 '위작'에 해당한다(대판 2020.8.27, 2019도11294 전원합의체)
> ④ (O) 대판 2011.11.10, 2011도10468

정답 ③

04 문서에 관한 죄에 대한 설명으로 가장 적절하지 않은 것은? (다툼이 있는 경우 판례에 의함)

23 법학특채

① 사법경찰관 甲이 검사로부터 '교통사고 피해자들로부터 사고 경위에 대해 구체적인 진술을 청취하여 운전자 A의 도주 여부에 대해 재수사할 것'을 요청받고, 재수사 결과서의 '재수사 결과'란에 피해자들로부터 진술을 청취하지 않았음에도 진술을 듣고 그 진술내용을 적은 것처럼 기재한 행위는 허위공문서작성죄에 해당한다.

② 경찰관이 운전면허증 제시를 요구하자 운전자 甲이 타인의 운전면허증을 촬영한 이미지 파일을 휴대전화 화면을 통하여 보여주는 행위는 운전면허증의 사용권한 없는 자가 그 사용권한 있는 것처럼 가장하여 부정한 목적으로 행사한 것으로 공문서부정행사죄에 해당한다.

③ 문서의 명의인이 작성일자 전에 이미 사망하였다고 하더라도 그러한 문서는 공공의 신용을 해할 위험성이 있으므로 문서위조죄의 객체인 문서에 해당한다.

④ '문서가 원본인지 여부'가 중요한 거래에서 문서의 사본을 진정한 사문서 원본인 것처럼 행사할 목적으로 다른 조작을 가함이 없이 문서의 원본을 그대로 컬러복사기로 복사한 후 복사한 문서의 사본을 원본인 것처럼 행사한 행위는 사문서위조죄 및 위조사문서행사죄에 해당한다.

> **해설**
>
> ① (○) 대판 2023.3.30, 2022도6886
> ② (×) 자동차 등의 운전자가 운전 중에 도로교통법 제92조 제2항에 따라 경찰공무원으로부터 운전면허증의 제시를 요구받은 경우 운전면허증의 특정된 용법에 따른 행사는 도로교통법 관계 법령에 따라 발급된 운전면허증 자체를 제시하는 것이라고 보아야 한다. 이 경우 자동차 등의 운전자가 경찰공무원에게 다른 사람의 운전면허증 자체가 아니라 이를 촬영한 이미지파일을 휴대전화 화면 등을 통하여 보여주는 행위는 운전면허증의 특정된 용법에 따른 행사라고 볼 수 없는 것이어서 그로 인하여 경찰공무원이 그릇된 신용을 형성할 위험이 있다고 할 수 없으므로, 이러한 행위는 결국 공문서부정행사죄를 구성하지 아니한다(대판 2019.12.12, 2018도2560)
> ③ (○) 대판 2005.2.24, 2002도18 전원합의체
> ④ (○) 대판 2016.7.14, 2016도2081

정답 ②

05 문서의 죄에 관한 설명 중 옳은 것을 모두 고른 것은? (다툼이 있는 경우 판례에 의함)

23 경찰채용

㉠ 주식회사의 대표이사로부터 포괄적인 권한 행사를 위임받은 사람은 주식회사 명의의 문서 작성에 관하여 개별적·구체적으로 위임 또는 승낙을 받지 않더라도 주식회사 명의로 문서를 작성할 수 있으므로, 이를 두고 자격모용사문서작성 또는 위조에 해당하는 것으로 볼 수는 없다.

㉡ 위조사문서의 행사는 상대방으로 하여금 위조된 문서를 인식할 수 있는 상태에 둠으로써 기수가 되고 상대방이 실제로 그 내용을 인식하여야 하는 것은 아니므로, 위조된 문서를 우송한 경우에는 그 문서가 상대방에게 도달한 때에 기수가 되고 상대방이 실제로 그 문서를 보아야 하는 것은 아니다.

㉢ 공문서의 작성권한이 있는 A의 직무를 보좌하는 공무원 甲이 비공무원 乙과 공모하여 행사할 목적으로 허위의 내용이 기재된 문서 초안을 그 정을 모르는 A에게 제출하여 결재하도록 하는 방법으로 허위의 공문서를 작성하게 한 경우, 甲은 허위공문서작성죄의 간접정범이 될 수 있지만 공무원의 신분이 없는 乙은 간접정범의 공범이 될 수 없다.

㉣ 주식회사의 발기인 등이 법령에 정한 회사설립의 요건과 절차에 따라 회사설립등기를 함으로써 회사가 성립하였다고 볼 수 있는 경우, 회사를 설립할 당시 회사를 실제로 운영할 의사 없이 회사를 이용한 범죄 의도나 목적이 있었다는 이유만으로는 공정증서원본 불실기재죄에서 말하는 불실의 사실을 법인등기부에 기록하게 한 것으로 볼 수 없다.

① ㉠㉡   ② ㉠㉢   ③ ㉡㉣   ④ ㉢㉣

> **해설**
>
> ㉠ (×) [1] 주식회사의 적법한 대표이사라 하더라도 그 권한을 포괄적으로 위임하여 다른 사람으로 하여금 대표이사의 업무를 처리하게 하는 것은 허용되지 않는다.
> [2] 따라서 대표이사로부터 포괄적으로 권한 행사를 위임받은 사람이 주식회사 명의로 문서를 작성하는 행위는 원칙적으로 권한 없는 사람의 문서 작성행위로서 자격모용사문서작성 또는 위조에 해당하고, 대표이사로부터 개별적·구체적으로 주식회사 명의의 문서 작성에 관하여 위임 또는 승낙을 받은 경우에만 예외적으로 적법하게 주식회사 명의로 문서를 작성할 수 있다(대판 2008.11.27, 2006도2016)
>
> ㉡ (○) 대판 2005.1.28, 2004도4663
>
> ㉢ (×) 공문서의 작성권한이 있는 공무원의 직무를 보좌하는 자가 그 직위를 이용하여 행사할 목적으로 허위의 내용이 기재된 문서 초안을 그 정을 모르는 상사에게 제출하여 결재하도록 하는 등의 방법으로 작성권한이 있는 공무원으로 하여금 허위의 공문서를 작성하게 한 경우에는 간접정범이 성립되고, 이와 공모한 자 역시 그 간접정범의 공범으로서의 죄책을 면할 수 없는 것이고, 여기서 말하는 공범은 반드시 공무원의 신분이 있는 자로 한정되는 것은 아니라고

할 것이다(대판 1992.1.17, 91도2837)
ㄹ (○) 대판 2020.2.27, 2019도9293

정답 ③

06 다음 설명 중 가장 옳지 않은 것은? (다툼이 있는 경우 판례에 의함)
23 법행 변형

① 인감증명서 발급업무를 담당하는 공무원이 발급을 신청한 본인이 직접 출두한 바 없음에도 불구하고 본인이 직접 신청하여 발급받은 것처럼 인감증명서에 기재하였다면, 이는 공문서위조죄가 아닌 허위공문서작성죄를 구성한다.
② 공문서를 작성하는 과정에서 법령 등을 잘못 적용하거나 적용하여야 할 법령 등을 적용하지 아니한 잘못이 있더라도 그 적용의 전제가 된 사실관계에 관하여 거짓된 기재가 없다면 허위공문서작성죄가 성립할 수 없고, 이는 그와 같은 잘못이 공무원의 고의에 기한 것이라도 달리 볼 수 없다.
③ 인터넷을 통하여 열람·출력한 등기사항전부증명서 하단의 열람 일시 부분을 수정테이프로 지우고 복사한 행위는 등기사항전부증명서가 나타내는 권리·사실관계와 다른 새로운 증명력을 가진 문서를 만든 것에 해당하므로 공문서위조죄가 성립한다.
④ 이사회를 개최함에 있어 공소외 이사들이 그 참석 및 의결권의 행사에 관한 권한을 甲에게 위임하였다면, 그 이사들이 실제로 이사회에 참석하지도 않았는데 마치 참석하여 의결권을 행사한 것처럼 甲이 이사회 회의록에 기재하였다 하더라도 甲에게 사문서위조 및 동행사죄가 성립하지 않는다.
⑤ 어떤 선박이 사고를 낸 것처럼 허위로 사고신고를 하면서 그 선박의 선박국적증서와 선박검사증서를 함께 제출하였다고 하더라도 공문서부정행사죄에 해당하지 않는다.

해설

① (○) 대판 1997.7.11, 97도1082
② (○) 대판 2021.9.16, 2019도18394
③ (×) [1] 피고인이 등기사항전부증명서의 열람 일시를 삭제하여 복사한 행위는 등기사항전부증명서가 나타내는 권리·사실관계와 다른 새로운 증명력을 가진 문서를 만든 것에 해당한다. [2] 피고인이 인터넷을 통하여 열람·출력한 등기사항전부증명서 하단의 열람 일시 부분을 수정테이프로 지우고 복사해 두었다가 이를 타인에게 교부한 경우, 공문서변조죄 및 변조공문서행사죄가 성립한다(대판 2021.2.25, 2018도19043)
④ (○) 대판 1985.10.22, 85도1732
⑤ (○) 대판 2009.2.26, 2008도10851

정답 ③

07 다음 설명 중 가장 옳지 않은 것은? (다툼이 있는 경우 판례에 의함) 23 법원9급

① 신탁자에게 아무런 부담이 지워지지 않은 채 재산이 수탁자에게 명의신탁된 경우에는 특별한 사정이 없는 한 재산의 처분 기타 권한행사에 관해서 수탁자가 자신의 명의사용을 포괄적으로 신탁자에게 허용하였다고 보아야 하므로, 신탁자가 수탁자 명의로 신탁재산의 처분에 필요한 서류를 작성할 때에 수탁자로부터 개별적인 승낙을 받지 않았더라도 사문서위조·동행사죄가 성립하지 않는다.

② 주식회사의 지배인이 진실에 반하는 허위의 내용이거나 권한을 남용하여 자기 또는 제3자의 이익을 도모할 목적으로 직접 주식회사 명의 문서를 작성하는 행위는 원칙적으로 문서위조 또는 자격모용사문서작성에 해당한다.

③ 작성권자의 직인 등을 보관하는 담당자는 일반적으로 작성권자의 결재가 있는 때에 한하여 보관 중인 직인 등을 날인할 수 있을 뿐이므로, 이러한 경우 공무원인 피고인이 작성권자의 결재를 받지 않고 직인 등을 보관하는 담당자를 기망하여 작성권자의 직인을 날인하도록 하여 공문서를 완성한 때에는 공문서위조죄가 성립한다.

④ 휴대전화 신규 가입신청서를 위조한 후 이를 스캔한 이미지 파일을 제3자에게 이메일로 전송하여 컴퓨터 화면상으로 보게 한 경우 위조사문서행사죄가 성립한다.

> **해설**
>
> ① (○) 대판 2022.3.31, 2021도17197
> ② (×) 원래 주식회사의 지배인은 회사의 영업에 관하여 재판상 또는 재판 외의 모든 행위를 할 권한이 있으므로, 지배인이 직접 주식회사 명의 문서를 작성하는 행위는 위조나 자격모용사문서작성에 해당하지 않는 것이 원칙이고, 이는 그 문서의 내용이 진실에 반하는 허위이거나 권한을 남용하여 자기 또는 제3자의 이익을 도모할 목적으로 작성된 경우에도 마찬가지이다(대판 2010.5.13, 2010도1040)
> ③ (○) 대판 2017.5.17, 2016도13912
> ④ (○) 대판 2008.10.23, 2008도5200

정답 ②

08 공문서에 관한 죄의 설명으로 가장 적절하지 않은 것은? (다툼이 있는 경우 판례에 의함)

23 경간

① 甲이 기왕에 습득한 타인의 주민등록증을 가족의 것이라고 제시하면서 그 주민등록증상의 명의 또는 가명으로 이동전화 가입신청을 한 경우, 타인의 주민등록증을 본래의 사용용도인 신분확인용으로 사용한 것이라고 볼 수 없어 공문서부정행사죄가 성립하지 않는다.

② 공무원이 위법사실을 발견하고도 직무상 의무에 따른 적절한 조치를 취하지 아니하고 위법사실을 적극적으로 은폐할 목적으로 허위공문서를 작성·행사한 경우, 직무위배의 위법상태는 허위공문서작성 당시부터 그 속에 포함되는 것이므로 작위범인 허위공문서작성, 동행사죄만이 성립하고 부작위범인 직무유기죄는 따로 성립하지 않는다.

③ 주식회사의 발기인 등이 법령에 정한 회사설립의 요건과 절차에 따라 회사설립등기를 함으로써 회사가 성립하였다고 볼 수 있는 경우, 회사를 설립할 당시 회사를 실제로 운영할 의사 없이 회사를 이용한 범죄 의도나 목적이 있었다는 이유만으로는 공정증서원본불실기재죄에서 말하는 불실의 사실을 법인등기부에 기록하게 한 것으로 볼 수 없다.

④ 공문서의 작성권한이 있는 A의 직무를 보좌하는 공무원 甲이 비공무원 乙과 공모하여 행사할 목적으로 허위의 내용이 기재된 문서 초안을 그 정을 모르는 A에게 제출하여 결재하도록 하는 방법으로 허위의 공문서를 작성하게 한 경우, 甲은 허위공문서작성죄의 간접정범이 될 수 있지만 신분이 없는 乙은 간접정범의 공범이 될 수 없다.

해설

① (○) 대판 2003.2.26, 2002도4935
② (○) 대판 1999.12.24, 99도2240
③ (○) 대판 2020.2.27, 2019도9293
④ (×) 공문서의 작성권한이 있는 공무원의 직무를 보좌하는 자가 그 직위를 이용하여 행사할 목적으로 허위의 내용이 기재된 문서 초안을 그 정을 모르는 상사에게 제출하여 결재하도록 하는 등의 방법으로 작성권한이 있는 공무원으로 하여금 허위의 공문서를 작성하게 한 경우에는 간접정범이 성립되고, 이와 공모한 자 역시 그 간접정범의 공범으로서의 죄책을 면할 수 없는 것이고, 여기서 말하는 공범은 반드시 공무원의 신분이 있는 자로 한정되는 것은 아니라고 할 것이다(대판 1992.1.17, 91도2837)

정답 ④

09 공공의 신용에 대한 죄에 관한 설명으로 가장 적절하지 않은 것은? (다툼이 있는 경우 판례에 의함)

22 경찰채용

① 사용권한자와 용도가 특정되어 있는 공문서를 사용권한 없는 자가 사용한 경우 그 공문서 본래의 용도에 따른 사용이 아니라 하더라도 형법 제230조의 공문서부정행사죄가 성립된다.

② 문서가 위조된 것임을 이미 알고 있는 공범자 등에게 행사하는 경우에는 위조문서행사죄가 성립할 수 없으나, 간접정범을 통한 위조문서행사범행에 있어 도구로 이용된 자라고 하더라도 문서가 위조된 것임을 알지 못하는 자에게 행사한 경우에는 위조문서행사죄가 성립한다.

③ 인터넷을 통하여 열람·출력한 등기사항전부증명서 하단의 열람일시 부분을 수정테이프로 지우고 복사한 행위는 공문서변조에 해당한다.

④ 위조된 외국의 화폐, 지폐 또는 은행권이 강제통용력을 가지지 않고, 그 화폐 등이 국내에서 사실상 거래 대가의 지급수단이 되고 있지 않는 경우에는 그 화폐 등을 행사하더라도 위조통화행사죄를 구성하지 않는다고 할 것이므로, 형법 제234조에서 정한 위조사문서행사죄 또는 위조사도화행사죄로 의율할 수 있다.

> **해설**
>
> ① (×) 사용권한자와 용도가 특정되어 있는 공문서를 사용권한 없는 자가 사용한 경우에도 그 공문서 본래의 용도에 따른 사용이 아닌 경우에는 공문서부정행사죄가 성립되지 아니한다 (대판 2003.2.26, 2002도4935)
> ② (○) 대판 2012.2.23, 2011도14441
> ③ (○) 대판 2021.2.25, 2018도19043
> ④ (○) 대판 2013.12.12, 2012도2249

정답 ①

최신 3개년 **기출문제집**

10 문서의 죄에 관한 설명 중 옳지 않은 것은 모두 몇 개인가? (다툼이 있는 경우 판례에 의함)

22 경찰채용

㉠ 컴퓨터의 기억장치 중 하나인 램(RAM)은 기억장치 또는 저장매체이기는 하나 임시적인 기억 또는 저장에 활용되는 매체에 불과하여 램에 올려진 전자기록은 형법 제232조의2의 사전자기록위작·변작죄에서 말하는 전자기록에 해당하지 않는다.

㉡ 공문서를 작성하는 과정에서 법령 등을 잘못 적용하거나 적용하여야 할 법령 등을 적용하지 아니한 잘못이 있는 경우에는 허위공문서작성죄가 성립하며, 그 적용의 전제가 된 사실관계에 관하여 거짓된 기재가 없더라도 그 성립을 부정할 수 없다.

㉢ 형법 제228조 제2항의 공정증서원본 부실기재죄에서 말하는 '등록증'은 공무원이 작성한 모든 등록증을 말하는 것이 아니라, 일정한 자격이나 요건을 갖춘 자에게 그 자격이나 요건에 상응한 활동을 할 수 있는 권능 등을 인정하기 위하여 공무원이 작성한 증서를 말하는 것으로서 사업자등록증은 단순한 사업 사실의 등록을 증명하는 증서에 불과하여 동법 제228조 제2항의 등록증에 해당하지 않는다.

㉣ 타인의 주민등록증을 습득한 자가 해당 주민등록증을 본인 가족의 것이라고 제시하면서 그 주민등록증 상의 명의 또는 가명으로 이동전화 가입신청을 한 경우 형법 제230조 공문서부정행사죄가 성립한다.

㉤ 형법 제228조 제1항이 규정하는 공정증서원본 부실기재죄나 공전자기록 등 부실기재죄는 공무원에 대하여 진실에 반하는 허위신고를 하여 공정증서원본 또는 이와 동일한 전자기록 등특수매체기록에 그 증명하는 사항에 관하여 실체관계에 부합하지 아니하는 '부실의 사실'을 기재 또는 기록하게 함으로써 성립하고, 여기서 '부실의 사실'이라 함은 권리의무관계에 중요한 의미를 갖는 사항이 객관적인 진실에 반하는 것을 말한다.

① 1개　　② 2개　　③ 3개　　④ 4개

> **해설**
>
> ㉠ (×) 사전자기록위작·변작죄에서 말하는 권리의무 또는 사실증명에 관한 타인의 전자기록 등 특수매체기록이라 함은 일정한 저장매체에 전자방식이나 자기방식에 의하여 저장된 기록을 의미하고, 비록 컴퓨터의 기억장치 중 하나인 램(RAM)이 임시기억장치 또는 임시저장매체이기는 하지만, 위 램에 올려진 전자기록 역시 사전자기록위작·변작죄에서 말하는 전자기록 등 특수매체기록에 해당한다(대판 2003.10.9, 2000도4993).
>
> ㉡ (×) 허위공문서작성죄는 공문서에 진실에 반하는 기재를 하는 때에 성립하는 범죄이므로 공문서를 작성하는 과정에서 법령 등을 잘못 적용하거나 적용하여야 할 법령 등을 적용하지 아니한 잘못이 있더라도 그 적용의 전제가 된 사실관계에 관하여 거짓된 기재가 없다면 허위공문서작성죄가 성립할 수 없다(대판 2021.9.16, 2019도18394).
>
> ㉢ (○) 대판 2005.7.15, 2003도6934
>
> ㉣ (×) 피고인이 기왕에 습득한 타인의 주민등록증을 피고인 가족의 것이라고 제시하면서 그 주민등록증상의 명의 또는 가명으로 이동전화 가입신청을 한 경우 타인의 주민등록증을 본래

의 사용용도인 신분확인용으로 사용한 것이라고 볼 수 없어 공문서부정행사죄가 성립하지 않는다(대판 2003.2.26, 2002도4935)
ⓜ (○) 대판 2020.11.5, 2019도12042

정답 ③

11 문서의 죄에 대한 설명으로 옳지 않은 것은? (다툼이 있는 경우 판례에 의함) 22 경간

① 甲이 A의 주민등록증을 이용하여 주민등록증상 이름과 사진을 종이로 가리고서 복사기로 복사하고, 컴퓨터를 이용하여 위조하려는 乙의 인적사항과 주소, 발급일자를 기재하여 덮어쓰기하고 다시 복사하여 전혀 별개의 주민등록증사본을 창출한 경우 그 사본은 공문서위조죄의 객체가 되는 '공문서'에 해당한다.

② 甲이 이미 자신이 위조한 휴대전화 신규가입신청서를 스캐너로 읽어 들여 이미지화한 다음 그 이미지 파일을 乙에게 이메일로 전송하여 컴퓨터 화면상에서 보게 한 경우 스캐너로 읽어들여 이미지화한 파일은 문서에 관한 죄에 있어서 '문서'에 해당하지 않으므로 위조사문서행사죄가 성립하지 아니한다.

③ 허위진단서작성죄에 있어서 허위의 기재는 사실에 관한 것이건 판단에 관한 것이건 불문하나 본죄는 원래 허위의 증명을 금지하려는 것이므로 그 내용이 허위라는 주관적 인식이 필요함은 물론 실질상 진실에 반하는 기재일 것이 필요하다.

④ 甲이 컴퓨터 스캔 작업을 통하여 만들어낸 공인중개사 자격증의 이미지파일은 전자기록으로서 전자기록장치에 전자적 형태로서 고정되어 계속성이 있다고 볼 수는 있으나, 그러한 형태는 그 자체로서 시각적 방법에 의해 이해할 수 있는 것이 아니어서 이는 '문서'에 해당하지 아니한다.

해설

① (○) 대판 2004.10.28, 2004도5183
② (×) 스캐너로 읽어 들여 이미지화한 것은 문서에 관한 죄에 있어서의 '문서'에 해당하지 않는다고 하더라도, 자신이 이미 위조한 휴대전화 신규 가입신청서를 행사한 것에 해당하여 위조문서행사죄가 성립한다(대판 2008.10.23, 2008도5200)
③ (○) 대판 1990.3.27, 89도2083
④ (○) 대판 2008.4.10, 2008도1013

정답 ②

12 허위공문서작성죄에 관한 설명 중 가장 옳지 않은 것은? (다툼이 있는 경우 판례에 의함)

23 해경간부

① 피의자신문조서 말미에 작성자의 서명, 날인이 없으나, 첫머리에 작성 사법경찰리와 참여 사법경찰리의 직위와 성명을 적어 넣은 것이 있다면 그 문서 자체에 의하여 작성자를 추지할 수 있으므로 피의자신문조서는 허위공문서작성죄의 객체가 되는 공문서로 볼 수 있다.
② 공무원이 아닌 피고인이 건축물조사 및 가옥대장 정리업무를 담당하는 공무원을 교사하여 무허가 건물을 허가받은 건축물인 것처럼 가옥대장 등에 등재케 하여 허위공문서 등을 작성케 한 사실이 인정된다면 허위공문서작성죄의 교사범으로 처벌할 수 있다.
③ 공증담당 변호사가 법무사의 직원으로부터 인증 촉탁서류를 제출받은 후, 법무사가 공증사무실에 출석하여 사서증서의 날인이 당사자 본인의 것임을 확인한 바 없지만, 업계의 관행에 따라 그러한 확인을 한 것처럼 인증서에 기재한 경우에는 허위공문서작성죄가 성립하지 아니한다.
④ 공무원이 고의로 법령을 잘못 적용하여 공문서를 작성한 경우에도 그 법령적용의 전제가 된 사실관계에 대한 내용에 거짓이 없다면 허위공문서작성죄가 성립하지 않는다.

> **해설**
>
> ① (○) 대판 1995.11.10, 95도2088
> ② (○) 대판 1983.12.13, 83도1458
> ③ (×) 공증담당 변호사가 법무사의 직원으로부터 인증촉탁서류를 제출받았을 뿐, 법무사가 공증사무실에 출석하여 사서증서의 날인이 당사자 본인의 것임을 확인한 바 없음에도 마치 그러한 확인을 한 것처럼 인증서에 기재한 경우, 허위공문서작성죄가 성립한다(대판 2007.1.25, 2006도3844)
> ④ (○) 대판 1996.5.14, 96도554

정답 ③

13 공정증서원본부실기재죄에 관한 설명으로 가장 적절한 것은? (다툼이 있는 경우 판례에 의함)

24 경찰승진

① 허위의 소유권이전등기를 경료한 자가 그 부동산에 관하여 자신의 채권자와의 합의로 근저당권설정등기를 경료한 경우 공정증서원본부실기재죄 및 동행사죄가 성립한다.
② 종중 소유의 토지를 자신의 개인 소유로 신고하여 토지대장에 올린 경우 공정증서원본부실기재죄가 성립한다.
③ 법원에 허위 내용의 조정신청서를 제출하여 판사로 하여금 조정조서에 부실의 사실을 기재하게 한 경우 공정증서원본부실기재죄가 성립한다.
④ 어떤 부동산에 관하여 피상속인에게 실체상의 권리가 없었음에도 불구하고 재산상속인이 상속을 원인으로 한 소유권이전등기를 경료한 경우 공정증서원본부실기재죄가 성립한다.

해설

① (○) 대판 1997.7.25, 97도605
② (×) 권리의무에 변동을 주는 효력이 없는 토지대장은 공정증서에 해당하지 아니한다(대판 1988.5.24, 87도2696).
③ (×) 법원에 허위 내용의 조정신청서를 제출하여 판사로 하여금 조정조서에 부실의 사실을 기재하게 한 경우, 공정증서원본부실기재죄가 성립하지 않는다(대판 2010.6.10, 2010도3232).
④ (×) 재산상속인은 피상속인의 사망으로 인하여 상속개시된 때로부터 피상속인의 재산에 관한 포괄적 권리의무를 승계하게 되므로 그 등기는 당시의 등기부상의 권리관계를 나타내는 것에 불과하므로 그와 같은 등기절차를 밟았다 하여 공정증서원본부실기재나 동행사죄가 성립할 수 없다(대판 1987.4.14, 85도2661).

정답 ①

14 공정증서원본부실기재죄 등에 관한 설명 중 가장 옳지 않은 것은? (다툼이 있는 경우 판례에 의함)

24 법행

① 주식회사의 발기인 등이 상법 등 법령에 정한 회사설립의 요건과 절차에 따라 회사설립등기를 함으로써 회사가 성립하였다고 볼 수 있는 경우 회사설립등기와 그 기재 내용은 특별한 사정이 없는 한 공정증서원본부실기재죄나 공전자기록 등 부실기재죄에서 말하는 부실의 사실에 해당하지 않는다.
② 공전자기록 등 부실기재죄(형법 제228조 제1항)의 구성요건인 '부실의 사실기재'는 당사자의 허위신고에 의하여 이루어져야 하므로, 법원의 촉탁에 의하여 등기를 마친 경우에는 그 전제절차에 허위적 요소가 있더라도 위 죄가 성립하지 않는다.
③ 재건축조합 임시총회의 소집절차나 결의방법이 법령이나 정관에 위반되어 임원개임결의가 사법상 무효라고 하더라도, 실제로 재건축조합의 조합총회에서 그와 같은 내용의 임원개임결의가 이루어졌고 그 결의에 따라 임원변경등기를 마쳤다면 공정증서원본부실기재죄 또는 공전자기록 등 부실기재죄가 성립하지 않는다.
④ 부동산의 거래당사자가 거래가액을 시장 등에게 거짓으로 신고하여 신고필증을 받은 뒤 이를 기초로 사실과 다른 내용의 거래가액이 부동산등기부에 등재되도록 한 경우 공정증서원본부실기재죄 또는 공전자기록 등 부실기재죄가 성립한다.
⑤ 부동산 매수인이 매도인과 사이에 부동산의 소유권이전에 관한 물권적 합의가 없는 상태에서, 소유권이전등기신청에 관한 대리권이 없이 단지 소유권이전등기에 필요한 서류를 보관하고 있을 뿐인 법무사를 기망하여 매수인 명의의 소유권이전등기를 신청하게 하여 그 등기를 마친 경우 공정증서원본부실기재죄 또는 공전자기록 등 부실기재죄가 성립한다.

> 해설

① (○) 대판 2020.2.27. 2019도9293
② (○) 대판 1983.12.27. 83도2442
③ (○) 대판 2004.10.15. 2004도3584
④ (×) 부동산등기부에 기재되는 거래가액은 당해 부동산의 권리의무관계에 중요한 의미를 갖는 사항에 해당한다고 볼 수 없다. 따라서 부동산의 거래당사자가 거래가액을 시장 등에게 거짓으로 신고하여 신고필증을 받은 뒤 이를 기초로 사실과 다른 내용의 거래가액이 부동산등기부에 등재되도록 하였다면, '공인중개사의 업무 및 부동산 거래신고에 관한 법률'에 따른 과태료의 제재를 받게 됨은 별론으로 하고, 형법상의 공전자기록등부실기재죄 및 부실기재공전자기록등행사죄가 성립하지는 아니한다(대판 2013.1.24. 2012도12363)
⑤ (○) 대판 2006.3.10. 2005도9402

정답 ④

15 문서부정행사죄에 관한 설명 중 옳지 않은 것은 모두 몇 개인가? (다툼이 있는 경우 판례에 의함)

23 법행

> ㉠ 장애인사용자동차표지를 사용할 권한이 없는 사람이 장애인사용자동차에 대한 지원을 받을 것으로 합리적으로 기대되는 상황이 아니라 하더라도, 이를 자동차에 비치하여 마치 장애인이 사용하는 자동차인 것처럼 외부적으로 표시한 경우에는 공문서인 장애인사용자동차표지를 부정행사한 것으로 보아야 할 것이다.
> ㉡ 인감증명서를 그 명의자 아닌 자가 그 명의자의 의사에 반하여 함부로 행사하더라도 문서 본래의 취지에 따른 용도에 합치된다면 공문서등 부정행사죄는 성립되지 않는다.
> ㉢ 甲이 기왕에 습득한 타인의 주민등록증을 甲 가족의 것이라고 제시하면서 그 주민등록증상의 명의로 이동전화 가입신청을 한 경우에는 공문서부정행사죄가 성립하지 않는다.
> ㉣ 경찰관으로부터 신분확인을 위하여 신분증명서의 제시를 요구받고 다른 사람의 운전면허증을 제시한 경우에는 공문서부정행사죄가 성립한다.
> ㉤ 甲이 주민등록 담당공무원에게 행방불명된 A인 것처럼 허위신고하여 甲의 사진과 지문이 찍힌 A명의의 주민등록증을 발급받은 후, 이를 검문경찰관에게 제시한 경우에는 공문서부정행사죄를 구성한다.

① 1개 ② 2개 ③ 3개 ④ 4개

해설

㉠ (×) 장애인사용자동차표지는 장애인이 이용하는 자동차에 대한 조세감면 등 필요한 지원의 편의를 위하여 장애인이 사용하는 자동차를 대상으로 발급되는 것이고, 장애인전용주차구역 주차표지가 있는 장애인사용자동차표지는 보행상 장애가 있는 사람이 이용하는 자동차에 대한 지원의 편의를 위하여 발급되는 것이다. 따라서 장애인사용자동차표지를 사용할 권한이 없는 사람이 장애인전용주차구역에 주차하는 등 장애인사용자동차에 대한 지원을 받을 것으로 합리적으로 기대되는 상황이 아니라면 단순히 이를 자동차에 비치하였더라도 장애인사용자동차표지를 본래의 용도에 따라 사용했다고 볼 수 없어 **공문서부정행사죄가 성립하지 않는다**(대판 2022.9.29, 2021도14514)
㉡ (○) 대판 1983.6.28, 82도1985
㉢ (○) 대판 2003.2.26, 2002도4935
㉣ (○) 대판 2001.4.19, 2000도1985 전원합의체
㉤ (○) 대판 1982.9.28, 82도1297

정답 ①

16 공정증서원본부실기재죄에 관한 설명 중 옳은 것은 모두 몇 개인가? (다툼이 있는 경우 판례에 의함)

23 법행

> ㉠ 공정증서의 원본이 아닌 등본·사본·초본은 공정증서원본부실기재죄의 대상이 되지 아니하나, 원본과 동일한 효력을 갖는 정본은 공정증서원본부실기재죄의 대상이 된다.
> ㉡ 공정증서원본부실기재죄의 대상이 되는 등록증은 일정한 권리관계나 신분관계를 공부에 기록한 것을 말하며, 자동차등록증, 선박등록증이나 사업자등록증이 이에 해당한다.
> ㉢ '부실의 사실기재'는 당사자의 허위신고에 의하여 이루어져야 하므로, 법원의 촉탁에 의하여 등기를 마친 경우에는 그 전제절차에 허위적 요소가 있더라도 공정증서원본부실기재죄가 성립하지 않는다.
> ㉣ 어떤 부동산에 관하여 피상속인에게 실체상의 권리가 없었음에도 불구하고, 재산상속인이 상속을 원인으로 한 소유권이전등기를 마친 경우, 실체관계에 부합하지 않는 등기절차를 밟은 것에 해당하여 공정증서원본부실기재죄가 성립한다.

① 없음 ② 1개 ③ 2개 ④ 3개

해설

> ㉠ (×) 공정증서원본에는 '공정증서의 정본'이 포함된다고 볼 수 없으므로, 부실의 사실이 기재된 공정증서의 정본을 그 정을 모르는 법원 직원에게 교부한 행위는 형법 제229조의 부실기재공정증서원본행사죄에 해당하지 아니한다(대판 2002.3.26, 2001도6503).
> ㉡ (×) 사업자등록증은 단순한 사업사실의 등록을 증명하는 증서에 불과하고 그에 의하여 사업을 할 수 있는 자격이나 요건을 갖추었음을 인정하는 것은 아니라고 할 것이어서 형법 제228조 제1항에 정한 '등록증'에 해당하지 않는다(대판 2005.7.15, 2003도6934).
> ㉢ (○) 대판 1983.12.27, 83도2442
> ㉣ (×) 재산상속인은 피상속인의 사망으로 인하여 상속개시된 때로부터 피상속인의 재산에 관한 포괄적 권리의무를 승계하게 되므로 그 등기는 당시의 등기부상의 권리관계를 나타내는 것에 불과하므로 그와 같은 등기절차를 밟았다 하여 공정증서원본부실기재나 동행사죄가 성립할 수 없다(대판 1987.4.14, 85도2661).

정답 ②

제4절 인장에 관한 죄

※ 기출문제 없음

03 공중의 건강에 대한 죄

제1절 먹는 물에 관한 죄

※ 기출문제 없음

제2절 아편에 관한 죄

※ 기출문제 없음

04 사회의 도덕에 대한 죄

제1절 성풍속에 관한 죄

01 공연음란죄에 관한 설명 중 옳은 것은 모두 몇 개인가? (다툼이 있는 경우 판례에 의함)

22 경찰채용

> ㉠ 말다툼 후 항의하는 과정에서 바지와 팬티를 내리고 엉덩이를 노출시킨 행위는 사람에게 부끄러운 느낌이나 불쾌감을 주는 정도에 불과하고, 정상적인 성적 수치심을 해할 정도에 해당 하지 않아 공연음란죄가 성립하지 않는다.
> ㉡ 음란성을 구체적으로 판단함에 있어서는 행위자의 주관적 의도가 아니라 사회 평균인의 입장에서 그 전체적인 내용을 관찰하여 건전한 사회통념에 따라 객관적이고 규범적으로 평가하여야 한다.
> ㉢ 공연음란죄에서 정하는 '음란한 행위'는 일반인의 성욕을 자극하여 성적 흥분을 유발하고 정상적인 성적 수치심을 해하여 성적 도의관념에 반하는 것을 의미하고, 그 행위의 음란성에 대한 의미의 인식뿐만 아니라 성욕의 흥분, 만족 등의 성적인 목적이 있어야 공연음란죄가 성립한다.
> ㉣ 공연음란죄에서 정하는 '음란한 행위'를 특정한 사람을 상대로 한다고 해서 반드시 강제추행죄가 성립하는 것은 아니다.

① 1개 ② 2개 ③ 3개 ④ 4개

해설

㉠ (○) 대판 2004.3.12, 2003도6514
㉡ (○) 대판 2020.1.16, 2019도14056
㉢ (×) 형법 제245조 소정의 '음란한 행위'라 함은 일반 보통인의 성욕을 자극하여 성적 흥분을 유발하고 정상적인 성적 수치심을 해하여 성적 도의관념에 반하는 것을 가리킨다고 할 것이고, 위 죄는 주관적으로 성욕의 흥분, 만족 등의 성적인 목적이 있어야 성립하는 것은 아니고 그 행위의 음란성에 대한 의미의 인식이 있으면 족하다(대판 2004.3.12, 2003도6514).
㉣ (○) 대판 2012.7.26, 2011도8805

정답 ③

제2절 도박과 복표에 관한 죄

01 도박과 복표에 관한 죄에 대한 설명으로 옳고 그름의 표시(O, ×)가 바르게 된 것은? (다툼이 있는 경우 판례에 의함)

24 경찰승진

> ㉠ 도박은 '재물을 걸고 우연에 의하여 재물의 득실을 결정하는 것'을 의미하는 바, 당사자의 능력이 승패의 결과에 영향을 미친다면 다소간 우연성의 영향을 받는다고 하여도 도박죄는 성립하지 않는다.
> ㉡ 유료낚시터에서 입장료 명목으로 요금을 받은 후 낚인 물고기에 부착된 시상번호에 따라 경품을 지급한 경우 도박장소등개설죄가 성립한다.
> ㉢ 국가 정책적 견지에서 도박죄의 보호법익보다 좀 더 높은 국가이익을 위하여 예외적으로 내국인의 출입을 허용하는 「폐광지역 개발 지원에 관한 특별법」 등에 따라 카지노에 출입하는 것은 법령에 의한 행위로 위법성이 조각되는 것처럼, 도박죄를 처벌하지 않는 외국 카지노에서 도박을 하였다면 그 위법성이 조각된다.
> ㉣ 피고인 등이 피해자들을 유인하여 사기도박을 하여 도금을 편취한 행위는 사회관념상 1개의 행위로 평가함이 상당하므로, 피해자들에 대한 각 사기죄는 상상적 경합의 관계에 있다.

① ㉠(×) ㉡(O) ㉢(×) ㉣(O)
② ㉠(×) ㉡(×) ㉢(O) ㉣(×)
③ ㉠(O) ㉡(×) ㉢(×) ㉣(O)
④ ㉠(×) ㉡(O) ㉢(×) ㉣(×)

해설

㉠ (×) 도박은 '재물을 걸고 우연에 의하여 재물의 득실을 결정하는 것'을 의미하는바, 여기서 '우연'이란 주관적으로 '당사자에 있어서 확실히 예견 또는 자유로이 지배할 수 없는 사실에 관하여 승패를 결정하는 것'을 말하고, 객관적으로 불확실할 것을 요구하지 아니한다. 따라서 당사자의 능력이 승패의 결과에 영향을 미친다고 하더라도 다소라도 우연성의 사정에 의하여 영향을 받게 되는 때에는 도박죄가 성립할 수 있다(대판 2008.10.23, 2006도736)

㉡ (O) 대판 2009.2.26, 2008도10582

㉢ (×) 내국인의 출입을 허용하는 폐광지역 카지노에 출입하는 것은 법령에 의한 행위로 위법성이 조각되지만, 도박죄를 처벌하지 않는 외국 카지노에서의 도박은 위법성이 조각되지 않는다(대판 2004.4.23, 2002도2518)

㉣ (O) 대판 2011.1.13, 2010도9330

정답 ①

02 도박의 죄에 관한 설명 중 옳은 것은 모두 몇 개인가? (다툼이 있는 경우 판례에 의함)

22 경찰채용

㉠ 영리의 목적으로 속칭 포커나 고스톱 등의 인터넷 도박게임 사이트를 개설하여 운영하는 경우 게임이용자들이 그 도박게임 사이트에 접속하여 실제로 도박이 행하여진 때에 도박장소등개설죄는 기수에 이른다.
㉡ 사기도박의 경우 도박에서의 우연성이 결여되어 사기죄만 성립하고, 사기도박에 필요한 준비를 갖추고 그러한 의도로 피해자들에게 도박에 참가하도록 권유한 때 또는 늦어도 그 정을 알지 못하는 피해자들이 도박에 참가한 때 실행의 착수가 인정된다.
㉢ 상습도박죄에 있어서의 상습성이란 반복하여 도박행위를 하는 습벽으로서 행위자의 속성을 말하는데, 이러한 습벽의 유무를 판단함에 있어서는 도박의 전과나 도박횟수 등이 중요한 판단자료가 되나, 도박전과가 없다 하더라도 도박의 성질과 방법, 도금의 규모, 도박에 가담하게 된 태양 등의 제반 사정을 참작하여 도박의 습벽이 인정되는 경우에는 상습성을 인정할 수 있다.
㉣ 도박행위가 공갈죄의 수단이 된 경우 공갈죄와 도박죄는 그 구성요건과 보호법익을 달리하고 있고, 공갈죄의 성립에 일반적·전형적으로 도박행위를 수반하는 것은 아니기에 공갈죄와 별도로 도박죄가 성립한다.

① 1개 ② 2개 ③ 3개 ④ 4개

해설

㉠ (×) 도박장소등개설죄는 영리의 목적으로 도박을 개장하면 기수에 이르고, 현실로 도박이 행하여졌음은 묻지 않는바, 영리의 목적으로 속칭 포커나 바둑이, 고스톱 등의 인터넷 도박게임 사이트를 개설하여 운영하는 경우 현실적으로 게임이용자들로부터 돈을 받고 게임머니를 제공하고 게임이용자들이 도박게임 사이트에 접속하여 도박을 하여, 위 게임으로 획득한 게임머니를 현금으로 환전해 주는 방법 등으로 게임이용자들과 게임회사 사이에 있어서 재물이 오고갈 수 있는 상태에 있으면 게임이용자가 도박게임 사이트에 접속하여 실제 게임을 하였는지 여부와 관계없이 도박장소등개설죄의 기수에 이른다(대판 2009.12.10. 2008도5282)
㉡ (○) 대판 2011.1.13. 2010도9330
㉢ (○) 대판 2017.4.13. 2017도953
㉣ (○) 대판 2014.3.13. 2014도212

정답 ③

제3절 신앙에 관한 죄

01 다음 설명 중 옳지 않은 것은 모두 몇 개인가? (다툼이 있는 경우 판례에 의함) 22 법행

> ㉠ 법률상 그 분묘를 수호, 봉사하며 관리하고 처분할 권한이 있는 자 또는 그로부터 정당하게 승낙을 얻은 자가 사체에 대한 종교적, 관습적 양속에 따른 존숭의 예를 갖추어 이를 발굴하는 경우에는 그 행위의 위법성은 조각된다.
> ㉡ 변사체검시방해죄의 변사자에는 부자연한 사망으로서 그 사인이 분명하지 않은 자뿐만 아니라 범죄로 인하여 사망한 것이 명백한 자의 사체도 포함된다.
> ㉢ 형법 제158조에 규정된 예배방해죄는 예배중이거나 예배와 시간적으로 밀접불가분의 관계에 있는 준비단계에서 이를 방해하는 경우에만 성립한다.
> ㉣ 예배방해죄(형법 제158조)의 미수범은 처벌된다.

① 1개　　② 2개　　③ 3개　　④ 4개

해설

㉠ (○) 대판 2007.12.13, 2007도8131
㉡ (×) 변사체검시방해죄에 있어 '변사자'라 함은 부자연한 사망으로서 그 사인이 분명하지 않은 자를 의미하고 그 사인이 명백한 경우는 변사자라 할 수 없으므로 범죄로 인하여 사망한 것이 명백한 자의 사체는 변사체검시방해죄의 객체가 될 수 없다(대판 2003.6.27, 2003도1331)
㉢ (○) 대판 2008.2.1, 2007도5296
㉣ (×) 예배방해죄는 미수범 처벌규정이 없다.

정답 ②

PART

03

최신 3개년 **기출문제집**
cafe.naver.김종욱형사법

국가적 법익에
대한 죄

01 국가의 존립과 권위에 대한 죄

제1절 내란의 죄 ~ 제4절 국교에 관한 죄

※ 기출문제 없음

02 국가의 기능에 대한 죄

제1절 공무원의 직무에 관한 죄

01 직무유기죄에 관한 설명으로 가장 적절하지 않은 것은? (다툼이 있는 경우 판례에 의함)

24 경찰승진

① 직무유기죄에서 '직무를 유기한 때'란 공무원이 법령, 내규 등에 의한 추상적 성실의무를 태만히 하는 일체의 경우에 성립하는 것이 아니라 직장의 무단 이탈, 직무의 의식적인 포기 등과 같이 국가의 기능을 저해하고 국민에게 피해를 야기시킬 가능성이 있는 경우를 가리킨다.
② 공무원이 병가 중인 경우에는 구체적인 작위의무 내지 국가기능의 저해에 대한 구체적인 위험성이 있다고 할 수 없어 직무유기죄의 주체로 될 수 없다.
③ 경찰관이 압수물을 범죄 혐의의 입증에 사용하도록 하는 등의 조치를 취하지 않고 피압수자에게 돌려준 경우, 증거인멸죄와 직무유기죄가 모두 성립하고 양 죄는 상상적 경합관계에 있다.
④ 농지사무를 담당하고 있는 군직원이 농지불법전용 사실을 알고도 아무런 조치를 취하지 않다가 해당 농지의 농지전용허가를 내주기 위해 불법농지 전용사실은 일체 기재하지 않은 허위의 출장복명서 및 심사의견서를 작성하여 결재권자에게 제출한 경우, 허위공문서작성죄, 동행사죄와 직무유기죄가 별도 성립하고 각 죄는 실체적 경합관계에 있다.

> **해설**
>
> ① (○) 대판 2007.7.12, 2006도1390
> ② (○) 대판 1997.4.22, 95도748
> ③ (×) 작위범인 증거인멸죄만이 성립하고 부작위범인 직무유기죄는 따로 성립하지 아니한다 (대판 2006.10.19, 2005도3909 전원합의체)
> ④ (○) 대판 1993.12.24, 92도3334

정답 ③

02 공무원의 직무에 관한 죄에 대한 설명으로 가장 적절하지 않은 것은? (다툼이 있는 경우 판례에 의함)

23 경찰채용

① 공무원이 태만이나 착각 등으로 인하여 직무를 성실히 수행하지 않은 경우 또는 직무를 소홀하게 수행하였기 때문에 성실한 직무수행을 못한 데 지나지 않는 경우에는 직무유기죄가 성립하지 않는다.
② 경찰공무원이 지명수배 중인 범인을 발견하고도 직무상 의무에 따른 적절한 조치를 취하지 아니하고 오히려 범인을 도피하게 하는 행위를 하였다면, 범인도피죄만 성립하고 직무유기죄는 따로 성립하지 않는다.
③ 공무상비밀누설죄는 공무원 또는 공무원이었던 자가 법령에 의한 직무상 비밀을 누설하는 것을 구성요건으로 하고 있는 바, 여기서 '법령에 의한 직무상 비밀'이란 법령에 의하여 비밀로 규정되었거나 비밀로 분류 명시된 사항에 한정된다.
④ 통고처분이나 고발을 할 권한이 없는 세무공무원이 그 권한자에게 범칙사건 조사 결과에 따른 통고처분이나 고발조치를 건의하는 등의 조치를 취하지 않았다고 하더라도, 구체적 사정에 비추어 그것이 직무를 성실히 수행하지 못한 것이라고 할 수 있을지언정 그 직무를 의식적으로 방임 내지 포기하였다고 볼 수 없다.

> **해설**
>
> ① (○) 대판 1997.8.29, 97도675
> ② (○) 대판 2017.3.15, 2015도1456
> ③ (×) 공무상 비밀누설죄(형법 제127조)에서 '법령에 의한 직무상 비밀'이란 반드시 법령에 의하여 비밀로 규정되었거나 비밀로 분류 명시된 사항에 한하지 아니하고, 정치·군사·외교·경제·사회적 필요에 따라 비밀로 된 사항은 물론 정부나 공무소 또는 국민이 객관적·일반적인 입장에서 외부에 알려지지 않는 것에 상당한 이익이 있는 사항도 포함하는 것이다(대판 2003.12.26, 2002도7339)
> ④ (○) 대판 1997.4.11, 96도2753

정답 ③

03 공무원의 직무에 관한 죄의 설명 중 가장 적절하지 않은 것은? (다툼이 있는 경우 판례에 의함)

22 경찰채용

① 지방자치단체의 장이 미리 승진후보자명부상 후보자들 중에서 승진대상자를 실질적으로 결정한 다음, 그 내용을 인사위원회 간사, 서기 등을 통해 인사위원회 위원들에게 '승진대상자 추천'이라는 명목으로 제시하여 인사위원회로 하여금 자신이 특정한 후보자들을 승진대상자로 의결하도록 유도하는 행위는 직권남용권리행사방해죄의 구성요건인 '직권의 남용' 및 '의무 없는 일을 하게 한 경우'로 볼 수 있다.

② 공무원이 직무상 알게 된 비밀을 그 직무와의 관련성 혹은 필요성에 기하여 해당 직무의 집행과 관련 있는 다른 공무원에게 직무집행의 일환으로 전달한 경우 국가기능에 위험이 발생하리라고 볼 만한 특별한 사정이 인정되지 않는 한 그 행위는 비밀의 누설에 해당하지 아니한다.

③ 직무집행의 의사로 자신의 직무를 수행한 경우에는 그 직무집행의 내용이 위법한 것으로 평가된다는 점만으로 직무유기죄의 성립을 인정할 것은 아니고, 공무원이 태만·분망 또는 착각 등으로 인하여 직무를 성실히 수행하지 아니한 경우나 형식적으로 또는 소홀히 직무를 수행한 탓으로 적절한 직무수행에 이르지 못한 것에 불과한 경우에도 직무유기죄는 성립하지 아니한다.

④ 경찰관들이 현행범으로 체포한 도박혐의자들에게 현행범인체포서 대신에 임의동행동의서를 작성하게 하고, 그나마 제대로 조사도 하지 않은 채 석방하였으며, 압수한 일부 도박자금에 관하여 압수조서 및 목록도 작성하지 않은 채 반환하고, 일부 도박혐의자의 명의도용 사실과 도박 관련 범죄로 수회 처벌받은 전력을 확인하고서도 아무런 추가조사도 없이 석방한 경우 그 경찰관들에게는 직무유기죄가 성립한다.

> **해설**
>
> ① (×) 지방자치단체의 장이 승진후보자명부 방식에 의한 5급 공무원 승진임용 절차에서 인사위원회의 사전심의·의결 결과를 참고하여 승진후보자명부상 후보자들에 대하여 승진임용 여부를 심사하고서 최종적으로 승진대상자를 결정하는 것이 아니라 미리 승진후보자명부상 후보자들 중에서 승진대상자를 실질적으로 결정한 다음 그 내용을 인사위원회 간사, 서기 등을 통해 인사위원회 위원들에게 '승진대상자 추천'이라는 명목으로 제시하여 인사위원회로 하여금 자신이 특정한 후보자들을 승진대상자로 의결하도록 유도하는 행위는 인사위원회 사전심의 제도의 취지에 부합하지 않다는 점에서 바람직하지 않다고 볼 수 있지만 그것만으로는 직권남용권리행사방해죄의 구성요건인 '직권의 남용' 및 '의무 없는 일을 하게 한 경우'로 볼 수 없다(대판 2020.12.10, 2019도17879) ※ 직권남용죄가 성립하지 않는다.
>
> ② (○) 대판 2021.11.25, 2021도2486
> ③ (○) 대판 2014.4.10, 2013도229
> ④ (○) 대판 2010.6.24, 2008도11226

정답 ①

04 직권남용권리행사방해죄에 관한 설명으로 가장 적절하지 않은 것은? (다툼이 있는 경우 판례에 의함)
24 경찰승진

① 직권남용권리행사방해죄에서 말하는 '권리'는 공법상의 권리인지 사법상의 권리인지를 묻지 않는다.
② 공무원이 자신의 직무권한에 속하는 사항에 관하여 실무 담당자로 하여금 그 직무집행을 보조하는 사실행위를 하도록 하더라도 이는 공무원 자신의 직무집행으로 귀결될 뿐이므로 원칙적으로 직권남용죄에서 말하는 '의무 없는 일을 하게 한 때'에 해당한다고 할 수 없다.
③ 직권남용권리행사방해죄는 추상적 위험범으로 공무원이 직권을 남용하는 행위를 하면 곧바로 성립하고, 직권을 남용하여 현실적으로 다른 사람이 법령상 의무 없는 일을 하게 하였거나 다른 사람의 구체적인 권리행사를 방해하는 결과가 발생하여야 하는 것은 아니다.
④ 직권남용권리행사방해죄에서 공무원이 직무와는 상관없이 단순히 개인적인 친분에 근거하여 문화예술 활동에 대한 지원을 권유하거나 협조를 의뢰한 것에 불과한 경우에는 직권남용에 해당하지 않는다.

해설

① (○) 대판 2010.1.28, 2008도7312
② (○) 대판 2020.1.9, 2019도11698
③ (×) 형법 제123조의 타인의 권리행사방해죄가 기수에 이르려면 행위에 결과가 발생한 것을 필요로 하므로 공무원의 직권남용이 있다 하여도 현실적으로 권리행사의 저해가 없다면 기수를 인정할 수 없다(대판 1978.10.10, 75도2665) ※ 판례는 직권남용죄(직권남용권리행사방해죄)의 경우의 권리행사가 현실적으로 방해되었을 때 기수가 된다고 본다.
④ (○) 대판 2009.1.30, 2008도6950

정답 ③

05 직권남용죄에 관한 설명 중 가장 옳지 않은 것은? (다툼이 있는 경우 판례에 의함) 23 법행 변형

① 직권남용죄에 있어 의무 없는 일에 해당하는지는 직권을 남용하였는지와 별도로 상대방이 그러한 일을 할 법령상 의무가 있는지를 살펴 개별적으로 판단하여야 한다.
② 치안본부장인 甲이 국립과학수사연구소 A과장에게 고문치사자의 사인에 관하여 기자간담회에 참고할 메모를 작성하도록 요구하고 A과장으로 하여금 내심의 의사에 반하여 두 번이나 고쳐 작성하도록 한 경우에도 직권남용죄는 성립하지 않는다.
③ 공무원이 직무관련자에게 제3자와 계약을 체결하도록 요구하여 계약 체결을 하게 한 행위가 제3자뇌물수수죄의 구성요건과 직권남용권리행사방해죄의 구성요건에 모두 해당하는 경우에는 제3자뇌물수수죄와 직권남용권리행사방해죄가 각각 성립하고, 위 두 죄는 형법 제40조의 상상적 경합관계에 있다.
④ 공무원의 직권남용행위가 있었다면 현실적으로 권리행사의 방해라는 결과가 발생하지 아니하였더라도 직권남용권리행사방해죄는 기수에 이른 것이다.

| 해설 |

① (○) 대판 2020.1.30, 2018도2236 전원합의체
② (○) 대판 1991.12.27, 90도2800
③ (○) 대판 2017.3.15, 2016도19659
④ (×) 형법 제123조의 타인의 권리행사방해죄가 기수에 이르려면 행위에 결과가 발생한 것을 필요로 하므로 공무원의 직권남용이 있다 하여도 현실적으로 권리행사의 저해가 없다면 기수를 인정할 수 없다(대판 1978.10.10, 75도2665) ※ 판례는 직권남용죄(직권남용권리행사방해죄)의 경우의 권리행사가 현실적으로 방해되었을 때 기수가 된다고 본다.

정답 ④

06 공무원의 직무에 관한 죄에 대한 설명으로 가장 적절하지 않은 것은? (다툼이 있는 경우 판례에 의함)

22 경찰승진

① 공무원이 어떠한 위법사실을 발견하고도 직무상 의무에 따른 적절한 조치를 취하지 아니하고 위법사실을 적극적으로 은폐할 목적으로 허위공문서를 작성 행사한 경우에는 허위공문서작성죄 및 동행사죄 이외에도 직무유기죄가 성립한다.

② 명문의 규정이 없더라도 법령과 제도를 종합적, 실질적으로 살펴보아 그것이 해당 공무원의 직무권한에 속한다고 해석되고, 이것이 남용된 경우 상대방으로 하여금 사실상 의무 없는 일을 하게 하거나 권리를 방해하기에 충분한 것이라고 인정되는 경우는 직권남용죄에서 말하는 일반적 직무권한에 포함된다.

③ 직권남용 행위의 상대방이 일반 사인인 경우 특별한 사정이 없는 한 직권에 대응하여 따라야 할 의무가 없으므로 그에게 어떠한 행위를 하게 하였다면 직권남용권리행사방해죄의 '의무 없는 일을 하게 한 때'에 해당할 수 있다.

④ 공무상비밀누설죄에서 말하는 '비밀'이란 실질적으로 그것을 비밀로서 보호할 가치가 있다고 인정할 수 있는 것이어야 한다.

해설

① (×) 공무원이 어떠한 위법사실을 발견하고도 직무상 의무에 따른 적절한 조치를 취하지 아니하고 위법사실을 적극적으로 은폐할 목적으로 허위공문서를 작성, 행사한 경우에는 직무위배의 위법상태는 허위공문서작성 당시부터 그 속에 포함되는 것으로 작위범인 허위공문서작성 및 그 행사죄만이 성립하고 부작위범인 직무유기죄는 따로 성립하지 아니한다(대판 2010.6.24, 2008도11226)

② (○) 대판 2020.10.29, 2020도3972

③ (○) 대판 2020.2.13, 2019도5186

④ (○) 대판 2021.12.30, 2021도11924

정답 ①

07 공무원의 직무에 대한 죄에 관한 설명 중 옳고 그름의 표시(○, ×)가 바르게 된 것은? (다툼이 있는 경우 판례에 의함)

24 경찰채용

> ㉠ 지방자치단체의 교육기관의 장이 수사기관으로부터 징계사유를 통보받고도 징계요구를 하지 아니하여 주무부장관으로부터 징계요구를 하라는 직무이행명령을 받았다 하더라도 그에 대한 이의의 소를 제기한 경우, 수사기관으로부터 통보받은 자료 등으로 보아 징계사유에 해당함이 객관적으로 명백한 경우 등 특별한 사정이 없는 한 징계사유를 통보받은 날로부터 1개월 내에 징계요구를 하지 않았다는 것만으로 곧바로 직무를 유기한 것에 해당하지 않는다.
> ㉡ 공무원이 수수·요구 또는 약속한 금품에 그 직무행위에 대한 대가로서의 성질과 직무 외의 행위에 대한 사례로서의 성질이 불가분적으로 결합되어 있는 경우, 그 수수·요구 또는 약속한 금품 전부가 불가분적으로 직무행위에 대한 대가로서의 성질을 가진다.
> ㉢ 법령에 기한 임명권자에 의하여 임용되어 공무에 종사하여 온 사람이 나중에 임용결격자임이 밝혀져 당초의 임용행위가 무효가 된 경우, 그가 임용행위라는 외관을 갖추어 실제로 공무를 수행하였다 하더라도 수뢰죄의 주체인 공무원이 될 수 없다.
> ㉣ 직무유기죄는 공무원이 법령·내규 등에 의한 추상적 충근의무를 태만히 하는 일체의 경우에 성립하는 것이 아니므로, 어떠한 형태로든 직무집행의 의사로 자신의 직무를 수행한 경우, 그 직무집행의 내용이 위법하다고 평가된다는 점만으로 직무유기죄의 성립을 인정할 수는 없다.

① ㉠(○) ㉡(○) ㉢(×) ㉣(○)
② ㉠(○) ㉡(×) ㉢(○) ㉣(×)
③ ㉠(×) ㉡(○) ㉢(×) ㉣(○)
④ ㉠(×) ㉡(×) ㉢(○) ㉣(○)

해설

㉠ (○) 대판 2013.6.27, 2011도797
㉡ (○) 대판 2012.1.12, 2011도12642
㉢ (×) 법령에 기한 임명권자에 의하여 임용되어 공무에 종사하여 온 사람이 나중에 그가 임용결격자이었음이 밝혀져 당초의 임용행위가 무효라고 하더라도, 그가 임용행위라는 외관을 갖추어 실제로 공무를 수행한 이상 공무 수행의 공정과 그에 대한 사회의 신뢰 및 직무행위의 불가매수성은 여전히 보호되어야 한다. 따라서 이러한 사람은 형법 제129조에서 규정한 공무원으로 봄이 타당하고, 그가 그 직무에 관하여 뇌물을 수수한 때에는 수뢰죄로 처벌할 수 있다(대판 2014.3.27, 2013도11357)
㉣ (○) 대판 2007.7.12, 2006도1390

정답 ①

08 뇌물죄에 관한 설명 중 옳지 않은 것을 모두 고른 것은? (다툼이 있는 경우 판례에 의함)

24 변호사시험

㉠ 뇌물죄에서 뇌물의 내용인 이익이라 함은 금전, 물품 기타의 재산적 이익뿐만 아니라 사람의 수요·욕망을 충족시키기에 족한 일체의 유형·무형의 이익을 포함하므로, 제공된 것이 성적 욕구의 충족이라고 하여 달리 볼 것이 아니다.
㉡ 제3자뇌물수수죄의 제3자란 행위자와 공동정범자 이외의 사람을 말하는 것이므로, 공무원이 자신이 실질적으로 장악하고 있는 A회사 명의의 계좌로 뇌물을 받은 경우 제3자뇌물수수죄가 성립한다.
㉢ 뇌물을 수수함에 있어서 공여자를 기망한 경우 뇌물을 수수한 공무원에 대하여는 뇌물죄와 사기죄가 성립하는 바 보호법익을 달리하는 양 죄는 실체적 경합범으로 처단하여야 한다.
㉣ 뇌물에 공할 금품에 대한 몰수는 특정된 물건에 대한 것이고 형법 제134조 단서는 이를 몰수할 수 없을 경우에는 그 가액을 추징하도록 규정하고 있는 바, 뇌물에 공할 금품이 특정되지 않은 경우에는 그 가액을 추징하여야 한다.
㉤ 甲이 공무원 A에게 뇌물공여의 의사표시를 하였다가 거절된 후 상당한 기간이 지난 뒤에 다시 A에게 별개의 행위로 평가될 수 있는 다른 명목으로 뇌물을 제공하여 A가 이를 수수한 경우, 甲의 전자의 뇌물공여의사표시죄는 후자의 뇌물공여죄에 흡수된다.

① ㉠㉣㉤
② ㉡㉢㉣
③ ㉡㉢㉤
④ ㉡㉣㉤
⑤ ㉡㉢㉣㉤

해설

㉠ (○) 대판 2014.1.29, 2013도13937
㉡ (×) 피고인이 건설회사와 컨설팅회사 간의 용역계약을 가장하여 건설회사들에게서 뇌물을 수수하는 과정에서 건설회사들이 형식적인 용역계약 상대방인 컨설팅회사 계좌로 뇌물을 입금한 것은 사회통념상 피고인에게 직접 뇌물을 공여한 것과 동일하게 평가할 수 있다고 보아 형법 제129조 제1항 **뇌물수수죄가 성립한다**(대판 2011.11.24, 2011도9585)
㉢ (×) 수뢰죄와 사기죄의 **상상적 경합**으로 처단하여야 할 것이다(대판 2015.10.29, 2015도12838)
㉣ (×) 몰수는 특정된 물건에 대한 것이고 추징은 본래 몰수할 수 있었음을 전제로 하는 것임에 비추어 뇌물에 공할 금품이 특정되지 않았던 것은 몰수할 수 없고 그 가액을 추징할 수도 없다(대판 1996.5.8, 96도221)
㉤ (×) 피고인이 공소외 5 등과 공모하여 공동피고인 1에게 뇌물공여의 의사를 표시한 다음 그에 따라 그 뇌물을 공여한 것이 아니라 총인처리시설 설계평가와 관련하여 높은 점수를 달라는 취지로 뇌물을 공여하려다가 거절당하고는 그로부터 수개월이 지난 후에 처음과는 다른 명목으로 뇌물을 공여한 것으로 평가함이 상당하다는 이유로 **위 피고인 1에 대한 2011.4. 중순경 5,000만 원의 뇌물공여의사표시가 2011.8.경 500만 원의 뇌물공여에 흡수되지 않는다**(대판

2013.11.28, 2013도9003)

정답 ⑤

09 뇌물죄에 관한 설명으로 가장 적절하지 않은 것은? (다툼이 있는 경우 판례에 의함)

23 법학특채

① 뇌물죄는 공여자의 출연에 의한 수뢰자의 영득의사의 실현으로서, 공여자의 특정은 직무행위와 관련이 있는 이익의 부담 주체라는 관점에서 파악하여야 할 것이므로, 금품이나 재산상 이익 등이 반드시 공여자와 수뢰자 사이에 직접 수수될 필요는 없다.
② 공무원이 뇌물을 받는 데에 필요한 경비를 지출한 경우 그 경비는 뇌물수수의 부수적 비용에 불과하여 뇌물의 가액과 추징액에서 공제할 항목에 해당하지 않는다.
③ 제3자뇌물수수죄는 공무원이 그 직무에 관하여 부정한 청탁을 받고 뇌물공여자로 하여금 제3자에게 뇌물을 공여하게 한 경우에 성립하는데, 이 경우 뇌물을 받는 제3자는 뇌물임을 인식할 것을 요한다.
④ 공무원이 타인을 기망하여 그로부터 뇌물을 수수한 경우에 뇌물을 수수한 공무원에게는 뇌물죄와 사기죄의 상상적 경합이 성립한다.

> **해설**
>
> ① (○) 대판 2020.9.24, 2017도12389
> ② (○) 대판 2017.3.22, 2016도21536
> ③ (×) 제3자뇌물수수죄에서 뇌물을 받는 제3자가 뇌물임을 인식할 것을 요건으로 하지 않는다 (대판 2019.8.29, 2018도2738 전원합의체)
> ④ (○) 대판 1977.6.7, 77도1069

정답 ③

10 다음 설명 중 가장 옳지 않은 것은? (다툼이 있는 경우 판례에 의함) 23 법원9급

① 공무원이 직무와 관련하여 뇌물수수를 약속하고 퇴직 후 이를 수수하는 경우에는, 뇌물약속과 뇌물수수가 시간적으로 근접하여 연속되어 있다고 하더라도, 뇌물약속죄 및 사후수뢰죄가 성립할 수 있음은 별론으로 하고, 뇌물수수죄는 성립하지 않는다.

② 제3자뇌물수수죄는 공무원 또는 중재인이 직무에 관하여 부정한 청탁을 받고 제3자에게 뇌물을 공여하게 하는 행위를 구성요건으로 하고 있고, 그 중 부정한 청탁은 명시적인 의사표시뿐만 아니라 묵시적인 의사표시로도 가능하며 청탁의 대상인 직무행위의 내용도 구체적일 필요가 없다.

③ 형법 제129조 제1항 뇌물수수죄는 공무원이 직무에 관하여 뇌물을 수수한 때에 적용되는 것으로서, 공무원이 직접 뇌물을 받지 아니하고 증뢰자로 하여금 다른 사람에게 뇌물을 공여하도록 한 경우라도 다른 사람이 공무원의 사자 또는 대리인으로서 뇌물을 받은 경우 등과 같이 사회통념상 다른 사람이 뇌물을 받은 것을 공무원이 직접 받은 것과 같이 평가할 수 있는 관계가 있는 경우에는 형법 제129조 제1항 뇌물수수죄가 성립한다.

④ 제3자뇌물수수죄에서 제3자란 행위자와 공범관계에 있지 않은 사람을 말한다. 그러므로 공무원 또는 중재인이 부정한 청탁을 받고 제3자에게 뇌물을 제공하게 하고 제3자가 그러한 공무원 또는 중재인의 범죄행위를 알면서 방조한 경우, 별도의 처벌규정이 없는 이상 제3자에게 제3자뇌물수수방조죄는 성립할 수 없다.

> **해설**
>
> ① (○) 대판 2013.11.28, 2013도10011
> ② (○) 대판 2019.8.29, 2018도2738 전원합의체
> ③ (○) 대판 1998.9.22, 98도1234
> ④ (×) 제3자뇌물수수죄에서 제3자란 행위자와 공동정범 이외의 사람을 말하고, 교사자나 방조자도 포함될 수 있다. 그러므로 공무원 또는 중재인이 부정한 청탁을 받고 제3자에게 뇌물을 제공하게 하고 제3자가 그러한 공무원 또는 중재인의 범죄행위를 알면서 방조한 경우에는 그에 대한 별도의 처벌규정이 없더라도 방조범에 관한 형법총칙의 규정이 적용되어 **제3자뇌물수수방조죄가 인정될 수 있다**(대판 2017.3.15, 2016도19659) ※ 형법 제32조에 종범에 관한 규정을 두고 있어 종범으로 처벌할 수 있다.

정답 ④

11 뇌물죄에 관한 설명 중 옳은 것은 모두 몇 개인가? (다툼이 있는 경우 판례에 의함) 23 법행

㉠ 뇌물은 공무원의 직무에 관하여 공여되거나 수수된 것으로 족하고, 개개의 직무행위와 대가적 관계에 있을 필요가 없으며, 그 직무행위가 특정된 것일 필요도 없다.
㉡ 국가공무원이 지방자치단체의 업무에 관하여 별도의 위촉절차 등을 거쳐 그 고유의 직무와 관련이 없는 다른 직무를 수행하게 된 경우에는, 그 위촉이 종료된 후 종전에 위촉받아 수행한 직무에 관하여 금품을 수수하더라도 이는 사후수뢰죄에 해당할 수 있음은 별론으로 하고 일반수뢰죄로 처벌할 수 없다.
㉢ 공무원 甲이 시의 도시과 구획정리계 측량기술원으로 근무하면서 다년간 환지측량업무에 종사하게 된 결과 얻은 지식과 경험을 기초로 체비지에 관한 공개경쟁 입찰에서 입찰예정가격이 대략 어느 정도 될 것이라고 추측한 내용을 乙에게 알려준 경우, 甲이 그 대가로 乙로부터 이익을 받기로 약속하였다고 하더라도 그 이익을 뇌물죄에서 말하는 직무에 관련된 대가라고 보기 어렵다.
㉣ 경찰공무원이 슬롯머신 영업에 5천만 원을 투자하여 매월 3백만 원을 배당받기로 약속한 후 35회에 걸쳐 1억 5백만 원을 교부받은 경우, 1억 5백만 원은 그 자체가 뇌물이 되는데, 다만 실제의 뇌물의 액수는 5천만 원을 투자함으로써 얻을 수 있는 통상적인 이익을 초과한 금액이라고 보아야 한다.

① 1개　　② 2개　　③ 3개　　④ 4개

> **해설**
>
> ㉠ (O) 대판 2000.1.21, 99도4940
> ㉡ (O) 대판 2013.11.28, 2013도10011
> ㉢ (O) 대판 1983.3.22, 82도1922
> ㉣ (O) 대판 1995.6.30, 94도993

정답 ④

12 뇌물죄에 관한 설명 중 가장 옳은 것은? (다툼이 있는 경우 판례에 의함)   23 해경간부

① 수수된 금품의 뇌물성을 인정하기 위하여는 그 금품의 개개의 직무행위와 대가적 관계에 있음이 증명되어야 한다.
② 임용될 당시 「지방공무원법」상 임용결격자임에도 공무원으로 임용되어 계속 근무하던 중 직무에 관하여 뇌물을 수수한 경우, 임용행위의 무효에도 불구하고 뇌물수수죄의 성립을 인정할 수 있다.
③ 뇌물을 수수한 자가 공동수수자가 아닌 교사범 또는 종범에게 뇌물 중 일부를 사례금 등의 명목으로 교부한 경우, 실제 수익은 뇌물에서 사례금을 공제한 금액이므로 전체 뇌물액수에서 사례금 상당액을 공제한 금액을 뇌물수수자에게서 몰수·추징하여야 한다.
④ 공무원이 직접 뇌물을 받지 않고 증뢰자로 하여금 자신이 채무를 부담하고 있었던 제3자에게 뇌물을 공여하게 함으로써 자신의 지출을 면하였다면 형법 제130조의 제3자 뇌물제공죄가 성립한다.

> **해설**
>
> ① (×) 뇌물죄는 직무집행의 공정과 이에 대한 사회의 신뢰 및 직무행위의 불가매수성을 그 보호법익으로 하고 있고, 직무에 관한 청탁이나 부정한 행위를 필요로 하는 것은 아니기 때문에 수수된 금품의 뇌물성을 인정하는 데 특별한 청탁이 있어야만 하는 것은 아니고, 또한 금품이 직무에 관하여 수수된 것으로 족하고 개개의 직무행위와 대가적 관계에 있을 필요는 없으며, 그 직무행위가 특정된 것일 필요도 없다(대판 2000.1.21, 99도4940)
> ② (○) 대판 2014.3.27, 2013도11357
> ③ (×) 뇌물을 수수한 자가 공동수수자가 아닌 교사범 또는 종범에게 뇌물 중 일부를 사례금 등의 명목으로 교부하였다면 이는 뇌물을 수수하는 데 따르는 부수적 비용의 지출 또는 뇌물의 소비행위에 지나지 아니하므로, 뇌물수수자에게서 수뢰액 전부를 추징하여야 한다(대판 2011.11.24, 2011도9585)
> ④ (×) 단순수뢰죄가 성립한다(대판 1998.9.22, 98도1234)

정답 ②

13 뇌물죄에 관한 설명 중 옳지 않은 것은? (다툼이 있는 경우 판례에 의함) 22 변호사시험

① 제3자뇌물수수죄에서 제3자란 행위자와 공동정범 및 교사자와 방조자 이외의 사람을 말한다.
② 공무원이 아닌 사람이 공무원과 공동가공의 의사와 이를 기초로 한 기능적 행위지배를 통하여 공무원의 직무에 관하여 뇌물을 수수하는 범죄를 실행하였다면 공무원이 직접 뇌물을 받은 것과 동일하게 평가할 수 있으므로 공무원과 비공무원에게 형법 제129조 제1항에서 정한 뇌물수수죄의 공동정범이 성립한다.
③ 단지 상대방으로 하여금 뇌물을 수수하는 자에게 잘 보이면 어떤 도움을 받을 수 있다거나 손해를 입을 염려가 없다는 정도의 막연한 기대감을 갖게 하는 정도에 불과하고, 뇌물을 수수하는 자 역시 상대방이 그러한 기대감을 가질 것이라고 짐작하면서 수수하였다는 사정만으로는 알선뇌물수수죄가 성립하지 않는다.
④ 공무원이 뇌물을 받는 데에 필요한 경비를 지출한 경우 그 경비는 뇌물수수의 부수적 비용에 불과하여 뇌물의 가액과 추징액에서 공제할 항목에 해당하지 않는다.
⑤ 단일하고도 계속된 범의 아래 일정 기간 반복하여 일련의 뇌물수수 행위와 부정한 행위가 행하여졌고 그 뇌물수수 행위와 부정한 행위 사이에 인과관계가 인정되며 피해법익도 동일하다면 수뢰후부정처사죄의 포괄일죄가 성립한다.

해설

① (×) 제3자뇌물수수죄에서 제3자란 행위자와 공동정범 이외의 사람을 말하고, 교사자나 방조자도 포함될 수 있다(대판 2017.3.15, 2016도19659)
② (○) 대판 2019.8.29, 2018도13792 전원합의체
③ (○) 대판 2017.12.22, 2017도12346
④ (○) 대판 2017.3.22, 2016도21536
⑤ (○) 대판 2021.2.4, 2020도12103

정답 ①

14 뇌물죄에 대한 설명 중 옳은 것(○)과 옳지 않은 것(×)을 바르게 표시한 것은? (다툼이 있는 경우 판례에 의함)

22 경간

> ㉠ 뇌물죄에서 말하는 '직무'에는 법령에 정하여진 직무뿐만 아니라 그와 관련 있는 직무, 관례상이나 사실상 소관하는 직무행위, 과거에 담당하였거나 장래에 담당할 직무 외에 사무분장에 따라 현실적으로 담당하고 있지 않아도 법령상 일반적인 직무권한에 속하는 직무 등 공무원이 그 직위에 따라 담당할 일체의 직무를 포함한다.
> ㉡ 형법 제130조(제3자뇌물제공)에서 정한 '부정한 청탁'이란 그 청탁이 위법하거나 부당한 직무집행을 내용으로 하는 경우는 물론 청탁의 대상이 된 직무집행 그 자체는 위법·부당하지 않다고 하더라도 그 직무집행을 어떤 대가관계와 연결시켜 그 직무집행에 관한 대가의 교부를 내용으로 하는 경우도 포함한다.
> ㉢ 공무원과 공동정범 관계에 있는 비공무원은 제3자뇌물수수죄에서 말하는 제3자가 될 수 없고, 공무원과 공동정범 관계에 있는 비공무원이 뇌물을 받은 경우에는 공무원과 함께 뇌물수수죄의 공동정범이 성립하고, 제3자뇌물수수죄는 성립하지 아니한다.
> ㉣ 형법 제132조의 알선수뢰죄는 당해 직무를 처리하는 다른 공무원과 직접·간접의 연관관계를 가지고 법률상 또는 사실상 영향을 미칠 수 있는 지위에 있는 공무원이 그 지위를 이용하여 다른 공무원의 직무에 속한 사항의 알선에 관하여 뇌물을 수수, 요구, 약속한 때에 성립한다.

① ㉠(○) ㉡(○) ㉢(○) ㉣(○)
② ㉠(○) ㉡(○) ㉢(×) ㉣(○)
③ ㉠(×) ㉡(○) ㉢(○) ㉣(×)
④ ㉠(×) ㉡(×) ㉢(×) ㉣(×)

해설

㉠ (○) 대판 2013.11.28, 2013도9003
㉡ (○) 대판 2017.12.22, 2017도12346
㉢ (○) 대판 2019.8.29, 2018도13792 전원합의체
㉣ (○) 대판 1988.1.19, 86도1138

정답 ①

제2절 공무방해에 관한 죄

01 공무방해에 대한 죄에 관한 설명으로 가장 적절한 것은? (다툼이 있는 경우 판례에 의함)

24 경찰채용

① 위계로써 구체적인 공무집행을 저지하거나 현실적으로 곤란하게 하는 데까지 이르지 아니하였다 하더라도 위계에 의한 공무집행방해죄가 성립한다.
② 공무원 甲이 출원인이 어업허가를 받을 수 없는 자라는 사실을 알면서도 그 직무상의 의무에 따른 적절한 조치를 취하지 않고 오히려 부하직원으로 하여금 어업허가 처리기안문을 작성하게 한 다음 甲 스스로 중간결재를 하는 등 위계로써 결재권자의 최종결재를 받은 경우, 甲에게는 작위범인 위계에 의한 공무집행방해죄만이 성립하고 부작위범인 직무유기죄는 따로 성립하지 아니한다.
③ 甲과 A가 주차문제로 언쟁을 벌이던 중 112 신고를 받고 출동한 경찰관 P가 A를 때리려는 甲을 제지하자, 甲이 자신만 제지를 당한 데 화가 나서 손으로 P의 가슴을 밀치고 계속 욕설을 하면서 자신을 현행범으로 체포하며 순찰차 뒷자석에 태우려는 P의 정강이 부분을 수 차례 걷어차는 등 폭행한 경우, 이는 공무집행방해죄의 '폭행'에 해당하지 않는다.
④ 형법 제136조의 공무집행방해죄는 침해범으로서 현실적으로 직무집행이 방해되어야 기수에 이른다.

> **해설**
>
> ① (×) 위계에 의한 공무집행방해죄에 있어서 위계라 함은 행위자의 행위목적을 이루기 위하여 상대방에게 오인, 착각, 부지를 일으키게 하여 그 오인, 착각, 부지를 이용하는 것을 말하는 것으로 상대방이 이에 따라 그릇된 행위나 처분을 하여야만 이 죄가 성립하는 것이고, 만약 범죄행위가 구체적인 공무집행을 저지하거나 현실적으로 곤란하게 하는 데까지는 이르지 아니하고 미수에 그친 경우에는 위계에 의한 공무집행방해죄로 처벌할 수 없다(대판 2003.2.11, 2002도4293) ※ 위계에 의한 공무집행방해죄의 미수에 해당하나 본죄는 미수범 처벌규정이 없으므로 불가벌이다.
> ② (○) 대판 1997.2.28, 96도2825
> ③ (×) 공무집행방해죄에서 정한 폭행에 해당한다(대판 2018.3.29, 2017도21537).
> ④ (×) 공무집행방해죄는 추상적 위험범으로서 구체적으로 직무집행의 방해라는 결과발생을 요하지 아니한다(대판 2018.3.29, 2017도21537).

정답 ②

02 공무방해에 관한 죄에 관한 설명 중 옳은 것은 모두 몇 개인가? (다툼이 있는 경우 판례에 의함)

24 법행

> ㉠ 경찰관들이 甲에 대한 현행범인의 체포 또는 긴급체포 과정에서 미란다 원칙상 고지사항의 일부만 고지하고 신원확인절차를 밟으려는 순간 甲이 유리조각을 쥐고 휘둘러 이를 제압하려는 경찰관들에게 상해를 입힌 경우, 그 제압과정 중이나 후에 지체 없이 미란다 원칙을 고지하면 되는 것이므로 甲은 위 경찰관들의 긴급체포업무에 관한 정당한 직무집행을 방해한 것으로 볼 수 있다.
> ㉡ 시청 청사 내 주민생활복지과 사무실에 술에 취한 상태로 찾아가 소란을 피우던 乙을 소속 공무원 A와 B가 제지하며 밖으로 데리고 나가려 하자, 乙이 A와 B의 멱살을 잡고 수회 흔든 다음 휴대전화를 휘둘러 A의 뺨을 때린 것은 시청 소속 공무원들의 적법한 직무집행을 방해한 행위에 해당하므로 공무집행방해죄를 구성한다고 보아야 한다.
> ㉢ 피의자가 적극적으로 허위의 증거를 조작하여 제출하고 그 증거 조작의 결과 수사기관이 그 진위에 관하여 나름대로 충실한 수사를 하더라도 제출된 증거가 허위임을 발견하지 못할 정도에 이르렀다면, 이는 위계로 수사기관의 수사행위를 적극적으로 방해한 것으로서 위계에 의한 공무집행방해죄가 성립한다.
> ㉣ 형법 제141조 제1항이 규정하고 있는 공용서류은닉죄에 있어서의 범의란 피고인에게 공무소에서 사용하는 서류라는 사실과 이를 은닉하는 방법으로 그 효용을 해한다는 사실의 인식을 의미하므로, 경찰이 작성한 진술조서가 미완성이고 작성자와 진술자가 서명·날인 또는 무인한 것이 아니어서 공문서로서의 효력이 없다면 공무소에서 사용하는 서류라고 할 수는 없다.

① 1개   ② 2개   ③ 3개   ④ 4개

해설

㉠ (○) 대판 2007.11.29, 2007도7961
㉡ (○) 대판 2022.3.17, 2021도13883
㉢ (○) 대판 2003.7.25, 2003도1609
㉣ (×) 형법 제141조 제1항이 규정하고 있는 공용서류은닉죄에 있어서의 범의란 피고인에게 공무소에서 사용하는 서류라는 사실과 이를 은닉하는 방법으로 그 효용을 해한다는 사실의 인식이 있음으로써 족하고, **경찰이 작성한 진술조서가 미완성이고 작성자와 진술자가 서명·날인 또는 무인한 것이 아니어서 공문서로서의 효력이 없다고 하더라도 공무소에서 사용하는 서류가 아니라고 할 수는 없다**(대판 2006.5.25, 2003도3945)

정답 ③

03 공무집행방해죄에 대한 설명으로 옳은 것은? (다툼이 있는 경우 판례에 의함)   22 경간

① 공무집행방해죄의 폭행은 사람에 대한 유형력의 행사이고 이는 반드시 신체에 대한 것임을 요하며, 본죄에서 '직무를 집행하는'이란 공무원이 직무수행에 직접 필요한 행위를 현실적으로 행하고 있는 때만을 가리킨다.
② 음주운전 신고를 받고 출동한 경찰관 P가 시동이 걸린 차량 운전석에 앉아있던 만취한 甲을 발견하고 음주측정을 위하여 하차를 요구하자 甲이 운전하지 않았다고 다투었고, 이에 P가 차량 블랙박스 확인을 위해 경찰서로 임의동행할 것을 요구하자, 甲이 차량에서 내리자마자 도주하여 P가 이미 착수한 음주측정 직무를 계속하기 위하여 甲을 10미터 정도 추격하여 도주를 제지한 것은 정당한 직무집행에 해당한다.
③ 위계에 의한 공무집행방해죄에서 '공무원의 직무집행'이란 법령의 위임에 따른 공무원의 적법한 직무집행으로서 공권력을 내용으로 하는 권력적 작용에 한정하므로 사경제주체로서의 활동을 비롯한 비권력적 작용은 포함하지 아니한다.
④ 민원상담 시도 종료 이후 소란을 피우고 있는 민원인을 사무실에서 퇴거시키는 등의 후속조치는 민원안내 업무와 관련된 직무수행이라고 할 수 없다.

> **해설**
>
> ① (×) [1] 공무집행방해죄는 직무를 집행하는 공무원에 대하여 폭행 또는 협박한 경우에 성립하는 범죄로서 여기서의 폭행은 사람에 대한 유형력의 행사로 족하고 반드시 그 신체에 대한 것임을 요하지 아니한다(대판 2018.3.29, 2017도21537)
> [2] 공무집행방해죄에 있어서 '직무를 집행하는'이라 함은 공무원이 직무수행에 직접 필요한 행위를 현실적으로 행하고 있는 때만을 가리키는 것이 아니라 공무원이 직무수행을 위하여 근무 중인 상태에 있는 때를 포괄하고, 직무의 성질에 따라서는 그 직무수행의 과정을 개별적으로 분리하여 부분적으로 각각의 개시와 종료를 논하는 것이 부적절하고 여러 종류의 행위를 포괄하여 일련의 직무수행으로 파악함이 상당한 경우가 있다(대판 2018.3.29, 2017도21537)
> ② (○) 대판 2020.8.20, 2020도7193
> ③ (×) 위계에 의한 공무집행방해죄에서 공무원의 직무집행이란 법령의 위임에 따른 공무원의 적법한 직무집행인 이상 공권력의 행사를 내용으로 하는 권력적 작용뿐만 아니라 사경제주체로서의 활동을 비롯한 비권력적 작용도 포함된다(대판 2003.12.26, 2001도6349)
> ④ (×) 민원 상담을 시도한 순간부터 민원 상담 시도를 종료한 순간까지만 주민생활복지과 소속 공무원의 직무 범위인 민원 업무에 해당하는 것으로 보고, 민원 상담 시도 종료 이후 소란을 피우고 있는 피고인을 사무실에서 퇴거시키는 등의 후속 조치는 주민생활복지과 소속 공무원의 직무 범위에 포함되지 않는다고 파악하는 것은 부당하다(대판 2022.3.17, 2021도13883)

정답 ②

04

공무방해에 관한 죄에 대한 설명 중 옳고 그름의 표시 (O, ×)가 모두 바르게 된 것은? (다툼이 있는 경우 판례에 의함)

22 경찰채용

> ㉠ 형법 제136조에서 정한 공무집행방해죄는 직무를 집행하는 공무원에 대하여 폭행 또는 협박한 경우에 성립하는 범죄로서, 여기서의 폭행은 사람에 대한 유형력의 행사로 족하고 반드시 그 신체에 대한 것임을 요하지 아니하며 또한 추상적 위험범으로서 구체적으로 직무집행의 방해라는 결과발생을 요하지도 아니한다.
> ㉡ 甲이 노조원들과 함께 경찰관 P 등이 파업투쟁 중인 공장에 진입할 경우에 대비하여 미리 윤활유나 철판조각을 바닥에 뿌려 놓았고, P 등이 이에 미끄러져 넘어지거나 철판조각에 찔려 다친 경우 설령 甲 등이 그 윤활유나 철판조각을 P등의 면전에서 그들의 공무집행을 방해할 의도로 뿌린 것이 아니라 하더라도 甲의 행위는 특수공무집행방해치상죄에 해당한다.
> ㉢ 야간 당직 근무 중인 청원경찰이 불법주차 단속요구에 응하여 현장을 확인만 하고 주간 근무자에게 전달하여 단속하겠다고 했다는 이유로 민원인이 청원경찰을 폭행한 경우 야간 당직 근무자는 불법주차 단속권한이 없기 때문에 민원인의 행위는 공무집행방해죄에 해당하지 않는다.
> ㉣ 집회를 주최하거나 참가하는 것이 형사처벌의 대상이 되는 위법한 집회·시위가 장차 특정지역에서 개최될 것이 예상되자, 경찰관 P가 이와 시간적·장소적으로 근접하지 않은 다른 지역에서 그 집회·시위에 참가하기 위하여 출발 또는 이동하는 행위를 제지한 경우 이는 공무집행방해죄의 보호대상이 되는 공무원의 적법한 직무집행에 해당하지 않는다.

① ㉠(O) ㉡(O) ㉢(×) ㉣(O)
② ㉠(O) ㉡(×) ㉢(×) ㉣(O)
③ ㉠(×) ㉡(O) ㉢(O) ㉣(O)
④ ㉠(O) ㉡(×) ㉢(O) ㉣(×)

해설

㉠ (O) 대판 2018.3.29, 2017도21537
㉡ (×) 피고인이 노조원들과 함께 경찰관들이 파업투쟁 중인 공장에 진입할 경우에 대비하여 그들의 부재 중에 미리 윤활유나 철판조각을 바닥에 뿌려 놓아 경찰관들이 이에 미끄러져 넘어지거나 철판조각에 찔려 다친 경우 피고인 등이 윤활유나 철판조각을 경찰관들의 면전에서 공무집행을 방해할 의도로 뿌린 것이라는 등의 특별한 사정이 있는 경우는 별론으로 하고 이를 가리켜 경찰관들에 대한 유형력의 행사, 즉 폭행에 해당하는 것으로 볼 수 없어 특수공무집행방해치상죄는 성립하지 아니한다(대판 2010.12.23, 2010도7412)
㉢ (×) 공무집행방해죄가 성립한다(대판 2009.1.15, 2008도9919)
㉣ (O) 대판 2008.11.13, 2007도9794

정답 ②

05 공무집행방해죄에 관한 설명 중 가장 옳지 않은 것은? (다툼이 있는 경우 판례에 의함)

23 법행

① 甲이 차량을 일단 정차한 다음 경찰관의 운전면허증 제시요구에 불응하고 다시 출발하는 과정에서, 경찰관이 잡고 있던 운전석 쪽의 열린 유리창 윗부분을 놓지 않은 채 10 내지 15m 가량을 걸어서 따라가다가 차량속도가 빨라지자 더 이상 따라가지 못하고 손을 놓아버린 경우, 이러한 사실만으로는 甲의 행위가 공무집행방해죄에 있어서의 폭행에 해당한다고 할 수 없다.

② 경찰관 A, B가 甲에 대하여 접수된 피해신고를 받고 함께 출동하여 신고 처리 및 수사 업무를 집행 하던 중, 甲이 같은 장소에서 A, B에게 욕설을 하면서 먼저 경찰관 A를 폭행하고 곧이어 이를 제지하는 경찰관 B를 폭행한 경우, 경찰관 A와 경찰관 B에 대한 공무집행방해죄는 형법 제40조에 정한 상상적 경합의 관계에 있다.

③ 공무집행방해죄는 공무원의 적법한 공무집행이 전제로 되는데, 현행범 체포의 적법성은 체포 당시의 구체적 상황을 기초로 객관적으로 판단하여야 하고, 사후에 범인으로 인정 되었는지에 의할 것은 아니다.

④ 방송국 프로듀서와 촬영감독이 수용 중인 피의자를 접견하면서 촬영하기 위하여, 피의자의 지인인 것처럼 접견을 허가 받은 후, 반입이 금지되어 있는 명함지갑 모양의 녹음 · 녹화 장비를 교정시설 내로 반입한 행위는 위계에 의한 공무집행방해죄를 구성한다.

⑤ 가처분신청 시 당사자가 허위의 주장을 하거나 허위의 증거를 제출하였다 하더라도 그것만으로 바로 위계에 의한 공무집행방해죄가 성립한다고 볼 수 없다.

해설

① (○) 대판 1996.4.26, 96도281
② (○) 대판 2009.6.25, 2009도3505
③ (○) 대판 1991.5.10, 91도453
④ (×) 위계로 공무집행을 방해한 것이라고 볼 수 없다(대판 2022.3.31, 2018도15213)
⑤ (○) 대판 2012.4.26, 2011도17125

정답 ④

06 다음 중 공무집행방해죄에 대한 설명으로 가장 옳지 않은 것은? (다툼이 있는 경우 판례에 의함)

23 해경승진

① 경찰관이 도로를 순찰하던 중 벌금 미납으로 수배된 피고인과 조우(遭遇)하여 형집행장을 소지하지 아니한 채 급속을 요하여 그에게 형집행 사유와 더불어 형집행장이 발부되어 있는 사실을 고지하고 벌금 미납으로 인한 노역장 유치의 집행을 위해 구인하려 하였는데, 피고인이 이에 저항하여 그 경찰관을 폭행한 경우 공무집행방해죄가 성립한다.

② 형법상 공무집행방해죄는 직무를 집행하는 공무원에 대하여 폭행 또는 협박한 경우에 성립하는 범죄로서, 여기서의 폭행은 사람에 대한 유형력의 행사로 족하고 반드시 신체에 대한 것임을 요하지 아니하며, 또한 추상적 위험범으로서 구체적으로 직무집행의 방해라는 결과발생을 요하지도 아니한다.

③ 피고인이 같은 장소에서 함께 출동한 경찰관들 중 먼저 경찰관 A를 폭행하고 곧이어 이를 제지하는 경찰관 B를 폭행한 경우, 위와 같이 동일한 장소에서 동일한 기회에 이루어진 폭행 행위는 사회관념상 1개의 행위로 평가하는 것이 상당하므로 A와 B에 대한 공무집행방해죄는 포괄일죄의 관계에 있다.

④ 피고인이 지구대 내에서 약 1시간 이상 경찰관에게 큰소리로 욕을 하고 의자에 드러눕거나 다른 사람들에게 시비를 걸고, 경찰관들이 피고인을 내보낸 뒤 문을 잠그자 다시 들어오기 위해 출입문을 계속해서 두드리는 등 소란을 피운 경우 공무원에 대한 간접적인 유형력의 행사로 볼 수 있어 공무집행방해죄가 성립할 수 있다.

> **해설**
>
> ① (○) 대판 2013.9.12, 2012도2349
> ② (○) 대판 2018.3.29, 2017도21537
> ③ (×) 여럿의 공무집행방해죄는 상상적 경합의 관계에 있다(대판 2009.6.25, 2009도3505)
> ④ (○) 대판 2013.12.26, 2013도11050

정답 ③

07 공무방해의 죄에 관한 설명 중 가장 적절하지 않은 것은? (다툼이 있는 경우 판례에 의함)

23 경찰채용

① 형법 제136조에서 정한 공무집행방해죄는 직무를 집행하는 공무원에 대하여 폭행 또는 협박한 경우에 성립하는 범죄로서, 구체적으로 직무집행의 방해라는 결과가 발생할 것을 요하지는 않는다.
② 공용서류등무효죄의 '공무소에서 사용하는 서류 기타 전자기록'에는 공문서로서의 효력이 생기기 이전의 서류, 정식의 접수 및 결재 절차를 거치지 않은 문서, 결재 상신 과정에서 반려된 문서도 포함된다.
③ 타인의 소변을 마치 자신의 소변인 것처럼 수사기관에 건네주어 필로폰 음성반응이 나오게 한 경우, 수사기관의 착오를 이용하여 적극적으로 피의사실에 관한 증거를 조작한 것이므로 위계에 의한 공무집행방해죄를 구성한다.
④ 공무상표시무효죄는 공무원이 그 직무에 관하여 실시한 봉인 또는 압류 기타 강제처분의 표시를 적극적으로 손상 은닉하거나 기타 방법으로 그 효용을 해하는 것을 요건으로 하므로, 부작위에 의한 방법으로는 공무상표시무효죄를 범할 수 없다.

해설

① (○) 대판 2018.3.29, 2017도21537
② (○) 대판 2020.12.10, 2015도19296
③ (○) 대판 2007.10.11, 2007도6101
④ (×) [1] 압류된 골프장시설을 보관하는 회사의 대표이사가 위 압류시설의 사용 및 봉인의 훼손을 방지할 수 있는 적절한 조치 없이 골프장을 개장하게 하여 봉인이 훼손되게 한 경우에 대표이사에게 작위의무를 인정할 수 있다.
[2] 압류된 골프장시설을 보관하는 회사의 대표이사가 위 압류시설의 사용 및 봉인의 훼손을 방지할 수 있는 적절한 조치 없이 골프장을 개장하게 하여 봉인이 훼손되게 한 경우, 부작위에 의한 공무상표시무효죄가 성립한다(대판 2005.7.22, 2005도3034).

정답 ④

08 공무방해에 관한 죄에 대한 설명으로 옳지 않은 것은? (다툼이 있는 경우 판례에 의함)

22 검찰7급

① 노조원들이 파업투쟁 중인 공장에 경찰관들이 진입할 것에 대비하여 경찰관들의 부재중에 미리 윤활유나 철판 조각을 바닥에 뿌려 놓은 경우 그 후 공장에 진입하던 경찰관들이 이로 인해 미끄러져 넘어지거나 철판 조각에 찔려 다쳤다고 하더라도 특수공무집행방해치상죄가 성립하지 않는다.

② 절도범인이 체포를 면탈할 목적으로 경찰관에게 폭행을 가한 때에는 준강도죄와 공무집행방해죄를 구성하고 양 죄는 상상적 경합 관계에 있으나, 강도범인이 체포를 면탈할 목적으로 경찰관에게 폭행을 가한 때에는 강도죄와 공무집행방해죄는 실체적 경합 관계에 있다.

③ 집행관이 법원으로부터 피신청인에 대하여 부작위를 명하는 가처분이 발령되었음을 고시하는 데 그치고 나아가 봉인 또는 물건을 자기의 점유로 옮기는 등의 구체적인 집행행위를 하지 아니한 경우 단순히 피신청인이 가처분의 부작위명령을 위반하였다는 것만으로는 공무상표시무효죄가 성립하지 않는다.

④ 집행관이 유체동산을 가압류하면서 이를 채무자에게 보관하도록 한 경우 채무자가 가압류된 유체동산을 제3자에게 양도하고 그 점유를 이전한 경우라도 채무자와 양수인이 가압류된 유체동산을 원래 있던 장소에 그대로 두었다면 특별한 사정이 없는 한 공무상표시무효죄가 성립하지 않는다.

> **해설**
>
> ① (○) 대판 2010.12.23, 2010도7412
> ② (○) 대판 1992.7.28, 92도917
> ③ (○) 대판 2016.5.12, 2015도20322
> ④ (×) 집행관이 유체동산을 가압류하면서 이를 채무자에게 보관하도록 한 경우 그 가압류의 효력은 압류된 물건의 처분행위를 금지하는 효력이 있으므로 채무자가 가압류된 유체동산을 제3자에게 양도하고 그 점유를 이전한 경우 이는 가압류집행이 금지하는 처분행위로서 특별한 사정이 없는 한 가압류표시 자체의 효력을 사실상으로 감쇄 또는 멸각시키는 행위에 해당한다. 이는 채무자와 양수인이 가압류된 유체동산을 원래 있던 장소에 그대로 두었다고 하더라도 마찬가지이다(대판 2018.7.11, 2015도5403) ※ 공무상표시무효죄가 성립한다.

정답 ④

제3절 도주와 범인은닉의 죄

01 국가의 기능에 대한 죄에 관한 설명으로 가장 적절하지 않은 것은? (다툼이 있는 경우 판례에 의함)

24 경찰채용

① 범인 스스로 도피하는 행위는 처벌되지 않으므로, 범인이 도피를 위하여 타인에게 도움을 요청하는 행위 역시 도피행위의 범주에 속하는 한 처벌되지 않고, 범인이 타인으로 하여금 허위의 자백을 하게 하는 등으로 범인도피죄를 범하게 하는 경우와 같이 그것이 방어권의 남용으로 볼 수 있을 때라 하더라도 범인도피교사죄로 처벌할 수 없다.

② 직권남용권리행사방해죄는 단순히 공무원이 직권을 남용하는 행위를 하였다는 것만으로 곧바로 성립하는 것이 아니라, 직권을 남용하여 현실적으로 다른 사람으로 하여금 법령상 의무 없는 일을 하게 하였거나 다른 사람의 구체적인 권리행사를 방해하는 결과가 발생하여야 하고, 그 결과의 발생은 직권남용 행위로 인한 것이어야 한다.

③ 형법 제151조 제1항의 범인도피죄에서 '죄를 범한 자'라 함은 범죄의 혐의를 받아 수사대상이 되어 있는 자를 포함하고, 나아가 벌금 이상의 형에 해당하는 죄를 범한 자라는 것을 인식하면서도 도피하게 한 경우에는 그 자가 당시에는 아직 수사대상이 되어 있지 않았다고 하더라도 범인도피죄가 성립한다.

④ 증인의 증언은 그 전부를 일체로 관찰·판단하는 것이므로 선서한 증인이 일단 기억에 반하는 허위의 진술을 하였더라도 그 신문이 끝나기 전에 그 진술을 철회·시정한 경우 위증이 되지 않는다.

> **해설**
>
> ① (×) 범인 스스로 도피하는 행위는 처벌되지 아니하는 것이므로, 범인이 도피를 위하여 타인에게 도움을 요청하는 행위 역시 도피행위의 범주에 속하는 한 처벌되지 아니하는 것이며, 범인의 요청에 응하여 범인을 도운 타인의 행위가 범인도피죄에 해당한다고 하더라도 이를 방어권의 남용으로 볼 수 없는 한 마찬가지이다(대판 2014.4.10, 2013도12079)
> ② (○) 대판 2016.11.10, 2016도13734
> ③ (○) 대판 2003.12.12, 2003도4533
> ④ (○) 대판 1993.12.7, 93도2510

정답 ①

02 범인도피죄에 관한 설명 중 가장 옳지 않은 것은? (다툼이 있는 경우 판례에 의함) 24 법행

① 범인도피죄는 범인을 도피하게 함으로써 기수에 이르지만, 범인도피행위가 계속되는 동안에는 범죄행위도 계속되고 행위가 끝날 때 비로소 범죄행위가 종료되므로, 공범자의 범인도피행위 도중에 그 범행을 인식하면서 그와 공동의 범의를 가지고 기왕의 범인도피상태를 이용하여 스스로 범인도피행위를 계속한 경우에는 범인도피죄의 공동정범이 성립한다.

② 범인이 자신을 위하여 형법 제151조 제2항에 의하여 처벌을 받지 아니하는 친족 등으로 하여금 허위의 자백을 하게 하여 범인도피죄를 범하게 하는 경우 범인도피교사죄가 성립한다.

③ 피고인이 검사로부터 범인을 검거하라는 지시를 받고서도 그 직무상의 의무에 따른 적절한 조치를 취하지 아니하고 오히려 범인에게 전화로 도피하라고 권유하여 그를 도피하게 한 경우 범인도피죄만이 성립하고 부작위범인 직무유기죄는 따로 성립하지 않는다.

④ 공범 중 1인이 그 범행에 관한 수사절차에서 참고인 또는 피의자로 조사받으면서 자기의 범행을 구성하는 사실관계에 관하여 허위로 진술하고 허위 자료를 제출하는 것은 자신의 범행에 대한 방어권 행사의 범위를 벗어난 것으로 볼 수 없으므로, 이러한 행위가 다른 공범을 도피하게 하는 결과가 된다고 하더라도 범인도피죄로 처벌할 수 없다.

⑤ 도로교통법위반으로 체포된 범인이 타인의 성명을 모용한다는 정을 알면서 신원보증인으로서 신원보증서를 작성하여 수사기관에 제출하면서 피의자의 인적 사항을 허위로 기재하였다면 수사기관에 대한 적극적 기망의사나 범인을 석방시킬 의도가 없었다고 하더라도 범인도피죄가 성립한다.

> **해설**
>
> ① (○) 대판 1995.9.5. 95도577
> ② (○) 대판 2006.12.7. 2005도3707
> ③ (○) 대판 1996.5.10. 96도51
> ④ (○) 대판 2018.8.1. 2015도20396
> ⑤ (×) 수사절차에서 작성되는 신원보증서는 피의자나 신원보증인에게 심리적인 부담을 줌으로써 수사기관이나 재판정에의 출석 또는 형 집행 등 형사사법절차상의 편의를 도모하는 것에 불과하여 보증인에게 법적으로 진실한 서류를 작성·제출할 의무가 부과된 것은 아니므로, 신원보증서를 작성하여 수사기관에 제출하는 보증인이 피의자의 인적사항을 허위로 기재하였다고 하더라도 그로써 적극적으로 수사기관을 기망한 결과 피의자를 석방하게 하였다는 등 특별한 사정이 없는 한 그 행위만으로 범인도피죄가 성립되지 않는다(대판 2003.2.14. 2002도5374). ※ 신원보증서는 법적 강제사항이 아니라 행정상 편의를 위한 것이므로 범인도피죄가 성립하지 않는다.

정답 ⑤

03 범인도피죄에 대한 설명으로 옳은 것은? (다툼이 있는 경우 판례에 의함) 23 검찰7급

① '도피하게 하는 행위'란 은닉을 포함하여 범인에 대한 수사, 재판, 형의 집행 등 형사사법의 작용을 곤란하게 하거나 불가능하게 하는 일체의 행위를 말한다.

② 甲이 무면허운전으로 교통사고를 내자 자신의 아들 乙을 경찰서에 대신 출석시켜 피의자로 조사받도록 한 경우 乙을 범인도피죄로 처벌할 수는 없고 甲의 행위 역시 범인도피교사죄에 해당하지 않는다.

③ 甲이 참고인조사절차에서 자기의 범행을 구성하는 사실관계에 관하여 허위로 진술함으로써 공범 乙을 도피하게 하는 결과가 된다고 하더라도 범인도피죄로 처벌할 수 없으며, 이때 乙이 甲에게 이러한 행위를 교사하였더라도 乙에게는 범인도피교사죄가 성립하지 않는다.

④ 참고인이 수사기관에서 범인에 관하여 조사를 받으면서 그가 알고 있는 사실을 묵비하거나 허위로 진술한 경우, 그것이 적극적으로 수사기관을 기만하여 착오에 빠지게 함으로써 범인의 발견 또는 체포를 곤란 내지 불가능하게 할 정도의 것이라 하더라도 그 참고인에게는 범인도피죄가 성립하지 않는다.

> **해설**
>
> ① (×) 범인도피죄는 **범인은닉 이외의 방법으로** 범인에 대한 수사·재판 및 형의 집행 등 형사사법의 작용을 곤란 또는 불가능하게 하는 행위를 말한다(대판 1995.3.3, 93도3080)
>
> ② (×) 범인이 자신을 위하여 타인으로 하여금 허위의 자백을 하게 하여 범인도피죄를 범하게 하는 행위는 방어권의 남용으로 범인도피교사죄에 해당하는 바, 이 경우 그 타인이 형법 제151조 제2항에 의하여 처벌을 받지 아니하는 친족 또는 동거 가족에 해당한다 하여 달리 볼 것은 아니다(대판 2006.12.7, 2005도3707)
>
> ③ (○) 대판 2018.8.1, 2015도20396
>
> ④ (×) 참고인이 수사기관에서 범인에 관하여 조사를 받으면서 그가 알고 있는 사실을 묵비하거나 허위로 진술하였다고 하더라도, 그것이 적극적으로 수사기관을 기만하여 착오에 빠지게 함으로써 범인의 발견 또는 체포를 곤란 내지 불가능하게 할 정도가 아닌 한 범인도피죄를 구성하지 않는다(대판 2008.12.24, 2007도11137)

정답 ③

04 다음 설명 중 옳지 않은 것은 모두 몇 개인가? (다툼이 있는 경우 판례에 의함) 23 법행

> ㉠ 범인은닉죄라 함은 죄를 범한 자임을 인식하면서 장소를 제공하여 체포를 면하게 하는 것만으로 성립한다 할 것이고, 죄를 범한 자에게 장소를 제공한 후 동인에게 일정기간 동안 경찰에 출두하지 말라고 권유하는 언동을 하여야만 범인은닉죄가 성립하는 것이 아니며, 또 그 권유에 따르지 않을 경우 강제력을 행사하여야만 한다거나, 죄를 범한 자가 은닉자의 말에 복종하는 관계에 있어야만 범인은닉죄가 성립하는 것은 더욱 아니다.
> ㉡ 甲이 乙이 기소중지자임을 알고도 乙의 부탁으로 다른 사람의 명의로 대신 임대차계약을 체결해 준 것 만으로 甲이 乙을 은닉 내지 도피시키려는 의사가 있었다고 보기 어려우므로 甲에게는 범인도피죄를 인정할 수 없다.
> ㉢ 피고인들이 부정수표단속법 피의자 A가 공소외 B에 대하여 지는 또 다른 노임채무를 인수키로 하는 지불각서를 작성하여 주고 위 B가 A를 수사당국에 인계하는 것을 포기하기로 하는 합의가 이루어져 위 A가 수사당국에 인계되지 않은 경우이면 피고인들에 대하여 범인도피죄의 성립을 인정할 수 있다.
> ㉣ 재판장이 선서할 증인에 대하여 선서 전에 위증의 벌을 경고하지 않았다는 등의 사유는 그 증인신문절차에서 증인 자신이 위증의 벌을 경고하는 내용의 선서서를 낭독하고 기명날인 또는 서명한 이상 위증의 벌을 몰랐다고 할 수 없을 것이므로 증인 보호에 사실상 장애가 초래되었다고 볼 수 없고, 따라서 위증죄의 성립에 지장이 없다.

① 1개 ② 2개 ③ 3개 ④ 4개

해설

㉠ (○) 대판 2002.10.11, 2002도3332
㉡ (×) 범인이 기소중지자임을 알고도 범인의 부탁으로 다른 사람의 명의로 대신 임대차계약을 체결해 준 경우 비록 임대차계약서가 공시되는 것은 아니라 하더라도 수사기관이 탐문수사나 신고를 받아 범인을 발견하고 체포하는 것을 곤란하게 하여 범인도피죄에 해당한다(대판 2004.3.26, 2003도8226)
㉢ (×) 피고인들이 부정수표단속법 피의자 A가 공소외 B에 대하여 지는 또 다른 노임채무를 인수키로 하는 지불각서를 작성하여 주고 위 B가 A를 수사당국에 인계하는 것을 포기하기로 하는 합의가 이루어져 위 A가 수사당국에 인계되지 않은 경우이면 피고인들에 대하여 범인도피죄의 성립을 인정할 수 없다(대판 1984.2.14, 83도2209) ※ 단순히 소극적으로 수사당국에 인계하지 않은 것뿐이지 적극적으로 도피시킨 것이 아니므로 범인도피죄가 성립하지 않는다.
㉣ (○) 대판 2010.1.21, 2008도942 전원합의체

정답 ②

제4절 위증과 증거인멸의 죄

01 위증죄에 관한 설명으로 가장 적절한 것은? (다툼이 있는 경우 판례에 의함)   24 경찰승진

① 자신의 범행을 일관되게 부인하였으나 유죄판결이 확정된 피고인이 별건으로 기소된 공범의 형사사건에서 증인으로 출석한 후 선서하고 증언함에 있어 자신의 기억에 반하는 허위의 진술을 한 경우 위증죄가 성립한다.
② 선서한 증인이 일단 기억에 반하는 허위의 진술을 하였다면 위증죄는 기수에 달하고 그 신문이 끝나기 전에 그 진술을 철회·시정한 경우에도 위증죄가 성립한다.
③ 피고인이 자기의 형사사건에 관하여 타인을 교사하여 위증죄를 범하게 한 경우 위증교사죄로 처벌할 수 없다.
④ 위증죄에 있어서 허위 진술의 내용은 요증사실에 관한 것이거나 판결에 영향을 미친 것에 한정된다.

> **해설**
>
> ① (○) 대판 2008.10.23, 2005도10101
> ② (×) 선서한 증인이 일단 기억에 반하는 허위의 진술을 하였더라도 그 신문이 끝나기 전에 그 진술을 철회 시정한 경우 위증이 되지 아니한다(대판 1993.12.7, 93도2510)
> ③ (×) 자기의 형사사건에 관하여 타인을 교사하여 위증죄를 범하게 한 경우에는 방어권남용으로서 위증죄의 교사범이 성립한다(대판 2004.1.27, 2003도5114)
> ④ (×) 위증죄는 법률에 의하여 선서한 증인이 허위의 공술을 한 때에 성립하는 것으로서, 그 공술의 내용이 당해 사건의 요증사실에 관한 것인지의 여부나 판결에 영향을 미친 것인지의 여부는 위증죄의 성립과 아무런 관계가 없다(대판 1990.2.23, 89도1212)

정답 ①

02 다음 설명 중 가장 옳지 않은 것은? (다툼이 있는 경우 판례에 의함) 24 법행

① 민사소송의 당사자는 증인능력이 없으므로 증인으로 선서하고 증언하였다고 하더라도 위증죄의 주체가 될 수 없고, 이러한 법리는 민사소송에서의 당사자인 법인의 대표자의 경우에도 마찬가지로 적용된다.

② 공범인 공동피고인은 당해 소송절차에서는 피고인의 지위에 있어 다른 공동피고인에 대한 공소사실에 관하여 증인이 될 수 없으나, 소송절차가 분리되어 피고인의 지위에서 벗어나게 되면 다른 공동피고인에 대한 공소사실에 관하여 증인이 될 수 있다.

③ 위증죄는 법률에 의하여 선서한 증인이 자기의 기억에 반하는 사실을 진술함으로써 성립하므로, 증인의 진술이 경험한 사실에 대한 법률적 평가이거나 단순한 의견에 지나지 아니하는 경우에는 위증죄에서 말하는 허위의 진술이라고 할 수 없고, 경험한 사실에 기초한 주관적 평가나 법률적 효력에 관한 견해를 부연한 부분에 다소의 오류가 있다 하여도 위증죄가 성립하지 않는다.

④ 증인의 증언은 그 전부를 일체로 관찰·판단하는 것이므로, 증인이 1회 또는 수회의 기일에 걸쳐 이루어진 1개의 증인신문절차에서 허위의 진술을 하고 그 진술이 철회·시정된 바 없이 그대로 증인신문절차가 종료되었더라도 그 후 별도의 증인 신청 및 채택 절차를 거쳐 다시 신문을 받는 과정에서 종전 신문절차에서의 진술을 철회·시정하였다면 위증죄의 성립은 부정된다.

해설

① (○) 대판 1998.3.10, 97도1168
② (○) 대판 2012.3.29, 2009도11249
③ (○) 대판 2007.10.26, 2007도5076
④ (×) 증인이 1회 또는 수회의 기일에 걸쳐 이루어진 1개의 증인신문절차에서 허위의 진술을 하고 그 진술이 철회·시정된 바 없이 그대로 증인신문절차가 종료된 경우 그로써 위증죄는 기수에 달하고, 그 후 별도의 증인 신청 및 채택 절차를 거쳐 그 증인이 다시 신문을 받는 과정에서 종전 신문절차에서의 진술을 철회·시정한다 하더라도 그러한 사정은 형법 제153조가 정한 형의 감면사유에 해당할 수 있을 뿐, 이미 종결된 종전 증인신문절차에서 행한 위증죄의 성립에 어떤 영향을 주는 것은 아니다. 위와 같은 법리는 증인이 별도의 증인신문절차에서 새로이 선서를 한 경우뿐만 아니라 종전 증인신문절차에서 한 선서의 효력이 유지됨을 고지 받고 진술한 경우에도 마찬가지로 적용된다(대판 2010.9.30, 2010도7525) ※ **위증죄의 기수 이후에 철회·시정하더라도 위증죄의 성립에 영향이 없다.**

정답 ④

03 다음 설명 중 가장 옳지 않은 것은? (다툼이 있는 경우 판례에 의함) 23 법원9급

① 위증죄에 있어서 증인의 증언이 기억에 반하는 허위진술인지 여부는 그 증언의 단편적인 구절에 구애될 것이 아니라 당해 신문절차에 있어서의 증언 전체를 일체로 파악하여 판단하여야 할 것이고, 그 진술이 객관적 사실과 부합하지 않는다고 하여 그 증언이 곧바로 기억에 반하는 진술이라고 단정할 수는 없다.

② 위증죄는 법률에 의하여 선서한 증인이 자기의 기억에 반하는 사실을 진술함으로써 성립하므로, 증인의 진술이 경험한 사실에 대한 법률적 평가이거나 단순한 의견에 지나지 아니하는 경우에는 위증죄에서 말하는 허위의 진술이라고 할 수 없고, 경험한 사실에 기초한 주관적 평가나 법률적 효력에 관한 견해를 부연한 부분에 다소의 오류가 있다 하여도 위증죄가 성립하지 않는다.

③ 피고인이 자기의 형사사건에 관하여 허위의 진술을 하는 행위는 피고인의 방어권을 인정하는 취지에서 처벌의 대상이 되지 않으나, 법률에 의하여 선서한 증인이 타인의 형사사건에 관하여 위증을 하면 형법 제152조 제1항의 위증죄가 성립되므로 자기의 형사사건에 관하여 타인을 교사하여 위증죄를 범하게 하는 것은 이러한 방어권을 남용하는 것이어서 교사범의 죄책을 부담한다.

④ 민사소송의 당사자는 증인능력이 없으므로 증인으로 선서하고 증언하였다고 하더라도 위증죄의 주체가 될 수 없으나, 민사소송에서의 당사자인 법인의 대표자의 경우에는 증인으로 선서하고 증언하는 것이 가능하므로 위증죄의 주체가 될 수 있다.

해설

① (○) [1] 위증죄에서 증인의 증언이 기억에 반하는 허위 진술인지 여부를 가릴 때에는 그 증언의 단편적인 구절에 구애될 것이 아니라 당해 신문 절차에서 한 증언 전체를 일체로 파악하여야 한다(대판 2007.10.26, 2007도5076)
[2] 위증죄는 법률에 의하여 선서한 증인이 자기의 기억에 반하는 사실을 진술함으로써 성립하는 것이므로 그 진술이 객관적 사실과 부합하지 않는다고 하더라도 증인의 기억에 반하는지 여부를 가려보기 전에는 위증이라고 단정할 수는 없다(대판 1988.12.13, 88도80)

② (○) 대판 1984.2.14, 83도37

③ (○) 대판 2004.1.27, 2003도5114

④ (×) 민사소송의 당사자는 증인능력이 없으므로 증인으로 선서하고 증언하였다고 하더라도 위증죄의 주체가 될 수 없고, 이러한 법리는 민사소송에서의 당사자인 법인의 대표자의 경우에도 마찬가지로 적용된다(대판 1998.3.10, 97도1168)

정답 ④

04 다음 중 옳은 것을 모두 고른 것은? (다툼이 있는 경우 판례에 의함) 23 경찰채용

> ㉠ 위증죄는 법률에 의하여 선서한 증인이 사실에 관하여 기억에 반하는 진술을 한 때에 성립하고, 증인의 진술이 경험한 사실에 대한 법률적 평가이거나 단순한 의견에 지나지 아니하는 경우에는 위증죄에서 말하는 허위의 공술이라고 할 수 없으나, 경험한 객관적 사실에 대한 증인 나름의 법률적·주관적 평가나 의견을 부연한 부분에 다소의 오류나 모순이 있는 경우 위증죄가 성립한다.
> ㉡ 피고인 자신이 직접 형사처분이나 징계처분을 받게 될 것을 두려워한 나머지 자기의 이익을 위하여 그 증거가 될 자료를 인멸하였다면, 그 행위가 동시에 다른 공범자의 형사사건이나 징계사건에 관한 증거를 인멸한 결과가 된다고 하더라도 이를 증거인멸죄로 다스릴 수 없다.
> ㉢ 피고인 자신을 위해 증인을 도피하게 한 행위가 동시에 다른 공범자의 형사사건이나 징계사건에 관한 증인을 도피하게 한 결과로 되는 경우 증인도피죄가 성립한다.
> ㉣ 참고인이 타인의 형사사건 등에 관하여 제3자와 대화를 하면서 허위로 진술하고 위와 같은 허위 진술이 담긴 대화 내용을 녹음한 녹음파일 또는 이를 녹취한 녹취록을 만들어 수사기관 등에 제출하는 것은 증거위조죄를 구성하지 아니한다.
> ㉤ 무고죄는 국가의 형사사법권 또는 징계권의 적정한 행사를 주된 보호법익으로 하고 다만, 개인의 부당하게 처벌 또는 징계받지 아니할 이익을 부수적으로 보호하는 죄이므로, 설사 무고에 있어서 피무고자의 승낙이 있었다고 하더라도 무고죄가 성립한다.

① ㉠㉡   ② ㉡㉣   ③ ㉡㉤   ④ ㉢㉤

해설

㉠ (×) 법률에 의하여 선서한 증인의 진술이 경험한 객관적 사실에 대한 증인 나름의 법률적·주관적 평가나 의견을 부연한 부분에 다소의 오류나 모순이 있더라도 위증죄가 성립하는 것은 아니다(대판 2009.3.12, 2008도11007)
㉡ (○) 대판 1995.9.29, 94도2608
㉢ (×) 피고인 자신이 직접 형사처분이나 징계처분을 받게 될 것을 두려워한 나머지 자기의 이익을 위하여 증인이 될 사람을 도피하게 하였다면, 그 행위가 동시에 다른 공범자의 형사사건이나 징계사건에 관한 증인을 도피하게 한 결과가 된다고 하더라도 이를 증인도피죄로 처벌할 수 없다(대판 2003.3.14, 2002도6134)
㉣ (×) 증거위조죄가 성립한다(대판 2013.12.26, 2013도8085)
㉤ (○) 대판 2005.9.30, 2005도2712

정답 ③

05 증거위조죄에 관한 설명 중 가장 옳지 않은 것은? (다툼이 있는 경우 판례에 의함) 23 법원9급

① 사실의 증명을 위해 작성된 문서가 그 사실에 관한 내용이나 작성명의 등에 아무런 허위가 없다고 하더라도 사실증명에 관한 문서가 형사사건 또는 징계사건에서 허위의 주장에 관한 증거로 제출되어 그 주장을 뒷받침하게 된 경우라면 형법 제155조 제1항의 증거위조죄가 성립한다.

② 형법 제155조 제1항의 증거위조죄에서 말하는 '증거'란 타인의 형사사건 또는 징계사건에 관하여 수사기관이나 법원 또는 징계기관이 국가의 형벌권 또는 징계권의 유무를 확인하는 데 관계있다고 인정되는 일체의 자료를 뜻한다. 따라서 범죄 또는 징계사유의 성립 여부에 관한 것뿐만 아니라 형 또는 징계의 경중에 관계있는 정상을 인정하는 데 도움이 될 자료까지도 본조가 규정한 증거에 포함된다.

③ 형법 제155조 제1항은 타인의 형사사건 또는 징계사건에 관한 증거를 인멸, 은닉, 위조 또는 변조하거나 위조 또는 변조한 증거를 사용한 자를 처벌하고 있고, 여기서의 '위조'란 문서에 관한 죄의 위조 개념과는 달리 새로운 증거의 창조를 의미한다.

④ 형법 제155조 제1항에서 타인의 형사사건에 관한 증거를 위조한다 함은 증거 자체를 위조함을 말하는 것이고, 참고인이 수사기관에서 허위의 진술을 하는 것은 이에 포함되지 아니한다.

> **해설**
> ① (×) 사실의 증명을 위해 작성된 문서가 그 사실에 관한 내용이나 작성명의 등에 아무런 허위가 없다면 '증거위조'에 해당한다고 볼 수 없다. 설령 사실증명에 관한 문서가 형사사건 또는 징계사건에서 허위의 주장에 관한 증거로 제출되어 그 주장을 뒷받침하게 되더라도 마찬가지이다(대판 2021.1.28, 2020도2642)
> ② (○) 대판 2021.1.28, 2020도2642
> ③ (○) 대판 2021.1.28, 2020도2642
> ④ (○) 대판 2011.7.28, 2010도2244

정답 ①

06 다음 설명 중 옳고 그름의 표시(O, ×)가 바르게 된 것은? (다툼이 있는 경우 판례에 의함)

23 경찰채용

> ㉠ 범죄 또는 징계사유의 성립 여부에 관한 것뿐만 아니라 형 또는 징계의 경중에 영향을 미치는 정상을 인정하는 데 도움이 될 자료까지도 증거위조죄에서 규정한 '증거'에 포함된다.
> ㉡ 자신이 직접 형사처분을 받게 될 것을 두려워한 나머지 자기의 이익을 위하여 그 증거가 될 자료를 은닉하였다면 증거은닉죄에 해당하지 않고, 제3자와 공동하여 그러한 행위를 하였더라도 마찬가지이다.
> ㉢ 모해위증죄에 있어서 甲이 A를 모해할 목적으로 그러한 목적이 없는 乙에게 위증을 교사한 경우, 공범종속성에 관한 일반 규정인 형법 제31조 제1항이 공범과 신분에 관한 형법 제33조 단서에 우선하여 적용되므로 신분이 있는 甲이 신분이 없는 乙보다 무겁게 처벌된다.
> ㉣ 甲이 자기 자신을 무고하기로 乙과 공모하고 공동의 의사에 따라 乙과 함께 자신을 무고한 경우, 甲과 乙은 무고죄의 공동정범으로서의 죄책을 진다.

① ㉠(O) ㉡(O) ㉢(O) ㉣(×)
② ㉠(O) ㉡(O) ㉢(×) ㉣(×)
③ ㉠(×) ㉡(O) ㉢(O) ㉣(O)
④ ㉠(×) ㉡(×) ㉢(O) ㉣(O)

해설

㉠ (O) 대판 2021.1.28, 2020도2642
㉡ (O) 대판 1995.9.29, 94도2608
㉢ (×) 형법 제31조 제1항은 협의의 공범의 일종인 교사범이 그 성립과 처벌에 있어서 정범에 종속한다는 일반적인 원칙을 선언한 것에 불과하고, 신분관계로 인하여 형의 경중이 있는 경우에 신분이 있는 자가 신분이 없는 자를 교사하여 죄를 범하게 한 때에는 형법 제33조 단서가 형법 제31조 제1항에 우선하여 적용됨으로써 신분이 있는 교사범이 신분이 없는 정범보다 중하게 처벌된다(대판 1994.12.23, 93도1002).
㉣ (×) 자기 자신을 무고하기로 제3자와 공모하고 이에 따라 무고행위에 가담하였더라도 이는 자기 자신에게는 무고죄의 구성요건에 해당하지 않아 범죄가 성립할 수 없는 행위를 실현하고자 한 것에 지나지 않아 무고죄의 공동정범으로 처벌할 수 없다(대판 2017.4.26, 2013도12592).

정답 ②

제5절 무고죄

01 무고죄에 관한 설명으로 옳지 않은 것을 모두 고른 것은? (다툼이 있는 경우 판례에 의함)

24 경찰승진

> ㉠ 무고죄에 있어 타인은 자연인은 물론 법인도 포함하므로 특정되지 않은 이름을 알 수 없는 사람(성명불상자)에 대한 무고죄는 성립한다.
> ㉡ 성폭행 등의 피해를 입었다는 신고사실에 관하여 불기소처분 내지 무죄판결이 내려졌다고 하여, 그 자체를 무고를 하였다는 적극적인 근거로 삼아 신고내용을 허위라고 단정하여서는 아니 된다.
> ㉢ 신고자가 알고 있는 객관적인 사실관계에 의하더라도 신고사실이 허위라거나 또는 허위일 가능성이 있다는 인식을 하지 못하였다면 무고의 고의를 부정할 수 있다.
> ㉣ 공동피고인 중 1인이 타범죄로 조사를 받는 과정에서 사법경찰관의 신문에 따라 다른 공동피고인의 범죄사실을 진술한 경우에 위 진술내용이 허위라면 이는 무고에 해당한다.

① ㉠㉢ ② ㉠㉣ ③ ㉡㉢ ④ ㉢㉣

해설

> ㉠ (×) 특정되지 않은 성명불상자에 대한 무고죄는 성립하지 않는다. 공무원에게 무익한 수고를 끼치는 일은 있어도 심판 자체를 그르치게 할 염려가 없으며 피무고자를 해할 수도 없기 때문이다(대판 2022.9.29, 2020도11754).
> ㉡ (○) 대판 2019.7.11, 2018도2614
> ㉢ (○) 대판 2022.6.30, 2022도3413
> ㉣ (×) 무고죄는 당국의 추문을 받음이 없이 자진하여 타인으로 하여금 형사처분등을 받게 할 목적으로 공무소 또는 공무원에 대하여 허위의 사실을 신고한 경우에 성립되는 것이므로, 공동피고인 중 1인이 타범죄로 조사를 받는 과정에서 사법경찰관 및 검사의 심문에 따라 다른 공동피고인의 범죄사실을 진술한 경우라면 위 진술내용이 허위라 하더라도 이를 무고라고는 할 수 없다(대결 1985.7.26, 85모14) ※ 무고죄에서의 허위신고는 자발적인 신고이어야 하므로, 수사기관의 심문에 따른 허위진술은 자발성이 결여되어 무고죄가 성립하지 않는다.

정답 ②

02 국가의 사법기능을 보호하기 위한 범죄에 관한 설명 중 옳지 않은 것은? (다툼이 있는 경우 판례에 의함)
24 변호사시험

① 신고자가 허위라고 확신한 사실을 신고한 경우뿐만 아니라 진실하다는 확신 없는 사실을 신고하는 경우에도 무고죄의 범의를 인정할 수 있다.
② 타인으로 하여금 형사처분을 받게 할 목적으로 공무소에 대하여 허위의 사실을 신고하였다고 하더라도, 그 사실이 친고죄로서 그에 대한 고소기간이 경과하여 공소를 제기할 수 없음이 그 신고내용 자체에 의하여 분명한 때에는 무고죄가 성립하지 아니한다.
③ 허위로 신고한 사실이 무고행위 당시 형사처분의 대상이 될 수 있었던 경우에는 무고죄가 성립하고, 이후 그러한 사실이 형사범죄가 되지 않는 것으로 판례가 변경되었더라도 특별한 사정이 없는 한 이미 성립한 무고죄에는 영향을 미치지 않는다.
④ 甲이 A사건의 제9회 공판기일에 증인으로 출석하여 한 허위 진술이 철회·시정된 바 없이 증인신문절차가 그대로 종료되었다가, 그 후 甲이 제21회 공판기일에 다시 출석하여 종전 선서의 효력이 유지됨을 고지받고 증언하면서 종전 기일에 한 진술이 허위 진술임을 시인하고 이를 철회하는 취지의 진술을 하였다면, 甲에게는 위증죄가 성립하지 않는다.
⑤ 변호인 甲이 A의 감형을 받기 위해서 A의 은행 계좌에서 B 회사 명의의 은행 계좌로 금원을 송금하고 다시 되돌려 받는 행위를 반복한 후 그 중 송금자료만을 발급받아서 이를 2억 원을 변제하였다는 허위 주장과 함께 법원에 제출한 경우, 甲에게는 증거위조죄가 성립하지 않는다.

해설

① (O) 대판 1997.3.28, 96도2417
② (O) 대판 1998.4.14, 98도150
③ (O) 대판 2017.5.30, 2015도15398
④ (×) 증인이 1회 또는 수회의 기일에 걸쳐 이루어진 1개의 증인신문절차에서 허위의 진술을 하고 그 진술이 철회·시정된 바 없이 그대로 증인신문절차가 종료된 경우 그로써 위증죄는 기수에 달하고, 그 후 별도의 증인 신청 및 채택 절차를 거쳐 그 증인이 다시 신문을 받는 과정에서 종전 신문절차에서의 진술을 철회·시정한다 하더라도 그러한 사정은 형법 제153조가 정한 형의 감면사유에 해당할 수 있을 뿐, 이미 종결된 종전 증인신문절차에서 행한 위증죄의 성립에 어떤 영향을 주는 것은 아니다. 위와 같은 법리는 증인이 별도의 증인신문절차에서 새로이 선서를 한 경우뿐만 아니라 종전 증인신문절차에서 한 선서의 효력이 유지됨을 고지 받고 진술한 경우에도 마찬가지로 적용된다(대판 2010.9.30, 2010도7525) ※ **위증죄의 기수 이후에 철회·시정하더라도 위증죄의 성립에 영향이 없다.**
⑤ (O) 대판 2021.1.28, 2020도2642

정답 ④

03 다음 설명 중 가장 옳은 것은? (다툼이 있는 경우 판례에 의함)   23 법행

① 증거인멸죄는 피고인 자신이 직접 형사처분이나 징계처분을 받게 될 것을 두려워한 나머지 자기의 이익을 위하여 그 증거가 될 자료를 인멸한 경우에는 성립하지 않지만 그 행위가 동시에 다른 공범자의 형사사건이나 징계사건에 관한 증거를 인멸한 결과가 될 경우에는 성립한다.

② 증거인멸죄에서 '증거'라 함은 타인의 형사사건 또는 징계사건에 관하여 수사기관이나 법원 또는 징계기관이 국가의 형벌권 또는 징계권의 유무를 확인하는 데 관계있다고 인정되는 일체의 자료를 의미하고, 타인에게 유리한 것이건 불리한 것이건 가리지 아니하며 또 증거가치의 유무 및 정도를 불문한다.

③ 공동피고인중 1인이 타범죄로 조사를 받는 과정에서 사법경찰관 및 검사의 심문에 따라 다른 공동피고인의 범죄사실을 진술한 경우에 위 진술내용이 허위라면 이는 무고에 해당한다.

④ 고소인이 A에게 대여하였다가 이미 변제받은 금원에 관하여 A가 이를 수개월간 변제치 않고 있었던 점을 들어 위 금원을 착복하였다는 표현으로 고소장에 기재한 경우 이것이 A로부터 아직 변제받지 못한 나머지 금원에 관한 고소내용의 정황을 과장한 것이거나 또는 주관적 법률평가를 잘못하였음에 지나지 아니한 것이라 하더라도 이는 허위의 사실을 들어 고소한 것이다.

⑤ 강간을 당하여 상해를 입었다는 고소내용은 하나의 강간행위에 대한 고소사실이나, 이를 분리하여 강간에 관한 고소사실과 상해에 관한 고소사실의 두 가지 고소내용이라고 볼 수 있고, 피고인이 공소외 A로부터 강간을 당한 것이 사실인 이상 이를 고소함에 있어서 강간으로 입은 것이 아닌 상해사실을 포함시킨 경우에는 고소내용의 정황을 단순히 과장한 것이 아니므로 따로 무고죄를 구성한다.

해설

① (×) 피고인 자신이 직접 형사처분이나 징계처분을 받게 될 것을 두려워한 나머지 자기의 이익을 위하여 그 증거가 될 자료를 인멸하였다면 그 행위가 동시에 다른 공범자의 형사사건이나 징계사건에 관한 증거를 인멸한 결과가 된다고 하더라도 이를 증거인멸죄로 다스릴 수 없다(대판 1995.9.29, 94도2608)

② (○) 대판 2007.6.28, 2002도3600

③ (×) 공동피고인 중 1인이 자기범죄로 조사를 받는 과정에서 사법경찰관 및 검사의 심문에 따라 다른 공동피고인의 범죄사실을 허위로 진술한 경우, 무고죄가 성립하지 않는다(대결 1985.7.26, 85모14) ※ 무고죄에서의 허위신고는 자발적인 신고이어야 하므로, 수사기관의 심문에 따른 허위진술은 자발성이 결여되어 무고죄가 성립하지 않는다.

④ (×) 신고자가 객관적 사실관계를 사실 그대로 신고한 이상 그 객관적 사실을 토대로 한 나름대로의 주관적 법률평가를 잘못하고 이를 신고하였다 하여 그 사실만을 가지고 허위사실을 신고한 것에 해당하여 무고죄가 성립한다고 할 수 없다(대판 1987.6.9, 87도1029)

⑤ (×) 강간을 당하여 상해를 입었다는 고소내용은 하나의 강간행위에 대한 고소사실이고, 이를 분리하여 강간에 관한 고소사실과 상해에 관한 고소사실의 두 가지 고소내용이라고 볼 수는 없으므로, 피고인이 공소외(갑)으로 부터 강간을 당한 것이 사실인 이상 이를 고소함에 있어서 강간으로 입은 것이 아닌 상해사실을 포함시켰다 하더라도 이는 고소내용의 정황을 과장한 것에 지나지 아니하여 따로이 무고죄를 구성하지 아니한다(대판 1983.1.18, 82도2170)

정답 ②

04 위증과 무고의 죄에 관한 설명으로 가장 적절하지 않은 것은? (다툼이 있는 경우 판례에 의함)

23 경간

① 무고죄의 범의는 반드시 확정적 고의일 필요가 없고 미필적 고의로도 충분하다. 이에 신고자가 허위라고 확신한 사실을 신고한 경우와 달리 진실하다는 확신 없는 사실을 신고한 경우에는 무고죄의 범의를 인정할 수 없다.
② 모해위증죄에 있어서 '모해할 목적'은 허위의 진술을 함으로써 피고인에게 불리하게 될 것이라는 인식이 있으면 충분하고, 그 결과의 발생까지 희망할 필요는 없다.
③ 증인신문절차에서 법률에 규정된 증인 보호를 위한 규정이 지켜진 것으로 인정되지 않은 경우라도, 당해 사건에서 증인보호에 사실상 장애가 초래되었다고 볼 수 없는 경우에까지 예외없이 위증죄의 성립이 부정되는 것은 아니다.
④ 성폭행 등의 피해를 입었다는 신고사실에 관하여 불기소처분 내지 무죄판결이 내려졌다고 하여, 그 자체를 무고를 하였다는 적극적인 근거로 삼아 신고내용을 허위라고 단정하여서는 아니 된다.

해설

① (×) 무고죄에 있어서 범의는 반드시 확정적 고의임을 요하지 아니하고 미필적 고의로서도 족하다 할 것이므로, 무고죄는 신고자가 진실하다는 확신 없는 사실을 신고함으로써 성립하고 그 신고사실이 허위라는 것을 확신함을 필요로 하지 않는다(대판 1997.3.28, 96도2417)
② (○) 대판 2007.12.27, 2006도3575
③ (○) 대판 2010.1.21, 2008도942 전원합의체
④ (○) 대판 2019.7.11, 2018도2614

정답 ①

05 무고죄에 관한 설명 중 가장 옳지 않은 것은? (다툼이 있는 경우 판례에 의함) 22 법행

① 허무인에 대한 무고는 공무원에게 무익한 수고를 끼치는 일은 있어도 심판 자체를 그르치게 할 염려는 없으며 또한 피무고자를 해할 수도 없으므로 피무고자는 실재인임을 요한다.
② 스스로 본인을 무고하는 자기무고는 무고죄의 구성요건에 해당하지 아니하나 피무고자의 교사·방조 하에 제3자가 피무고자에 대한 허위의 사실을 신고한 경우 제3자의 행위는 무고죄의 구성요건에 해당하여 무고죄를 구성하므로 제3자를 교사·방조한 피무고자는 교사·방조범으로서의 죄책을 부담한다.
③ 피고인이 甲, 乙에 대하여 무고한 고소사건의 처리 결과를 심리해 보고, 이들에 대하여 불기소결정 등이 내려져 그 재판이 확정된 적이 없으며 피고인이 甲, 乙에 대해 허위의 사실을 고소하였음을 법원에 자백하였다면 형법 제157조, 제153조에 따라 형의 필요적 감면조치를 하여야 한다.
④ 무고에 있어서 피무고자의 승낙이 있었다고 하더라도 무고죄의 성립에는 영향을 미치지 못한다.
⑤ 무고죄에 있어서 형의 필요적 감면사유에 해당하는 자백이란 자신의 범죄사실, 즉 타인으로 하여금 형사처분 또는 징계처분을 받게 할 목적으로 공무소 또는 공무원에 대하여 허위의 사실을 신고하였음을 자인하는 것을 말하므로 단순히 그 신고한 내용이 객관적 사실에 반한다고 인정하는 것도 자백에 해당한다.

> **해설**
>
> ① (○) 옳음
> ② (○) 대판 2008.10.23, 2008도4852
> ③ (○) 대판 2018.8.1, 2018도7293
> ④ (○) 대판 2005.9.30, 2005도2712
> ⑤ (×) 무고죄에 있어서 형의 필요적 감면사유에 해당하는 자백이란 자신의 범죄사실, 즉 타인으로 하여금 형사처분 또는 징계처분을 받게 할 목적으로 공무소 또는 공무원에 대하여 허위의 사실을 신고하였음을 자인하는 것을 말하고, 단순히 그 신고한 내용이 객관적 사실에 반한다고 인정함에 지나지 아니하는 것은 이에 해당하지 아니한다(대판 1995.9.5, 94도755)

정답 ⑤

06 무고죄에 관한 설명으로 옳지 않은 것을 모두 고른 것은? (다툼이 있는 경우 판례에 의함)

22 경찰채용

> ㉠ 자기 자신을 무고하기로 제3자와 공모하고 이에 따라 무고 행위에 가담한 경우 무고죄의 공동정범으로 처벌할 수 없다.
> ㉡ 신고사실의 일부에 허위의 사실이 포함되어 있다고 하더라도 그 허위부분이 범죄의 성부에 영향을 미치는 중요한 부분이 아니고 단지 신고한 사실을 과장한 것에 불과한 경우에는 무고죄에 해당하지 아니하지만, 그 일부 허위인 사실이 국가의 심판작용을 그르치거나 부당하게 처벌을 받지 아니할 개인의 법적 안정성을 침해할 우려가 있을 정도로 고소사실 전체의 성질을 변경시키는 때에는 무고죄가 성립될 수 있다.
> ㉢ 신고자가 진실이라고 확신하고 신고하였을 때에는 무고죄가 성립하지 않는다고 할 것이고, '진실이라고 확신한다' 함에는 신고자가 알고 있는 객관적 사실관계에 의하여 신고사실이 허위라거나 허위일 가능성이 있다는 인식을 하면서도 이를 무시한 채 무조건 자신의 주장이 옳다고 생각하는 경우까지 포함되는 것은 아니다.
> ㉣ 무고죄에 있어서의 신고는 자발적인 것이어야 하고 수사기관 등의 추문에 대하여 허위의 진술을 하는 것은 무고죄를 구성하지 않는 것이므로, 당초 고소장에 기재하지 않은 사실을 수사기관에서 고소보충조서를 받을 때 자진하여 진술하였다 하더라도 이 진술부분까지 신고한 것으로 볼 수는 없다.
> ㉤ 타인에게 형사처분을 받게 할 목적으로 '허위의 사실'을 신고한 행위가 무고죄를 구성하기 위해서는 신고된 사실 자체가 형사처분의 대상이 될 수 있어야 하므로 허위로 신고한 사실이 신고 당시에는 형사처분의 대상이 될 수 있었으나 이후 그러한 사실이 형사처분의 대상이 되지 않는 것으로 대법원 판례가 변경된 경우 무고죄는 성립하지 않는다.

① ㉠㉡ ② ㉡㉢ ③ ㉢㉣ ④ ㉣㉤

해설

㉠ (○) 대판 2017.4.26, 2013도12592
㉡ (○) 대판 2012.5.24, 2011도11500
㉢ (○) 대판 2008.5.29, 2006도6347
㉣ (×) 무고죄에 있어서의 신고는 자발적인 것이어야 하고 수사기관 등의 추문에 대하여 허위의 진술을 하는 것은 무고죄를 구성하지 않는 것이지만, 당초 고소장에 기재하지 않은 사실을 수사기관에서 고소보충조서를 받을 때 자진하여 진술하였다면 이 진술부분까지 신고한 것으로 보아야 한다(대판 1996.2.9, 95도2652).
㉤ (×) 허위로 신고한 사실이 무고행위 당시 형사처분의 대상이 될 수 있었던 경우에는 국가의 형사사법권의 적정한 행사를 그르치게 할 위험과 부당하게 처벌받지 않을 개인의 법적 안정성이 침해될 위험이 이미 발생하였으므로 무고죄는 기수에 이르고, 이후 그러한 사실이 형사

범죄가 되지 않는 것으로 판례가 변경되었다고 하더라도 특별한 사정이 없는 한 이미 성립한 무고죄에는 영향을 미치지 않는다(대판 2017.5.30, 2015도15398)

정답 ④

수사 및 증거
형사법 III

PART 01

최신 3개년 기출문제집
cafe.naver. 김종욱형사법

수 사

01 수사의 의의와 구조

제1절 수사의 의의 및 수사의 조건

01 함정수사에 관한 설명으로 가장 적절하지 않은 것은? (다툼이 있는 경우 판례에 의함)

22 경찰채용

① 수사기관과 직접 관련이 있는 유인자가 피유인자와의 개인적인 친밀관계를 이용하여 피유인자의 동정심이나 감정에 호소하거나 금전적·심리적 압박이나 위협 등을 가하거나 거절하기 힘든 유혹을 하거나 또는 범행방법을 구체적으로 제시하고 범행에 사용될 금전까지 제공하는 등으로 과도하게 개입함으로써 피유인자로 하여금 범의를 일으키게 하는 것은 위법한 함정수사에 해당하여 허용되지 않는다.

② 본래 범의를 가지지 아니한 자에 대하여 수사기관이 사술이나 계략 등을 써서 범의를 유발케 하여 범죄인을 검거하는 함정수사는 위법함을 면할 수 없고, 이러한 함정수사에 기한 공소 제기는 그 절차가 법률의 규정에 위반하여 무효인 때에 해당한다.

③ 범의를 가진 자에 대하여 단순히 범행의 기회를 제공하거나 범행을 용이하게 하는 것에 불과한 수사방법도 경우에 따라 허용될 수 있다.

④ 아동·청소년의 성보호에 관한 법률에 의하면 사법경찰관리는 아동·청소년을 대상으로 하는 디지털 성범죄에 대해 신분비공개수사는 가능하지만, 신분위장수사는 위법한 함정수사로서 허용되지 않는다.

> **해설**
>
> ① (○) 대판 2020.1.30, 2019도15987
> ② (○) 대판 2008.10.23, 2008도7362
> ③ (○) 대판 2008.10.23, 2008도7362
> ④ (×) 사법경찰관리는 아동·청소년을 대상으로 하는 디지털 성범죄에 대하여 신분비공개수사는 물론 신분위장수사도 할 수 있다(아청법 제25조의2 제1항, 제2항)

정답 ④

02 함정수사에 대한 설명으로 가장 적절한 것은? (다툼이 있는 경우 판례에 의함)

23 경찰승진, 23 해경간부

① 수사기관과 직접적인 관련을 맺지 아니한 상태에서 유인자가 피유인자를 상대로 단순히 수차례 반복적으로 범행을 부탁하였을 뿐 수사기관이 사술이나 계략 등을 사용하였다고 볼 수 없는 경우 설령 그로 인하여 피유인자의 범의가 유발되었다 하더라도 위법한 함정수사에는 해당하지 않는다.

② 본래 범의를 가지지 아니한 자에 대하여 수사기관이 사술이나 계략 등을 써서 범의를 유발케 하여 범죄인을 검거하는 함정수사에 기한 공소제기는 위법하지만, 형사소송법 제327조 제2호에 규정된 공소제기의 절차가 법률의 규정에 위반하여 무효인 때에 해당한다고 볼 수는 없다.

③ 수사기관이 사술 등을 써서 범행을 유발한 것이 아니라 이미 범행을 저지른 범인을 검거하기 위해 정보원을 이용하여 범인을 검거장소로 유인한 경우 이는 위법한 함정수사에 해당한다.

④ 「아동·청소년의 성보호에 관한 법률」은 동법 소정의 디지털 성범죄에 대한 신분비공개수사를 허용하는 수사 특례규정을 마련하고 있지만, 다른 방법으로는 그 범죄의 실행을 저지하거나 범인의 체포 또는 증거의 수집이 어려운 경우라도 신분위장수사는 허용하지 않는다.

해설

① (○) 대판 2020.1.30, 2019도15987
② (×) 본래 범의를 가지지 아니한 사람에 대하여 수사기관이 사술이나 계략 등을 써서 범의를 유발하게 하여 범죄인을 검거하는 함정수사는 위법하고, 이러한 함정수사에 기한 공소제기는 그 절차가 법률의 규정에 위반하여 무효인 때에 해당한다(대판 2021.7.29, 2017도16810)
※ 법원은 형사소송법 제327조 제2호에 의하여 공소기각판결을 선고하여야 한다.
③ (×) 이미 범행을 저지른 피고인을 검거하기 위하여 수사기관이 정보원을 이용하여 피고인을 검거장소로 유인한 것에 불과한 것은 함정수사로 볼 수 없다(대판 2007.7.26, 2007도4532)
④ (×) 사법경찰관리는 아동·청소년을 대상으로 하는 디지털 성범죄에 대하여 신분비공개수사는 물론 신분위장수사도 할 수 있다(아청법 제25조의2 제1항, 제2항)

정답 ①

03 함정수사에 관한 설명 중 가장 적절하지 않은 것은? (다툼이 있는 경우 판례에 의함)

22 경찰채용

① 물품반출 업무담당자 A가 물품을 밀반출하는 甲의 행위를 소속회사에 사전에 알리고 그 정확한 증거를 확보하기 위하여 甲의 밀반출행위를 묵인한 경우 이는 함정수사에 해당하지 아니한다.
② 이미 마약류관리에 관한 법률 위반죄를 범한 甲을 검거하기 위하여 수사기관이 정보원을 이용하여 그를 검거장소로 유인하여 검거한 것에 불과한 경우 이는 위법한 함정수사에 해당하지 아니한다.
③ A가 수사기관에 체포된 동거남의 석방을 위한 공적을 쌓기 위하여 B에게 필로폰 밀수입에 관한 정보제공을 부탁하면서 대가의 지급을 약속하고, 이에 B가 C에게, C가 甲에게 순차적으로 필로폰 밀수입을 권유하여, 이를 승낙하고 필로폰을 받으러 나온 甲이 체포된 경우 B와 C가 각자의 사적인 동기에 기하여 수사기관과 직접적인 관련이 없이 독자적으로 甲을 유인한 것으로서 위법한 함정수사에 해당하지 아니한다.
④ 함정수사가 위법하다고 평가받는 경우 공소기각설은 수사기관이 제공한 범죄의 동기나 기회를 일반인이 뿌리칠 수 없었다는 범죄인 개인의 특수한 상황으로 인하여 가벌적 위법성이 결여된다는 점을 논거로 하여 공소기각의 판결을 선고하여야 한다고 본다.

> **해설**
>
> ① (O) 대판 1987.6.9, 87도915
> ② (O) 대판 2007.7.26, 2007도4532
> ③ (O) 대판 2007.11.29, 2007도7680
> ④ (×) 무죄설의 입장이다.

정답 ④

02 수사기관과 피의자

제1절 수사기관

01 검사의 지위 내지 권한 등에 관한 설명으로 가장 적절하지 않은 것은? (다툼이 있는 경우 판례에 의함)
23 법학특채

① 영장청구권, 증거보전청구권, 수사상 증인신문청구권은 검사에게만 인정된다.
② 검사가 수사 및 공판과정에서 피고인에게 유리한 증거를 발견하게 되었다면 피고인의 이익을 위하여 이를 법원에 제출하여야 한다.
③ 검사는 특별사법경찰관에 대하여 범죄 수사에 관한 지휘·감독권이 있고, 사법경찰관의 직무를 행하는 검찰청 직원에 대해서도 수사지휘권이 인정된다.
④ 고위공직자범죄수사처(이하 '수사처'라 한다) 검사는 수사처장의 지휘·감독에 따르며, 수사처 검사는 수사처 수사관을 지휘·감독한다.

해설

① (×) 검사, 피고인, 피의자 또는 변호인은 미리 증거를 보전하지 아니하면 그 증거를 사용하기 곤란한 사정이 있는 때에는 제1회 공판기일 전이라도 판사에게 압수, 수색, 검증, 증인신문 또는 감정을 청구할 수 있다(제184조 제1항). ※ 영장청구권, 수사상 증인신문청구권과 달리 증거보전청구권은 검사는 물론 피고인, 피의자 또는 변호인에게도 인정된다.
② (○) 검사는 공익의 대표자로서 실체적 진실에 입각한 국가 형벌권의 실현을 위하여 공소제기와 유지를 할 의무뿐만 아니라 그 과정에서 피고인의 정당한 이익을 옹호하여야 할 의무를 진다고 할 것이고, 따라서 검사가 수사 및 공판과정에서 피고인에게 유리한 증거를 발견하게 되었다면 피고인의 이익을 위하여 이를 법원에 제출하여야 한다(대판 2002.2.22, 2001다23447).
③ (○) 제245조의9 제2항, 제245조의10 제2항
④ (○) 공수처법 제20조 제2항

정답 ①

02 검사와 사법경찰관리에 대한 설명으로 옳은 것은 모두 몇 개인가? (다툼이 있는 경우 판례에 의함)

23 해경간부

㉠ 검사는 송치사건의 공소제기 여부 결정 또는 공소의 유지에 관하여 필요한 경우 또는 사법경찰관이 신청한 영장의 청구 여부 결정에 관하여 필요한 경우 사법경찰관에게 보완수사를 요구할 수 있다.
㉡ 검사는 사법경찰관리의 수사과정에서 법령 위반, 인권침해 또는 현저한 수사권 남용이 의심되는 사실의 신고가 있거나 그러한 사실을 인식하게 된 경우에는 사법경찰관에게 사건기록 등본의 송부를 요구하여야 한다.
㉢ 검사·사법경찰관리와 그 밖에 직무상 수사에 관계있는 자는 수사과정에서 수사와 관련하여 작성하거나 취득한 서류 또는 물건에 대한 중요목록을 작성하여야 한다.
㉣ 지방검찰청 검사장 또는 지청장은 불법체포·구속의 유무를 조사하기 위하여 검사로 하여금 매월 1회 이상 관하수사관서의 피의자의 체포·구속장소를 감찰하게 하여야 한다. 감찰하는 검사는 체포 또는 구속된 자를 심문하고 관련 서류를 조사하여야 한다.
㉤ 검사는 체포·구속장소를 감찰한 결과, 적법한 절차에 의하지 아니하고 체포 또는 구속된 것이라고 의심할 만한 상당한 이유가 있는 경우에는 즉시 체포 또는 구속된 자를 석방하거나 사건을 검찰에 송치할 것을 명할 수 있다.

① 1개　　　② 2개　　　③ 3개　　　④ 4개

> **해설**
>
> ㉠ (○) 제197조의2
> ㉡ (×) 검사는 사법경찰관리의 수사과정에서 법령위반, 인권침해 또는 현저한 수사권 남용이 의심되는 사실의 신고가 있거나 그러한 사실을 인식하게 된 경우에는 사법경찰관에게 사건기록 등본의 송부를 요구할 수 있다(제197조의3 제1항).
> ㉢ (×) 검사·사법경찰관리와 그 밖에 직무상 수사에 관계있는 자는 수사과정에서 수사와 관련하여 작성하거나 취득한 서류 또는 물건에 대한 목록을 빠짐없이 작성하여야 한다(제198조 제3항).
> ㉣ (○) 제198조의2 제1항
> ㉤ (×) 검사는 적법한 절차에 의하지 아니하고 체포 또는 구속된 것이라고 의심할 만한 상당한 이유가 있는 경우에는 즉시 체포 또는 구속된 자를 석방하거나 사건을 검찰에 송치할 것을 명하여야 한다(제198조의2 제2항)

정답 ②

03 형사소송법의 개정내용에 대한 설명으로 가장 적절하지 않은 것은?   23 경찰승진

① 체포·구속장소의 감찰결과 피의자가 적법한 절차에 의하지 아니하고 체포 또는 구속된 것이라고 의심할 만한 상당한 이유가 있는 경우에 검사는 즉시 체포 또는 구속된 자를 석방하거나 사건을 검찰에 송치할 것을 명하여야 하는데, 이 송치요구에 따라 사법경찰관으로부터 송치받은 사건에 관하여 검사는 동일성을 해치지 아니하는 범위 내에서 수사할 수 있다.
② 수사기관이 수사 중인 사건의 범죄 혐의를 밝히기 위한 목적으로 합리적인 근거 없이 별개의 사건을 부당하게 수사하여서는 아니 된다.
③ 수사기관은 다른 사건의 수사를 통해 확보된 증거 또는 자료를 내세워 관련 없는 사건에 대한 자백이나 진술을 강요하여서는 아니 된다.
④ 사법경찰관의 불송치결정에 대하여 형사소송법 제245조의7에 따라 해당 사법경찰관의 소속 관서의 장에게 이의신청을 할 수 있는 주체에는 고발인이 포함된다.

> 해설
> ① (○) 제196조 제2항, 제198조의2 제2항
> ② (○) 제198조 제4항
> ③ (○) 제198조 제4항
> ④ (×) 사법경찰관으로부터 불송치결정의 통지를 받은 사람(고발인을 제외한다)은 해당 사법경찰관의 소속 관서의 장에게 이의를 신청할 수 있다(제245조의7 제1항) ※ 고발인은 불송치결정에 대하여 이의신청을 할 수 없다.

정답 ④

04 수사기관에 대한 설명으로 가장 적절하지 않은 것은?
23 경찰승진

① 검사가 사법경찰관과 동일한 범죄사실을 수사하게 된 경우에는 사법경찰관에게 사건을 송치할 것을 요구할 수 없다.
② 사법경찰관이 범죄를 수사하여 범죄의 혐의가 있다고 인정되는 경우에는 지체 없이 검사에게 사건을 송치하고 관계서류와 증거물을 검사에게 송부하여야 한다.
③ 사법경찰관이 범죄를 수사하여 범죄의 혐의가 있다고 인정되는 경우가 아닌 때에는 그 이유를 명시한 서면과 함께 관계 서류와 증거물을 지체 없이 검사에게 송부하여야 하는데, 이 경우 검사는 사법경찰관이 사건을 검사에 송치하지 아니한 것이 위법 또는 부당한 때에는 그 이유를 문서로 명시하여 사법경찰관에게 재수사를 요청할 수 있다.
④ 삼림, 해사, 전매, 세무, 군수사기관 그 밖에 특별한 사항에 관하여 사법경찰관리의 직무를 행할 특별사법경찰관리와 그 직무의 범위는 법률로 정하며, 특별사법경찰관은 모든 수사에 관하여 검사의 지휘를 받는다.

> **해설**
> ① (×) 검사는 사법경찰관과 동일한 범죄사실을 수사하게 된 때에는 사법경찰관에게 사건을 송치할 것을 요구할 수 있다(제197조의4 제1항)
> ② (○) 제245조의5 제1호
> ③ (○) 제245조의5 제2호, 제245조의8 제1항
> ④ (○) 제245조의10 제1항·제2항
>
> 정답 ①

05 검사와 사법경찰관의 수사권에 관한 설명으로 가장 적절하지 않은 것은?
23 경간

① 사법경찰관은 피의자를 신문하기 전에 수사과정에서 법령위반, 인권침해 또는 현저한 수사권 남용이 있는 경우 '검사에게 구제를 신청할 수 있음'을 피의자에게 알려주어야 하며, 이때 사법경찰관은 피의자로부터 고지 확인서를 받아 사건기록에 편철하여야 한다.
② 검사와 사법경찰관은 수사 및 공소제기 뿐만 아니라 공소유지에 관하여도 서로 협력하여야 한다.
③ 검사와 사법경찰관은 수사를 할 때 물적 및 인적 증거를 기본으로 하여 객관적이고 신빙성 있는 증거를 발견하고 수집하기 위해 노력하여 실체적 진실을 발견하여야 한다.
④ 검사는 사법경찰관과 동일한 범죄사실을 수사하게 된 때에는 사법경찰관에게 사건을 송치할 것을 요구할 수 있으며 송치요구를 받은 사법경찰관은 지체없이 검사에게 사건을 송치하여야 하나, 검사가 영장을 청구하기 전에 동일한 범죄사실에 관하여 사법경찰관이 영장을 신청한 경우에는 해당 영장에 기재된 범죄사실을 계속 수사할 수 있다.

> **해설**
>
> ① (○) 형사소송법 제197조의3 제8항, 수사준칙 제47조
> ② (○) 수사준칙 제6조 제1항
> ③ (×) 검사와 사법경찰관은 수사를 할 때 **물적 증거**를 기본으로 하여 객관적이고 신빙성 있는 증거를 발견하고 수집하기 위해 노력하여 실체적 진실을 발견해야 한다(수사준칙 제3조 제3항 제1호).
> ④ (○) 제197조의4 제1항·제2항

정답 ③

06 수사에 관한 설명으로 가장 적절하지 않은 것은?

23 경찰채용

① 사법경찰관은 고소·고발 사건을 포함하여 범죄를 수사한 때, 범죄 혐의가 있다고 인정되면 지체없이 관계 서류와 증거물을 함께 첨부하여 검사에게 사건을 송치하고, 그 밖의 경우에는 그 이유를 명시한 서면만을 지체없이 검사에게 송부하여야 한다.
② 검사는 사법경찰관과 동일한 범죄사실을 수사하게 된 때에는 사법경찰관에게 사건을 송치할 것을 요구할 수 있으며, 송치요구를 받은 사법경찰관은 원칙적으로 지체 없이 검사에게 사건을 송치하여야 한다.
③ 검사는 사법경찰관이 사건을 송치하지 아니한 것이 위법 또는 부당한 때에는 그 이유를 문서로 명시하여 재수사를 요청할 수 있는데, 사법경찰관은 재수사 후 기소의견으로 사건을 검찰에 송치하거나 재차 불송치결정을 할 수 있다.
④ 검사의 수사 개시는 예외적으로 인정되는데, 검사는 부패범죄, 경제범죄 등 대통령령으로 정하는 중요 범죄에 대해서는 수사를 개시할 수 있다.

> **해설**
>
> ① (×) 사법경찰관은 고소·고발 사건을 포함하여 범죄를 수사한 때에는 다음 각 호의 구분에 따른다(제245조의5)
>   1. 범죄의 혐의가 있다고 인정되는 경우에는 지체 없이 검사에게 사건을 송치하고, 관계 서류와 증거물을 검사에게 송부하여야 한다.
>   2. 그 밖의 경우에는 그 이유를 명시한 서면과 함께 관계 서류와 증거물을 지체 없이 검사에게 송부하여야 한다. 이 경우 검사는 송부받은 날부터 90일 이내에 사법경찰관에게 반환하여야 한다.
> ② (○) 제197조의4 제1항·제2항
> ③ (○) 수사준칙 제63조, 수사준칙 제64조 제1항
> ④ (○) 검찰청법 제4조 제1항 제1호

정답 ①

07 다음 중「고위공직자범죄수사처 설치 및 운영에 관한 법률」상의 내용으로 가장 옳지 않은 것은?
23 해경승진

① 판사, 검사, 경정 이상 경찰관은「고위공직자 범죄수사처의 설치 및 운영에 관한 법률」상의 "고위공직자"에 해당한다.
② 고소·고발인은 수사처검사로부터 공소를 제기하지 아니한다는 통지를 받은 때에는 서울고등법원에 그 당부에 관한 재정을 신청할 수 있다.
③ 「고위공직자범죄수사처의 설치 및 운영에 관한 법률」상 고위공직자의 "가족"이란 배우자, 직계존비속을 말하며, 대통령의 경우 배우자와 4촌 이내의 친족을 말한다.
④ 수사처검사가 공소를 제기하는 고위공직자범죄 등 사건에 관한 재판이 확정된 경우 검찰청 소속 검사가 그 형을 집행한다.

> **해설**
>
> ① (×) 판사, 검사, **경무관 이상** 경찰관은「고위공직자 범죄수사처의 설치 및 운영에 관한 법률」상의 "고위공직자"에 해당한다(공수처법 제2조 제1호 참고)
> ② (○) 공수처법 제29조 제1항
> ③ (○) 공수처법 제2조 제2호
> ④ (○) 공수처법 제28조 제1항

정답 ①

제2절 피의자

※ 기출문제 없음

03 수사의 개시

제1절 수사의 단서

※ 기출문제 없음

제2절 불심검문

01 불심검문에 관한 설명 중 가장 적절한 것은? (다툼이 있는 경우 판례에 의함) 23 경찰채용

① 경찰관이 불심검문 대상자 해당 여부를 판단할 때에는 불심검문 당시의 구체적 상황은 물론 사전에 얻은 정보나 전문적 지식 등에 기초하여 그 대상자인지를 객관적·합리적 기준에 따라 판단하여야 하므로, 불심검문의 적법요건으로 불심검문 대상자에게 형사소송법상 체포나 구속에 이를 정도의 혐의가 있을 것을 요한다.
② 행정경찰 목적의 경찰활동으로 행하여지는 경찰관 직무집행법 제3조 제2항 소정의 질문을 위한 동행요구가 형사소송법의 규율을 받는 수사로 이어지는 경우에는 형사소송법 제199조 제1항 및 제200조 규정에 의하여야 한다.
③ 경찰관 직무집행법 제3조 제4항은 경찰관이 불심검문을 하고자 할 때에는 자신의 신분을 표시하는 증표를 제시하여야 한다고 규정하고 있고, 동법 시행령은 위 법에서 규정한 신분을 표시하는 증표가 경찰관의 공무원증이라고 규정하고 있으므로, 경찰관이 불심검문 과정에서 공무원증을 제시하지 않았다면 어떠한 경우라도 그 불심검문은 위법한 공무집행에 해당한다.
④ 경찰관 직무집행법 제3조 제6항은 불심검문에 관하여 임의동행한 사람을 6시간을 초과하여 경찰관서에 머물게 할 수 없다고 규정하고 있으므로, 대상자를 6시간 동안 경찰관서에 구금하는 것이 허용된다.

> **해설**
> ① (×) 경찰관이 불심검문 대상자 해당 여부를 판단할 때에는 불심검문 당시의 구체적 상황은 물론 사전에 얻은 정보나 전문적 지식 등에 기초하여 불심검문 대상자인지를 객관적·합리적인 기준에 따라 판단하여야 하나, 반드시 불심검문 대상자에게 형사소송법상 체포나 구속에 이를 정도의 혐의가 있을 것을 요한다고 할 수는 없다(대판 2014.12.11, 2014도7976).
> ② (○) 대판 2006.7.6, 2005도6810
> ③ (×) 검문하는 사람이 경찰관이고 검문하는 이유가 범죄행위에 관한 것임을 피고인이 충분히 알고 있었다고 보이는 경우에는 신분증을 제시하지 않았다고 하여 그 불심검문이 위법한 공무집행이라고 할 수 없다(대판 2014.12.11, 2014도7976).
> ④ (×) 임의동행은 상대방의 동의 또는 승낙을 그 요건으로 하는 것이므로 경찰관으로부터 임의동행 요구를 받은 경우 상대방은 이를 거절할 수 있을 뿐만 아니라 임의동행 후 언제든지 경찰관서에서 퇴거할 자유가 있다 할 것이고 경찰관직무집행법 제3조 제6항이 '임의동행한 경우 당해인을 6시간을 초과하여 경찰관서에 머물게 할 수 없다'고 규정하고 있다고 하여 그 규정이 임의동행한 자를 6시간 동안 경찰관서에 구금하는 것을 허용하는 것은 아니다(대판 1997.8.22, 97도1240).

정답 ②

02 불심검문에 대한 설명으로 가장 옳은 것은? (다툼이 있는 경우 판례에 의함) 23 해경간부

① 검문하는 사람이 경찰관이고 검문하는 이유가 범죄행위에 관한 것임을 피검문자가 충분히 알고 있었다고 보이는 경우라도 검문 시 경찰관이 신분증을 제시하지 않았다면 그 불심검문은 위법한 공무집행에 해당한다.

② 동행을 한 경우에 경찰관은 동행한 사람의 가족이나 친지 등에게 동행한 경찰관의 신분, 동행 장소, 동행 목적과 이유를 알리거나 본인으로 하여금 즉시 연락할 수 있는 기회를 주어야 하며, 변호인의 도움을 받을 권리가 있음을 알려야 한다.

③ 경찰관이 불심검문 대상자에의 해당 여부를 판단할 때에는 불심검문 당시의 구체적인 상황은 물론 사전에 얻은 정보나 전문적 지식 등에 기초하여 불심검문 대상자인지를 객관적·합리적인 기준에 따라 판단하여, 반드시 불심검문 대상자에게 「형사소송법」상 체포나 구속에 이를 정도의 혐의가 있을 것을 요한다.

④ 검문 중이던 경찰관들이 자전거를 이용한 날치기 사건 범인과 흡사한 인상착의의 피고인이 자전거를 타고 다가오는 것을 발견하고 정지를 요구하였으나 멈추지 않아 앞을 가로막고 소속과 성명을 고지한 후 검문에 협조해 달라는 취지로 말하였음에도 불응하고 그대로 전진하자, 따라가서 재차 앞을 막고 검문에 응하라고 요구한 것은 적법한 불심검문에 해당하지 않는다.

> **해설**
>
> ① (×) 검문하는 사람이 경찰관이고 검문하는 이유가 범죄행위에 관한 것임을 피고인이 충분히 알고 있었다고 보이는 경우에는 신분증을 제시하지 않았다고 하여 그 불심검문이 위법한 공무집행이라고 할 수 없다(대판 2014.12.11, 2014도7976).
>
> ② (○) 경찰관직무집행법 제3조 제5항
>
> ③ (×) 경찰관이 불심검문 대상자 해당 여부를 판단할 때에는 불심검문 당시의 구체적 상황은 물론 사전에 얻은 정보나 전문적 지식 등에 기초하여 불심검문 대상자인지를 객관적·합리적인 기준에 따라 판단하여야 하나, 반드시 불심검문 대상자에게 형사소송법상 체포나 구속에 이를 정도의 혐의가 있을 것을 요한다고 할 수는 없다(대판 2014.12.11, 2014도7976).
>
> ④ (×) 목적 달성에 필요한 최소한의 범위 내에서 사회통념상 용인될 수 있는 상당한 방법에 의한 것으로 적법한 공무집행에 해당한다(대판 2012.9.13, 2010도6203).

정답 ②

제3절 변사자검시

01 변사자검시에 대한 설명으로 가장 옳지 않은 것은? (다툼이 있는 경우 판례에 의함) 23 해경간부
① 변사자의 검시는 수사가 아닌 수사의 단서에 불과하다.
② 범죄로 인하여 사망한 것이 명백한 사체는 변사자에 해당되지 않는다.
③ 변사자 검시의 주체는 사법경찰관이다.
④ 변사자의 검시로 범죄의 혐의를 인정하고 긴급을 요할 때에는 영장없이 검증할 수 있다.

해설
① (○) 변사자검시는 범죄혐의 유무 발견을 위하여 검사가 변사자의 상황을 조사하는 것으로, 수사의 단서에 해당한다.
② (○) 변사자란 통상의 병사 또는 자연사가 아닌 사체로서 범죄로 인한 사망의 의심이 있는 사체를 말한다.
③ (×) 변사자검시의 주체는 관할 지방검찰청 검사이다. 다만, 검사는 사법경찰관에게 검시에 관한 처분을 명할 수 있다(제222조 제1항·제3항 참고)
④ (○) 제222조 제2항

정답 ③

제4절 고소 및 고발

01 고소에 관한 설명으로 가장 적절하지 않은 것은? (다툼이 있는 경우 판례에 의함) 24 경찰승진

① 법원이 선임한 부재자 재산관리인이 그 관리대상인 부재자의 재산에 대한 범죄행위에 관하여 법원으로부터 고소권 행사에 관한 허가를 얻은 경우, 부재자 재산관리인은 「형사소송법」 제225조 제1항에서 정한 법정대리인으로서 적법한 고소권자에 해당한다.

② 고소권자가 비친고죄로 고소한 사건이더라도 검사가 사건을 친고죄로 구성하여 공소를 제기하였다면 공소장 변경절차를 거쳐 공소사실이 비친고죄로 변경되지 아니하는 한, 법원으로서는 친고죄에서 소송조건이 되는 고소가 유효하게 존재하는지를 직권으로 조사·심리하여야 한다.

③ 고소의 취소는 수사기관 또는 법원에 대한 법률행위적 소송행위이므로 공소제기 전에는 고소사건을 담당하는 수사기관에, 공소제기 후에는 고소사건의 수소법원에 대하여 이루어져야 한다.

④ 「형사소송법」이 고소 및 고소취소에 대하여 대리를 허용하는 규정을 두면서도 처벌불원의사에 대하여는 이에 관한 규정을 두지 않은 것은 해석에 의한 보충이 필요한 입법의 불비이자 법률의 흠결에 해당한다.

> **해설**
>
> ① (○) 대판 2022.5.26, 2021도2488
> ② (○) 대판 2015.11.17, 2013도7987
> ③ (○) 대판 2012.2.23, 2011도17264
> ④ (×) 형사소송법이 고소와 고소취소에 관한 규정을 하면서 제232조 제1항, 제2항에서 고소취소의 시한과 재고소의 금지를 규정하고 제3항에서는 반의사불벌죄에 제1항, 제2항의 규정을 준용하는 규정을 두면서도, 제233조에서 고소와 고소취소의 불가분에 관한 규정을 함에 있어서는 반의사불벌죄에 이를 준용하는 규정을 두지 아니한 것은 처벌을 희망하지 아니하는 의사표시나 처벌을 희망하는 의사표시의 철회에 관하여 친고죄와는 달리 공범자간에 불가분의 원칙을 적용하지 아니하고자 함에 있다고 볼 것이지, 입법의 불비로 볼 것은 아니다(대판 1994.4.26, 93도1689)

정답 ④

02 고소권자에 관한 설명으로 가장 적절한 것은? (다툼이 있는 경우 판례에 의함) 23 법학특채

① 구 「컴퓨터프로그램 보호법」 제48조는 '프로그램저작권자 또는 프로그램배타적발행권자' 등의 고소가 있어야 공소를 제기할 수 있다고 규정하고 있는데, 프로그램저작권이 명의신탁된 경우 제3자의 침해행위에 대한 고소권자는 명의신탁자이다.
② 피해자의 법정대리인은 피해자의 고소권 소멸 여부에 관계없이 고소할 수 있지만, 피해자의 명시한 의사에 반해서는 행사할 수 없다.
③ 법원이 선임한 부재자 재산관리인이 그 관리대상인 부재자의 재산에 대한 범죄행위에 관하여 법원으로부터 고소권 행사에 관한 허가를 얻은 경우, 「형사소송법」 제225조 제1항에서 정한 법정대리인으로서 적법한 고소권자에 해당한다.
④ 특정 캐릭터의 국내 상품화를 위하여 저작재산권자와 사이에 저작물의 이용허락계약을 체결한 사람은 저작재산권침해에 관하여 독자적으로 고소할 수 있다.

> **해설**
>
> ① (×) 프로그램저작권이 명의신탁된 경우 대외적인 관계에서는 명의수탁자만이 프로그램저작권자이므로 제3자의 침해행위에 대한 구 컴퓨터프로그램 보호법 제48조 소정의 고소 역시 명의수탁자만이 할 수 있다(대판 2013.3.28, 2010도8467)
> ② (×) 법정대리인의 고소권은 무능력자의 보호를 위하여 법정대리인에게 주어진 고유권이므로 법정대리인은 피해자의 고소권 소멸 여부에 관계없이 고소할 수 있고 이러한 고소권은 피해자의 명시한 의사에 반하여도 행사할 수 있다(대판 1999.12.24, 99도3784)
> ③ (○) 대판 2022.5.26, 2021도2488
> ④ (×) 저작재산권자와 사이에 국내 상품화 계약을 체결한 사람은 저작재산권침해행위에 대하여 독자적으로 고소할 수 있는 권한이 없어 고소권자에 의한 적법한 고소가 없다고 한 사례(대판 2006.12.22, 2005도4002)

정답 ③

03 고소·고발에 관한 설명으로 옳지 않은 것은 모두 몇 개인가? (다툼이 있는 경우 판례에 의함)

24 경찰채용

⊙ 친고죄의 공범 중 그 1인 또는 수인에 대한 고소 또는 그 취소는 다른 공범자에 대하여도 효력이 있고, 여기의 공범에는 형법 총칙상의 공범뿐만 아니라 필요적 공범도 포함된다.
ⓒ 조세범처벌절차법에 따라 범칙사건에 대한 고발이 있는 경우 그 고발의 효력은 범칙사건에 관련된 범칙사실의 전부에 미치고 한 개의 범칙사실의 일부에 대한 고발은 그 전부에 대하여 효력이 생긴다.
ⓒ 친고죄에 있어서 고소불가분의 원칙을 규정한 형사소송법 제233조는 반의사불벌죄에 관하여도 적용된다.
ⓔ 고소인이 수사기관에서 조사를 받으면서 '법대로 처벌하되 관대한 처분을 바란다'는 취지로 한 진술은 고소의 취소라고 보기 어렵다.
ⓜ 고소는 서면 또는 구술로 검사 또는 사법경찰관에게 하면 충분하므로, 경찰청 홈페이지에 '甲을 철저히 조사해 달라'는 취지의 민원을 접수한 것만으로도 적법한 고소에 해당한다.

① 2개   ② 3개   ③ 4개   ④ 5개

해설

⊙ (○) 친고죄의 공범 중 그 1인 또는 수인에 대한 고소 또는 그 취소는 다른 공범자에 대하여도 효력이 있다(제233조). ※ 여기에서 공범은 형법 총칙상의 공범뿐만 아니라 필요적 공범도 포함된다.
ⓒ (○) 대판 2014.10.15, 2013도5650
ⓒ (×) 반의사불벌죄에 있어 처벌을 희망하지 아니하는 의사표시나 처벌을 희망하는 의사표시의 철회에 관하여는 친고죄와는 달리 공범자간에 불가분의 원칙이 적용되지 아니한다(대판 1994.4.26, 93도1689)
ⓔ (○) 대판 1981.1.13, 80도2210
ⓜ (×) 피해자가 경찰청 인터넷 홈페이지에 '피고인을 철저히 조사해 달라'는 취지의 신고민원을 접수하는 형태로 피고인에 대한 조사를 촉구하는 의사표시를 한 것은 형사소송법 제237조 제1항에 따른 적법한 고소를 한 것으로 볼 수 없다(대판 2012.2.23, 2010도9524)

정답 ①

04 고소와 고발에 대한 설명으로 가장 적절하지 않은 것은? (다툼이 있는 경우 판례에 의함)

22 경찰승진

① 고소능력은 피해를 받은 사실을 이해하고 고소에 따른 사회생활 상의 이해관계를 알아차릴 수 있는 사실상의 의사능력으로 충분하므로 민법상의 행위능력이 없는 사람이라도 고소능력이 인정될 수 있다.
② 고소는 대리가 허용되지만, 고발은 대리가 허용되지 않는다.
③ 형사소송법 제225조 제1항이 규정하는 피해자의 법정대리인은 피해자 본인의 고소권이 소멸하더라도 고소권을 행사할 수 있으나, 피해자 본인의 명시한 의사에 반하여 이를 행사할 수는 없다.
④ 형사소송법 제230조 제1항 본문은 "친고죄에 대하여는 범인을 알게 된 날로부터 6월을 경과하면 고소하지 못한다."고 규정 하고 있는바, 여기서 범인을 알게 된다 함은 통상인의 입장에서 보아 고소권자가 고소를 할 수 있을 정도로 범죄사실과 범인을 아는 것을 의미하고, 범죄사실을 안다는 것은 고소권자가 친고죄에 해당하는 범죄의 피해가 있었다는 사실관계에 관하여 확정적인 인식이 있음을 말한다.

> **해설**
> ① (○) 대판 2011.6.24, 2011도4451
> ② (○) 고소는 대리가 허용되지만, 고발은 대리가 허용되지 아니한다(제236조, 대판 1989.9.26, 88도1533)
> ③ (×) 법정대리인의 고소권은 무능력자의 보호를 위하여 법정대리인에게 주어진 고유권이므로 법정대리인은 피해자의 고소권 소멸 여부에 관계없이 고소할 수 있고 이러한 고소권은 피해자의 명시한 의사에 반하여도 행사할 수 있다(대판 1999.12.24, 99도3784)
> ④ (○) 대판 2018.7.11, 2018도1818

정답 ③

05 친고죄의 고소에 대한 설명으로 옳지 않은 것은? (다툼이 있는 경우 판례에 의함) 24 검찰9급

① 피해자가 고소장을 제출하여 처벌을 희망하는 의사를 분명히 표시한 후 고소를 취소한 바 없다면, 비록 고소 전에 피해자가 처벌을 원치 않았다고 하더라도 그 후에 한 피해자의 고소는 유효하다.
② 친고죄에서 피해자의 고소가 없거나 고소가 취소되었음에도 친고죄로 기소되었다가 그 후 당초에 기소된 공소사실과 동일성이 인정되는 비친고죄로 공소장변경이 허용된 경우 그 공소제기의 흠은 치유된다.
③ 친고죄의 공범 중 그 일부에 대하여 제1심판결이 선고된 후에는 제1심판결 선고 전의 다른 공범자에 대하여는 그 고소를 취소할 수 없다.
④ 친고죄의 공범자 간 고소불가분의 원칙은 반의사불벌죄에서 처벌을 희망하지 아니하는 의사표시나 처벌을 희망하는 의사표시의 철회에 관하여도 적용된다.

> **해설**
> ① (○) 대판 2008.11.27, 2007도4977
> ② (○) 대판 2011.5.13, 2011도2233
> ③ (○) 대판 1985.11.12, 85도1940
> ④ (×) 친고죄에 있어서 고소불가분의 원칙을 규정한 형사소송법 제233조의 규정은 반의사불벌죄에 준용되지 않는다(대판 1994.4.26, 93도1689)

정답 ④

06 고소에 관한 설명 중 옳지 않은 것은? (다툼이 있는 경우 판례에 의함) 23 변호사시험

① 고소에 있어서 범죄사실의 특정 정도는 고소인의 의사가 수사기관에 대하여 일정한 범죄사실을 지정신고하여 범인의 소추처벌을 구하는 의사표시가 있었다고 볼 수 있을 정도면 충분하며, 범인의 성명이 불명이거나 범행의 일시·장소·방법 등이 명확하지 않다고 하더라도 그 효력에는 아무 영향이 없다.
② 「민법」상 행위능력이 없는 사람이라도 피해를 입은 사실을 이해하고 고소에 따른 사회생활상의 이해관계를 알아차릴 수 있는 사실상의 의사능력을 갖추었다면 고소능력이 인정된다.
③ 피해자의 법정대리인은 피해자의 고소권 소멸 여부에 관계없이 고소할 수 있고, 이러한 고소권은 피해자의 명시한 의사에 반하여도 행사할 수 있다.
④ 친고죄에서 적법한 고소가 있었는지는 엄격한 증명의 대상이 되고, 일죄의 관계에 있는 친고죄 범죄사실 일부에 대한 고소의 효력은 일죄 전부에 대하여 미친다.

> **해설**
>
> ① (○) 대판 1984.10.23, 84도1704
> ② (○) 대판 2011.6.24, 2011도4451
> ③ (○) 대판 1999.12.24, 99도3784
> ④ (×) 친고죄에서 적법한 고소가 있었는지 여부는 자유로운 증명의 대상이 되고, 일죄의 관계에 있는 범죄사실의 일부에 대한 고소의 효력은 그 일죄의 전부에 대하여 미친다(대판 2011. 6.24, 2011도4451)

정답 ④

07 고소와 고발에 대한 설명으로 옳은 것은 모두 몇 개인가? (다툼이 있는 경우 판례에 의함)

23 해경채용

㉠ 친고죄의 공범인 A, B 중 A에 대하여 제1심 판결이 선고되었더라도 제1심판결 선고 전의 B에 대하여는 고소를 취소할 수 있고, 그 효력은 제1심판결 선고 전의 B에게만 미친다.
㉡ 이른바 고소·고발 불가분의 원칙은 「조세범 처벌법」 위반죄에서 소추조건으로 되어 있는 세무공무원 등의 고발에는 적용되지 아니한다.
㉢ 세무공무원 등의 고발이 있어야 공소를 제기할 수 있는 「조세범처벌법」 위반죄에 대하여 고발을 받아 수사한 검사가 불기소 처분을 하였다가 나중에 공소를 제기하는 경우에는 세무공무원 등의 새로운 고발이 있어야 한다.
㉣ 비친고죄에 해당하는 죄로 기소되어 항소심에서 친고죄에 해당하는 죄로 공소장이 변경된 후 공소제기 전에 행하여진 고소가 취소되었다면 항소심 법원은 공소기각의 판결을 선고하여야 한다.
㉤ 피해자의 법정대리인이 피의자이거나 법정대리인의 친족이 피의자인 때에는 피해자의 친족은 독립하여 고소할 수 있다.

① 2개　　② 3개　　③ 4개　　④ 5개

해설

㉠ (×) 친고죄의 공범 중 그 일부에 대하여 제1심판결이 선고된 후에는 제1심판결선고전의 다른 공범자에 대하여는 그 고소를 취소할 수 없고 그 고소의 취소가 있다 하더라도 그 효력을 발생할 수 없으며, 이러한 법리는 필요적 공범이나 임의적 공범이냐를 구별함이 없이 모두 적용된다(대판 1985.11.12, 85도1940).
㉡ (○) 대판 2004.9.24, 2004도4066
㉢ (×) 세무공무원 등의 고발이 있어야 공소를 제기할 수 있는 조세범처벌법위반죄에 관하여 종전 세무공무원 등의 고발에 대한 불기소처분이 있었다 하더라도 세무공무원 등이 종전에 한 고발은 여전히 유효하므로, 나중에 공소를 제기함에 있어 세무공무원 등의 새로운 고발이 있어야 하는 것은 아니다(대판 2009.10.29, 2009도6614).
㉣ (×) 항소심에서 비로소 공소사실이 친고죄로 변경된 경우에도 항소심을 제1심이라 할 수는 없는 것이므로 항소심에 이르러 고소인이 고소를 취소하였다면 이는 친고죄에 대한 고소취소로서의 효력이 없다(대판 2007.3.15, 2007도210).
㉤ (○) 형사소송법 제226조

정답 ①

08 고소에 관한 다음 설명 중 옳고 그름의 표시(○, ×)가 모두 바르게 된 것은? (다툼이 있는 경우 판례에 의함)

22 경찰채용

> ㉠ 범죄 당시 고소능력이 없던 피해자가 그 후에 비로소 고소능력이 생겼다면 고소기간은 고소능력이 생긴 때로부터 기산된다.
> ㉡ 형사소송법상 고소의 대리는 허용되나, 고소취소의 대리는 허용되지 아니한다.
> ㉢ 고소인은 범죄사실을 특정하여 신고하면 족하고 범인이 누구인지 나아가 범인 중 처벌을 구하는 자가 누구인지를 적시할 필요는 없다.
> ㉣ 형사소송법 제232조에 의하면 고소는 제1심판결 선고 전까지 취소할 수 있고, 고소를 취소한 자는 다시 고소할 수 없으며, 고소권자가 서면 또는 구술로써 수사기관 또는 법원에 고소를 취소하는 의사표시를 하였다면 그 고소는 적법하게 취소된 것이고, 그 후 고소취소를 철회하는 의사표시를 다시 하였다고 하여도 그것은 효력이 없다.
> ㉤ 피해자의 친족은 피해자의 법정대리인이 피의자이거나 법정대리인의 친족이 피의자인 때에는 독립하여 고소할 수 있다.

① ㉠(○) ㉡(×) ㉢(○) ㉣(○) ㉤(○)
② ㉠(○) ㉡(×) ㉢(○) ㉣(×) ㉤(○)
③ ㉠(×) ㉡(○) ㉢(×) ㉣(○) ㉤(×)
④ ㉠(○) ㉡(○) ㉢(○) ㉣(○) ㉤(○)

해설

㉠ (○) 대판 2007.10.11, 2007도4962
㉡ (×) 고소 또는 그 취소는 대리인으로 하여금하게 할 수 있다(제236조).
㉢ (○) 대판 1996.3.12, 94도2423
㉣ (○) 대판 2009.9.24, 2009도6779
㉤ (○) 제226조

정답 ①

09 고소에 관한 설명으로 옳은 것을 모두 고른 것은? (다툼이 있는 경우 판례에 의함) 23 경간

㉠ 고소는 어떤 범죄사실 등이 구체적으로 특정되어야 하는데, 그 특정의 정도는 범인의 동일성을 식별할 수 있을 정도로 인식하면 족하고 범인의 성명이 불명 또는 오기가 있었다거나, 범행일시·장소·방법 등이 명확하지 않거나 틀리는 것이 있다고 하더라도 고소의 효력에는 영향이 없다.
㉡ 법원이 선임한 부재자 재산관리인은 관리대상 재산에 관한 범죄행위에 대하여 법원으로부터 고소권행사 허가를 받은 경우, 독립하여 고소권을 가지는 법정대리인에 해당한다.
㉢ 고소조서는 반드시 독립된 조서일 필요가 없으므로 참고인으로 조사하는 과정에서 고소권자가 처벌을 희망하는 의사표시를 하고 그 의사표시가 참고인진술조서에 기재된 경우에도 고소는 유효하나, 다만 그러한 의사표시가 사법경찰관의 질문에 답하는 형식으로 이루어진 것은 유효하지 않다.
㉣ 친고죄 피해자 A의 법정대리인 甲의 고소기간은 甲이 범인을 알게 된 날로부터 진행하고, A가 변호사 乙을 선임하여 乙이 고소를 제기한 경우에는 乙이 범인을 알게 된 날부터 고소기간이 기산된다.
㉤ 관련 민사사건에서 제1심판결 선고 전에 '이 사건과 관련하여 서로 상대방에 대하여 제기한 형사 고소 사건의 일체를 모두 취하한다'는 내용이 포함된 조정이 성립되었다면, 조정성립 후 고소인이 제1심 법정에서 여전히 피고인의 처벌을 원한다는 취지로 진술하더라도 고소를 취소한 것으로 볼 수 있다.

① ㉠㉡   ② ㉠㉡㉢   ③ ㉢㉣㉤   ④ ㉠㉡㉣㉤

해설

㉠ (○) 대판 1984.10.23, 84도1704
㉡ (○) 대판 2022.5.26, 2021도2488
㉢ (×) 친고죄에서 고소는 서면뿐만 아니라 구술로도 할 수 있고, 다만 구술에 의한 고소를 받은 검사 또는 사법경찰관은 조서를 작성하여야 하지만 그 조서가 독립된 조서일 필요는 없으며, 수사기관이 고소권자를 증인 또는 피해자로서 신문한 경우에 그 진술에 범인의 처벌을 요구하는 의사표시가 포함되어 있고 그 의사표시가 조서에 기재되면 고소는 적법하다(대판 2011.6.24, 2011도4451)
㉣ (×) [1] 법정대리인의 고소권은 무능력자의 보호를 위하여 법정대리인에게 주어진 고유권이어서 피해자의 고소권 소멸여부에 관계없이 고소할 수 있는 것이며, 그 고소기간은 법정대리인 자신이 범인을 알게 된 날로부터 진행한다(대판 1987.6.9, 87도857)
[2] 대리인에 의한 고소의 경우, 고소기간은 대리고소인이 아니라 정당한 고소권자를 기준으로 고소권자가 범인을 알게 된 날부터 기산한다(대판 2001.9.4, 2001도3081)
㉤ (×) 조정이 성립된 것만으로는 고소인이 수사기관이나 제1심 법정에 피고인에 대한 고소를 취소하였다거나 처벌을 원하지 아니한다는 의사를 표시한 것으로 보기 어렵다(대판 2004.

3.25, 2003도8136)

정답 ①

10 다음 설명 중 옳은 것은 모두 몇 개인가? (다툼이 있는 경우 판례에 의함) 22 경간

㉠ 甲이 자신의 친구 乙과 함께 다른 도시에 살고 있는 甲의 삼촌 A의 물건을 절취한 경우 A가 乙에 대해서만 고소를 하였다면 그 고소의 효력은 甲에게도 미친다.

㉡ 甲이 제1심 법원에서 「소송촉진 등에 관한 특례법」에 따라 甲의 진술없이 A에 대한 폭행죄로 유죄를 선고받고 확정된 후 적법하게 제1심 법원에 재심을 청구하여 재심개시결정이 내려졌다면 A는 그 재심의 제1심 판결 선고 전까지 처벌희망의사표시를 철회할 수 없으나, 甲이 재심을 청구하는 대신 항소권회복청구를 함으로써 항소심재판을 받게 되었다면 그 항소심 절차에서는 처벌희망의사표시를 철회할 수 있다.

㉢ 수개의 범칙사실 중 일부만을 범칙사건으로 하는 고발이 있는 경우에 고발장에 기재된 범칙사실과 동일성이 인정되지 않는 다른 범칙사실에 대해서는 고발의 효력이 미치지 아니한다.

㉣ 甲과 乙이 공모하여 A에 대하여 사실적시에 의한 명예훼손을 한 혐의로 공소제기되었으나 A가 甲에 대하여만 처벌불원의 의사를 표시하였다면 법원은 A의 이러한 의사에 기하여 乙에 대하여 공소기각판결을 선고해서는 안 된다.

① 1개 ② 2개 ③ 3개 ④ 4개

해설

㉠ (×) 甲의 절도(또는 특수절도)죄는 친고죄이지만, 乙의 절도죄는 친고죄가 아니다(형법 제328조 제2항·제3항) A가 乙만 고소한 경우 이는 친고죄에 대한 고소가 아니므로 그 고소의 효력은 甲에게 미치지 않는다(대판 1964.12.15, 64도481 참고).

㉡ (×) 피고인이 제1심 법원에 소촉법 제23조의2에 따른 재심을 청구하는 대신 항소권회복청구를 함으로써 항소심 재판을 받게 되었다면 항소심을 제1심이라고 할 수 없는 이상 그 항소심 절차에서는 처벌을 희망하는 의사표시를 철회할 수 없다(대판 2016.11.25, 2016도9470).

㉢ (○) 대판 2014.10.15, 2013도5650

㉣ (○) 반의사불벌죄에 있어 처벌을 희망하지 아니하는 의사표시나 처벌을 희망하는 의사표시의 철회에 관하여는 친고죄와는 달리 공범자간에 불가분의 원칙이 적용되지 아니한다(대판 1994.4.26, 93도1689) ※ 법원은 A에게는 공소기각판결을 선고하여야 하고, 乙에게는 다른 소송조건의 흠결이 없는 한 유무죄의 실체재판을 하여야 한다.

정답 ②

11 반의사불벌죄에 대한 설명으로 가장 적절한 것은? (다툼이 있는 경우 판례에 의함) 22 경찰승진

① 항소심에 이르러 비로소 반의사불벌죄가 아닌 죄에서 반의사불벌죄로 공소장이 변경되었더라도 항소심에서 피해자가 밝힌 처벌불원의사를 받아들여 피고인에 대한 폭행죄의 공소를 기각하는 것은 형사소송법 제232조 제3항 및 제1항의 처벌을 희망하는 의사표시의 철회가능 시기에 관한 법리오해의 위법이 있다.

② 반의사불벌죄에 있어서 피해자의 피고인 또는 피의자에 대한 처벌을 희망하지 않는다는 의사표시 또는 처벌을 희망하는 의사표시의 철회는 미성년자인 피해자에게 의사능력이 있더라도 피해자가 단독으로 이를 할 수 없고, 법정대리인의 동의가 있거나 법정대리인의 대리가 필요하다.

③ 반의사불벌죄에 있어서의 '피해자의 명시한 의사'에 관하여도 친고죄의 고소불가분의 원칙에 관한 규정이 준용되므로 처벌을 희망하는 의사표시의 철회는 다른 공범자에 대하여도 효력이 미친다.

④ 피해자가 나이 어린 미성년자인 경우 그 법정대리인이 밝힌 처벌불원의 의사표시에 피해자 본인의 의사가 포함되어 있는지는 대상 사건의 유형 및 내용, 피해자의 나이, 합의의 실질적인 주체 및 내용, 합의 전후의 정황, 법정대리인 및 피해자의 태도 등을 종합적으로 고려하여 판단해야 하는 것인데, 해당 처벌불원의 의사표시의 존재 여부는 당사자가 항소이유로 주장하지 아니한 이상 항소심 법원이 이를 직권으로 조사·판단할 필요는 없다.

> **해설**
>
> ① (○) 대판 1988.3.8, 85도2518
> ② (×) 반의사불벌죄라고 하더라도 피해자인 청소년에게 의사능력이 있는 이상 단독으로 피고인 또는 피의자의 처벌을 희망하지 않는다는 의사표시 또는 처벌희망 의사표시의 철회를 할 수 있고, 거기에 법정대리인의 동의가 있어야 하는 것으로 볼 것은 아니다(대판 2009.11.19, 2009도6058 전원합의체)
> ③ (×) 반의사불벌죄에 있어 처벌을 희망하지 아니하는 의사표시나 처벌을 희망하는 의사표시의 철회에 관하여는 친고죄와는 달리 공범자간에 불가분의 원칙이 적용되지 아니한다(대판 1994.4.26, 93도1689)
> ④ (×) 반의사불벌죄에서 처벌불원의 의사표시의 부존재는 소극적 소송조건으로서 직권조사사항이므로 당사자가 항소이유로 주장하지 아니하였더라도 항소심 법원은 이를 직권으로 조사·판단하여야 한다(대판 2020.2.27, 2019도14000)

정답 ①

12 친고죄와 반의사불벌죄에 관한 설명 중 옳은 것(○)과 옳지 않은 것(×)을 올바르게 조합한 것은? (다툼이 있는 경우 판례에 의함)
22 변호사시험, 22 해경간부

> ㉠ 제1심 법원이 반의사불벌죄로 기소된 피고인에 대하여「소송촉진 등에 관한 특례법」 제23조에 따라 피고인에 대한 송달불능보고서가 접수된 때부터 6개월이 지나도록 피고인의 소재를 확인할 수 없어 피고인의 진술 없이 유죄를 선고하여 판결이 확정된 경우, 만일 피고인이 항소권회복청구를 함으로써 항소심 재판을 받게 되었다면 피해자는 그 항소심 절차에서 처벌을 희망하는 의사표시를 철회할 수 없다.
> ㉡ 반의사불벌죄에 있어서 청소년인 피해자에게 비록 의사능력이 있다 하더라도 피고인에 대하여 처벌을 희망하지 않는다는 의사표시 또는 처벌을 희망하는 의사표시의 철회는 피해자가 단독으로 이를 할 수 없고 법정대리인의 동의가 있어야 한다.
> ㉢ 고소는 제1심 판결선고 전까지 취소할 수 있으므로 친고죄의 공범 중 일부에 대하여 제1심 판결이 선고된 후라도 제1심 판결선고 전의 다른 공범자에 대하여는 그 고소를 취소할 수 있고, 고소를 취소한 경우 친고죄에 대한 고소 취소로서의 효력이 있다.
> ㉣ 친고죄에 있어서의 피해자의 고소권은 공법상의 권리라고 할 것이므로 법이 특히 명문으로 인정하는 경우를 제외하고는 자유처분을 할 수 없고 따라서 일단 제기한 고소는 취소할 수 있으나 고소 전에 고소권을 포기할 수는 없다.

① ㉠(○) ㉡(○) ㉢(×) ㉣(×)
② ㉠(○) ㉡(×) ㉢(×) ㉣(○)
③ ㉠(×) ㉡(○) ㉢(○) ㉣(×)
④ ㉠(×) ㉡(×) ㉢(○) ㉣(○)
⑤ ㉠(×) ㉡(×) ㉢(×) ㉣(○)

해설

㉠ (○) 대판 2016.11.25, 2016도9470
㉡ (×) 반의사불벌죄라고 하더라도 피해자인 청소년에게 의사능력이 있는 이상, 단독으로 피고인 또는 피의자의 처벌을 희망하지 않는다는 의사표시 또는 처벌희망 의사표시의 철회를 할 수 있고, 거기에 법정대리인의 동의가 있어야 하는 것으로 볼 것은 아니다(대판 2009.11.19, 2009도6058 전원합의체).
㉢ (×) 친고죄의 공범 중 그 일부에 대하여 제1심판결이 선고된 후에는 제1심판결 선고전의 다른 공범자에 대하여는 그 고소를 취소할 수 없고 그 고소의 취소가 있다 하더라도 그 효력을 발생할 수 없다(대판 1985.11.12, 85도1940).
㉣ (○) 대판 1967.5.23, 67도471

정답 ②

13. 2018. 1. 1.부터 2020. 12. 31.까지 사업자 甲은 다른 사업자 乙, 丙과 함께「독점규제 및 공정거래에 관한 법률」(이하 '공정거래법'이라고 한다)에서 금지하고 있는 부당한 공동 행위를 하였는데, 2021. 5. 1. 공정거래위원회는 이를 인지하여 조사한 후 甲만을 검찰에 고발하고, 乙과 丙에 대하여는 시정조치를 명하였다. 참고로 공정거래법상 부당한 공동행위를 할 경우에는 공정거래위원회의 고발이 있어야 공소를 제기 할 수 있다. 이에 대한 설명으로 옳은 것은 모두 몇 개인가? (다툼이 있는 경우 판례에 의함)

24 경찰승진

㉠ 甲에 대한 공정거래위원회의 고발이 있기 전에 수사기관이 甲에 대한 공정거래법 위반 혐의를 수사하였다면 그 수사는 위법하다.
㉡ 공정거래위원회의 甲에 대한 고발은 친고죄에 관한 고소의 주관적 불가분 원칙을 규정한「형사소송법」제233조의 준용에 의하여 乙, 丙에 대하여도 그 효력이 발생한다.
㉢ 검사가 2021. 5. 20. 甲에 대하여 불기소처분을 한 이후 甲이 2022년도에 다시 공정거래법상 금지되고 있는 부당한 공동 행위를 한 경우, 만약 공정거래위원회가 甲의 2022년도 위반 행위에 대하여만 검찰에 고발하였더라도 甲의 2020년도 위반행위에 대하여 공소를 제기할 수 있다.
㉣ 공정거래위원회가 甲에게 공정거래법의 규정을 위반한 혐의가 있다고 인정하여 공정거래법에 따라 甲을 고발하였더라도, 해당 혐의에 관한 공정거래위원회의 처분이 위법하여 행정 소송에서 취소된다면 공정거래위원회의 고발을 기초로 이루어진 공소제기의 효력이 부정된다.

① 1개   ② 2개   ③ 3개   ④ 4개

해설

㉠ (×) 친고죄나 세무공무원 등의 고발이 있어야 논할 수 있는 죄에 있어서 수사가 장차 고소나 고발의 가능성이 없는 상태 하에서 행해졌다는 등의 특단의 사정이 없는 한 고소나 고발이 있기 전에 수사를 하였다는 이유만으로 그 수사가 위법하게 되는 것은 아니다(대판 2011.3.10, 2008도7724) ※ 공정거래위원회의 고발이 있기 전에 수사기관이 甲에 대한 공정거래법위반 혐의를 수사하였더라도 그 수사는 특별한 사정이 없는 한 위법하지 않다.
㉡ (×) 친고죄에 관한 고소의 주관적 불가분원칙을 규정하고 있는 형사소송법 제233조가 공정거래위원회의 고발에도 유추적용된다고 해석한다면 이는 공정거래위원회의 고발이 없는 행위자에 대해서까지 형사처벌의 범위를 확장하는 것으로서, 결국 피고인에게 불리하게 형벌법규의 문언을 유추해석한 경우에 해당하므로 죄형법정주의에 반하여 허용될 수 없다(대판 2010.9.30, 2008도4762) ※ 공정거래위원회의 甲에 대한 고발은 乙, 丙에 대해서는 그 효력이 없다.
㉢ (○) 세무공무원 등의 고발이 있어야 공소를 제기할 수 있는 조세범처벌법위반죄에 관하여 종전 세무공무원 등의 고발에 대한 불기소처분이 있었다 하더라도 세무공무원 등이 종전에 한 고발은 여전히 유효하므로, 나중에 공소를 제기함에 있어 세무공무원 등의 새로운 고발이 있어야 하는 것은 아니다(대판 2009.10.29, 2009도6614) ※ 검사는 甲의 2020년도 위반행위

에 대하여 공소를 제기할 수 있다.

㉣ (×) 공정거래위원회가 사업자에게 독점규제 및 공정거래에 관한 법률의 규정을 위반한 혐의가 있다고 인정하여 공정거래법 제71조에 따라 사업자를 고발하였다면 이로써 소추의 요건은 충족되며 공소가 제기된 후에는 고발을 취소하지 못함에 비추어 보면, 법원이 본안에 대하여 심판한 결과 공정거래법의 규정에 위반되는 혐의 사실이 인정되지 아니하거나 그 위반 혐의에 관한 공정거래위원회의 처분이 위법하여 행정소송에서 취소된다 하더라도 이러한 사정만으로는 그 고발을 기초로 이루어진 공소제기 등 형사절차의 효력에 영향을 미치지 아니한다 (대판 2015.9.10, 2015도3926) ※ 공정거래위원회의 처분이 위법하여 행정소송에서 취소되더라도 공정거래위원회의 고발을 기초로 이루어진 공소제기의 효력은 부정되지 않는다.

정답 ①

04 임의수사

제1절 서 설

01 임의수사에 대한 설명으로 가장 옳지 않은 것은? (다툼이 있는 경우 판례에 의함) 23 해경간부

① 수사는 원칙적으로 임의수사에 의하고, 강제수사는 법률에 규정된 경우에 한하여 예외적으로 허용된다.
② 임의수사의 경우에도 법률이 수사활동의 요건·절차를 규정하고 있다면, 그에 위반하여 수집한 증거는 위법수집증거로서 증거능력이 부정된다.
③ 수사기관은 피검사자의 동의를 얻은 경우에 거짓말탐지기를 사용할 수 있고, 그 검사결과를 공소사실의 존부를 인정하는 직접증거로 사용할 수 있다.
④ 수사기관이 수사의 필요상 피의자를 임의동행한 경우에도 조사 후 귀가시키지 아니하고 그의 의사에 반하여 경찰서 보호실 등에 계속 유치함으로써 신체의 자유를 속박하였다면 이는 구금에 해당된다.

> **해설**
> ① (○) 수사는 원칙적으로 임의수사에 의하고, 강제수사는 법률에 규정이 있는 경우에 한하여 예외적으로 허용된다(제199조 제1항 참고)
> ② (○) 제308조의2 참고
> ③ (×) 거짓말탐지기의 검사는 그 기구의 성능, 조작기술 등에 있어 신뢰도가 극히 높다고 인정되고 그 검사자가 적격자이며, 검사를 받는 사람이 검사를 받음에 동의하였으며 검사서가 검사자 자신이 실시한 검사의 방법, 경과 및 그 결과를 충실하게 기재하였다는 등의 전제조건이 증거에 의하여 확인되었을 경우에만 형사소송법 제312조 제3항에 의하여 이를 증거로 할 수 있는 것이고 위와 같은 조건이 모두 충족되어 증거능력이 있는 경우에도 그 검사결과는 검사를 받는 사람의 진술의 신빙성을 가늠하는 정황증거로서의 기능을 하는데 그치는 것이다(대판 1987.7.21, 87도968)
> ④ (○) 대결 1985.7.29, 85모16

정답 ③

02 수사의 방법에 관한 설명으로 가장 적절하지 않은 것은? (다툼이 있는 경우 판례에 의함)

23 경간

① 「형사소송법」에서 규정하고 있는 임의수사로는 피의자신문, 참고인조사, 공무소 등에 대한 사실조회, 감정·통역·번역의 위촉이 있다.
② 수사기관이 범죄를 수사함에 있어 현재 범행이 행하여지고 있거나 행하여진 직후이고, 증거보전의 필요성 및 긴급성이 있으며 일반적으로 허용되는 상당한 방법에 의하여 촬영을 한 경우에는, 그 촬영행위가 영장없이 이루어졌다 하여 이를 위법하다고 할 수 없다.
③ 마약류사범인 수형자에게 마약류반응검사를 위해 소변을 받아 제출하도록 하는 것은 법관의 영장을 필요로 하는 강제처분이므로 구치소 등 교정시설 내에서 소변채취가 법관의 영장없이 실시된 경우에는 영장주의 원칙에 반한다.
④ 피의자의 진술은 조서에 기재하여야 하며, 조서를 열람하게 하거나 읽어 들려주는 과정에서 피의자가 이의를 제기하거나 의견을 진술한 때에는 이를 조서에 추가로 기재하여야 한다.

> **해설**
>
> ① (○) 제199조 제2항, 제200조, 제221조 제1항·제2항
> ② (○) 대판 2013.7.26, 2013도2511
> ③ (×) 헌법 제12조 제3항의 영장주의는 법관이 발부한 영장에 의하지 아니하고는 수사에 필요한 강제처분을 하지 못한다는 원칙으로 소변을 받아 제출하도록 한 것은 교도소의 안전과 질서유지를 위한 것으로 수사에 필요한 처분이 아닐 뿐만 아니라 검사대상자들의 협력이 필수적이어서 강제처분이라고 할 수도 없어 영장주의의 원칙이 적용되지 않는다(헌재 2006.7.27, 2005헌마277)
> ④ (○) 제244조 제1항·제2항

정답 ③

03 수사에 관한 설명 중 가장 적절한 것은? (다툼이 있는 경우 판례에 의함)   23 경찰채용

① 누구든지 자기의 얼굴 기타 모습을 함부로 촬영당하지 않을 자유를 가지므로, 수사기관이 범죄를 수사함에 있어 타인의 얼굴 기타 모습을 영장 없이 촬영하였다면, 그 촬영은 어떠한 경우라도 허용될 수 없다.

② 음주운전에 대한 수사과정에서 음주운전 혐의가 있는 운전자에 대하여 도로교통법에 따른 호흡측정이 이루어진 경우 과학적이고 중립적인 호흡측정 수치가 도출되었다 하여도 그 결과에 오류가 있다고 인정할 만한 객관적이고 합리적인 사정이 있는 경우라면 추가로 음주측정을 할 필요성이 있으므로, 경찰관이 혐의를 제대로 밝히기 위해 혈액채취에 의한 측정방법으로 재측정하는 것을 위법하다 할 수 없고 운전자는 이에 따라야 할 의무가 있다.

③ 위법한 체포상태에서 마약 투약 혐의를 확인하기 위한 채뇨 요구가 이루어진 경우, 채뇨 요구를 위한 위법한 체포와 그에 이은 채뇨 요구는 마약 투약이라는 범죄행위에 대한 증거수집을 위하여 연속하여 이루어진 것으로서 개별적으로 그 적법 여부를 평가하는 것은 적절하지 아니하므로 그 일련의 과정을 전체적으로 보아 위법한 채뇨 요구가 있었던 것으로 보아야 한다.

④ 경범죄 처벌법 제3조 제1항 제34호의 지문채취 불응 시 처벌규정은 영장주의에 따른 강제처분을 규정한 것으로, 수사상 필요에 의하여 수사기관이 직접강제에 의하여 지문을 채취하려 하는 경우와 마찬가지로 법관에 의해 발부된 영장이 필요하다.

해설

① (×) 누구든지 자기의 얼굴이나 모습을 함부로 촬영당하지 않을 자유를 가지나, 이러한 자유도 무제한으로 보장되는 것은 아니고 국가의 안전보장·질서유지·공공복리를 위하여 필요한 경우에는 그 범위 내에서 상당한 제한이 있을 수 있으며, 수사기관이 범죄를 수사함에 있어 현재 범행이 행하여지고 있거나 행하여진 직후이고, 증거보전의 필요성 및 긴급성이 있으며, 일반적으로 허용되는 상당한 방법으로 촬영한 경우라면 위 촬영이 영장 없이 이루어졌다 하여 이를 위법하다고 단정할 수 없다(대판 2013.7.26, 2013도2511)

② (×) 운전자의 태도와 외관, 운전 행태 등에서 드러나는 주취 정도, 운전자가 마신 술의 종류와 양, 운전자가 사고를 야기하였다면 경위와 피해 정도, 목격자들의 진술 등 호흡측정 당시의 구체적 상황에 비추어 호흡측정기의 오작동 등으로 인하여 호흡측정 결과에 오류가 있다고 인정할 만한 객관적이고 합리적인 사정이 있는 경우라면 그러한 호흡측정 수치를 얻은 것만으로는 수사의 목적을 달성하였다고 할 수 없어 추가로 음주측정을 할 필요성이 있으므로, 경찰관이 음주운전 혐의를 제대로 밝히기 위하여 운전자의 자발적인 동의를 얻어 혈액 채취에 의한 측정의 방법으로 다시 음주측정을 하는 것을 위법하다고 볼 수는 없다. 이 경우 운전자가 일단 호흡측정에 응한 이상 재차 음주측정에 응할 의무까지 당연히 있다고 할 수는 없다 (대판 2015.7.9, 2014도16051)

③ (○) 대판 2013.3.14, 2012도13611

④ (×) 경범죄 처벌법 제3조 제1항 제34호에 의한 지문채취의 강요는 영장주의에 의하여야 할 강제처분이라 할 수 없다(헌재 2004.9.23, 2002헌가17).

정답 ③

04 영장주의에 관한 설명 중 가장 적절하지 않은 것은? (다툼이 있는 경우 판례에 의함)

23 경찰채용

① 수사기관이 甲주식회사에서 압수·수색영장을 집행하면서 甲회사에 팩스로 영장 사본을 송신하기만 하고 영장 원본을 제시하거나 압수조서와 압수물 목록을 작성하여 피압수 수색 당사자에게 교부하지도 않은 채 피고인의 이메일을 압수한 후 이를 증거로 제출한 사안에서, 위와 같은 방법으로 압수된 이메일은 형사소송법 등에서 정한 절차를 위반한 것으로 유죄 인정의 증거로 사용할 수 없다.

② 법원이 피고인에 대하여 구속영장을 발부하기 전에 형사소송법 제72조에서 규정한 절차를 거치지 아니하였다 하더라도 같은 규정에 따른 절차적 권리가 실질적으로 보장되었다면, 위 사전청문절차를 거치지 않은 것만으로 그 구속영장 발부결정이 위법하다고 볼 것은 아니다.

③ 형사소송법 제88조는 "피고인을 구속한 때에는 즉시 공소사실의 요지와 변호인을 선임할 수 있음을 알려야 한다"고 규정하고 있는 바, 이는 사후 청문절차에 관한 규정으로서 이를 위반한 경우 구속영장의 효력에 어떠한 영향을 미치는 것은 아니다.

④ 형사소송법 제217조 제2항, 제3항에 위반하여 압수·수색영장을 발부받지 아니하고도 즉시 반환하지 아니한 압수물은 이를 유죄 인정의 증거로 사용할 수 없지만, 피고인이나 변호인이 이를 증거로 함에 동의하였다면 유죄 인정의 증거로 사용할 수 있다.

해설

① (○) 대판 2017.9.7, 2015도10648
② (○) 대결 2000.11.10, 2000모134
③ (○) 대결 2000.11.10, 2000모134
④ (×) 형사소송법 제217조 제2항, 제3항에 위반하여 압수·수색영장을 청구하여 이를 발부받지 아니하고도 즉시 반환하지 아니한 압수물은 이를 유죄 인정의 증거로 사용할 수 없는 것이고, 피고인이나 변호인이 이를 증거로 함에 동의하였다고 하더라도 달리 볼 것은 아니다(대판 2009.12.24, 2009도11401).

정답 ④

05 임의동행에 관한 설명 중 가장 적절하지 않은 것은? (다툼이 있는 경우 판례에 의함)

22 경찰채용

① 경찰관이 동행에 앞서 피의자에게 동행을 거부할 수 있음을 알려 주었거나 동행한 피의자가 언제든지 자유로이 동행 과정에서 이탈 또는 동행 장소로부터 퇴거할 수 있었음이 인정되는 등 오로지 피의자의 자발적인 의사에 의하여 수사관서에의 동행이 이루어졌음이 객관적인 사정에 의하여 명백하게 입증된 경우에 한하여 임의동행의 적법성이 인정된다.

② 경찰관이 甲을 경찰서로 동행할 당시 甲에게 언제든지 동행을 거부할 수 있음을 고지한 다음 동행에 대한 동의를 구하였고, 이에 甲이 고개를 끄덕이며 동행의 의사표시를 하였으며, 동행 당시 경찰관에게 욕을 하거나 특별한 저항을 하지 않고서 동행에 순순히 응하였으며, 동행 당시 술에 취한 상태이긴 하였으나 동행 후 경찰서에서 주취운전자 정황진술보고서의 날인을 거부하고 "이번이 3번째 음주운전이다. 난 시청직원이다. 1번만 봐달라."라고 말한 경우 甲에 대한 임의동행은 적법하다.

③ 경찰관이 甲의 정신상태, 신체에 있는 주사바늘 자국, 알콜솜 휴대, 전과 등을 근거로 甲의 마약류 투약 혐의가 상당하다고 판단하여 경찰서로 임의동행을 요구하였고, 동행 장소인 경찰서에서 甲에게 마약류 투약 혐의를 밝힐 수 있는 소변과 모발의 임의제출을 요구하였다면, 이때 임의동행은 형사소송법 제199조 제1항에 따른 임의동행에 해당하지 아니한다.

④ 술에 취한 상태에 있다고 인정할 만한 상당한 이유가 있는 운전자가 경찰관으로부터 언제라도 자유로이 퇴거할 수 있음을 고지받고 파출소까지 자발적으로 동행한 경우 이 파출소에서의 음주측정요구는 위법한 체포 상태에서 이루어진 것이라고 할 수 없다.

> **해설**
>
> ① (○) 대판 2013.3.14, 2012도13611
> ② (○) 대판 2012.9.13, 2012도8890
> ③ (×) 경찰관이 피고인의 정신 상태, 신체에 있는 주사바늘 자국, 알콜솜 휴대, 전과 등을 근거로 피고인의 마약류 투약 혐의가 상당하다고 판단하여 경찰서로 임의동행을 요구하였고 동행 장소인 경찰서에서 피고인에게 마약류 투약 혐의를 밝힐 수 있는 소변과 모발의 임의제출을 요구하였다면 이러한 임의동행은 마약류 투약 혐의에 대한 수사를 위한 것이어서 형사소송법 제199조 제1항에 따른 임의동행에 해당한다(대판 2020.5.14, 2020도398)
> ④ (○) 대판 2015.12.24, 2013도8481

정답 ③

제2절 임의수사의 방법

01 피의자신문에 관한 설명으로 가장 적절하지 않은 것은? (다툼이 있는 경우 판례에 의함)

24 경찰채용

① 구속영장 발부에 의하여 적법하게 구금된 피의자가 피의자신문을 위한 출석요구에 응하지 아니하면서 수사기관 조사실에의 출석을 거부하는 경우, 수사기관은 그 구속영장의 효력에 의하여 피의자를 조사실로 구인할 수 있다.
② 피의자의 진술은 영상녹화할 수 있고, 이 경우 피의자에게 미리 영상녹화사실을 알려주고 동의를 받아야 한다.
③ 변호인이 검찰수사관으로부터 "구속된 피의자가 변호인 참여 없이 조사를 받지 않겠다고 하니 즉시 와달라"는 연락을 받고 조사실에 도착하여 피의자 옆에 앉으려고 하자, 검찰수사관이 조사실의 장소적 제약 등과 같은 특별한 사정이 없음에도 변호인에게 피의자 후방에 앉으라고 요구한 행위는 변호인의 변호권을 침해한다.
④ 검사 또는 사법경찰관은 피의자를 신문하는 경우, 피의자의 연령·성별·국적 등의 사정을 고려하여 그 심리적 안정의 도모와 원활한 의사소통을 위하여 필요한 때에는 직권으로 피의자와 신뢰관계에 있는 자를 동석하게 할 수 있다.

> **해설**
>
> ① (○) 대결 2013.7.1. 2013모160
> ② (×) 피의자의 진술은 영상녹화할 수 있다. 이 경우 미리 영상녹화사실을 알려주어야 하며, 조사의 개시부터 종료까지의 전 과정 및 객관적 정황을 영상녹화하여야 한다(제244조의2 제1항) ※ 피의자에게 미리 알려주면 되고, 반드시 동의를 받을 필요는 없다.
> ③ (○) 변호인의 수사방해나 수사기밀의 유출에 대한 우려가 없고 조사실의 장소적 제약 등과 같은 특별한 사정이 없는 상황에서 수사관이 피의자신문에 참여한 변호인에게 피의자 후방에 앉으라고 요구한 행위는 변호인의 변호권을 침해하므로 헌법에 위배된다(헌재 2017.11.30. 2016헌마503)
> ④ (○) 제244조의5

정답 ②

02 피의자신문에 관한 설명으로 가장 적절하지 않은 것은? (다툼이 있는 경우 판례에 의함)

23 경간

① 검사 또는 사법경찰관은 피의자신문 전에 진술거부권과 신문받을 때 변호인의 조력을 받을 수 있음을 고지해야 하나, 이러한 권리를 행사할 것인지의 여부에 대한 피의자의 답변을 반드시 조서에 기재할 필요는 없다.
② 검사 또는 사법경찰관은 조사, 신문, 면담 등 그 명칭을 불문하고 피의자에 대해 원칙적으로 오후 9시부터 오전 6시까지 사이에는 심야조사를 해서는 안 되며, 조서를 열람하거나 예외적으로 심야조사가 허용되는 경우를 제외하고는 총조사 시간은 12시간을 초과하지 않아야 한다.
③ 변호인의 수사방해나 수사기밀의 유출에 대한 우려가 없고, 조사실의 장소적 제약 등이 없음에도 수사관이 피의자신문에 참여한 변호인에게 '피의자 후방에 앉으라'고 요구한 행위는 변호인의 변호권을 침해하는 것이다.
④ 피의자의 진술은 피의자 또는 변호인의 동의없이도 영상을 녹화할 수 있으나, 다만 미리 영상녹화사실을 알려주어야 하며 조사의 개시부터 종료까지의 전 과정 및 객관적 정황을 영상녹화해야 한다.

해설

① (×) [1] 검사 또는 사법경찰관은 피의자를 신문하기 전에 진술거부권과 신문받을 때 변호인의 조력을 받을 수 있음을 알려주어야 한다(제244조의3 제1항 참고)
[2] 검사 또는 사법경찰관은 제1항에 따라 알려 준 때에는 피의자가 진술을 거부할 권리와 변호인의 조력을 받을 권리를 행사할 것인지의 여부를 질문하고, 이에 대한 피의자의 답변을 조서에 기재하여야 한다(제244조의3 제2항)
② (O) 수사준칙 제21조 제1항, 제22조 제1항
③ (O) 헌재 2017.11.30, 2016헌마503
④ (O) 제244조의2 제1항

정답 ①

03 진술거부권에 관한 설명으로 옳은 것을 모두 고른 것은? (다툼이 있는 경우 판례에 의함)

24 경찰승진

㉠ 객관적이고 명백한 증거가 있음에도 진실의 발견을 적극적으로 숨기거나 법원을 오도하려는 시도에 기인한 진술거부권의 행사라 하더라도 이는 가중적 양형의 조건으로 참작될 수 없다.
㉡ 수사기관이 피의자를 신문함에 있어서 피의자에게 미리 진술거부권을 고지하지 않은 때에는 진술의 임의성이 인정되는 경우라도 증거능력이 부인되어야 한다.
㉢ 교통사고를 야기한 운전자의 교통사고 신고의무를 규정한 구 「도로교통법」(1984. 8. 4. 법률 제3744호) 제50조 제2항 및 제111조 제3호를 사고 피해자의 구호 및 교통질서의 회복을 위한 조치가 필요한 범위 내에서 교통사고의 객관적 내용만을 신고하도록 한 것으로 해석하고, 형사책임과 관련되는 사항에는 적용되지 않는 것으로 해석하는 한 헌법에 위배되지 않는다.
㉣ 선거범죄 조사와 관련하여 선거관리위원회 위원·직원이 관계자에게 질문·조사를 할 수 있다고 규정하면서도 진술거부권의 고지에 관하여는 별도의 규정을 두고 있지 않은 구 「공직선거법」(2013. 8. 13. 법률 제12111호로 개정되기 전의 것) 제272조의2에서, 선거범죄 조사와 관련하여 관계자에게 진술거부권 고지 없이 작성·수집된 선거관리위원회의 문답서는 증거능력이 없다.

① ㉠㉡ ② ㉠㉢ ③ ㉡㉢ ④ ㉡㉣

해설

㉠ (×) 형사소송절차에서 피고인은 방어권에 기하여 범죄사실에 대하여 진술을 거부하거나 거짓 진술을 할 수 있고, 이 경우 범죄사실을 단순히 부인하고 있는 것이 죄를 반성하거나 후회하고 있지 않다는 인격적 비난요소로 보아 가중적 양형의 조건으로 삼는 것은 결과적으로 피고인에게 자백을 강요하는 것이 되어 허용될 수 없다고 할 것이나 그러한 태도나 행위가 피고인에게 보장된 방어권 행사의 범위를 넘어 객관적이고 명백한 증거가 있음에도 진실의 발견을 적극적으로 숨기거나 법원을 오도하려는 시도에 기인한 경우에는 가중적 양형의 조건으로 참작될 수 있다(대판 2012.1.12, 2011도14083)
㉡ (○) 대판 2014.4.10, 2014도1779
㉢ (○) 헌재 1990.8.27, 89헌가118
㉣ (×) [1] 구 공직선거법은 제272조의2에서 선거범죄 조사와 관련하여 선거관리위원회 위원·직원이 관계자에게 질문·조사를 할 수 있다고 규정하면서도 진술거부권의 고지에 관하여는 별도의 규정을 두지 않았고, 수사기관의 피의자에 대한 진술거부권 고지를 규정한 형사소송법 제244조의3 제1항이 구 공직선거법상 선거관리위원회 위원·직원의 조사절차에 당연히 유추적용된다고 볼 수도 없다.
[2] 결국 구 공직선거법 시행 당시 선거관리위원회 위원·직원이 선거범죄 조사와 관련하여 관계자에게 질문을 하면서 미리 진술거부권을 고지하지 않았다고 하여 단지 그러한 이유만으로

그 조사절차가 위법하다거나 그 과정에서 작성·수집된 선거관리위원회 문답서의 증거능력이 당연히 부정된다고 할 수는 없다(대판 2014.1.16, 2013도5441)

정답 ③

04 참고인 조사에 관한 설명으로 가장 적절하지 않은 것은? (다툼이 있는 경우 판례에 의함)

24 경찰승진

① 진술거부권의 고지가 갖는 실질적인 의미를 고려해 볼 때, 피의자의 지위에 있지 아니한 참고인으로서 조사를 받으면서 수사기관으로부터 진술거부권을 고지받지 않았다면 그 진술조서는 위법수집증거로서 증거능력이 없다.
② 검사 또는 사법경찰관이 참고인을 조사하는 경우에는 조사장소에 도착한 시각, 조사를 시작하고 마친 시각, 그 밖에 조사과정의 진행경과를 확인하기 위하여 필요한 사항을 조서에 기록하거나 별도의 서면에 기록한 후 수사기록에 편철하여야 한다.
③ 참고인이 수사과정에서 진술서를 작성하였지만 수사기관이 그에 대한 조사과정을 기록하지 아니하여 「형사소송법」 제244조의4 제3항, 제1항에서 정한 절차를 위반한 경우에는, 특별한 사정이 없는 한 '적법한 절차와 방식'에 따라 수사과정에서 진술서가 작성되었다 할 수 없으므로 그 증거능력을 인정할 수 없다.
④ 수사기관이 참고인을 조사하는 과정에서 「형사소송법」에 따라 작성한 영상녹화물은, 다른 법률에서 달리 규정하고 있는 등의 특별한 사정이 없는 한, 공소사실을 직접 증명할 수 있는 독립적인 증거로 사용될 수는 없다.

해설

① (×) 피의자 지위에 있지 아니한 자에 대하여는 진술거부권이 고지되지 아니하였더라도 진술의 증거능력을 부정할 것은 아니다(대판 2011.11.10, 2011도8125)
② (○) 제244조의4 제1항·제3항
③ (○) 대판 2015.4.23, 2013도3790
④ (○) 대판 2014.7.10, 2012도5041

정답 ①

05 강제처분과 강제수사

제1절 서 설

※ 기출문제 없음

제2절 체포와 구속

I 체포

01 영장에 의한 체포에 관한 설명으로 가장 적절하지 않은 것은? (다툼이 있는 경우 판례에 의함)

24 경찰승진

① 사법경찰관은 체포영장의 유효기간 내에 영장의 집행에 착수 하지 못했거나 그 밖의 사유로 영장의 집행이 불가능하거나 불필요하게 되었을 때에는 그 영장을 청구한 검사에게 반환하고, 검사는 사법경찰관이 반환한 영장을 법원에 반환한다.
② 검사 또는 사법경찰관은 체포된 피의자의 배우자가 체포영장 등본의 교부를 청구하면 그 등본을 교부해야 한다.
③ 사법경찰관이 피의자를 영장에 의하여 체포한 후 구속한 경우에 있어서 구속기간은 피의자를 구속한 날부터 기산한다.
④ 검사는 체포영장을 발부받은 후 피의자를 체포하기 이전에 체포영장을 첨부하여 판사에게 인치·구금할 장소의 변경을 청구할 수 있다.

해설

① (○) 수사준칙 제35조 제1항·제3항
② (○) 수사준칙 제34조
③ (×) 사법경찰관이 피의자를 영장에 의하여 체포한 후 구속한 경우에 있어서 구속기간은 피의자를 **체포한 날부터** 기산한다(제203조의2 참고).
④ (○) 규칙 제96조의3

정답 ③

02 영장에 의한 체포에 대한 설명으로 가장 적절한 것은? (다툼이 있는 경우 판례에 의함)

22 경찰승진

① 수사기관이 영장에 의한 체포를 하고자 하는 경우 검사는 관할 지방법원판사에게 체포영장을 청구할 수 있고, 사법경찰관리는 검사의 승인을 받아 관할지방법원판사에게 체포영장을 청구할 수 있다.
② 현행범을 체포한 경찰관의 진술이라 하더라도 범행을 목격한 부분에 관하여는 여느 목격자의 진술과 다름없이 증거능력이 있으며, 다만 그 증거의 신빙성만 문제가 된다.
③ 체포영장을 발부받은 후 피의자를 체포한 경우 검사는 변호인이 있는 때에는 피의자의 변호인에게, 변호인이 없는 때에는 피의자 또는 피의자의 동거가족 중 피의자가 지정하는 자에게 지체없이 그 사유를 서면으로 통지해야 한다.
④ 경찰관들이 체포를 위한 실력행사에 나아가기 전에 체포영장을 제시하고 미란다 원칙을 고지할 여유가 있었음에도 애초부터 미란다 원칙을 체포 후에 고지할 생각으로 먼저 체포행위에 나선 경우라도 이러한 행위를 위법하다고 할 수 없다.

해설

① (×) 피의자가 죄를 범하였다고 의심할 만한 상당한 이유가 있고, 정당한 이유없이 출석요구에 응하지 아니하거나 응하지 아니할 우려가 있는 때에는 검사는 관할 지방법원판사에게 청구하여 체포영장을 발부받아 피의자를 체포할 수 있고, 사법경찰관은 검사에게 신청하여 검사의 청구로 관할지방법원판사의 체포영장을 발부받아 피의자를 체포할 수 있다(제200조의2 제1항)
② (○) 대판 1995.5.9, 95도535
③ (×) 체포영장을 발부받은 후 피의자를 체포한 경우 검사는 변호인이 있는 때에는 피의자의 변호인에게, 변호인이 없는 때에는 피의자의 법정대리인, 배우자, 직계친족과 형제자매 중 피의자가 지정하는 자에게 지체없이 그 사유를 서면으로 통지해야 한다(제87조 제1항·제2항, 제200조의6)
④ (×) 경찰관들이 체포영장을 소지하고 메스암페타민 투약 등 혐의로 피고인을 체포하려는 과정에서 피고인이 도망가려는 태도를 보이거나 먼저 폭력을 행사하며 대항한 바 없는 등 경찰관들이 체포를 위한 실력행사에 나아가기 전에 체포영장을 제시하고 미란다 원칙을 고지할 여유가 있었음에도 애초부터 미란다 원칙을 체포 후에 고지할 생각으로 먼저 체포행위에 나선 행위는 적법한 공무집행이라고 볼 수 없으므로 비록 피고인이 이에 거세게 저항하는 과정에서 경찰관들에게 상해를 가하였더라도 공무집행방해죄나 상해죄는 성립하지 아니한다(대판 2017.9.21, 2017도10866)

정답 ②

03 체포에 관한 설명 중 옳은 것은 모두 몇 개인가? (다툼이 있는 경우 판례에 의함) 22 경찰채용

> ⊙ 「검사와 사법경찰관의 상호협력과 일반적 수사준칙에 관한 규정」 제31조에 의하면 사법경찰관은 동일한 범죄사실로 다시 체포영장을 신청하는 경우에 그 취지를 체포영장 신청서에 적어야 한다.
> ⓒ 다액 50만 원 이하의 벌금, 구류 또는 과료에 해당하는 사건의 경우 피의자가 일정한 주거가 없는 때에 한하여 사법경찰관은 체포영장을 발부받아 피의자를 체포할 수 있다.
> ⓒ 긴급체포한 피의자를 구속하고자 할 때 구속영장은 피의자를 체포한 때로부터 24시간 이내에 청구되어야 한다.
> ⓔ 사법경찰관은 피의자가 죄를 범하였다고 의심할 만한 정황이 있고 형사소송법 제200조에 의한 출석요구에 응하지 아니한 때에는 체포영장을 신청하여 피의자를 체포할 수 있다.
> ⓜ 甲의 마약 투약 제보를 받은 경찰관 P가 자신의 집에 있던 甲을 밖으로 유인하여 불러내려 하였으나, 이를 실패하자 甲의 집 현관문의 잠금장치를 해제하고 강제로 들어가서 수색한 후 甲을 긴급체포한 경우 P가 이미 甲의 신원, 주거지, 전화번호를 모두 알고 있었고, 마약 투약의 증거가 급속히 소멸될 상황이 아니었다고 하더라도 甲이 마약 관련 범죄를 범했다고 의심할 만한 상당한 이유가 있었다면, 이 긴급체포는 위법하지 아니하다.

① 1개 ② 2개 ③ 3개 ④ 4개

해설

⊙ (○) 수사준칙 제31조
ⓒ (×) 다액 50만원이하의 벌금, 구류 또는 과료에 해당하는 사건에 관하여는 피의자가 일정한 주거가 없는 경우 또는 정당한 이유없이 제200조의 규정에 의한 출석요구에 응하지 아니한 경우에 한한다(제200조의2 제1항).
ⓒ (×) 긴급체포된 피의자를 구속하고자 할 때에는 지체 없이 관할지방법원판사에게 구속영장을 청구하여야 한다. 이 경우 구속영장은 피의자를 체포한 때부터 48시간 이내에 청구하여야 하며, 긴급체포서를 첨부하여야 한다(제200조의4 제1항).
ⓔ (×) 피의자가 죄를 범하였다고 의심할 만한 상당한 이유가 있고, 정당한 이유없이 형사소송법 제200조의 규정에 의한 출석요구에 응하지 아니하거나 응하지 아니할 우려가 있는 때에는 검사는 관할 지방법원판사에게 청구하여 체포영장을 발부받아 피의자를 체포할 수 있고, 사법경찰관은 검사에게 신청하여 검사의 청구로 관할지방법원판사의 체포영장을 발부받아 피의자를 체포할 수 있다(제200조의2 제1항).
ⓜ (×) 피고인이 마약에 관한 죄를 범하였다고 의심할 만한 상당한 이유가 있었더라도 경찰관이 이미 피고인의 신원과 주거지 및 전화번호 등을 모두 파악하고 있었고, 당시 마약 투약의 범죄 증거가 급속하게 소멸될 상황도 아니었던 점 등의 사정을 감안하면 긴급체포가 미리 체

> 포영장을 받을 시간적 여유가 없었던 경우에 해당하지 않아 위법하다(대판 2016.10.13, 2016도5814).

정답 ①

04 긴급체포에 관한 설명으로 가장 적절하지 않은 것은? (다툼이 있는 경우 판례에 의함)

24 경찰승진

① 검사 또는 사법경찰관이 피의자를 긴급체포하는 경우에는 반드시 피의사실의 요지, 체포의 이유와 변호인을 선임할 수 있음을 말하고, 변명할 기회를 주어야 한다.
② 검사 또는 사법경찰관은 긴급체포된 자가 소유·소지 또는 보관하는 물건에 대하여 긴급히 압수할 필요가 있는 경우에는 체포한 때부터 24시간 이내에 한하여 영장 없이 압수·수색 또는 검증을 할 수 있으며, 이는 현행범인 체포의 경우에도 준용된다.
③ 사법경찰관이 검사에게 긴급체포된 피의자에 대한 긴급체포 승인 건의와 함께 구속영장을 신청한 경우, 검사는 긴급체포의 적법성 여부를 심사하면서 수사서류뿐만 아니라 피의자를 검찰청으로 출석시켜 직접 대면조사할 수 있는 권한을 가진다.
④ 영장 없이는 긴급체포 후 석방된 피의자를 동일한 범죄사실에 관하여 체포하지 못하지만, 이와 같이 석방된 피의자라도 법원으로부터 구속영장을 발부받아 구속할 수 있다.

해설

① (O) 제200조의5
② (×) 검사 또는 사법경찰관은 긴급체포된 자가 소유·소지 또는 보관하는 물건에 대하여 긴급히 압수할 필요가 있는 경우에는 체포한 때부터 24시간 이내에 한하여 영장 없이 압수·수색 또는 검증을 할 수 있다(제217조 제1항) ※ 현행범인 체포의 경우에는 제217조 제1항이 준용되지 않는다.
③ (O) 대판 2010.10.28, 2008도11999
④ (O) 대판 2001.9.28, 2001도4291

정답 ②

05 체포절차에 대한 설명으로 가장 적절하지 않은 것은?　　　　23 경찰승진

① 사법경찰관은 검사에게 신청하여 검사의 청구로 관할 지방법원판사의 체포영장을 발부받아 피의자를 체포할 수 있지만, 다액 50만원 이하의 벌금, 구류 또는 과료에 해당하는 사건에 관하여는 피의자가 일정한 주거가 없는 경우 또는 정당한 이유없이 형사소송법 제200조의 규정에 의한 출석요구에 응하지 아니한 경우에 한한다.
② 사법경찰관이 체포영장을 집행함에는 피의자에게 이를 제시하는 것으로 충분하고, 신속히 지정된 법원 기타 장소에 인치하여야 한다.
③ 사법경찰관이 피의자를 체포한 때에는 변호인이 있는 경우에는 변호인에게, 변호인이 없는 경우에는 변호인선임권자 중 피의자가 지정한 자에게 지체 없이 서면으로 체포의 통지를 하여야 한다.
④ 사법경찰관리가 현행범인의 인도를 받은 때에는 체포자의 성명, 주거, 체포의 사유를 물어야 하고 필요한 때에는 체포자에 대하여 경찰관서에 동행함을 요구할 수 있다.

> **해설**
> ① (O) 제200조의2 제1항
> ② (×) 체포영장을 집행함에는 피의자에게 반드시 이를 제시하고 그 사본을 교부하여야 하며 신속히 지정된 법원 기타 장소에 인치하여야 한다(제85조 제1항, 제200조의6)
> ③ (O) 제87조 제1항·제2항, 제200조의6
> ④ (O) 제213조 제2항

정답 ②

06 체포에 관한 설명 중 옳지 않은 것만을 모두 고른 것은? (다툼이 있는 경우 판례에 의함)

23 경찰채용

㉠ 경찰관들이 성폭력범죄 혐의에 대한 체포영장을 근거로 체포절차에 착수하였으나 피의자가 흥분하여 타고 있던 승용차를 출발시켜 경찰관들에게 상해를 입히는 범죄를 추가로 저지르자, 경찰관들이 그 승용차를 멈춘 후 저항하는 피의자를 별도 범죄인 특수공무집행방해치상의 현행범으로 적법하게 체포하였더라도, 집행완료에 이르지 못한 성폭력범죄 체포영장은 사후에 그 피의자에게 제시하여야 한다.

㉡ 긴급체포의 요건을 갖추었는지 여부는 사후에 밝혀진 사정을 기초로 판단하는 것이 아니라 체포 당시 상황을 기초로 판단하여 수사주체의 판단에 상당한 재량의 여지가 있지만, 긴급체포 당시의 상황으로 보아서도 그 요건의 충족 여부에 관한 수사주체의 판단이 경험칙에 비추어 현저히 합리성을 잃은 경우에는 그 체포는 위법한 체포가 된다.

㉢ 사법경찰관은 긴급체포한 피의자에 대하여 구속영장을 신청하지 아니하고 석방한 경우에는 즉시 검사에게 보고하여야 하고, 검사는 석방한 날부터 30일 이내에 서면으로 긴급체포 후 석방된 자의 인적사항, 긴급체포의 일시 장소와 긴급체포하게 된 구체적 이유 등을 법원에 통지하여야 한다.

㉣ 체포한 피의자를 구속하고자 할 때에는 체포한 때부터 48시간 이내에 구속영장을 청구해야 하는데, 검사 또는 사법경찰관이 아닌 이에 의하여 현행범인이 체포된 후 불필요한 지체 없이 검사 등에게 인도된 경우 위 48시간의 기산점은 체포시이다.

① ㉠㉣ ② ㉠㉢㉣ ③ ㉡㉢ ④ ㉣

해설

㉠ (×) 체포영장에 의한 체포절차가 착수된 단계에 불과하였고, 피고인에 대한 체포가 체포영장과 관련 없는 새로운 피의사실인 특수공무집행방해치상을 이유로 별도의 현행범 체포 절차에 따라 진행된 이상, 집행 완료에 이르지 못한 체포영장을 사후에 피고인에게 제시할 필요는 없는 점까지 더하여 보면, 피고인에 대한 체포절차가 적법하다(대판 2021.6.24, 2021도4648)

㉡ (○) 대판 2008.3.27, 2007도11400

㉢ (○) 제200조의4 제4항·제6항

㉣ (×) 검사 등이 아닌 이에 의하여 현행범인이 체포된 후 불필요한 지체 없이 검사 등에게 인도된 경우 구속영장 청구기간인 48시간의 기산점은 체포시가 아니라 검사 등이 현행범인을 인도받은 때라고 할 것이다(대판 2011.12.22, 2011도12927)

정답 ①

07 체포에 관한 설명으로 가장 적절하지 않은 것은? (다툼이 있는 경우 판례에 의함) 23 경간

① 피의자가 죄를 범하였다고 의심할 만한 상당한 이유가 있고 정당한 이유없이 출석요구에 응하지 아니하거나 응하지 아니할 우려가 있는 때라고 하더라도 명백히 체포의 필요가 없다고 인정되는 때에는 체포영장 청구를 받은 지방법원판사는 체포영장의 청구를 기각하여야 한다.
② 검사 또는 사법경찰관은 긴급체포되었다가 구속영장이 청구되지 아니하여 석방된 자를 영장없이는 동일한 범죄사실에 관하여 다시 체포하지 못한다.
③ 체포영장의 청구서에는 체포사유로서 도망이나 증거인멸의 우려가 있는 사유를 기재하여야 한다.
④ 체포영장을 집행하는 경우 피의자에게 반드시 체포영장을 제시하고 그 사본을 교부하여야 하며 신속히 지정된 법원 기타 장소에 인치하여야 한다.

> **해설**
>
> ① (○) 규칙 제96조의2
> ② (○) 제200조의4 제3항
> ③ (×) 체포영장 청구서에는 '도망 또는 증거인멸의 우려가 있는 사유'를 기재할 필요가 없다.
> **[참고 조문]** 체포영장의 청구서에는 다음 각 호의 사항을 기재하여야 한다(규칙 제95조)
> 1. 피의자의 성명(분명하지 아니한 때에는 인상, 체격, 그 밖에 피의자를 특정할 수 있는 사항), 주민등록번호 등, 직업, 주거
> 2. 피의자에게 변호인이 있는 때에는 그 성명
> 3. 죄명 및 범죄사실의 요지
> 4. 7일을 넘는 유효기간을 필요로 하는 때에는 그 취지 및 사유
> 5. 여러 통의 영장을 청구하는 때에는 그 취지 및 사유
> 6. 인치구금할 장소
> 7. 법 제200조의2제1항에 규정한 체포의 사유
> 8. 동일한 범죄사실에 관하여 그 피의자에 대하여 전에 체포영장을 청구하였거나 발부받은 사실이 있는 때에는 다시 체포영장을 청구하는 취지 및 이유
> 9. 현재 수사 중인 다른 범죄사실에 관하여 그 피의자에 대하여 발부된 유효한 체포영장이 있는 경우에는 그 취지 및 그 범죄사실
> ④ (○) 제85조 제1항, 제200조의6

정답 ③

08 긴급체포에 대한 설명으로 가장 옳지 않은 것은? (다툼이 있는 경우 판례에 의함) 23 경찰승진

① 긴급체포의 요건을 갖추었는지 여부는 사후에 밝혀진 사정을 기초로 판단하는 것이 아니라 체포 당시의 상황을 기초로 판단하여야 하고, 이에 관한 검사나 사법경찰관 등 수사주체의 판단에는 상당한 재량의 여지가 있다.
② 검사는 사법경찰관의 긴급체포 승인 요청이 이유 없다고 인정하는 경우에는 지체 없이 사법경찰관에게 불승인 통보를 해야 하며, 이 경우 사법경찰관은 긴급체포된 피의자를 즉시 석방하고 그 석방 일시와 사유 등을 검사에게 통보해야 한다.
③ 피의자를 긴급체포하는 경우에 필요한 때에는 영장 없이 체포현장에서 압수·수색을 할 수 있고, 이에 따라 압수한 물건을 계속 압수할 필요가 있는 경우에는 지체 없이 압수·수색영장을 청구하여야 하며, 청구한 압수·수색영장을 발부받지 못한 때에는 압수한 물건을 즉시 반환하여야 한다.
④ 형사소송법 제208조(재구속의 제한)의 '구속되었다가 석방된 자'에는 긴급체포나 현행범으로 체포되었다가 사후영장발부 전에 석방된 경우도 포함된다.

> **해설**
>
> ① (○) 대판 2008.3.27, 2007도11400
> ② (○) 수사준칙 제27조 제4항
> ③ (○) 제216조 제1항 제2호, 제217조 제2항·제3항
> ④ (×) 형사소송법 제208조 소정의 '구속되었다가 석방된 자'라 함은 구속영장에 의하여 구속되었다가 석방된 경우를 말하는 것이지 긴급체포나 현행범으로 체포되었다가 사후영장발부 전에 석방된 경우는 포함되지 않는다(대판 2001.9.28, 2001도4291)

정답 ④

09 현행범인체포에 관한 설명으로 가장 적절하지 않은 것은? (다툼이 있는 경우 판례에 의함)

24 경찰채용

① 범죄를 실행하고 있거나 실행하고 난 직후의 사람을 현행범인이라 한다.
② 甲이 X고등학교 앞길에서 피해자 A와 싸움을 하자, A의 친구 B가 112 신고를 하고 甲이 도주하는지 여부를 계속 감시하고 있었다. 그 후 경찰이 위 범행현장에 인접한 위 학교 운동장에 출동하였고, B가 甲을 범인으로 지목하자 위 싸움이 있은지 10분 정도 경과한 상황에서, 경찰이 곧바로 위 운동장에서 甲을 현행범인으로 체포한 경우 그 체포는 위법하다.
③ 음주운전 중 교통사고를 내고 의식불명 상태에 빠져 병원으로 후송된 운전자 甲의 신체 내지 의복류에 주취로 인한 냄새가 강하게 나는 경우, 甲은 형사소송법 제211조 제2항 제3호가 정하는 '신체나 의복류에 증거가 될 만한 뚜렷한 흔적이 있을 때'의 준현행범인에 해당한다.
④ 체포한 피의자를 구속하고자 할 때에는 체포한 때부터 48시간 이내에 구속영장을 청구해야 하는데, 검사 또는 사법경찰관리가 아닌 자에 의하여 현행범인이 체포된 후 불필요한 지체 없이 검사 또는 사법경찰관리에게 인도된 경우 위 48시간의 기산점은 체포시가 아니라 검사 또는 사법경찰관리가 현행범인을 인도받은 때이다.

> **해설**
> ① (○) 제211조 제1항
> ② (×) 경찰관이 112 신고를 받고 출동하여 피고인이 범행을 한 지 10분 후 범행 현장에 인접한 학교의 운동장에서 신고자가 지적한 피고인을 현행범인으로 체포한 것은 적법한 현행범인체포에 해당한다(대판 1993.8.13, 93도926)
> ③ (○) 대판 2012.11.15, 2011도15258
> ④ (○) 대판 2011.12.22, 2011도12927

정답 ②

10 현행범인의 체포에 관한 설명 중 옳고 그름의 표시(O, X)가 바르게 된 것은? (다툼이 있는 경우 판례에 의함)

23 경찰채용

> ㉠ 사인의 현행범 체포과정에서 일어날 수 있는 물리적 충돌이 적정한 한계를 벗어났는지 여부는 그 행위가 소극적인 방어행위인가 적극적인 공격행위인가에 따라 결정된다.
> ㉡ 형사소송법 제211조 제1항이 현행범인으로 규정한 '범죄를 실행하고 난 직후의 사람'이라고 함은, 범죄의 실행행위를 종료한 직후의 범인이라는 것이 체포하는 자의 입장에서 볼 때 명백한 경우를 일컫는 것으로서, '범죄의 실행행위를 종료한 직후'라고 함은, 범죄행위를 실행하여 끝마친 순간 또는 이에 아주 접착된 시간적 단계를 의미하는 것으로 해석된다.
> ㉢ 현행범인은 누구든지 영장없이 체포할 수 있고, 검사 또는 사법경찰관리가 아닌 자가 현행범인을 체포한 때에는 즉시 검사 등에게 인도하여야 하며, 이때 인도시점은 반드시 체포시점과 시간적으로 밀착된 시점이어야 한다.
> ㉣ 공장을 점거하여 농성 중이던 조합원들이 경찰과 부식반입 문제를 협의하거나 기자회견장 촬영을 위해 공장 밖으로 나오자, 전투경찰대원들은 '고착관리'라는 명목으로 그 조합원들을 방패로 에워싸고 이동하지 못하게 한 사안에서, 위 조합원들이 어떠한 범죄행위를 목전에서 저지르려고 하는 등 긴급한 사정이 있는 경우가 아니라면, 위 전투경찰대원들의 행위는 형사소송법상 체포에 해당한다.

① ㉠(O) ㉡(X) ㉢(O) ㉣(X)
② ㉠(O) ㉡(O) ㉢(X) ㉣(O)
③ ㉠(X) ㉡(X) ㉢(O) ㉣(X)
④ ㉠(X) ㉡(O) ㉢(X) ㉣(O)

해설

㉠ (X) 적정한 한계를 벗어나는 현행범인 체포행위는 그 부분에 관한 한 법령에 의한 행위로 될 수 없다고 할 것이나, 적정한 한계를 벗어나는 행위인가 여부는 결국 정당행위의 일반적 요건을 갖추었는지 여부에 따라 결정되어야 할 것이지 그 행위가 소극적인 방어행위인가 적극적인 공격행위인가에 따라 결정되어야 하는 것은 아니다(대판 1999.1.26, 98도3029)

㉡ (O) 대판 2007.4.13, 2007도1249

㉢ (X) 검사 또는 사법경찰관리 아닌 자가 현행범인을 체포한 때에는 즉시 검사 등에게 인도하여야 하는데, 여기서 '즉시'라고 함은 반드시 체포시점과 시간적으로 밀착된 시점이어야 하는 것은 아니고, '정당한 이유 없이 인도를 지연하거나 체포를 계속하는 등으로 불필요한 지체를 함이 없이'라는 뜻이다(대판 2011.12.22, 2011도12927)

㉣ (O) 대판 2017.3.15, 2013도2168

정답 ④

II 구속

11 구속제도에 대한 설명으로 옳은 것은? (다툼이 있는 경우 판례에 의함) 　24 검찰9급

① 구속기간의 만료로 피고인에 대한 구속의 효력이 상실된 후 항소법원이 피고인에 대한 판결을 선고하면서 피고인을 구속하였다면 이는 형사소송법 제208조의 규정에 위배되는 재구속 또는 이중구속에 해당한다.
② 구속기간이 만료될 무렵에 종전 구속영장에 기재된 범죄사실과는 다른 범죄사실로 피고인을 구속하였다는 사정만으로도 이는 위법한 구속이다.
③ 구속전피의자심문에서 피의자에게 변호인이 없는 때에는 지방법원판사는 직권으로 변호인을 선정하여야 하고, 이 경우 변호인의 선정은 피의자에 대한 구속영장 청구가 기각되어 효력이 소멸한 경우를 제외하고는 제1심까지 효력이 있다.
④ 형사소송법 제70조 제2항이 정한 범죄의 중대성, 재범의 위험성, 피해자 및 중요 참고인 등에 대한 위해우려는 동법 제70조 제1항에서 정한 주거부정, 증거인멸의 염려, 도망 또는 도망할 염려 등의 구속사유에 새로운 구속사유를 추가한 것이다.

> **해설**
>
> ① (×) 수소법원의 구속에 관하여는 검사 또는 사법경찰관이 피의자를 구속함을 규율하는 형사소송법 제208조의 규정은 적용되지 아니하므로 구속기간의 만료로 피고인에 대한 구속의 효력이 상실된 후 항소법원이 피고인에 대한 판결을 선고하면서 피고인을 구속하였다 하여 형사소송법 제208조의 규정에 위배되는 재구속 또는 이중구속이라 할 수 없다(대결 1985. 7.23, 85모12)
> ② (×) 구속의 효력은 원칙적으로 형사소송법 제75조 제1항의 방식에 따라 작성된 구속영장에 기재된 범죄사실에만 미치는 것이므로, 구속기간이 만료될 무렵에 종전 구속영장에 기재된 범죄사실과 다른 범죄사실로 피고인을 구속하였다는 사정만으로는 **피고인에 대한 구속이 위법하다고 할 수 없다**(대결 1996.8.12, 96모46)
> ③ (○) 제201조의2 제8항
> ④ (×) 법원은 구속사유를 심사함에 있어서 범죄의 중대성, 재범의 위험성, 피해자 및 중요 참고인 등에 대한 위해우려 등을 고려하여야 한다(제70조 제2항) ※ 새로운 구속사유가 아니라 구속사유를 심사함에 있어서 고려하여야 할 사항이다.

정답 ③

12 구속에 대한 설명으로 가장 적절하지 않은 것은? (다툼이 있는 경우 판례에 의함) 23 경찰승진

① 구속기간이 만료될 무렵에 종전 구속영장에 기재된 범죄사실과 다른 범죄사실로 피고인을 구속하였다는 사정만으로는 피고인에 대한 구속이 위법하다고 할 수 없다.
② 구속의 사유가 없거나 소멸된 때에는 법원은 직권 또는 검사, 피고인, 변호인과 형사소송법 제30조 제2항에 규정된 자의 청구에 의하여 결정으로 구속을 취소하여야 한다.
③ 구속영장 발부에 의하여 적법하게 구금된 피의자가 피의자신문을 위한 출석요구에 응하지 아니하면서 수사기관 조사실에 출석을 거부한다면 수사기관은 그 구속영장의 효력에 의하여 피의자를 조사실로 구인할 수 있으며, 이에 따른 피의자신문의 절차도 강제수사의 한 방법으로 진행되지 않을 수 없으므로 이 경우 피의자는 수사기관의 질문에 대하여 진술을 거부할 수 없다.
④ 법원은 상당한 이유가 있는 때에는 결정으로 구속된 피고인을 친족·보호단체 기타 적당한 자에게 부탁하거나 피고인의 주거를 제한하여 구속의 집행을 정지할 수 있으며, 이때 급속을 요하는 경우를 제외하고는 검사의 의견을 물어야 한다.

> **해설**
>
> ① (○) 대결 1996.8.12. 96모46
> ② (○) 제93조
> ③ (×) 구속영장 발부에 의하여 적법하게 구금된 피의자가 피의자신문을 위한 출석 요구에 응하지 아니하면서 수사기관 조사실에의 출석을 거부한다면 수사기관은 그 구속영장의 효력에 의하여 피의자를 조사실로 구인할 수 있다. 다만 이러한 경우에도 그 피의자신문 절차는 어디까지나 임의수사의 한 방법으로 진행되어야 할 것이므로 피의자는 헌법 제12조 제2항과 형사소송법 제244조의3에 따라 일체의 진술을 하지 아니하거나 개개의 질문에 대하여 진술을 거부할 수 있고, 수사기관은 피의자를 신문하기 전에 그와 같은 권리를 알려주어야 한다(대결 2013.7.1. 2013모160).
> ④ (○) 제101조 제1항·제2항

정답 ③

13 구속에 관한 설명으로 옳고 그름의 표시(O, X)가 바르게 된 것은? (다툼이 있는 경우 판례에 의함)
23 경간

> ㉠ 수사기관의 청구에 의하여 발부하는 구속영장은 허가장으로서의 성질을 가지며, 법원이 직권으로 발부하는 영장은 명령장으로서의 성질을 가진다.
> ㉡ 구속기간이 만료될 무렵에 종전 구속영장에 기재된 범죄사실과 다른 범죄사실로 다시 구속영장을 집행하는 것은 위법하다.
> ㉢ 적법하게 체포된 피의자에 대하여 구속영장을 청구받은 판사는 필요하다고 인정되는 때에는 지체없이 영장실질심사를 위하여 피의자를 심문할 수 있으며, 심문할 피의자에게 변호인이 없는 때에는 판사는 직권으로 변호인을 선정하여야 한다.
> ㉣ 구속 전 피의자심문을 하는 경우 법원이 구속영장청구서·수사관계 서류 및 증거물을 접수한 날부터 구속영장을 발부하여 검찰청에 반환한 날까지의 기간은 사법경찰관 및 검사의 피의자 구속기간에 산입하지 아니한다.
> ㉤ 피의자에 대한 심문절차는 공개하지 아니하지만, 판사는 상당하다고 인정하는 경우에는 일반인의 방청을 허가할 수 있다.

① ㉠(×) ㉡(×) ㉢(O) ㉣(×) ㉤(×)
② ㉠(O) ㉡(×) ㉢(O) ㉣(O) ㉤(O)
③ ㉠(O) ㉡(O) ㉢(×) ㉣(O) ㉤(O)
④ ㉠(O) ㉡(×) ㉢(×) ㉣(O) ㉤(×)

해설

㉠ (O) 헌재 1997.3.27, 96헌바28
㉡ (×) 구속의 효력은 원칙적으로 구속영장에 기재된 범죄사실에만 미치는 것이므로 구속기간이 만료될 무렵에 종전 구속영장에 기재된 범죄사실과 다른 범죄사실로 피고인을 구속하였다는 사정만으로는 구속이 위법하다고 할 수 없다(대결 1996.8.12, 96모46)
㉢ (×) [1] 체포영장에 의한 체포·긴급체포 또는 현행범인의 체포에 의하여 체포된 피의자에 대하여 구속영장을 청구받은 판사는 지체 없이 피의자를 심문하여야 한다(제201조의2 제1항) [2] 심문할 피의자에게 변호인이 없는 때에는 지방법원판사는 직권으로 변호인을 선정하여야 한다(제201조의2 제8항)
㉣ (O) 제201조의2 제7항
㉤ (×) 피의자에 대한 심문절차는 공개하지 아니한다. 다만, 판사는 상당하다고 인정하는 경우에는 피의자의 친족, 피해자 등 이해관계인의 방청을 허가할 수 있다(제96조의14)

정답 ④

14 구속에 관한 설명으로 가장 적절하지 않은 것은? (다툼이 있는 경우 판례에 의함) 23 경찰채용

① 항소법원이 구속기간의 만료로 피고인에 대한 구속의 효력이 상실된 후 피고인에 대한 판결을 선고하면서 피고인을 구속하였다 하여 형사소송법 제208조의 규정에 위배되는 재구속 또는 이중구속이라 할 수 없다.
② 구속적부심사 청구에 대한 법원의 기각결정 및 석방결정에 대해서는 항고할 수 없지만, 보증금납입조건부 석방결정에 대해서는 피의자나 검사가 그 취소의 실익이 있으면 형사소송법 제402조에 의하여 항고할 수 있다.
③ 지방법원 판사가 구속기간의 연장을 허가하지 않는 결정을 하더라도 형사소송법 제402조 또는 제403조가 정하는 항고의 방법으로는 불복할 수 없으며, 다만, 형사소송법 제416조가 정하는 준항고의 대상이 될 뿐이다.
④ 구속의 효력은 원칙적으로 형사소송법 제75조 제1항의 방식에 따라 작성된 구속영장에 기재된 범죄사실에만 미치는 것이므로, 구속기간이 만료될 무렵에 종전 구속영장에 기재된 범죄사실과 다른 범죄사실로 피고인을 구속하였다는 사정만으로는 피고인에 대한 구속이 위법하다고 할 수 없다.

> **해설**
>
> ① (○) 대결 1985.7.23, 85모12
> ② (○) [1] 구속적부심사 청구에 대한 법원의 기각결정 및 석방결정에 대해서는 항고할 수 없다 (제214조의2 제8항)
> [2] 형사소송법 제214조의2 제4항[개정법 제5항]의 석방결정(보증금납입조건부 석방결정)에 대하여는 피의자나 검사가 그 취소의 실익이 있는 한 제402조에 의하여 항고할 수 있다(대결 1997.8.27, 97모21)
> ③ (×) 구속기간의 연장을 허가하지 아니하는 지방법원판사의 결정에 대하여는 항고의 방법으로는 불복할 수 없고 나아가 그 지방법원판사는 수소법원으로서의 재판장 또는 수명법관도 아니므로 그가 한 재판은 준항고의 대상이 되지도 않는다(대결 1997.6.16, 97모1)
> ④ (○) 대결 1996.8.12, 96모46

정답 ③

15 다음은 체포·구속에 관한 설명이다. ㉠부터 ㉤까지의 설명 중 옳고 그름의 표시(O, ×)가 모두 바르게 된 것은? (다툼이 있는 경우 판례에 의함) 22 경찰채용

> ㉠ 검사는 긴급체포한 피의자를 구속영장 청구 없이 석방한 경우에는 석방한 날로부터 30일 이내에 긴급체포서사본과 함께 법정기재사항이 기재된 서면으로 법원에 통지하여야 하고, 만약 사후에 석방통지가 법에 따라 이루어지지 않은 사정이 있다면 그와 같은 사정만으로도 긴급체포 중에 작성된 피의자신문조서의 증거능력은 소급하여 부정된다.
> ㉡ 구속영장 발부에 의하여 적법하게 구금된 피의자가 피의자신문을 위한 출석요구에 응하지 아니하면서 수사기관 조사실에 출석을 거부한다면 수사기관은 그 구속영장의 효력에 의하여 피의자를 조사실로 구인할 수 있는데, 이 경우 피의자신문절차도 강제수사의 한 방법으로 진행되어야 하므로 수사기관은 피의자를 신문하기 전에 진술거부권이 있음을 고지하여야 한다.
> ㉢ 검사의 구속영장 청구 전 피의자 대면조사는 강제수사가 아니므로 피의자는 검사의 출석 요구에 응할 의무가 없다.
> ㉣ 영장실질심사는 필요적 변호사건이므로 심문할 피의자에게 변호인이 없는 때에는 지방법원판사는 직권으로 변호인을 선정하여야 한다. 이 경우 변호인 선정의 효력은 구속영장 청구가 기각된 경우에도 제1심까지 효력이 있다.
> ㉤ 공동피의자의 순차적인 체포·구속적부심사청구가 수사방해를 목적으로 하고 있음이 명백한 때에는 법원은 피의자에 대한 심문 없이 결정으로 청구를 기각할 수 있으며, 이와 같은 결정에 대해서는 피의자가 항고할 수 없다.

① ㉠(O) ㉡(O) ㉢(×) ㉣(O) ㉤(×)
② ㉠(O) ㉡(×) ㉢(O) ㉣(O) ㉤(×)
③ ㉠(×) ㉡(O) ㉢(O) ㉣(×) ㉤(O)
④ ㉠(×) ㉡(×) ㉢(O) ㉣(×) ㉤(O)

> **해설**
>
> ㉠ (×) 피의자가 긴급체포되어 조사를 받고 구속영장이 청구되지 아니하여 석방되었음에도 검사가 30일 이내에 법원에 석방통지를 하지 않았더라도, 긴급체포 당시의 상황과 경위, 긴급체포 후 조사 과정 등에 특별한 위법이 있다고 볼 수 없는 이상, 단지 사후에 석방통지가 이루어지지 않았다는 사정만으로 그 긴급체포에 의한 유치 중에 작성된 피의자신문조서들의 작성이 소급하여 위법하게 된다고 볼 수는 없다(대판 2014.8.26, 2011도6035)
> ㉡ (×) 구속영장 발부에 의하여 적법하게 구금된 피의자가 피의자신문을 위한 출석 요구에 응하지 아니하면서 수사기관 조사실에의 출석을 거부한다면 수사기관은 그 구속영장의 효력에 의하여 피의자를 조사실로 구인할 수 있다. 다만 이러한 경우에도 그 피의자신문 절차는 어디까지나 임의수사의 한 방법으로 진행되어야 할 것이므로 피의자는 헌법 제12조 제2항과 형사소송법 제244조의3에 따라 일체의 진술을 하지 아니하거나 개개의 질문에 대하여 진술을

거부할 수 있고, 수사기관은 피의자를 신문하기 전에 그와 같은 권리를 알려주어야 한다(대판 2013.7.1, 2013모160)
ⓒ (○) 대판 2010.10.28, 2008도11999
② (×) 심문할 피의자에게 변호인이 없는 때에는 지방법원판사는 직권으로 변호인을 선정하여야 한다. 이 경우 변호인의 선정은 피의자에 대한 구속영장 청구가 기각되어 효력이 소멸한 경우를 제외하고는 제1심까지 효력이 있다(제201조의2 제8항)
⑩ (○) 제214조의2 제3항 및 제8항

정답 ④

16

형사소송법이 명문으로 '다른 중요한 증거를 발견한 경우'를 요구하는 상황만을 모두 고르면?

22 검찰7급

㉠ 사기죄로 긴급체포되었다가 구속영장이 발부되지 않아 석방된 자를 사법경찰관이 동일한 사기죄의 범죄사실로 다시 체포하는 경우
㉡ 사기죄로 구속되었다가 석방된 자를 사법경찰관이 동일한 사기죄의 범죄사실로 재차 구속하는 경우
㉢ 사기죄에 대하여 공소취소에 의한 공소기각의 결정이 확정된 후 검사가 다시 동일한 사기죄의 범죄사실로 공소를 제기하는 경우
㉣ 사기죄의 불기소처분에 대한 재정신청이 법률상 방식에 위배된다는 이유로 그 신청을 기각하는 결정이 확정된 후 검사가 다시 동일한 사기죄의 범죄사실로 공소를 제기하는 경우

① ㉠㉡   ② ㉢㉣   ③ ㉠㉡㉢   ④ ㉡㉢㉣

해설

㉠ (요구 ×) 긴급체포되었다가 구속영장을 청구하지 아니하거나 발부받지 못하여 석방된 자는 영장 없이는 동일한 범죄사실에 관하여 체포하지 못한다(제200조의4 제3항)
㉡ (요구 ○) 검사 또는 사법경찰관에 의하여 구속되었다가 석방된 자는 다른 중요한 증거를 발견한 경우를 제외하고는 동일한 범죄사실에 관하여 재차 구속하지 못한다(제208조 제1항)
㉢ (요구 ○) 공소취소에 의한 공소기각의 결정이 확정된 때에는 공소취소 후 그 범죄사실에 대한 다른 중요한 증거를 발견한 경우에 한하여 다시 공소를 제기할 수 있다(제329조)
㉣ (요구 ○) 재정신청기각결정이 확정된 사건에 대하여는 다른 중요한 증거를 발견한 경우를 제외하고는 소추할 수 없다(제262조 제4항)

정답 ④

17 구속에 대한 설명으로 옳지 않은 것은 모두 몇 개인가? (다툼이 있는 경우 판례에 의함)

23 해경간부

㉠ 다액 50만원 이하의 벌금, 구류 또는 과료에 해당하는 사건의 피고인은 구속할 수 없다.
㉡ 구속전 피의자심문의 실시 여부는 법원의 임의적 재량사항이다.
㉢ 구속영장이 청구된 피의자의 신청이 있어야만 구속전 피의자 심문을 할 수 있다.
㉣ 피의자가 출석하지 않으면 심문절차를 진행할 수 없다.
㉤ 구속영장청구를 기각하는 결정에 대해서 검사는 항고할 수 있다.
㉥ 공판단계에서 법원은 검사의 청구 없이 구속영장을 발부할 수 있다.

① 4개 ② 5개 ③ 6개 ④ 7개

해설

㉠ (×) 다액 50만원 이하의 벌금, 구류, 과료에 해당하는 사건에 관하여는 피의자에게 일정한 주거가 없는 경우를 제한 외에는 구속할 수 없다(제70조 제3항).
㉡ (×) [1] 체포영장에 의한 체포, 긴급체포 또는 현행범인의 체포에 의하여 체포된 피의자에 대하여 구속영장을 청구받은 판사는 지체 없이 피의자를 심문하여야 한다(제201조의2 제1항) [2] 체포되지 않은 피의자에 대하여 구속영장을 청구받은 판사는 피의자가 죄를 범하였다고 의심할 만한 이유가 있는 경우에 구인을 위한 구속영장을 발부하여 피의자를 구인한 후 심문하여야 한다(제201조의2 제2항) ※ 구속전 피의자심문은 임의적 재량사항이 아닌 필요적으로 실시하여야 하는 절차이다.
㉢ (×) [1] 체포영장에 의한 체포, 긴급체포 또는 현행범인의 체포에 의하여 체포된 피의자에 대하여 구속영장을 청구받은 판사는 지체 없이 피의자를 심문하여야 한다(제201조의2 제1항) [2] 체포되지 않은 피의자에 대하여 구속영장을 청구받은 판사는 피의자가 죄를 범하였다고 의심할 만한 이유가 있는 경우에 구인을 위한 구속영장을 발부하여 피의자를 구인한 후 심문하여야 한다(제201조의2 제2항) ※ 구속적 피의자심문은 피의자의 신청 여부를 불문하고 실시하여야 하는 절차이다.
㉣ (×) 판사는 피의자가 심문기일의 출석을 거부하거나 질병 그 밖의 사유로 출석이 현저하게 곤란하고, 피의자를 심문 법정에 인치할 수 없다고 인정되는 때에는 피의자의 출석 없이 심문절차를 진행할 수 있다(규칙 제96조의13 제1항)
㉤ (×) [1] 검사의 체포 또는 구속영장청구에 대한 지방법원판사의 재판은 항고의 대상이 되는 '법원의 결정'에 해당되지 아니하고 준항고의 대상이 되는 '재판장 또는 수명법관의 구금 등에 관한 재판'에도 해당되지 아니한다. [2] 지방법원판사가 구속영장청구를 기각한 경우에 검사는 지방법원판사의 기각결정에 대하여 항고 또는 준항고의 방법으로 불복할 수 없다(대결 2006.12.18, 2006모646)
㉥ (○) 대결 1996.8.12, 96모46

정답 ②

18 구속전피의자심문에 관한 설명으로 가장 적절하지 않은 것은? (다툼이 있는 경우 판례에 의함)

24 경찰채용

① 구속전피의자심문조서는 형사소송법 제315조 제3호의 '기타 특히 신용할 만한 정황에 의하여 작성된 문서'로서 증거능력이 인정된다.
② 체포되지 않은 피의자에 대하여 구속영장을 청구받은 판사는 피의자가 죄를 범하였다고 의심할 만한 이유가 있는 경우에 구인을 위한 구속영장을 발부하여 피의자를 구인한 후 심문하여야 한다. 다만, 피의자가 도망하는 등의 사유로 심문할 수 없는 경우에는 그러하지 아니하다.
③ 심문은 법원청사 내에서 하여야 하나, 피의자가 출석을 거부하거나 질병 기타 부득이한 사유로 법원에 출석할 수 없는 때에는 경찰서, 구치소 기타 적당한 장소에서 심문할 수 있다.
④ 심문할 피의자에게 변호인이 없어 지방법원판사가 직권으로 변호인을 선정한 경우, 그 선정은 피의자에 대한 구속영장 청구가 인용된 경우를 제외하고는 제1심까지 효력이 있다.

> **해설**
> ① (○) 대판 2004.1.16, 2003도5693
> ② (○) 제201조의2 제2항
> ③ (○) 규칙 제96조의15
> ④ (×) 심문할 피의자에게 변호인이 없는 때에는 지방법원판사는 직권으로 변호인을 선정하여야 한다. 이 경우 변호인의 선정은 피의자에 대한 구속영장 청구가 기각되어 효력이 소멸한 경우를 제외하고는 제1심까지 효력이 있다(제201조의2 제8항).

정답 ④

19 구속 전 피의자심문제도에 대한 설명으로 적절하지 않은 것을 모두 고른 것은?   22 경찰승진

㉠ 체포영장에 의한 체포·긴급체포 또는 현행범인의 체포에 의하여 체포된 피의자에 대하여 구속영장을 청구받은 판사는 구속의 사유를 판단하기 위하여 필요하다고 인정하는 때에는 피의자를 심문할 수 있다.
㉡ 구속 전 피의자심문시 피의자에게 변호인이 없는 때에는 지방법원판사는 직권으로 변호인을 선정하여야 한다.
㉢ 변호인은 구속영장이 청구된 피의자에 대한 심문 시작 전에 피의자와 접견할 수 있고, 피의자는 판사의 심문이 끝난 후에만 변호인에게 조력을 구할 수 있다.
㉣ 판사는 지정된 심문기일에 피의자를 심문할 수 없는 특별한 사정이 있는 경우에는 그 심문기일을 변경할 수 있으며, 법원은 변호인의 사정이나 그 밖의 사유로 변호인 선정결정이 취소되어 변호인이 없게 된 때에는 직권으로 변호인을 다시 선정할 수 있다.
㉤ 피의자심문을 하는 경우 법원이 구속영장 청구서·수사관계 서류 및 증거물을 접수한 날부터 구속영장을 발부하여 검찰청에 반환한 날까지의 기간은 사법경찰관이나 검사의 피의자 구속 기간에 산입하지 아니한다.

① ㉠㉡ ② ㉠㉢ ③ ㉡㉢ ④ ㉡㉣㉤

해설

㉠ (×) 체포영장에 의한 체포·긴급체포 또는 현행범인의 체포에 의하여 체포된 피의자에 대하여 구속영장을 청구받은 판사는 지체 없이 **피의자를 심문하여야 한다**(제201조의2 제1항)
㉡ (○) 제201조의2 제8항
㉢ (×) [1] 변호인은 구속영장이 청구된 피의자에 대한 심문 시작 전에 피의자와 접견할 수 있다 (규칙 제96조의20 제1항)
[2] 피의자는 판사의 심문 도중에도 변호인에게 조력을 구할 수 있다(규칙 제96조의16 제4항)
㉣ (○) 규칙 제96조의22, 법 제201조의2 제9항
㉤ (○) 제201조의2 제7항

정답 ②

20 구속 전 피의자심문(영장실질심사)에 대한 설명 중 옳은 것만을 모두 고른 것은? 23 경찰승진

> ㉠ 판사는 구속 여부를 판단하기 위하여 필요한 사항에 관하여 신속하고 간결하게 심문하여야 하며, 피의자의 교우관계 등 개인적인 사항에 관하여 심문할 수는 없다.
> ㉡ 심문할 피의자에게 변호인이 없는 때에는 지방법원판사는 직권으로 변호인을 선정하여야 한다.
> ㉢ 피의자 심문에 참여할 변호인은 지방법원판사에게 제출된 구속영장청구서 및 그에 첨부된 고소·고발장, 피의자의 진술을 기재한 서류와 피의자가 제출한 서류를 열람할 수 있으나, 지방법원판사는 구속영장청구서를 제외하고는 위 서류의 전부 또는 일부의 열람을 제한할 수 있다.
> ㉣ 피의자가 출석을 거부하거나 질병 기타 부득이한 사유로 법원에 출석할 수 없는 때에는 경찰서에서 피의자에 대한 구속전 심문을 할 수 있다.
> ㉤ 피의자에 대한 구속전 심문절차는 공개하지 아니하지만, 판사는 상당하다고 인정하는 경우 이해관계인의 방청을 허가할 수 있다.

① ㉠㉡㉣ ② ㉠㉢㉤ ③ ㉡㉢㉣㉤ ④ ㉠㉡㉢㉣㉤

해설

㉠ (×) 판사는 구속 여부를 판단하기 위하여 필요한 사항에 관하여 신속하고 간결하게 심문하여야 한다. 증거인멸 또는 도망의 염려를 판단하기 위하여 필요한 때에는 피의자의 경력, 가족관계나 교우관계 등 개인적인 사항에 관하여 심문할 수 있다(규칙 제96조의16 제2항)
㉡ (○) 제201조의2 제8항
㉢ (○) 규칙 제96조의21 제1항·제2항
㉣ (○) 규칙 제96조의15
㉤ (○) 규칙 제96조의14

정답 ③

III 피의자·피고인의 접견교통권

21 접견교통권에 관한 설명으로 가장 적절하지 않은 것은? (다툼이 있는 경우 판례에 의함)

24 경찰승진

① 미결수용자가 가지는 변호인과의 접견교통권은 그와 표리 관계인 변호인의 접견교통권과 함께 헌법상 기본권으로 보장되고 있다.
② 미결수용자의 변호인이 교도관에게 변호인 접견을 신청하는 경우 미결수용자의 형사사건에 관하여 변호인이 실제 변호를 할 의사가 있는지 여부는 교도관의 심사대상이 된다.
③ 임의동행의 형식으로 수사기관에 연행된 피의자에게도 변호인 또는 변호인이 되려는 자와의 접견교통권은 당연히 인정되고, 이는 임의동행의 형식으로 연행된 피혐의자의 경우에도 마찬가지이다.
④ 변호인의 접견교통권이 제한된 위법한 상태에서 얻어진 피의자의 자백은 그 증거능력을 부인하여 유죄의 증거에서 배제하여야 하며, 이러한 위법증거의 배제는 실질적이고 완전하게 증거에서 제외함을 뜻하는 것이다.

> **해설**
> ① (○) 대판 2022.6.30, 2021도244
> ② (×) 미결수용자의 변호인이 교도관에게 변호인 접견을 신청하는 경우 미결수용자의 형사사건에 관하여 변호인이 구체적으로 어떠한 변호 활동을 하는지, 실제 변호를 할 의사가 있는지 여부 등은 교도관의 심사대상이 되지 않는다(대판 2022.6.30, 2021도244)
> ③ (○) 대결 1996.6.3, 96모18
> ④ (○) 대판 2007.12.13, 2007도7257

정답 ②

22. 접견교통권에 대한 설명으로 옳은 것을 모두 고른 것은? (다툼이 있는 경우 판례에 의함)

23 해경간부

㉠ 「형사소송법」 제34조가 규정한 변호인의 접견교통권은 이를 제한하는 법령이 없다면 법원의 결정으로만 제한할 수 있고, 수사기관의 처분으로는 제한할 수 없다.
㉡ 변호인이 되려는 의사표시를 한 자가 객관적으로 변호인이 될 가능성이 있다면 신체구속을 당한 피고인과의 접견교통을 제한할 수 없다.
㉢ 비변호인과의 접견이 금지된 상태에서 작성된 피의자 신문조서는 당연히 임의성이 부정된다.
㉣ 검사에 의하여 피의자에 대한 변호인 접견이 부당하게 제한되어 있는 동안에 작성된 피의자신문조서는 증거능력이 인정되지 않는다.
㉤ 변호인이 피의자에 대한 접견신청을 하였을 때 피의자가 변호인의 조력을 받을 권리의 의미와 범위를 정확히 이해하면서 이성적 판단에 따라 자발적으로 그 권리를 포기한 경우라도 수사기관이 접견을 허용하지 않는다면 변호인의 접견교통권을 침해하는 것이다.

① ㉠㉡ ② ㉡㉣ ③ ㉡㉣㉤ ④ ㉢㉣㉤

해설

㉠ (×) 변호인의 접견교통권은 신체구속을 당한 피고인이나 피의자의 인권보장과 방어준비를 위하여 필수불가결한 권리이므로 법령에 의한 제한이 없는 한 수사기관의 처분은 물론 법원의 결정으로도 이를 제한할 수 없다(대결 1991.3.28, 91모24).
㉡ (○) 대판 2017.3.9, 2013도16162
㉢ (×) 검사의 접견금지 결정으로 피고인들의 접견이 제한된 상황하에서 피의자 신문조서가 작성되었다는 사실만으로 바로 그 조서가 임의성이 없는 것이라고는 볼 수 없다(대판 1984.7.10, 84도846).
㉣ (○) 대판 1990.8.24, 90도1285
㉤ (×) 변호인이 피의자에 대한 접견신청을 하였을 때 피의자가 변호인의 조력을 받을 권리의 의미와 범위를 정확히 이해하면서 이성적 판단에 따라 자발적으로 그 권리를 포기한 경우, 수사기관이 접견을 허용하지 않는다고 하더라도 변호인의 접견교통권을 침해하는 것이라고 할 수 없다(대판 2018.12.27, 2016다266736).

정답 ②

23 접견교통권에 관한 설명 중 가장 적절하지 않은 것은? (다툼이 있는 경우 판례에 의함)

23 경찰채용

① 변호인의 접견교통의 상대방인 신체구속을 당한 사람이 그 변호인을 자신의 범죄행위에 공범으로 가담시키려고 하였다는 등의 사정만으로 그 변호인의 신체구속을 당한 사람과의 접견교통을 금지하는 것이 정당화될 수는 없다.

② 형사소송법 제34조에 따르면 변호인 또는 변호인이 되려는 자는 신체구속을 당한 피고인 또는 피의자와 접견하고 서류 또는 물건을 수수할 수 있으며 의사로 하여금 진료하게 할 수 있으므로, 변호인이 되려는 의사를 표시한 자가 객관적으로 변호인이 될 가능성이 있다고 인정된다면, 신체구속을 당한 피고인 또는 피의자와 접견하지 못하도록 제한해서는 안 된다.

③ 변호인의 구속된 피고인 또는 피의자와의 접견교통권은 피고인 또는 피의자 자신이 가지는 변호인과의 접견교통권과는 성질을 달리하는 것으로서 헌법상 보장된 권리라고 할 수 없으므로, 수사기관의 처분 등에 의하여 이를 제한할 수 있으며 반드시 법령에 의하여서만 제한 가능한 것은 아니다.

④ 변호인의 조력을 받을 권리를 보장하는 목적은 피의자 또는 피고인의 방어권 행사를 보장하기 위한 것이므로, 변호인의 조력을 받을 기회가 충분히 보장되었다고 인정될 수 있는 경우에는 미결수용자 또는 변호인이 원하는 특정한 시점에 접견이 이루어지지 못하였다 하더라도 그것만으로 곧바로 변호인의 조력을 받을 권리가 침해되었다고 단정할 수는 없다.

> **해설**
>
> ① (○) 대결 2007.1.31, 2006모656
> ② (○) 대판 2017.3.9, 2013도16162
> ③ (×) 변호인의 구속된 피고인 또는 피의자와의 접견교통권은 신체구속을 당한 피고인 또는 피의자의 인권보장과 방어준비를 위하여 필수불가결한 권리이므로 수사기관의 처분 등에 의하여 이를 제한할 수 없고, 다만 법령에 의하여서만 제한이 가능하다(대결 2002.5.6, 2000모112)
> ④ (○) 헌재 2011.5.26, 2009헌마341

정답 ③

Ⅳ 체포·구속적부심사제도

24 체포·구속적부심사에 관한 설명으로 가장 적절하지 않은 것은? (다툼이 있는 경우 판례에 의함)

24 경찰승진

① 체포되거나 구속된 피의자 또는 그 변호인, 법정대리인, 배우자, 직계친족, 형제자매나 가족, 동거인 또는 고용주는 관할법원에 체포 또는 구속의 적부심사를 청구할 수 있다.
② 법원은 청구권자 아닌 사람이 구속의 적부심사를 청구하는 경우에는 심문 없이 결정으로 청구를 기각할 수 있는데, 이와 같은 기각결정에 대해서는 항고할 수 없다.
③ 법원은 구속된 피의자에 대하여 피의자의 출석을 보증할 만한 보증금의 납입을 조건으로 하여 결정으로 석방을 명할 수 있는데, 석방된 피의자가 출석요구를 받고 정당한 이유없이 출석하지 아니하더라도 동일한 범죄사실로 재차 체포하거나 구속할 수 없다.
④ 기소 전 보증금 납입 조건부 석방결정에 대하여 피의자나 검사가 그 취소의 실익이 있는 한 「형사소송법」 제402조에 의하여 항고할 수 있다.

> **해설**
>
> ① (○) 제214조의2 제1항
> ② (○) 제214조의2 제3항·제8항
> ③ (×) 피의자보석에 의하여 석방된 피의자에 대하여는 ⅰ) 도망한 때 ⅱ) 도망하거나 범죄의 증거를 인멸할 염려가 있다고 믿을만한 충분한 이유가 있는 때 ⅲ) 출석요구를 받고 정당한 이유없이 출석하지 아니한 때 ⅳ) 주거의 제한이나 그 밖에 법원이 정한 조건을 위반한 때를 제외하고는 동일한 범죄사실로 재차 체포하거나 구속할 수 없다(제214조의3 제2항) ※ 피의자보석에 의하여 석방된 피의자가 출석요구를 받고 정당한 이유없이 출석하지 않은 경우 동일한 범죄사실로 재차 체포하거나 구속할 수 있다.
> ④ (○) 대결 1997.8.27, 97모21

정답 ③

25 체포·구속적부심사에 관한 설명 중 옳지 않은 것은? (다툼이 있는 경우 판례에 의함)

23 변호사시험

① 체포영장에 의해 체포된 피의자뿐만 아니라 체포영장에 의하지 아니하고 긴급체포된 피의자도 체포적부심사의 청구권자에 해당한다.
② 구속적부심사를 청구한 피의자에 대하여 검사가 공소를 제기한 경우에도 법원이 적부심사를 행하여 청구의 이유 유무에 따라 청구기각결정이나 석방결정을 하여야 한다.
③ 피의자의 진술 등을 기재한 구속적부심문조서는 특별한 사정이 없는 한 피고인이 증거로 함에 부동의하더라도 「형사소송법」 제315조 제3호에 의하여 '기타 특히 신용할 만한 정황에 의하여 작성된 문서'로 당연히 그 증거능력이 인정된다.
④ 구속된 피의자로부터 구속적부심사의 청구를 받은 법원이 보증금납입조건부 피의자석방결정을 내린 경우 보증금이 납입된 후에야 피의자를 석방할 수 있다.
⑤ 법원이 구속된 피의자에 대하여 피의자의 출석을 보증할 만한 보증금납입을 조건으로 석방결정을 한 때에는 「형사소송법」 제402조에 따른 항고를 할 수 없다.

> **해설**
>
> ① (○) 제214조의2 제1항, 대결 1997.8.27, 97모21
> ② (○) 제214조의2 제4항
> ③ (○) 대판 2004.1.16, 2003도5693
> ④ (○) 서약서, 보증금 약정서, 출석보증서, 피해액 공탁, 보증금 납입은 선이행 보석조건으로 법원은 이를 이행하지 않으면 보석허가결정을 집행하지 못한다. 따라서 법원은 보석허가결정을 집행한 후에 이들 보석조건을 이행하도록 정할 수 없다(제98조, 제100조 제1항)
> ⑤ (×) 기소 후 보석결정에 대하여 항고가 인정되는 점에 비추어 그 보석결정과 성질 및 내용이 유사한 기소전 보증금납입조건부 석방결정에 대하여도 항고할 수 있도록 하는 것이 균형에 맞는 측면도 있다 할 것이므로 형사소송법 제214조의2 제5항의 석방결정에 대하여는 피의자나 검사가 그 취소의 실익이 있는 한 제402조에 의하여 항고할 수 있다(대결 1997.8.27, 97모21)

정답 ⑤

26 체포·구속적부심사에 대한 설명으로 옳은 것만을 모두 고르면? (다툼이 있는 경우 판례에 의함)
23 검찰7급

> ㉠ 체포영장이나 구속영장을 발부한 법관은 체포·구속적부심사의 심문·조사·결정에 관여할 수 없지만, 체포영장이나 구속영장을 발부한 법관 외에는 심문·조사·결정을 할 판사가 없는 경우에는 그러하지 아니하다.
> ㉡ 체포·구속적부심사결정에 의하여 석방(보증금납입조건부 피의자석방의 경우는 제외한다)된 피의자가 도망할 우려가 있거나 범죄의 증거를 인멸할 염려가 있는 경우에는 동일한 범죄사실로 재차 체포하거나 구속할 수 있다.
> ㉢ 보증금납입을 조건으로 석방된 피의자가 동일한 범죄사실에 관하여 형의 선고를 받고 그 판결이 확정된 후, 집행하기 위한 소환을 받고 정당한 이유없이 출석하지 아니하거나 도망한 때에는 검사의 결정으로 보증금의 전부 또는 일부를 몰수하여야 한다.
> ㉣ 구속적부심문조서는 특히 신용할 만한 정황에 의하여 작성된 문서라고 할 것이므로, 특별한 사정이 없는 한 피고인이 증거로 함에 부동의하더라도 형사소송법 제315조 제3호에 의하여 당연히 그 증거능력이 인정된다.

① ㉠㉡   ② ㉠㉣   ③ ㉡㉢   ④ ㉢㉣

해설

㉠ (○) 제214조의2 제12항

㉡ (×) 체포·구속적부심사결정에 의하여 석방된 피의자가 **도망하거나 범죄의 증거를 인멸하는 경우**를 제외하고는 동일한 범죄사실로 재차 체포하거나 구속할 수 없다(제214조의3 제1항)
※ '범죄의 증거를 인멸할 우려가 있는 경우에는' 재차 체포하거나 구속할 수 없다.

㉢ (×) 법원은 보증금의 납입을 조건으로 하여 결정으로 석방된 자가 동일한 범죄사실에 관하여 형의 선고를 받고 그 판결이 확정된 후, 집행하기 위한 소환을 받고 정당한 이유없이 출석하지 아니하거나 도망한 때에는 **직권 또는 검사의 청구에 의하여** 결정으로 보증금의 전부 또는 일부를 몰수하여야 한다(제214조의4 제2항)

㉣ (○) 대판 2004.1.16, 2003도5693

정답 ②

27 체포와 구속의 적부심사에 대한 설명으로 옳은 것은 모두 몇 개인가? (다툼이 있는 경우 판례에 의함)

23 해경간부

> ㉠ 공범 또는 공동피의자의 구속적부심사 순차청구가 수사방해의 목적임이 명백하다고 하더라도 법원은 피의자에 대한 심문 없이 그 청구를 기각할 수는 없다.
> ㉡ 구속적부심사 청구 후 검사가 피의자를 기소한 경우, 법원은 심문 없이 결정으로 청구를 기각하여야 하며 피고인은 수소법원에 보석을 청구할 수 있다.
> ㉢ 구속적부심사를 청구한 피의자에게 변호인이 없는 때에는 「형사소송법」 제33조의 규정에 따라 법원은 직권으로 변호인을 선정하여야 한다.
> ㉣ 체포적부심사 청구를 받은 법원이 그 청구가 이유 있다고 인정한 때에는 결정으로 체포된 피의자의 석방을 명하여야 하며, 검사는 이 결정에 대하여 항고하지 못한다.
> ㉤ 체포적부심사 결정에 의하여 석방된 피의자가 도망하거나 범죄의 증거를 인멸할 염려가 있다고 믿을 만한 충분한 이유가 있는 때에는 동일한 범죄사실에 관하여 재차 체포할 수 있다.
> ㉥ 체포적부심사를 청구한 피의자에 대하여 법원은 직권으로 보증금납입조건부 석방결정을 할 수 있다.
> ㉦ 피의자, 그 피의자의 변호인, 법정대리인, 배우자, 직계친족, 형제자매나 가족은 체포·구속 적부 심사를 청구할 수 있지만 동거인 또는 고용주는 체포·구속적부심사를 청구할 수 없다.

① 2개 ② 3개 ③ 4개 ④ 5개

해설

> ㉠ (×) 공범이나 공동피의자의 구속적부심사 순차청구가 수사 방해를 목적으로 하고 있음이 명백한 때 법원은 피의자에 대한 심문 없이 결정으로 청구를 기각할 수 있다(형사소송법 제214조의2 제3항 제2호).
> ㉡ (×) 적부심사의 청구를 받은 법원은 청구서가 접수된 때부터 48시간 이내에 체포되거나 구속된 피의자를 심문하고 수사 관계 서류와 증거물을 조사하여 그 청구가 이유 없다고 인정한 경우에는 결정으로 기각하고, 이유 있다고 인정한 경우에는 결정으로 체포되거나 구속된 피의자의 석방을 명하여야 한다. 심사청구 후 피의자에 대하여 공소제기가 있는 경우에도 또한 같다(제214조의2 제4항).
> ㉢ (○) 제214조의2 제10항
> ㉣ (○) 제214조의2 제8항
> ㉤ (×) 체포·구속적부심사결정에 의하여 석방된 피의자가 도망하거나 범죄의 증거를 인멸하는 경우를 제외하고는 동일한 범죄사실로 재차 체포하거나 구속할 수 없다(제214조의3 제1항)
> ㉥ (×) 현행법상 체포된 피의자에 대하여는 보증금 납입을 조건으로 한 석방이 허용되지 않는다(대결 1997.8.27, 97모21) ※ 보증금납입조건부 피의자석방은 구속된 피의자에게만 인정되고 체포된 피의자에게는 인정되지 않는다.

Ⓐ (×) 체포되거나 구속된 피의자 또는 그 변호인, 법정대리인, 배우자, 직계친족, 형제자매나 가족, 동거인 또는 고용주는 관할법원에 체포 또는 구속의 적부심사를 청구할 수 있다(제214조의2 제1항)

정답 ①

28 강제수사에 대한 설명으로 옳은 것만을 모두 고르면? (다툼이 있는 경우 판례에 의함)

23 검찰9급

㉠ 현행범인 체포의 요건을 갖추었는지 여부는 체포 당시의 상황을 기초로 판단하여야 하고, 체포 당시의 상황으로 볼 때 그 요건의 충족 여부에 관한 검사나 사법경찰관 등의 판단이 경험칙에 비추어 현저히 합리성을 잃은 경우에는 그 체포는 위법하다.
㉡ 구속기간연장허가결정이 있는 경우에 그 연장기간은 구속기간이 만료된 날로부터 기산한다.
㉢ 피의자, 피의자의 변호인·법정대리인·배우자·직계친족·형제자매·가족·동거인 또는 고용주는 구속된 피의자의 보석을 법원에 청구할 수 있다.
㉣ 수사기관이 압수·수색영장에 적힌 '수색할 장소'에 있는 컴퓨터 등 정보처리장치에 저장된 전자정보 외에 원격지 서버에 저장된 전자정보를 압수·수색하기 위해서는 압수·수색영장에 적힌 '압수할 물건'에 별도로 원격지 서버 저장 전자정보가 특정되어 있어야 한다.

① ㉠㉡   ② ㉠㉣   ③ ㉡㉢   ④ ㉢㉣

해설

㉠ (○) 대판 2017.4.7, 2016도19907
㉡ (×) 구속기간연장 허가결정이 있는 경우에 그 연장기간은 종전 구속기간만료 다음날로부터 기산한다(규칙 제98조).
㉢ (×) 피고인, 피고인의 변호인, 법정대리인, 배우자, 직계친족, 형제자매, 가족, 동거인 또는 고용주는 법원에 구속된 피고인의 보석을 청구할 수 있다(제94조) ※ 피의자 등은 법원에 보석을 청구할 수 없다.
㉣ (○) 대결 2022.6.30, 2020모735

정답 ②

제3절 압수·수색·검증

I 압수·수색

01 압수·수색에 관한 설명으로 가장 적절하지 않은 것은? (다툼이 있는 경우 판례에 의함)

24 경찰채용

① 수사기관이 압수·수색영장의 집행에 착수하여 압수·수색을 실시하고 그 집행을 종료하였다면, 동일한 장소 또는 목적물에 대하여 다시 압수·수색할 필요가 있고 그 영장의 유효기간이 남아있다고 하더라도 그 영장에 의하여 다시 압수·수색할 수는 없다.
② 피압수자가 수사기관에 압수·수색영장의 집행에 참여하지 않는다는 의사를 명시하였더라도, 특별한 사정이 없는 한 그 변호인에게는 미리 집행의 일시와 장소를 통지하는 등 압수·수색영장의 집행에 참여할 기회를 별도로 보장하여야 한다.
③ 수사기관이 압수·수색영장을 집행함에 있어 그 처분을 받는 자가 여러 명일 경우, 그 장소의 관리책임자에게 영장을 제시하였다면, 그곳에서 물건을 소지하고 있는 다른 사람에게 따로 영장을 제시하지 않고 그 물건을 압수할 수 있다.
④ 甲이 사법경찰관에게 휴대전화를 임의제출하면서 클라우드 등 제3자가 관리하는 원격지에 저장되어 있는 전자정보를 제출한다는 의사로 사법경찰관에게 클라우드 등에 접속하기 위한 아이디와 비밀번호를 임의로 제공한 경우, 위 클라우드 등에 저장된 전자정보를 임의제출하는 것으로 볼 수 있다.

> **해설**
>
> ① (O) 대결 1999.12.1, 99모161
> ② (O) 대판 2020.11.26, 2020도10729
> ③ (×) 압수·수색 또는 검증의 처분을 받는 자가 여럿인 경우에는 모두에게 개별적으로 영장을 제시해야 한다. 이 경우 피의자에게는 개별적으로 해당 영장의 사본을 교부해야 한다(수사준칙 제38조 제2항)
> ④ (O) 대판 2021.7.29, 2020도14654

정답 ③

02 압수·수색에 관한 설명으로 가장 적절하지 않은 것은? (다툼이 있는 경우 판례에 의함)

24 경찰승진

① 사법경찰관은 사본을 확보한 경우 등 압수를 계속할 필요가 없다고 인정되는 압수물 및 증거에 사용할 압수물에 대하여 공소제기 전이라도 소유자, 소지자, 보관자 또는 제출인의 청구가 있는 때에는 검사의 지휘를 받아 환부 또는 가환부하여야 한다.
② 정보저장매체의 외형적·객관적 지배·관리 등 상태와 별도로 단지 피의자나 그 밖의 제3자가 과거 그 정보저장매체의 이용 내지 개별 전자정보의 생성·이용 등에 관여한 사실이 있다는 사정만으로 그들을 실질적으로 압수·수색을 받는 당사자로 취급하여야 하는 것은 아니다.
③ 피처분자가 현장에 없거나 현장에서 그를 발견할 수 없는 경우 등 영장제시가 현실적으로 불가능한 경우에는 영장을 제시하지 아니한 채 압수·수색을 하더라도 위법하다고 볼 수 없다.
④ 정보저장매체를 임의제출한 피압수자에 더하여 임의제출자 아닌 피의자에게도 참여권이 보장되어야 하는 '피의자의 소유·관리에 속하는 정보저장매체'에 해당하는지 여부는 민사법상 권리의 귀속에 따른 법률적 판단을 기준으로 종합적으로 판단하여야 한다.

해설

① (○) 제218조의2 제1항·제4항
② (○) 대판 2022.1.27, 2021도11170
③ (○) 대판 2015.1.22, 2014도10978 전원합의체
④ (×) 정보저장매체를 임의제출한 피압수자에 더하여 임의제출자 아닌 피의자에게도 참여권이 보장되어야 하는 '피의자의 소유·관리에 속하는 정보저장매체'란, 피의자가 압수·수색 당시 또는 이와 시간적으로 근접한 시기까지 해당 정보저장매체를 현실적으로 지배·관리하면서 그 정보저장매체 내 전자정보 전반에 관한 전속적인 관리처분권을 보유·행사하고, 달리 이를 자신의 의사에 따라 제3자에게 양도하거나 포기하지 아니한 경우로써, 피의자를 그 정보저장매체에 저장된 전자정보에 대하여 실질적인 피압수자로 평가할 수 있는 경우를 말하는 것이다. 이에 해당하는지 여부는 민사법상 권리의 귀속에 따른 법률적·사후적 판단이 아니라 압수·수색 당시 외형적·객관적으로 인식 가능한 사실상의 상태를 기준으로 판단하여야 한다(대판 2022.1.27, 2021도11170).

정답 ④

03 압수·수색에 관한 설명 중 옳지 않은 것을 모두 고른 것은? (다툼이 있는 경우 판례에 의함)

24 변호사시험

㉠ 피압수자가 수사기관에 압수·수색영장의 집행에 참여하지 않는다는 의사를 명시하였다면 특별한 사정이 있는 경우를 제외하고는 그 변호인에게 압수·수색영장의 집행에 참여할 기회를 별도로 보장하지 않아도 무방하다.

㉡ 수사기관이 범죄 혐의사실과 관련 있는 정보를 선별하여 압수한 후에도 그와 관련이 없는 나머지 정보를 삭제·폐기·반환하지 아니한 채 그대로 보관하고 있다면 범죄 혐의사실과 관련이 없는 부분에 대하여는 압수의 대상이 되는 전자정보의 범위를 넘어서는 전자정보를 영장 없이 압수·수색하여 취득한 것이어서 위법하고, 사후에 법원으로부터 압수·수색영장이 발부되었다거나 피고인이나 변호인이 이를 증거로 함에 동의하였다고 하여 그 위법성이 치유된다고 볼 수 없다.

㉢ 정보저장매체를 임의제출한 피압수자에 더하여 임의제출자 아닌 피의자에게도 참여권이 보장되어야 하는 '피의자의 소유·관리에 속하는 정보저장매체'란, 피의자가 압수·수색 당시 또는 이와 시간적으로 근접한 시기까지 해당 정보저장매체를 현실적으로 지배·관리하면서 그 정보저장매체 내 전자정보 전반에 관한 전속적인 관리처분권을 보유·행사하고, 달리 이를 자신의 의사에 따라 제3자에게 양도하거나 포기하지 아니한 경우로서, 피의자를 그 정보저장매체에 저장된 전자정보에 대하여 실질적인 피압수자로 평가할 수 있는 경우를 말한다.

㉣ 실질적인 피압수자에 해당하는지 여부는 압수·수색 당시 외형적·객관적으로 인식가능한 사실상의 상태를 기준으로 판단하여야 하는 바, 피의자나 그 밖의 제3자가 과거 그 정보저장매체의 이용 내지 개별 전자정보의 생성·이용 등에 관여한 사실이 있다거나 그 과정에서 생성된 전자정보에 의해 식별되는 정보주체에 해당한다는 사정이 있다면 그들을 실질적으로 압수·수색을 받는 당사자로 취급하여야 한다.

㉤ 피의자가 휴대전화를 임의제출하면서 휴대전화에 저장된 전자정보가 아닌 클라우드 등 제3자가 관리하는 원격지에 저장되어 있는 전자정보를 수사기관에 제출한다는 의사로 수사기관에게 클라우드 등에 접속하기 위한 아이디와 비밀번호를 임의로 제공하였다면 위 클라우드 등에 저장된 전자정보를 임의제출하는 것으로 볼 수 있다.

① ㉠㉣ ② ㉡㉣ ③ ㉣㉤
④ ㉠㉡㉣ ⑤ ㉠㉢㉤

해설

㉠ (×) 형사소송법 제219조, 제121조가 규정한 변호인의 참여권은 피압수자의 보호를 위하여 변호인에게 주어진 고유권이다. 따라서 설령 피압수자가 수사기관에 압수·수색영장의 집행에 참여하지 않는다는 의사를 명시하였다고 하더라도 특별한 사정이 없는 한 그 변호인에게는 형사소송법 제219조, 제122조에 따라 미리 집행의 일시와 장소를 통지하는 등으로 압수·수색영장의 집행에 참여할 기회를 별도로 보장하여야 한다(대판 2020.11.26, 2020도10729)

ⓒ (○) 대결 2022.1.14. 2021모1586
ⓒ (○), ㉢ (×) [1] 정보저장매체를 임의제출한 피압수자에 더하여 임의제출자 아닌 피의자에게도 참여권이 보장되어야 하는 '피의자의 소유·관리에 속하는 정보저장매체'란, 피의자가 압수·수색 당시 또는 이와 시간적으로 근접한 시기까지 해당 정보저장매체를 현실적으로 지배·관리하면서 그 정보저장매체 내 전자정보 전반에 관한 전속적인 관리처분권을 보유·행사하고, 달리 이를 자신의 의사에 따라 제3자에게 양도하거나 포기하지 아니한 경우로써, 피의자를 그 정보저장매체에 저장된 전자정보에 대하여 실질적인 피압수자로 평가할 수 있는 경우를 말하는 것이다.
[2] 이에 해당하는지 여부는 민사법상 권리의 귀속에 따른 법률적·사후적 판단이 아니라 압수·수색 당시 외형적·객관적으로 인식 가능한 사실상의 상태를 기준으로 판단하여야 한다. 이러한 정보저장매체의 외형적·객관적 지배·관리 등 상태와 별도로 단지 피의자나 그 밖의 제3자가 과거 그 정보저장매체의 이용 내지 개별 전자정보의 생성·이용 등에 관여한 사실이 있다거나 그 과정에서 생성된 전자정보에 의해 식별되는 정보주체에 해당한다는 사정만으로 그들을 실질적으로 압수·수색을 받는 당사자로 취급하여야 하는 것은 아니다(대판 2022.1.27. 2021도11170).
ⓜ (○) 대판 2021.7.29. 2020도14654

정답 ①

04 압수·수색영장의 집행에 대한 설명으로 옳은 것은? (다툼이 있는 경우 판례에 의함)

24 검찰9급

① 압수·수색영장은 피처분자에게 반드시 제시하여야 하므로 집행현장에서 피처분자를 발견할 수 없는 경우 등 영장제시가 현실적으로 불가능하더라도 영장을 제시하지 아니한 채 압수·수색을 하는 것은 위법하다.
② 사법경찰관이 압수·수색영장에 의하여 피의자 이외의 사람의 주거를 수색하는 경우 그 주거주에게 미리 집행의 일시와 장소를 통지하여야 한다.
③ 사법경찰관이 압수·수색영장에 의하여 여관을 수색하는 경우, 그 영장에 야간집행을 할 수 있는 기재가 없다면 공개된 시간 내라도 야간에는 집행할 수 없다.
④ 수사기관이 작성하여 피압수자 등에게 교부해야 하는 압수물 목록은 압수 직후 현장에서 바로 작성하여 교부하여야 함을 원칙으로 한다.

> **해설**
>
> ① (×) 압수·수색영장은 처분을 받는 자에게 반드시 제시하여야 하고, 처분을 받는 자가 피고인인 경우에는 그 사본을 교부하여야 한다. 다만, 처분을 받는 자가 현장에 없는 등 영장의 제시나 그 사본의 교부가 현실적으로 불가능한 경우 또는 처분을 받는 자가 영장의 제시나 사본의 교부를 거부한 때에는 예외로 한다(제118조, 제219조).
> ② (×) 타인의 주거, 간수자 있는 가옥, 건조물, 항공기 또는 선박·차량 안에서 압수·수색영장을 집행할 때에는 주거주, 간수자 또는 이에 준하는 사람을 참여하게 하여야 한다(제123조 제2항, 제219조).
> ③ (×) 사법경찰관이 압수·수색영장에 의하여 여관을 수색하는 경우 그 영장에 야간집행을 할 수 있는 기재가 없더라도 공개된 시간 내라면 야간에도 집행할 수 있다(제125조, 제126조, 제219조 참고).
> ④ (○) 대판 2009.3.12, 2008도763

정답 ④

05 압수·수색영장의 제시 및 교부에 관한 설명으로 가장 적절한 것은? (다툼이 있는 경우 판례에 의함)
24 경찰승진

① 압수·수색의 처분을 받는 자가 여럿인 경우에는 모두에게 개별적으로 영장을 제시해야 하고, 이 경우 압수할 물건의 소유자·소지자·보관자 기타 이에 준하는 자에게 개별적으로 해당 영장의 사본을 교부해야 한다.

② 사법경찰관이 피압수자에게 영장을 제시하면서 표지에 해당하는 첫 페이지와 혐의사실이 기재된 부분만을 보여 주고, 영장의 내용 중 압수·수색·검증할 물건, 압수·수색·검증할 장소, 압수·수색·검증을 필요로 하는 사유, 압수 대상 및 방법의 제한 등 필요적 기재 사항 및 그와 일체를 이루는 부분을 확인하지 못하게 한 경우에도 해당 영장 제시는 적법한 압수·수색영장의 제시라고 볼 수 있다.

③ 피의자가 영장의 사본을 수령하기를 거부하는 경우에는 검사 또는 사법경찰관이 영장 사본 교부 확인서 끝 부분에 그 사유를 적고 기명날인 또는 서명해야 한다.

④ 수사기관이 압수·수색영장을 제시하고 집행에 착수하여 압수·수색을 실시하고 그 집행을 종료한 후, 동일한 장소 또는 목적물에 대하여 다시 압수·수색할 필요가 있는 경우, 앞서 발부받은 압수·수색영장의 유효기간이 남아 있다면 이를 제시 하고 다시 압수·수색을 할 수 있다.

> **해설**
>
> ① (×) 압수·수색 또는 검증의 처분을 받는 자가 여럿인 경우에는 모두에게 개별적으로 영장을 제시해야 한다. 이 경우 피의자에게는 개별적으로 해당 영장의 사본을 교부해야 한다(수사준칙 제38조 제2항).
>
> ② (×) 피압수자에게 영장을 제시하면서 표지에 해당하는 첫 페이지와 피압수자의 혐의사실이 기재된 부분만을 보여 주고, 영장의 내용 중 압수·수색·검증할 물건, 압수·수색·검증할 장소, 압수·수색·검증을 필요로 하는 사유, 압수 대상 및 방법의 제한 등 필요적 기재 사항 및 그와 일체를 이루는 부분을 확인하지 못하게 한 것은 이 사건 영장을 집행할 때 피압수자가 그 내용을 충분히 알 수 있도록 제시한 것으로 보기 어렵다. 따라서 사법경찰관의 이 사건 영장 제시는 형사소송법 제219조, 제118조에 따른 적법한 압수·수색영장의 제시라고 볼 수 없고, 이 사건 영장에 따라 압수된 이 사건 동향보고 서류, 휴대전화 역시 적법한 절차에 따라 수집된 증거라고 보기 어렵다(대판 2017.9.21, 2015도12400).
>
> ③ (○) 수사준칙 제38조 제5항
>
> ④ (×) 수사기관이 압수·수색영장을 제시하고 집행에 착수하여 압수·수색을 실시하고 그 집행을 종료하였는데 동일한 장소 또는 목적물에 대하여 다시 압수·수색할 필요가 있는 경우, 법원으로부터 새로운 압수·수색영장을 발부받아야 하고, 앞서 발부 받은 영장의 유효기간이 남아있다고 하여 이를 제시하고 다시 압수·수색을 할 수는 없다(대결 1999.12.1, 99모161).

정답 ③

06 정보저장매체의 압수·수색에 관한 설명으로 가장 적절하지 않은 것은? (다툼이 있는 경우 판례에 의함)

24 경찰채용

① 수사기관의 전자정보에 대한 압수·수색은 원칙적으로 영장 발부의 사유로 된 범죄 혐의사실과 관련된 부분만을 문서 출력물로 수집하거나 수사기관이 휴대한 저장매체에 해당 파일을 복제하는 방식으로 이루어져야 하고, 수사기관 사무실 등 외부로 저장매체 자체를 직접 반출하는 방식으로 압수·수색하는 것은 예외적으로만 허용된다.
② 압수의 목적을 달성하기에 현저히 곤란한 사정이 인정되어 전자정보가 담긴 저장매체를 수사기관 사무실 등으로 옮겨 혐의사실과 관련된 전자정보만을 복제·탐색·출력하는 경우에도, 피압수·수색 당사자나 변호인에게 참여의 기회를 보장하여야 한다.
③ 수사기관이 범죄 혐의사실과 관련 있는 전자정보를 선별 압수한 후 그와 관련이 없는 나머지 정보를 삭제·폐기·반환하지 아니한 채 보관하고 있더라도, 사후에 위 나머지 정보에 대하여 법원으로부터 압수·수색영장을 발부받거나 피고인 또는 변호인이 이를 증거로 함에 동의하였다면 증거로 사용할 수 있다.
④ 수사기관이 압수·수색영장에 적힌 '수색할 장소'에 있는 컴퓨터 등 정보처리장치에 저장된 전자정보 외에 원격지 서버에 저장된 전자정보를 압수·수색하기 위해서는 그 영장에 적힌 '압수할 물건'에 별도로 원격지 서버 저장 전자정보가 특정되어 있어야 하고, '압수할 물건'에 컴퓨터 등 정보처리장치 저장 전자정보만 기재되어 있다면 컴퓨터 등 정보처리장치를 이용하여 원격지 서버 저장 전자정보를 압수할 수는 없다.

> **해설**
> ① (○) 대판 2014.2.27, 2013도12155
> ② (○) 대판 2020.11.26, 2020도10729
> ③ (×) 수사기관이 범죄 혐의사실과 관련 있는 정보를 선별하여 압수한 후에도 그와 관련이 없는 나머지 정보를 삭제·폐기·반환하지 아니한 채 그대로 보관하고 있다면 범죄 혐의사실과 관련이 없는 부분에 대하여는 압수의 대상이 되는 전자정보의 범위를 넘어서는 전자정보를 영장 없이 압수·수색하여 취득한 것이어서 위법하고, 사후에 법원으로부터 압수·수색영장이 발부되었다거나 피고인이나 변호인이 이를 증거로 함에 동의하였다고 하여 그 위법성이 치유된다고 볼 수 없다(대판 2022.1.14, 2021모1586).
> ④ (○) 대결 2022.6.30, 2020모735

정답 ③

07 강제처분에 대한 설명으로 옳은 것은 모두 몇 개인가? (다툼이 있는 경우 판례에 의함)

23 해경간부

> ㉠ 「형사소송법」제217조 제1항은 수사기관이 피의자를 긴급체포한 상황에서 피의자가 체포되었다는 사실이 공범이나 관련자들에게 알려짐으로써 관련자들이 증거를 파괴하거나 은닉하는 것을 방지하고, 범죄사실과 관련된 증거물을 신속히 확보할 수 있도록 하기 위한 것이므로, 긴급체포된 자가 체포현장이 아닌 장소에서 소유·소지 또는 보관하는 물건을 압수할 수는 없다.
> ㉡ 주취운전이라는 범죄행위로 당해 음주운전자를 구속·체포하지 아니한 경우에도 필요하다면 주취운전 중 또는 주취운전 직후의 현장에 있던 차량열쇠는 「형사소송법」제216조 제3항에 의하여 영장 없이 이를 압수할 수 있다.
> ㉢ 수사기관이 피의자 참여하에 정보저장매체에 기억된 정보 중에서 키워드 또는 확장자 검색 등을 통해 범죄혐의 사실과 관련있는 정보를 선별한 다음 정보저장매체와 동일하게 비트열 방식으로 복제하여 생성한 파일을 제출받아 압수한 경우, 수사기관에서 위와 같이 압수된 파일을 탐색·복제·출력하는 과정에서도 피의자 등에게 참여의 기회를 보장하여야 한다.
> ㉣ 피고인이 수사 당시 긴급체포되었다가 수사기관의 조치로 석방된 후 법원이 발부한 구속영장에 의하여 구속이 이루어진 경우「형사소송법」제200조의4 제3항, 제208조에 규정된 재체포 또는 재구속 제한에 위배되는 위법한 구속이라고 볼 수 없다.

① 1개 ② 2개 ③ 3개 ④ 4개

해설

> ㉠ (×) 형사소송법 제217조 제1항은 수사기관이 피의자를 긴급체포한 상황에서 피의자가 체포되었다는 사실이 공범이나 관련자들에게 알려짐으로써 관련자들이 증거를 파괴하거나 은닉하는 것을 방지하고, 범죄사실과 관련된 증거물을 신속히 확보할 수 있도록 하기 위한 것이다. 이 규정에 따른 압수·수색 또는 검증은 체포현장에서의 압수·수색 또는 검증을 규정하고 있는 형사소송법 제216조 제1항 제2호와 달리, 체포현장이 아닌 장소에서도 긴급체포된 자가 소유·소지 또는 보관하는 물건을 대상으로 할 수 있다(대판 2017.9.12, 2017도10309)
> ㉡ (○) 대판 1998.5.8, 97다54482
> ㉢ (×) 수사기관이 정보저장매체에 기억된 정보 중에서 범죄 혐의사실과 관련 있는 정보를 선별한 다음, 선별한 파일을 복제하여 생성한 파일을 제출받아 적법하게 압수하였다면 수사기관 사무실에서 위와 같이 압수된 이미지 파일을 탐색·복제·출력하는 과정에서 피의자 등에게 참여의 기회를 보장하여야 하는 것은 아니다(대판 2018.2.8, 2017도13263)
> ㉣ (○) 대판 2001.9.28, 2001도4291

정답 ②

08
다음은 전자정보의 압수·수색에 대한 설명이다. 아래 ㉠부터 ㉣까지의 설명 중 옳고 그름의 표시(○, ×)가 바르게 된 것은? (다툼이 있는 경우 판례에 의함)
23 경찰승진

> ㉠ 피의자의 이메일 계정에 대한 접근권한에 갈음하여 발부받은 압수·수색영장의 효력은 대한민국의 사법관할권이 미치지 아니하는 해외 이메일서비스제공자의 해외 서버 및 그 해외서버에 소재하는 저장매체 속 피의자의 전자정보에 대하여까지 미치지는 않는다.
> ㉡ 수사기관 사무실 등으로 반출된 저장매체 또는 복제본에서 혐의사실 관련성에 대한 구분 없이 임의로 저장된 전자정보를 문서로 출력하거나 파일로 복제하는 행위는 원칙적으로 영장주의 원칙에 반하는 위법한 압수가 된다.
> ㉢ 임의제출된 정보저장매체에서 압수의 대상이 되는 전자정보의 범위를 넘어서는 전자정보에 대해 수사기관이 영장없이 압수·수색하여 취득한 증거는 위법수집증거에 해당하고, 사후에 법원으로부터 영장이 발부되었다거나 피고인이나 변호인이 이를 증거로 함에 동의하였다고 하여 그 위법성이 치유되는 것도 아니다.
> ㉣ 전자정보에 대한 압수·수색영장을 집행할 때에는 원칙적으로 영장발부의 사유인 혐의사실과 관련된 부분만을 문서 출력물로 수집하거나 수사기관이 휴대한 저장매체에 해당 파일을 복사하는 방식으로 이루어져야 하지만, 집행현장 사정상 이러한 방식에 의한 집행이 현저히 곤란한 부득이한 사정이 존재하는 경우에는 영장에의 기재 여부와 상관없이 저장매체 자체를 직접 혹은 하드카피나 이미징 등 형태로 수사기관 사무실 등 외부로 반출하여 해당 파일을 압수·수색할 수 있다.

① ㉠(○) ㉡(×) ㉢(×) ㉣(×)
② ㉠(○) ㉡(×) ㉢(×) ㉣(○)
③ ㉠(×) ㉡(○) ㉢(○) ㉣(×)
④ ㉠(×) ㉡(○) ㉢(○) ㉣(○)

해설

㉠ (×) 압수·수색할 전자정보가 압수·수색영장에 기재된 수색장소에 있는 컴퓨터 등 정보처리장치 내에 있지 아니하고 그 정보처리장치와 정보통신망으로 연결되어 제3자가 관리하는 원격지의 서버 등 저장매체에 저장되어 있는 경우에도 수사기관이 피의자의 이메일 계정에 대한 접근권한에 갈음하여 발부받은 영장에 따라 영장 기재 수색장소에 있는 컴퓨터 등 정보처리장치를 이용하여 적법하게 취득한 피의자의 이메일 계정 아이디와 비밀번호를 입력하는 등 피의자가 접근하는 통상적인 방법에 따라 그 원격지의 저장매체에 접속하고 그곳에 저장되어 있는 피의자의 이메일 관련 전자정보를 수색장소의 정보처리장치로 내려받거나 그 화면에 현출시키는 것 역시 피의자의 소유에 속하거나 소지하는 전자정보를 대상으로 이루어지는 것이므로 그 전자정보에 대한 압수·수색도 허용되고, 이는 원격지의 저장매체가 국외에 있는 경우라 하더라도 달리 볼 것은 아니다(대판 2017.11.29, 2017도9747)

㉡ (○) 대결 2022.1.14, 2021모1586

ⓒ (○) 대판 2021.11.25, 2016도82
ⓔ (×) 전자정보에 대한 압수·수색영장의 집행에 있어서는 원칙적으로 영장 발부의 사유로 된 혐의사실과 관련된 부분만을 문서 출력물로 수집하거나 수사기관이 휴대한 저장매체에 해당 파일을 복사하는 방식으로 이루어져야 하고, 집행현장의 사정상 위와 같은 방식에 의한 집행이 불가능하거나 현저히 곤란한 부득이한 사정이 존재하더라도 그와 같은 경우에 그 저장매체 자체를 직접 혹은 하드카피나 이미징 등 형태로 수사기관 사무실 등 외부로 반출하여 해당 파일을 압수·수색할 수 있도록 영장에 기재되어 있고 실제 그와 같은 사정이 발생한 때에 한하여 예외적으로 허용될 수 있을 뿐이다(대판 2014.2.27, 2013도12155)

정답 ③

09 저장매체의 임의제출에 관한 설명 중 가장 적절하지 않은 것은? (다툼이 있는 경우 판례에 의함)

23 경찰채용

① 임의제출된 정보저장매체에서 압수의 대상이 되는 전자정보의 범위를 넘어서는 전자정보에 대해 수사기관이 영장 없이 압수·수색하여 취득한 증거는 위법수집증거에 해당하지만, 피고인이나 변호인이 이를 증거로 함에 동의하였다면 그 위법성이 치유된다.
② 제3자가 피의자의 소유 관리에 속하는 정보저장매체를 영장에 의하지 않고 임의제출하는 경우, 특별한 사정이 없는 한 피의자에게 참여권을 보장하고 압수한 전자정보 목록을 교부하는 등 피의자의 절차적 권리를 보장하기 위한 적절한 조치가 이루어져야 한다.
③ 피의자가 자기 소유의 휴대전화를 임의제출하면서 클라우드 등 제3자가 관리하는 원격지에 저장되어 있는 전자정보를 수사기관에게 제출한다는 의사로 수사기관에 클라우드 등에 접속하기 위한 자신의 아이디와 비밀번호를 임의로 제공한 경우, 위 클라우드 등에 저장된 전자정보를 임의제출하는 것으로 볼 수 있다.
④ 현행범 체포현장이나 범죄현장에서도 소지자 등이 임의로 제출하는 저장매체는 형사소송법 제218조에 의하여 영장 없이 압수하는 것이 허용된다.

해설

① (×) 임의제출된 정보저장매체에서 압수의 대상이 되는 전자정보의 범위를 넘어서는 전자정보에 대해 수사기관이 영장 없이 압수·수색하여 취득한 증거는 사후에 피고인이 이를 증거로 함에 동의하였다고 하여 그 위법성이 치유되지 않는다(대판 2021.11.25, 2016도82)
② (○) 대판 2021.11.18, 2016도348 전원합의체
③ (○) 대판 2021.7.29, 2020도14654
④ (○) 대판 2020.4.9, 2019도17142

정답 ①

10 전자정보의 압수·수색에 대한 설명으로 가장 적절하지 않은 것은? (다툼이 있는 경우 판례에 의함)

23 경찰승진

① 수사기관이 인터넷서비스이용자인 피의자를 상대로 피의자의 컴퓨터 등 정보처리장치 내에 저장되어 있는 이메일 등 전자정보를 압수·수색하는 것은 전자정보의 소유자 내지 소지자를 상대로 해당 전자정보를 압수·수색하는 대물적 강제처분으로 형사소송법의 해석상 허용된다.
② 전자정보에 대한 압수·수색이 종료되기 전에 혐의 사실과 관련된 전자정보를 적법하게 탐색하는 과정에서 별도의 범죄혐의와 관련된 전자정보를 우연히 발견한 경우 수사기관은 더 이상의 추가 탐색을 중단하고 법원에서 그 별도의 범죄혐의에 대한 압수·수색영장을 발부받아야만 그 별도의 범죄혐의와 관련된 전자정보를 유죄의 증거로 인정할 수 있다.
③ 수사기관이 피의자 甲의 공직선거법위반 범행을 영장 범죄사실로 하여 발부받은 압수·수색영장의 집행과정에서 乙, 丙 사이의 대화가 녹음된 녹음파일을 압수하여 乙, 丙의 공직선거법위반 혐의사실을 발견한 경우 압수·수색영장에 기재된 피의자인 甲이 녹음파일에 의하여 의심되는 혐의사실과 무관한 이상, 별도의 압수·수색영장을 발부받지 않고 압수한 乙, 丙 사이의 대화가 녹음된 녹음파일은 乙, 丙의 공직선거법위반 혐의사실과 관련된 부분에 한정하여 증거능력이 있다.
④ 수사기관이 정보저장매체에 기억된 정보 중에서 키워드 또는 확장자 검색 등을 통해 범죄 혐의사실과 관련 있는 정보를 선별한 다음 정보저장매체와 동일하게 비트열 방식으로 복제하여 생성한 파일을 제출받아 압수하였다면 이로써 압수의 목적물에 대한 압수·수색 절차는 종료된 것이므로 수사기관이 수사기관 사무실에서 위와 같이 압수된 파일을 탐색·복제·출력하는 과정에서도 피의자 등에게 참여의 기회를 보장하여야 하는 것은 아니다.

> **해설**
> ① (○) 대판 2017.11.29, 2017도9747
> ② (○) 대결 2015.7.19, 2011모1839 전원합의체
> ③ (×) 수사기관이 피의자 甲의「공직선거법」위반 범행을 영장사실로 하여 발부받은 압수·수색영장을 집행하는 과정에서 발견한 甲과 무관한 乙과 丙 사이의「공직선거법」위반 혐의사실이 담겨있는 녹음파일은 임의로 제출받거나 별도의 압수·수색영장을 발부받지 않았다면 乙과 丙에 대한 유죄의 증거로 사용할 수 없다(대판 2014.1.16, 2013도7101)
> ④ (○) 대판 2018.2.8, 2017도13263

정답 ③

11 전자정보 압수·수색에 관한 설명 중 옳지 않은 것은 모두 몇 개인가? (다툼이 있는 경우 판례에 의함)

23 경찰채용

> ㉠ 수사기관이 압수 수색영장에 적힌 '수색할 장소'에 있는 컴퓨터 등 정보처리장치에 저장된 전자정보 외에 원격지 클라우드에 저장된 전자정보를 압수 수색하기 위해서는 압수·수색영장에 적힌 '압수할 물건'에 별도로 원격지 클라우드 저장 전자정보가 특정되어 있어야 한다.
> ㉡ 수사기관이 전자정보에 대한 압수 수색이 종료되기 전에 혐의사실과 관련된 전자정보를 적법하게 탐색하는 과정에서 별도 범죄혐의와 관련된 전자정보를 우연히 발견한 경우, 대법원은 '우연한 육안발견 원칙(plain view doctrine)'에 의해 별도의 영장 없이 우연히 발견한 별도 범죄혐의와 관련된 전자정보를 압수 수색할 수 있다고 판시하였다.
> ㉢ 수사기관이 범죄 혐의사실과 관련 있는 정보를 선별하여 압수한 후에도 그와 관련이 없는 나머지 정보를 법원의 영장내용에 반하여 삭제·폐기 반환하지 아니한 채 그대로 보관하고 있다면, 범죄 혐의사실과 관련이 없는 부분에 대하여는 압수의 대상이 되는 전자정보의 범위를 넘어서는 전자정보를 영장없이 압수 수색하여 취득한 것이어서 위법하다.
> ㉣ 피의자가 휴대전화를 임의제출하면서 휴대전화에 저장된 전자정보가 아닌 클라우드 등 제3자가 관리하는 원격지에 저장되어 있는 전자정보를 수사기관에 제출한다는 의사로 수사기관에게 클라우드 등에 접속하기 위한 아이디와 비밀번호를 임의로 제공하였다면 위 클라우드 등에 저장된 전자정보를 임의제출하는 것으로 볼 수 있다.

① 1개 ② 2개 ③ 3개 ④ 4개

해설

㉠ (○) 대판 2022.6.30, 2022도1452
㉡ (×) 전자정보에 대한 압수·수색이 종료되기 전에 혐의사실과 관련된 전자정보를 적법하게 탐색하는 과정에서 별도의 범죄혐의와 관련된 전자정보를 우연히 발견한 경우라면, 수사기관으로서는 더 이상의 추가 탐색을 중단하고 법원으로부터 별도의 범죄혐의에 대한 압수·수색영장을 발부받은 경우에 한하여 그러한 정보에 대하여도 적법하게 압수·수색을 할 수 있다(대결 2015.7.19, 2011모1839 전원합의체).
㉢ (○) 대결 2022.1.14, 2021모1586
㉣ (○) 대판 2021.7.29, 2020도14654

정답 ①

12 압수·수색에 관한 설명 중 옳지 않은 것은? (다툼이 있는 경우 판례에 의함) 23 변호사시험

① 수사기관이 2022. 9. 12. 甲을 성폭력범죄의처벌등에관한특례법위반(카메라등이용촬영)의 현행범으로 체포하면서 휴대전화를 임의제출받은 후 피의자신문과정에서 甲과 함께 휴대전화를 탐색하던 중 2022. 6.경의 동일한 범행에 관한 영상을 발견하고 그 영상을 甲에게 제시하였으며 甲이 해당 영상을 언제, 어디에서 촬영한 것인지 쉽게 알아보고 그에 관해 구체적으로 진술하였던 경우에 甲에게 전자정보의 파일 명세가 특정된 압수목록이 작성·교부되지 않았더라도 甲의 절차상 권리가 실질적으로 침해되었다고 볼 수 없다.

② 甲이 A 소유 모텔 객실에 위장형 카메라를 몰래 설치해 불법촬영을 하였는데 이후 甲의 범행을 인지한 수사기관이 A로부터 임의제출 형식으로 위 카메라를 압수한 경우, 카메라의 메모리카드에 사실상 대부분 압수의 대상이 되는 전자정보만이 저장되어 있어 해당 전자정보인 불법촬영 동영상을 탐색·출력하는 과정에서 위 임의제출에 따른 통상의 압수절차 외에 별도의 조치가 따로 요구되는 것은 아니므로, 甲에게 참여의 기회를 보장하지 않고 전자정보 압수목록을 작성·교부하지 않았다는 점만으로 곧바로 위 임의제출물의 증거능력을 부정할 수 없다.

③ 정보저장매체를 임의제출한 피압수자에 더하여 임의제출자 아닌 피의자에게도 참여권이 보장되어야 하는 '피의자의 소유·관리에 속하는 정보저장매체'에 해당하는지 여부는 전자정보에 의해 식별되는 정보주체의 정보자기결정권을 고려할 때 압수·수색 당시 외형적·객관적으로 인식 가능한 사실상의 상태가 아니라 민사법상 권리의 귀속에 따른 법률적·사후적 판단을 기준으로 판단하여야 한다.

④ 수사기관이 압수·수색영장으로 압수한 휴대전화가 클라우드 서버에 로그인되어 있는 상태를 이용하여 클라우드 서버에서 불법촬영물을 다운로드받아 압수한 경우 압수·수색영장에 적힌 '압수할 물건'에 원격지 서버 저장 전자정보가 기재되어 있지 않았다면 압수한 불법촬영물은 유죄의 증거로 사용할 수 없다.

> **해설**
>
> ① (○) 대판 2022. 1. 13. 2016도9596
> ② (○) 대판 2021. 11. 25. 2019도7342
> ③ (×) 정보저장매체를 임의제출한 피압수자에 더하여 임의제출자 아닌 피의자에게도 참여권이 보장되어야 하는 '피의자의 소유·관리에 속하는 정보저장매체'라 함은, 피의자가 압수·수색 당시 또는 이와 시간적으로 근접한 시기까지 해당 정보저장매체를 현실적으로 지배·관리하면서 그 정보저장매체 내 전자정보 전반에 관한 전속적인 관리처분권을 보유·행사하고, 달리 이를 자신의 의사에 따라 제3자에게 양도하거나 포기하지 아니한 경우로써 피의자를 그 정보저장매체에 저장된 전자정보에 대하여 실질적인 압수·수색 당사자로 평가할 수 있는 경우를 말하는 것이다. 이에 해당하는지 여부는 민사법상 권리의 귀속에 따른 법률적·사후적 판단이 아니라 압수·수색 당시 외형적·객관적으로 인식 가능한 사실상의 상태를 기준

으로 판단하여야 한다(대판 2022.1.27, 2021도11170)
④ (○) 대결 2022.6.30, 2020모735

정답 ③

13 압수·수색에 대한 설명으로 가장 적절하지 않은 것은? (다툼이 있는 경우 판례에 의함)
23 경찰승진

① 형사소송법 제216조(영장에 의하지 아니한 강제처분)의 규정에 의하면 범행 중 또는 범행직후의 범죄 장소에서 긴급을 요하여 법원판사의 영장을 받을 수 없는 때에는 영장 없이 압수할 수 있으며, 이 경우에는 사후 48시간 이내에 영장을 받아야 한다.
② 형사소송법 제200조의3(긴급체포)에 따라 체포된 자가 소유하는 물건에 대하여 긴급히 압수할 필요가 있는 경우에 사법경찰관은 체포한 때부터 24시간 이내에 한하여 영장 없이 압수할 수 있다.
③ 수사기관이 압수·수색영장을 집행하면서 팩스로 영장 사본을 송신하기만 하고 영장 원본을 제시하거나 압수조서와 압수물목록을 작성하여 피압수·수색 당사자에게 교부하지도 않은 채 피고인의 이메일을 압수했다면 그 압수·수색은 위법하다.
④ 영장 발부의 사유로 된 범죄 혐의사실과 무관한 별개의 증거를 압수하였을 경우 이는 원칙적으로 유죄 인정의 증거로 사용할 수 없으나, 압수·수색의 목적이 된 범죄나 이와 관련된 범죄의 경우에는 그 압수·수색의 결과를 유죄의 증거로 사용할 수 있다.

해설
① (×) 범행 중 또는 범행직후의 범죄 장소에서 긴급을 요하여 법원판사의 영장을 받을 수 없는 때에는 영장없이 압수, 수색 또는 검증을 할 수 있다. 이 경우에는 사후에 지체없이 영장을 받아야 한다(제216조 제3항)
② (○) 제217조 제1항
③ (○) 대판 2017.9.7, 2015도10648
④ (○) 대판 2021.7.29, 2020도14654

정답 ①

14 압수·수색 절차에 관한 설명으로 가장 적절하지 않은 것은? (다툼이 있는 경우 판례에 의함)

23 경찰채용

① 압수·수색영장은 원칙적으로 처분을 받는 자에게 반드시 제시하고, 처분을 받는 자가 피의자인 경우에는 그 사본을 교부해야 하는데, 이는 준항고 등 피압수자의 불복신청의 기회를 실질적으로 보장하기 위한 것이다.
② 압수·수색영장을 소지하지 아니한 경우에 급속을 요하는 때에는 피의자에 대하여 공소사실의 요지와 영장이 발부되었음을 고지하고 집행할 수 있다.
③ 압수·수색영장 통지의 예외 사유인 '급속을 요하는 때'란 압수·수색영장 집행 사실을 미리 알려주면 증거물을 은닉할 염려 등이 있어 압수 수색의 실효를 거두기 어려울 경우를 의미한다.
④ 수사기관이 A 회사에서 압수·수색영장을 집행하면서 A 회사에 팩스로 영장 사본을 송신하기만 하고 영장 원본을 제시하지 않았고 또한 압수조서와 압수물 목록을 작성하여 피압수·수색당사자에게 교부하지 않은 채 피고인의 이메일을 압수한 후 이를 증거로 제출한 것은 적법절차 원칙의 실질적인 내용을 침해한 것이다.

> **해설**
>
> ① (○) 형사소송법이 압수·수색영장을 집행하는 경우에 피압수자에게 반드시 압수·수색영장을 제시하도록 규정한 것은 법관이 발부한 영장 없이 압수·수색을 하는 것을 방지하여 영장주의 원칙을 절차적으로 보장하고, 압수·수색영장에 기재된 물건, 장소, 신체에 대해서만 압수·수색을 하도록 하여 개인의 사생활과 재산권의 침해를 최소화하는 한편, **준항고 등 피압수자의 불복신청의 기회를 실질적으로 보장하기 위한 것이다**(대판 2017.9.21, 2015도12400)
> ② (×) 압수·수색영장은 처분을 받는 자에게 반드시 제시하여야 하고, 처분을 받는 자가 피고인인 경우에는 그 사본을 교부하여야 한다. 다만, 처분을 받는 자가 현장에 없는 등 영장의 제시나 그 사본의 교부가 현실적으로 불가능한 경우 또는 처분을 받는 자가 영장의 제시나 사본의 교부를 거부한 때에는 예외로 한다(제118조, 제219조) ※ 체포·구속영장의 집행시 인정되는 긴급집행은 압수·수색영장의 집행에서는 인정되지 아니한다.
> ③ (○) 대판 2012.10.11, 2012도7455
> ④ (○) 대판 2017.9.7, 2015도10648

정답 ②

15 전자정보의 압수·수색절차에 관한 설명으로 옳지 않은 것은 모두 몇 개인가? (다툼이 있는 경우 판례에 의함)

23 경간

> ㉠ 수사기관이 임의제출받은 정보저장매체가 대부분 임의제출에 따른 적법한 압수의 대상이 되는 전자정보만이 저장되어 있어서 그렇지 않은 전자정보와 혼재될 여지가 거의 없는 경우라 하더라도, 전자정보인 이상 소지·보관자의 임의제출에 따른 통상의 압수절차 외에 피압수자에게 참여의 기회를 보장하지 않았고 전자정보 압수목록을 작성·교부하지 않았다면 곧바로 증거능력을 인정할 수 없다.
> ㉡ 압수물 목록은 수사기관의 압수 직후 현장에서 바로 작성하여 교부해야 하는 것이 원칙인데, 압수된 정보의 상세목록에는 정보의 파일명세가 특정되어 있어야 하고 수사기관은 이를 출력한 서면을 교부해야 하며, 이를 전자파일 형태로 복사해 주거나 이메일을 전송하는 등의 방식으로 교부해서는 안 된다.
> ㉢ 압수·수색영장에 적힌 '압수할 물건'에 컴퓨터 등 정보처리장치 저장 전자정보만 기재되어 있고 별도로 원격지 서버 저장의 전자정보가 특정되어 있지 않았다 하더라도, 영장에 기재된 해당 컴퓨터 등 정보처리장치를 이용하여 로그인되어 있는 상태의 원격지 서버 저장 전자정보를 압수한 경우는 영장주의 원칙에 반하지 않는다.
> ㉣ 수사기관이 압수·수색·검증 영장을 발부받은 후 그 집행 현장에서 정보저장매체에 기억된 정보 중에서 키워드 또는 확장자 검색 등을 통해 범죄 혐의사실과 관련 있는 정보를 선별한 다음 정보저장매체와 동일하게 비트열 방식으로 복제하여 생성한 파일을 제출받아 적법하게 압수하였다면, 수사기관은 수사기관 사무실에서 위와 같이 압수된 이미지 파일을 탐색·복제·출력하는 과정에서 피의자 등에게 참여의 기회를 보장해야 하는 것은 아니다.

① 1개 ② 2개 ③ 3개 ④ 4개

해설

㉠ (×) 수사기관이 임의제출받은 정보저장매체가 그 기능과 속성상 임의제출에 따른 적법한 압수의 대상이 되는 전자정보와 그렇지 않은 전자정보가 혼재될 여지가 거의 없어 사실상 대부분 압수의 대상이 되는 전자정보만이 저장되어 있는 경우에는 소지·보관자의 임의제출에 따른 통상의 압수절차 외에 피압수자에게 참여의 기회를 보장하지 않고 전자정보 압수목록을 작성·교부하지 않았다는 점만으로 곧바로 증거능력을 부정할 것은 아니다(대판 2021.11.25, 2019도7342).

㉡ (×) 압수물 목록은 피압수자 등이 압수처분에 대한 준항고를 하는 등 권리행사절차를 밟는 가장 기초적인 자료가 되므로, 수사기관은 이러한 권리행사에 지장이 없도록 압수 직후 현장에서 압수물 목록을 바로 작성하여 교부해야 하는 것이 원칙이다. 이러한 압수물 목록 교부 취지에 비추어 볼 때, 압수된 정보의 상세목록에는 정보의 파일 명세가 특정되어 있어야 하고, 수사기관은 이를 출력한 서면을 교부하거나 전자파일 형태로 복사해 주거나 이메일을 전송하는 등의 방식으로도 할 수 있다(대판 2018.2.8, 2017도13263).

ⓒ (×) 수사기관이 압수·수색영장에 적힌 '수색할 장소'에 있는 컴퓨터 등 정보처리장치에 저장된 전자정보 외에 원격지 서버에 저장된 전자정보를 압수·수색하기 위해서는 압수·수색영장에 적힌 '압수할 물건'에 별도로 원격지 서버 저장 전자정보가 특정되어 있어야 한다. 압수·수색영장에 적힌 '압수할 물건'에 컴퓨터 등 정보처리장치 저장 전자정보만 기재되어 있다면 컴퓨터 등 정보처리장치를 이용하여 원격지 서버 저장 전자정보를 압수할 수는 없다(대판 2022.6.30, 2022도1452).

ⓓ (○) 대판 2018.2.8, 2017도13263

정답 ③

16 압수·수색에서 관련성에 대한 설명으로 옳지 않은 것은? (다툼이 있는 경우 판례에 의함)
22 검찰9급

① 영장 발부의 사유로 된 범죄 혐의사실과 무관한 별개의 증거를 압수하였을 경우 이는 원칙적으로 유죄 인정의 증거로 사용할 수 없으나, 압수·수색의 목적이 된 범죄나 이와 관련된 범죄의 경우에는 그 압수·수색의 결과를 유죄의 증거로 사용할 수 있다.
② 객관적 관련성은 영장의 혐의사실 자체 또는 그와 기본적 사실관계가 동일한 범행에 한정되지 않고, 범행 동기와 경위, 범행 수단과 방법 등을 증명하기 위한 간접증거나 정황증거로 사용될 수 있는 경우에도 인정될 수 있다.
③ 객관적 관련성은 압수·수색영장에 기재된 혐의사실의 내용과 수사의 대상, 수사 경위 등을 종합하여 구체적 개별적 연관 관계가 있는 경우에 인정되는데, 단순히 혐의사실과 동종 또는 유사 범행인 경우에도 관련성이 인정될 수 있다.
④ 인적 관련성은 영장에 기재된 대상자의 공동정범이나 교사범 등 공범이나 간접정범은 물론 필요적 공범 등에 대한 피고사건에 대해서도 인정될 수 있다.

해설

① (○) 대판 2021.7.29, 2020도14654
② (○), ③ (×), ④ (○) [1] 압수·수색영장의 범죄 혐의사실과 관계있는 범죄라는 것은 압수·수색영장에 기재한 혐의사실과 객관적 관련성이 있고 압수·수색영장 대상자와 피의자 사이에 인적 관련성이 있는 범죄를 의미한다.
[2] 그 중 혐의사실과의 객관적 관련성은 압수·수색영장에 기재된 혐의사실 자체 또는 그와 기본적 사실관계가 동일한 범행과 직접 관련되어 있는 경우는 물론 범행 동기와 경위, 범행 수단과 방법, 범행 시간과 장소 등을 증명하기 위한 간접증거나 정황증거 등으로 사용될 수 있는 경우에도 인정될 수 있다. 그 관련성은 압수·수색영장에 기재된 혐의사실의 내용과 수사의 대상, 수사 경위 등을 종합하여 구체적·개별적 연관관계가 있는 경우에만 인정된다고 보아야 하고, 혐의사실과 단순히 동종 또는 유사 범행이라는 사유만으로 관련성이 있다고 할 것은 아니다.
[3] 그리고 피의자와 사이의 인적 관련성은 압수·수색영장에 기재된 대상자의 공동정범이나

교사범 등 공범이나 간접정범은 물론 필요적 공범 등에 대한 피고사건에 대해서도 인정될 수 있다(대판 2017.12.5, 2017도13458)

정답 ③

17 압수·수색에 관한 설명으로 옳은 것은 모두 몇 개인가? (다툼이 있는 경우 판례에 의함)

23 경간

㉠ 압수·수색영장의 집행 과정에서 피압수자의 지위가 참고인에서 피의자로 전환될 수 있는 증거가 발견되었더라도 그 증거가 압수·수색영장에 기재된 범죄사실과 객관적으로 관련되어 있다면 이는 압수·수색영장의 집행 범위 내에 있으므로 다시 피압수자에 대하여 영장을 발부받을 필요는 없다.
㉡ 수사기관이 압수·수색에 착수하면서 그 장소의 관리책임자에게 압수·수색영장을 제시하였더라도, 물건을 소지하고 있는 다른 사람으로부터 이를 압수하고자 하는 때에는 그 소지자에게 따로 영장을 제시하여야 한다.
㉢ 수사기관이 甲을 피의자로 하여 발부받은 압수·수색영장에 기하여 인터넷서비스업체인 A주식회사를 상대로 A주식회사의 본사 서버에 저장되어 있는 甲의 전자정보인 SNS 대화내용 등에 대하여 압수·수색을 실시한 경우 수사기관은 압수·수색 과정에서 甲에게 참여권을 보장하여야 한다.
㉣ 수사기관이 압수·수색영장을 제시하고 집행에 착수하여 압수·수색을 실시하고 그 집행을 종료하였으나 동일한 장소 또는 목적물에 대하여 다시 압수·수색할 필요가 있는 경우, 앞서 발부받은 압수·수색영장의 유효기간이 남아있다면 그 영장을 제시하고 다시 압수·수색을 할 수 있다.

① 1개　　② 2개　　③ 3개　　④ 4개

해설

㉠ (○) 대판 2017.12.5, 2017도13458
㉡ (○) 대판 2017.9.21, 2015도12400
㉢ (○) 대결 2022.5.31, 2016모587
㉣ (×) 수사기관이 압수·수색영장을 제시하고 집행에 착수하여 압수·수색을 실시하고 그 집행을 종료하였다면 이미 그 영장은 목적을 달성하여 효력이 상실되는 것이고, 동일한 장소 또는 목적물에 대하여 다시 압수·수색할 필요가 있는 경우라면 그 필요성을 소명하여 법원으로부터 새로운 압수·수색영장을 발부 받아야 하는 것이지, 앞서 발부 받은 압수·수색영장의 유효기간이 남아있다고 하여 이를 제시하고 다시 압수·수색을 할 수는 없다(대결 1999.12.1, 99모161)

정답 ③

18 임의제출물의 압수에 대한 설명으로 옳지 않은 것은? (다툼이 있는 경우 판례에 의함)

23 경찰승진

① 검사가 교도관으로부터 그가 보관하고 있던 재소자의 인격적 법익에 대한 침해와 무관한 비망록을 뇌물수수 등의 증거자료로 임의제출받은 경우 그 압수절차가 재소자의 승낙없이 행해졌더라도 위법하지 않다.
② 수사기관이 압수·수색 영장의 집행과정에서 영장발부의 사유인 범죄 혐의사실과 무관한 별개의 증거를 압수하였다가 피압수자 등에게 환부하고 후에 이를 다시 임의제출받아 압수한 경우 검사가 그 압수물 제출의 임의성을 합리적 의심을 배제할 수 있을 정도로 증명하면 이를 유죄 인정의 증거로 사용할 수 있다.
③ 甲이 골프채로 A를 상해한 사건에서, 사법경찰관이 甲 소유의 골프채를 甲의 집 앞마당에서 발견했음에도 그 소지자 또는 보관자가 아닌 피해자 A로부터 임의로 제출받는 형식으로 위 골프채를 압수하였다면 이는 위법한 압수이다.
④ 사법경찰관이 절도죄의 피의자 A를 현행범으로 체포하면서 A로부터 절도를 위하여 소지하고 있던 드라이버를 임의제출받은 경우 사법경찰관은 형사소송법 제216조 제1항 제2호 및 같은 법 제217조 제2항에 따라서 사후에 압수영장을 발부받아야 한다.

> **해설**
>
> ① (○) 대판 2008.5.15, 2008도1097
> ② (○) 대판 2016.3.10, 2013도11233
> ③ (○) 대판 2010.1.28, 2009도10092
> ④ (×) 현행범 체포현장이나 범죄현장에서도 소지자 등이 임의로 제출하는 물건은 형사소송법 제218조에 의하여 영장 없이 압수하는 것이 허용되고, 이 경우 검사나 사법경찰관은 별도로 사후에 영장을 받을 필요가 없다(대판 2020.4.9, 2019도17142).

정답 ④

19 압수물의 처리에 대한 설명으로 옳은 것은? (다툼이 있는 경우 판례에 의함) 24 검찰9급

① 몰수하여야 할 압수물로서 멸실·파손·부패 또는 현저한 가치감소의 염려가 있거나 보관하기 어려운 압수물은 폐기하여야 한다.
② 피압수자 등 환부를 받을 자가 압수 후 그 소유권을 포기하여 실체법상의 권리를 상실하거나, 수사기관에 대하여 형사소송법상의 환부청구권을 포기한다는 의사표시를 한 경우에 압수물을 환부하여야 하는 수사기관의 의무는 면제된다.
③ 법원은 증거에만 공할 목적으로 압수한 물건으로서 그 소유자 또는 소지자가 계속 사용하여야 할 물건은 사진촬영 기타 원형보존의 조치를 취하고 신속히 가환부하여야 한다.
④ 압수한 장물은 피해자에게 환부할 이유가 명백하더라도 피고사건이 종결되지 않는 한 피해자에게 환부할 수 없다.

> **해설**
>
> ① (×) 몰수하여야 할 압수물로서 멸실·파손·부패 또는 현저한 가치 감소의 염려가 있거나 보관하기 어려운 압수물은 매각하여 대가를 보관할 수 있다(제219조, 제132조 제1항).
> ② (×) 피압수자 등 환부를 받을 자가 압수 후 그 소유권을 포기하는 등에 의하여 실체법상의 권리를 상실하더라도 그 때문에 압수물을 환부하여야 하는 수사기관의 의무에 어떠한 영향을 미칠 수 없고 또한 수사기관에 대하여 형사소송법상의 환부청구권을 포기한다는 의사표시를 하더라도 그 효력이 없어 그에 의하여 수사기관의 필요적 환부의무가 면제된다고 볼 수는 없다(대결 1996.8.16, 94모51 전원합의체)
> ③ (○) 제133조 제2항
> ④ (×) 압수한 장물은 피해자에게 환부할 이유가 명백한 때에는 피고사건의 종결 전이라도 결정으로 피해자에게 환부할 수 있다(제134조).

정답 ③

20 다음 중 압수물처리에 관한 설명으로 가장 옳은 것은? (다툼이 있는 경우 판례에 의함)

22 해경간부

① 법령상 생산·제조·소지·소유 또는 유통이 금지된 압수물로서 부패의 염려가 있거나 보관하기 어려운 압수물은 소유자 등 권한 있는 자의 동의를 받아 폐기하여야 한다.
② 피압수자 등 압수물의 환부를 받은 자가 압수 후 그 소유권을 포기하면 수사기관의 압수물 환부 의무는 면제된다.
③ 사법경찰관은 압수물을 피압수자에게 환부하기에 앞서 피해자뿐만 아니라 피의자에게도 통지하여야 한다.
④ 압수한 서류 또는 물품에 대하여 몰수의 선고가 없는 경우 압수의 효력에는 영향이 없다.

> **해설**
>
> ① (×) 법령상 생산·제조·소지·소유 또는 유통이 금지된 압수물로서 부패의 염려가 있거나 보관하기 어려운 압수물은 소유자 등 권한 있는 자의 동의를 받아 **폐기할 수 있다**(제130조 제3항, 제219조).
> ② (×) 피압수자 등 환부를 받을 자가 압수 후 그 소유권을 포기하는 등에 의하여 실체법상의 권리를 상실하더라도 그 때문에 압수물을 환부하여야 하는 수사기관의 의무에 어떠한 영향을 미칠 수 없고 또한 수사기관에 대하여 형사소송법상의 환부청구권을 포기한다는 의사표시를 하더라도 그 효력이 없어 **그에 의하여 수사기관의 필요적 환부의무가 면제된다고 볼 수는 없으므로** 압수물의 소유권이나 그 환부청구권을 포기하는 의사표시로 인하여 환부의무에 대응하는 압수물에 대한 환부청구권이 소멸하는 것은 아니다(대결 1996.8.16, 94모51 전원합의체).
> ③ (○) 제135조, 제219조
> ④ (×) 압수한 서류 또는 물품에 대하여 몰수의 선고가 없는 때에는 압수를 해제한 것으로 간주한다(제332조).

정답 ③

II 수사상의 검증

※ 기출문제 없음

III 압수·수색·검증과 영장주의의 예외

※ 기출문제 없음

Ⅳ 수사상의 감정

21 수사상 검증과 감정에 관한 설명으로 가장 적절하지 않은 것은? (다툼이 있는 경우 판례에 의함)

23 법학특채

① 검사 또는 사법경찰관은 검증을 함에 있어 신체의 검사, 사체의 해부, 분묘의 발굴, 물건의 파괴 기타 필요한 처분을 할 수 있으며, 특히 사체의 해부 또는 분묘의 발굴을 하는 때에는 예(禮)에 어긋나지 아니하도록 주의하고 미리 유족에게 통지하여야 한다.

② 신체의 검사에 관하여는 검사를 받는 사람의 성별, 나이, 건강상태, 그 밖의 사정을 고려하여 그 사람의 건강과 명예를 해하지 아니하도록 주의하여야 하고, 여자의 신체를 검사하는 경우에는 의사나 성년의 여자를 참여하게 하여야 한다.

③ 사법경찰관 P는 법원으로부터 영장 또는 감정처분허가장을 발부받지 아니한 채 甲의 동의 없이 甲의 혈액을 채취하고 사후에도 지체 없이 영장을 발부받지 아니한 채 그 혈액 중 알코올농도에 관한 감정을 의뢰하였다면, 이러한 과정을 거쳐 P가 얻은 감정의뢰회보 등은 甲이나 변호인의 동의가 있더라도 유죄의 증거로 사용할 수 없다.

④ 수사상 감정유치란 피의자의 정신 또는 신체를 감정하기 위하여 일정기간 동안 병원 기타 적당한 장소에 피의자를 유치하는 강제처분으로서 이미 구속 중인 피의자나 피의자 아닌 제3자에 대해서는 허용되지 아니한다.

> **해설**
> ① (○) 제140조, 제141조 제4항, 제219조
> ② (○) 제141조 제1항·제3항, 제219조
> ③ (○) 대판 2012.11.15, 2011도15258
> ④ (×) 피의자가 아닌 제3자에 대해서는 감정유치가 허용되지 않으나 구속 중인 피의자에 대해서는 감정유치가 허용된다(제221조의3 제1항·제2항 참고).

정답 ④

V 통신비밀보호법과 통신제한조치

22 대물적 강제처분에 대한 설명으로 옳지 않은 것은? (다툼이 있는 경우 판례에 의함)

23 검찰7급

① 경찰관이 이른바 전화사기죄 범행의 혐의자를 긴급체포하면서 그가 보관하고 있던 다른 사람의 주민등록증을 압수하고 적법하게 사후영장을 발부받았다면, 이는 해당 범죄사실의 수사에 필요한 범위 내의 압수로서 적법하므로 그 주민등록증을 위 혐의자의 점유이탈물횡령죄 범행에 대한 유죄의 증거로 사용할 수 있다.

② 정보통신망 이용촉진 및 정보보호 등에 관한 법률상 음란물유포의 범죄혐의를 이유로 압수·수색영장을 발부받은 수사기관이 피의자의 주거지를 수색하는 과정에서 대마를 발견하자, 피의자를 마약류 관리에 관한 법률 위반죄의 현행범으로 체포하면서 대마를 압수하고 압수조서를 작성하였으나 사후 압수·수색영장을 발부받지 않았다면, 위 압수물과 압수조서는 영장주의를 위반한 것이어서 증거능력이 부정된다.

③ '소유자, 소지자 또는 보관자'가 아닌 자로부터 제출받은 물건을 영장 없이 압수한 경우, 그 압수물 및 압수물을 찍은 사진은 피고인이나 변호인이 증거로 함에 동의하였다고 하더라도 유죄인정의 증거로 사용할 수 없다.

④ 검사는 통신사실 확인자료제공을 받은 사건에 관하여 공소제기를 하지 아니하는 처분(기소중지·참고인중지 결정은 제외한다) 또는 입건을 하지 아니하는 처분을 한 경우, 그 처분을 한 날부터 1년이 경과한 때부터 30일 이내에 통신사실 확인자료제공을 받은 사실과 제공요청기관 및 그 기간 등을 통신사실 확인자료제공의 대상이 된 당사자에게 서면으로 통지하여야 한다.

> **해설**
>
> ① (○) 대판 2008.7.10, 2008도2245
> ② (○) 대판 2009.5.14, 2008도10914
> ③ (○) 대판 2010.1.28, 2009도10092
> ④ (×) 검사 또는 사법경찰관은 통신사실 확인자료제공을 받은 사건에 관하여 공소를 제기하거나, 공소제기·검찰송치를 하지 아니하는 처분(기소중지·참고인중지 또는 수사중지 결정은 제외한다) 또는 입건을 하지 아니하는 처분을 한 경우, **그 처분을 한 날부터 30일 이내**에 통신사실 확인자료제공을 받은 사실과 제공요청기관 및 그 기간 등을 통신사실 확인자료제공의 대상이 된 당사자에게 서면으로 통지하여야 한다(통신비밀보호법 제13조의3 제1항 제1호 참고).

정답 ④

23 「통신비밀보호법」상 감청에 관한 설명으로 가장 적절하지 않은 것은? (다툼이 있는 경우 판례에 의함)

24 경찰승진

① 전화통화 당사자의 일방이 상대방 모르게 통화내용을 녹음하는 것은 감청에 해당하지 아니하지만, 제3자의 경우는 설령 전화통화 당사자 일방의 동의를 받고 그 통화내용을 녹음하였다 하더라도 그 상대방의 동의가 없었던 이상 「통신비밀보호법」 제3조를 위반한 불법감청에 해당한다.

② 「통신비밀보호법」 제3조 제1항 본문에 의하면 누구든지 이 법과 형사소송법 또는 군사법원법의 규정에 의하지 않고는 공개되지 않은 타인 간의 대화를 녹음하거나 청취하지 못하는데, 여기서 말하는 '공개되지 않았다.'는 것은 반드시 비밀과 동일한 의미는 아니다.

③ 인터넷개인방송의 방송자가 비밀번호를 설정하는 등 그 수신 범위를 한정하는 비공개 조치를 취하지 않고 방송을 송출하는 경우, 그 시청자는 인터넷개인방송의 당사자인 수신인에 해당하고, 이러한 시청자가 방송 내용을 지득·채록하는 것은 「통신비밀보호법」에서 정한 감청에 해당하지 않는다.

④ A가 비공개 조치를 한 후 인터넷개인방송을 하는 과정에서 A와 잘 아는 사이인 甲이 불상의 방법으로 접속하거나 시청하고 있다는 사정을 알면서도 방송을 중단하거나 甲을 배제하는 조치를 취하지 아니하고, 오히려 甲의 시청 사실을 전제로 甲을 상대로 한 발언을 하기도 하는 등 계속 진행을 하였더라도, 甲이 해당 방송을 시청하면서 음향·영상 등을 청취하거나 녹음하였다면 「통신비밀보호법」 제3조를 위반한 불법감청에 해당한다.

해설

① (○) [1] 전화통화 당사자의 일방이 상대방 몰래 통화내용을 녹음하더라도 대화 당사자 일방이 상대방 모르게 그 대화내용을 녹음한 경우와 마찬가지로 통신비밀보호법 제3조 제1항 위반이 되지 아니한다.
[2] 제3자의 경우는 설령 전화통화 당사자 일방의 동의를 받고 그 통화내용을 녹음하였다 하더라도 그 상대방의 동의가 없었던 이상, 통신비밀보호법 제3조 제1항 위반이 된다(대판 2002.10.8, 2002도123).

② (○) 대판 2022.8.31, 2020도1007 ③ (○) 대판 2022.10.27, 2022도9877

④ (×) 인터넷개인방송의 방송자가 비밀번호를 설정하는 등으로 비공개 조치를 취한 후 방송을 송출하는 경우에는, 방송자로부터 허가를 받지 못한 사람은 당해 인터넷개인방송의 당사자가 아닌 '제3자'에 해당하고, 이러한 제3자가 비공개 조치가 된 인터넷개인방송을 비정상적인 방법으로 시청·녹화하는 것은 통신비밀보호법상의 감청에 해당할 수 있다. 다만 방송자가 이와 같은 제3자의 시청·녹화 사실을 알거나 알 수 있었음에도 방송을 중단하거나 그 제3자를 배제하지 않은 채 방송을 계속 진행하는 등 허가받지 아니한 제3자의 시청·녹화를 사실상 승낙·용인한 것으로 볼 수 있는 경우에는 불특정인 혹은 다수인을 직간접적인 대상으로 하는 인터넷개인방송의 일반적 특성상 그 제3자 역시 인터넷개인방송의 당사자에 포함될 수 있으므로, 이러한 제3자가 방송 내용을 지득·채록하는 것은 통신비밀보호법에서 정한 감청에 해당하지 않는다(대판 2022.10.27, 2022도9877).

정답 ④

24 녹음증거 및 「통신비밀보호법」에 관한 설명 중 옳지 않은 것은? (다툼이 있는 경우 판례에 의함)
23 변호사시험

① 「통신비밀보호법」상 통신사실확인자료 제공요청의 목적이 된 범죄와 관련된 범죄란 통신사실확인자료 제공요청허가서에 기재된 혐의사실과 객관적 관련성이 있고 자료제공요청대상자와 피의자 사이에 인적 관련성이 있는 범죄를 의미한다.
② '우당탕' 소리는 사람의 목소리가 아니라 사물에서 발생하는 음향이고 '악' 소리도 사람의 목소리이기는 하나 그것만으로 상대방에게 의사를 전달하는 말이라고 보기는 어려워 특별한 사정이 없는 한 「통신비밀보호법」에서 말하는 타인 간의 '대화'에 해당한다고 볼 수 없다.
③ 수사기관은 통신기관 등에 통신제한조치허가서의 사본을 교부하고 집행을 위탁할 수 있지만, 위탁을 받은 통신기관 등이 허가서에 기재된 집행방법 등을 준수하지 아니한 채 취득한 전기통신의 내용 등은 유죄 인정의 증거로 할 수 없다.
④ 수사기관이 피고인의 마약류관리에관한법률위반(향정)죄의 추가적인 증거를 확보할 목적으로 필로폰 투약혐의로 구속수감 중인 공소외인에게 그의 압수된 휴대전화를 제공하여 그로 하여금 피고인과 통화하고 피고인의 이 사건 공소사실 범행에 관한 통화 내용을 녹음하게 한 경우 그 녹음파일은 '타인 간의 대화'라고 할 수 없으므로 증거능력이 있다.
⑤ 「통신비밀보호법」상 감청은 전기통신이 이루어지고 있는 상황에서 실시간으로 그 전기통신의 내용을 지득·채록하는 경우와 통신의 송·수신을 직접적으로 방해하는 경우를 의미하는 것이지 이미 수신이 완료된 전기통신에 관하여 남아 있는 기록이나 내용을 열어보는 등의 행위는 포함하지 않는다.

> **해설**
>
> ① (○) 대판 2017.1.25, 2016도13489
> ② (○) 대판 2017.3.15, 2016도19843
> ③ (○) 대판 2016.10.13, 2016도8137
> ④ (×) 수사기관이 구속수감된 자로 하여금 피고인의 범행에 관한 통화 내용을 녹음하게 한 행위는 수사기관 스스로가 주체가 되어 구속수감된 자의 동의만을 받고 상대방인 피고인의 동의가 없는 상태에서 그들의 통화 내용을 녹음한 것으로서 불법감청에 해당한다고 보아야 할 것이므로 그 녹음 자체는 물론이고 이를 근거로 작성된 수사보고의 기재 내용과 첨부 녹취록 및 첨부 mp3파일도 모두 피고인과 변호인의 증거동의에 상관없이 증거능력이 없다(대판 2010.10.14, 2010도9016)
> ⑤ (○) 대판 2016.10.13, 2016도8137

정답 ④

제4절 수사상의 증거보전 및 참고인에 대한 증인신문

01 형사소송법 제184조의 수사상 증거보전과 형사소송법 제221조의2의 증인신문에 관한 설명으로 가장 적절하지 않은 것은? (다툼이 있는 경우 판례에 의함)   23 경찰채용

① 증거보전은 수사단계뿐 아니라 공소제기 이후에도 제1심 제1회 공판기일 전에 한하여 허용되지만, 재심청구사건에서는 증거보전절차가 허용되지 않는다.

② 형사소송법 제221조의2의 증인신문청구를 하려면 증인의 진술로서 증명할 대상인 피의사실이 존재해야 하는데, 피의사실은 수사기관 내심의 혐의만으로는 존재한다고 할 수 없고, 고소·고발 또는 자수를 받는 등 수사의 대상으로 삼고 있음을 외부로 표현한 때에 비로소 그 존재를 인정할 수 있다.

③ 증거보전을 청구할 수 있는 것은 압수·수색·검증·증인신문·감정이어서 피의자의 신문을 구하는 청구는 할 수 없지만, 필요적 공범관계에 있는 공동피고인을 증인으로 신문할 것을 청구할 수 있다.

④ 형사소송법 제221조의2의 증인신문에 관한 서류는 증인신문을 한 법원이 보관하므로, 공소제기 이전에도 피의자 또는 변호인은 판사의 허가를 얻어 서류와 증거물을 열람 또는 등사할 수 있다.

> **해설**
>
> ① (O) 대결 1984.3.29, 84모15
> ② (O) 대판 1989.6.20, 89도648
> ③ (O) [1] 피의자신문에 해당하는 사항을 증거보전의 방법으로 청구할 수 없다(대판 1979.6.12, 79도792)
> [2] 공동피고인과 피고인이 뇌물을 주고 받은 사이로 필요적 공범관계에 있다고 하더라도 검사는 수사단계에서 피고인에 대한 증거를 미리 보전하기 위하여 필요한 경우에는 판사에게 공동피고인을 증인으로 신문할 것을 청구할 수 있다(대판 1988.11.8, 86도1646)
> ④ (×) 판사는 증인신문을 한 때에는 지체없이 이에 관한 서류를 검사에게 송부하여야 한다(제221조의2 제6항) ※ 증인신문에 관한 서류에 대하여 피의자 또는 변호인은 열람이나 등사를 할 수 없다.

정답 ④

02 「형사소송법」 제184조에 의한 증거보전(A)과 제221조의2에 의한 증인신문의 청구(B)에 관한 설명 중 옳지 않은 것은? (다툼이 있는 경우 판례에 의함) 24 변호사시험

① A는 피의자 또는 피고인이 형사입건이 되기 전에는 청구할 수 없다.
② 피의자신문에 해당하는 사항을 A의 방법으로 청구할 수는 없고, 설령 A의 방법으로 피의자를 신문하였고 그 신문내용 가운데 다른 공범에 관한 부분의 진술이 있다 하더라도 그 공범이 그 신문 당시 형사입건이 되어 있지 않았다면 그 공범에 관한 증거보전의 효력도 인정할 수 없다.
③ 판사가 A절차에 의한 증인신문을 하는 경우에는 검사, 피의자 또는 변호인에게 증인신문의 시일과 장소를 미리 통지하여 증인신문에 참여할 수 있는 기회를 주어야 하나, 참여의 기회를 주지 아니한 경우라도 피고인과 변호인이 증인신문조서를 증거로 할 수 있음에 동의하여 별다른 이의 없이 적법하게 증거조사를 거친 경우에는 위 증인신문조서는 증거능력이 인정된다.
④ 검사 또는 사법경찰관에게 임의의 진술을 한 참고인이 공판기일에 전의 진술과 다른 진술을 할 염려가 있고 그의 진술이 범죄의 증명에 없어서는 아니 될 것으로 인정될 경우에도 검사는 제1회 공판기일 전에 한하여 B의 절차에 따라 판사에게 그에 대한 증인신문을 청구할 수 있다.
⑤ A와 B의 절차에 의한 증인신문조서는 「형사소송법」 제311조에 의하여 증거능력이 인정된다.

> 해설
> ① (○) 대판 1979.6.12, 79도792
> ② (○) 대판 1979.6.12, 79도792
> ③ (○) 대판 1988.11.8, 86도1646
> ④ (×) 범죄의 수사에 없어서는 아니될 사실을 안다고 명백히 인정되는 자가 출석 또는 진술을 거부한 경우에는 검사는 제1회 공판기일 전에 한하여 판사에게 그에 대한 증인신문을 청구할 수 있다(형사소송법 제221조의2 제1항). ※ '임의의 진술을 한 참고인이 공판기일에 전의 진술과 다른 진술을 할 염려가 있고 그의 진술이 범죄의 증명에 없어서는 아니 될 것으로 인정될 경우'는 증인신문청구의 요건이 아니다.
> ⑤ (○) 공판준비 또는 공판기일에 피고인이나 피고인 아닌 자의 진술을 기재한 조서와 법원 또는 법관의 검증의 결과를 기재한 조서는 증거로 할 수 있다. 제184조(증거보전) 및 제221조의2(수사상 증인신문)의 규정에 의하여 작성한 조서도 또한 같다(형사소송법 제311조)

정답 ④

03 다음 중 증거보전절차에 대한 설명으로 옳지 않은 것은 모두 몇 개인가? (다툼이 있는 경우 판례에 의함)

23 해경승진 변형

> ㉠ 증거보전은 제1심 제1회 공판기일 전에 한하여 허용되는 것이므로 재심청구사건에서는 증거보전절차가 허용되지 않는다.
> ㉡ 압수에 관한 증거보전의 청구는 압수할 물건의 소재지를 관할하는 지방법원판사에게 하여야 한다.
> ㉢ 검사는 미리 증거를 보전하지 아니하면 그 증거를 사용하기 곤란한 사정이 있는 때에는 제1회 공판기일 전이라도 판사에게 증인신문 뿐만 아니라 압수·수색·검증·감정을 내용으로 하는 증거보전을 청구할 수 있다.
> ㉣ 증거보전을 청구하는 경우에는 서면으로 그 사유를 소명하여야 하며, 증거보전청구를 기각하는 결정에 대하여는 3일 이내에 항고 할 수 있다.
> ㉤ 증거보전절차에서 피고인과 공동피고인이 뇌물을 주고받은 사이로 필요적 공범관계에 있는 경우 검사는 판사에게 공동피고인을 증인으로 신문할 것을 청구할 수 없다.

① 없음   ② 1개   ③ 2개   ④ 3개

해설

㉠ (○) 대결 1984.3.29. 84모15
㉡ (○) 규칙 제91조 제1항 제1호
㉢ (○) 제221조의2 제1항, 제184조 제1항 참고
㉣ (○) 제184조 제3항·제4항
㉤ (×) 공동피고인과 피고인이 뇌물을 주고받은 사이로 필요적 공범관계에 있다고 하더라도 검사는 수사단계에서 피고인에 대한 증거를 미리 보전하기 위하여 필요한 경우에는 판사에게 공동피고인을 증인으로 신문할 것을 청구할 수 있다(대판 1988.11.8. 86도1646)

정답 ②

06 수사의 종결

제1절 검사의 수사종결

01 수사의 종결에 관한 설명으로 가장 옳지 않은 것은? (다툼이 있는 경우 판례에 의함)

22 경찰채용

① 사법경찰관은 사건을 수사한 경우에는 혐의없음, 죄가안됨, 공소권없음, 각하와 같은 불송치 결정을 할 수 있지만 기소유예는 할 수 없다.
② 검사와 사법경찰관의 상호협력과 일반적 수사준칙에 관한 규정 제53조 및 제54조에 의하면 사법경찰관은 수사종결 후 그 내용을 고소인 등과 피의자에게 통지해야 하는데, 특히 수사중지 결정 통지를 받은 사람은 해당 사법경찰관이 소속된 경찰관서의 장에게 이의를 제기할 수 있다.
③ 검사가 수사를 종결하고 공소제기한 이후 형사소송법 제215조에 따라 수소법원 이외의 지방법원 판사에게 청구하여 발부받은 영장에 의하여 압수·수색을 하였다면 이는 위법한 압수·수색에 해당한다.
④ 검사의 무혐의 불기소처분에 대해 재정신청을 받은 법원은 당해 불기소처분이 위법하다 하더라도 기록에 나타난 제반 사정을 고려하여 기소유예의 불기소처분을 할 만한 사건이라고 인정되는 경우에는 재정신청을 기각할 수 있다.

> **해설**
>
> ① (○) 수사준칙 제51조 제1항
> ② (×) 사법경찰관으로부터 수사중지 결정의 통지를 받은 사람은 해당 사법경찰관이 소속된 바로 위 상급경찰관서의 장에게 이의를 제기할 수 있다(수사준칙 제54조 제1항)
> ③ (○) 대판 2011.4.28, 2009도10412
> ④ (○) 대결 1997.4.22, 97모30

정답 ②

02 수사의 종결에 관한 설명으로 옳고 그름의 표시(O, ×)가 바르게 된 것은? (다툼이 있는 경우 판례에 의함)

23 경간

> ㉠ 고소인과 고발인은 사법경찰관으로부터 사건불송치 통지를 받은 경우에 해당 사법경찰관의 소속 관서의 장에게 이의를 신청할 수 있다.
> ㉡ 사법경찰관은 범죄혐의가 인정되지 않는다고 판단하는 경우 검사에게 사건을 송치할 필요는 없으나, 불송치결정서와 함께 압수물 총목록, 기록목록 등 관계서류와 증거물을 검사에게 송부하여야 한다.
> ㉢ 검사의 불기소처분에 의해 기본권을 침해받은 자는 헌법소원을 제기할 수 있으므로 고소하지 않은 피해자 및 기소유예 처분을 받은 피의자는 헌법소원을 제기할 수 있으나 고발인은 특별한 사정이 없는 한 자기관련성이 없으므로 헌법소원심판을 청구할 수 없다.
> ㉣ 검사의 불기소처분에 대한 헌법소원에 있어서 그 대상이 된 범죄에 대하여 공소시효가 완성되었더라도 헌법소원을 제기할 수 있다.

① ㉠(O) ㉡(×) ㉢(O) ㉣(O)
② ㉠(O) ㉡(×) ㉢(×) ㉣(×)
③ ㉠(×) ㉡(O) ㉢(O) ㉣(×)
④ ㉠(×) ㉡(O) ㉢(×) ㉣(O)

해설

㉠ (×) 사법경찰관으로부터 사건불송치 통지를 받은 사람(고발인을 제외한다)은 해당 사법경찰관의 소속 관서의 장에게 이의를 신청할 수 있다(제245조의7 제1항)
㉡ (O) 수사준칙 제62조 제1항
㉢ (O) [1] 불기소처분에 대하여 인정되는 검찰청법 제10조 제1항 및 제3항에 의한 항고 및 재항고의 구제절차는 고소인 또는 고발인이 청구할 수 있도록 규정되어 있으므로, 범죄피해자로서 고소한 사실이 없는 청구인은 검찰청법에 의한 항고 및 재항고의 구제절차를 거칠 필요없이 불기소처분에 대하여 바로 헌법소원심판을 청구할 수 있다(헌재 1998.8.27, 97헌마79) [2] 기소유예 처분을 받은 피의자는 항고나 재항고를 제기할 수 있는 법률의 규정이 없고, 검사에 재기신청을 낸다든지 또는 진정서를 제출하여 검사의 직권발동을 촉구하는 등의 절차는 기소유예처분에 대한 법률이 정한 직접적인 구제절차가 아닐 뿐더러 그 밖에도 달리 다른 법률에 정한 구제절차가 없으므로 기소유예처분에 대하여 직접 헌법소원심판을 청구한 심판청구는 적법하다(헌재 1992.10.1, 91헌마169) [3] 검사의 불기소처분에 대하여 기소처분을 구하는 취지에서 헌법소원을 제기할 수 있는 자는 원칙적으로 헌법상 재판절차진술권의 주체인 형사피해자에 한하므로, 범죄피해자가 아닌 고발인에게는 개인적 주관적 권리나 재판절차에서의 진술권 등의 기본권이 허용될 수 없으므로 검사가 자의적으로 불기소처분을 하였다고 하여 달리 특별한 사정이 없으면 자기관련성이 없다(헌재 2013.10.24, 2012헌마41)

㉣ (×) 검사의 불기소처분에 대한 헌법소원에 있어서 그 대상이 된 범죄에 대한 공소시효가 완성되었을 때에는 권리보호의 이익이 없어 헌법소원을 제기할 수 없으며, 또 헌법소원 제기 후에 그 공소시효가 완성된 경우에도 역시 그 헌법소원은 권리보호의 이익이 없어 부적법하다(헌재 1997.7.16, 97헌마40).

정답 ③

03 「검사와 사법경찰관의 상호협력과 일반적 수사준칙에 관한 규정」에 따른 수사의 종결에 대한 설명으로 가장 옳지 않은 것은?

23 경찰승진

① 사법경찰관은 사건을 수사한 경우에는 피의자중지, 참고인중지와 같은 수사중지결정을 할 수 있으며, 이 경우 7일 이내에 사건기록을 검사에게 송부해야 한다.
② 사법경찰관은 피의자중지 결정 후 그 내용을 고소인·고발인·피해자 또는 그 법정대리인(피해자가 사망한 경우에는 그 배우자·직계친족·형제자매를 포함한다)에게 통지해야 한다.
③ 사법경찰관으로부터 수사중지 결정의 통지를 받은 사람은 해당 사법경찰관이 소속된 바로 위 상급경찰관서의 장에게 이의를 제기할 수 있다.
④ 사법경찰관으로부터 수사중지 결정의 통지를 받은 사람은 해당 수사중지 결정이 법령에 위반되는 경우에 한하여 검사에게 형사소송법 제197조의3 제1항에 따른 신고를 할 수 있다.

해설

① (O) 수사준칙 제51조 제1항 제4호, 제4항
② (O) 수사준칙 제53조 제1항
③ (O) 수사준칙 제54조 제1항
④ (×) 사법경찰관으로부터 수사중지 결정의 통지를 받은 사람은 해당 수사중지 결정이 법령위반, 인권침해 또는 현저한 수사권 남용이라고 의심되는 경우 검사에게 형사소송법 제197조의3 제1항에 따른 신고를 할 수 있다(수사준칙 제54조 제3항).

정답 ④

제2절 불기소처분에 대한 불복

01 재정신청에 관한 설명 중 옳지 않은 것은? (다툼이 있는 경우 판례에 의함) 24 변호사시험

① 재정신청이 있으면 재정결정이 확정될 때까지 공소시효의 진행이 정지되고, 법원의 공소제기결정에 의해 공소를 제기한 검사는 공소사실의 동일성이 인정되는 한 공소장변경을 할 수 있으나 공소취소는 할 수 없다.
② 재정신청은 법원의 결정이 있을 때까지 취소할 수 있으며 그 취소의 효력은 다른 공동신청권자에게 미치지 않는다.
③ 재정신청 제기기간이 경과한 후에 재정신청보충서를 제출하면서 원래의 재정신청 대상으로 되어 있지 않은 고발사실을 재정신청의 대상으로 추가한 경우, 그 재정신청보충서에서 추가한 부분에 대한 재정신청은 법률상 방식에 어긋난 것으로서 부적법하다.
④ 재정신청 기각결정이 확정된 사건에 대하여는 다른 중요한 증거를 발견한 경우를 제외하고는 소추할 수 없는 바, 이때 '재정신청 기각결정이 확정된 사건'이란 재정신청사건을 담당하는 법원에서 공소제기의 가능성과 필요성에 관한 심리와 판단이 현실적으로 이루어져 재정신청 기각결정의 대상이 된 사건만을 의미한다.
⑤ 교도소에 있는 고소인이 재정신청 제기기간 내에 재정신청서를 교도소장 또는 그 직무를 대리하는 사람에게 제출하였다면, 비록 그 재정신청서가 위의 기간 안에 불기소처분을 한 검사가 소속한 지방검찰청의 검사장 또는 지청장에게 도달하지 아니하였다 하더라도 적법하게 제출된 것으로 본다.

> **해설**
>
> ① (○) 형사소송법 제262조의4 제1항, 제264조의2
> ② (○) 형사소송법 제264조 제2항·제3항
> ③ (○) 대결 1997.4.22, 97모30
> ④ (○) 대판 2015.9.10, 2012도14755
> ⑤ (×) 재정신청서는 형사소송법 제260조 제2항이 정하는 기간 안에 불기소 처분을 한 검사가 소속한 지방검찰청의 검사장 또는 지청장에게 도달하여야 하고, 설령 구금중인 고소인이 재정신청서를 그 기간 안에 교도소장 또는 그 직무를 대리하는 사람에게 제출하였다 하더라도 재정신청서가 위의 기간 안에 불기소 처분을 한 검사가 소속한 지방검찰청의 검사장 또는 지청장에게 도달하지 아니한 이상 이를 적법한 재정신청서의 제출이라고 할 수 없다(대결 1998.12.14, 98모127)

정답 ⑤

02 재정신청에 관한 설명 중 옳지 않은 것은? (다툼이 있는 경우 판례에 의함) 23 변호사시험

① 구금 중인 고소인이 재정신청서를 법정기간 안에 교도소장 또는 그 직무를 대리하는 사람에게 제출하였다면 설령 재정신청서가 그 기간 안에 불기소처분을 한 검사가 소속한 지방검찰청의 검사장 또는 지청장에게 도달하지 않았더라도 적법한 재정신청서의 제출로 보아야 한다.

② 재정신청 제기기간이 경과된 후에 재정신청보충서를 제출하면서 원래의 재정신청 대상으로 포함되어 있지 않은 고발사실을 추가한 경우에 그 재정신청보충서에서 추가한 부분에 관한 재정신청은 부적법하다.

③ 재정신청이 있으면 재정결정이 확정될 때까지 공소시효의 진행이 정지된다.

④ 법원이 재정신청 대상 사건이 아님에도 이를 간과한 채 공소제기결정을 하였더라도, 그에 따른 공소가 제기되어 본안 사건의 절차가 개시된 후에는 다른 특별한 사정이 없는 한 본안 사건에서 위와 같은 잘못을 다툴 수는 없다.

⑤ 「형사소송법」제262조 제4항 후문은 재정신청 기각결정이 확정된 사건에 대하여는 다른 중요한 증거를 발견한 경우를 제외하고는 소추할 수 없다고 규정하고 있는바, 여기에서 '다른 중요한 증거를 발견한 경우'에는 단순히 재정신청 기각결정의 정당성에 의문이 제기되거나 범죄피해자의 권리를 보호하기 위하여 형사재판절차를 진행할 필요가 있는 정도의 증거가 있는 경우는 포함되지 않는다.

> **해설**
>
> ① (×) 재정신청서에 대하여는 형사소송법에 제344조 제1항과 같은 특례규정이 없으므로 설령 구금중인 고소인이 재정신청서를 그 기간 안에 교도소장 또는 그 직무를 대리하는 사람에게 제출하였다 하더라도 재정신청서가 10일 안에 불기소처분을 한 검사가 소속한 지방검찰청의 검사장 또는 지청장에게 도달하지 아니한 이상 이를 적법한 재정신청서의 제출이라고 할 수 없다(대결 1998.12.14, 98모127)
>
> ② (○) 대결 1997.4.22, 97모30
>
> ③ (○) 제262조의4 제1항
>
> ④ (○) 대판 2017.11.14, 2017도13465
>
> ⑤ (○) 대판 2018.12.28, 2014도17182

정답 ①

03 재정신청에 대한 다음 설명 중 가장 옳지 않은 것은? (다툼이 있는 경우 판례에 의함)

23 해경간부

① 「형사소송법」 제262조 제4항 후문은 재정신청 기각결정이 확정된 사건에 대하여는 다른 중요한 증거를 발견한 경우를 제외하고는 소추할 수 없다고 규정하고 있다. 여기에서 '다른 중요한 증거를 발견한 경우'란 재정신청 기각결정 당시에 제출된 증거에 새로 발견된 증거를 추가하면 충분히 유죄의 확신을 가지게 될 정도의 증거가 있는 경우를 말하고, 단순히 재정신청 기각결정의 정당성에 의문이 제기되거나 범죄피해자의 권리를 보호하기 위하여 형사재판절차를 진행할 필요가 있는 정도의 증거가 있는 경우는 여기에 해당하지 않는다. 그리고 관련 민사판결에서의 사실인정 및 판단은, 그러한 사실인정 및 판단의 근거가 된 증거자료가 새로 발견된 증거에 해당할 수 있음은 별론으로 하고, 그 자체가 새로 발견된 증거라고 할 수는 없다.
② 원래의 재정신청에 재정신청 대상으로 포함되어 있지 않은 고발사실을 재정신청 제기기간이 경과된 후에라도 재정신청보충서의 형식으로 제출한다면 그 재정신청보충서에서 추가한 부분은 적법하다.
③ 재정신청을 하려면 「검찰청법」 제10조에 따른 항고를 거쳐야 하는 것이 원칙이다. 그래서 항고 이후 재정신청을 할 수 있는 신청권자는 별도로 재항고를 할 수 없다.
④ 사법경찰관이 수사 중인 사건이 공소시효 만료일 30일 전까지 공소가 제기되지 않은 경우에 해당하여 지방검찰청 검사장 또는 지청장에게 재정신청서가 제출된 경우에 해당 지방검찰청 또는 지청 소속 검사는 즉시 사법경찰관에게 그 사실을 통보해야 하고, 사법경찰관은 그 통보를 받은 즉시 검사에게 해당 사건을 송치하고 관계 서류와 증거물을 송부해야 한다.

> **해설**
>
> ① (○) 대판 2018.12.28, 2014도17182
> ② (×) 재정신청 제기기간이 경과된 후에 재정신청보충서를 제출하면서 원래의 재정신청에 재정신청 대상으로 포함되어 있지 않은 고발사실을 재정신청의 대상으로 추가한 경우, 그 재정신청보충서에서 추가한 부분에 관한 재정신청은 법률상 방식에 어긋난 것으로서 부적법하다 (대결 1997.4.22, 97모30)
> ③ (○) 형사소송법 제260조 제2항, 검찰청법 제10조 제3항의 항고와 재항고는 검찰청법 제10조에 규정된 검찰항고와 검찰재항고를 의미한다.
> ④ (○) 수사준칙 제66조 제1항·제2항
>
> 정답 ②

04 재정신청에 대한 설명으로 옳은 것은? (다툼이 있는 경우 판례에 의함) 23 검찰9급

① 법원은 재정신청서를 송부받은 때에는 송부받은 날부터 7일 이내에 피의자에게 그 사실을 통지하여야 하고, 재정신청서를 송부받은 날부터 3개월 이내에 항고의 절차에 준하여 결정한다.
② 검사의 불기소처분은 물론 진정사건에 대한 입건 전 조사(내사) 종결처분도 재정신청의 대상이 된다.
③ 재정신청인이 자기 또는 대리인이 책임질 수 없는 사유로 인하여 재정신청 기각결정에 대한 재항고 제기기간을 준수하지 못한 경우,「형사소송법」제345조(상소권회복청구권자)에 따라 재항고권 회복을 청구할 수 있다.
④ 재소자인 재정신청인이 재정신청 기각결정에 불복하여 재항고를 제기하는 경우, 그 제기기간 내에 교도소장이나 구치소장 또는 그 직무를 대리하는 사람에게 재항고장을 제출한 때에 재항고를 한 것으로 간주한다.

> **해설**
>
> ① (×) [1] 법원은 재정신청서를 송부받은 때에는 송부받은 날부터 10일 이내에 피의자에게 그 사실을 통지하여야 한다(제262조 제1항)
> [2] 법원은 재정신청서를 송부받은 날부터 3개월 이내에 항고의 절차에 준하여 결정한다. 이 경우 필요한 때에는 증거를 조사할 수 있다(제262조 제2항)
> ② (×) 대통령에게 제출한 청원서를 대통령비서실로부터 이관받은 검사가 진정사건으로 내사 후 내사종결 처리한 경우, 내사종결처리는 고소 또는 고발사건에 대한 불기소처분이라고 볼 수 없어 재정신청의 대상이 되지 아니한다(대결 1991.11.5, 91모68)
> ③ (○) 제339조, 제345조
> ④ (×) 재정신청 기각결정에 대한 재항고나 그 재항고 기각결정에 대한 즉시항고로서의 재항고에 대한 법정기간의 준수 여부는 도달주의 원칙에 따라 재항고장이나 즉시항고장이 법원에 도달한 시점을 기준으로 판단하여야 하고, 거기에 재소자 피고인 특칙은 준용되지 아니한다고 해석함이 타당하다(대결 2015.7.16, 2013모2347 전원합의체)

정답 ③

05 재정신청에 관한 다음 설명 중 가장 옳지 않은 것은? (다툼이 있는 경우 판례에 의함)

22 법원9급

① 검사가 공소시효 만료일 30일 전까지 공소를 제기하지 아니하는 경우에는 검사의 불기소처분에 대한 항고를 거치지 않고도 재정신청을 할 수 있다.
② 법원이 재정신청서를 송부받은 날부터 10일 이내에 피의자에게 그 사실을 통지하지 않았는데 재정신청이 이유 있다고 보아 공소제기결정을 하였고 그에 따라 공소가 제기되어 본안사건의 절차가 개시되었다면, 피고인은 본안사건에서 그와 같은 잘못을 다툴 수 있다.
③ 재정신청은 그에 대한 결정이 있을 때까지 취소할 수 있으나, 이를 취소한 자는 다시 재정신청을 할 수 없다.
④ 재정신청에 따른 공소제기의 결정에 대하여는 형사소송법 제415조의 재항고가 허용되지 않으며, 그러한 재항고가 제기된 경우에 원심법원은 결정으로 이를 기각하여야 한다.

> **해설**
>
> ① (○) 제260조 제2항 제3호
> ② (×) 법원이 재정신청서를 송부받았음에도 송부받은 날부터 형사소송법 제262조 제1항에서 정한 기간 안에 피의자에게 그 사실을 통지하지 아니한 채 형사소송법 제262조 제2항 제2호에서 정한 공소제기결정을 하였다고 하더라도, 그에 따른 공소가 제기되어 본안사건의 절차가 개시된 후에는 다른 특별한 사정이 없는 한 **본안사건에서 위와 같은 잘못을 다툴 수 없다** (대판 2017.3.9, 2013도16162)
> ③ (○) 제264조 제2항
> ④ (○) 대결 2012.10.29, 2012모1090

정답 ②

제3절 공소제기 후의 수사

01 공소제기 후의 수사에 대한 설명으로 가장 적절한 것은? (다툼이 있는 경우 판례에 의함)

23 경찰승진

① 검사가 공소제기 후 형사소송법 제215조에 따라 수소법원 이외의 지방법원판사에게 청구하여 발부받은 영장에 의하여 압수·수색을 하였다면 원칙적으로 유죄의 증거로 삼을 수 있다.
② 형사소송법 제215조는 검사가 압수·수색영장을 청구할 수 있는 시기를 공소제기 전으로 명시적으로 한정하고 있다.
③ 제1심에서 피고인에 대하여 무죄판결이 선고되어 검사가 항소한 후 수사기관이 항소심 공판기일에 증인으로 신청하여 신문할 수 있는 사람을 특별한 사정없이 미리 수사기관에 소환하여 작성한 진술조서는 피고인이 증거로 할 수 있음에 동의하지 않는 한 증거능력이 없지만, 참고인이 나중에 법정에 증인으로 출석하여 진술조서의 성립의 진정을 인정하고 피고인 측에 반대신문의 기회가 부여된 경우에는 그 진술조서를 증거로 할 수 있다.
④ 검사 작성의 피고인에 대한 진술조서가 공소제기 후에 작성된 것이라는 이유만으로는 곧 그 증거능력이 없다고 할 수 없다.

> **해설**
>
> ① (×) 검사가 공소제기 후 형사소송법 제215조에 따라 수소법원 이외의 지방법원판사에게 청구하여 발부받은 영장에 의하여 압수·수색을 하였다면, 그와 같이 수집된 증거는 기본적 인권보장을 위해 마련된 적법한 절차에 따르지 않은 것으로서 원칙적으로 유죄의 증거로 삼을 수 없다(대판 2011.4.28, 2009도10412).
> ② (×) 검사는 범죄수사에 필요한 때에는 피의자가 죄를 범하였다고 의심할 만한 정황이 있고 해당 사건과 관계가 있다고 인정할 수 있는 것에 한정하여 지방법원판사에게 청구하여 발부받은 영장에 의하여 압수·수색 또는 검증을 할 수 있다(제215조 제1항) ※ 형사소송법 제215조는 검사가 압수·수색영장을 청구할 수 있는 시기를 공소제기 전으로 명시적으로 한정하고 있지 않다.
> ③ (×) 제1심에서 피고인에 대하여 무죄판결이 선고되어 검사가 항소한 후 수사기관이 항소심 공판기일에 증인으로 신청하여 신문할 수 있는 사람을 특별한 사정 없이 미리 수사기관에 소환하여 작성한 진술조서는 피고인이 증거로 할 수 있음에 동의하지 않는 한 증거능력이 없다. 검사가 공소를 제기한 후 참고인을 소환하여 피고인에게 불리한 진술을 기재한 진술조서를 작성하여 이를 공판절차에 증거로 제출할 수 있게 한다면, 피고인과 대등한 당사자의 지위에 있는 검사가 수사기관으로서의 권한을 이용하여 일방적으로 법정 밖에서 유리한 증거를 만들 수 있게 하는 것이므로 당사자주의·공판중심주의·직접심리주의에 반하고 피고인의 공정한 재판을 받을 권리를 침해하기 때문이다. 참고인이 나중에 법정에 증인으로 출석하여 진술조서의 성립의 진정을 인정하고 피고인 측에 반대신문의 기회가 부여된다 하더라도 진술

조서의 증거능력을 인정할 수 없음은 마찬가지이다(대판 2019.11.28, 2013도6825)
④ (○) 대판 1984.9.25, 84도1646

정답 ④

02 다음 중 공소제기 후 수사에 관한 설명으로 가장 옳은 것은? (다툼이 있는 경우 판례에 의함)

22 해경간부

① 피의자신문은 그 대상자를 피의자로 한정하고 있어 공소제기 후 검사가 작성한 피고인진술조서는 증거능력이 없다.
② 참고인조사는 공소제기 후에도 허용되므로 공판준비 또는 공판기일에 이미 증언을 마친 증인을 검사가 다시 소환하여 피고인에게 유리한 증언 내용을 추궁하여 이를 번복시킨 진술조서는 증거능력이 인정된다.
③ 공판절차에서 피고인은 검사와 대등한 지위를 가지는 당사자이므로 공소제기 후에 수사기관이 피고인을 구속할 수는 없고, 피고인 구속은 법원의 권한에 속한다.
④ 불구속으로 기소된 피고인이 증거를 인멸하거나 도주할 우려가 있어서 구속해야 할 필요성이 있으면 검사는 수소법원 이외의 법관으로부터 영장을 발부받아 피고인을 구속할 수 있다.

해설

① (×) 검사 작성의 피고인에 대한 진술조서가 공소제기 후에 작성된 것이라는 이유만으로는 곧 그 증거능력이 없다고 할 수 없다(대판 1984.9.25, 84도1646)
② (×) 공판준비 또는 공판기일에서 이미 증언을 마친 증인을 검사가 소환한 후 피고인에게 유리한 그 증언 내용을 추궁하여 이를 일방적으로 번복시키는 방식으로 작성한 진술조서는 피고인이 증거로 할 수 있음에 동의하지 아니하는 한 그 증거능력이 없다(대판 2008.9.25, 2008도6985)
③ (○) 대판 2011.4.28, 2009도10412
④ (×) 공소가 제기된 후에는 그 피고사건에 관한 형사절차의 모든 권한이 사건을 주재하는 수소법원의 권한에 속하게 되며, 수사의 대상이던 피의자는 검사와 대등한 당사자인 피고인으로서의 지위에서 방어권을 행사하게 되므로 공소제기후 구속·압수·수색 등 피고인의 기본적 인권에 직접 영향을 미치는 강제처분은 원칙적으로 수소법원의 판단에 의하여 이루어지지 않으면 안된다(대판 2011.4.28, 2009도10412) ※ 공소제기 후에 피고인 구속은 법원의 권한이므로 검사는 수소법원 이외의 법관으로부터 영장을 발부받아 피고인을 구속할 수 없다.

정답 ③

PART 02

최신 3개년 **기출문제집**
cafe.naver. 김종욱형사법

증 거

01 서론

제1절 증거법의 기본개념

01 증거에 관한 설명으로 옳은 것은 모두 몇 개인가? (다툼이 있는 경우 판례에 의함) 22 경찰채용

> ㉠ 간접증거만으로 유죄를 인정하는 경우에는 여러 간접사실로 보아 피고인이 범행한 것으로 보기에 충분할 만큼 압도적으로 우월한 증명이 있어야 한다.
> ㉡ 피고인이 수표를 발행하였으나 예금부족 또는 거래정지처분으로 지급되지 아니하게 하였다는 부정수표단속법위반의 공소사실을 증명하기 위하여 제출되는 수표는 증거물의 예에 의하여 증거능력을 판단하여야 한다.
> ㉢ 타인의 진술을 내용으로 하는 진술이 전문증거인지 여부는 요증사실과의 관계에서 정하여지는바, 원진술의 내용인 사실이 요증사실인 경우에는 전문증거가 아니라 본래증거이다.
> ㉣ 형사소송법 제150조 증언거부사유의 소명, 제184조 제3항 증거보전청구사유의 소명, 제221조의2 제3항 증인신문청구 사유의 소명은 증명의 정도에 이르지 않더라도 입증이 허용된다.
> ㉤ 공판기일 외의 증인신문 검증에 대하여는 공판조서의 배타적 증명력이 인정되지 않는다.

① 1개   ② 2개   ③ 3개   ④ 4개

해설

㉠ (○) 대판 2017.5.30, 2017도1549
㉡ (○) 대판 2015.4.23, 2015도2275
㉢ (×) 타인의 진술을 내용으로 하는 진술이 전문증거인지 여부는 요증사실과의 관계에서 정해지는데, 원진술의 내용인 사실이 요증사실인 경우에는 전문증거나 원진술의 존재 자체가 요증사실인 경우에는 본래증거이지 전문증거가 아니다(대판 2018.5.15, 2017도19499).
㉣ (○) 증명이란 합리적 의심의 여지가 없는 확신을 말하지만, 소명이란 법관이 대략 납득 또는 수긍할 정도의 입증을 말한다. 형사소송법상 소명의 대상은 기피사유(제19조 제2항), 증언거부사유(제150조), 증거보전청구사유(제184조 제3항), 증인신문청구사유(제221조의2 제3항), 상소권회복청구사유(제346조 제2항), 정식재판청구권회복청구사유(제458조) 등이 있다.
㉤ (○) 공판조서의 증명력은 '공판기일의 절차'에 한하여 인정이 된다(제56조) 따라서 공판기일의 절차가 아닌 공판준비절차 또는 공판기일 외의 절차를 기재한 조서는 배타적 증명력이 인정되지 아니한다.

정답 ④

제2절 증명의 기본원칙

01 증명에 관한 설명으로 가장 적절한 것은? (다툼이 있는 경우 판례에 의함) 24 경찰승진

① 구성요건에 해당하는 사실은 엄격한 증명에 의하여 이를 인정하여야 하나, 증거능력이 인정되지 않는 증거라도 구성요건 사실을 입증하는 직접증거의 증명력을 보강하는 보조사실의 인정자료로서는 허용된다.
② 공모공동정범에 있어서 공모나 모의를 인정하기 위하여는 엄격한 증명에 의하여야 하고, 그 증거는 판결에 표시되어야 한다.
③ 의사에게 의료행위로 인한 업무상과실치상죄가 문제되는 사안에서 공소사실에 기재된 업무상과실의 존재와 그러한 업무상과실로 인하여 환자에게 상해의 결과가 발생한 점은 자유로운 증명의 대상이다.
④ 친고죄에서 고소 유무에 대한 사실은 자유로운 증명의 대상이나, 반의사불벌죄에서 피고인 또는 피의자의 처벌불원 의사표시 또는 처벌희망 의사표시 철회의 유무나 그 효력 여부에 관한 사실은 엄격한 증명의 대상이다.

해설

① (×) 구성요건에 해당하는 사실은 엄격한 증명에 의하여 이를 인정하여야 하고, 증거능력이 없는 증거는 구성요건 사실을 추인하게 하는 간접사실이나 구성요건 사실을 입증하는 직접증거의 증명력을 보강하는 보조사실의 인정자료로도 사용할 수 없다(대판 2015.1.22, 2014도10978 전원합의체).
② (○) 대판 1988.9.13, 88도1114
③ (×) 의사에게 의료행위로 인한 업무상과실치사상죄를 인정하기 위해서는 의료행위 과정에서 공소사실에 기재된 업무상과실의 존재는 물론 그러한 업무상과실로 인하여 환자에게 상해·사망 등 결과가 발생한 점에 대하여도 엄격한 증거에 따라 합리적 의심의 여지가 없을 정도로 증명이 이루어져야 한다(대판 2023.1.12, 2022도11163).
④ (×) [1] 친고죄에서 적법한 고소가 있었는지는 자유로운 증명의 대상이 된다(대판 2011.6.24, 2011도4451).
[2] 반의사불벌죄에서 처벌을 희망하지 않는다는 의사표시 또는 처벌희망 의사표시 철회의 유무나 그 효력 여부에 관한 사실은 자유로운 증명의 대상이다(대판 2010.10.14, 2010도5610).

정답 ②

02 증명에 대한 설명으로 옳지 않은 것은? (다툼이 있는 경우 판례에 의함)   23 검찰7급

① 진정한 양심과 같은 불명확한 사실의 부존재를 증명하는 것은 사회통념상 불가능한 반면 그 존재를 증명하는 것은 좀 더 쉬우므로, 예비군법위반사건에서 양심상의 이유로 예비군훈련 거부의 정당성을 주장하는 피고인은 자신의 양심이 깊고 확고하며 진실하여 '정당한 사유'에 해당한다는 점을 증명하여야 한다.

② 공직선거법상 허위사실공표죄에서 의혹을 받을 사실이 존재한다고 적극적으로 주장하는 피고인은 그러한 사실의 존재를 수긍할 만한 소명자료를 제시할 부담을 지고, 검사는 제시된 그 자료의 신빙성을 탄핵하는 방법으로 허위성을 증명할 수 있다.

③ 공판조서의 기재가 명백한 오기인 경우를 제외하고는 공판기일의 소송절차로서 공판조서에 기재된 것은 조서만으로 증명하여야 하고, 그 증명력은 공판조서 이외의 자료에 의한 반증이 허용되지 않는 절대적인 것이다.

④ 수사기관이 영장발부의 사유로 된 범죄혐의사실과 무관한 별개의 증거를 압수한 후에 피압수자에게 환부하고 이를 임의제출받아 다시 압수한 경우, 그 제출에 임의성이 있다는 점에 관하여는 검사가 합리적 의심을 배제할 수 있을 정도로 증명하여야 한다.

> **해설**
> ① (×) 예비군법 제15조 제9항 제1호에서 정한 정당한 사유가 없다는 사실은 범죄구성요건이므로 검사가 증명하여야 하지만, 양심적 예비군훈련거부를 주장하는 피고인은 자신의 예비군훈련거부가 그에 따라 행동하지 않고서는 인격적 존재가치가 파멸되고 말 것이라는 절박하고 구체적인 양심에 따른 것이며 그 양심이 깊고 확고하며 진실한 것이라는 사실의 존재를 수긍할 만한 소명자료를 제시하고, 검사는 제시된 자료의 신빙성을 탄핵하는 방법으로 진정한 양심의 부존재를 증명할 수 있다(대판 2021.2.25, 2019도18442)
> ② (○) 대판 2011.12.22, 2008도11847
> ③ (○) 대판 2015.8.27, 2015도3467
> ④ (○) 대판 2016.3.10, 2013도11233

정답 ①

03 엄격한 증명과 자유로운 증명에 대한 설명으로 가장 적절하지 않은 것은? (다툼이 있는 경우 판례에 의함)

23 경찰승진

① 범죄구성요건에 해당하는 사실을 증명하기 위한 근거가 되는 과학적인 연구결과는 엄격한 증명을 요한다.
② 증거조사를 거치지 아니하였고 피고인이 이를 증거로 사용함에 동의를 한 바도 없기 때문에 증거능력이 인정되지 않는 증거라도 구성요건 사실을 추인하게 하는 간접사실의 인정자료로는 허용된다.
③ 대한민국 영역 외에서 대한민국 국민에 대하여 범죄를 저지른 외국인에 대하여 우리나라 형법을 적용하여 처벌함에 있어 행위지의 법률에 의하여 범죄를 구성하는지는 엄격한 증명을 요한다.
④ 공모관계를 인정하기 위해서는 엄격한 증명이 요구되지만, 피고인이 범죄의 주관적 요소인 공모관계를 부인하는 경우에는 사물의 성질상 이와 상당한 관련성이 있는 간접사실 또는 정황사실을 증명하는 방법으로 이를 증명할 수밖에 없다.

해설

① (○) 대판 2010.2.11, 2009도2338
② (×) 구성요건에 해당하는 사실은 엄격한 증명에 의하여 이를 인정하여야 하고, 증거능력이 없는 증거는 구성요건 사실을 추인하게 하는 간접사실이나 구성요건 사실을 입증하는 직접증거의 증명력을 보강하는 보조사실의 인정자료로도 사용할 수 없다(대판 2015.1.22, 2014도10978 전원합의체).
③ (○) 대판 2017.3.22, 2016도17465
④ (○) 대판 2018.4.19, 2017도14322 전원합의체

정답 ②

04 증명에 관한 설명으로 가장 적절하지 않은 것은? (다툼이 있는 경우 판례에 의함) 24 경찰채용

① 증거위조죄의 적용대상인 '증거'에는 범죄의 성립에 관한 증거 외에 양형의 기초가 되는 정상관계 사실에 관한 증거도 포함된다. 그런데 양형의 기초가 되는 정상관계 사실은 매우 복잡하고 비유형적일 뿐만 아니라 형사소송법 제307조가 규정한 엄격한 증명의 대상에도 해당하지 않는다.

② 탄핵증거의 제출에 있어서도 상대방에게 이에 대한 공격방어의 수단을 강구할 기회를 사전에 부여하여야 한다는 점에서 그 증거와 증명하고자 하는 사실과의 관계 및 입증취지 등을 미리 구체적으로 명시하여야 할 것이나, 증명력을 다투고자 하는 증거의 어느 부분에 의하여 진술의 어느 부분을 다투려고 한다는 것을 사전에 상대방에게 알려야 하는 것은 아니다.

③ 어떤 소송절차가 진행된 내용이 공판조서에 기재되지 않았다고 하여 당연히 그 소송절차가 당해 공판기일에 행하여지지 않은 것으로 추정되는 것은 아니고 공판조서에 기재되지 않은 소송절차의 존재가 공판조서에 기재된 다른 내용이나 공판조서 이외의 자료로 증명될 수 있고, 이는 소송법적 사실이므로 자유로운 증명의 대상이 된다.

④ 범행에 관한 간접증거만이 존재하고 더구나 그 간접증거의 증명력에 한계가 있는 경우, 범인으로 지목되고 있는 자에게 범행을 저지를 만한 동기가 발견되지 않는다면, 만연히 무엇인가 동기가 분명히 있는데도 이를 범인이 숨기고 있다고 단정할 것이 아니라 반대로 간접증거의 증명력이 그만큼 떨어진다고 평가하는 것이 형사증거법의 이념에 부합하는 것이다.

> **해설**
>
> ① (○) 대판 2021.1.28, 2020도2642
> ② (×) 탄핵증거의 제출에 있어서도 상대방에게 이에 대한 공격방어의 수단을 강구할 기회를 사전에 부여하여야 한다는 점에서 그 증거와 증명하고자 하는 사실과의 관계 및 입증취지 등을 미리 구체적으로 명시하여야 할 것이므로, **증명력을 다투고자 하는 증거의 어느 부분에 의하여 진술의 어느 부분을 다투려고 한다는 것을 사전에 상대방에게 알려야 한다**(대판 2005. 8.19, 2005도2617).
> ③ (○) 대판 2023.6.15, 2023도3038
> ④ (○) 대판 2006.3.9, 2005도8675

정답 ②

05 증명에 관한 설명으로 가장 적절한 것은? (다툼이 있는 경우 판례에 의함) 　22 경찰채용

① 증거능력이 없는 증거는 유죄의 직접적인 증거로 삼을 수 없으나, 구성요건 사실을 추인하게 하는 간접사실이나 구성요건 사실을 입증하는 직접증거의 증명력을 보강하는 보조사실의 인정자료로는 사용할 수 있다.
② 형법 제307조 제2항 허위사실 적시 명예훼손죄에서 허위사실의 인식과 달리 허위사실 자체는 엄격한 증명의 대상이 된다.
③ 예비군법 제15조 제9항 제1호에서 정한 정당한 사유가 없다는 사실은 범죄구성요건이므로 검사가 증명하여야 하지만, 양심적 예비군훈련거부를 주장하는 피고인은 자신의 예비군훈련 거부가 그에 따라 행동하지 않고서는 인격적 존재가치가 파멸되고 말 것이라는 절박하고 구체적인 양심에 따른 것이며 그 양심이 깊고 확고하며 진실한 것이라는 사실의 존재를 수긍할 만한 소명자료를 제시하고, 검사는 제시된 자료의 신빙성을 탄핵하는 방법으로 진정한 양심의 부존재를 증명할 수 있다.
④ 합리적 의심이란 요증사실과 양립할 수 없는 사실의 개연성에 대한 합리성 있는 의문을 의미하는 것으로서 관념적인 의심이나 추상적인 가능성에 기초한 의심도 포함된다.

> **해설**
>
> ① (×) 구성요건에 해당하는 사실은 엄격한 증명에 의하여 이를 인정하여야 하고, 증거능력이 없는 증거는 구성요건 사실을 추인하게 하는 간접사실이나 구성요건 사실을 입증하는 직접증거의 증명력을 보강하는 보조사실의 인정자료로도 사용할 수 없다(대판 2015.1.22, 2014도10978 전원합의체).
> ② (×) 형사재판에서 공소가 제기된 범죄의 구성요건을 이루는 사실은 그것이 주관적 요건이든 객관적 요건이든 그 증명책임이 검사에게 있으므로, 허위사실 적시 명예훼손죄로 기소된 사건에서 사람의 사회적 평가를 떨어뜨리는 사실이 적시되었다는 점, 그 적시된 사실이 객관적으로 진실에 부합하지 아니하여 허위일 뿐만 아니라 그 적시된 사실이 허위라는 것을 피고인이 인식하고서 이를 적시하였다는 점은 모두 검사가 증명하여야 한다(대판 2020.2.13, 2017도16939). ※ '허위사실의 인식' 자체도 엄격한 증명의 대상이 된다.
> ③ (○) 대판 2021.2.25, 2019도18442
> ④ (×) '합리적 의심'이라 함은 모든 의문, 불신을 포함하는 것이 아니라 논리와 경험칙에 기하여 요증사실과 양립할 수 없는 사실의 개연성에 대한 합리성 있는 의문을 의미하는 것으로서, 피고인에게 유리한 정황을 사실인정과 관련하여 파악한 이성적 추론에 그 근거를 두어야 하는 것이므로 단순히 관념적인 의심이나 추상적인 가능성에 기초한 의심은 합리적 의심에 포함된다고 할 수 없다(대결 2018.1.25, 2016도6757).

정답 ③

06 자유심증주의에 대한 설명으로 옳은 것은? (다툼이 있는 경우 판례에 의함) 24 검찰9급

① 형사재판에서 이와 관련된 다른 형사사건의 확정판결에서 인정된 사실은 특별한 사정이 없는 한 유력한 증거자료가 되는 것이므로 당해 형사재판에서 제출된 다른 증거 내용에 비추어 이를 배척할 수는 없다.
② 감정인들의 감정의견이 상충된 경우 여러 의견 중에서 어떤 의견을 채용하여도 무방하지만, 여러 개의 감정의견이 일치되어 있는 경우 이를 배척하려면 특별한 이유를 밝히거나 또는 반대감정의견을 구하여야 한다.
③ 당해 사건 공판정에서 A가 증인으로서 진술한 내용이 다른 형사사건의 공판조서에 기재된 증인 A의 진술내용과 상반되는 경우, 반드시 당해 사건 공판정에서의 증언을 믿어야 된다는 법칙은 없다.
④ 증거보전 절차에서의 진술은 법원의 관여하에 행하여지는 것으로서 수사기관에서의 진술보다 임의성이 더 보장되는 것이므로 수사기관의 진술을 채택하고 증거보전 절차에서의 진술을 배척하는 것은 자유심증주의의 남용에 해당한다.

> **해설**
>
> ① (×) 형사재판에서 이와 관련된 다른 형사사건의 확정판결에서 인정된 사실은 특별한 사정이 없는 한 유력한 증거자료가 되는 것이나 당해 형사재판에서 제출된 다른 증거 내용에 비추어 관련 형사사건 확정판결의 사실판단을 그대로 채택하기 어렵다고 인정될 경우에는 이를 배척할 수 있다(대판 2014.3.27. 2014도1200).
> ② (×) 감정의견이 상충된 경우 다수 의견을 안 따르고 소수 의견을 채용해도 되고 여러 의견 중에서 그 일부씩을 채용하여도 무방하며 여러 개의 감정의견이 일치되어 있어도 이를 배척하려면 특별한 이유를 밝히거나 또는 반대감정의견을 구하여야 된다는 법리도 없다(대판 1976.3.23. 75도2068).
> ③ (○) 대판 1987.6.9. 87도691
> ④ (×) 증거보전 절차에서의 진술이 법원의 관여하에 행하여지는 것으로서 수사기관에서의 진술보다 임의성이 더 보장되는 것이기는 하나 보전된 증거가 항상 진실이라고 단정지을 수는 없는 것이므로 법원이 그것을 믿지 않을만한 사유가 있어서 믿지 않는 것에 자유심증주의의 남용이 있다고 볼 수 없다(대판 1980.4.8. 79도2125).

정답 ③

07 자유심증주의 또는 그 제한에 관한 설명으로 가장 적절한 것은? (다툼이 있는 경우 판례에 의함)

24 경찰승진

① 공소사실을 인정할 증거로 사실상 피해자의 진술이 유일한 경우에 피고인의 진술이 경험칙상 합리성이 없고 그 자체로 모순되어 믿을 수 없다는 사정은 공소사실을 인정하는 직접증거가 될 수 없으며, 이러한 사정은 법관의 자유판단에 따라 피해자 진술의 신빙성을 뒷받침하거나 직접증거인 피해자 진술과 결합하여 공소사실을 뒷받침하는 간접정황도 될 수 없다.

② 범행에 관한 간접증거만이 존재하고 그 간접증거의 증명력에 한계가 있는 경우에 증거의 증명력은 법관의 자유판단에 의하는 것이므로, 범인으로 지목되고 있는 자에게 범행을 저지를 만한 동기가 발견되지 않더라도 만연히 무엇인가 동기가 분명히 있는데 이를 범인이 숨기고 있는 것으로 단정한다고 하여도 형사증거법의 이념에 반하는 것은 아니다.

③ 유죄의 인정은 법관으로 하여금 합리적 의심의 여지가 없을 정도로 공소사실이 진실한 것이라는 확신을 가지게 하는 증명력을 가진 증거에 의하여야 하며, 이는 모든 가능한 의심을 배제할 정도에 이를 것을 요한다.

④ 살인죄 등과 같이 법정형이 무거운 범죄의 경우에도 직접증거 없이 간접증거만으로 유죄를 인정할 수 있으나, 그러한 유죄 인정에는 공소사실에 대한 관련성이 깊은 간접증거들에 의하여 신중한 판단이 요구된다.

> **해설**
>
> ① (×) 공소사실을 인정할 증거로 사실상 피해자의 진술이 유일한 경우에 피고인의 진술이 경험칙상 합리성이 없고 그 자체로 모순되어 믿을 수 없다고 하여 그것이 공소사실을 인정하는 직접증거가 되는 것은 아니지만, 이러한 사정은 법관의 자유판단에 따라 피해자 진술의 신빙성을 뒷받침하거나 직접증거인 피해자 진술과 결합하여 공소사실을 뒷받침하는 **간접정황이 될 수 있다**(대판 2018.10.25, 2018도7709)
>
> ② (×) 범행에 관한 간접증거만이 존재하고 더구나 그 간접증거의 증명력에 한계가 있는 경우, 범인으로 지목되고 있는 자에게 범행을 저지를 만한 동기가 발견되지 않는다면, **만연히 무엇인가 동기가 분명히 있는데도 이를 범인이 숨기고 있다고 단정할 것이 아니라** 반대로 간접증거의 증명력이 그만큼 떨어진다고 평가하는 것이 형사 증거법의 이념에 부합하는 것이다(대판 2006.3.9, 2005도8675)
>
> ③ (×) 형사재판에 있어서 유죄로 인정하기 위한 심증형성의 정도는 합리적인 의심을 할 여지가 없을 정도여야 하나, 이는 모든 가능한 의심을 배제할 정도에 이를 것까지 요구하는 것은 아니다(대판 2013.6.27, 2013도4172)
>
> ④ (○) 대판 2008.3.13, 2007도10754

정답 ④

08 자유심증주의에 관한 설명으로 가장 적절하지 않은 것은? (다툼이 있는 경우 판례에 의함)

23 경찰채용

① 경찰에서의 진술조서의 기재와 당해 사건의 공판정에서의 같은 사람의 증인으로서의 진술이 상반되는 경우 반드시 공판정에서의 증언에 따라야 한다는 법칙은 없고 그 중 어느 것을 채용하여 사실인정의 자료로 할 것인가는 오로지 사실심법원의 자유심증에 속하는 것이다.
② 호흡측정기에 의한 음주측정치와 혈액검사에 의한 음주측정치가 다른 경우에 혈액채취에 의한 검사 결과를 믿지 못할 특별한 사정이 없는 한, 혈액검사에 의한 음주측정치가 호흡측정기에 의한 음주측정치보다 측정 당시의 혈중알코올농도에 더 근접한 음주측정치라고 보는 것이 경험칙에 부합한다.
③ '성추행 피해자가 추행 즉시 행위자에게 항의하지 않은 사정'이나 '피해 신고 시 성폭력이 아닌 다른 피해 사실을 먼저 진술한 사정'만으로 곧바로 피해자 진술의 신빙성을 부정할 것은 아니고, 가해자와의 관계와 피해자의 구체적 상황을 모두 살펴 판단하여야 한다.
④ 형사재판에서 이와 관련된 다른 형사사건의 확정판결에서 인정된 사실은 특별한 사정이 없는 한 유력한 증거자료가 되는 것이므로, 당해 형사재판에서 제출된 다른 증거 내용에 비추어 관련 형사사건 확정판결의 사실판단을 그대로 채택하기 어렵다고 인정되는 면이 있다고 하여도 이를 배척할 수는 없다.

> **해설**
>
> ① (○) 대판 1987.6.9, 선고 87도691
> ② (○) 대판 2004.2.13, 2003도6905
> ③ (○) 대판 2020.9.24, 2020도7869
> ④ (×) 형사재판에 있어서 이와 관련된 다른 형사사건의 확정판결에서 인정된 사실은 특별한 사정이 없는 한 유력한 증거자료가 되는 것이나, 당해 형사재판에서 제출된 다른 증거 내용에 비추어 관련 형사사건의 확정판결에서의 사실판단을 그대로 채택하기 어렵다고 인정될 경우에는 이를 배척할 수 있다(대판 2014.3.27, 2014도1200)

정답 ④

09 증거에 관한 설명으로 가장 적절하지 않은 것은? (다툼이 있는 경우 판례에 의함) 24 경찰채용

① 형사소송법이 수사기관에서 작성된 조서 등 서면증거에 대하여 일정한 요건을 충족하는 경우에 증거능력을 인정하는 것은 실체적 진실발견의 이념과 소송경제의 요청을 고려하여 예외적으로 허용하는 것일 뿐이므로 증거능력 인정 요건에 관한 규정은 엄격하게 해석·적용하여야 한다.

② 수사기관은 영장 발부의 사유로 된 범죄 혐의사실과 관계가 없는 증거를 압수할 수 없고, 별도의 영장을 발부받지 아니하고서는 압수물 또는 압수한 정보를 그 압수의 근거가 된 압수·수색영장 혐의사실과 관계가 없는 범죄의 유죄 증거로 사용할 수 없다.

③ 법원은 범죄의 구성요건이나 법률상 규정된 형의 가중·감면의 사유가 되는 경우를 제외하고는, 법률이 규정한 증거로서의 자격이나 증거조사방식에 구애됨이 없이 상당한 방법으로 조사하여 양형의 조건이 되는 사항을 인정할 수 있다. 다만, 당사자가 직접 수집하여 제출하기 곤란하다고 하여 직권으로 양형조건에 관한 형법 제51조의 사항을 수집·조사할 수 있는 것은 아니다.

④ 자백에 대한 보강증거는 범죄사실의 전부 또는 중요 부분을 인정할 수 있는 정도가 되지 않더라도, 피고인의 자백이 가공적인 것이 아닌 진실한 것임을 인정할 수 있는 정도만 되면 충분하다. 또한 직접증거가 아닌 간접증거나 정황증거도 보강증거가 될 수 있고, 자백과 보강증거가 서로 어울려서 전체로서 범죄사실을 인정할 수 있으면 유죄의 증거로 충분하다.

> **해설**
>
> ① (○) 대판 2022.3.17, 2016도17054
> ② (○) 대판 2023.6.1, 2018도18866
> ③ (×) 법원은 범죄의 구성요건이나 법률상 규정된 형의 가중·감면의 사유가 되는 경우를 제외하고는, 법률이 규정한 증거로서의 자격이나 증거조사방식에 구애됨이 없이 상당한 방법으로 조사하여 양형의 조건이 되는 사항을 인정할 수 있다. 나아가 형의 양정에 관한 절차는 범죄사실을 인정하는 단계와 달리 취급하여야 하므로, 당사자가 직접 수집하여 제출하기 곤란하거나 필요하다고 인정되는 경우 등에는 직권으로 양형조건에 관한 형법 제51조의 사항을 수집·조사할 수 있다(대판 2010.4.29, 2010도750)
> ④ (○) 대판 2011.9.29, 2011도8015

정답 ③

10 증명의 대상과 방법에 관한 설명 중 가장 적절하지 않은 것은? (다툼이 있는 경우 판례에 의함)

23 경찰채용

① 형법 제6조 단서에 따라 "행위지의 법률에 의하여 범죄를 구성"하는가 여부는 법원의 직권조사사항이므로 증명의 대상이 될 수 없다.
② 출입국사범 사건에서 지방출입국 외국인관서의 장의 적법한 고발이 있었는지 여부가 문제 되는 경우에 법원은 증거조사의 방법이나 증거능력의 제한을 받지 아니하고 제반 사정을 종합하여 적당하다고 인정되는 방법에 의하여 자유로운 증명으로 그 고발 유무를 판단하면 된다.
③ 공동정범에 있어 공모관계를 인정하기 위해서는 엄격한 증명이 요구되지만, 피고인이 범죄의 주관적 요소인 공모관계를 부인하는 경우에는 사물의 성질상 이와 상당한 관련성이 있는 간접사실 또는 정황사실을 증명하는 방법으로 이를 증명할 수밖에 없다.
④ 형사소송법 제313조 제1항 단서의 특신상태는 증거능력의 요건에 해당하므로 검사가 그 존재에 대하여 구체적으로 주장·입증하여야 하는 것이지만, 이는 소송상의 사실에 관한 것이므로, 엄격한 증명을 요하지 아니하고 자유로운 증명으로 족하다.

> **해설**
> ① (×) 형법 제6조 단서의 '행위지의 법률에 의하여 범죄를 구성하는지 여부'에 대해서는 엄격한 증명에 의하여 검사가 이를 입증하여야 할 것이다(대판 2011.8.25, 2011도6507)
> ② (○) 대판 2021.10.28, 2021도404
> ③ (○) 대판 2018.4.19, 2017도14322 전원합의체
> ④ (○) 대판 2001.9.4, 2000도1743

정답 ①

11 증명책임에 대한 설명으로 가장 적절하지 않은 것은? (다툼이 있는 경우 판례에 의함)

23 경찰승진

① 「성폭력범죄의 처벌 등에 관한 특례법」 제7조 제1항에서 정하는 13세 미만의 미성년자에 대한 강간죄의 성립이 인정되려면 피고인이 피해자가 13세 미만의 미성년자임을 알면서 그를 강간했다는 사실이 검사에 의하여 입증되어야 한다.

② 영장발부의 사유로 된 범죄 혐의사실과 무관한 별개의 증거를 압수하였을 경우 수사기관이 그 별개의 증거를 피압수자 등에게 환부하고 후에 임의 제출받아 다시 압수하였다면 그 제출에 임의성이 있었다는 점에 관하여 검사가 합리적 의심을 배제할 수 있을 정도로 증명하지 못하는 경우 그 증거능력을 인정할 수 없다.

③ 민사재판에서의 입증책임분배의 원칙은 형사재판에도 동일하게 적용되므로 피고인은 자신에게 유리한 사항을 입증할 책임을 진다.

④ 명예를 훼손한 행위가 형법 제310조의 규정에 따라서 위법성이 조각되기 위해서는 그것이 진실한 사실로서 오로지 공공의 이익에 관한 때에 해당된다는 점을 검사가 아닌 행위자가 증명하여야 한다.

> **해설**
>
> ① (○) 대판 2012.8.30, 2012도7377
> ② (○) 대판 2016.3.10, 2013도11233
> ③ (×) 형사재판에 있어서 공소가 제기된 범죄사실에 대한 입증책임은 검사에 있고, 민사재판이었더라면 입증책임을 지게 되었을 피고인이 그 쟁점이 된 사항에 대하여 자신에게 유리한 입증을 하지 못하고 있다 하여 위와 같은 원칙이 달리 적용되는 것은 아니다(대판 2007.10.11, 2007도6406)
> ④ (○) 대판 2004.5.28, 2004도1497

정답 ③

12 거증책임에 관한 설명으로 가장 적절하지 않은 것은? (다툼이 있는 경우 판례에 의함)

23 경찰채용

① 법위반에 대한 정당한 사유가 없다는 사실은 범죄구성요건이므로 검사가 증명해야 하는데, 다만 진정한 양심의 부존재와 같은 사실을 증명하는 것은 사회통념상 불가능한 반면 그 존재를 주장 증명하는 것이 좀 더 쉬우므로 이러한 사정은 검사가 증명책임을 다하였는지 판단할 때 고려해야 한다.
② 진술증거의 증거능력 인정 여부와 관련하여 진술의 임의성에 다툼이 있을 때에는 그 임의성을 의심할 만한 합리적이고 구체적인 사실을 피고인이 증명할 것이 아니고 검사가 그 임의성의 의문점을 없애는 증명을 하여야 한다.
③ 공직선거법상 허위사실공표죄에서 공표된 사실이 실제로 존재한다고 주장하는 자는 그러한 사실의 존재를 수긍할 만한 소명자료를 제시할 부담을 지고, 이때 제시하여야 할 소명자료는 적어도 허위성에 관한 검사의 증명활동이 현실적으로 가능할 정도의 구체성은 갖추어야 한다.
④ 공연성은 명예훼손죄의 구성요건으로서, 특정 소수에 대한 사실적시의 경우 공연성이 부정되는 유력한 사정이 될 수 있으므로 전파될 가능성에 관하여는 검사에게 증명의 책임이 있음이 원칙이나, 전파될 가능성은 특정되지 않은 기간과 공간에서 아직 구체화되지 않은 사실이므로 그 증명의 정도는 자유로운 증명으로 족하다.

> **해설**
>
> ① (○) 대판 2018.11.1, 2016도10912
> ② (○) 대판 2013.7.11, 2011도14044
> ③ (○) 대판 2011.12.22, 2008도11847
> ④ (×) 공연성은 명예훼손죄의 구성요건으로서, 특정 소수에 대한 사실적시의 경우 공연성이 부정되는 유력한 사정이 될 수 있으므로, 전파될 가능성에 관하여는 검사의 엄격한 증명이 필요하다(대판 2020.11.19, 2020도5813)

정답 ④

13 다음 중 거증책임에 대한 설명으로 가장 옳지 않은 것은? (다툼이 있는 경우 판례에 의함)

22 해경간부

① 횡령죄에 있어서 불법영득의 의사에 관한 입증책임은 검사에게 있으므로 불법영득의 의사를 인정할 수 있는 사정을 검사가 입증하여야 한다.
② 명예훼손죄의 위법성조각사유인 적시한 사실의 진실성과 공익성에 대하여도 그 부존재를 검사가 엄격한 증명의 방식으로 입증하여야 한다.
③ 검사 작성의 피의자신문조서에 기재된 진술의 임의성에 다툼이 있을 때에는 그 임의성을 의심할 만한 합리적이고 구체적인 사실을 피고인이 증명할 것이 아니라 검사가 그 임의성의 의문점을 없애는 증명을 하여야 한다.
④ 형사재판에 있어서 공소가 제기된 범죄사실에 대한 입증책임은 검사에게 있고, 유죄의 인정은 법관으로 하여금 합리적인 의심을 할 여지가 없을 정도로 공소사실이 진실한 것이라는 확신을 가지게 하는 증명력을 가진 증거에 의하여야 한다.

> **해설**
>
> ① (○) 대판 2010.6.24, 2007도5899
> ② (×) 명예를 훼손한 행위가 형법 제310조의 규정에 따라서 위법성이 조각되어 처벌대상이 되지 않기 위하여는 그것이 진실한 사실로서 오로지 공공의 이익에 관한 때에 해당된다는 점을 행위자가 증명하여야 하는 것이나 그 증명은 유죄의 인정에 있어 요구되는 것과 같이 법관으로 하여금 의심할 여지가 없을 정도의 확신을 가지게 하는 증명력을 가진 엄격한 증거에 의하여야 하는 것은 아니다(대판 1996.10.25, 95도1473).
> ③ (○) 대판 2012.11.29, 2010도3029
> ④ (○) 대판 2010.7.22, 2009도1151

정답 ②

02 증거능력 관련 문제

제1절 위법수집증거배제법칙

01 위법수집증거배제법칙에 관한 설명으로 가장 적절하지 않은 것은? (다툼이 있는 경우 판례에 의함)
<small>24 경찰채용</small>

① 피의자에 대한 진술거부권 고지는 피의자의 진술거부권을 실효적으로 보장하여 진술이 강요되는 것을 막기 위한 것인데, 이러한 진술거부권 고지에 관한 형사소송법 규정내용 및 진술거부권 고지가 갖는 실질적인 의미를 고려하면, 수사기관이 수사를 개시하는 행위를 하기 전이어서 피의자 지위에 있지 아니한 자에 대하여 진술거부권이 고지되지 아니한 때에도 그 진술의 증거능력은 인정할 수 없다.

② 수사기관이 피압수자 측에 참여의 기회를 보장하거나 압수한 전자정보 목록을 교부하지 않는 등 영장주의 원칙과 적법절차를 준수하지 않은 위법한 압수·수색 과정을 통하여 취득한 증거는 위법수집증거에 해당하고, 사후에 법원으로부터 영장이 발부되었다거나 피고인이나 변호인이 이를 증거로 함에 동의하였다고 하여 위법성이 치유되는 것도 아니다.

③ 수사기관이 네트워크 카메라 등을 설치·이용하여 피고인의 행동과 피고인이 본 태블릿 개인용 컴퓨터 화면내용을 일반적으로 허용되는 상당한 방법에 의하지 않고 영장 없이 촬영한 것은 수사의 비례성·상당성 원칙과 영장주의 등을 위반한 것이므로 그로 인해 취득한 영상물 등의 증거는 증거능력이 없다.

④ 수사기관의 절차 위반 행위가 적법절차의 실질적인 내용을 침해하지 아니하고, 오히려 그 증거의 증거능력을 배제하는 것이 헌법과 형사소송법이 형사소송에 관한 절차 조항을 마련하여 적법절차의 원칙과 실체적 진실 규명의 조화를 도모하고, 이를 통하여 형사사법 정의를 실현하려고 한 취지에 반하는 결과를 초래하는 것으로 평가되는 예외적인 경우라면, 법원은 그 증거를 유죄 인정의 증거로 사용할 수 있다.

> **해설**
>
> ① (×) 수사기관에 의한 진술거부권 고지 대상이 되는 피의자 지위는 수사기관이 조사대상자에 대한 범죄혐의를 인정하여 수사를 개시하는 행위를 한 때 인정되는 것으로 보아야 한다. 따라서 이러한 피의자 지위에 있지 아니한 자에 대하여는 진술거부권이 고지되지 아니하였더라도 진술의 증거능력을 부정할 것은 아니다(대판 2014.4.30, 2012도725)
> ② (○) 대판 2022.7.28, 2022도2960
> ③ (○) 대판 2017.11.29, 2017도9747

④ (○) 대판 2009.3.12, 2008도763

정답 ①

02 위법수집증거배제법칙에 관한 설명 중 옳지 않은 것은? (다툼이 있는 경우 판례에 의함)

23 변호사시험

① 헌법 제109조, 「법원조직법」 제57조 제1항에서 정한 재판의 공개금지사유가 없음에도 공개금지결정에 따라 비공개로 진행된 증인신문절차에서 증인의 증언은 증거능력이 없고, 변호인의 반대신문권이 보장되었더라도 달리 볼 수 없다.
② 수사기관이 피의자신문 시 피의자에게 미리 진술거부권을 고지하지 않았다고 하더라도 진술의 임의성이 인정되는 경우라면 증거능력이 인정된다.
③ 검찰관이 형사사법공조절차를 거치지 아니한 채 외국으로 현지출장을 나가 참고인진술조서를 작성한 경우 조사 대상자가 우리나라 국민이고 조사에 스스로 응함으로써 조사의 방식이나 절차에 강제력이나 위력은 물론 어떠한 비자발적 요소도 개입될 여지가 없었고 피고인과 해당 국가 사이에 국제법상 관할의 원인이 될 만한 아무런 연관성이 없다면 위 참고인진술조서는 위법수집증거라고 할 수 없다.
④ 피해자 등 제3자가 피의자의 소유·관리에 속하는 정보저장매체를 영장에 의하지 않고 임의제출한 경우에는 특별한 사정이 없는 한 피의자에게도 참여권을 보장하고 압수한 전자정보 목록을 교부하는 등 피의자의 절차적 권리를 보장하기 위한 적절한 조치가 이루어져야 한다.
⑤ 범행현장에서 지문채취 대상물에 대한 지문채취가 먼저 이루어진 이상, 수사기관이 그 이후에 지문채취 대상물을 적법한 절차에 의하지 아니한 채 압수하였다고 하더라도 위와 같이 채취된 지문은 위법하게 압수한 지문채취 대상물로부터 획득한 2차적 증거에 해당하지 않는다.

해설

① (○) 대판 2015.10.29, 2014도5939
② (×) 수사기관이 피의자를 신문함에 있어서 피의자에게 미리 진술거부권을 고지하지 않은 때에는 그 피의자의 진술은 위법하게 수집된 증거로서 진술의 임의성이 인정되는 경우라도 증거능력이 부인되어야 한다(대판 2014.4.10, 2014도1779)
③ (○) 대판 2011.7.14, 2011도3809
④ (○) 대판 2021.11.18, 2016도348 전원합의체
⑤ (○) 대판 2008.10.23, 2008도7471

정답 ②

03 위법수집증거의 배제에 관한 설명으로 옳은 것은 모두 몇 개인가? (다툼이 있는 경우 판례에 의함)
24 경찰승진

> ㉠ 수사기관이 범행현장에서 지문채취 대상물인 유리컵에서 지문을 채취하고, 그 후 그 유리컵을 적법한 절차에 의하지 않고 압수했다고 하더라도, 채취된 지문은 위법하게 압수한 지문채취 대상물로부터 획득한 2차적 증거에 해당하지 않으므로 위법수집증거에 해당하지 않는다.
> ㉡ 경찰관들이 피고인 甲, 乙, 丙의 나이트클럽 내에서의 음란 행위 영업에 관한 범죄 혐의가 포착된 상태에서 그 증거를 보전하기 위하여 불특정 다수에게 공개된 장소인 클럽에 통상적인 방법으로 출입하여 손님들에게 공개된 丙의 성행위를 묘사하는 장면이 포함된 공연에 대한 촬영이 영장 없이 이루어졌다면, 이 촬영물과 이를 캡처한 영상사진은 증거능력이 없다.
> ㉢ 호텔 투숙객 甲이 마약을 투약하였다는 신고를 받고 출동한 경찰관이 임의동행을 거부하는 甲을 강제로 경찰서로 데리고 가서 채뇨 요구를 하자 이에 甲이 응하여 소변검사가 이루어진 경우, 그 결과물인 '소변검사시인서'는 증거능력이 없다.
> ㉣ 甲이 휴대전화기로 乙과 약 8분간의 통화를 마친 후 乙에 대한 예우 차원에서 바로 전화를 끊지 않고 乙이 먼저 전화를 끊기를 기다리던 중, 그 휴대전화기로부터 乙과 丙이 대화하는 내용이 들리자 이를 그 휴대전화기의 수신 및 녹음기능을 이용하여 대화를 몰래 청취하면서 녹음한 경우에 이 녹음은 위법하다고 할 수 있다.

① 1개   ② 2개   ③ 3개   ④ 4개

해설

㉠ (○) 대판 2008.10.23, 2008도7471
㉡ (×) 나이트클럽의 운영자 피고인 甲, 연예부장 피고인 乙, 남성무용수 피고인 丙이 공모하여 클럽 내에서 성행위를 묘사하는 공연을 하는 등 음란행위 영업을 하여 풍속영업의 규제에 관한 법률 위반으로 기소되었는데, 당시 경찰관들이 클럽에 출입하여 피고인 丙의 공연을 촬영한 영상물 및 이를 캡처한 영상사진이 증거로 제출된 사안에서, 위 촬영물은 경찰관들이 피고인들에 대한 범죄 혐의가 포착된 상태에서 클럽 내에서의 음란행위 영업에 관한 증거를 보전하기 위하여, 불특정 다수에게 공개된 장소인 클럽에 통상적인 방법으로 출입하여 손님들에게 공개된 모습을 촬영한 것이므로, 영장 없이 촬영이 이루어졌더라도 위 촬영물과 이를 캡처한 영상사진은 증거능력이 인정된다(대판 2023.4.27, 2018도8161)
㉢ (○) 대판 2013.3.14, 2012도13611
㉣ (○) 대판 2016.5.12, 2013도15616

정답 ③

04 위법수집증거에 관한 설명 중 옳은 것은? (다툼이 있는 경우 판례에 의함)   24 변호사시험

① 임의제출된 정보저장매체에서 압수의 대상이 되는 전자정보의 범위를 넘어서는 전자정보에 대해 수사기관이 영장 없이 압수·수색하여 취득한 증거는 위법수집증거로서 증거능력이 없고, 설령 사후에 압수·수색영장이 발부되었거나 피고인이나 변호인이 이를 증거로 함에 동의하였더라도 그 위법성이 치유되지 않는다.

② 수사기관이 피의자를 신문함에 있어서 피의자에게 미리 진술거부권을 고지하지 않은 때에는 그 피의자의 진술은 설령 그 진술의 임의성이 인정되는 경우라도 증거능력이 부정되지만 이는 진술거부권을 고지받지 못한 당해 피의자에 대하여 유죄의 증거로 사용할 수 없다는 의미이므로, 당해 피의자의 공범에 대하여는 유죄의 증거로 사용할 수 있다.

③ 범죄 증거를 수집할 목적으로 피의자의 동의 없이 이루어지는 강제채뇨는 피의자에게 신체적 고통이나 장애를 초래하고 수치심이나 굴욕감을 주며 인간으로서의 존엄과 가치를 침해하는 수사방법이므로 「형사소송법」 제215조에 따라 판사로부터 압수·수색영장을 적법하게 발부받았더라도 허용되지 않는다.

④ 수출입물품 통관검사절차에서 이루어지는 물품의 개봉, 시료채취, 성분분석 등의 검사는 수출입물품에 대한 적정한 통관 등을 목적으로 하는 것으로서 세관공무원은 압수·수색영장 없이 이러한 검사를 진행할 수 있지만, 세관공무원이 통관검사를 위하여 직무상 소지하거나 보관하는 물품에 대하여 수사기관이 점유를 취득하기 위해서는 사전 또는 사후에 영장을 받아야만 한다.

⑤ 피고인이 문서위조를 위해 연습한 흔적이 남아 있는 업무일지는 공익과 사익을 비교형량할 때 피고인의 소송사기를 증명하기 위한 유죄의 증거로 사용할 수 있지만, 만약 그 업무일지가 제3자에 의하여 절취된 것이고 소송사기의 피해자가 대가를 지급하고 이를 취득한 것이라면 유죄의 증거로 사용할 수 없다.

해설

① (○) 대판 2021.11.18, 2016도348 전원합의체
② (×) [1] 수사기관이 피의자를 신문함에 있어서 피의자에게 미리 진술거부권을 고지하지 않은 때에는 그 피의자의 진술은 위법하게 수집된 증거로서 진술의 임의성이 인정되는 경우라도 증거능력이 부인되어야 한다(대판 2014.4.10, 2014도1779)
[2] 이와 같은 피의자의 진술은 당해 피의자의 공범에 대하여도 유죄의 증거로 사용할 수 없다(대판 1992.6.23, 92도682 참고).
③ (×) 수사기관이 범죄 증거를 수집할 목적으로 피의자의 동의 없이 피의자의 혈액을 취득·보관하는 행위는 법원으로부터 감정처분허가장을 받아 형사소송법 제221조의4 제1항, 제173조 제1항에 의한 '감정에 필요한 처분'으로도 할 수 있지만, 형사소송법 제219조, 제106조 제1항에 정한 압수의 방법으로도 할 수 있고, 압수의 방법에 의하는 경우 혈액의 취득을 위하여 피의자의 신체로부터 혈액을 채취하는 행위는 그 혈액의 압수를 위한 것으로서 형사소송법 제219조, 제120조 제1항에 정한 '압수영장의 집행에 있어 필요한 처분'에 해당한다(대판

2012.11.15, 2011도15258)

④ (×) [1] 우편물 통관검사절차에서 이루어지는 우편물의 개봉, 시료채취, 성분분석 등의 검사는 수출입물품에 대한 적정한 통관 등을 목적으로 한 행정조사의 성격을 가지는 것으로서 수사기관의 강제처분이라고 할 수 없으므로 압수·수색영장 없이 우편물을 개봉, 시료채취, 성분분석 등 검사가 진행되었다고 하더라도 특별한 사정이 없는 한 위법하다고 볼 수 없다. [2] 세관공무원이 통관검사를 위하여 직무상 소지 또는 보관하는 우편물을 수사기관에 임의로 제출한 경우에는 비록 소유자의 동의를 받지 않았다 하더라도 수사기관이 강제로 점유를 취득하지 않은 이상 해당 우편물을 압수하였다고 할 수 없다(대판 2013.9.26, 2013도7718)
※ 세관공무원이 통관검사를 위하여 직무상 소지하거나 보관하는 물품에 대하여 수사기관은 영장을 받지 않더라도 임의제출 방식으로 압수할 수 있다.

⑤ (×) 사문서위조·위조사문서행사 및 소송사기로 이어지는 일련의 범행에 대하여 피고인을 형사소추하기 위해서는 이 사건 업무일지가 반드시 필요한 증거로 보이므로, 설령 그것이 제3자에 의하여 절취된 것으로서 위 소송사기 등의 피해자 측이 이를 수사기관에 증거자료로 제출하기 위하여 대가를 지급하였다 하더라도, 공익의 실현을 위하여는 이 사건 업무일지를 범죄의 증거로 제출하는 것이 허용되어야 한다(대판 2008.6.26, 2008도1584)

정답 ①

05 사인에 의한 위법수집증거에 대한 설명으로 옳지 않은 것은? (다툼이 있는 경우 판례에 의함)

24 검찰9급

① 국민의 사생활 영역에 관계된 모든 증거의 제출이 곧바로 금지되는 것으로 볼 수는 없으므로 법원으로서는 효과적인 형사소추 및 형사소송에서 진실발견이라는 공익과 개인의 인격적 이익 등 보호이익을 비교형량하여 그 허용 여부를 결정하여야 한다.

② 택시 운전기사인 피고인이 자신의 택시에 승차한 피해자들에게 질문하여 지속적인 답변을 유도하는 등의 방법으로 피해자들과의 대화를 이어나가면서 그 대화 내용을 공개한 경우, 피해자들의 발언은 피고인에 대한 관계에서 통신비밀보호법 제3조 제1항에서 정한 '타인 간의 대화'에 해당한다고 할 수 없다.

③ 사문서위조·위조사문서행사 및 소송사기의 형사소추를 위해 반드시 필요한 증거인 업무일지를 제3자가 절취하였고, 이를 피해자측이 수사기관에 증거자료로 제출하기 위해 대가를 지급하고 취득한 경우라고 할지라도 그 업무일지를 증거로 제출하는 것은 허용될 수 있다.

④ 제3자가 권한 없이 비밀보호조치를 해제하는 방법으로 피고인이 공공업무용 전자문서관리시스템을 이용하여 발송한 전자우편을 수집한 후, 이를 공무원의 지위를 이용한 공직선거법 위반행위인 공소사실의 증거로 제출하는 것은 관련 법률에 따라 형사처벌되는 범죄행위일 뿐만 아니라 피고인의 기본권을 침해하는 행위이므로 허용될 수 없다.

해설

① (○) 대판 2010.9.9, 2008도3990
② (○) 대판 2014.5.16, 2013도16404
③ (○) 대판 2008.6.26, 2008도1584
④ (×) 시청 공무원인 제3자가 권한 없이 전자우편에 대한 비밀 보호조치를 해제하는 방법을 통하여 전자우편을 수집(정보통신망법위반 행위)했다고 하더라도, 공직선거법위반죄(공무원의 지위를 이용한 선거운동행위)는 중대한 범죄에 해당할 뿐만 아니라 피고인이 전자우편을 증거로 함에 동의한 점 등을 종합하면 전자우편을 증거로 제출하는 것은 허용되어야 할 것이므로, 이 전자우편은 증거능력을 인정할 수 있다(대판 2013.11.28, 2010도12244) ※ 시청 공무원은 수사기관이 아니므로 위법수집증거배제법칙이 적용되지 않는다.

정답 ④

06 위법수집증거배제법칙에 관한 설명으로 가장 적절한 것은? (다툼이 있는 경우 판례에 의함)

22 경찰채용

① 검사가 공소외 甲을 구속기소한 후 다시 소환하여 피고인 등 공범과의 활동에 관한 신문을 하면서 피의자신문조서가 아닌 일반적인 진술조서의 형식으로 조서를 작성한 경우 이 진술조서의 내용이 피의자신문조서와 실질적으로 같고 진술의 임의성이 인정되는 경우라도 甲에게 미리 진술거부권을 고지하지 않은 때에는 그 진술은 위법수집증거에 해당하므로 피고인에 대한 유죄의 증거로 사용할 수 없다.

② 법관의 서명날인란에 서명만 있고 날인이 없는 영장은 형사소송법이 정한 요건을 갖추지 못하여 적법하게 발부되었다고 볼 수 없으므로 비록 판사의 의사에 기초하여 진정하게 영장이 발부되었다는 점이 외관상 분명하고 의도적으로 적법절차의 실질적인 내용을 침해한다거나 영장주의를 회피할 의도를 가지고 이 영장에 따른 압수·수색을 하였다고 보기 어렵다 하더라도 이 영장에 따라 압수한 파일 출력물과 이에 기초하여 획득한 2차적 증거인 피의자신문조서도 유죄 인정의 증거로 사용할 수 없다.

③ 수사기관이 피의자의 범의를 명백하게 하기 위하여 A를 참고인으로 조사하는 과정에서 진술거부권을 고지하지 않고 진술조서를 작성하였는데, 추후 계속된 수사를 통하여 A가 피의자와 공범관계에 있을 가능성이 인정되었다면 A에 대한 위 조사 당시 A는 이미 피의자의 지위에 있었다고 볼 수 있으므로 A에 대한 위 진술조서는 증거능력이 없다.

④ 피고인이 발송한 이메일에 대한 압수·수색영장을 집행하면서 수사기관이 甲 회사에 팩스로 영장 사본을 송신하였다면, 비록 영장 원본을 제시하거나 압수조서와 압수물 목록을 작성하여 피압수·수색 당사자에게 교부하지 않았더라도 이 같은 방법으로 압수된 피고인의 이메일은 위법수집증거의 증거능력을 인정할 수 있는 예외적인 경우에 해당하므로 증거능력이 부정되지 않는다.

> **해설**
>
> ① (○) 대판 2009.8.20, 2008도8213
> ② (×) 압수·수색·검증영장 법관의 서명·날인란에 서명만 있고 날인이 없는 경우 형사소송법이 정한 요건을 갖추지 못하여 적법하게 발부되었다고 볼 수 없으나, 위와 같은 결함은 피고인의 기본적 인권보장 등 법익 침해 방지와 관련성이 적으므로 절차 조항 위반의 내용과 정도가 중대하지 않고 절차 조항이 보호하고자 하는 권리나 법익을 본질적으로 침해하였다고 볼 수 없다. 오히려 이러한 경우에까지 공소사실과 관련성이 높은 파일 출력물의 증거능력을 배제하는 것은 적법절차의 원칙과 실체적 진실규명의 조화를 도모하고 이를 통하여 형사사법 정의를 실현하려는 취지에 반하는 결과를 초래할 수 있다(대판 2019.7.11, 2018도20504).
> ※ 이와 같은 영장에 의하여 압수한 파일 출력물과 이에 기초하여 획득한 2차적 증거인 피의자신문조서는 유죄 인정의 증거로 사용할 수 있다.
> ③ (×) 수사기관에 의한 진술거부권 고지 대상이 되는 피의자 지위는 수사기관이 조사대상자에 대한 범죄혐의를 인정하여 수사를 개시하는 행위를 한 때 인정되는 것으로 보아야 한다.

따라서 이러한 피의자 지위에 있지 아니한 자에 대하여는 진술거부권이 고지되지 아니하였더라도 진술의 증거능력을 부정할 것은 아니다(대판 2011.11.10, 2011도8125) A가 피고인들과 공범관계에 있을 가능성만으로 A가 참고인으로서 검찰 조사를 받을 당시 또는 그 후라도 검사가 A에 대한 범죄혐의를 인정하고 수사를 개시하여 A가 피의자의 지위에 있게 되었다고 단정할 수 없다.

④ (×) 수사기관이 이메일에 대한 압수·수색영장을 집행할 당시 피압수자인 네이버 주식회사에 팩스로 영장 사본을 송신했을 뿐 그 원본을 제시하지 않았고, 압수조서와 압수물 목록을 작성하여 피압수·수색 당사자에게 교부하였다고 볼 수 없는 경우, 이러한 방법으로 압수된 이메일은 위법수집증거로 원칙적으로 유죄의 증거로 삼을 수 없다(대판 2017.9.7, 2015도10648)

정답 ①

07 증거 또는 증거능력에 관한 설명으로 가장 적절하지 않은 것은? (다툼이 있는 경우 판례에 의함)

24 경찰승진

① 피의자가 휴대전화를 임의제출하면서 휴대전화에 저장된 전자정보가 아닌 클라우드 등 제3자가 관리하는 원격지에 저장되어 있는 전자정보를 수사기관에 제출한다는 의사로 수사기관에게 클라우드 등에 접속하기 위한 아이디와 비밀번호를 임의로 제공하였다면, 이는 해당 클라우드 등에 저장된 전자정보를 임의제출한 것으로 볼 수 있다.

② 긴급체포되어 조사를 받고 구속영장이 청구되지 않아서 석방된 후 검사가 그 석방일로부터 30일 이내에 석방통지를 법원에 하지 않더라도 긴급체포 당시 상황과 경위, 긴급체포 후 조사과정 등에 특별한 위법이 없는 이상, 그 긴급체포에 의한 유치 중에 작성된 피의자신문조서가 위법하게 작성되었다고 볼 수는 없다.

③ 범죄의 피해자인 검사가 그 사건의 수사에 관여하거나, 압수·수색영장의 집행에 참여한 검사가 다시 수사에 관여하였다는 이유만으로도 바로 그 수사가 위법한 것이 되고, 그에 따른 참고인의 진술에 임의성이 있다고 볼 수 없으므로, 그 검사가 작성한 참고인 진술조서의 증거능력이 인정될 수 없다.

④ 구속적부심문조서는 「형사소송법」 제311조가 규정한 문서에는 해당하지 않지만, 특히 신용할 만한 정황에 의하여 작성된 문서이므로 특별한 사정이 없는 한 피고인의 증거동의가 없더라도 「형사소송법」 제315조 제3호에 의하여 당연히 증거능력이 인정된다.

> **해설**
>
> ① (○) 대판 2021.7.29, 2020도14654
> ② (○) 대판 2014.8.26, 2011도6035
> ③ (×) 범죄의 피해자인 검사가 그 사건의 수사에 관여하거나 압수·수색영장의 집행에 참여한 검사가 다시 수사에 관여하였다는 이유만으로 바로 그 수사가 위법하다거나 그에 따른 참고인이나 피의자의 진술에 임의성이 없다고 볼 수는 없다(대판 2013.9.12, 2011도12918)
> ④ (○) 대판 2004.1.16, 2003도5693
>
> 정답 ③

08 위법수집증거배제법칙에 관한 설명 중 옳은 것은 모두 몇 개인가? (다툼이 있는 경우 판례에 의함)

23 경찰채용

> ㉠ 사기죄의 증거인 업무일지가 피고인의 사생활 영역과 관계된 자유로운 인격권의 발현물이라고 볼 수 없고 피고인을 형사소추하기 위해서는 이 사건 업무일지가 반드시 필요한 증거라 하더라도, 그것이 제3자에 의하여 절취된 것으로서 피해자 측이 이를 수사기관에 증거자료로 제출하기 위하여 대가를 지급하였다면, 위 업무일지는 위법수집증거로서 증거로 사용할 수 없다.
> ㉡ 사법경찰관이 체포 당시 외국인인 피고인에게 영사통보권을 지체 없이 고지하지 않았다면 피고인에게 영사조력이 가능한지 여부나 실질적인 불이익이 있었는지 여부와 상관없이 국제협약에 따른 피고인의 권리나 법익을 본질적으로 침해하였다고 볼 수 있으므로, 체포나 구속 이후 수집된 증거와 이에 기초한 증거들은 유죄인정의 증거로 사용할 수 없다.
> ㉢ 특별한 사정이 존재하지 아니하는 이상 피고인에게 실질적 반대신문권의 기회가 부여되지 아니한 채 이루어진 증인의 법정진술은 위법한 증거로서 증거능력을 인정하기 어렵지만, 피고인의 책문권 포기로 그 하자가 치유될 수 있고, 이 경우 피고인의 책문권 포기의 의사는 명시적인 것이어야 한다.
> ㉣ 검사가 공소제기 후 형사소송법 제215조에 따라 수소법원 이외의 지방법원 판사에게 청구하여 발부받은 영장에 의하여 압수 수색을 하였다면, 그와 같이 수집된 증거는 적법한 절차에 따른 것으로서 원칙적으로 유죄의 증거로 삼을 수 있다.

① 1개　　　② 2개　　　③ 3개　　　④ 4개

해설

㉠ (×) 사문서위조·위조사문서행사 및 소송사기로 이어지는 일련의 범행에 대하여 피고인을 형사소추하기 위해서는 이 사건 업무일지가 반드시 필요한 증거로 보이므로, 설령 그것이 제3자에 의하여 절취된 것으로서 위 소송사기 등의 피해자 측이 이를 수사기관에 증거자료로 제출하기 위하여 대가를 지급하였다 하더라도, 공익의 실현을 위하여는 이 사건 업무일지를 범죄의 증거로 제출하는 것이 허용되어야 한다(대판 2008.6.26, 2008도1584).

㉡ (×) 사법경찰관이 체포 당시 피고인에게 영사통보권 등을 지체 없이 고지하지 않았으므로 체포나 구속 절차에 영사관계에 관한 비엔나협약 제36조 제1항 (b)호를 위반한 위법이 있으나, 제반 사정을 종합하면 피고인이 영사통보권 등을 고지받았더라도 영사의 조력을 구하였으리라고 보기 어렵고, 수사기관이 피고인에게 영사통보권 등을 고지하지 않았더라도 그로 인해 피고인에게 실질적인 불이익이 초래되었다고 볼 수 없어 피고인에게 영사통보권 등을 고지하지 않은 사정이 수사기관의 증거 수집이나 이후 공판절차에 상당한 영향을 미쳤다고 보기 어려우므로, 절차 위반의 내용과 정도가 중대하거나 절차 조항이 보호하고자 하는 외국인 피고인의 권리나 법익을 본질적으로 침해하였다고 볼 수 없어 체포나 구속 이후 수집된 증거와 이에 기초한 증거들은 유죄 인정의 증거로 사용할 수 있다(대판 2022.4.28, 2021도17103).

㉢ (○) 대판 2022.3.17, 2016도17054

㉣ (×) 검사가 공소제기 후 형사소송법 제215조에 따라 수소법원 이외의 지방법원판사에게 청구하여 발부받은 영장에 의하여 압수·수색을 하였다면, 그와 같이 수집된 증거는 기본적 인권 보장을 위해 마련된 적법한 절차에 따르지 않은 것으로서 원칙적으로 유죄의 증거로 삼을 수 없다(대판 2011.4.28, 2009도10412).

정답 ①

09 위법수집증거에 대한 설명으로 가장 적절하지 않은 것은? (다툼이 있는 경우 판례에 의함)

23 경찰승진

① 수사기관이 甲으로부터 피고인의 범행에 대한 진술을 듣고 추가적인 증거를 확보할 목적으로 구속수감되어 있던 甲에게 그의 압수된 휴대전화를 제공하여 피고인과 통화하고 위 범행에 관한 통화 내용을 녹음하게 한 행위는 불법감청에 해당하므로 그 녹음 자체는 물론 이를 근거로 작성된 녹취록 첨부 수사보고는 피고인의 증거동의에 상관없이 그 증거능력이 없다.

② 검사 작성의 피의자신문조서가 검사에 의하여 피의자에 대한 변호인의 접견이 부당하게 제한되고 있는 동안에 작성된 경우 그 피의자신문조서는 증거능력이 없다.

③ 수사기관으로부터 통신제한조치의 집행을 위탁받은 통신기관 등이 집행에 필요한 설비가 없는 때에는 일단 수사기관의 위탁을 받은 이상 그 통신기관이 수사기관에 설비제공을 요청하지 않고 통신제한조치허가서에 기재된 사항을 준수하지 아니한 채 통신제한조치를 집행하였다고 하더라도 이를 통하여 취득한 전기통신의 내용 등을 유죄의 증거로 사용할 수 있다.

④ 피고인이 범행 후 피해자에게 전화를 걸어오자 피해자가 증거를 수집하려고 그 전화내용을 녹음한 경우 그 녹음테이프가 피고인 모르게 녹음된 것이라 하여 이를 위법하게 수집된 증거라고 할 수 없다.

> **해설**
>
> ① (○) 대판 2010.10.14, 2010도9016
> ② (○) 대판 1990.8.24, 90도1285
> ③ (×) 수사기관으로부터 통신제한조치의 집행을 위탁받은 통신기관 등이 그 집행에 필요한 설비가 없을 때에는 수사기관에 그 설비의 제공을 요청하여야 하고, 그러한 요청 없이 통신제한조치허가서에 기재된 사항을 준수하지 아니한 채 통신제한조치를 집행하였다면 그러한 집행으로 인하여 취득한 전기통신의 내용 등은 적법한 절차를 따르지 아니하고 수집한 증거에 해당하므로 이는 유죄 인정의 증거로 할 수 없다(대판 2016.10.13, 2016도8137).
> ④ (○) 대판 1997.3.28, 97도240

정답 ③

10 위법수집증거배제법칙에 관한 설명으로 가장 적절한 것은? (다툼이 있는 경우 판례에 의함)

23 경찰채용

① 사법경찰관이 형사소송법 제215조 제2항을 위반하여 영장없이 물건을 압수한 경우라도, 그러한 압수 직후 피고인으로부터 그 압수물에 대한 임의제출동의서를 작성받았고 그 동의서를 작성받음에 사법경찰관에 의한 강요나 기망의 정황이 없었다면, 그 압수물은 임의제출의 법리에 따라 유죄의 증거로 할 수 있다.

② 기본권의 본질적 영역에 대한 보호는 국가의 기본적 책무이고 사인 간의 공개되지 않은 대화에 대한 도청 및 감청을 불법으로 간주하는 통신비밀보호법의 취지 등을 종합적으로 고려하면 제3자가 권한 없이 개인의 전자우편을 무단으로 수집한 것은 비록 그 전자우편 서비스가 공공적 성격을 가지는 것이라고 하더라도 증거로 제출하는 것이 허용될 수 없다.

③ 형사소송법 제218조에 의하여 영장 없이 압수할 수 있는 유류물의 압수 후 압수조서의 작성 및 압수목록의 작성 교부절차가 제대로 이행되지 아니한 잘못이 있더라도 이는 위법수집증거의 배제법칙에 비추어 증거능력의 배제가 요구되는 경우에 해당한다고 볼 수는 없다.

④ 경찰이 영장에 의해 압수된 피고인의 휴대전화를 탐색하던 중 영장에 기재된 범죄사실이 기록된 파일을 발견하여 이를 별도의 저장매체에 복제 출력한 경우, 이러한 탐색 복제 출력의 과정에서 피고인에게 참여의 기회를 부여하지 않았어도 사후에 그 파일에 대한 압수 수색영장을 발부받아 절차가 진행되었다면 적법하게 수집된 증거이다.

해설

① (×) 사법경찰관이 영장없이 물건을 압수한 경우 그 압수물은 물론 이를 기초로 하여 획득한 2차적 증거 역시 유죄 인정의 증거로 사용할 수 없는 것이고, 이와 같은 법리는 헌법과 형사소송법이 선언한 영장주의의 중요성에 비추어 볼 때 위법한 압수가 있은 직후에 피고인으로부터 작성받은 그 압수물에 대한 임의제출동의서도 특별한 사정이 없는 한 마찬가지라고 할 것이다(대판 2010.7.22, 2009도14376).

② (×) 피고인이 제1심에서 이 사건 전자우편을 이 사건 공소사실에 대한 증거로 함에 동의한 점 등을 종합하면, 이 사건 전자우편을 이 사건 공소사실에 대한 증거로 제출하는 것은 허용되어야 할 것이고, 이로 말미암아 피고인의 사생활의 비밀이나 통신의 자유가 일정 정도 침해되는 결과를 초래한다 하더라도 이는 피고인이 수인하여야 할 기본권의 제한에 해당한다고 보아야 할 것이다(대판 2013.11.28, 2010도12244).

③ (○) 유류물인 강판조각 및 임의제출물인 보강용 강판과 페인트를 영장없이 적법하게 안수한 경우 위 각 증거의 압수 후 압수조서의 작성 및 압수목록의 작성·교부 절차가 제대로 이행되지 아니한 잘못이 있다 하더라도, 그것이 적법절차의 실질적인 내용을 침해하는 경우에 해당한다거나 앞서 본 위법수집증거의 배제법칙에 비추어 그 증거능력의 배제가 요구되는 경우에 해당한다고 볼 수는 없다(대판 2011.5.26, 2011도1902).

④ (×) 저장매체에 대한 압수·수색 과정에서 범위를 정하여 출력하거나 복제하는 방법이 불가능하거나 압수의 목적을 달성하기에 현저히 곤란한 예외적인 사정이 인정되어 전자정보가 담긴 저장매체 또는 하드카피나 이미징 등 형태(이하 '복제본'이라 한다)를 수사기관 사무실 등으로 옮겨 복제·탐색·출력하는 경우에도 그와 같은 일련의 과정에서 피압수자나 변호인에게 참여의 기회를 보장하고 혐의사실과 무관한 전자정보의 임의적인 복제 등을 막기 위한 적절한 조치를 취하는 등 영장주의 원칙과 적법절차를 준수하여야 한다. 만일 그러한 조치를 취하지 않았다면 피압수자 측이 참여하지 않겠다는 의사를 명시적으로 표시하였거나 절차 위반행위가 이루어진 과정과 내용 등에 비추어 피압수자 측에 절차 참여를 보장한 취지가 실질적으로 침해되었다고 볼 수 없을 정도에 해당한다는 등의 특별한 사정이 없는 이상 압수·수색이 적법하다고 평가할 수 없다. 비록 수사기관이 저장매체 또는 복제본에서 혐의사실과 관련된 전자정보만을 복제·출력하였다고 하더라도 달리 볼 것은 아니다(대판 2021.12.30, 2019도10309).

정답 ③

11 증거능력에 관한 설명 중 가장 옳지 않은 것은? (다툼이 있는 경우 판례에 의함) 23 법원9급

① 임의제출된 정보저장매체에서 압수의 대상이 되는 전자정보의 범위를 넘어서는 전자정보에 대해 수사기관이 영장 없이 압수·수색하여 취득한 증거는 위법수집증거에 해당하고, 사후에 법원으로부터 영장이 발부되었다거나 피고인이나 변호인이 이를 증거로 함에 동의하였다고 하여 그 위법성이 치유되는 것도 아니므로 증거능력이 없다.

② 법원조직법 제57조 제1항에서 정한 공개금지사유가 없음에도 불구하고 재판의 심리에 관한 공개를 금지하기로 결정하였다면, 그 절차에 의하여 이루어진 증인의 증언은 증거능력이 없고, 변호인의 반대신문권이 보장되었더라도 달리 볼 수 없으며, 이러한 법리는 공개금지결정의 선고가 없는 등으로 공개금지결정의 사유를 알 수 없는 경우에도 마찬가지이다.

③ 형사소송법 제244조의4(수사과정의 기록) 제1항은 피고인이 아닌 자가 수사과정에서 진술서를 작성하는 경우에도 준용되므로, 수사기관이 그에 대한 조사과정을 기록하지 아니한 경우에는, 특별한 사정이 없는 한 '적법한 절차와 방식'에 따라 수사과정에서 진술서가 작성되었다 할 수 없으므로 그 증거능력을 인정할 수 없다.

④ 경찰관이 피고인이 아닌 자의 주거지·근무지를 방문한 곳에서 진술서 작성을 요구하여 제출받은 경우 등 그 진술서가 경찰서에서 작성한 것이 아니라 작성자가 원하는 장소를 방문하여 받은 것이라면, 형사소송법 제244조의4(수사과정의 기록) 제1항 규정이 적용되지 않는다.

> **해설**
>
> ① (○) 대판 2021.11.18, 2016도348 전원합의체
> ② (○) 대판 2015.10.29, 2014도5939
> ③ (○) 대판 2015.4.23, 2013도3790
> ④ (×) [1] 형사소송법 제312조 제5항의 적용대상인 '수사과정에서 작성한 진술서'란 수사가 시작된 이후에 수사기관의 관여 아래 작성된 것이거나, 개시된 수사와 관련하여 수사과정에 제출할 목적으로 작성한 것으로, 작성 시기와 경위 등 여러 사정에 비추어 그 실질이 이에 해당하는 이상 명칭이나 작성된 장소 여부를 불문한다.
> [2] 경찰관이 입당원서 작성자의 주거지·근무지를 방문하여 입당원서 작성 경위 등을 질문한 후 진술서 작성을 요구하여 이를 제출받은 이상 형사소송법 제312조 제5항이 적용되어야 한다는 이유로 형사소송법 제244조의4에서 정한 절차를 준수하지 않은 위 각 증거의 증거능력이 인정되지 않는다(대판 2022.10.27, 2022도9510)

정답 ④

제2절 자백배제법칙

01 자백배제법칙과 증거능력에 관한 설명으로 가장 적절하지 않은 것은? (다툼이 있는 경우 판례에 의함)

24 경찰채용

① 수사기관은 수사 중인 사건의 범죄 혐의를 밝히기 위한 목적으로 합리적인 근거 없이 별개의 사건을 부당하게 수사하여서는 아니 되고, 다른 사건의 수사를 통하여 확보된 증거 또는 자료를 내세워 관련 없는 사건에 대한 자백이나 진술을 강요하여서도 아니 된다.
② 피고인의 자백이 임의성이 없다고 의심할 만한 사유가 있는 때에 해당한다 할지라도 그 임의성이 없다고 의심하게 된 사유들과 피고인의 자백과의 사이에 인과관계가 존재하지 않은 것이 명백한 때에는 그 자백은 임의성이 있는 것으로 인정된다.
③ 피고인의 자백의 신빙성 유무를 판단할 때에는 그 자백에 형사소송법 제309조에 정한 사유 또는 자백의 동기나 과정에 합리적인 의심을 갖게 할 상황이 있었는지를 판단하여야 한다.
④ 증거조사를 마친 증거가 증거능력이 없음을 이유로 한 이의신청을 이유있다고 인정할 경우에 법원은 그 증거의 일부가 아니라 전부를 배제하는 결정을 하여야 한다.

> **해설**
> ① (○) 제198조 제4항
> ② (○) 대판 1984.11.27, 84도2252
> ③ (○) 대판 2019.10.31, 2018도2642
> ④ (×) 증거조사를 마친 증거가 증거능력이 없음을 이유로 한 이의신청을 이유있다고 인정할 경우에는 그 증거의 전부 또는 일부를 배제한다는 취지의 결정을 하여야 한다(규칙 제139조 제4항).

정답 ④

02 자백 또는 그 증거능력에 관한 설명으로 가장 적절한 것은? (다툼이 있는 경우 판례에 의함)

24 경찰승진

① 피고인이 제출한 항소이유서에 '돈이 급해 지어서는 안될 죄를 지었습니다', '진심으로 뉘우치고 있습니다'라고 기재되어 있고 피고인이 항소심 공판기일에 항소이유서를 진술하였다면, 곧 이어서 있은 검사와 재판장 및 변호인의 각 심문에 대하여 피고인이 범죄사실을 부인하였고, 수사단계에서도 범죄사실을 일관되게 부인하여 왔더라도 항소이유서의 기재만으로 범죄사실을 자백한 것으로 볼 수 있다.
② 자백은 피고인의 진술이나 피의자의 지위에서 행한 진술을 말하며, 피의자의 지위가 발생하기 이전의 참고인으로서 행한 진술은 자백에 해당하지 않는다.
③ 검찰에서의 피고인의 자백이 임의성이 있어 그 증거능력이 인정된다면 자백의 진실성과 신빙성은 당연히 인정된다.
④ 임의성 없는 자백은 증거동의의 대상이 아니고 탄핵증거로도 사용될 수 없다.

해설

① (×) 횡령죄의 피고인이 제출한 항소이유서에 "피고인은 돈이 급해 지어서는 안될 죄를 지었습니다.", "진심으로 뉘우치고 있습니다."라고 기재되어 있더라도, 이어진 검사와 재판장 및 변호인의 각 신문에 대하여 범죄사실을 일관되게 부인한다면 범죄사실을 자백한 것이라고 볼 수 없다(대판 1999.11.12, 99도3341)
② (×) 자백은 수사기관의 신문에 응하여 범죄사실을 인정하는 것으로, 피의자의 지위가 발생하기 이전의 참고인으로서 행한 진술도 자백에 해당한다.
③ (×) 검찰에서의 피고인의 자백이 임의성이 있어 그 증거능력이 부여된다 하여 자백의 진실성과 신빙성까지도 당연히 인정되어야 하는 것은 아니다(대판 2007.9.6, 2007도4959)
④ (○) 피고인이 유죄의 증거로 함에 동의하더라도 증거능력이 인정되지 아니하며, 탄핵증거로도 사용할 수 없다.

정답 ④

03 자백배제법칙에 관한 설명으로 가장 적절하지 않은 것은? (다툼이 있는 경우 판례에 의함)

23 경찰채용

① 피고인의 자백이 임의로 진술한 것이 아니라고 의심할 만한 이유가 있는 때에는 유죄의 증거가 될 수 없으며, 자백의 임의성이 인정되는 경우라도 수사기관에서의 신문절차에서 미리 진술거부권을 고지받지 아니하고 행한 것이라면 이는 위법하게 수집된 증거로서 증거능력이 부인되어야 한다.
② 자백은 일단 자백하였다가 이를 번복 내지 취소하더라도 그 효력이 없어지는 것은 아니기에, 피고인이 항소이유서에 '돈이 급해 지어서는 안될 죄를 지었습니다.', '진심으로 뉘우치고 있습니다.'라고 기재하였고 항소심 공판기일에 그 항소이유서를 진술하였다면, 이어진 검사의 신문에 범죄사실을 부인하였고 수사단계에서도 일관되게 범죄사실을 부인하여 온 사정이 있다고 하더라도 피고인이 자백한 것으로 볼 수 있다.
③ 피고인의 자백이 신문에 참여한 검찰주사가 피의사실을 자백하면 피의사실 부분은 가볍게 처리하고 부가적인 보안처분의 청구를 하지 않겠다는 각서를 작성하여 주면서 자백을 유도한 것에 기인한 것이라면 그 자백은 증거로 할 수 없다.
④ 형사소송법 제309조 소정의 사유로 임의성이 없다고 의심할 만한 이유가 있는 자백은 그 인과관계의 존재가 추정되는 것이므로 이를 유죄의 증거로 하려면 적극적으로 그 인과관계가 존재하지 아니하는 것이 인정되어야 할 것이다.

> **해설**
>
> ① (○) 수사기관이 피의자를 신문함에 있어서 피의자에게 미리 진술거부권을 고지하지 않은 때에는 그 피의자의 진술은 위법하게 수집된 증거로서 진술의 임의성이 인정되는 경우라도 증거능력이 부인되어야 한다(대판 2014.4.10, 2014도1779)
> ② (×) 횡령죄의 피고인이 제출한 항소이유서에 "피고인은 돈이 급해 지어서는 안될 죄를 지었습니다.", "진심으로 뉘우치고 있습니다."라고 기재되어 있더라도, 이어진 검사와 재판장 및 변호인의 각 신문에 대하여 범죄사실을 일관되게 부인한다면 범죄사실을 자백한 것이라고 볼 수 없다(대판 1999.11.12, 99도3341)
> ③ (○) 대판 1985.12.10, 85도2182
> ④ (○) 대판 1984.11.27, 84도2252

정답 ②

제3절 전문법칙

01 형사소송법 제311조에 따라서 증거능력이 인정되는 전문증거는 모두 몇 개인가? (다툼이 있는 경우 판례에 의함)
22 경간

> ㉠ 당해 사건에서 상소심에 의한 파기환송 전의 공판조서
> ㉡ 당해 사건에서 공판절차 갱신 전의 공판조서
> ㉢ 당해 사건의 공판준비절차에서 작성된 감정인신문조서
> ㉣ 당해 사건의 공판기일에서 피고인이 행한 진술
> ㉤ 증거보전절차에서 작성된 증인신문조서 중 증인에 대한 반대신문과정에서 피의자가 진술한 내용을 기재한 부분

① 2개 ② 3개 ③ 4개 ④ 5개

해설

㉠ (인정 ○), ㉡ (인정 ○), ㉢ (인정 ○) 공판준비 또는 공판기일에 피고인이나 피고인 아닌 자의 진술을 기재한 조서와 법원 또는 법관의 검증의 결과를 기재한 조서는 증거로 할 수 있다(제311조).

㉣ (인정 ×) 당해 사건의 공판기일에서 피고인이 행한 '진술'은 특별한 사정이 없는 한 원본증거이고 형사소송법 제311조에 규정된 '피고인의 진술을 기재한 조서'가 아니다.

㉤ (인정 ×) 증인신문조서가 증거보전절차에서 증인 甲의 증언내용을 기재한 것이고 다만 피의자였던 피고인 乙이 당사자로 참여하여 자신의 범행사실을 시인하는 전제하에 위 증인에게 반대신문한 내용이 기재되어 있을 뿐이라면 위 조서는 공판준비 또는 공판기일에 피고인 등의 진술을 기재한 조서도 아니고 반대신문 과정에서 피의자가 한 진술에 관한 한 형사소송법 제184조에 의한 증인신문조서도 아니므로 형사소송법 제311조에 의한 증거능력을 인정할 수 없다(대판 1984.5.15, 84도508).

정답 ②

02 증거에 관한 설명 중 옳은 것(O)과 옳지 않은 것(×)을 올바르게 조합한 것은? (다툼이 있는 경우 판례에 의함)

24 변호사시험

> ㉠ '증거물인 서면'을 조사하기 위해서는 증거서류의 조사방식인 낭독·내용고지 또는 열람의 절차와 증거물의 조사방식인 제시의 절차가 함께 이루어져야 한다.
> ㉡ 상해의 증거로 제시된 상해부위를 촬영한 사진은 비진술증거로서 전문법칙이 적용되지 않는다.
> ㉢ 「형사소송법」 제312조 제5항의 적용 대상인 '수사과정에서 작성한 진술서'란 수사가 시작된 이후에 수사기관의 관여 아래 수사관서 내에서 작성된 것을 말하므로, 수사관서 이외의 장소에서 수사기관의 요청에 따라 피의자가 작성한 진술서는 수사과정에서 작성한 진술서에 해당하지 않는다.
> ㉣ 검사가 공판기일에 증인으로 신청하여 신문할 사람을 특별한 사정 없이 미리 수사기관에 소환하여 면담하는 절차를 거친 후 그 증인이 법정에서 피고인에게 불리한 내용을 진술한 경우, 검사가 증인신문 전 면담 과정에서 증인에 대한 회유나 압박, 답변 유도나 암시 등으로 증인의 법정진술에 영향을 미치지 않았다는 점이 담보되어야 증인의 법정진술을 신빙할 수 있다.

① ㉠(O) ㉡(O) ㉢(×) ㉣(×)
② ㉠(×) ㉡(×) ㉢(O) ㉣(O)
③ ㉠(O) ㉡(O) ㉢(×) ㉣(O)
④ ㉠(×) ㉡(O) ㉢(O) ㉣(×)
⑤ ㉠(O) ㉡(×) ㉢(×) ㉣(O)

해설

㉠ (O) 대판 2013.7.26, 2013도2511
㉡ (O) 대판 2007.7.26, 2007도3906
㉢ (×) 형사소송법 제312조 제5항의 적용대상인 '수사과정에서 작성한 진술서'란 수사가 시작된 이후에 수사기관의 관여 아래 작성된 것이거나, 개시된 수사와 관련하여 수사과정에 제출할 목적으로 작성한 것으로, 작성 시기와 경위 등 여러 사정에 비추어 그 실질이 이에 해당하는 이상 명칭이나 작성된 장소 여부를 불문한다(대판 2022.10.27, 2022도9510)
㉣ (O) 대판 2021.6.10, 2020도15891

정답 ③

03 증거능력에 관한 설명으로 가장 적절하지 않은 것은? (다툼이 있는 경우 판례에 의함)

24 경찰승진

① 수표를 발행한 후 예금부족 등으로 지급되지 아니하게 하였다는 부정수표단속법위반 공소사실을 증명하기 위하여 제출되는 증거물인 수표에 대하여 수표 원본이 아닌 복사한 사본이 증거로 제출되었고 피고인이 이를 증거로 하는 데 부동의한 경우, 사본을 증거로 사용하기 위해서는 원본을 법정에 제출할 수 없거나 제출이 곤란한 사정이 있고 원본이 존재하거나 존재하였으며 증거로 제출된 수표 사본이 이를 정확하게 전사한 것이라는 사실이 증명되어야 한다.

② 개인의 사생활 영역에 관계된 모든 증거의 제출이 금지되는 것은 아니며, 형사소추 및 형사소송에서의 진실발견이라는 공익과 개인의 인격적 이익 등 보호이익을 비교형량하여 그 허용 여부를 결정하여야 한다.

③ 정보저장매체로부터 출력된 문서에 대하여 정보저장매체 원본에 저장된 전자기록과 출력문서의 동일성이 인정되고, 정보저장매체 원본이 압수된 이후부터 문건 출력에 이르기까지 변경되지 않았다는 무결성이 담보되는 것만으로 출력된 문서의 내용을 전문증거로 사용할 수 있다.

④ 거짓말탐지기 검사결과는 항상 진실에 부합한다고 단정할 수 없을 뿐 아니라, 검사를 받는 사람의 진술의 신빙성을 가늠하는 정황증거로서 기능하는데 그친다.

> **해설**
>
> ① (O) 대판 2015.4.23, 2015도2275
> ② (O) 대판 2010.9.9, 2008도3990
> ③ (×) [1] 압수물인 컴퓨터용 디스크 그 밖에 이와 비슷한 정보저장매체(이하 '정보저장매체'라고만 한다)에 입력하여 기억된 문자정보 또는 그 출력물(이하 '출력 문건'이라 한다)을 증거로 사용하기 위해서는 정보저장매체 원본에 저장된 내용과 출력 문건의 동일성이 인정되어야 하고, 이를 위해서는 정보저장매체 원본이 압수 시부터 문건 출력 시까지 변경되지 않았다는 사정, 즉 무결성이 담보되어야 한다.
> [2] 피고인 또는 피고인 아닌 사람이 정보저장매체에 입력하여 기억된 문자정보 또는 그 출력물을 증거로 사용하는 경우, 이는 실질에 있어서 피고인 또는 피고인 아닌 사람이 작성한 진술서나 그 진술을 기재한 서류와 크게 다를 바 없고, **압수 후의 보관 및 출력과정에 조작의 가능성이 있으며, 기본적으로 반대신문의 기회가 보장되지 않는 점 등에 비추어 그 내용의 진실성에 관하여는 전문법칙이 적용되고, 따라서 원칙적으로 형사소송법 제313조 제1항에 의하여 그 작성자 또는 진술자의 진술에 의하여 성립의 진정함이 증명된 때에 한하여 이를 증거로 사용할 수 있다**(대판 2013.7.26, 2013도2511)
> ④ (O) 대판 1987.7.21, 87도968

정답 ③

04 전문증거에 관한 설명으로 옳은 것은 모두 몇 개인가? (다툼이 있는 경우 판례에 의함)

24 경찰채용

> ㉠ 어떤 진술이 기재된 서류가 그 내용의 진실성이 범죄사실에 대한 직접증거로 사용될 때는 전문증거가 되지만, 그와 같은 진술을 하였다는 것 자체 또는 진술의 진실성과 관계없는 간접사실에 대한 정황증거로 사용될 때는 반드시 전문증거가 되는 것이 아니다.
> ㉡ 형사소송법 제312조 제1항은 검사가 작성한 피의자신문조서는 공판준비, 공판기일에 그 피의자였던 피고인 또는 변호인이 그 내용을 인정할 때에 한정하여 증거로 할 수 있다고 규정하고 있다. 여기서 '그 내용을 인정할 때'라 함은 피의자신문조서의 기재 내용이 진술 내용대로 기재되어 있다는 의미가 아니고 그와 같이 진술한 내용이 실제 사실과 부합한다는 것을 의미한다.
> ㉢ 피고인이 자신과 공범관계에 있는 다른 피고인이나 피의자에 대하여 검사가 작성한 피의자신문조서의 내용을 부인하는 경우에는 형사소송법 제312조 제1항이 적용되지 아니하므로 이를 유죄의 증거로 쓸 수 있다.
> ㉣ 재전문진술이 기재된 조서는 형사소송법 제312조 또는 제314조에 따라 증거능력이 인정될 수 있는 경우에 해당하여야 함은 물론 형사소송법 제316조 제2항에 따른 요건을 갖추어야 예외적으로 증거능력이 있다.
> ㉤ 형사소송법은 전문진술에 대하여 제316조에서 실질상 단순한 전문의 형태를 취하는 경우에 한하여 예외적으로 그 증거능력을 인정하는 규정을 두고 있을 뿐, 재전문진술이나 재전문진술을 기재한 조서에 대하여는 달리 그 증거능력을 인정하는 규정을 두고 있지 아니하므로, 피고인이 증거로 하는 데 동의하더라도 형사소송법 제310조의2의 규정에 의하여 이를 증거로 할 수 없다.

① 2개 ② 3개 ③ 4개 ④ 5개

해설

㉠ (○) 대판 2013.6.13, 2012도16001
㉡ (○) 대판 2013.3.28, 2010도3359
㉢ (×) 피고인이 자신과 공범관계에 있는 다른 피고인이나 피의자에 대하여 검사가 작성한 피의자신문조서의 내용을 부인하는 경우에는 형사소송법 제312조 제1항에 따라 유죄의 증거로 쓸 수 없다(대판 2023.6.1, 2023도3741).
㉣ (×), ㉤ (×) 재전문진술이나 재전문진술을 기재한 조서에 대하여는 달리 그 증거능력을 인정하는 규정을 두고 있지 아니하고 있으므로 피고인이 증거로 하는 데 동의하지 아니하는 한 형사소송법 제310조의2의 규정에 의하여 이를 증거로 할 수 없다(대판 2012.5.24, 2010도5948).

정답 ①

05 전문증거에 관한 설명으로 옳고 그름의 표시(O, ×)가 모두 바르게 된 것은? (다툼이 있는 경우 판례에 의함)

23 법학특채

> ㉠ 조세범칙조사를 담당하는 세무공무원이 피고인이 된 혐의자 또는 참고인에 대하여 심문한 내용을 기재한 조서는 「형사소송법」 제313조에 따라 공판준비 또는 공판기일에서 작성자·진술자의 진술에 따라 성립의 진정함이 증명되고, 나아가 그 진술이 특히 신빙할 수 있는 상태 아래에서 행하여진 때에 한하여 증거능력이 인정된다.
>
> ㉡ 미국 범죄수사대(CID), 연방수사국(FBI)의 수사관들이 작성한 수사보고서 및 피고인이 위 수사관들에 의한 조사를 받는 과정에서 작성하여 제출한 진술서는 피고인이 그 내용을 부인하는 이상 증거로 쓸 수 없다.
>
> ㉢ 정보통신망을 통하여 공포심이나 불안감을 유발하는 글을 반복적으로 상대방에게 도달하게 하는 행위를 하였다는 공소사실에 대하여 휴대전화기에 저장된 문자정보가 그 증거가 되는 경우, 그 문자정보는 범행의 직접적인 수단이고 경험자의 진술에 갈음하는 대체물에 해당하므로, 「형사소송법」 제310조의2에서 정한 전문법칙이 적용된다.
>
> ㉣ 수사기관에서 진술한 참고인이 법정에서 증언을 거부하여 피고인이 반대신문을 하지 못한 경우, 「형사소송법」 제314조의 '그 밖에 이에 준하는 사유로 인하여 진술할 수 없는 때'에 해당하며, 수사기관에서 그 증인의 진술을 기재한 서류는 증거능력이 인정된다.
>
> ㉤ 이른바 보험사기 사건에서 건강보험심사평가원이 수사기관의 의뢰에 따라 보내온 자료를 토대로 입원진료의 적정성에 대한 의견을 제시하는 내용의 '건강보험심사평가원의 입원진료 적정성 여부 등 검토의뢰에 대한 회신'은 「형사소송법」 제315조 제3호의 '기타 특히 신용할 만한 정황에 의하여 작성된 문서'에 해당하지 않는다.

① ㉠(O) ㉡(×) ㉢(O) ㉣(×) ㉤(O)
② ㉠(×) ㉡(O) ㉢(O) ㉣(×) ㉤(O)
③ ㉠(O) ㉡(O) ㉢(×) ㉣(×) ㉤(O)
④ ㉠(×) ㉡(×) ㉢(×) ㉣(O) ㉤(×)

해설

㉠ (O) 대판 2022.12.15, 2022도8824

㉡ (O) 대판 2006.1.13, 2003도6548

㉢ (×) "정보통신망을 통하여 공포심이나 불안감을 유발하는 글을 반복적으로 상대방에게 도달하게 하는 행위를 하였다"는 공소사실에 대하여 휴대전화기에 저장된 문자정보가 그 증거가 되는 경우와 같이 그 문자정보가 범행의 직접적인 수단이 될 뿐 경험자의 진술에 갈음하는 대체물에 해당하지 않는 경우에는 형사소송법 제310조의2에서 정한 전문법칙이 적용될 여지가 없다(대판 2008.11.13, 2006도2556).

㉹ (×) 수사기관에서 진술한 참고인이 법정에서 증언을 거부하여 피고인이 반대신문을 하지 못한 경우에는 정당하게 증언거부권을 행사한 것이 아니라도, 피고인이 증인의 증언거부 상황을 초래하였다는 등의 특별한 사정이 없는 한 형사소송법 제314조의 '그 밖에 이에 준하는 사유로 인하여 진술할 수 없는 때'에 해당하지 않는다고 보아야 한다. 따라서 증인이 정당하게 증언거부권을 행사하여 증언을 거부한 경우와 마찬가지로 수사기관에서 그 증인의 진술을 기재한 서류는 증거능력이 없다(대판 2019.11.21, 2018도13945 전원합의체)

㉺ (○) 대판 2017.12.5, 2017도12671

정답 ③

06 전문증거에 관한 설명으로 가장 적절하지 않은 것은? (다툼이 있는 경우 판례에 의함)

24 경찰승진

① 피고인의 범행을 직접 목격하고 현행범으로 체포한 경찰관의 법정진술은 전문증거에 해당하지 않는다.
② 어떠한 내용의 진술을 하였다는 사실 자체에 대한 정황증거로 사용될 것이라는 이유로 진술의 증거능력을 인정한 다음 그 사실을 다시 진술 내용이나 그 진실성을 증명하는 간접사실로 사용하는 경우에 그 진술은 전문증거에 해당한다.
③ 다른 피고인에 대한 형사사건의 공판조서는 「형사소송법」 제311조에 따라 당해 사건에서의 증거능력이 인정된다.
④ 「형사소송법」 제312조 제1항에서 정한 '검사가 작성한 피의자 신문조서'란 당해 피고인에 대한 피의자신문조서만이 아니라 당해 피고인과 공범관계에 있는 다른 피고인이나 피의자에 대하여 검사가 작성한 피의자신문조서도 포함된다.

해설

① (○) 대판 1995.5.9, 95도535
② (○) 대판 2019.8.29, 2018도14303 전원합의체
③ (×) 다른 피고인에 대한 형사사건의 공판조서는 형사소송법 제315조 제3호에 정한 서류로서 당연히 증거능력이 있다(대판 2005.4.28, 2004도4428)
④ (○) 대판 2023.6.1, 2023도3741

정답 ③

07 피의자신문조서의 증거능력에 대한 설명으로 옳은 것은? (다툼이 있는 경우 판례에 의함)

24 검찰9급

① 형사소송법 제312조 제3항은 검사 이외의 수사기관이 작성한 해당 피고인과 공범관계에 있는 다른 피고인이나 피의자에 대한 피의자신문조서를 해당 피고인에 대한 유죄의 증거로 채택할 경우에도 적용되지만, 양벌규정에 따라 처벌되는 행위자와 행위자가 아닌 법인 또는 개인 간의 관계에는 적용되지 않는다.

② 검사 작성의 피고인에 대한 피의자신문조서에 피고인의 서명만 있고 날인이나 간인이 없는 경우라도, 그와 같이 작성된 이유가 피고인이 당시 날인이나 간인을 거부하였기 때문이라는 취지가 조서 말미에 기재되어 있고, 피고인이 법정에서 그 피의자신문조서의 임의성을 인정하였다면 형식적 진정성립은 긍정된다.

③ 피고인이 법정에서 공소사실을 부인하면서도 검사가 작성한 피의자신문조서에 대하여 자신이 진술한 대로 기재되어 있다는 점을 명확하게 밝힌 경우, 그 피의자신문조서 중 공소사실을 인정하는 취지의 진술 기재 부분은 형사소송법 제312조 제1항에 따라 증거능력이 인정된다.

④ A에게 필로폰을 매도한 혐의로 기소된 甲이 검사 작성의 A에 대한 피의자신문조서 사본에 대하여 내용부인의 취지로 증거로 사용함에 부동의한 경우, 그 피의자신문조서 사본은 형사소송법 제312조 제1항에 따라 甲에 대한 유죄의 증거로 사용할 수 없다.

해설

① (×) [1] 형사소송법 제312조 제3항은 검사 이외의 수사기관이 작성한 해당 피고인에 대한 피의자신문조서를 유죄의 증거로 하는 경우뿐만 아니라 검사 이외의 수사기관이 작성한 해당 피고인과 공범관계에 있는 다른 피고인이나 피의자에 대한 피의자신문조서를 해당 피고인에 대한 유죄의 증거로 채택할 경우에도 적용된다.
[2] 이러한 법리는 공동정범이나 교사범, 방조범 등 공범관계에 있는 자들 사이에서뿐만 아니라, 법인의 대표자나 법인 또는 개인의 대리인, 사용인, 그 밖의 종업원 등 행위자의 위반행위에 대하여 행위자가 아닌 법인 또는 개인이 양벌규정에 따라 기소된 경우, 이러한 법인 또는 개인과 행위자 사이의 관계에서도 마찬가지로 적용된다고 보아야 한다(대판 2020.6.11. 2016도9367).

② (×) 조서 말미에 피고인의 서명만이 있고 그 날인이나 간인이 없는 검사 작성의 피고인에 대한 피의자신문조서는 증거능력이 없다고 할 것이고, 그 날인이나 간인이 없는 것이 피고인이 그 날인이나 간인을 거부하였기 때문이어서 그러한 취지가 조서 말미에 기재되었다거나 피고인이 피의자신문조서의 임의성을 인정하였다 하더라도 증거능력이 없다(대판 1999.4.13. 99도237).

③ (×) 피고인이 공소사실을 부인하는 경우 검사가 작성한 피의자신문조서 중 공소사실을 인정하는 취지의 진술 부분은 그 내용을 인정하지 않았다고 보아야 한다(대판 2023.4.27. 2023도2102) ※ 피고인이 공소사실을 부인하였으므로 비록 피의자신문조서에 대하여 자신이 진술한 대로 기재되어 있다는 점을 명확하게 밝혔다고 하더라도 그 조서는 증거능력이 부정된다.

④ (○) 대판 2023.6.1, 2023도3741

정답 ④

08 전문서류의 증거능력에 관한 설명 중 옳지 않은 것은? (다툼이 있는 경우 판례에 의함)

24 변호사시험

① 증인이 자신에 대한 관련 형사판결이 확정되었음에도 정당한 이유 없이 법정증언을 거부하여 피고인이 반대신문을 하지 못하였다면, 설령 피고인이 증인의 증언거부 상황을 초래하였다고 하더라도「형사소송법」제314조의 '그 밖에 이에 준하는 사유로 인하여 진술할 수 없는 때'에 해당하지 않아 수사기관에서 그 증인의 진술을 기재한 서류는 증거능력이 없다.
②「형사소송법」제312조 제1항의 '검사가 작성한 피의자신문조서'란 당해 피고인에 대한 피의자신문조서만이 아니라 당해 피고인과 공범관계에 있는 다른 피고인이나 피의자에 대하여 검사가 작성한 피의자신문조서도 포함하는 개념으로서, 이때의 '공범'에는 대향범도 포함된다.
③ 조세범칙조사를 담당하는 세무공무원이 피고인이 된 혐의자 또는 참고인에 대하여 심문한 내용을 기재한 조서는 피고인 또는 피고인이 아닌 자가 작성한 진술서나 그 진술을 기재한 서류에 해당하므로「형사소송법」제313조에 따라 증거능력의 존부를 판단하여야 한다.
④ 전문진술이 기재된 조서는「형사소송법」제312조 또는 제314조의 규정의 요건과「형사소송법」제316조의 규정의 요건을 갖추는 경우 증거능력이 인정된다.

해설

① (×) 수사기관에서 진술한 참고인이 법정에서 증언을 거부하여 피고인이 반대신문을 하지 못한 경우에는 정당하게 증언거부권을 행사한 것이 아니라도 피고인이 증인의 증언거부 상황을 초래하였다는 등의 특별한 사정이 없는 한 형사소송법 제314조의 '그 밖에 이에 준하는 사유로 인하여 진술할 수 없는 때'에 해당하지 않는다. 따라서 증인이 정당하게 증언거부권을 행사하여 증언을 거부한 경우와 마찬가지로 수사기관에서 그 증인의 진술을 기재한 서류는 증거능력이 없다(대판 2019.11.21, 2018도13945 전원합의체) ※ 피고인이 증인의 증언거부 상황을 초래하였다는 등의 특별한 사정이 있다면 형사소송법 제314조의 '그 밖에 이에 준하는 사유로 인하여 진술할 수 없는 때'에 해당할 수 있다.
② (○) 대판 2023.6.1, 2023도3741
③ (○) 대판 2022.12.15, 2022도8824
④ (○) 대판 2007.7.27, 2007도3798

정답 ①

09 전문법칙 또는 그 예외에 관한 설명으로 옳고 그름의 표시 (O, ×)가 바르게 된 것은? (다툼이 있는 경우 판례에 의함)

24 경찰승진

> ㉠ 대한민국 영사가 작성한 사실확인서 중 공인 부분을 제외한 나머지 부분이 공적인 증명보다는 상급자 등에 대한 보고를 목적으로 하는 경우에는 「형사소송법」제315조 제1호에 정한 '공무원의 직무상 증명할 수 있는 사항에 관하여 작성한 문서'라고 할 수 없다.
> ㉡ 법원·법관의 공판기일에서의 검증의 결과를 기재한 조서와 수사기관이 작성한 검증조서는 당연히 증거능력이 인정된다.
> ㉢ 법관의 면전에서 조사·진술되지 않고 그에 대하여 피고인이 공격·방어할 수 있는 반대신문의 기회가 실질적으로 부여되지 않은 진술은 원칙적으로 증거로 할 수 없다.
> ㉣ 사인(私人)이 피고인 아닌 자의 전화 대화를 녹음한 녹음테이프에 대하여 법원이 실시한 검증의 내용이 그 진술 당시 진술자의 상태 등을 확인하기 위한 것인 경우에는 그 내용을 기재한 검증조서는 「형사소송법」제313조 제1항에 따른 요건을 갖추어야 증거능력이 인정될 수 있다.
> ㉤ 감정의 경과와 결과를 기재한 서류는 공판준비 또는 공판기일에서 그 작성자가 성립의 진정을 부인하면 과학적 분석결과에 기초한 디지털포렌식 자료, 감정 등 객관적 방법으로 성립의 진정함이 증명되더라도 증거로 할 수 없다.

① ㉠(×) ㉡(×) ㉢(O) ㉣(×) ㉤(×)
② ㉠(O) ㉡(×) ㉢(O) ㉣(×) ㉤(×)
③ ㉠(O) ㉡(×) ㉢(O) ㉣(O) ㉤(×)
④ ㉠(×) ㉡(O) ㉢(×) ㉣(×) ㉤(O)

해설

㉠ (O) 대판 2007.12.13, 2007도7257
㉡ (×) [1] 공판준비 또는 공판기일에 피고인이나 피고인 아닌 자의 진술을 기재한 조서와 법원 또는 법관의 검증의 결과를 기재한 조서는 증거로 할 수 있다(제311조)
[2] 검사 또는 사법경찰관이 검증의 결과를 기재한 조서는 적법한 절차와 방식에 따라 작성된 것으로서 공판준비 또는 공판기일에서의 작성자의 진술에 따라 그 성립의 진정함이 증명된 때에는 증거로 할 수 있다(제312조 제6항)
㉢ (O) 대판 2014.2.21, 2013도12652
㉣ (×) 녹음테이프에 대한 검증의 내용이 그 진술 당시 진술자의 상태 등을 확인하기 위한 것인 경우에는 녹음테이프에 대한 검증조서의 기재 중 진술내용을 증거로 사용하는 경우에 관한 전문법칙에 관한 법리는 적용되지 아니한다(대판 2008.7.10, 2007도10755) ※ 甲이 진술 당시 술에 취하여 횡설수설하였다는 것을 확인하기 위하여 제출된 녹음테이프는 진술증거로 사용되는 경우가 아니므로 전문증거가 아니다.

㉤ (×) 감정의 경과와 결과를 기재한 서류의 작성자가 공판준비나 공판기일에서 그 성립의 진정을 부인하는 경우에는 과학적 분석결과에 기초한 디지털포렌식 자료, 감정 등 객관적 방법으로 성립의 진정함이 증명되는 때에는 증거로 할 수 있다. 다만, 피고인 또는 변호인이 공판준비 또는 공판기일에 그 기재 내용에 관하여 작성자를 신문할 수 있었을 것을 요한다(제313조 제2항·제3항).

정답 ②

10 전문진술에 관한 설명으로 가장 적절하지 않은 것은? (다툼이 있는 경우 판례에 의함)

24 경찰승진

① 공소제기 전에 피고인 아닌 타인을 조사한 자의 증언은 원진술자가 법정에 출석하여 수사기관에서 한 진술을 부인하는 취지로 증언하였다면 「형사소송법」 제316조 제2항에 따라 증거능력이 인정되지 않는다.

② 전문의 진술을 증거로 함에 있어서는 전문진술자가 원진술자로부터 진술을 들을 당시 원진술자가 증언능력에 준하는 능력을 갖춘 상태에 있어야 할 것인데, 그 능력의 유무는 단지 공술자의 연령에 의하므로 만 3세 3개월 내지 만 3세 7개월 가량된 유아의 증언능력은 부인된다.

③ 「형사소송법」 제316조 제2항에서 말하는 '원진술자가 진술을 할 수 없는 때'에는 사망, 질병 등 명시적으로 열거된 사유 외에도 원진술자가 공판정에서 진술을 한 경우라도 증인신문 당시 일정한 사항에 관하여 기억이 나지 않는다는 취지로 진술하여 그 진술의 일부가 재현 불가능하게 된 경우도 포함한다.

④ 「형사소송법」 제316조 제2항에서 말하는 '그 진술이 특히 신빙할 수 있는 상태하에서 행하여진 때'라 함은 그 진술을 하였다는 것에 허위개입의 여지가 거의 없고, 그 진술내용의 신빙성이나 임의성을 담보할 구체적이고 외부적인 정황이 있는 경우를 가리킨다.

해설

① (○) 대판 2008.9.25, 2008도6985
② (×) 전문의 진술을 증거로 함에 있어서는 전문진술자가 원진술자로부터 진술을 들을 당시 원진술자가 증언능력에 준하는 능력을 갖춘 상태에 있어야 할 것인데, 증인의 증언능력은 증인 자신이 과거에 경험한 사실을 그 기억에 따라 공술할 수 있는 정신적인 능력이라 할 것이므로, 유아의 증언능력에 관해서도 그 유무는 단지 공술자의 연령만에 의할 것이 아니라 그의 지적수준에 따라 개별적이고 구체적으로 결정되어야 함은 물론 공술의 태도 및 내용 등을 구체적으로 검토하고, 경험한 과거의 사실이 공술자의 이해력, 판단력 등에 의하여 변식될 수 있는 범위 내에 속하는가의 여부도 충분히 고려하여 판단하여야 한다(대판 2006.4.14, 2005도9561).

③ (O) 대판 2006.4.14. 2005도9561
④ (O) 대판 2012.5.24. 2010도5948

정답 ②

11 증거능력과 증명에 관한 설명 중 옳지 않은 것은? (다툼이 있는 경우 판례에 의함) 23 변호사시험

① 피고인 甲이 사업주(실질적 경영귀속주체)인 사업체의 종업원 乙이 법규위반행위를 하여 甲이 양벌규정에 의하여 기소되고 사법경찰관이 작성한 乙에 대한 피의자신문조서가 증거로 제출되었으나 甲이 이를 내용부인 취지로 부동의하였고 재판 진행 중 乙이 지병으로 사망한 경우 위 피의자신문조서는 「형사소송법」 제314조에 의해 증거능력이 인정될 수 있다.

② 제1심에서 피고인에 대하여 무죄판결이 선고되어 검사가 항소한 후 수사기관이 항소심 공판기일에 증인으로 신청하여 신문할 수 있는 사람을 특별한 사정 없이 미리 수사기관에 소환하여 작성한 진술조서는 피고인이 증거로 할 수 있음에 동의하지 않는 한 증거능력이 없다.

③ 피고인 아닌 자의 공판기일에서의 진술이 피고인 아닌 타인의 진술을 그 내용으로 하는 경우 「형사소송법」 제316조 제2항이 요구하는 특히 신빙할 수 있는 상태하에서 행하여졌음에 대한 증명은 단지 그러한 개연성이 있다는 정도로는 부족하고 합리적인 의심의 여지를 배제하는 정도에 이르러야 한다.

④ 목적과 용도를 정하여 위탁한 금전을 수탁자가 임의로 소비하면 횡령죄를 구성할 수 있으며 피해자 등이 목적과 용도를 정하여 금전을 위탁한 사실 및 그 목적과 용도가 무엇인지는 엄격한 증명의 대상이 된다.

⑤ 양심적 병역거부를 주장하는 피고인이 자신의 병역거부가 그에 따라 행동하지 않고서는 인격적 존재가치가 파멸되고 말 것이라는 절박하고 구체적인 양심에 따른 것으로 그 양심이 깊고 확고하며 진실한 것이라는 사실의 존재를 수긍할 만한 소명자료를 법원에 제출한 경우, 검사는 제출된 자료의 신빙성을 탄핵하는 방법으로 진정한 양심의 부존재를 증명할 수 있다.

해설

① (×) 피고인과 공범관계가 있는 다른 피의자에 대하여 검사 이외의 수사기관이 작성한 피의자신문조서는 그 피의자의 법정진술에 의하여 성립의 진정이 인정되는 등 형사소송법 제312조 제4항의 요건을 갖춘 경우라도 해당 피고인이 공판기일에서 그 조서의 내용을 부인한 이상 이를 유죄 인정의 증거로 사용할 수 없고, 그 당연한 결과로 위 피의자신문조서에 대하여는 사망 등 사유로 인하여 법정에서 진술할 수 없는 때에 예외적으로 증거능력을 인정하는

규정인 형사소송법 제314조가 적용되지 아니한다. 그리고 이러한 법리는 공동정범이나 교사범, 방조범 등 공범관계에 있는 자들 사이에서뿐만 아니라, 법인의 대표자나 법인 또는 개인의 대리인, 사용인, 그 밖의 종업원 등 행위자의 위반행위에 대하여 행위자가 아닌 법인 또는 개인이 양벌규정에 따라 기소된 경우, 이러한 법인 또는 개인과 행위자 사이의 관계에서도 마찬가지로 적용된다고 보아야 한다(대판 2020.6.11, 2016도9367) ※ 甲이 내용부인 취지로 부동의하였으므로 사법경찰관이 작성한 乙에 대한 피의자신문조서는 제314조에 의하여 증거능력이 인정되지는 않는다.

② (○) 대판 2019.11.28, 2013도6825
③ (○) 대판 2014.4.30, 2012도725
④ (○) 대판 2013.11.14, 2013도8121
⑤ (○) 대판 2021.2.25, 2019도18442

정답 ①

12 피고인이 증거로 함에 동의하지 아니한 수사보고서(사법경찰관리 또는 검찰수사관이 수사의 경위 및 결과를 내부적으로 보고하기 위하여 작성한 후 사법경찰관 또는 검사에게 보고하는 문서)의 증거능력에 대한 설명으로 옳지 않은 것은? (다툼이 있는 경우 판례에 의함)

23 경찰승진

① 외국에 거주하는 참고인과의 전화 대화내용을 문답형식으로 기재한 검찰수사관 작성의 수사보고서는 증거능력이 없다.
② 甲이 乙과 합동하여 A의 재물을 절취하려다가 미수에 그쳤다는 내용의 공소사실을 자백한 사안에서, 甲이 범행에 사용한 도구와 손괴된 A의 집 문 쇠창살의 모습이 촬영된 현장사진이 첨부된 수사보고서는 甲의 자백의 진실성을 담보하기에 충분한 보강증거가 된다.
③ 증거능력이 없는 수사보고서를 피해자들의 처벌희망 의사표시 철회의 효력 여부를 판단하는 증거로 사용할 수 있다.
④ 상해사건 피해자의 피해 부위에 대해 사법경찰리가 작성한 수사보고서는 진술서로 볼 수는 없고 검증조서로 보아야 한다.

해설

① (○) 대판 1999.2.26, 98도2742
② (○) 대판 2011.9.29, 2011도8015
③ (○) 대판 2010.10.14, 2010도5610
④ (×) 수사보고서에 검증의 결과에 해당하는 기재가 있는 경우 그 기재 부분은 실황조서 또는 실황조사서에 해당하지 아니하며, 단지 수사의 경위 및 결과를 내부적으로 보고하기 위하여

작성된 서류에 불과하므로 그 안에 검증의 결과에 해당하는 기재가 있다고 하여 이를 형사소송법 제312조 제6항의 '검사 또는 사법경찰관이 검증의 결과를 기재한 조서'라고 할 수 없다 (대판 2001.5.29, 2000도2933)

정답 ④

13. 전문법칙에 대한 설명으로 가장 적절한 것은? (다툼이 있는 경우 판례에 의함) 23 경찰승진

① 성매매업소에 고용된 여성들이 성매매를 업으로 하면서 영업에 참고하기 위하여 성매매 상대방의 아이디와 전화번호 및 성매매 방법 등을 메모지에 적어두었다가 이를 메모리카드에 입력한 경우 그 메모리카드의 내용은 형사소송법 제315조 제2호의 '업무상 필요로 작성한 통상문서'로서 당연히 그 증거능력이 인정된다.

② 검사가 피고인이 된 피의자의 진술을 기재한 조서는 적법한 절차와 방식에 따라 작성된 것으로서 피고인이 진술한 내용과 동일하게 기재되어 있음이 공판준비 또는 공판기일에서의 피고인의 진술에 의하여 인정되고, 그 조서에 기재된 진술이 특히 신빙할 수 있는 상태에서 행하여졌음이 증명된 때에 한하여 증거로 할 수 있다.

③ 당해 피고인과 공범관계가 있는 다른 피의자에 대한 사법경찰관 작성의 피의자신문조서는 그 피의자의 법정진술에 의하여 그 성립의 진정이 인정된다면 당해 피고인이 공판기일에서 그 조서의 내용을 부인하더라도 증거능력이 인정된다.

④ 어떤 진술이 기재된 서류가 그 진술의 진실성과 관계없는 간접사실에 대한 정황증거로 사용되더라도 그 진술이 결국 요증사실을 간접적으로나마 뒷받침하므로 예외 없이 전문법칙이 적용된다.

해설

① (○) 대판 2007.7.26, 2007도3219
② (×) 검사가 작성한 피의자신문조서는 적법한 절차와 방식에 따라 작성된 것으로서 공판준비, 공판기일에 그 피의자였던 피고인 또는 변호인이 그 내용을 인정할 때에 한정하여 증거로 할 수 있다(제312조 제1항).
③ (×) 피고인과 공범관계가 있는 다른 피의자에 대한 검사 이외의 수사기관 작성의 피의자신문조서는 그 피의자의 법정진술에 의하여 성립의 진정이 인정되더라도 당해 피고인이 공판기일에서 그 조서의 내용을 부인하면 증거능력이 부정된다(대판 2015.10.29, 2014도5939).
④ (×) 어떤 진술이 기재된 서류가 그 내용의 진실성이 범죄사실에 대한 직접증거로 사용될 때는 전문증거가 된다고 하더라도 그와 같은 진술을 하였다는 것 자체 또는 그 진술의 진실성과 관계없는 간접사실에 대한 정황증거로 사용될 때는 반드시 전문증거가 되는 것은 아니다 (대판 2018.5.15, 2017도19499)

정답 ①

14 증거능력과 증명력에 대한 설명으로 옳지 않은 것은? (다툼이 있는 경우 판례에 의함)

23 검찰7급

① 거짓말탐지기 검사결과는 항상 진실에 부합한다고 단정할 수 없다 하더라도 검사를 받는 사람의 진술의 신빙성을 가늠하는 정황증거로서 기능을 하므로, 그 검사결과만으로 범행 당시의 상황이나 범행 이후 정황에 부합하는 진술의 신빙성을 부정할 수 있다.

② 수사기관에서 진술한 참고인이 법정에서 증언을 거부하여 피고인이 반대신문을 하지 못한 경우에는 정당하게 증언거부권을 행사한 것이 아니라도, 피고인이 증인의 증언거부 상황을 초래하였다는 등의 특별한 사정이 없는 한 형사소송법 제314조의 '그 밖에 이에 준하는 사유로 인하여 진술할 수 없는 때'에 해당하지 않는다.

③ 검사가 공판기일에 증인으로 신청하여 신문할 사람을 특별한 사정없이 미리 수사기관에 소환하여 면담하는 절차를 거친 후에 그 사람이 증인으로 소환되어 법정에서 피고인에게 불리한 내용의 진술을 한 경우, 검사가 증인신문 전 면담과정에서 증인에 대한 회유나 압박, 답변유도나 암시 등으로 증인의 법정진술에 영향을 미치지 않았다는 점이 담보되어야 증인의 법정진술을 신빙할 수 있다.

④ 전문진술이 기재된 조서는 형사소송법 제312조 또는 제314조에 따라 증거능력이 인정될 수 있는 경우에 해당하여야 하며, 원진술자가 사망, 질병, 외국거주, 소재불명 그 밖에 이에 준하는 사유로 인하여 진술할 수 없고, 그 진술이 특히 신빙할 수 있는 상태하에서 행하여졌음이 증명된 때에 한하여 예외적으로 이를 증거로 할 수 있다.

해설

① (×) 거짓말탐지기 검사 결과, 피고인 甲의 진술에 대하여는 거짓으로 진단할 수 있는 특이한 반응이 나타나지 않은 반면, 乙의 진술에 대하여는 거짓으로 진단할 수 있는 현저한 반응이 나타났다. 그러나 거짓말탐지기 검사 결과가 항상 진실에 부합한다고 단정할 수 없을 뿐 아니라, 검사를 받는 사람의 진술의 신빙성을 가늠하는 정황증거로서 기능을 하는 데 그치므로, **그와 같은 검사결과만으로 범행 당시의 상황이나 범행 이후 정황에 부합하는 乙 진술의 신빙성을 부정할 수 없다**(대판 2017.1.25, 2016도15526)
② (○) 대판 2019.11.21, 2018도13945 전원합의체
③ (○) 대판 2020.1.30, 2018도2236 전원합의체
④ (○) 대판 2017.7.18, 2015도12981

정답 ①

15 영상녹화물, 녹음테이프 또는 사진의 증거능력에 대한 설명으로 가장 적절하지 않은 것은?
(다툼이 있는 경우 판례에 의함)
23 경찰승진

① 사인(私人)이 피고인 아닌 사람과의 대화내용을 녹음한 녹음테이프에 대해 법원이 그 진술 당시 진술자의 상태 등을 확인하기 위하여 작성한 검증조서는 법원의 검증 결과를 기재한 조서로서 형사소송법 제311조에 의하여 증거로 할 수 있다.

② 사인(私人)이 피고인 아닌 사람과의 대화내용을 녹음한 녹음테이프는 피고인의 증거동의가 없는 이상 그 증거능력을 부여하기 위해서는, 첫째 녹음테이프가 원본이거나 인위적 개작없이 원본 내용 그대로 복사된 사본일 것, 둘째 형사소송법 제313조 제1항에 따라 공판준비나 공판기일에서 원진술자의 진술에 의하여 녹음테이프에 녹음된 각자의 진술 내용이 자신이 진술한대로 녹음된 것이라는 점이 인정되어야 한다.

③ 검증조서에 첨부된 사진은 검증조서와 일체를 이루는 것이므로 사법경찰관 작성의 검증조서 중 피고인 진술 기재부분 및 범행재연의 사진 부분에 대하여 원진술자이며 행위자인 피고인이 그 진술 및 범행재연의 진정함을 인정하지 않는다고 하더라도 검증조서 전체의 증거능력이 인정된다.

④ 피고인 또는 피고인이 아닌 자의 진술을 내용으로 하는 영상녹화물은 공판준비 또는 공판기일에서 피고인 또는 피고인이 아닌 자가 진술함에 있어서 기억이 명백하지 아니한 사항에 관하여 기억을 환기시켜야 할 필요가 있다고 인정되는 때에 한하여 피고인 또는 피고인이 아닌 자에게 재생하여 시청하게 할 수 있다.

해설

① (○) 대판 2008.7.10, 2007도10755
② (○) 대판 2011.9.8, 2010도7497
③ (×) 사법경찰관 작성의 검증조서 중 '피고인의 진술기재 부분과 범행재연의 사진 영상'에 관한 부분에 대하여 원진술자이며 행위자인 피고인에 의하여 진술 및 범행 재연의 진정함이 인정되지 아니하는 경우 그 부분은 증거능력이 없다(대판 1988.3.8, 87도2692).
④ (○) 제318조의2 제2항

정답 ③

16 진술조서의 증거능력에 대한 설명으로 가장 적절하지 않은 것은? (다툼이 있는 경우 판례에 의함)

23 경찰승진

① 진술조서의 증거능력이 인정되려면 '적법한 절차와 방식에 따라 작성된 것'이어야 한다는 법리는 피고인이 아닌 자가 수사과정에서 작성한 진술서의 증거능력에 관하여도 적용된다.
② 수사기관의 피의자신문 시에 동석한 신뢰관계인이 피의자를 대신하여 진술한 부분이 조서에 기재되어 있다면, 피의자였던 피고인 또는 변호인이 공판준비 또는 공판기일에 그 내용을 인정할 때에 한하여 증거로 할 수 있다.
③ 수사기관에서 진술한 참고인이 법정에서 증언을 거부하여 피고인이 반대신문을 하지 못한 경우 피고인이 증인의 증언거부 상황을 초래하였다는 등의 특별한 사정이 없는 한 증인이 정당하게 증언거부권을 행사하였는지 여부와 관계없이 수사기관에서 그 증인의 진술을 기재한 서류는 증거능력이 없다.
④ 수사기관이 진술자의 성명을 가명으로 기재하여 조서를 작성하였다고 하더라도 그 이유만으로 그 조서의 증거능력을 부정할 것은 아니다.

> **해설**
>
> ① (○) 대판 2015.4.23, 2013도3790
> ② (×) 구체적인 사안에서 (신뢰관계자의) 동석을 허락할 것인지는 원칙적으로 검사 또는 사법 경찰관이 피의자의 건강 상태 등 여러 사정을 고려하여 재량에 따라 판단하여야 할 것이나, 이를 허락하는 경우에도 동석한 사람으로 하여금 피의자를 대신하여 진술하도록 하여서는 아니되는 것이고 만약 동석한 사람이 피의자를 대신하여 진술한 부분이 조서에 기재되어 있다면 그 부분은 피의자의 진술을 기재한 것이 아니라 동석한 사람의 진술을 기재한 조서에 해당하므로 그 사람에 대한 진술조서로서의 증거능력을 취득하기 위한 요건을 충족하지 못하는 한 이를 유죄 인정의 증거로 사용할 수 없다(대판 2009.6.23, 2009도1322) ※ 피의자를 대신하여 진술한 부분은 형사소송법 제312조 제4항에 규정된 참고인진술조서로서의 증거능력 인정요건을 충족하여야 증거능력이 인정된다.
> ③ (○) 대판 2019.11.21, 2018도13945 전원합의체
> ④ (○) 대판 2012.5.24, 2011도7757

정답 ②

17 전문증거에 관한 설명으로 가장 적절하지 않은 것은? (다툼이 있는 경우 판례에 의함)

23 경간

① 현장사진 중 '사진 가운데에 위치한 촬영일자' 부분이 조작된 것이라고 다투는 경우, 위 '현장사진의 촬영일자'는 전문법칙이 적용된다.
② 어떤 진술이 기재된 서류가 그 내용의 진술을 하였다는 사실 자체에 대한 정황증거로 사용되었다 하더라도, 그 서류가 다시 진술내용이나 그 진실성을 증명하는 간접사실로 사용되는 경우에는 전문증거에 해당하므로 전문법칙이 적용된다.
③ 피고인 아닌 자의 공판기일에서의 진술이 피고인 아닌 타인의 진술을 그 내용으로 하는 경우「형사소송법」제316조 제2항이 요구하는 특히 신빙할 수 있는 상태 하에서 행하여졌음에 대한 증명은 단지 그러한 개연성이 있다는 정도로 족하며 합리적인 의심의 여지를 배제하는 정도에 이를 필요는 없다.
④ 피고인 아닌 자의 진술이 기재된 조서에 원진술자가 실질적 진정 성립을 부인하더라도 영상녹화물 또는 그 밖의 객관적인 방법에 의하여 증명하는 방법이 있는데, 여기서 '그 밖의 객관적인 방법'이라 함은 영상녹화물에 준할 정도로 피고인의 진술을 과학적·기계적·객관적으로 재현해 낼 수 있는 방법만을 의미하며 조사관 또는 조사과정에 참여한 통역인 등의 증언은 이에 해당한다고 볼 수 없다.

> **해설**
>
> ① (○) 대판 1997.9.30, 97도1230
> ② (○) 대판 2019.8.29, 2018도14303 전원합의체
> ③ (×) 참고인의 진술 또는 작성이 '특히 신빙할 수 있는 상태 하에서 행하여졌음에 대한 증명'은 단지 그러할 개연성이 있다는 정도로는 부족하고 합리적인 의심의 여지를 배제할 정도에 이르러야 한다. 나아가 이러한 법리는 원진술자의 소재불명 등을 전제로 하고 있는 형사소송법 제316조 제2항의 경우에도 그대로 적용된다(대판 2017.7.18, 2015도12981)
> ④ (○) 대판 2016.2.18, 2015도16586

정답 ③

18 전문증거에 관한 설명으로 가장 적절하지 않은 것은? (다툼이 있는 경우 판례에 의함)

23 경찰채용

① A가 B에게 행한 진술이 기재된 서류가 A가 그러한 내용의 진술을 하였다는 사실 자체에 대한 정황증거로 사용될 것이라는 이유로 서류의 증거능력을 인정한 다음 그 사실을 다시 A의 B에 대한 진술내용이나 그 진실성을 증명하는 간접사실로 사용하는 경우, 그 서류는 전문증거에 해당한다.
② 알선자인 피고인으로부터 전화를 통해 "건축허가 담당 공무원이 외국연수를 가므로 사례비를 주어야 한다."는 말을 들은 증인이 피고인의 알선수재 피고사건에 대해 그러한 말을 들었다고 법정에서 진술한 것은 전문증거에 해당한다.
③ 피고인이 피해자에게 보낸 협박문자를 피해자가 화면캡쳐의 방식으로 촬영한 사진은 피고인의 협박죄 피고사건에 대해서는 전문증거에 해당하지 않는다.
④ A가 피해자들을 흉기로 살해하면서 "이것은 신의 명령을 집행하는 것이다."라고 말하였는데 이 말을 들은 B가 법정에서 A의 정신상태를 증명하기 위해 그 내용을 증언하는 경우 이 진술은 전문증거에 해당하지 않는다.

해설

① (○) 어떠한 내용의 진술을 하였다는 사실 자체에 대한 정황증거로 사용될 것이라는 이유로 서류의 증거능력을 인정한 다음 그 사실을 다시 진술 내용이나 그 진실성을 증명하는 간접사실로 사용하는 경우에 그 서류는 전문증거에 해당한다. 서류가 그곳에 기재된 원진술의 내용인 사실을 증명하는 데 사용되어 원진술의 내용인 사실이 요증사실이 되기 때문이다(대판 2019.8.29, 2018도14303 전원합의체)
② (×) A가 "피고인으로부터 '건축허가 담당 공무원이 외국연수를 가므로 사례비를 주어야 한다'는 말과 '건축허가 담당 공무원이 4,000만원을 요구하는데 사례비로 2,000만원을 주어야 한다'는 말을 들었다"는 취지로 진술한 경우 피고인의 위와 같은 원진술의 존재 자체가 알선수재죄에 있어서의 요증사실이므로 이를 직접 경험한 A가 피고인으로부터 위와 같은 말들을 들었다고 하는 진술들은 전문증거가 아니라 **본래증거에 해당된다**(대판 2008.11.13, 2008도8007)
③ (○) 대판 2008.11.13, 2006도2556
④ (○) 진술의 진실성과 관계없는 간접사실에 대한 정황증거로 사용되는 경우에 해당하므로 이는 전문증거에 해당하지 않는다.

정답 ②

19 전문법칙의 예외에 관한 설명으로 가장 적절하지 않은 것은? (다툼이 있는 경우 판례에 의함)

23 경찰채용

① A가 B와의 개별면담에서 대화한 내용을 피고인 甲에게 불러주었고, 그 내용이 기재된 甲의 업무수첩이 그 대화내용을 증명하기 위한 진술증거인 경우에는 피고인이 작성한 진술서에 대한 형사소송법 제313조 제1항에 따라 증거능력을 판단해야 한다.

② 공소제기 전에 피고인을 피의자로 조사했던 사법경찰관이 공판기일에 피고인의 진술을 그 내용으로 하여 한 진술을 증거로 하기 위해서는 사법경찰관이 피의자였던 피고인으로부터 진술을 들을 당시 피고인이 증언능력에 준하는 능력을 갖춘 상태에 있었어야 한다.

③ 피해자가 제1심 법정에서 수사기관에서의 진술조서에 대해 실질적 진정성립을 부인하는 취지로 진술하였다면, 이후 피해자가 사망하였더라도 피해자를 조사하였던 조사자에 의한 수사기관에서 이루어진 피해자의 진술을 내용으로 하는 제2심 법정에서의 증언은 증거능력이 없다.

④ 법원이 구속된 피의자를 심문하고 그에 대한 피의자의 진술 등을 기재한 구속적부심문조서는 형사소송법 제315조 제3호의 '특히 신용할 만한 정황에 의하여 작성된 문서'에 해당하여 피고인이 증거로 함에 부동의하더라도 당연히 그 증거능력이 인정된다.

> **해설**
>
> ① (×) 업무수첩 등의 대화 내용 부분이 피고인과 개별 면담자 사이에서 대화한 내용을 증명하기 위한 진술증거인 경우에는 전문진술로서 형사소송법 제316조 제1항에 따라 그 진술이 특히 신빙할 수 있는 상태에서 한 것임이 증명된 때에 한하여 증거로 사용할 수 있다(대판 2019.8.29, 2018도14303)
> ② (○) 대판 2006.4.14, 2005도9561
> ③ (○) 대판 2001.9.28, 2001도3997
> ④ (○) 대판 2004.1.16, 2003도5693

정답 ①

20. 전문증거에 관한 설명 중 가장 적절한 것은? (다툼이 있는 경우 판례에 의함) 23 경찰채용

① 제1심에서 피고인에 대하여 무죄판결이 선고되어 검사가 항소한 후, 수사기관이 항소심 공판기일에 증인으로 신청하여 신문할 수 있는 사람을 특별한 사정 없이 미리 수사기관에 소환하여 작성한 진술조서는 피고인이 증거로 할 수 있음에 동의하지 않는 한 증거능력이 없지만, 위 참고인이 법정에 증인으로 출석하여 위 진술조서의 진정성립을 인정하고 피고인측에 반대신문의 기회가 부여된다면 예외적으로 증거능력이 인정된다.

② 피고인의 진술을 피고인 아닌 자가 녹음한 경우 피고인이 해당 녹음테이프를 증거로 할 수 있음에 동의하지 않은 이상 녹음테이프에 녹음된 피고인의 진술 내용을 증거로 사용하기 위해서는 형사소송법 제313조 제1항 단서에 따라 공판준비 또는 공판기일에서 진술자인 피고인의 진술에 의하여 녹음테이프에 녹음된 진술 내용이 자신이 진술한 대로 녹음된 것임이 증명되고 나아가 그 진술이 특히 신빙할 수 있는 상태하에서 행하여진 것임이 인정되어야 한다.

③ 피고인이 아닌 자가 수사과정에서 진술서를 작성하였지만 수사기관이 그에 대한 조사과정을 기록하지 아니하여 형사소송법 제244조의4 제3항, 제1항에서 정한 절차를 위반한 경우에는, 특별한 사정이 없는 한 '적법한 절차와 방식'에 따라 수사과정에서 진술서가 작성되었다 할 수 없으므로 증거능력을 인정할 수 없다.

④ 형사소송법 제316조 제2항에 의하면, '피고인 아닌 자'의 공판준비 또는 공판기일에서의 진술이 피고인 아닌 타인의 진술을 그 내용으로 하는 것인 때에는 원진술자가 사망, 질병 기타 사유로 인하여 진술할 수 없고 그 진술이 특히 신빙할 수 있는 상태 하에서 행하여진 때에 한하여 이를 증거로 할 수 있다고 규정하고 있는데, 여기서 말하는 '피고인 아닌 자'라고 함은 공동피고인이나 공범자를 제외한 제3자를 의미한다.

해설

① (×) 제1심에서 피고인에 대하여 무죄판결이 선고되어 검사가 항소한 후 수사기관이 항소심 공판기일에 증인으로 신청하여 신문할 수 있는 사람을 특별한 사정 없이 미리 수사기관에 소환하여 작성한 진술조서는 피고인이 증거로 할 수 있음에 동의하지 않는 한 증거능력이 없다. 검사가 공소를 제기한 후 참고인을 소환하여 피고인에게 불리한 진술을 기재한 진술조서를 작성하여 이를 공판절차에 증거로 제출할 수 있게 한다면, 피고인과 대등한 당사자의 지위에 있는 검사가 수사기관으로서의 권한을 이용하여 일방적으로 법정 밖에서 유리한 증거를 만들 수 있게 하는 것이므로 당사자주의·공판중심주의·직접심리주의에 반하고 피고인의 공정한 재판을 받을 권리를 침해하기 때문이다. 참고인이 나중에 법정에 증인으로 출석하여 진술조서의 성립의 진정을 인정하고 피고인 측에 반대신문의 기회가 부여된다 하더라도 진술조서의 증거능력을 인정할 수 없음은 마찬가지이다(대판 2019.11.28, 2013도6825)

② (×) 녹음테이프 검증조서의 기재 중 피고인의 진술내용을 증거로 사용하기 위해서는 형사소송법 제313조 제1항 단서에 따라 공판준비 또는 공판기일에서 그 작성자인 상대방의 진술에 의하여 녹음테이프에 녹음된 피고인의 진술내용이 피고인이 진술한 대로 녹음된 것임이 증명

되고 나아가 그 진술이 특히 신빙할 수 있는 상태하에서 행하여진 것임이 인정되어야 한다(대판 2012.9.13, 2012도7461)
③ (○) 대판 2015.4.23, 2013도3790
④ (×) 형사소송법 제316조 제2항은 피고인 아닌 자가 공판준비 또는 공판기일에서 한 진술이 피고인 아닌 타인의 진술을 그 내용으로 하는 것인 때에는 원진술자가 사망, 질병 기타 사유로 인하여 진술할 수 없고 그 진술이 특히 신빙할 수 있는 상태하에서 행하여진 때에 한하여 이를 증거로 할 수 있다고 규정하고 있는데, 여기서 말하는 '피고인 아닌 자'에는 공동피고인이나 공범자도 포함된다(대판 2018.5.15, 2017도19499)

정답 ③

21 전문증거에 관한 설명 중 가장 적절하지 않은 것은? (다툼이 있는 경우 판례에 의함)

22 경찰채용

① 녹음파일에 담긴 진술 내용의 진실성이 증명의 대상이 되는 때에는 전문법칙이 적용된다고 할 것이나, 녹음파일에 담긴 진술 내용의 진실성이 아닌 그와 같은 진술이 존재하는 것 자체가 증명의 대상이 되는 경우에는 전문법칙이 적용되지 아니한다.
② "피해자로부터 '피고인이 자신을 추행했다.'는 취지의 말을 들었다."는 A의 진술을 "피고인이 자신을 추행했다."는 피해자의 진술내용의 진실성을 증명하는 간접사실로 사용하는 경우에는 전문증거에 해당하지 않는다.
③ 전문증거라도 당사자가 동의한 경우에는 전문법칙이 적용되지 않으며, 증인의 신용성을 탄핵하기 위한 탄핵증거로 제출된 경우에도 전문법칙이 적용되지 않는다.
④ A에 대한 사기죄로 공소제기된 甲의 공판에서 甲이 자신의 처에게 보낸 "내가 A를 속여 투자금을 받았는데 그 돈을 송금한다."라는 내용의 문자 메시지가 증거로 제출되었다면 이 메시지는 전문증거에 해당한다.

해설

① (○) 대판 2015.1.22, 2014도10978 전원합의체
② (×) 어떠한 내용의 진술을 하였다는 사실 자체에 대한 정황증거로 사용될 것이라는 이유로 서류의 증거능력을 인정한 다음 그 사실을 다시 진술 내용이나 그 진실성을 증명하는 간접사실로 사용하는 경우에 그 서류는 전문증거에 해당한다. 서류가 그곳에 기재된 원진술의 내용인 사실을 증명하는 데 사용되어 원진술의 내용인 사실이 요증사실이 되기 때문이다(대판 2019.8.29, 2018도14303 전원합의체) ※ A의 진술을 "피고인이 자신을 추행했다"는 피해자의 진술내용의 진실성을 증명하는 간접사실로 사용하는 경우 이는 전문증거에 해당한다.
③ (○) 제318조 제1항, 제318조의2 제1항
④ (○) 이는 피고인 甲 작성의 진술서에 준한다고 보아야 한다(대판 2010.11.25, 2010도8735 참고)

정답 ②

22 전문법칙의 예외에 관한 설명 중 가장 적절한 것은? (다툼이 있는 경우 판례에 의함)

22 경찰채용

① 사법경찰관이 적법한 절차와 방식에 따라 작성한 검증조서에 피의자 아닌 자의 진술이 기재된 경우 그 진술이 영상녹화물에 의하여 증명되고 공판기일에서 작성자인 사법경찰관의 진술에 따라 그 성립의 진정함이 증명된 때에는 증거로 할 수 있다.

② A는 살인현장을 목격한 친구 B가 "甲이 길 가던 여자를 죽였다."고 말한 내용을 자필일기장에 작성하였고, 훗날 이 일기장이 甲의 살인죄 공판에 증거로 제출된 경우 이 일기장은 형사소송법 제313조 제1항의 진술기재서류에 해당된다.

③ 자기에게 맡겨진 사무를 처리한 내역을 그때 그때 계속적, 기계적으로 기재한 문서라 하더라도 불법적인 업무과정에서 작성한 문서는 신용성이 없으므로 당연히 증거능력이 인정되지 않는다.

④ 甲이 살인죄로 공소제기된 공판에서 A가 증인으로 출석하여 교통사고로 사망한 B가 생전에 자신에게 "甲이 C를 살해하는 것을 보았다."는 말을 한 적이 있다고 진술한 경우 B의 진술이 특히 신빙할 수 있는 상태 하에서 행하여졌음이 증명된 때에 한하여 이를 증거로 할 수 있다.

해설

① (×) [1] 사법경찰관이 작성한 검증조서에 피의자 아닌 자의 진술이 기재된 경우 이는 형사소송법 제312조 제6항이 적용되는 검증조서가 아니라 제312조 제4항이 적용되는 참고인진술조서로 보아야 한다.
[2] 따라서 사법경찰관 앞에서 진술한 내용과 동일하게 기재되어 있음이 원진술자(피의자 아닌 자)의 공판준비 또는 공판기일에서의 진술이나 영상녹화물 또는 그 밖의 객관적인 방법에 의하여 증명되고, 피고인 또는 변호인이 공판준비 또는 공판기일에 그 기재 내용에 관하여 원진술자를 신문할 수 있었던 때에는 증거로 할 수 있다. 다만, 그 조서에 기재된 진술이 특히 신빙할 수 있는 상태하에서 행하여졌음이 증명된 때에 한한다(제312조 제4항).

② (×) 일기장은 목격자 B의 진술(전문진술)을 기재한 진술서로, 재전문서류(재전문증거)에 해당한다.

③ (×) 상업장부, 항해일지, 진료일지 또는 이와 유사한 금전출납부 등과 같이 범죄사실의 인정여부와 상관없이 자기에게 맡겨진 사무를 처리한 내역을 그때 그때 계속적, 기계적으로 기재한 문서는 사무처리 내역을 증명하기 위하여 존재하는 문서로서 **형사소송법 제315조 제2호에 따라 당연히 증거능력이 인정된다**(대판 2019.8.29, 2018도14303 전원합의체).

④ (○) 피고인 아닌 자의 공판준비 또는 공판기일에서의 진술이 피고인 아닌 타인의 진술을 그 내용으로 하는 것인 때에는 원진술자가 사망, 질병, 외국거주, 소재불명 그 밖에 이에 준하는 사유로 인하여 진술할 수 없고, 그 진술이 특히 신빙할 수 있는 상태하에서 행하여졌음이 증명된 때에 한하여 이를 증거로 할 수 있다(제316조 제2항) ※ 원진술자인 B가 사망하였으므로 그의 진술이 특히 신빙할 수 있는 상태 하에서 행하여졌음이 증명된 때에 한하여 이를 증거로 할 수 있다.

정답 ④

23 형사소송법 제314조의 증거능력 인정요건에 관한 설명 중 가장 적절하지 않은 것은? (다툼이 있는 경우 판례에 의함)

23 경찰채용

① 형사소송법 제314조의 특신상태의 증명은 참고인의 진술 또는 조서의 작성이 특히 신빙할 수 있는 상태하에서 행하여졌음에 대한 개연성 있는 정도의 증명으로 족하고, 법관으로 하여금 반드시 합리적인 의심의 여지를 배제할 정도에 이르러야 하는 것은 아니다.

② 형사소송법 제314조의 '특신상태'와 관련된 법리는 마찬가지로 원진술자의 소재불명 등을 전제로 하고 있는 형사소송법 제316조 제2항의 '특신상태'에 관한 해석에도 그대로 적용된다.

③ 형사소송법 제314조에서 말하는 '원진술자가 진술을 할 수 없는 때'에는 사망, 질병 등 명시적으로 열거된 사유 외에도, 원진술자가 공판정에서 진술을 한 경우라도 증인신문 당시 일정한 사항에 관하여 기억이 나지 않는다는 취지로 진술하여 그 진술의 일부가 재현 불가능하게 된 경우도 포함한다.

④ 수사기관에서 진술한 참고인이 법정에서 증언을 거부하여 피고인이 반대신문을 하지 못한 경우에는 정당하게 증언거부권을 행사한 것이 아니라도, 피고인이 증인의 증언거부 상황을 초래하였다는 등의 특별한 사정이 없는 한 형사소송법 제314조의 '그 밖에 이에 준하는 사유로 인하여 진술할 수 없는 때'에 해당하지 않는다고 보아야 한다.

> **해설**
>
> ① (×) 형사소송법 제314조에서의 '진술 또는 작성이 특히 신빙할 수 있는 상태하에서 행하여졌음에 대한 증명'은 단지 그러한 개연성이 있다는 정도로는 부족하고, 합리적인 의심의 여지를 배제할 정도에 이르러야 한다(대판 2014.2.21, 2013도12652)
> ② (○) 대판 2014.4.30, 2012도725
> ③ (○) 대판 2006.4.14, 2005도9561
> ④ (○) 대판 2012.5.17, 2009도6788 전원합의체

정답 ①

24

「형사소송법」제315조에 의해서 당연히 증거능력이 인정되는 것은 모두 몇 개인가? (다툼이 있는 경우 판례에 의함)

23 해경간부

> ㉠ 항해일지
> ㉡ 군의관이 작성한 진단서
> ㉢ 외국수사기관이 작성한 수사보고서
> ㉣ 국립과학수사연구소장 작성의 감정의뢰 회보서
> ㉤ 가족관계기록사항에 관한 증명서
> ㉥ 다른 피고인에 대한 형사사건의 공판조서 중 일부인 증인신문조서
> ㉦ 주민들의 진정서사본
> ㉧ 육군과학수사연구소 실험분석관 작성의 감정서
> ㉨ 건강보험심사평가원의 입원진료 적정성 여부 등 검토의뢰에 대한 회신
> ㉩ 대한민국 주중국 대사관 영사가 작성한 사실확인서 중 공인부분을 제외한 나머지 부분

① 4개　　② 5개　　③ 6개　　④ 7개

해설

> ㉠ (인정 ○) 항해일지는 당연히 증거능력이 인정된다(제315조 제2호).
> ㉡ (인정 ○) 군의관이 작성한 진단서는 공무원이 직무상 증명할 수 있는 사항에 관하여 작성한 문서이므로 그 증거조사를 거친이상 당연히 증거능력이 있다(대판 1972.6.13, 72도922).
> ㉢ (인정 ×) 미국 연방수사국(FBI)의 수사관이 작성한 수사보고서는 형사소송법 제312조 제3항에 의하여 피고인 또는 변호인이 내용을 인정할 때에 한하여 증거능력이 인정된다(대판 2006.1.13, 2003도6548).
> ㉣ (인정 ○) 국립과학수사연구소장 작성의 감정의뢰 회보서는 공무원인 위 연구소장이 직무상 증명할 수 있는 사항에 관하여 작성한 문서라고 할 것이므로 제315조에 의하여 당연히 증거능력 있는 서류라고 할 것이다(대판 1982.9.14, 82도1504).
> ㉤ (인정 ○) 가족관계기록사항에 관한 증명서는 형사소송법 제315조 제1호의 공무원 작성문서에 해당한다.
> ㉥ (인정 ○) 다른 피고인에 대한 형사사건의 공판조서는 형사소송법 제315조 제3호에 정한 서류로서 당연히 증거능력이 있다(대판 2005.4.28, 2004도4428).
> ㉦ (인정 ×) 주민들의 진정서 사본은 피고인이 증거로 함에 동의하지 않고 기록상 원본의 존재나 그 진정성립을 인정할 아무런 자료도 없을 뿐 아니라 형사소송법 제315조 제3호의 규정 사유도 없으므로 이를 증거로 할 수 없다(대판 1983.12.13, 83도2613).
> ㉧ (인정 ×) 육군과학수사연구소 실험분석관이 작성한 감정서는 제315조가 적용되지 않는다(대판 1976.10.12, 76도2960).
> ㉨ (인정 ×) 보험사기 사건에서 건강보험심사평가원이 수사기관의 의뢰에 따라 그 보내온 자료를 토대로 입원진료의 적정성에 대한 의견을 제시하는 내용의 '건강보험심사평가원의 입원진료 적정성 여부 등 검토의뢰에 대한 회신'은 형사소송법 제315조 제3호의 '기타 특히 신용할 만

한 정황에 의하여 작성된 문서'에 해당하지 않는다(대판 2017.12.5, 2017도12671).
㉛ (인정 ×) 영사증명서(대한민국 주중국 대사관 영사 작성의 사실확인서 중 공인 부분을 제외한 나머지 부분)는 비록 영사가 공무를 수행하는 과정에서 작성된 것이지만 그 목적이 공적인 증명에 있다기 보다는 상급자 등에 대한 보고에 있는 것으로서 엄격한 증빙서류를 바탕으로 하여 작성된 것이라고 할 수 없으므로 당연히 증거능력이 있는 서류라고 할 수 없다(대판 2007.12.13, 2007도7257).

정답 ②

25 甲이 공무원 乙에게 1,000만 원을 제공하였다는 뇌물 사건을 수사하던 검사는 甲의 직장동료인 丙으로부터 "甲이 '乙에게 뇌물을 주었다'고 내게 말했다."라는 참고인 진술을 확보하고 甲과 乙을 공동피고인으로 기소하였다. 그러나 공판정에 출석한 丙은 일체의 증언을 거부하였고, 일관되게 범행을 부인하던 甲이 심경의 변화를 일으켜 뇌물공여 혐의를 모두 자백하였으나, 乙은 뇌물을 받은 사실이 없다고 주장하며 혐의를 부인하고 있다. 이에 대한 설명으로 가장 적절하지 않은 것은? (다툼이 있는 경우 판례에 의함)   22 경찰승진

① 甲은 소송절차가 분리되면 乙에 대한 공소사실에 관하여 증인이 될 수 있다.
② 甲이 공판정에서 한 자백은 丙에 대한 참고인진술조서 가운데 "甲이 '乙에게 뇌물을 주었다'고 내게 말했다."라는 진술내용으로 보강할 수 있다.
③ 甲이 공판정에서 한 자백은 乙의 혐의에 대해서 유죄 인정의 증거가 될 수 있다.
④ 변론분리 후 甲이 증언하는 과정에서 "뇌물을 제공받은 乙이 저에게 '귀하에게 받은 돈은 나라와 민족을 위해 필요한 곳에 쓰겠습니다'라고 말했습니다."라고 진술한 경우 乙의 위 진술 내용은 그 진술이 특히 신빙할 수 있는 상태하에서 행하여졌음이 증명된 때에 한하여 이를 증거로 할 수 있다.

해설

① (○) 피고인의 지위에 있는 공동피고인은 다른 공동피고인에 대한 공소사실에 관하여 증인이 될 수 없으나, 소송절차가 분리되어 피고인의 지위를 벗어나게 되면 다른 공동피고인에 대한 공소사실에 관하여 증인이 될 수 있고 이는 대향범인 공동피고인의 경우에도 다르지 않다(대판 2012.3.29, 2009도11249) ※ 소송절차가 분리되면 甲은 乙에 대한 공소사실에 관하여 증인이 될 수 있다.
② (×) "피고인이 범행을 자인하는 것을 들었다"는 피고인 아닌 자의 진술 내용은 형사소송법 제310조의 피고인의 자백에는 포함되지 아니하나 이는 피고인의 자백의 보강증거로 될 수 없다(대판 2008.2.14, 2007도10937) ※ 甲이 공판정에서 한 자백은 丙에 대한 참고인진술조서 가운데 "甲이 '乙에게 뇌물을 주었다'고 내게 말했다."라는 진술내용으로 보강할 수 없다.
③ (○) 형사소송법 제310조의 '피고인의 자백'에는 공범인 공동피고인의 진술이 포함되지 아니

하므로 공범인 공동피고인의 진술은 다른 공동피고인에 대한 범죄사실을 인정하는 데 있어서 증거로 쓸 수 있고 그에 대한 보강증거의 여부는 법관의 자유심증에 맡긴다(대판 1985.3.9, 85도951). ※ 甲이 공판정에서 한 자백은 乙의 혐의에 대해서 유죄 인정의 증거가 될 수 있다.
④ (O) 제316조 제1항이 적용된다.

정답 ②

26 다음 사례에 대한 설명으로 옳지 않은 것은? (다툼이 있는 경우 판례에 의함) 22 경간

甲은 관급공사를 수주받기 위하여 공무원 乙에게 뇌물을 제공하고, 乙은 그 뇌물을 받은 혐의로 함께 기소되어 공동피고인으로 재판을 받고 있다. 검사는 사법경찰관 작성의 공범 甲에 대한 피의자신문조서와 乙에 대한 진술조서 및 乙의 진술을 적법하게 녹화한 영상녹화물을 증거로 제출하였다. 甲에 대한 피의자신문조서에는 甲이 乙에게 뇌물을 제공했다고 자백한 사실이 기재되어 있다.

① 乙의 진술이 담긴 영상녹화물은 乙의 공소사실을 직접 증명하는 독립적인 증거로 사용할 수 없다.
② 甲이 자신에 대한 피의자신문조서의 내용을 인정했더라도 乙이 공판기일에 甲에 대한 피의자신문조서의 내용을 부인하면 甲에 대한 피의자신문조서는 乙에게 증거능력이 없다.
③ 乙에 대한 진술조서는 乙에 대한 피의자신문조서로 보아야 한다.
④ 만약 공판이 진행되던 중 甲이 사망한 경우에는 甲에 대한 피의자신문조서는 특신상태만 증명되면 乙의 공소사실을 증명하는 증거로 사용할 수 있다.

해설

① (O) 수사기관이 참고인을 조사하는 과정에서 형사소송법 제221조 제1항에 따라 작성한 영상녹화물은 다른 법률에서 달리 규정하고 있는 등의 특별한 사정이 없는 한 공소사실을 직접 증명할 수 있는 독립적인 증거로 사용될 수는 없다(대판 2014.7.10, 2012도5041)
② (O) 피고인과 공범관계가 있는 다른 피의자에 대한 검사 이외의 수사기관 작성의 피의자신문조서는 그 피의자의 법정진술에 의하여 성립의 진정이 인정되더라도 당해 피고인이 공판기일에서 그 조서의 내용을 부인하면 증거능력이 부정된다(대판 2015.10.29, 2014도5939)
※ 乙이 甲에 대한 피의자신문조서의 내용을 부인하면 그 조서는 乙에게 증거능력이 없다.
③ (O) 피의자의 진술을 기재한 서류 또는 문서가 수사기관에서의 조사과정에서 작성된 것이라면 그것이 '진술조서, 진술서, 자술서'라는 형식을 취하였다고 하더라도 피의자신문조서와 달리 볼 수 없다(대판 2015.10.29, 2014도5939) ※ 乙에 대한 진술조서는 乙에 대한 피의자신문조서로 보아야 한다.

④ (×) 당해 피고인과 공범관계가 있는 다른 피의자에 대한 검사 이외의 수사기관[2022. 1. 1. 부터는 검사 또는 사법경찰관] 작성의 피의자신문조서는 그 피의자의 법정진술에 의하여 그 성립의 진정이 인정되더라도 당해 피고인이 공판기일에서 그 조서의 내용을 부인하면 증거능력이 부정되므로 그 당연한 결과로 그 피의자신문조서에 대하여는 사망 등 사유로 인하여 법정에서 진술할 수 없는 때에 예외적으로 증거능력을 인정하는 규정인 형사소송법 제314조가 적용되지 아니한다(대판 2009.11.26, 2009도6602) ※ 甲에 대한 피의자신문조서는 특신상태가 증명되더라도 乙의 공소사실을 증명하는 증거로 사용할 수 없다.

정답 ④

27 다음 사례에 대한 설명 중 옳은 것은 모두 몇 개인가? (다툼이 있는 경우 판례에 의함)

22 경찰채용

> 甲은 A를 인적이 드문 곳으로 유인한 후 권총으로 살해하였다. 범행장면은 현장 인근의 건물에 적법하게 설치된 CCTV에 녹화되었다. 사법경찰관 P는 CCTV 관리자가 녹화저장장치에서 甲의 범행장면이 복사된 이동식 저장장치(이하 'USB')를 건네주자 이를 압수하였다. 이후 P는 권총의 구매 경위를 수사하기 위하여 甲의 이메일 계정을 압수하였다. 압수된 이메일에는 B가 甲에게 "권총을 구매하여 택배로 보냈다."는 내용이 있었다. 검사는 甲을 살인죄로 기소하면서 USB와 이메일 파일을 증거로 제출하였다.

> ㉠ USB에 저장된 파일이 복사 과정에서 편집되는 등 인위적 개작 없이 원본 내용을 그대로 복사한 사본이라는 점이 증명되어야 한다.
> ㉡ CCTV에 녹화된 甲의 얼굴 등은 개인정보에 해당하지만 CCTV 관리자가 정보주체의 동의 없이 임의제출하였더라도 위법수집증거에 해당하지 않는다.
> ㉢ USB에 저장된 CCTV 영상이 범죄 당시 현장의 영상이라는 사실이 요증사실인 경우에는 전문법칙이 적용되지 않는다.
> ㉣ 이메일 작성자인 B가 증인으로 출석하여 "甲에게 이메일을 보낸 기억이 없다."고 진술한 경우에는 과학적 분석결과에 기초한 디지털포렌식 자료, 감정 등 객관적 방법으로 성립의 진정함이 증명되는 때에도 증거로 할 수 없다.

① 1개 ② 2개 ③ 3개 ④ 4개

> **해설**
>
> ㉠ (○) USB에 저장된 파일이 복사 과정에서 편집되는 등 인위적 개작 없이 원본 내용을 그대로 복사한 사본이라는 점이 증명되어야 증거능력을 인정할 수 있다(대판 2018.2.8, 2017도13263 참고).
>
> ㉡ (○) [1] 개인정보처리자는 범죄의 수사와 공소의 제기 및 유지를 위하여 필요한 경우에는 정보주체 또는 제3자의 이익을 부당하게 침해할 우려가 있을 때를 제외하고는 개인정보를 목적 외의 용도로 이용하거나 이를 제3자에게 제공할 수 있다(개인정보보호법 제18조 제2항 제7호).
> [2] CCTV 관리자가 정보주체의 동의 없이 수사기관에 임의제출하였더라도 이를 위법수집증거라고 할 수 없다.
>
> ㉢ (○) 범행상황 및 그 전후 상황을 촬영한 CCTV가 독립된 증거로 사용되는 경우 이는 비진술증거에 해당한다(대판 2013.7.26, 2013도2511).
>
> ㉣ (×) [1] 진술서의 작성자가 공판준비나 공판기일에서 그 성립의 진정을 부인하는 경우에는 과학적 분석결과에 기초한 디지털포렌식 자료, 감정 등 객관적 방법으로 성립의 진정함이 증명되는 때에는 증거로 할 수 있다. 다만, 피고인 아닌 자가 작성한 진술서는 피고인 또는 변호인이 공판준비 또는 공판기일에 그 기재 내용에 관하여 작성자를 신문할 수 있었을 것을 요한다(제313조 제2항).
> [2] B가 "甲에게 이메일을 보낸 기억이 없다"고 진술한 경우라도 과학적 분석결과에 기초한 디지털포렌식 자료, 감정 등 객관적 방법으로 성립의 진정함이 증명되면 그 이메일 내용은 증거로 할 수 있다.

정답 ③

제4절 당사자의 동의와 증거능력

01 증거동의에 관한 설명으로 가장 적절하지 않은 것은? (다툼이 있는 경우 판례에 의함)

24 경찰채용

① 형사소송법 제318조에 규정된 증거동의는 소송 주체인 검사와 피고인이 하는 것이고, 피고인이 변호인과 함께 출석한 공판기일의 공판조서에 검사가 제출한 증거에 대하여 동의한다는 기재가 되어 있다면 이는 피고인이 증거동의를 한 것으로 보아야 하고, 그 기재는 절대적인 증명력을 가진다.
② 형사소송법 제318조에 규정된 증거동의의 의사표시는 증거조사가 완료되기 전까지 취소 또는 철회할 수 있으나, 일단 증거조사가 완료된 뒤에는 취소 또는 철회가 인정되지 아니하므로 제1심에서 한 증거동의를 제2심에서 취소할 수 없고, 일단 증거조사가 종료된 후에 증거동의의 의사표시를 취소 또는 철회하더라도 취소 또는 철회 이전에 이미 취득한 증거능력이 상실되지 않는다.
③ 피고인이나 변호인이 무죄에 관한 자료로 제출한 서증 가운데 도리어 유죄임을 뒷받침하는 내용이 있다고 하여도, 법원은 그 서류의 진정성립 여부 등을 조사하고 아울러 그 서류에 대한 피고인이나 변호인의 의견과 변명의 기회를 주지 않았다면 상대방의 원용(동의)이 있더라도 그 서증을 유죄인정의 증거로 쓸 수 없다.
④ 피고인의 출정없이 증거조사를 할 수 있는 경우에 피고인이 출정하지 아니한 때에는 형사소송법 제318조 제1항에 의한 증거동의가 있는 것으로 간주한다. 다만, 피고인이 출정하지 아니하더라도 대리인 또는 변호인이 출정한 때에는 예외로 한다.

> **해설**
>
> ① (○) 대판 2016.3.10, 2015도19139
> ② (○) 대판 1996.12.10, 96도2507
> ③ (×) 피고인이나 변호인이 무죄에 관한 자료로 제출한 서증 가운데 도리어 유죄임을 뒷받침하는 내용이 있다 하여도 법원은 상대방의 원용이나 동의가 없는 한 그 서류의 진정성립 여부 등을 조사하고 아울러 그 서류에 대한 피고인이나 변호인의 의견과 변명의 기회를 준 다음이 아니면 그 서증을 유죄인정의 증거로 쓸 수 없다(대판 2014.2.27, 2013도12155)
> ④ (○) 제318조 제2항

정답 ③

02 증거동의에 관한 설명으로 옳은 것을 모두 고른 것은? (다툼이 있는 경우 판례에 의함)

24 경찰승진

㉠ 피고인이 증거로 함에 동의하지 않는 명시적인 의사표시를 한 경우 이외에는 변호인은 서류나 물건에 대하여 증거로 함에 동의할 수 있고, 이 경우 변호인의 동의에 대하여 피고인이 즉시 이의하지 않는 경우에는 변호인의 동의로 증거능력이 인정된다.
㉡ 증거동의의 대상이 될 서류는 원본에 한하며 그 사본은 포함되지 않는다.
㉢ 당사자가 제출한 서류에 대하여 법원이 직권으로 증거조사를 하는 경우에 당해 서류를 제출한 당사자는 그것을 증거로 함에 동의하고 있음이 명백한 것이므로 상대방의 동의만 얻으면 충분하다.

① ㉠㉡   ② ㉠㉢   ③ ㉡㉢   ④ ㉠㉡㉢

해설

㉠ (○) 대판 2005.4.28, 2004도4428
㉡ (×) 형사소송법 제318조 제1항에 의하여 피고인이 증거로 할 수 있음을 동의한 서류 또는 물건은 진정한 것으로 인정한 때에는 증거로 할 수 있는 것이고, 여기에서 말하는 동의의 대상이 될 서류는 원본에 한하는 것이 아니라 그 사본도 포함된다(대판 1986.7.8, 86도893)
㉢ (○) 대판 1989.10.10, 87도966

정답 ②

03 증거동의에 관한 설명 중 옳지 않은 것은? (다툼이 있는 경우 판례에 의함) 23 변호사시험

① 피고인이 출석한 공판기일에서 증거로 함에 부동의한 경우에는 그 후 피고인이 출석하지 아니한 공판기일에 변호인만 출석하여 종전 의견을 번복하여 증거로 함에 동의하였더라도 효력이 없다.
② 개개의 증거에 대하여 개별적으로 증거동의를 받지 아니하고 검사가 제시한 모든 증거에 대하여 피고인이 증거로 함에 동의한다는 방식으로 증거동의가 이루어진 것일지라도 증거동의로서의 효력을 부정할 이유가 되지 못한다.
③ 「형사소송법」 제184조에 의한 증거보전절차에서 증인신문을 하는 경우 피의자에게 증인신문에 참여할 수 있는 기회를 주지 아니하고 작성된 증인신문조서는 피의자였던 피고인이 법정에서 그 증인신문조서를 증거로 할 수 있음에 동의하여 별다른 이의 없이 적법하게 증거조사를 거친 경우라 하더라도 증거능력이 부여되지 않는다.
④ 증거동의의 의사표시는 증거조사가 완료되기 전까지 철회할 수 있으나, 일단 증거조사가 완료된 뒤에는 철회가 인정되지 아니하므로 제1심에서 한 증거동의를 제2심에서 철회할 수 없다.
⑤ 피고인의 출정없이 증거조사를 할 수 있는 경우에 피고인이 출정하지 아니한 때에는 「형사소송법」 제318조 제1항의 증거동의가 있는 것으로 간주되지만, 대리인 또는 변호인이 출정한 때에는 그러하지 아니하다.

> **해설**
>
> ① (○) 대판 2013.3.28, 2013도3
> ② (○) 대판 1983.3.8, 82도2873
> ③ (×) 형사소송법 제184조에 의한 증거보전절차로 증인신문을 하는 경우에는 동법 제221조의2에 의한 증인신문의 경우와는 달라 동법 제163조에 따라 검사, 피의자 또는 변호인에게 증인신문의 시일과 장소를 미리 통지하여 증인신문에 참여할 수 있는 기회를 주어야 하나, **참여의 기회를 주지 아니한 경우라도 피고인과 변호인이 증인신문조서를 증거로 할 수 있음에 동의하여 별다른 이의없이 적법하게 증거조사를 거친 경우에는 위 증인신문조서는 증인신문절차가 위법하였는지의 여부에 관계없이 증거능력이 부여된다**(대판 1988.11.8, 86도1646)
> ④ (○) 대판 2005.4.28, 2004도4428
> ⑤ (○) 제318조 제2항

정답 ③

04 증거동의에 관한 설명 중 가장 적절하지 않은 것은? (다툼이 있는 경우 판례에 의함)

23 경찰채용

① 형사소송법 제318조 제1항 증거동의는 전문증거금지의 원칙에 대한 예외로서 반대신문권을 포기하겠다는 피고인의 의사표시에 의하여 서류 또는 물건의 증거능력을 부여하려는 규정이다.
② 약식명령에 불복하여 정식재판을 청구한 피고인이 정식재판절차의 제1심에서 2회 불출정하여 형사소송법 제318조 제2항에 따라 피고인의 증거동의로 간주된 후, 제1심 법원이 증거조사를 완료하였더라도 피고인이 항소심에 출석하여 공소사실을 부인하면서 제1심에서 간주된 증거동의를 철회 또는 취소한다는 의사표시를 하면 해당 증거의 증거능력은 상실된다.
③ 피고인이 출석한 공판기일에서 증거로 함에 부동의한다는 의견이 진술된 경우에는 그 후 피고인이 출석하지 아니한 공판기일에 변호인만이 출석하여 종전 의견을 번복하여 증거로 함에 동의하였다 하더라도 이는 특별한 사정이 없는 한 효력이 없다고 보아야 한다.
④ 필요적 변호사건이라 하여도 피고인이 재판거부의 의사를 표시하고 재판장의 허가 없이 퇴정하고 변호인 마저 이에 동조하여 퇴정해 버림으로써 피고인과 변호인들이 출석하지 않은 상태에서 증거조사를 할 수밖에 없는 경우, 형사소송법 제318조 제2항의 규정상 피고인의 진의와는 관계없이 증거동의가 있는 것으로 간주한다.

> **해설**
>
> ① (○) 대판 1983.3.8, 82도2873
> ② (×) 약식명령에 불복하여 정식재판을 청구한 피고인이 정식재판절차의 1심에서 2회 불출정하여 증거동의가 간주된 후 증거조사를 완료한 이상, 간주의 대상인 증거동의는 증거조사가 완료되기 전까지 철회 또는 취소할 수 있으나 일단 증거조사를 완료한 뒤에는 취소 또는 철회가 인정되지 아니하는 점 등에 비추어, **비록 피고인이 항소심에 출석하여 공소사실을 부인하면서 간주된 증거동의를 철회 또는 취소한다는 의사표시를 하더라도 그로 인하여 적법하게 부여된 증거능력이 상실되는 것이 아니다**(대판 2010.7.15, 2007도5776)
> ③ (○) 대판 2013.3.28, 2013도3
> ④ (○) 대판 1991.6.28, 91도865

정답 ②

05 증거동의에 대한 설명으로 가장 적절하지 않은 것은? (다툼이 있는 경우 판례에 의함)

23 경찰승진

① 소유자, 소지자 또는 보관자가 아닌 피해자로부터 임의로 제출받은 물건을 영장없이 압수한 경우 그 '압수물' 및 '압수물을 찍은 사진'에 대해 피고인이나 변호인이 증거동의를 하였다 하더라도 이를 유죄 인정의 증거로 사용할 수 없다.
② 피고인의 출정 없이 증거조사를 할 수 있는 경우에 피고인이 출정하지 아니한 때에는 피고인의 대리인 또는 변호인이 출정한 때를 제외하고 피고인이 증거로 함에 동의한 것으로 간주한다.
③ 수사기관이 참고인의 진술을 기재한 조서는 그 내용을 피고인이 부인하고 참고인의 법정 출석 및 반대신문이 이루어지지 못하였다면 이를 주된 증거로 하여 공소사실을 인정할 수 없는 것이 원칙이지만 피고인이 이에 대해 증거동의한 경우에는 그렇지 아니하다.
④ 공판준비 또는 공판기일에서 이미 증언을 마친 증인을 검사가 소환한 후 피고인에게 유리한 증언내용을 추궁하여 이를 일방적으로 번복시키는 방식으로 작성한 진술조서는 피고인이 증거로 할 수 있음에 동의하지 아니하는 한 증거능력이 없다.

> **해설**
>
> ① (○) 대판 2010.1.28, 2009도10092
> ② (○) 제318조 제2항
> ③ (×) 피고인이 공소사실 및 이를 뒷받침하는 수사기관이 원진술자의 진술을 기재한 조서 내용을 부인하였음에도 불구하고, 원진술자의 법정 출석과 피고인에 의한 반대신문이 이루어지지 못하였다면 그 조서는 진정한 증거가치를 가진 것으로 인정받을 수 없는 것이어서 이를 주된 증거로 하여 공소사실을 인정하는 것은 원칙적으로 허용될 수 없다. 이는 원진술자의 사망이나 질병 등으로 인하여 원진술자의 법정 출석 및 반대신문이 이루어지지 못한 경우는 물론 수사기관의 조서를 증거로 함에 피고인이 동의한 경우에도 마찬가지이다(대판 2006.12.8, 2005도9730).
> ④ (○) 대판 2008.9.25, 2008도6985

정답 ③

06 증거동의에 관한 설명으로 가장 적절하지 않은 것은? (다툼이 있는 경우 판례에 의함)

22 경찰채용

① 피고인이 공소사실을 부인하고 있는 상황에서 검사가 신청한 증인의 법정진술이 전문증거로서 증거능력이 없는 경우 피고인 또는 변호인에게 의견을 묻는 등의 적절한 방법으로 그러한 사정에 대하여 고지가 이루어지지 않은 채 증인신문이 진행되었다면, 피고인이 그 증거조사 결과에 대하여 별 의견이 없다고 진술하였더라도 증인의 법정증언을 증거로 삼는 데에 동의한 것으로 볼 수 없다.

② 피고인이 출석한 공판기일에서 증거로 함에 부동의한다는 의견이 진술된 경우에는 그 후 피고인이 출석하지 아니한 공판기일에 변호인만이 출석하여 증거로 함에 동의하였더라도 이는 특별한 사정이 없는 한 효력이 없다.

③ 증거동의의 의사표시는 증거조사가 완료되기 전까지 취소 또는 철회할 수 있으나, 일단 증거조사가 완료된 뒤에는 취소 또는 철회가 인정되지 아니하므로 이를 취소 또는 철회하더라도 이미 취득한 증거능력은 상실되지 않는다.

④ 피고인의 변호인이 증거 부동의 의견을 밝힌 고발장을 첨부문서로 포함하고 있는 검찰주사보 작성의 수사보고가 수사기관이 첨부한 자료를 통하여 얻은 인식·판단·추론이거나 자료의 단순한 요약에 불과하더라도 피고인이 증거에 동의하여 증거조사가 행하여졌다면 그 수사보고에 대한 증거동의의 효력은 첨부된 고발장에도 당연히 미친다고 볼 것이므로 이를 유죄의 증거로 삼을 수 있다.

> **해설**
>
> ① (O) 대판 2019.11.14, 2019도11552
> ② (O) 대판 2013.3.28, 2013도3
> ③ (O) 대판 2015.8.27, 2015도3467
> ④ (×) 변호인이 검사가 공판기일에 제출한 증거 중 뇌물공여자가 작성한 고발장에 대하여는 증거 부동의 의견을 밝히고, 같은 고발장을 첨부문서로 포함하고 있는 검찰주사보 작성의 수사보고에 대하여는 증거에 동의하여 증거조사가 행하여진 경우, 수사보고에 대한 증거동의의 효력은 첨부된 고발장에는 미치지 않는다(대판 2011.7.14, 2011도3809) ※ **일부에 대한 증거동의시 증거동의한 부분에 대해서만 증거능력이 인정된다.**

정답 ④

03 증명력 관련 문제

제1절 탄핵증거

01 탄핵증거에 관한 설명으로 가장 적절하지 않은 것은? (다툼이 있는 경우 판례에 의함)

24 경찰승진

① 탄핵증거의 제출에 있어서도 상대방에게 이에 대한 공격방어의 수단을 강구할 기회를 사전에 부여하여야 한다는 점에서 증명력을 다투고자 하는 증거의 어느 부분에 의하여 진술의 어느 부분을 다투려고 한다는 것을 사전에 상대방에게 알려야 한다.
② 탄핵증거는 범죄사실을 인정하는 증거가 아니지만 엄격한 증거조사를 요한다.
③ 탄핵증거는 진술의 증명력을 감쇄하기 위하여 인정되는 것이고 범죄사실 또는 그 간접사실의 인정의 증거로는 허용되지 않는다.
④ 내용부인으로 증거능력이 상실된 사법경찰리 작성 피의자신문 조서에 문자 전송내역이 첨부되어 있는 경우 검사는 위 조서가 임의로 작성된 것이 아니라고 의심할만한 사정이 없는 한 피고인의 법정 진술의 증명력을 다투기 위한 탄핵증거로 사용할 수 있다.

> **해설**
> ① (○) 대판 2005.8.19, 2005도2617
> ② (×) 탄핵증거는 범죄사실을 인정하는 증거가 아니므로 엄격한 증거조사를 거쳐야 할 필요가 없으나, 법정에서 이에 대한 탄핵증거로서의 증거조사는 필요하다(대판 2005.8.19, 2005도 2617)
> ③ (○) 대판 2012.10.25, 2011도5459
> ④ (○) 대판 1998.2.27, 97도1770

정답 ②

02 다음 중 탄핵증거에 대한 설명으로 가장 옳지 않은 것은? (다툼이 있는 경우 판례에 의함)

22 해경간부

① 법정에서 탄핵증거로 증거조사를 한 바 없는 증거를 탄핵증거로 사용할 수 없다.
② 탄핵증거는 진술의 증명력을 감쇄하기 위하여 인정되는 것이고 범죄사실 또는 그 간접사실 인정의 증거로서는 허용되지 않는다.
③ 탄핵증거는 범죄사실을 인정하는 증거가 아니어서 엄격한 증거능력을 요하지 아니한다.
④ 탄핵증거의 제출에 있어서도 상대방에게 이에 대한 공격방어의 수단을 강구할 기회를 사전에 부여하여야 하지만, 증명력을 다투고자 하는 증거의 어느 부분에 의하여 진술의 어느 부분을 다투려고 한다는 것인지를 사전에 상대방에게 알려야 할 필요는 없다.

> **해설**
>
> ① (○) 대판 2005.8.19, 2005도2617
> ② (○) 대판 2012.10.25, 2011도5459
> ③ (○) 대판 2012.9.27, 2012도7467
> ④ (×) 증명력을 다투고자 하는 증거의 어느 부분에 의하여 진술의 어느 부분을 다투려고 한다는 것을 사전에 상대방에게 알려야 한다(대판 2005.8.19, 2005도2617)

정답 ④

제2절 자백의 보강법칙

01 자백보강법칙에 관한 설명으로 가장 적절하지 않은 것은? (다툼이 있는 경우 판례에 의함)

24 경찰승진

① 「형사소송법」 제310조 소정의 '피고인의 자백'에 공범인 공동피고인의 진술은 포함되지 않으므로, 공범인 공동피고인의 진술은 다른 공동피고인에 대한 범죄사실을 인정하는 증거로 할 수 있고, 공범인 공동피고인들의 각 진술은 상호 간에 서로 보강증거가 될 수 있다.

② 자백에 대한 보강증거는 피고인의 자백이 가공적인 것이 아닌 진실한 것임을 인정할 수 있는 정도로는 족하지 않고, 범죄사실의 전부 또는 중요 부분을 인정할 수 있는 정도가 되어야 한다.

③ 자동차등록증에 차량의 소유자가 피고인으로 등록되어 있는 것은 피고인이 그 차량을 운전하였다는 사실의 자백 부분에 대한 보강증거가 될 수 있고, 결과적으로 피고인이 운전면허 없이 운전하였다는 전체 범죄사실의 보강증거로 충분하다.

④ 2020. 2. 18. 01:35경 자동차를 타고 온 피고인 甲으로부터 필로폰 0.06g을 건네받은 후 甲이 그 차량을 운전해 갔다고 한 공소외인 A의 진술과 2020. 2. 20. 甲으로부터 채취한 소변에서 나온 필로폰 양성 반응은, 甲이 2020. 2. 18. 02:00경의 필로폰 투약으로 정상적으로 운전하지 못할 우려가 있는 상태에 있었다는 공소사실 부분에 대한 자백을 보강하는 증거가 되기에 충분하다.

> **해설**
>
> ① (○) 대판 1990.10.30, 90도1939
> ② (×) 자백에 대한 보강증거는 범죄사실의 전부 또는 중요부분을 인정할 수 있는 정도가 되지 아니하더라도 피고인의 자백이 가공적인 것이 아닌 진실한 것임을 인정할 수 있는 정도만 되면 족할 뿐이다(대판 2011.9.29, 2011도8015).
> ③ (○) 대판 2000.9.26, 2000도2365
> ④ (○) 대판 2010.12.23, 2010도11272

정답 ②

02 자백의 증거능력과 증명력에 관한 설명 중 옳고 그름의 표시(O, ×)가 바르게 된 것은? (다툼이 있는 경우 판례에 의함)

23 경찰채용

㉠ 피고인이 범행을 자인하는 것을 들었다는 피고인 아닌 자의 진술내용은 형사소송법 제310조의 피고인의 자백에 포함되며, 자백을 자백으로 보강할 수 없다는 법리에 따라 그 진술내용을 피고인의 자백의 보강증거로 할 수 없다.

㉡ 일정한 증거가 발견되면 피의자가 자백하겠다고 한 약속이 검사의 강요나 위계에 의하여 이루어졌다던가 또는 불기소나 경한 죄의 소추 등 이익과 교환조건으로 된 것으로 인정되지 않는다면 위와 같은 자백의 약속하에 된 자백이라 하여 곧 임의성 없는 자백으로 증거능력이 부정된다고 단정할 수 없다.

㉢ 상습범은 피고인의 습벽을 구성요건으로 하는 범죄로서 상습범에 있어 피고인의 자백이 있는 경우, 이를 구성하는 각 행위에 관하여 개별적으로 보강증거를 필요로 하는 것은 아니다.

㉣ 자백에 대한 보강증거는 범죄사실의 전부 또는 중요 부분을 인정할 수 있는 정도가 되지 아니하더라도 피고인의 자백이 가공적인 것이 아닌 진실한 것임을 인정할 수 있는 정도만 되면 족할 뿐만 아니라, 직접증거가 아닌 간접증거나 정황증거도 보강 증거가 될 수 있다.

① ㉠(×) ㉡(O) ㉢(×) ㉣(O)
② ㉠(×) ㉡(×) ㉢(O) ㉣(×)
③ ㉠(O) ㉡(O) ㉢(×) ㉣(O)
④ ㉠(O) ㉡(×) ㉢(O) ㉣(×)

해설

㉠ (×) "피고인이 범행을 자인하는 것을 들었다"는 피고인 아닌 자의 진술 내용은 형사소송법 제310조의 피고인의 자백에는 포함되지 아니하나 이는 피고인의 자백의 보강증거로 될 수 없다(대판 2008.2.14, 2007도10937)

㉡ (O) 대판 1983.9.13, 83도712

㉢ (×) 피고인의 습벽을 범죄구성요건으로 하는 포괄일죄인 상습범에 있어서도 이를 구성하는 각 행위에 관하여 개별적으로 보강증거가 필요하다(대판 1996.2.13, 95도1794)

㉣ (O) 대판 2011.9.29, 2011도8015

정답 ①

03 자백과 보강증거에 관한 설명 중 옳지 않은 것을 모두 고른 것은? (다툼이 있는 경우 판례에 의함)

22 변호사시험

㉠ 피고인이 다세대주택의 여러 세대에서 7건의 절도행위를 한 것으로 기소되었는데 그 중 4건은 범행 장소인 구체적 호수가 특정되지 않은 사안에서, 위 4건에 관한 피고인 자백의 진실성이 인정되는 경우라면 피고인의 집에서 압수한 위 4건의 각 피해품에 대한 압수조서와 압수물 사진은 위 자백에 대한 보강증거가 된다.

㉡ 피고인이 범행을 자인하는 것을 들었다는 피고인 아닌 자의 진술은 피고인의 자백에 포함되지 아니하므로 피고인 자백의 보강증거가 될 수 있다.

㉢ 2021.10.19. 채취한 소변에 대한 검사결과 메스암페타민 성분이 검출된 경우 위 소변검사결과는 2021.10.17. 메스암페타민을 투약하였다는 자백에 대한 보강증거가 될 수는 있지만, 각 투약행위에 대한 자백의 보강증거는 별개의 것이어야 하므로 같은 달 13. 메스암페타민을 투약하였다는 자백에 대한 보강증거는 될 수 없다.

㉣ 공소장에 기재된 대마 흡연일자로부터 한 달 후 피고인의 주거지에서 압수된 대마 잎은 비록 피고인의 자백이 구체적이고 그 진실성이 인정된다고 하더라도 피고인의 자백에 대한 보강증거가 될 수 없다.

① ㉠   ② ㉠㉢   ③ ㉡㉢
④ ㉡㉣   ⑤ ㉡㉢㉣

해설

㉠ (○) 대판 2008.5.29. 2008도2343

㉡ (×) "피고인이 범행을 자인하는 것을 들었다"는 피고인 아닌 자의 진술 내용은 형사소송법 제310조의 피고인의 자백에는 포함되지 아니하나 이는 피고인의 자백의 보강증거로 될 수 없다(대판 2008.2.14. 2007도10937).

㉢ (×) 2000년 10월 19일 채취한 소변에 대한 검사결과 메스암페타민 성분이 검출된 경우, 위 소변검사결과는 2000년 10월 17일 메스암페타민을 투약하였다는 자백에 대한 보강증거가 될 수 있음은 물론 같은 10월 13일 메스암페타민을 투약하였다는 자백에 대한 보강증거도 될 수 있다(대판 2002.1.8. 2001도1897) ※ 보강증거가 독립된 2개의 범죄행위와 모두 관련이 있는 경우에는 1개의 보강증거로 2개의 자백의 보강증거가 될 수 있다.

㉣ (×) 기소된 대마 흡연일자로부터 한 달 후 피고인의 주거지에서 압수된 대마 잎이 피고인의 자백에 대한 보강증거가 된다(대판 2007.9.20. 2007도5845).

정답 ⑤

04 다음 사례에 대한 설명으로 옳지 않은 것은? (다툼이 있는 경우 판례에 의함) 22 경간

> 피해자 A에 대한 강도 사건에서 甲은 정범으로, 乙은 교사범으로 기소되어 甲과 乙 모두 공동피고인으로 재판을 받고 있다. 공판정에서 甲은 乙이 시켜서 A에 대한 범행을 했다고 자백한 반면, 乙은 甲에게 교사한 적이 없다고 부인하였다. 증인 丙은 공판정에서 사건 발생 직후 甲으로부터 "乙이 시켜서 A에 대한 범행을 했다."는 말을 들었다고 증언하였다. 법원은 甲의 진술과 丙의 증언에 신빙성이 있다고 판단하고 있으나 甲의 자백 외에는 다른 증거가 없다.

① 법원은 甲의 자백만으로 乙에게 유죄를 선고할 수 있다.
② 甲이 丙에게 한 진술의 특신상태가 증명되면 丙의 증언은 甲의 범죄사실을 입증하는 증거로 사용할 수 있다.
③ 甲의 범죄사실에 대한 丙의 증언에 증거능력이 인정되면 법원은 丙의 증언을 기초로 甲에게 유죄를 선고할 수 있다.
④ 丙의 증언은 乙의 범죄사실을 입증하는 증거로 사용할 수 없다.

┌─ 해설 ─┐

① (O) 형사소송법 제310조의 '피고인의 자백'에는 공범인 공동피고인의 진술이 포함되지 아니하므로 공범인 공동피고인의 진술은 다른 공동피고인에 대한 범죄사실을 인정하는 데 있어서 증거로 쓸 수 있고 그에 대한 보강증거의 여부는 법관의 자유심증에 맡긴다(대판 1985.3.9. 85도951). ※ 법원은 甲의 자백만으로 乙에게 유죄를 선고할 수 있다.

② (O) 피고인이 아닌 자(공소제기 전에 피고인을 피의자로 조사하였거나 그 조사에 참여하였던 자를 포함한다)의 공판준비 또는 공판기일에서의 진술이 피고인의 진술을 그 내용으로 하는 것인 때에는 그 진술이 특히 신빙할 수 있는 상태하에서 행하여졌음이 증명된 때에 한하여 이를 증거로 할 수 있다(제316조 제1항).

③ (×) "피고인이 범행을 자인하는 것을 들었다"는 피고인 아닌 자의 진술 내용은 형사소송법 제310조의 피고인의 자백에는 포함되지 아니하나 이는 피고인의 자백의 보강증거로 될 수 없다(대판 2008.2.14. 2007도10937) ※ 丙의 증언은 甲의 자백에 대한 보강증거가 될 수 없으므로 법원은 丙의 증언을 기초로 甲에게 유죄를 선고할 수 없다.

④ (O) [1] 형사소송법 제316조 제2항은 피고인 아닌 자가 공판준비 또는 공판기일에서 한 진술이 피고인 아닌 타인의 진술을 그 내용으로 하는 것인 때에는 원진술자가 사망, 질병 기타 사유로 인하여 진술할 수 없고 그 진술이 특히 신빙할 수 있는 상태하에서 행하여진 때에 한하여 이를 증거로 할 수 있다고 규정하고 있는데, 여기서 말하는 '피고인 아닌 자'에는 공동피고인이나 공범자도 포함된다(대판 2018.5.15. 2017도19499)
[2] 피고인 乙의 입장에서 보았을 때 공동피고인 甲도 형사소송법 제316조 제2항에 규정된 '피고인 아닌 타인'에 해당한다. 따라서 피고인 아닌 타인인 甲의 진술을 그 내용으로 하는 丙의 증언이 증거능력이 인정되기 위해서는 원진술자인 甲이 사망, 질병 등으로 법정에 출석할 수 없어야 하는데, 설문의 경우 甲이 법정에 출석했으므로(공판정에서 범행을 자백하고

있다) 丙의 증언은 乙의 범죄사실을 입증하는 증거로 사용할 수 없다.

정답 ③

05 자백보강법칙에 관한 설명 중 가장 옳지 않은 것은? (다툼이 있는 경우 판례에 의함)

23 법원9급

① 공동피고인의 자백은 이에 대한 피고인의 반대신문권이 보장되어 있어 증인으로 신문한 경우와 다를 바 없으므로 독립한 증거능력이 있으나, 피고인들간에 이해관계가 상반되는 경우에는 독립한 증거로 보기 어렵다.
② 직접증거가 아닌 간접증거나 정황증거도 보강증거가 될 수 있고, 자백과 보강증거가 서로 어울려서 전체로서 범죄사실을 인정할 수 있으면 유죄의 증거로 충분하다.
③ 피고인의 습벽을 범죄구성요건으로 하며 포괄일죄인 상습범에 있어서도 이를 구성하는 각 행위에 관하여 개별적으로 보강증거를 요구하고 있는 점에 비추어 보면 투약습성에 관한 정황증거만으로 향정신성의약품관리법위반죄의 객관적 구성요건인 각 투약행위가 있었다는 점에 관한 보강증거로 삼을 수는 없다.
④ 사람의 기억에는 한계가 있는 만큼 자백과 보강증거 사이에 어느 정도의 차이가 있어도 중요부분이 일치하고 그로써 진실성이 담보되면 보강증거로서의 자격이 있다.

해설

① (×) 공동피고인의 자백은 이에 대한 피고인의 반대신문권이 보장되어 있어 증인으로 신문한 경우와 다를 바 없으므로 독립한 증거능력이 있고, 이는 피고인들간에 이해관계가 상반된다고 하여도 마찬가지라 할 것이다(대판 2006.5.11, 2006도1944)
② (○) 대판 2011.9.29, 2011도8015
③ (○) 대판 1996.2.13, 95도1794
④ (○) 대판 2008.5.29, 2008도2343

정답 ①

제3절 공판조서의 증명력

01 공판조서의 증명력에 관한 설명 중 가장 옳지 않은 것은? (다툼이 있는 경우 판례에 의함)

23 법원9급

① 피고인에게 증거조사결과에 대한 의견을 묻고 증거조사를 신청할 수 있음을 고지하였을 뿐만 아니라 최종의견진술의 기회를 주었는지 여부와 같은 소송절차에 관한 사실은 공판조서에 기재된 대로 공판절차가 진행된 것으로 증명되고 다른 자료에 의한 반증은 허용되지 않는다.

② 동일한 사항에 관하여 두개의 서로 다른 내용이 기재된 공판조서가 병존하는 경우 양자는 동일한 증명력을 가지는 것으로서 그 증명력에 우열이 있을 수 없다고 보아야 할 것이므로 그 중 어느 쪽이 진실한 것으로 볼 것인지는 공판조서의 증명력을 판단하는 문제로서 법관의 자유로운 심증에 따를 수밖에 없다.

③ 공판조서에 기재되지 않은 소송절차는 공판조서 이외의 자료에 의한 증명이 허용되므로 공판조서에 피고인에 대하여 인정신문을 한 기재가 없다면 같은 조서에 피고인이 공판기일에 출석하여 공소사실신문에 대하여 이를 시정하고 있는 기재가 있다 하더라도 인정신문이 있었던 사실이 추정된다고 할 수는 없다.

④ 공소사실이 최초로 심리된 제1심 제4회 공판기일부터 피고인이 공소사실을 일관되게 부인하여 경찰 작성 피의자신문조서의 진술 내용을 인정하지 않는 경우, 제1심 제4회 공판기일에 피고인이 위 서증의 내용을 인정한 것으로 공판조서에 기재된 것은 착오 기재 등으로 보아 위 피의자신문조서의 증거능력을 부정하여야 한다.

> **해설**
>
> ① (○) 대판 1990.2.27, 89도2304
> ② (○) 대판 1988.11.8, 86도1646
> ③ (×) 공판조서에 피고인에 대하여 인정신문을 한 기재가 없다 하여도 같은 조서에 피고인이 공판기일에 출석하여 공소사실신문에 대하여 이를 시정하고 있는 기재가 있으니 인정신문이 있었던 사실이 추정된다 할 것이고 다만 조서의 기재에 이 점에 관한 누락이 있었을 따름인 것이 인정된다(대판 1972.12.26, 72도2421)
> ④ (○) 대판 2010.6.24, 2010도5040

정답 ③

PART

03

최신 3개년 **기출문제집**
cafe.naver. 김종욱형사법

종합 사례형 문제

01 다음 사례에 관한 설명으로 가장 적절하지 않은 것은? (다툼이 있는 경우 판례에 의함)

24 경찰채용

> 甲은 2022. 1. 10.경 관할법원에 피해자 A를 상대로 허위의 지급명령을 신청하고 이에 속은 그 법원 판사로부터 위 신청서와 같은 취지의 지급명령을 송달받은 후 지급명령정본에 집행문을 부여받아 A로부터 1,000만 원을 편취하였다. 신고를 받은 사법경찰관 P는 2023. 3. 10. 15:00경 甲이 운영하는 회사 사무실에서 甲을 사기죄로 적법하게 긴급체포하였고, 'A와 주고받은 대화내용'이 기재된 수첩(증 제1호)을 발견하자 임의제출을 거부하는 甲으로부터 영장 없이 이를 압수하였다.
> P는 체포 당일 경찰서에서 甲을 조사하였고, 甲은 "자신의 집에 A가 자신을 무고한 것임을 증명할 자료가 있다"라고 주장하며 범행을 부인하였다. P는 자료를 확보하기 위하여 2023. 3. 11. 16:00경 甲과 함께 甲의 집으로 갔으나 이를 발견하지 못하고 오히려 '甲이 A로부터 돈을 받은 내역'이 기재된 통장(증 제2호)을 발견하자 임의제출을 거부하는 甲으로부터 영장 없이 이를 압수하였다.
> 이후 P는 甲에 대하여 검사를 통해 적법하게 구속영장만을 청구하였으나, 지방법원 판사는 2023. 3. 12. 17:00경 甲의 방어권보장이 필요하다며 구속영장을 기각하였다. 이에 甲은 즉시 석방되었고, P는 위 통장(증 제2호)만을 환부하였다. 이후 甲은 위 사기죄로 불구속기소되었다.

① 만약 위 사기 혐의가 인정되고 甲이 허위의 내용으로 신청한 지급명령이 그대로 확정되었다면, 소송사기의 방법으로 승소판결을 받아 확정된 경우와 마찬가지로 사기죄는 이미 기수에 이른 것이다.

② P가 통장(증 제2호)을 환부한 후에도 수첩(증 제1호)을 계속 보관하는 것은 형사소송법 제216조 제1항 제2호의 '체포현장에서의 압수'에 의한 것이므로 적법하다.

③ P가 통장(증 제2호)을 압수한 것은 형사소송법 제217조의 요건을 갖추지 못하여 위법하다.

④ 만약 검찰송치 전 P가 甲의 사기 혐의에 대한 결정적인 객관적 증거를 추가로 확보하였다면, 甲이 외국으로 출국하려 하는 등 긴급한 사정이 있더라도, P는 甲을 위 사기 혐의를 이유로 재차 긴급체포할 수 없다.

해설

① (○) 허위의 내용으로 신청한 지급명령이 그대로 확정된 경우에는 소송사기의 방법으로 승소판결을 받아 확정된 경우와 마찬가지로 사기죄는 이미 기수에 이르렀다고 볼 것이다(대판 2004.6.24. 2002도4151)

② (×) 검사 또는 사법경찰관은 제217조 제1항(긴급체포된 자의 소유물 등에 대한 압수) 또는 제216조 제1항 제2호(체포현장에서의 압수)에 따라 압수한 물건을 계속 압수할 필요가 있는 경우에는 지체없이 압수·수색영장을 청구하여야 한다. 이 경우 압수·수색영장의 청구는 체

포한 때부터 48시간 이내에 하여야 한다(제217조 제2항) ※ 수첩(증 제1호)은 형사소송법 제216조 제1항 제2호에 의하여 압수한 것인데 사후에 압수·수색영장을 발부받지 못 하였음에도 P가 이를 계속 보관하는 것은 위법하다.

③ (○) 사법경찰관은 긴급체포된 자가 소유·소지 또는 보관하는 물건에 대하여 긴급히 압수할 필요가 있는 경우에는 체포한 때부터 24시간 이내에 한하여 영장 없이 압수·수색 또는 검증을 할 수 있다(제217조 제1항) ※ 甲을 긴급체포한 2023. 3.10. 15:00경부터 24시간이 경과한 시점인 2023. 3.11. 16:00경에 P가 통장(증 제2호)을 압수했으므로 이는 위법하다.

④ (○) 긴급체포되었다가 구속영장을 청구하지 아니하거나 발부받지 못하여 석방된 자는 영장 없이는 동일한 범죄사실에 관하여 체포하지 못한다(제200조의4 제3항) ※ P는 甲을 사기혐의를 이유로 재차 긴급체포할 수 없다.

정답 ②

02 다음 사례에 관한 설명 중 가장 적절한 것은? (다툼이 있는 경우 판례에 의함) 23 경찰채용

연구실을 함께 운영하는 甲과 乙은 소속 연구원들에 대한 인건비 지급 명목으로 X 학교법인에 지원금 지급을 신청하여 지급받은 금원을 연구실 운영비로 사용하기로 공모하였다. 이에 따라 甲은 2022년 1월부터 12월까지 매월 1회 지급신청을 하고 해당 금액을 지급받는 동일한 방식으로 총 12회에 걸쳐 연구원 인건비 명목으로 X 학교법인으로부터 합계 1억원 상당을 송금받았다. 다만, 乙은 2022년 8월에 퇴직하여 이후의 연구실 운영에는 관여하지 않았다. 이후 甲과 乙에 대한 재판에서 검사는 '연구실원 A에 대한 참고인 진술조서'(이하, '조서'라 한다)를 증거로 제출하였으나, 공판기일에 증인으로 출석한 A는 甲과의 관계를 우려하여 조서의 진정성립을 비롯한 일체의 증언을 거부하였다.

① 甲과 乙이 2022년 1월부터 12월까지 금원을 지급받은 것이 사기죄에 해당하는 경우, 각 지급행위시마다 별개의 사기죄가 성립한다.
② A가 증언을 거부하면 甲의 반대신문권이 보장되지 않는 것인데, 이 경우 A의 증언거부가 정당한 증언거부권의 행사라 하더라도 甲의 반대신문권이 보장되지 않는다는 점에서는 아무런 차이가 없다.
③ 乙은 퇴직 이후에 甲이 금원을 송금받은 부분에 대해서는 사기죄의 죄책을 부담하지 않는다.
④ 만약 A가 법정에서 증언을 거부하지 않고 조서에 대해 "기재된 바와 같이 내가 말한 것은 맞는데, 그건 일부러 거짓말을 한 것이다."라고 진술하게 되면 조서는 증거로 사용할 수 없게 된다.

> **해설**

① (×) 사기죄에 있어 동일한 피해자에 대하여 수회에 걸쳐 기망행위를 하여 금원을 편취한 경우 범의가 단일하고 범행방법이 동일하다면 사기죄의 포괄일죄만이 성립한다고 할 것이나, 범의의 단일성과 계속성이 인정되지 아니하거나 범행방법이 동일하지 않은 경우에는 각 범행은 실체적 경합범에 해당한다(대판 1997.6.27, 97도508).

② (○) 수사기관에서 진술한 참고인이 법정에서 증언을 거부하여 피고인이 반대신문을 하지 못한 경우에는 정당하게 증언거부권을 행사한 것이 아니라도, 피고인이 증인의 증언거부 상황을 초래하였다는 등의 특별한 사정이 없는 한 형사소송법 제314조의 '그 밖에 이에 준하는 사유로 인하여 진술할 수 없는 때'에 해당하지 않는다고 보아야 한다(대판 2019.11.21, 2018도13945 전원합의체).

③ (×) 피고인이 포괄일죄의 관계에 있는 범행의 일부를 실행한 후 공범관계에서 이탈하였으나 다른 공범자에 의하여 나머지 범행이 이루어진 경우, 피고인이 관여하지 않은 부분에 대하여도 죄책을 부담한다(대판 2002.8.27, 2001도513).

④ (×) 수사기관이 작성한 조서의 내용이 원진술자가 진술한 대로 기재된 것이라 함은 조서 작성 당시 원진술자의 진술대로 기재되었는지의 여부만을 의미하는 것으로, 그와 같이 진술하게 된 연유나 그 진술의 신빙성 여부는 고려할 것이 아니며, 한편 검사가 피의자나 피의자 아닌 자의 진술을 기재한 조서 중 일부에 관하여만 원진술자가 공판준비 또는 공판기일에서 실질적 진정성립을 인정하는 경우에는 법원은 당해 조서 중 어느 부분이 원진술자가 진술한 대로 기재되어 있고 어느 부분이 달리 기재되어 있는지 여부를 구체적으로 심리한 다음 진술한 대로 기재되어 있다고 하는 부분에 한하여 증거능력을 인정하여야 하고, 그 밖에 실질적 진정성립이 부정되는 부분에 대해서는 증거능력을 부정하여야 한다(대판 2005.6.10, 2005도1849).

정답 ②

03 다음 사례에 관한 설명 중 가장 적절한 것은? (다툼이 있는 경우 판례에 의함) 23 경찰채용

> 친구사이인 甲, 乙, 丙은 사업가 A의 사무실 금고에 거액의 현금이 있다는 정보를 입수한 후, 甲과 乙은 A의 사무실 금고에서 현금을 절취하고 丙은 위 사무실로부터 100m 떨어진 곳에서 망을 보기로 모의하였다. 범행 당일 오전 10시경 甲과 乙은 A의 사무실에 들어가 현금을 절취한 후, 망을 보던 丙과 함께 도주하였다. 甲, 乙, 丙은 검거되어 절도혐의로 수사를 받고 공동으로 기소되어 심리가 진행되었는데, 검사는 경찰수사 단계에서 작성된 공범 乙의 피의자 신문조서를 甲의 범죄혐의 입증의 증거로 제출하였고 甲은 그 내용을 부인하였다. 한편 丙은 甲의 공소사실에 대해 증인으로 채택되어 선서하고 증언하면서 甲의 범행을 덮어주기 위해 기억에 반하는 허위진술을 하였다. (주거침입죄 및 손괴죄 기타 특별법 위반의 점은 고려하지 않음)

① 甲과 乙에 대해서는 형법 제331조 제2항의 합동절도가 성립하지만, 현장에서의 협동관계가 인정되지 않는 丙에 대해서는 형법 제329조 단순절도죄가 성립한다.
② 만약 甲과 乙이 A의 사무실 출입문의 시정장치를 손괴하다가 A에게 발각되어 도주하였다면 甲과 乙의 행위에 대해서는 특수절도죄의 미수범이 성립한다.
③ 乙의 피의자신문조서는 乙이 법정에서 그 내용을 인정하면 甲이 내용을 부인하더라도 甲의 공소사실에 대한 증거로 사용할 수 있다.
④ 丙에 대해서는 형법 제152조 제1항 위증죄가 성립하지 않는다.

해설

① (×) 甲과 乙은 형법 제331조 제2항의 특수절도죄(합동절도죄)가 성립하고, 丙은 특수절도(합동절도)의 공동정범의 죄책을 진다(대판 1998.5.21, 98도321 전원합의체)
② (×) 주간에 아파트 출입문 시정장치를 손괴하다가 발각되어 도주한 피고인들이 특수절도미수죄로 기소된 사안에서, 실행의 착수가 없었다는 이유로 형법 제331조 제2항의 특수절도죄의 점에 대해 무죄를 선고한 원심 판단을 수긍한 사례(대판 2009.12.24, 2009도9667) ※ 특수절도죄의 미수가 성립하지 않는다.
③ (×) 피고인과 공범관계가 있는 다른 피의자에 대한 검사 이외의 수사기관 작성의 피의자신문조서는 그 피의자의 법정진술에 의하여 성립의 진정이 인정되더라도 당해 피고인이 공판기일에서 그 조서의 내용을 부인하면 증거능력이 부정된다(대판 2015.10.29, 2014도5939) ※ 乙에 대한 피의자신문조서는 甲의 공소사실에 대한 증거로 사용할 수 없다.
④ (○) 공범인 공동피고인은 당해 소송절차에서는 피고인의 지위에 있으므로 다른 공동피고인에 대한 공소사실에 관하여 증인이 될 수 없으나, 소송절차가 분리되어 피고인의 지위에서 벗어나게 되면 다른 공동피고인에 대한 공소사실에 관하여 증인이 될 수 있다(대판 2012.12.13, 2010도10028) ※ 丙은 증인적격이 없으므로 비록 증인으로 채택되어 선서하고 허위의 진술을 하였다고 해도 위증죄가 성립하지 않는다.

정답 ④

04 다음 사례에 대한 설명으로 옳은 것은 모두 몇 개인가? (다툼이 있는 경우 판례에 의함)

23 경간

> 甲은 乙과 자신의 부유한 삼촌 A의 집에 있는 금괴를 훔치기로 공모하였다. 다음날 01:00시 경 甲은 A의 집 담장에서 망을 보고, 乙은 담장을 넘어 거실창문을 열고 안으로 들어가 금괴를 가지고 나오다가 A에게 발각되었고, 그 순간 A는 담장에서 뛰어가는 甲의 뒷모습도 보게 되었다. A는 사법경찰관에게 甲과 乙을 신고하였으며, 수사를 받던 중 乙은 변호사 L을 선임하였다. 이후 검사는 甲과 乙을 기소하였다.

> ㉠ 乙의 절도목적이 인정되지 않는다면 乙은 야간에 주거에 침입하였으므로 특수주거침입죄가 성립한다.
> ㉡ 사법경찰관이 작성한 甲에 대한 피의자신문조서를 甲이 법정에서 진정성립 및 내용을 인정하더라도 乙이 공판기일에서 그 조서의 내용을 부인하면 이를 乙에 대한 유죄인정의 증거로 사용할 수 없다.
> ㉢ 공동피고인 甲과 乙은 수사기관에서 계속 혐의를 부인하다가 乙이 공판정에서 자백한 경우, 甲의 반대신문권이 보장되어 있으므로 乙의 자백은 별도의 보강증거 필요 없이 甲에 대한 유죄의 증거능력이 인정된다.
> ㉣ A는 甲과 乙 모두를 처벌해달라고 하였으나 항소심 중에 甲에 대해서만 고소를 취소하였다면, 법원은 甲에 대해서는 공소기각판결을, 乙에 대해서는 실체판결을 하여야 한다.

① 1개 ② 2개 ③ 3개 ④ 4개

해설

㉠ (×) 특수주거침입죄는 단체 또는 다중의 위력을 보이거나 위험한 물건을 휴대하여 사람의 주거에 침입한 경우에 성립한다(형법 제320조) ※ 특수주거침입죄가 아니라 단순주거침입죄가 성립한다.

㉡ (○) 피고인과 공범관계가 있는 다른 피의자에 대한 검사 이외의 수사기관 작성의 피의자신문조서는 그 피의자의 법정진술에 의하여 성립의 진정이 인정되더라도 당해 피고인이 공판기일에서 그 조서의 내용을 부인하면 증거능력이 부정된다(대판 2015.10.29, 2014도5939)

㉢ (○) [1] 공동피고인의 자백은 이에 대한 피고인의 반대신문권이 보장되어 있어 증인으로 신문한 경우와 다를 바 없으므로 독립한 증거능력이 있다(대판 2007.10.11, 2007도5577)
[2] 형사소송법 제310조의 '피고인의 자백'에는 공범인 공동피고인의 진술이 포함되지 아니하므로 공범인 공동피고인의 진술은 다른 공동피고인에 대한 범죄사실을 인정하는 데 있어서 증거로 쓸 수 있고 그에 대한 보강증거의 여부는 법관의 자유심증에 맡긴다(대판 1985.3.9, 85도951)

㉣ (×) 제1심판결 선고 후에 고소가 취소된 경우에는 그 취소의 효력이 없으므로 공소기각의 재판을 할 수 없다(대판 1985.2.8, 84도2682) ※ 다른 소송조건의 흠결이 없는 한 항소심

법원은 甲, 乙 모두에 대하여 유무죄의 실체재판을 하여야 한다.

정답 ②

05 다음 사례에 대한 설명으로 옳은 것은 모두 몇 개인가? (다툼이 있는 경우 판례에 의함)

23 경간

> (1) X카페의 주인 甲은, 쓰레기문제로 평소 자주 다투던 옆집 Y식당 주인 乙에게 화가 나 乙이 1층에 세워놓은 Y식당 광고판(홍보용 배너와 거치대)을 그 장소에서 제거하여 컨테이너로 된 상가창고로 옮겨놓아 乙이 사용할 수 없도록 하였다.
> (2) 이 사실을 알게 된 乙은 甲에 대한 상해의 고의로 불꺼진 X카페로 들어가 甲으로 추정되는 자를 주먹으로 쳐 코뼈를 부러뜨렸으나 실제로 맞은 사람은 甲에게 총구를 겨누던 丙이었다.

> ㉠ (1)에서 甲에게는 재물손괴죄가 성립한다.
> ㉡ (2)의 상황에서 엄격책임설의 입장에 의하면, 착오에 정당한 이유가 없는 경우 乙에게 상해죄 성립을 인정한다.
> ㉢ (2)의 사실에 대하여 검사가 乙에게 무혐의 결정을 하였다가 다시 공소를 제기한 경우, 이는 일사부재리의 원칙에 위배되므로 다시 수사를 재개하거나 공소를 제기할 수 없다.
> ㉣ (2)의 사실에 대하여 수사기관에서 혐의를 부인하던 乙이 피고인 신분으로 공판정에서 자백한 경우, 자백보강법칙은 적용되지 아니한다.

① 1개 ② 2개 ③ 3개 ④ 4개

해설

㉠ (○) 대판 2018.7.28, 2017도18807
㉡ (×) 우연방위로, 오상방위가 아니므로 엄격책임설을 논할 수 없다.
㉢ (×) 검사의 불기소처분에는 확정재판에 있어서의 확정력과 같은 효력이 없어 일단 불기소처분한 후에도 공소시효가 완성되기까지 언제라도 공소를 제기할 수 있는 것이다(대판 1998.3.27, 97다50855).
㉣ (×) 당해 사건의 피고인이 자백한 경우 자백보강법칙이 적용된다.

정답 ①

06 성폭력범죄가 빈발하는 지역을 순찰하던 경찰관 P1과 P2는 심야에 주취자가 소란을 피우고 있다는 A의 신고를 받고 출동하여, 신고 지역 인근 A소유의 빌라 주차장에서 술에 취한 상태에서 큰소리로 전화를 걸고 있는 甲을 발견하고 불심검문을 실시하였다. 이에 甲은 P2에게 자신의 운전면허증을 교부하였고, P2가 甲의 신분조회를 위하여 순찰차로 걸어간 사이에 甲은 위 불심검문에 항의하면서 P1에게 욕설을 하였다. 이 욕설은 P1 이외에 인근 주민들도 들었을 정도로 큰소리였으므로 P1은 甲을 모욕죄의 현행범으로 체포하겠다고 고지한 후 甲의 어깨를 붙잡았고, P2는 허리를 붙잡으며 체포를 시도하였다. 그런데 甲은 이에 강하게 반항하면서 P1 및 P2를 순차로 폭행하였고 이 과정에서 P1에게 상해를 가하였다. 이에 관한 ㉠부터 ㉢까지의 설명 중 옳고 그름의 표시(○, ×)가 모두 바르게 된 것은? (다툼이 있는 경우 판례에 의함)

22 경찰채용

> ㉠ P1과 P2가 형사소송법 제200조의5 및 제213조의2에 따른 체포절차를 준수하였다 하더라도 위 현행범 체포는 위법하다고 할 수 있다.
> ㉡ 甲에 대한 형법 제136조 제1항 공무집행방해죄 및 제257조 제1항 상해죄는 정당방위로 위법성이 조각된다.
> ㉢ 만약 甲에게 공무집행방해죄가 인정된다면 2개의 공무집행방해죄가 성립되며 각 공무집행방해죄의 관계는 상상적 경합관계이다.
> ㉣ 만약 P1과 P2가 甲에 대한 불심검문 과정에서 신분증을 제시하지 않았다면 제반사정을 종합적으로 고려하여 甲이 P1과 P2가 경찰관이고 검문하는 이유가 범죄행위에 관한 것임을 충분히 알고 있었다고 보이는 경우라 하더라도 위법한 불심검문에 해당한다.

① ㉠(×) ㉡(×) ㉢(×) ㉣(○)
② ㉠(×) ㉡(○) ㉢(×) ㉣(×)
③ ㉠(○) ㉡(×) ㉢(○) ㉣(×)
④ ㉠(○) ㉡(○) ㉢(○) ㉣(×)

해설

㉠ (○) 피고인은 경찰관의 불심검문에 응하여 이미 운전면허증을 교부한 상태이고, 경찰관뿐 아니라 인근 주민도 욕설을 직접 들었으므로 피고인이 도망하거나 증거를 인멸할 염려가 있다고 보기는 어렵고, 피고인의 모욕 범행은 불심검문에 항의하는 과정에서 저지른 일시적, 우발적인 행위로서 사안 자체가 경미할 뿐 아니라, 피해자인 경찰관이 범행현장에서 즉시 범인을 체포할 급박한 사정이 있다고 보기도 어려우므로 경찰관이 피고인을 체포한 행위는 적법한 공무집행이라고 볼 수 없다(대판 2011.5.26, 2011도3682). ※ P1, P2가 甲을 현행범으로 체포한 것은 위법하다.

㉡ (×) [1] 경찰관 P1이 피고인 甲을 체포한 행위는 현행범인 체포의 요건을 갖추지 못하여 적법한 공무집행이라고 볼 수 없으므로 甲이 P1에게 상해를 가하더라도 공무집행방해죄의 구

성요건을 충족하지 아니한다.
[2] 피고인 甲이 체포를 면하려고 반항하는 과정에서 경찰관 P1에게 상해를 가한 것은 불법체포로 인한 신체에 대한 현재의 부당한 침해에서 벗어나기 위한 행위로서 정당방위에 해당하여 위법성이 조각된다(대판 2011.5.26, 2011도3682) ※ 적법한 공무가 아니므로 공무집행방해죄의 구성요건해당성이 부정되고, 상해죄는 정당방위로 위법성이 조각된다.

ⓒ (○) 동일한 공무를 집행하는 여럿의 공무원에 대하여 폭행·협박 행위를 한 경우에는 공무를 집행하는 공무원의 수에 따라 여럿의 공무집행방해죄가 성립하고, 위와 같은 폭행·협박 행위가 동일한 장소에서 동일한 기회에 이루어진 것으로서 사회관념상 1개의 행위로 평가되는 경우에는 여럿의 공무집행방해죄는 상상적 경합의 관계에 있다(대판 2009.6.25, 2009도3505) ※ P1, P2에 대한 각 공무집행방해죄는 상상적 경합범의 관계에 있다.

ⓔ (×) 경직법 제3조 제4항은 '경찰관이 불심검문을 하고자 할 때에는 자신의 신분을 표시하는 증표를 제시하여야 한다'고 규정하고, 법시행령 제5조는 소정의 신분을 표시하는 증표는 경찰관의 공무원증이라고 규정하고 있는 바, 불심검문을 하게 된 경우, 불심검문 당시의 현장상황과 검문을 하는 경찰관들의 복장, 피고인이 공무원증 제시나 신분확인을 요구하였는지 여부 등을 종합적으로 고려하여, 검문하는 사람이 경찰관이고 검문하는 이유가 범죄행위에 관한 것임을 피고인이 충분히 알고 있었다고 보이는 경우에는 신분증을 제시하지 않았다고 하여 그 불심검문이 위법한 공무집행이라고 할 수 없다(대판 2014.12.11, 2014도7976) ※ P1, P2의 불심검문은 위법하지 않다.

정답 ③

07 다음 사례에 대한 설명으로 옳지 않은 것은? (다툼이 있는 경우 판례에 의함) 22 경간

> 사법경찰관 P는 甲과 乙이 무고를 공모했다는 범죄사실을 인지하고 이 사건에 대하여 수사한 결과, "甲은 조직폭력배의 추적을 피해 교도소에 숨어 있기로 마음먹고 친구 乙을 찾아가 도와 달라고 부탁하였고, 이에 乙이 甲을 사문서위조로 허위 고소하기로 둘이서 공모하였다. 다음 날 乙은 경찰서에 가서 甲이 자신의 명의를 임의로 사용하여 도급계약서를 위조하였으니 이를 처벌해 달라는 취지의 허위 고소장을 작성·제출하였다."는 사실을 규명하였다. P는 乙의 컴퓨터에서 甲과 乙의 무고 사건에 관한 전자정보를 적법하게 탐색하다가 우연하게 乙이 A를 강간하는 장면이 촬영된 동영상 파일을 발견하였다. 甲과 乙은 무고의 공소사실로 기소되어 제1심에서 공동피고인으로 재판을 받고 있다.

① P가 규명한 수사 결과에 의하면 甲과 乙은 무고죄의 공동정범의 죄책을 진다.
② P가 위 동영상 파일을 우연하게 발견한 경우에는 더 이상의 추가 탐색을 중단하고 강간사건에 대한 압수·수색영장을 발부받아야 위 동영상 파일을 적법하게 압수·수색할 수 있다.
③ 乙은 소송절차가 분리되면 甲에 대한 공소사실에 대하여 증인이 될 수 있다.
④ 乙이 수사기관의 조사과정에서 무고 사실을 자백한 경우는 물론이고 제1심 공판에서 증인으로 신문을 받으면서 무고를 고백한 경우에도 乙에게는 형의 필요적 감면이 인정된다.

> **해설**
>
> ① (×) [1] 자기 자신을 무고하기로 제3자와 공모하고 이에 따라 무고행위에 가담하였다고 하더라도 이는 자기 자신에게는 무고죄의 구성요건에 해당하지 않아 범죄가 성립할 수 없는 행위를 실현하고자 한 것에 지나지 않아 무고죄의 공동정범으로 처벌할 수 없다.
> [2] 甲이 乙과 공모한 후, 乙이 그 공모에 따라 甲을 처벌하여 달라는 허위 내용의 고소장을 작성하여 제출하였더라도 甲을 乙과 함께 무고죄의 공동정범으로 처벌할 수 없다(대판 2017.4.26, 2013도12592).
> [3] 甲은 무고죄의 공동정범의 죄책은 지지 않는다. 乙은 무고죄의 죄책을, 甲은 무고교사죄 또는 무고방조죄의 죄책을 진다(대판 2008.10.23, 2008도4852 참고).
> ② (○) 전자정보에 대한 압수·수색이 종료되기 전에 혐의사실과 관련된 전자정보를 적법하게 탐색하는 과정에서 별도의 범죄혐의와 관련된 전자정보를 우연히 발견하면, 수사기관은 더 이상의 추가 탐색을 중단하고 법원에서 별도의 범죄혐의에 대한 압수·수색영장을 발부받은 경우에 한하여 그러한 정보를 적법하게 압수·수색할 수 있다. 이 경우에도 특별한 사정이 없는 한 피압수자에게 형사소송법 제219조, 제121조, 제129조에 따라 참여권을 보장하고 압수한 전자정보 목록을 교부하는 등 피압수자의 이익을 보호하기 위한 적절한 조치를 하여야 한다(대판 2017.11.14, 2017도3449) ※ 사법경찰관 P는 강간사건에 대한 압수·수색영장을 발부받아야만 동영상 파일을 적법하게 압수·수색할 수 있다.

③ (○) 공범인 공동피고인은 당해 소송절차에서는 피고인의 지위에 있어 다른 공동피고인에 대한 공소사실에 관하여 증인이 될 수 없으나, 소송절차가 분리되어 피고인의 지위에서 벗어나게 되면 다른 공동피고인에 대한 공소사실에 관하여 증인이 될 수 있다(대판 2012.12.13, 2010도10028).

④ (○) 무고죄에 있어서 형의 필요적 감경 또는 면제사유인 자백의 절차에 관해서는 아무런 법령상의 제한이 없으므로 그가 신고한 사건을 다루는 기관에 대한 고백이나 그 사건을 다루는 재판부에 증인으로 다시 출석하여 전에 그가 한 신고가 허위의 사실이었음을 고백하는 것은 물론 무고사건의 피고인 또는 피의자로서 법원이나 수사기관에서의 신문에 의한 고백 또한 자백의 개념에 포함된다(대판 2021.1.14, 2020도13077) ※ 乙이 제1심 공판에서 증인으로 신문을 받으면서 무고를 고백한 경우에도 乙에게는 형의 필요적 감면이 인정된다.

정답 ①

08 다음 사례에 대한 설명으로 옳지 않은 것은? (다툼이 있는 경우 판례에 의함) 22 경간

> 사법경찰관이 수사한 결과를 기재한 수사보고서에 의하면, "X승용차는 A가 구입한 것으로 A가 실질적인 소유주이고, 다만 장애인에 대한 면세 혜택의 적용을 받기 위해 甲의 어머니 乙의 명의를 빌려 등록한 것에 불과하다. 甲은 乙과 공모하여 乙로부터 X승용차 매도에 필요한 자동차등록증 등 모든 서류를 교부받았다. 다음날 甲은 A가 운전 후 A의 집 앞에 주차해 둔 X승용차를 그 안에 꽂혀있던 키를 사용하여 몰래 운전해 가 관련 서류를 매수인 B에게 교부하여 X자동차를 매도하였다"라고 기재되어 있다. 사법경찰관은 참고인 A의 피해진술을 조서에 기재하였고, 그 후 공소제기된 甲과 乙이 A에 대한 진술조서에 증거부동의하자 A는 공판기일에 증인으로 출석하여 그 조서에 대한 실질적 진정성립을 인정하고 검사의 주신문에 대하여 진술하였으나, 변호인의 반대신문에 대해서는 특별한 사정이 없음에도 정당한 이유 없이 진술을 거부하였다.

① 위 수사보고서에 기재된 내용 중 X승용차 취거에 관하여 甲과 乙은 절도죄의 공동정범의 죄책을 진다.
② A에 대한 진술조서는 형사소송법 제312조 제4항에 따른 증거능력이 부정된다.
③ 위 수사보고서에 기재된 내용 중 甲이 X승용차를 B에게 매도한 행위는 B에 대한 사기죄를 구성한다.
④ A에 대한 진술조서는 형사소송법 제314조에 따른 증거능력이 부정된다.

해설

① (○) [1] 자동차나 중기(또는 건설기계)의 소유권의 득실변경은 등록을 함으로써 그 효력이 생기고 그와 같은 등록이 없는 한 대외적 관계에서는 물론 당사자의 대내적 관계에 있어서도 그 소유권을 취득할 수 없는 것이 원칙이지만, 당사자 사이에 그 소유권을 그 등록 명의자 아닌 자가 보유하기로 약정하였다는 등의 특별한 사정이 있는 경우에는 그 내부관계에 있어서는 그 등록 명의자 아닌 자가 소유권을 보유하게 된다.
[2] A가 승용차를 구입한 실질적인 소유자이고, 다만 장애인 면세혜택 등의 적용을 받기 위해 피고인 甲의 어머니 乙의 명의를 빌려 등록한 상태라면, 피고인 甲이 乙로부터 승용차를 가져가 매도할 것을 허락받고 그녀의 인감증명 등을 교부받은 뒤에 A 몰래 승용차를 가져간 경우 甲과 乙은 절도죄의 공모공동정범이 성립된다(대판 2007.1.11, 2006도4498) ※ 甲과 乙은 'A소유, A점유' X자동차를 절취했으므로 권리행사방해죄가 아니라 절도죄의 공동정범의 죄책을 진다.
② (○) 검사 또는 사법경찰관이 피고인이 아닌 자의 진술을 기재한 조서는 적법한 절차와 방식에 따라 작성된 것으로서 그 조서가 검사 또는 사법경찰관 앞에서 진술한 내용과 동일하게 기재되어 있음이 원진술자의 공판준비 또는 공판기일에서의 진술이나 영상녹화물 또는 그 밖의 객관적인 방법에 의하여 증명되고, 피고인 또는 변호인이 공판준비 또는 공판기일에 그 기재 내용에 관하여 원진술자를 신문할 수 있었던 때에는 증거로 할 수 있다. 다만, 그 조서에 기재된 진술이 특히 신빙할 수 있는 상태하에서 행하여졌음이 증명된 때에 한한다(제312

조 제4항) ※ 변호인의 반대신문에 대하여 A가 정당한 이유 없이 진술을 거부하였고 또한 특신 상태도 증명되지 않았기 때문에 즉, 진술조서는 형사소송법 제312조 제4항의 요건을 충족하지 못했으므로 증거능력이 부정된다.

③ (×) 부동산의 명의수탁자가 부동산을 제3자에게 매도하고 매매를 원인으로 한 소유권이전등기까지 마쳐 준 경우 명의신탁의 법리상 대외적으로 수탁자에게 그 부동산의 처분권한이 있는 것임이 분명하고, 제3자로서도 자기 명의의 소유권이전등기가 마쳐진 이상 무슨 실질적인 재산상의 손해가 있을 리 없으므로 그 명의신탁 사실과 관련하여 신의칙상 고지의무가 있다거나 기망행위가 있었다고 볼 수도 없어서 그 제3자에 대한 사기죄가 성립될 여지가 없고, 나아가 그 처분시 매도인(명의수탁자)의 소유라는 말을 하였다고 하더라도 역시 사기죄가 성립되지 않으며, 이는 자동차의 명의수탁자가 처분한 경우에도 마찬가지이다(대판 2007.1.11, 2006도4498). ※ 甲이 X승용차를 B에게 매도한 행위는 사기죄를 구성하지 않는다.

④ (○) 형사소송법 제312조 또는 제313조의 경우에 공판준비 또는 공판기일에 진술을 요하는 자가 사망·질병·외국거주·소재불명 그 밖에 이에 준하는 사유로 인하여 진술할 수 없는 때에는 그 조서 및 그 밖의 서류를 증거로 할 수 있다. 다만, 그 진술 또는 작성이 특히 신빙할 수 있는 상태하에서 행하여졌음이 증명된 때에 한한다(제314조) ※ A가 공판기일에 증인으로 출석하였으므로 즉, 진술조서는 제314조의 요건을 충족하지 못했으므로 증거능력이 부정된다.

정답 ③

최신 3개년 **기출문제집**

09 다음 사례에 대한 설명 중 옳은 것은 모두 몇 개인가? (다툼이 있는 경우 판례에 의함)

22 경찰채용

> 甲과 乙은 인터넷 채팅을 통하여 알게 된 A와 B를 승용차에 태우고 함께 남산 부근을 드라이브하던 중, A와 B가 잠시 차에서 내린 사이에 甲이 乙에게 A와 B를 한 사람씩 나누어 강간하자고 제의하자 乙은 아무런 대답도 하지 않고 따라 다니다가 자신의 강간 상대방으로 남겨진 B에게 일체의 신체적 접촉도 시도하지 않은 채 B와 이야기만 나눴다. 甲은 A를 숲속에서 강간하려고 하였으나 A가 수술한지 얼마 안되어 배가 아프다면서 애원하자 강간행위를 중지하였다. 며칠 후 乙은 친구 C를 만나 "甲이 A를 강간하려고 하는 동안 나는 그냥 가만히 있었다."라고 말하였다. 사법경찰관 P는 甲을 수사하는 과정에서 C를 참고인으로 조사하여 C가 乙로부터 들은 위 진술 내용이 기재된 진술조서를 적법하게 작성하였다. 검사는 甲을 강간미수죄로 기소하면서 C에 대한 진술조서를 증거로 제출하였으나, 甲은 이를 증거로 함에 부동의하였다.

㉠ 乙은 강간 범행에 공동으로 가공할 의사가 있었다고 볼 수 없다.
㉡ 甲은 강간죄의 중지미수에 해당한다.
㉢ 진술조서에 기재된 乙의 진술부분은 재전문증거에 해당한다.
㉣ 진술조서의 실질적 진정성립과 특신상태가 증명이 되고, 변호인이 C를 신문할 수 있었던 때에는 C의 진술조서 전부에 대해 증거능력이 인정된다.

① 1개   ② 2개   ③ 3개   ④ 4개

해설

㉠ (○) 피해자 일행을 한 사람씩 나누어 강간하자는 피고인 일행의 제의에 아무런 대답도 하지 않고 따라 다니다가 자신의 강간 상대방으로 남겨진 B에게 일체의 신체적 접촉도 시도하지 않은 채 다른 일행이 인근 숲 속에서 강간을 마칠 때까지 B와 함께 이야기만 나눈 경우 피고인에게 다른 일행의 강간 범행에 공동으로 가공할 의사가 있었다고 볼 수 없다(대판 2003. 3.28, 2002도7477). ※ 乙은 강간 범행에 공동으로 가공할 의사가 있었다고 볼 수 없다.
㉡ (×) 甲은 강간죄의 장애미수에 해당한다(대판 1992.7.28, 92도917 참고)
㉢ (○) 옳음
㉣ (×) [1] 피고인 아닌 자의 진술을 그 내용으로 하는 전문진술이 기재된 조서는 형사소송법 제312조 또는 제314조에 따라 증거능력이 인정될 수 있는 경우에 해당하여야 함은 물론 형사소송법 제316조 제2항에 따른 요건을 갖추어야 예외적으로 증거능력이 있다(대판 2017.7.18, 2015도12981)
[2] 비록 형사소송법 제312조 제4항의 요건이 충족되었더라도 제316조 제2항의 요건(원진술자 乙의 사망 등으로 인한 진술불능 및 특신상태)이 충족되지 않았으므로 참고인진술조서는 증거능력이 부정된다.

정답 ②

저자	김종욱
약력	경찰대학교 법학과 졸업
	現) 에듀윌 경찰학원 형법 및 형사소송법 담당
	前) 경기남부지방경찰청 근무
	경찰수사연수원 형법 담당
	윌비스 경찰간부학원 형법 담당
	이그잼 경찰학원 형법 담당
저서	김종욱 형법 기본서
	김종욱 형법 핵심정리
	김종욱 형법 객관식 기출총정리
	김종욱 형법 조문&학설
	김종욱 형법 OX
	김종욱 형법 승진모의고사
	김종욱 형법 1년간 최신판례
	김종욱 형법 1개년 최신기출문제집
	김종욱 형사소송법 기본서
	김종욱 형사소송법 객관식 기출총정리
	김종욱 형사소송법 1년간 최신판례
	김종욱 형사소송법 1개년 최신기출문제집
	김종욱 수사증거 OX

2025 김종욱 형사법 최신3개년 기출문제집

발 행 일 : 2024년 06월 19일		인 쇄 일 : 2024년 06월 19일	
저 자 : 김 종 욱		발 행 인 : 금 병 희	
발 행 처 : 멘토링		등 록 : 319-26-60호	
주 소 : 서울시 동작구 만양로84 삼익주상복합아파트 1층상가 162호			
주 문 / FAX : 02-825-0606 / 02-6499-3195			

저자와의 협의하에 인지생략

이 책의 무단 전재, 복제행위는 저작권법에 의거하여 처벌을 받습니다.

정가. 29,000원

ISBN 979-11-6049-318-4